北京通州年鉴

2023

北京通州年鉴编辑部　编

方志出版社
Publishing House of Local Records

图书在版编目（CIP）数据

北京通州年鉴 . 2023 / 北京通州年鉴编辑部编 . —
北京：方志出版社，2023.9
ISBN 978-7-5144-5789-6

I. ①北… II. ①北… III. ①通州区－2023－年鉴
IV. ① Z521.3

中国国家版本馆 CIP 数据核字 (2023) 第 174907 号

责任编辑：李晓晓
责任校对：刘玉霞
责任印制：梅中英
出 版 者：方志出版社
地　　址：北京市朝阳区潘家园东里 9 号（国家方志馆 4 层）
邮　　编：100021
网　　址：http://www.zgfzcb.cn
发　　行：方志出版社图书营销中心（010-67110500）
印　　刷：北京朝阳印刷厂有限责任公司
开　　本：889 毫米 ×1194 毫米 1/16
印　　张：21.75
字　　数：968 千字
版　　次：2023 年 9 月第 1 版
印　　次：2023 年 9 月第 1 次印刷
定　　价：200.00 元

编 辑 说 明

一、《北京通州年鉴（2023）》以马克思列宁主义、毛泽东思想、邓小平理论、“三个代表”重要思想、科学发展观、习近平新时代中国特色社会主义思想为指导，坚持辩证唯物主义和历史唯物主义的立场、观点和方法，围绕北京城市副中心建设大局，全面、客观、系统地记述上一年度区域发展情况。

二、《北京通州年鉴》是一部年度资料性文献，在中共北京市通州区委和通州区人民政府的领导下，由区委党史办（区地方志办公室）主持编纂，自1999年开始逐年编纂并公开出版。

三、《北京通州年鉴（2023）》记述2022年1月1日至12月31日通州区域内的情况（部分内容依据实际情况时限略有上溯或下延），文中一般直书月、日，不再写年份。

四、《北京通州年鉴（2023）》设有区情概览、特载、专文、大事记、中国共产党北京市通州区委员会、通州区人民代表大会、通州区人民政府、中国人民政治协商会议通州区委员会、纪检监察、民主党派、人民团体、法治、军事、功能区建设、经济管理、农业 农村、工业 信息化、建筑业 房地产业、商贸 服务业、金融、旅游、交通 邮政 通信、生态环境、城乡规划与建设、城乡管理、应急管理、科技、教育、文化、卫生健康、体育、社会建设、社会生活、街道 乡镇、人物 荣誉、附录。采用文章和条目体两种体裁，以条目体为主，用规范的语体文、记述体，直陈其事，文字力求言简意赅。

五、文中除“民主党派”部分外，未标明党派的“市委”均指“中共北京市委”，“区委”均指“中共北京市通州区委”，“党员”均指“中共党员”，“党建”均指“中国共产党建设”，“城市副中心”“副中心”均指“北京城市副中心”，“区”均指“通州区”。

六、数字用法、标点符号用法分别采用国家标准《出版物上数字用法》(GB/T 15835—2011)、《标点符号用法》(GB/T 15834—2011)，计量单位采用国家技术监督局1993年12月发布的《量和单位》系列国家标准。

七、选入年鉴的文字资料均由各撰稿单位确定专人撰写或提供，经各撰稿单位主管领导审核。一人提供多个条目的，只在最后一个条目后署名。主要数据和统计资料由区统计局提供，已经专人核对。部分分项数据之和不等于总量数据，是由于数值修约误差所致，本书均未作机械调整。照片由区融媒体中心和各供稿单位提供。

全称简称对照表

序号	全称	简称
1	中国共产党第二十次全国代表大会	党的二十大
2	国家服务业扩大开放综合示范区、中国（北京）自由贸易试验区	两区
3	三河市、大厂回族自治县以及香河县	北三县
4	中关村科技园区通州园	通州园
5	国家网络安全产业园区（通州园）	网安园
6	张家湾设计小镇	设计小镇
7	北京通州国际种业科技园	种业园
8	北京福元医药股份有限公司	福元医药
9	甘李药业股份有限公司	甘李药业
10	北京首都旅游集团有限责任公司	首旅集团
11	北京春立正达医疗器械股份有限公司	春立医疗
12	首都医科大学附属北京潞河医院	潞河医院
13	首都医科大学附属北京友谊医院通州院区	友谊医院通州院区
14	首都医科大学附属北京胸科医院	胸科医院
15	北京中医药大学东直门医院通州院区	东直门医院通州院区
16	北京大学人民医院通州院区	北大人民医院通州院区
17	首都医科大学附属北京安贞医院通州院区	安贞医院通州院区
18	中国人民解放军第二六三医院	263 医院

序号	全称	简称
19	漷县镇医药健康产业集聚区	医药健康产业集聚区
20	首旅张家湾设计小镇商业服务综合体暨怡禾生物园区更新改造项目	首旅怡禾项目
21	甘李药业股份有限公司	甘李药业
22	北京市春立正达医疗器械股份有限公司	春立正达
23	先正达（中国）投资有限公司	先正达集团中国
24	非物质文化遗产	非遗
25	北京市通州区食品药品安全委员会办公室	区食药安委办
26	通州区“两区”工作领导小组办公室	区“两区”办
27	通州区精神文明建设委员会办公室	区精神文明办
28	北京北投文化旅游有限公司	北投文旅
29	通州区未成年人保护委员会	区未保委
30	通州区安全生产委员会办公室	区安委办

数字副中心

辖区面积	906 平方千米	年末个人存款余额	2552.8 亿元
年末户籍人口	84.9 万人	专利授权数	6948 件
年末常住人口	184.3 万人	技术合同成交额	502.2 亿元
地区生产总值	1253.4 亿元	幼儿园	245 所
第一产业增加值	13.4 亿元	小学	44 所
第二产业增加值	466.7 亿元	中学	48 所
第三产业增加值	773.3 亿元	医疗卫生机构	627 个
一般公共预算收入	89.4 亿元	医院床位	4483 张
一般公共预算支出	306.3 亿元	体育场地	2707 个
社会消费品零售总额	539.6 亿元	房屋施工面积	1531.1 万平方米
居民人均可支配收入	51619 元	房屋竣工面积	373.5 万平方米
居民人均消费支出	33143 元	商品房销售面积	90.5 万平方米
年末银行人民币存款余额	6876.3 亿元	城市绿化覆盖面积	8926.3 公顷
年末银行人民币贷款余额	2553.4 亿元	人均绿地面积	41.65 平方米

地区生产总值（万元）2021年/2022年

第三产业产值（万元）2021年/2022年

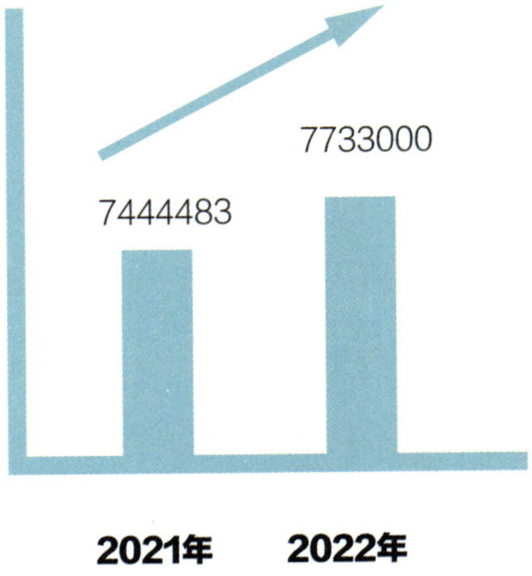

社会消费品零售总额（万元）2021年/2022年

居民人均可支配收入构成（元）2021年/2022年

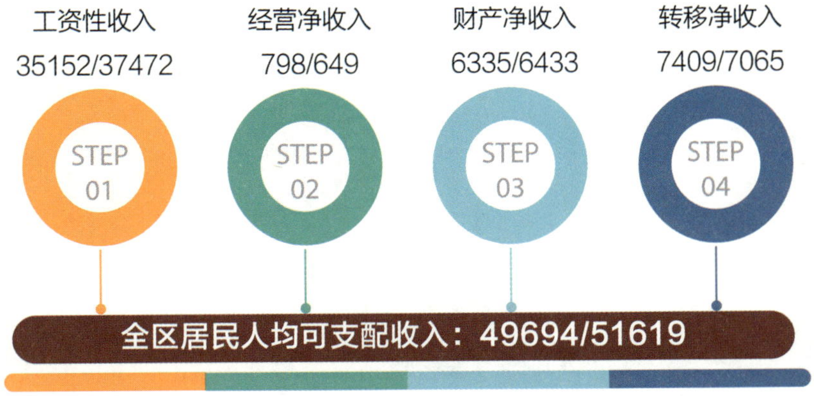

城乡各项社会保险参保人员（万人）2021年/2022年

参加企业职工基本养老保险人数：65.6/68.4

参加失业保险人数：54.0/56.6

参加工伤保险人数：50.1/51.2

参加城乡居民养老保险人数：18.8/18.3

参加职工基本医疗保险人数：66.0/107.1

卫生 2021年/2022年

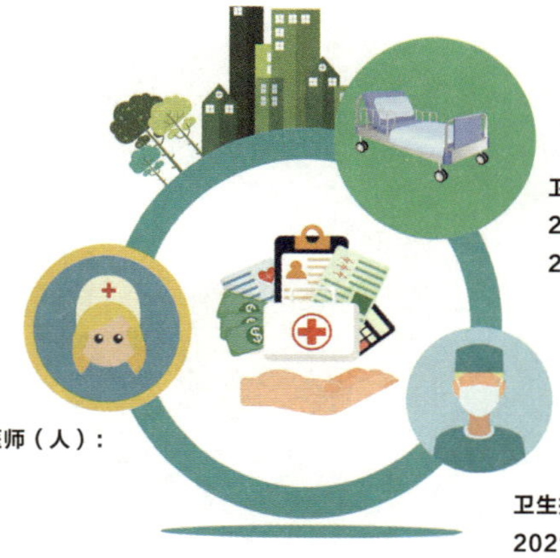

卫生机构实有床位（张）：
2021年4425
2022年4483

执业（助理）医师（人）：
2021年4203
2022年4345

卫生技术从业人员（人）：
2021年10846
2022年11186

教育 2021年/2022年

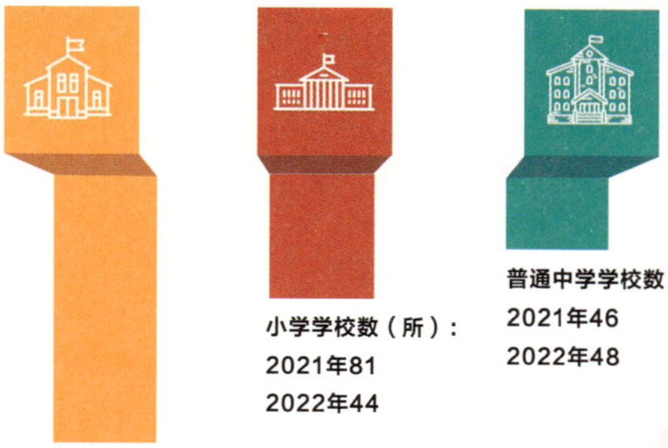

普通中学学校数（所）：
2021年46
2022年48

小学学校数（所）：
2021年81
2022年44

幼儿园数（所）：
2021年248
2022年245

生态环境

森林覆盖率33.70%
湿地面积5701公顷
公园绿地面积
3456.2公顷
细颗粒物($PM_{2.5}$)年
均浓度33.0微克/立方米
二氧化硫年均浓度3.0微克/立方米
二氧化氮年均浓度29.0微克/立方米

/ 热烈庆祝党的二十大胜利召开 /

▲ 10 月 16 日，区融媒体中心干部职工积极收看党的二十大开幕盛况

| 区融媒体中心提供 |

▲ 10 月 16 日，中仓街道莲花寺社区党员群众集体观看党的二十大开幕盛况

| 区融媒体中心提供 |

▲ 12 月 12 日，通州区召开学习贯彻党的二十大精神宣讲团动员部署会

| 区融媒体中心提供 |

▲ 12 月 23 日，通州区政府召开学习贯彻党的二十大精神宣讲报告会

| 区融媒体中心提供 |

/ 庆祝北京冬奥会、冬残奥会成功举办 /

▲ 1月17日，志愿者服务保障北京冬奥会、冬残奥会

| 区融媒体中心提供 |

▲ 2月3日，“迎青春冬奥 展风采魅力”北京冬奥会和冬残奥会通州区文化广场文艺演出活动启动

| 区融媒体中心提供 |

▲ 2月4日，北京冬奥会火炬在大运河森林公园接力

| 区融媒体中心提供 |

▲ 3 月 2 日，北京 2022 年冬残奥会火炬接力城市火种采集仪式在大运河漕运码头举行

| 区融媒体中心提供 |

▲ 3 月 16 日，永乐店镇食用菌企业服务保障北京冬奥会

| 区融媒体中心提供 |

/ 重点工程建设 /

▲ 1月24日，北运河杨洼船闸主闸室主体结构完工

| 区融媒体中心提供 |

▲ 4月8日，北京城市副中心站综合交通枢纽工程01标段全面完成钢管柱施工

| 区融媒体中心提供 |

▲ 4月11日，东六环入地改造工程西线隧道“京华号”盾构机成功穿越首个特级风险源——京哈铁路

| 区融媒体中心提供 |

▲ 4月22日，京唐铁路道岔并入京哈铁路工程开始施工

| 区融媒体中心提供 |

▲ 4月25日，东六环入地改造工程西线隧道“京华号”盾构机成功穿越北京城市副中心站交通枢纽

｜区融媒体中心提供｜

▲ 7月3日，北京城市副中心站综合交通枢纽项目01标段工程顺利实现咽喉区关键节点首段结构封顶

｜区融媒体中心提供｜

▲ 7月13日，广渠路东延项目下穿东六环地下综合管廊工程顺利实现双向贯通

| 区融媒体中心提供 |

▲ 8月22日，北京东六环改造项目成功穿越北京地铁6号线特级风险源，图为成型隧道

| 区融媒体中心提供 |

▲ 11 月，安贞医院通州院区实现外立面亮相

| 区融媒体中心提供 |

▲ 12 月，北京城市副中心剧院首栋建筑外檐泛光照明灯调试完成

| 区融媒体中心提供 |

▲ 12月，落户副中心的第一家市属国企总部大楼——北投大厦完成主体结构封顶

｜区融媒体中心提供｜

▲ 12月29日，建设中的东夏园综合交通枢纽

｜区融媒体中心提供｜

/ 产业发展 /

▲ 1月19日，北京城市副中心产业高质量发展推进大会召开

| 区融媒体中心提供 |

▲ 4月18日，通州国际种业科技园区企业通过航天育种培育出的“草莓番茄”新品种

| 区融媒体中心提供 |

▲ 7月19日，“2022年中国（京津冀）鲜食玉米大会暨第八届北京鲜食玉米节”在于家务国际种业科技园区举办。图为专家给参展玉米打分 | 区融媒体中心提供 |

▲ 8月19日，“乐居副中心”房展会在运河商务区“两区”展示会客厅开幕

| 区融媒体中心提供 |

▲ 8 月 27 日，HICOOL 2022 全球创业者峰会上副中心展区

| 区融媒体中心提供 |

▲ 9 月 4 日，2022 年中国国际服务贸易交易会上副中心展区

| 区融媒体中心提供 |

▲ 9月15日，2022年北京通州·河北廊坊北三县项目推介洽谈会举行

｜区融媒体中心提供｜

▲ 9月22日，“北京科技小院”特色农产品“云推介”首站介绍于家务乡富各庄村蘑菇系列农产品

｜区融媒体中心提供｜

/ 文化 /

▲ 1月7日，“运河琴书房——运河古琴阅读主题展”在通州区图书馆开幕

| 区融媒体中心提供 |

▲ 4月1日，通州区“‘忆满京城 情思华夏’——清明节文化活动”在张家湾公园举行

| 区融媒体中心提供 |

▲ 4月20日，2022年“书香副中心”全民阅读活动启动仪式举行

| 区融媒体中心提供 |

▲ 8月4日，通州区七夕文化活动——“千年运河情·情绘副中心”文艺演出在大运河畔举行

| 区融媒体中心提供 |

▲ 8月8日，2022北京（国际）运河文化节在城市副中心城市绿心森林公园开幕

| 区融媒体中心提供 |

▲ 8月8日，大运河文化旅游景区创建高峰论坛举行

| 区融媒体中心提供 |

▲ 8月26日，由国家大剧院、中国音乐家协会主办的“2022台湖爵士音乐节”在国家大剧院台湖露天剧场开幕

| 区融媒体中心提供 |

▲ 9月3日，2022电影频道传媒荣誉之夜在运河文化广场举行

| 区融媒体中心提供 |

▲ 9月22日，2022北京时装周闭幕盛典暨铜牛“萃·至真”发布会在北京时装周永久会址张家湾设计小镇举行

| 区融媒体中心提供 |

▲ 9月23日，2022年北京市通州区农民艺术节、农民丰收节在台湖演艺小镇开幕

| 区融媒体中心提供 |

▲ 9月26日，“国潮——2022运河文化时尚大赏”在北京城市副中心大运河畔上演

| 区融媒体中心提供 |

▲ 9月26日，2022“遇见·运河”国潮文化市集在燃灯塔和周边古建筑群开市

| 区融媒体中心提供 |

/ 旅游 /

▲ 1月22日，北京环球度假区开启首个“中国年”季节性主题活动

| 区融媒体中心提供 |

▲ 2月1日，城市绿心森林公园冰雪嘉年华游乐项目

| 区融媒体中心提供 |

▲ 6月24日，大运河京冀段全线62千米实现通航

| 区融媒体中心提供 |

▲ 7月8日，台湖演艺车间稻小蟹艺术农场巨幅稻田画惊艳亮相

| 区融媒体中心提供 |

▲ 8月19日，文旅融合新品牌——2022“遇见·运河”城市探访系列活动在通州区大运河文化旅游景区北区启动

| 区融媒体中心提供 |

▲ 8月26日，幸“运”一“夏”城市露营大会在北京（通州）大运河文化旅游景区举办

| 区融媒体中心提供 |

▲ 9月3日，升级改造后的大运河漕运码头景区

｜区融媒体中心提供｜

▲ 9月28日，北京公交集团客五分公司的T116路“运河文化主题车厢”正式亮相

｜区融媒体中心提供｜

/ 体育 /

▲ 8月6日，2022年北京自行车联赛（通州站）在大运河森林公园开赛

| 区融媒体中心提供 |

▲ 8月29日，2022年首届“副中心杯”青少年篮球邀请赛举办

| 区融媒体中心提供 |

▲ 9月9日，2022年通州区陆地冰壶体验赛举行

| 区融媒体中心提供 |

▲ 9月18日，2022北京城市副中心运河赛艇大师赛举办

| 区融媒体中心提供 |

▲ 9月22日，2022年“世界无车日”北京市全民健身健康骑行月活动在城市副中心启动

| 区融媒体中心提供 |

▲ 9月27日，2022年通州区第二届“美丽乡村健康跑”举办

| 区融媒体中心提供 |

/ 社会民生 /

▲ 2月17日，通州区通成家园共有产权住房项目正式启动公开摇号

| 区融媒体中心提供 |

▲ 3月1日，潞城社区卫生服务中心含英园分中心试运营

| 区融媒体中心提供 |

▲ 4 月 7 日，通州区儿童康复中心揭牌成立。图为工作人员正在调试康复器材

| 区融媒体中心提供 |

▲ 4 月 13 日，副中心新芽项目——北苑街道后南仓小区中心广场完成改造升级并投入使用，为副中心 2022 年首个亮相的责师新芽项目 | 区融媒体中心提供 |

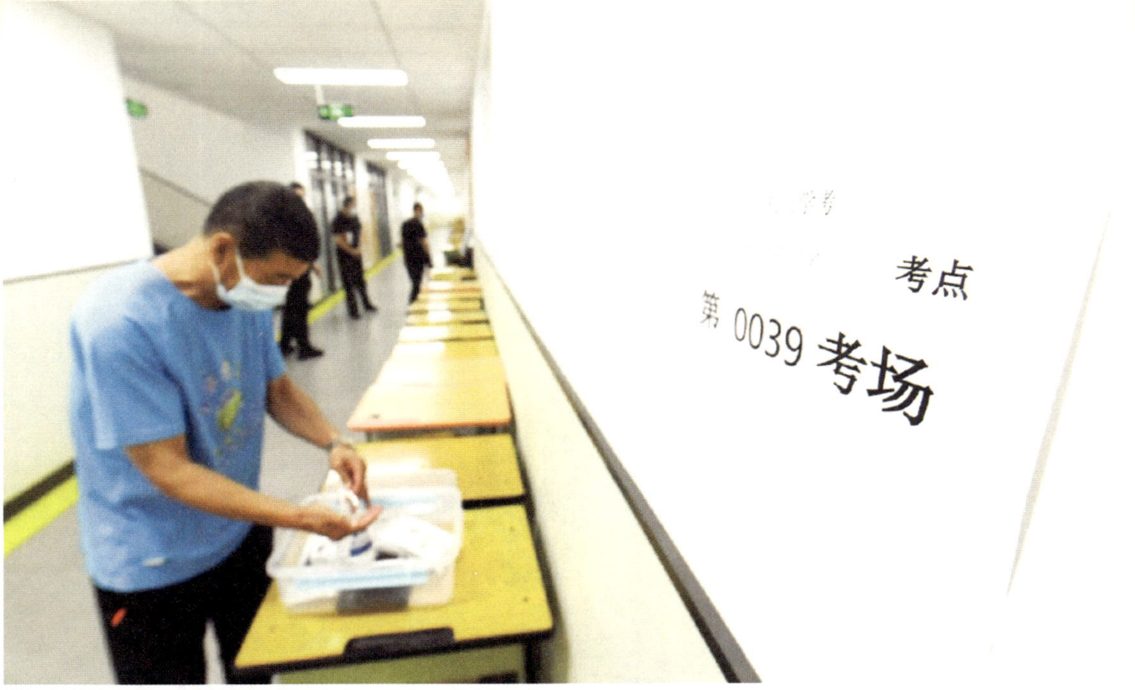

▲ 6 月 22 日，学校在每个考场门口配备消毒液、口罩等防疫用品，做好中考服务保障工作

| 区融媒体中心提供 |

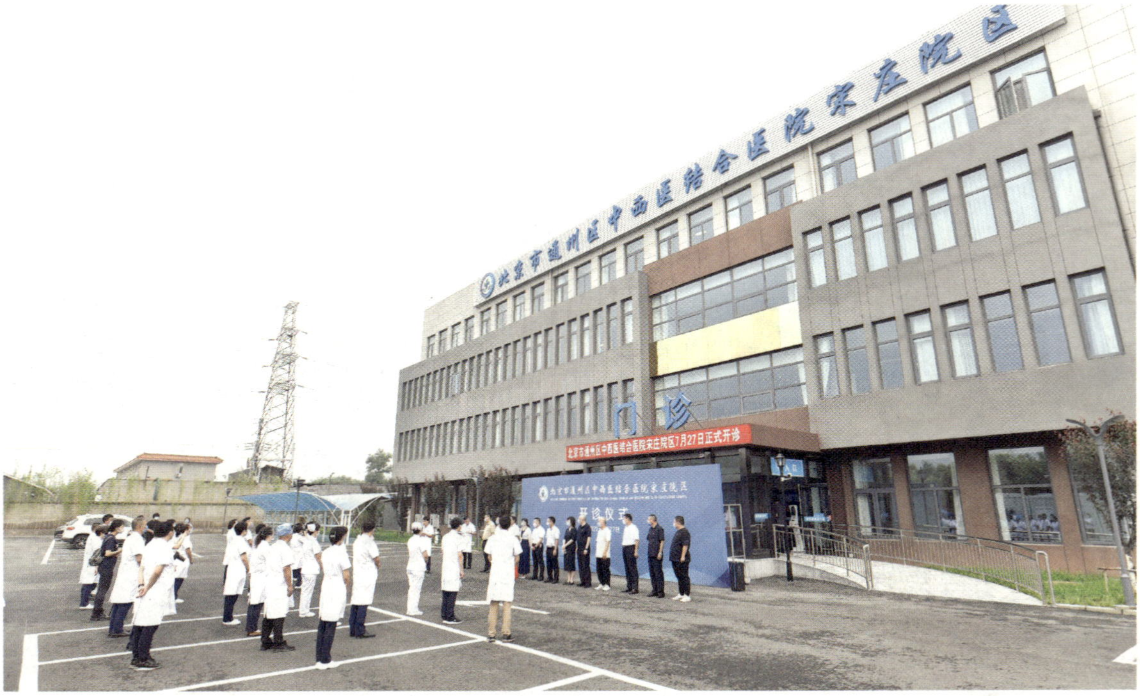

▲ 7 月 27 日，通州区中西医结合医院宋庄院区正式开诊

| 区融媒体中心提供 |

▲ 8月29日，位于台湖镇的北京景山学校通州分校即将开学

| 区融媒体中心提供 |

▲ 12月31日，2023北京城市副中心跨年消费节启动

| 区融媒体中心提供 |

/ 生态环境 /

▲ 3月1日，建设中的通州区河东资源循环利用中心一期工程PPP项目

| 区融媒体中心提供 |

▲ 10月12日，北京城市副中心首个碳循环公园——西马庄公园

| 区融媒体中心提供 |

▲ 9月25日，城市副中心首个国家级野生动物监测站——北京潞湾国家级陆生野生动物疫源疫病监测站在大运河森林公园挂牌　｜区融媒体中心提供｜

▲ 10月，无人驾驶环卫清扫车在北京城市副中心投入使用

｜区融媒体中心提供｜

▲ 10 月 24 日，北京城市副中心最大再生水厂——碧水再生水厂水系景观公园

| 区融媒体中心提供 |

▲ 11 月 17 日，北京城市副中心成功创建“国家森林城市”新闻发布会召开

| 区融媒体中心提供 |

/ 新时代文明实践活动 /

▲ 1月10日，潞城镇大营村新时代文明实践站志愿者在村口为上班族送腊八粥

| 区融媒体中心提供 |

▲ 2月14日，通州区新时代文明实践志愿服务总队面向城市副中心站综合交通枢纽工程建筑工人开展文化文艺志愿服务活动

| 区融媒体中心提供 |

▲ 3月3日，通州区新时代文明实践志愿服务总队在路源街道开展十九届六中全会精神宣讲进基层活动 |区融媒体中心提供|

▲ 3月5日，通州区开展“做新时代的螺丝钉”学雷锋新时代文明实践志愿服务活动。图为黄城根小学学生在《学习雷锋好榜样》的歌声中做广播体操 |区融媒体中心提供|

▲ 4月2日，“绿色清明 文明祭扫”通州区移风易俗新时代文明实践活动在潞城镇举办

| 区融媒体中心提供 |

▲ 4月23日，“卫”爱享健康 文明新风尚新时代文明实践活动在中仓街道举办

| 区融媒体中心提供 |

▲ 9月3日，“交通安全 文明相伴”通州区交通安全宣传月新时代文明实践活动在通州区万达广场启动

| 区融媒体中心提供 |

▲ 9月5日，通州区新时代文明实践中心规范化建设提升工程首场主题培训会召开

| 区融媒体中心提供 |

目 录

区情概览

地情概况

国民经济和社会发展

特 载

专 文

大事记

中国共产党北京市通州区委员会

综 述

重大决策

重要会议

重大活动

组织工作

宣传工作

统一战线

调查研究与全面深化改革

机构编制

区直机关党建

网络安全

保密工作

老干部工作

党校教育

史志编研

通州区人民代表大会

综　述

重要会议

人事任免

代表工作

监督工作

专门委员会

通州区人民政府

综　述

重要会议

重大活动

综合政务管理

外事与港澳事务

政务服务

支援合作

信访

机关事务服务

中国人民政治协商会议通州区委员会

综述

重要会议

政治协商

民主监督

专门委员会

纪检监察

综　述

监督检查

审查调查

作风建设与廉政教育

深化改革

巡察工作

民主党派

中国国民党革命委员会北京市通州区总支部委员会

中国民主同盟通州区工作委员会

中国民主建国会通州区工作委员会

中国民主促进会通州区工作委员会

中国农工民主党通州区工作委员会

中国致公党通州区工作委员会

九三学社通州区工作委员会

人民团体

通州区总工会

共青团北京市通州区委员会

通州区妇女联合会

通州区科学技术协会

通州区工商业联合会

法 治

政法委与综治

法治政府建设

公 安

检 察

法 院

司法行政

仲 裁

军 事

人民武装

人民防空

功能区建设

“两区”建设

运河商务区

中关村科技园区通州园

张家湾设计小镇

国家网络安全产业园区（通州园）

漷县镇医药健康产业集聚区

北京通州国际种业科技园区

北京通州文化旅游区

宋庄文化创意产业集聚区

经济管理

经济社会发展与经济调控

财 政

税 务

审 计

统 计

市场监督管理

综 述

食品药品监督管理

质量技术监督管理

价格管理

消费者权益保护

国有资产监督管理

国有资本运营

私营个体经济管理

投资促进

烟草专卖与管理

农业 农村

综 述

种植业

林 业

养殖业

农机服务

美丽乡村建设

农村经济管理

工业　信息化

工　业

信息化建设与管理

建筑业　房地产业

综　述

建筑业

房地产开发

商贸 服务业

综 述

商业服务业

对外及对港澳台经济贸易

金 融

综 述

银 行

旅 游

综 述

旅游景点建设与管理

旅游活动

行业管理

交通 邮政 通信

道路建设与养护

交通运输

邮　政

通信管理

中国联合网络通信有限公司北京市通州区分公司

中国移动通信集团北京有限公司通州分公司

中国电信股份有限公司北京通州区分公司

中国铁塔股份有限公司北京市通州分公司

生态环境

综　述

水环境治理与保护

生态环境治理与监管

节能减排

生态环境保护

城乡规划与建设

规划和自然资源管理

城乡建设

城乡管理

城市综合管理

接诉即办

城市管理指挥平台

网格化管理

城管执法

交通管理

园林绿化

水 务

公用事业

供 水

供 电

供 热

燃 气

气 象

应急管理

综 述

综合管理

应急救援

防灾减灾救灾

防震减灾

安全生产监管

消　防

科 技

综 述

科技活动

科技成果

知识产权

教 育

综 述

学前教育

学校选介

北京市通州区如意中心幼儿园

北京市通州区临河里幼儿园

基础教育

学校选介

北京教育科学研究院通州区第一实验小学杨庄校区

北京市通州区中山街小学

北京市通州区台湖学校

北京市通州区潞河中学

职业教育　成人教育

学校选介

北京新城职业学校

通州区社区教育学院（北京开放大学通州分校）

特殊教育

民办教育

教育督导

学校选介

北京物资学院

文　化

综　述

文学艺术

文化活动

文化产业

文化设施

文化遗产保护

文化市场监管

融媒体建设

有线电视

档　案

地方志

卫生健康

综　述

医疗服务

疾病防治

基层卫生

卫生监督

妇幼保健

医疗机构选介

首都医科大学附属北京潞河医院

北京市通州区妇幼保健院

体　育

综　述

竞技体育

群众体育

体育行业管理

社会建设

综 述

社会组织工作

社区建设与管理

社会工作者队伍建设

精神文明建设

社会生活

居民收支

人力资源

社会保障

医疗保障

退役军人事务

民政事务

民族宗教事务

残疾人事业

红十字事业

街道　乡镇

潞源街道

通运街道

中仓街道

新华街道

北苑街道

玉桥街道

文景街道

杨庄街道

九棵树街道

潞邑街道

临河里街道

永顺镇

梨园镇

宋庄镇

张家湾镇

漷县镇

马驹桥镇

西集镇

潞城镇

台湖镇

永乐店镇

于家务回族乡

人物　荣誉

附　录

区情概览

地情概况

【地理位置】 通州区位于北京市东南部，京杭大运河北端。地理坐标北纬 39° 36′—40° 02′，东经 116° 32′—116° 56′。东西宽 36.5 千米，南北长 48 千米，面积 906 平方千米。西邻朝阳区、大兴区，北与顺义区相接，东隔潮白河与河北省三河市、大厂回族自治县、香河县相连，南与天津市武清区、河北省廊坊市安次区交界。

【地　貌】 全区地处永定河、潮白河洪冲积平原，地势平坦，平均海拔高程 20 米。分布 13 条河流，总长 245.3 千米，主要河流有北运河、潮白河、凉水河、凤港减河。

【气　候】 通州区属暖温带大陆性半湿润季风气候区。2022 年，年平均气温 12.5℃，平均降水量 534.8 毫米。

【建置沿革】 通州区历史悠久，早在新石器时期，境域内即有人类活动。西汉高祖十二年（公元前 195 年）始建路县，先后改称通路亭、潞县、通州、通县。1948 年 12 月通县解放，分置通县、通州市。1958 年 3 月县市由河北省划归北京市后，合并为北京市通州区。1960 年复称通县。1997 年 4 月撤销通县设立通州区。辖 10 个镇、1 个回族乡、11 个街道。

【人　口】 截至 2022 年底，全区常住人口 184.3 万人，其中，常住外来人口 89.9 万人。常住人口中，城镇人口 137.3 万人。全区户籍人口 84.9 万人，比上年增长 1.7%。其中农业人口 25.4 万人，占总人口的 29.9%；非农业人口 59.5 万人，占总人口的 70.1%。全区常住人口出生率 6.01‰，死亡率 4.3‰。常住人口密度为每平方千米 2034 人。

国民经济和社会发展

【概　况】 2022 年，地区生产总值 1253.4 亿元，比上年增长 2.8%。其中，一、二、三产业增加值分别为 13.4 亿元、466.7 亿元和 773.3 亿元，分别比上年增长 - 0.4%、3.8% 和 2.2%。三次产业结构比为 1.1 ∶ 37.2 ∶ 61.7。一般公共预算收入 89.4 亿元，比上年增长 -3.2%；税收总额 251.2 亿元，比上年增长 0.6%。全社会固定资产投资（不含农户）比上年增长 0.5%。实现社会消费品零售总额 539.6 亿元，比上年下降 4.2%。全区居民人均可支配收入 51618 元，比上年增长 3.9%。金融机构人民币各项存款余额 6876.3 亿元，比年初增加 825.1 亿元。

【新冠肺炎疫情防控】 面对持续三年的新冠疫情，通州区始终严格执行中央和市委的各项决策部署，以确保首都安全为首要政治责任，以最大程度保护人民群众生命安全和身体健康为目标，贯彻“外防输入、内防反弹”和“动态清零”要求，动员全区各方力量，不断巩固和扩大疫情防控阻击战成果，有力应对了多轮疫情冲击。严把进京关口，完成了全市 40% 进京人员车辆查验；顺利完成隔离人员转运、隔离点服务保障等各项工作。因时因势优化完善防控措施，深入落实疫情防控“二十条”“新十条”要求，持续加强医疗救治，强化社区服务保障，千方百计保障群众就医用药和生活需求。

【农　业】 全区实现农林牧渔业现价总产值 31.3 亿元，比上年增长 0.5%。其中，农业产值 17.6 亿元，比上年增长 4.8%；林业产值 9.6 亿元，比上年下降 5.2%；牧业产值 3.4 亿元，比上年增长 3.4%；渔业产值 0.5 亿元，比上年下降 30.6%；其他 0.2 亿元。设施农业收入 7.7 亿元，比上年增长 2.1%。设施农业实际利用面积 1628 公顷，比上年增长 2.8%。其中，温室占地面积 834 公顷，比上年增长 2.4%；大棚占地面积 722 公顷，比上年下降 1.0%；中小棚占地面积 72 公顷，比上年增长 84.3%。

【工　业】 实现工业增加值 216.6 亿元，比上年下降 7%。有规模以上工业企业 333 家，完成工业总产值 595.3 亿元，比上年下降 8%。其中，高技术制造业产值 148.4 亿元，比上年下降 10.2%。规模以上工业营业收入 827.3 亿元，比上年下降 6.7%。其中，高技术制造业营业收入 145 亿元，比上年下降 10.8%。

【对外经贸】 新增外商投资企业 59 家，比上年减少 66 家。新增外商投资企业注册资本 5.6 亿美元，比上年下降 33.9%。实际利用外资 8307.6 万美元，比上年下降 79.6%。年内，进出口贸易总额 197.5 亿元，比上年增长 11.1%。其中，出口创汇总额 89.6 亿元，比上年增长 19.1%；进口付汇 107.9 亿元，比上年增长 5.2%。

【固定资产投资】 全区固定资产投资比上年增长 0.5%，其中建安投资比上年增长 17.1%。分产业看，第一产业投资比上年增长32.3%，第二产业投资比上年增长72%，第三产业投资比上年下降8.4%。基础设施投资比上年下降7.2%，主要集中在道路交通、水务和园林绿化三大领域。其中道路交通类投资比上年下降7%，占基础设施投资比重的76.3%；水务领域投资比上年下降24.9%，占投资比重的7.6%；绿化类投资比上年增长5.5%，占投资比重的9.7%。

【金　融】 全年实现金融业增加值133亿元，比上年增长10.8%。金融机构人民币各项存款余额6876.3亿元，比上年增加825.1亿元。其中个人存款2552.8亿元，比上年增加397.8亿元。金融机构人民币各项贷款余额2553.4亿元，比上年增加576.5亿元。截至年底，通州区有19家证券经营机构，证券账户62.3万户。全年各类证券交易额4674.3亿元，比上年增长17.2%。其中，股票交易额2390.5亿元，下降7.4%；基金交易额88.7亿元，增长46.9%；债券交易额1926.6亿元，增长83.8%；融资融券交易额152.6亿元，下降26.4%。

【建筑业　房地产开发】 全年完成建筑业增加值251亿元，比上年增长15.4%。全区具有资质等级的总承包和专业承包建筑业企业198家，完成建筑业总产值2168亿元，比上年增长7.8%。其中在市外完成产值1978.7亿元，比上年增长6.1%；在市内完成产值189.4亿元，比上年增长29.3%。签订合同额6967.7亿元，比上年增长36%。其中新签合同额2800.3亿元，比上年下降2.9%。房屋建筑施工面积19023万平方米，比上年增长13.3%；竣工面积4102万平方米，比上年增长35.7%。

房地产开发投资比上年下降14.5%，其中住宅投资比上年下降27.6%，办公楼投资下降53%，商业营业用房投资增长115.8%。

全区房地产开发房屋施工面积1531.1万平方米，比上年增长1.2%。其中，2022年新开工面积151.2万平方米，增长43.7%。全年房屋竣工面积373.5万平方米，增长242%。

全区政策性房屋施工面积560.3万平方米，比上年下降0.4%。政策性房屋销售面积18.5万平方米，增长25.7%。其中，定向安置房销售面积3.6万平方米，下降72.1%；限价房销售面积3.3万平方米，增长150.1%。

【旅游业】 截至年底，全区有乡村旅游经营户36家，与前一年数量持平。全区旅游收入76.9亿元，同比增长1.7%。其中餐饮类收入7.8亿元，住宿类收入7.4亿元，交通类收入8.3亿元，游览类收入4.5亿元，购物类收入8.1亿元，文化娱乐及其他类收入40.9亿元。全区净游客量923.6万人次，同比增长57.5%。其中景区旅游接待量970.9万人次，住宿业接待量70.2万人次，乡村旅游接待量44.8万人次。

【交通　邮电】 截至年底，全区公路里程2358千米，比上年增长1.4%。其中，区级以上公路518.3千米，区级以下公路里程1839.7千米。民用机动车保有量56.1万辆，比上年增长1.8%。有私人汽车30万辆，增长4.1%，其中，轿车17.2万辆，增长0.8%。郊区客运汽车628辆，客运线路71条。营运出租汽车2293辆。拥有货运汽车21981万辆，从事货运户数2074户。水域游船174艘，其中自航船18艘。

全区有邮政局所34个，其中农村18个。实现邮政业务总量2.5亿元，比上年增长6.2%。订销杂志90.3万份，比上年增长9.9%；出口包裹快递1079.2万件，比上年增长16.6%；进口包裹快递1902.5万件，比上年增长40.9%。邮政储蓄收储余额91.7亿元，比上年增长7.9%。

全年固定电话用户21.6万户，与上年持平；移动电话用户212.1万户，增长2%；（固定）互联网宽带接入用户71.7万户，增长10.4%。年末实有有线电视接收用户31.3万户。

【城乡建设与管理】 年内，细颗粒物（$PM_{2.5}$）年均浓度33微克/立方米，下降8.3%。二氧化氮年均浓度值29微克/立方米，比上年下降12.1%。二氧化硫年均浓度值3微克/立方米，与上年持平。全区有污水处理厂167座，全年污水处理率94.5%，比上年提高2.3个百分点；生活垃圾无害化处理率100%。

全区森林面积45.83万亩，森林覆盖率33.78%。全年造林面积1.5万亩，公园绿地500米服务半径覆盖率91.2%，城市绿化覆盖率达50.95%。人均公园绿地面积达18.75平方米。

全年自来水销售量5279.9万立方米，比上年增长2%。其中，生产运营用水177.5万立方米，比上年下降17.5%；公共服务用水1646.3万立方米，比上年下降3.5%；居民家庭用水3456.1万立方米，比上年增长4.2%。全年通州地区用电量达到84.3亿千瓦时，比上年增长7.4%。其中，生产用电56.2亿千瓦时，增长5%；城乡居民生活用电28.1亿千瓦时，增长12.5%。

【科技　教育　文化　卫生　体育】 全年累计专利授权量6948件，其中发明专利926件。拥有有效发明专利3740件。截至年底，全区有幼儿园245所，比上年减少3所；在园幼儿58926人；专任教师4889人。小学招生14743人，在校生81793人，毕业生8923人；专任教师4493人。有初、高中学校48所；初、高中招生12399人，毕业生9187人，在校生34241人；初、高中共有专任教师4673人。

截至年底，全区有专业电影院12个、基层文化中心22个，全年有文化演出1392场。有公共图书馆1个，总藏书量92.6万册。拥有区级以上文物保护单位49处。有线电视接收用户31.3万户。

截至年底，全区有卫生机构627个，其中医院22个。卫生机构实有床位4483张，其中医院3854张，社区卫生服务中心424张，专业公共卫生机构205张。有卫生技术人员11186人，其中执业医师4043人、注册护士4418人。

截至年底，全区有多功能球场20块。全年举办各类区级竞赛15次。参加市级各类竞赛获得奖牌129枚，其中金牌30枚、银牌50枚、铜牌49枚。年内，体育活动经费投入达3680万元。

【人民生活】　年内，居民人均可支配收入51618元，比上年增长3.9%。全区居民人均消费支出为33143元，比上年下降0.8%。恩格尔系数为25.3%，比上年减少0.2个百分点。全区人均住房面积37.89平方米，与上年持平。其中城镇居民人均住房面积34.83平方米，与上年持平。

【人力资源和社会保障】　城镇登记失业率3.92%，城镇登记失业人员实现就业1.6万人，失业人员就业率66.89%。失业人员参加培训1624人。全区参加职业技能培训1.7万人次，促进城乡就业2.4万人。城乡居民最低生活保障标准提高至1320元。城市居民最低生活保障1009户1561人，农村居民最低生活保障2090户3438人。农村特困救助供养384人，城市特困救助供养89人。截至年底，全区有提供住宿机构36个。其中，养老机构28个，年末在院人数1553人。2022年，全区城乡居民养老保险参保18.3万人；参加基本养老、基本医疗、失业保险人数分别为68.4万人、32.2万人和56.6万人；参加工伤保险人数51.1万人，领取工伤保险金额1.3亿元。

【精神文明　民主法治建设】　完成对中国文明网·北京通州网站、“文明通州”微信公众号、微博等平台的提档升级。围绕背街小巷环境整治提升、精神文明五大创建等重点内容，在《北京日报》《北京城市副中心报》等推出专版、专栏、专题片等，累计发布信息1.3万余条，点击量约1010万次。统筹推进新时代文明实践中心建设和志愿服务制度化工作，建成书香、交通、助老、医疗健康、助残、白领、劳动者、园艺等8+N类新时代文明实践驿站128个。建设理“响”驿站、大运河林下讲习所、科技小院讲习所等特色理论宣讲阵地，设置“学习强国”书屋、“平”语近人读书角1743处。举办“二十大和咱老百姓”“红色经典诵读”等文明实践活动5900余场，参与群众11.8万人次。“白领文明驿站”“红色经典诵读班”“六融合五走进”工作法被评为北京市新时代文明实践创新案例。焦善鸣、张红丰、高艳辉等7人获得2021—2022年度“首都精神文明建设奖”称号。

（张亚昆）

在中共北京市通州区第七届委员会第五次全体会议上的报告

中共北京市通州区委书记　赵　磊

2022 年 12 月 26 日

一、2022 年的主要工作

2022 年是党的二十大胜利召开、党团结带领全国各族人民以中国式现代化全面推进中华民族伟大复兴的起航之年，是新一届市委大力推动新时代首都发展、率先基本实现社会主义现代化的开局之年，也是新一届区委全力推动副中心高质量发展极不平凡的一年。这一年，我们始终以习近平新时代中国特色社会主义思想为指导，在市委的坚强领导下，深入贯彻党的十九大、二十大和市第十三次党代会精神，全面落实党中央和市委各项决策部署，坚定不移把方向、谋大事、强党建、抓落实、保平安，坚决服务保障好党的二十大、全国两会、冬奥会冬残奥会、服贸会等重大活动。党的二十大胜利召开后，在全区全面掀起学习宣传贯彻党的二十大精神热潮，迅速把全区干部群众思想统一到党的二十大精神上来。

一年来，我们坚持首善标准，高效统筹疫情防控和经济社会发展。面对持续三年的疫情，我们始终严格执行中央和市委的各项决策部署，以确保首都安全为首要政治责任，以最大程度保护人民群众生命安全和身体健康为目标，贯彻“外防输入、内防反弹”和“动态清零”要求，动员全区各方力量，不断巩固和扩大疫情防控阻击战成果，有力应对了多轮疫情冲击。严把进京关口，完成了全市 40% 进京人员车辆查验；顺利完成隔离人员转运、隔离点服务保障等各项工作；持续加固免疫屏障，全程疫苗接种率提高到 123.9%。因时因势优化完善防控措施，深入落实疫情防控“二十条”“新十条”要求，持续加强医疗救治，强化社区服务保障，千方百计保障群众就医用药和生活需求。积极主动为恢复经济创造各种有利条件，促投资、促消费，大力解决企业用工及供应链等关键问题，开展“一企一策”专门服务。主要经济指标实现稳中有进、进中提质。预计全年地区生产总值同比增长 3% 左右；社会消费品零售总额实现 540 亿元左右；一般公共预算收入实现 89.4 亿元，还原口径同比增长 0.2%；全社会固定资产投资保持千亿规模，建安投资总量保持全市第一，持续为全市经济大盘添秤加码，人民群众美好生活更有温度、更有质感。

一年来，我们坚持一年一个节点、每年都有新变化，城市副中心生机勃发态势持续发展。充分发挥副中心承载重大项目“主阵地”作用，持续保持千亿级投资强度，以全面发力、攻坚突破之势强力推进 230 项重点项目建设。城市绿心三个文化设施基本完工，人文新地标展露初容。东六环入地改造西线隧道首段贯通，副中心站综合交通枢纽主体工程进度超四成，6 号线南延、M101 线、通马路交通枢纽等一批工程加快推进，副中心联通南北、贯通东西的交通网络加快成型。重要功能区多点开花，行政办公区二期加快建设，运河商务区新投用 30 万平方米，文化旅游区车辆段综合利用项目开工建设。城市更新成效突出，引入社会资本参与西营前街等社区级家园中心建设，南大街保护更新项目启动腾退，北小园老旧小区综合整治等项目入选全市城市更新“最佳实践”案例，一批背街小巷综合治理片区建成达标，清新亮丽、宜居宜游的老城新貌跃然而出。

一年来，我们坚持优势互补、互利共赢，京津冀协同发展向更高水平迈进。与北三县一体化高质量发展全面发力、纵深推进，总体方案获国务院批复。产业链深度融合，连续四年举办北京通州与廊坊北三县项目推介洽谈会，今年 37 个项目完成签约；研究制定通州区与北三县区域内差异化新增产业禁限目录，推动构建“研发试验—成果转化—科技孵化—产业化”的一体化产业链条。交通一体化格局加快形成，京唐城际铁路即将通车运营，地铁平谷线、厂通路等道路加快建设，觅子店等检查站前移至河北段。区域生态空间加快构建，潮白河生态绿带等交界地区生态规划深度衔接，大运河京冀段62千米实现历史性旅游通航，机动车超标排放信息实现共享，执法督查专班共同监督贴边建设行为。公共服务合作稳步实施，潞河医院、区妇幼保健院、东直门医院通州院区与北三县医疗机构组建医联体，3654项政务服务事项纳入区域通办。坚持与雄安新区错位发展、互为促进，“两翼”合力承接非首都功能疏解取得新成效。

一年来，我们坚持城乡互促、产业助推，乡村振兴基础更加牢固。编制完成全市首个非建设空间管控规划，形成了全域、全要素、全周期的非建设空间管控一张蓝图。充分发挥特色小镇一端连接城市，一端连接乡村的功能作用，产城之间、城乡之间融合发展迈出新步伐。张家湾设计小镇北京国际设计周永久会址正式运营，台湖演艺小镇精品酒店完工，宋庄艺术创意小镇正在成为艺术淘宝地和网红打卡地，台马组团深度融入经开区发展，潞城、西集、漷县、永乐店、于家务等特色小镇发展活力持续释放。国际知名企业先正达集团等一批龙头项目入驻国际种业科技园，特色农业、科技农业蓬勃发展。压实粮食安全保障责任，充分发挥粮食安全的“压舱石”作用。农文旅融合深入推进，乡村精品民宿吸引大量游客。在全市率先实现生态林全部移交集体林场养护，永乐店、西集等一批集体林场改革加快推进，带动绿岗就业6000余人；潞城、漷县、于家务试点探索林下经济多元化发展模式，有力推动了乡村振兴和农民增收。美丽乡村建设压茬推进，农村人居环境综合排名稳居全市前列。

一年来，我们坚持高质量发展，高精尖产业结构加快构建。聚焦“3+1”主导功能，全区新增市场主体1.5万户，高精尖产业加快聚链成群、蓄能成势。商务服务功能不断强化升级，总部经济规模进一步壮大，中石油华北新能源等32家优质央企、市属国企注册落地，北银理财、招商信诺等36个金融项目成功落地，金融机构存贷款余额增速在全市名列前茅，金融业实现增加值和区级税收占比均超过10%。环球主题公园溢出效应加快显现，城市大道入选国家级夜间文化和旅游消费集聚区，全区文体娱乐业收入同比增长185.2%。科技创新引擎动能更加强劲，率先出台“元八条”等支持政策，蓝色宇宙等150家企业落地张家湾设计小镇，65家网安类企业入驻国家网络安全产业园，市级重点实验室等创新平台达到38个，福元医药、凯德石英、诺思格、华新环保成功上市。“两区”开放阵地深入拓展，入库项目累计落地319个，在推外资项目数量居全市前列。深入落实企业减负政策，“轻挑担子好赶路”的产业发展环境加快构建，实施系列纾困惠企措施，累计完成减税降费46.9亿元，“服务包”企业扩容至837家，区级政务服务事项100%实现全程网办。

一年来，我们坚持系统思维、基层导向，城乡治理水平不断提升。全面吹响副中心“基层治理年”集结号，聚焦超大城市治理特点和副中心工作特色，深化市域社会治理现代化试点创建，在治理广度、深度、温度上不断求突破。全面完成“基层治理年”18项任务，有效夯实基层治理基础，形成了一批有影响力的经验和品牌。深入开展动静交通疏堵综合治理，交通秩序不断改善，通行效率持续提升。坚持深化“疏整促”专项行动，拆除违法建设350.6万平方米，腾退土地384.5公顷，“基本无违法建设区”取得显著进展。以接诉即办、未诉先办为抓手，第一时间听民意、察民情、解民忧，实施439个小微项目惠民生工程，用见面促“解决”，用实干换“满意”，考评成绩实现新突破，两个治理类乡镇实现退出。持之以恒抓好两个“关键小事”，物业服务更加精细高效，垃圾分类示范片区实现全覆盖。发布实施智慧城市规划，智慧政务等28个标杆示范项目全面铺开，新增5G基站330个，数字基底不断夯实，“文明数治”管理平台在全市率先实现“一网统管”。坚持高位统筹，注重条块结合，强化督导考核，立体式推进全国文明城区常态化创建，累计整改问题12.2万余个，副中心的文明底色更鲜明、更浓郁。常态化开展扫黑除恶，依法精准打击养老诈骗等各类违法犯罪活动。全面推进依法治区工作，广大干部法治思维和依法办事能力进一步增强，全国法治政府建设示范区创建成功。

一年来，我们坚持在发展中保障和改善民生，人民生活更有品质、更加幸福。围绕“七有”目标和“五性”需求，强化优质公共服务供给，织密民生保障网络，群众美好生活的基石更加稳固。北京景山学校通州分校等一批新校投入使用，新增学位8730余个，“幼有所育”连续三年全市第一。教师交流轮岗常态化开展，“双减”政策深入推进，一体化、集团化办学体系加快形成，城乡教育更加优质均衡。通州妇幼成功晋级全市区县级首批三级甲等妇幼保健院，友谊医院通州院区二期等一批优质医疗项目加快建设，27处急救站点建设完工，医疗资源覆盖更加全面、配置更加优化。深入推进大运河文化带建设，“三庙一塔”、漕运码头等重点区域提升改造工程全面完成，国家AAAAA级旅游景区创建具备迎检条件。高水平举办赛艇大师赛等品牌赛事活动，品读文化、崇尚体育、乐享健康的生活方式日益成为新风尚。强化就业优先政策，促进城乡劳动力就业2.4万人，高校毕业生就业率达到96.2%。新增养老床位3429张，162家养老驿站基本实现社区居家养老全覆盖。全面落实社会救助各项政策，稳步推进参保扩面，全力实现应保尽保。落实“房住不炒”，强化职住平衡，建设筹集各类保障性住房2.9万套，居全市第一。

一年来，我们坚持贯彻绿色发展理念，国家绿色发展示范区建设迈出坚实步伐。聚焦绿色产业培育、绿色能源供给、绿色生态建设，全面推动城市发展绿色转型。绿色金融加快发展，全市首单国家核证自愿减排量质押贷款、首支百亿规模绿色基础设施投资基金等一批首创性金融项目实现落地，成功入选首批国家应对气候变化投融资试点地区和林业碳汇试点城市，“碳资产综合监测管理模式”入选生态环境部典型案例，绿交所成交额突破32亿元。注重源头减碳，全市功能规模最大的再生水源热泵项目获批立项，国际财富中心光伏项目实现并网发电，低碳能源供给体系加快构建。生态环境持续优化，$PM_{2.5}$ 累计浓度降至33微克/立方米，四项大气主要污染物浓度均创历史新低，国市控考核断面水质全部达标，164千米绿道实现贯通，新一轮百万亩造林任务全面完成，国家森林城市创建成功，蓝天常伴、碧水常清、水岸常绿的生态美景成为百姓最普惠的福祉。

一年来，我们坚定不移推动全面从严治党向纵深发展，为各项工作的顺利开展提供坚强政治保障。坚持和加强党对各项工作的领导，坚持把党的政治建设摆在首位，坚持和捍卫“两个确立”，持续增强“四个意识”、坚定“四个自信”、做到“两个维护”，不折不扣落实党中央和市委各项决策部署。区委总揽全局、协调各方作用进一步发挥。严格落实人大常委会、政府、政协、纪委监委、法院、检察院党组定期向区委常委会汇报工作的制度。支持人大、政协进一步加强自身建设、更好发挥职能作用，在基层治理、美丽乡村等重点领域作出突出贡献。加大区级、街道乡镇、职能部门改革统筹与督导力度，45项改革要点落地见效。大力加强统战工作，实施“五大专项行动”共建乡村振兴基地，民主党派、工商联、无党派人士作用得到更充分发挥。军民融合深度发展。老干部工作不断加强。工会、共青团、妇联、残联、红十字会、文联、科协等人民团体桥梁纽带作用更加突出。扎实推进副中心干部队伍建设三年行动计划收官，加强体系化干部教育培训，累计调整干部359人次，培训干部1608人次，干部队伍实现“三升两降一优化”（新提拔和进一步使用干部数量、干部交流轮岗数量、干部前学历比例大幅提升；干部平均年龄、未配备全日制学历干部的班子数量持续降低；专业化干部结构明显优化）。从严把好组织统筹关、环节程序关，高标准选举产生出席市第十三次党代会代表。区级四套班子成员对470个村进行全覆盖、点对点指导，持续加大软弱涣散村整顿力度。创新打造“两新”党建品牌，各领域党组织的政治功能和组织功能进一步加强。统筹推进副中心国际人才服务管理改革的17条专项政策措施落实落地，研究开发人才服务智慧平台，国际人才社区加快建设。持续加强宣传舆论工作，开展“强国复兴有我”、二十大精神宣讲等系列活动，“通州发布”“副中心之声”等全域联动的传播矩阵集中发力，围绕各领域发展成果开展系列新闻发布会和专题报道，副中心声音更响、品牌更亮。坚决扛起全面从严治党主体责任，构建“五大板块”创新监督模式，开展监督检查5万余次。切实抓好市委巡视反馈问题整改落实，持之以恒发挥政治巡察综合监督作用，先后对25个处级单位开展巡察。坚持“三不腐”一体推进，处置问题线索752件次，立案审查调查88件，给予党纪政务处分138人次；查处职务犯罪13人，留置13人；查处违反中央八项规定精神问题11人，给予党纪政务处分10人，全区政治生态持续向好。

以上是区委常委会一年来的主要工作。这些成绩的取得，是以习近平同志为核心的党中央领航掌舵、深切关怀的结果，是市委统筹调度、操盘把脉的结果，是城市副中心党工委管委会牵头抓总、全力推动的结果，是市级各部门、各兄弟区、津冀地区鼎力支持、紧密协作的结果，是全区广大党员干部迎难而上、艰苦奋斗的结果，是社会各界人士同心同德、无私奉献的结果。在此，我代表区委常委会，向大家的辛勤付出致以最崇高的敬意和最衷心的感谢！

与此同时，我们也要清醒地认识到，对标党的二十大所擘画的新蓝图、作出的新部署，对标中央、市委对城市副中心的新要求，对照人民群众对美好生活的新期待，我们的工作还存在不少短板和不足，面临不少挑战和问题。国际形势复杂严峻，防范化解“黑天鹅”“灰犀牛”等风险的任务依然艰巨，还需进一步增强忧患意识，锚定副中心建设的既定目标，下好先手棋、打好主动仗。居民消费意愿偏弱，社会投资带动不足，企业生产经营困难较多，财税收入增长面临压力，还需拿出更多务实有力的措施促消费、稳投资、保增长。对标人民群众“七有”目标和“五性”需求，民生保障、城市治理、生态建设等领域还存在短板弱项，防治“大城市病”还需持续用力。农村地区发展不平衡、不充分的问题还没有得到有效解决，还需进一步以改革的方法破解难题，推动集体经济可持续发展，促进农民持续增收。全面从严治党主体责任压力传导层层递减的问题依然存在，群众身边的腐败和作风问题还时有发生。针对这些问题，我们一定高度重视，在今后工作中努力加以解决。

二、深刻学习贯彻党的二十大精神，凝聚起更加强劲的奋斗力量

同志们，这次区委全会正值全国上下全面开展学习宣传贯彻党的二十大精神的热潮当中。党的二十大，回顾总结了过去五年的成就和新时代十年的伟大变革，全景展示了一个欣欣向荣的中国，科学擘画了一个令人向往的未来，深刻阐释了党从一个胜利走向另一个胜利的成功密码。我们深刻认识到，这些辉煌成就的取得和光明前景的实现，最根本的就在于有习近平总书记的掌舵领航，有习近平新时代中国特色社会主义思想的科学指引。学习好宣传好贯彻好党的二十大精神，是当前和今后一个时期贯穿于城市副中心建设发展全过程的首要政治任务和头等大事。全区广大党员干部群众学习贯彻党的二十大精神的热潮日益高涨，以党的二十大精神指导和推动工作实践、在副中心率先实现中国式现代化的思想自觉和行动自觉日益强烈。学之愈深、信之愈坚、行之愈笃，我们要持续深入学习宣传贯彻党的二十大精神，以实际行动把党的二十大精神转化为更高水平、更高质量推动城市副中心建设发展的磅礴力量，努力做到“三个更进一步”。

第一，要在学深悟透、把握精髓上更进一步。我们要立足中华民族伟大复兴全局，进一步深刻领会习近平总书记对推进马克思主义中国化时代化一脉相承又与时俱进的重大贡献，深刻领悟党的二十大精神所蕴含的思想伟力，始终站在国家发展全局、京津冀协同发展战略的高度，理

解和把握以习近平同志为核心的党中央对建设城市副中心的指示要求，努力做到知其言更知其义、知其然更知其所以然。要上下贯通、覆盖全面、系统深入地开展学习，充分发挥学习强国副中心平台、理论学习中心组等阵地作用，精心组织学习贯彻党的二十大精神集中轮训和各层级、各领域党员干部学习活动，持续用党的创新理论武装头脑、指导实践。

第二，要在学思践悟、推陈出新上更进一步。我们要深刻理解党的二十大精神所蕴含的世界观方法论和贯穿其中的立场观点方法，全面把握中国式现代化的中国特色、本质要求和重大原则，锚定“创造经得住历史检验的城市副中心质量”这一千年城市建设标准，切实用党的理论创新成果指导思路创新、模式创新和方法创新，把改革创新作为有效破解城市副中心高质量发展难题的“金钥匙”，形成更多推动城市副中心阔步向前、振翅高飞的新机制和新办法。

第三，要在学以致用、推动落实上更进一步。我们要始终牢记“空谈误国、实干兴邦”，全面把握党的二十大作出的各项战略部署，紧密联系副中心发展面临的新的战略机遇、新的发展阶段、新的目标任务和新的工作要求，前瞻十五年、聚焦头五年、干好新一年，一步一个脚印地走好新的高质量发展之路。要紧盯重点任务，进一步细化行动方案，明确路线图、时间表和责任链，做好施工队长、当好施工队员，不折不扣推动党中央、市委各项决策部署落细落实落到位，在北京率先基本实现社会主义现代化的进程中，不断做出新成绩新贡献。

道阻且长，行则将至。建设城市副中心是习近平总书记亲自谋划、亲自部署、亲自推动的历史性工程，饱含着总书记的战略思考和殷切期待。副中心控规批复、高质量发展意见的发布，无不体现着党中央、国务院对我们的极大支持与无比厚爱。我们唯有奋勇前进，才能不负时代重托；我们唯有锐意进取，才能不负人民所嘱；我们唯有埋头苦干，才能不负逐梦韶华。我们正处在一个新的美好时代，适逢一个新的历史机遇，我们完全有基础、有条件、有底气、有能力，在大有可为的时代更加奋发有为、更加善作善为。要牢记历史使命，深入落实市委“立长远、强功能，全面上台阶”的要求，压紧压实工作责任，争分夺秒狠抓落实，切实用实干实绩来检验学习贯彻党的二十大精神的成果。为此，我们要着力做到“六个必须”。

一是必须旗帜鲜明讲政治，确保一张蓝图干到底。我们要牢记“看北京首先要从政治上看”的要求，更加自觉地坚持和捍卫“两个确立”，持续增强“四个意识”、坚定“四个自信”、做到“两个维护”，始终在政治立场、政治方向、政治原则、政治道路上同党中央保持高度一致，凡事从政治上考量、在大局下行事，按照市委统一部署，一往无前、奋勇拼搏，坚决把习近平总书记亲手擘画的城市副中心宏伟蓝图变为美好现实。

二是必须坚持高质量发展，坚定做好经济工作的信心决心。信心比金子更重要，稳增长必先稳信心。深入落实中央经济工作会议精神，敢担当、善作为、察实情，全力推动“五大政策”“六个更好统筹”落地见效。我们要全面加力、提速、增效，主动服务、融入“双循环”新发展格局，紧盯投资、消费、外资利用、现代化产业体系建设等工作，抓落实、抢进度、强攻坚，进一步提振市场信心和消费活力，以新气象、新作为推动高质量发展取得新成效，实现经济发展质的有效提升和量的合理增长。

三是必须坚持区域协同，以更大作为服务和推动新时代首都发展。城市副中心是首都的副中心，是京津冀协同发展的重要战略支点。我们要牢牢把握“首都”这个最大市情和“副中心”这个最大区情，深入落实区域协调发展战略，拿出副中心党员干部动真碰硬、担当实干的劲头，以追求卓越、臻于至善的进取精神，着力实现副中心与中心城区“主副共兴”，与北三县一体化高质量发展，与雄安新区“比翼齐飞”，努力在新时代首都发展中作出新的更大贡献。

四是必须坚持以人民为中心的发展思想，想人民之所想、行人民之所嘱。千头万绪的事说到底是千家万户的事。我们要始终牢记“江山就是人民，人民就是江山”，始终心怀“国之大者”，围绕民生急需，推动补短板重大项目建设，用心用情用力解决好群众急难愁盼问题，保障好因疫因灾遇困群众和老弱病残等特殊群体的基本生活。坚持完善硬件和优化服务深度融合、同步提升，着力提高生态环境、城市治理、民生保障、公共服务质量和水平，全力打造一个“不一样的和谐宜居之城”，不断把人民群众对美好生活的向往变为现实。

五是必须统筹好发展和安全，着力防范化解风险隐患。发展是第一要务，安全是发展的前提。我们要常怀远虑、居安思危，牢固树立底线思维，主动识变应变求变，全力战胜前进道路上各种困难和挑战。加强金融、地方债务风险防控，有力推动房地产业向新发展模式平稳过渡，守住不发生系统性风险的底线。坚持用大概率思维应对小概率事件，在安全生产、社会稳定、应急体系建设等方面，注重堵漏洞、强弱项，筑牢安全屏障、增强城市韧性，加快建设更高水平的平安副中心，确保社会和谐稳定、人民安居乐业。

六是必须驰而不息推进全面从严治党，为副中心高质量发展提供坚强政治保障。城市副中心实现千年城市的宏伟蓝图，关键在党。我们要始终牢记，全面从严治党永远在路上，党的自我革命永远在路上。要坚持党管干部原则，着力建设堪当重任的高素质干部队伍。坚持制度治党、刀刃向内，把严的基调一贯到底，始终保持“赶考”的清醒和谨慎，以风清气正的政治生态护航副中心号巨轮行稳致远。

三、2023 年工作的主要目标和任务

2023 年是全面贯彻落实党的二十大精神开局之年，也是实施“十四五”规划承上启下、推动城市副中心开创新局面的关键一年，做好全年工作意义重大。中央经济工作

会议和市委十三届二次全会已对明年工作作出安排，要认真学习、深刻领会，结合城市副中心实际抓好落实。2023年工作的指导思想是：以习近平新时代中国特色社会主义思想为指导，全面学习宣传贯彻党的二十大精神，深入落实习近平总书记对北京重要讲话精神和对城市副中心指示精神，统筹疫情防控和经济社会发展取得重大积极成果；坚持稳中求进工作总基调，以高质量发展为主题，完整、准确、全面贯彻新发展理念，把扩大内需放在优先位置，全力推动经济运行整体好转，实现质的有效提升和量的合理增长；坚持以新时代首都发展为统领，牢牢把握城市副中心战略定位，聚焦“立长远、强功能，全面上台阶”，更好发挥北京重要“一翼”作用；坚持和加强党的领导，驰而不息推进全面从严治党向纵深发展，全力保障城市副中心实现更高质量、更可持续、更为安全的发展。

2023年经济社会发展的主要目标建议是：实现地区生产总值同比增长5%左右；全社会固定资产投资超过1000亿元；一般公共预算收入同比增长3%左右；社会消费品零售总额同比增长5%左右；居民人均可支配收入稳步增长；登记失业率控制在5%以内。万元地区生产总值能耗、大气污染物和水污染物排放完成市级下达的任务。这些指标，是我们贯彻落实中央经济工作会议精神的重要体现；是城市副中心在新时代首都发展全局中所处历史阶段与功能位置的具体反映；是我们在坚持统筹疫情防控和经济社会发展的总体要求下，充分分析研究各种有利条件与风险挑战、兼顾必要性与可行性的现实判断；对我们实现“十四五”规划目标、推动副中心控规和高质量发展意见全面落地意义重大。我们要以实现这些指标为基础，推动经济社会全面、科学、健康发展。为此，重点要抓好以下八方面工作：

（一）扬优势增动能，凝心聚力激发经济发展新活力

立足“双循环”，在“五子”联动中找准发力点，多措并举稳预期、扩内需、保增长，在稳的基础上积极进取、奋发有为，有力提振市场信心，推动重点产业强链补链延链，力争产业能级再上新台阶。

全力推动高精尖产业厚积成势。立足“3+1”主导功能定位，着力吸引领军企业和前沿产业集聚发展，加快形成“梧桐成林、金凤成群”之势。深化“四区”结对机制，紧密对接央企和市属国企，力促中石油绿电新能源、中国电信等项目落地，打造以央企二三级子公司、头部企业为重点的企业集群。坚持创新引领，加快西北工业大学北京研究院、智汇园三四期等项目建设，引进并培育一批网络安全、元宇宙等领域的优质企业，再发布和更新一批数字文旅、数字消费、智慧城市等领域的应用场景清单，多维度夯实数字经济发展基石。推进甘李药业等企业扩能升级，不断提高医药健康产业发展水平。深化“一区一河三镇”文旅产业联动发展，推动通视界文化中心、城市运动中心等项目加快落地。深入实施特色文化产业园区认定管理办法，推进文化产业园区提质升级，开发推出一批微旅行、微度假目的地，持续引人聚流，促进文旅产业规模效益再提升。

更高水平推进“两区”建设。进一步用足用好用活“两区”建设政策红利，制定实施通州组团、重点园区三年行动方案，推动从准入开放向系统性开放加快转变。坚持在政策“优”上持续发力，探索数字贸易、跨境支付等领域政策先行先试，更大力度吸引和利用外资，大力营造更加国际化、更具包容度的开放发展环境。坚持在平台“优”上持续发力，积极吸引公募不动产投资信托基金管理人落户，加快创新平台、产业联盟等资源集聚，打通企业行业发展中的痛点和堵点问题。坚持在环境“优”上持续发力，切实落实“两个毫不动摇”，激发市场主体活力，深入落实营商环境5.0版改革措施，持续发挥“服务包”和“双管家”效能，构建市场化、专业化、企业化招商新机制，打造“近者悦、远者来”的产业发展环境。

着力打造国际消费中心城市新支点。坚持把恢复和扩大消费摆在优先位置，紧抓中心城区人口转移、消费升级等机遇，深入实施“商十条”系列措施，持续增强消费能力，改善消费条件，创新消费场景。系统谋划新老联动、点面结合的商业圈层，加快珠江合生汇、文化旅游区北部地块商业综合体等项目建设，推动九棵树等传统商圈提质升级，积极引进首店、创新店、旗舰店，推出一批消费示范街区，以多层次供给激活消费潜力。充分释放环球主题公园辐射带动作用，积极发展品牌消费、数字消费、绿色消费等新业态，支持住房改善、新能源汽车、养老服务、教育医疗文化体育服务等消费。开展“欢乐通州欢乐购”等系列促消费活动，打造线上线下相结合、时间空间全覆盖的消费服务矩阵，更好满足群众多元化消费需求。

（二）开新局谋新篇，全面掀起城市副中心建设新高潮

锚定城市副中心发展蓝图，保持千亿级投资强度，前瞻十五年，聚焦头五年，干好新一年，全力以赴推进重要节点和重大工程建设取得新突破，推动城市框架更立体、空间更合理、格局更融合。

进一步增强投资增长后劲。聚焦控规落实，持续压实责任，做好投资调控。精准扩大有效投资，全面梳理续建、新开工、储备项目，加快实施“十四五”重大工程，加强项目动态管理和全过程监测，确保形成有效投资。不断优化投资结构，推动投资向高精尖产业、基础设施、民生等领域倾斜，通过政府投资和政策激励有效带动全社会投资，鼓励和吸引民间资本参与重大工程和“补短板”项目建设。

进一步夯实千年城市拔节生长的“硬支撑”。充分发挥重大项目牵引作用，确保重要功能节点建设日新月异。实现城市绿心三个文化设施精彩亮相，行政办公区二期陆续交付，东六环入地改造具备通车条件，人民大学通州校区一期投入使用，启动运河商务区中国信通院产业创新基地建设，加快副中心站综合交通枢纽、环球影城北综合交通枢纽、M101线、通州堰等基础设施建设，不断夯实城市框架的“四梁八柱”。

进一步构建“利旧焕新”的城市空间。做好“利旧”文章，全方位推进城市空间优化、功能重构、品质提升，持续焕发老城生机。深入实施城市更新，有序推进梁各庄等7个在施棚改项目和南大街腾退工作，新实施15个老旧

小区改造项目，让老城空间更加通透舒适。推动怡乐园二区等家园中心建设，引导社会资本参与老旧厂房、老旧楼宇改造和业态升级，让老城功能更加完善便民。启动新一轮背街小巷环境精细化整治提升，完成一批主次干路电力、通信架空线入地，让老城容颜更加清新亮丽。

（三）强融合助振兴，不断发展“众星拱月”城市格局

坚持以特色小镇建设为抓手，加快城乡统筹发展，全面推进乡村振兴，努力把农村地区打造成为产业兴旺、魅力独特的副中心“后花园”。

做深做实特色小镇。分类引导乡镇特色化发展，加快构建相得益彰、联动发展的城乡格局。加快张家湾设计小镇北泡地块二期等项目建设，推动城市科技、创新设计等产业聚集发展。推进台湖演艺小镇图书城改造，发挥好国家大剧院舞美艺术中心龙头作用，吸引艺术机构、艺术家、民间舞团等优质资源加快入驻。加快宋庄艺术创意小镇小堡南街改造提升。做强台马组团产业支撑，推动潞城、西集、漷县、永乐店、于家务等特色小镇持续积累优势，加快形成各美其美的发展新格局。

做大做强乡村产业。立足资源禀赋，不断壮大特色农业产业。进一步打响国际种业科技园品牌，积极举办种业大会等大型活动，用足用好“种十条”，吸引一批国际国内科研院所、龙头种业企业加快聚集。强化集体“三资”管理，用好各乡镇联营公司等集体经济新平台，有效壮大集体经济实力。因地制宜发展精品民宿，积极引导社会资本参与运营发展。创新“文旅+农业”融合发展模式，持续做强“一村一品”“一镇一特色”农业，推动南部四乡镇现代田园综合体建设，打造城乡产业融合发展新标杆。

做优做美农村环境。坚持城乡发展同频共振，推动人居环境品质持续提升。实施第三批106个美丽乡村建设，持续推进农村户厕改造提升、生活垃圾和污水治理，推动乡村公共服务配套提档升级。坚持建管用并重，落实落细农村人居环境长效管护机制。扎实做好“运河畔”美丽乡村示范村试点，推进村庄进行微改造、精提升，力促运河畔村落成为展示副中心农业农村发展的新窗口、新品牌。

（四）重协作促协同，全面打造京津冀协同发展桥头堡

深入落实与北三县一体化高质量发展总体方案，强化“两翼”联动，积极探索体制机制、要素流动协同创新路径，完善各层级沟通协调机制，努力打造协同发展副中心样板。

推动产业发展协同协作。聚焦产业链拓展延伸，加强园区合作共建，充分发挥中关村通州园与燕郊高新区等北三县重点园区协调对接机制，实现产业承载空间协同发展。深入推进与京津冀国家技术创新中心合作，加快高新技术产业合作试点平台建设，推动科技成果应用和产业化。深入开展一体化联合招商，推动头部企业上下游配套、智能制造等产业延伸布局，实现资源合理配置。深入实施“区域通办”2.0版，全力实现政务服务无差别办理。

加快交通一体化建设。聚焦通勤互联互通，全面提速地铁平谷线、厂通路及潮白河大桥等交通设施建设，加快石小路、姚家园路东延等重点项目进展，着力打通交界区域断头路。持续优化跨省公交线路，围绕保障通勤人员出行便利，运用大数据、人工智能等手段进一步提升通行效率。持续健全检查站联动机制，完善“京警入冀”“冀警入京”工作模式，不断提升交通便捷出行条件。

强化生态环境联治和公共服务领域合作。聚焦城市功能联动发展，坚持以生态修复和生态示范为重点，共同推动交界地区生态绿带建设，协同建设潮白河国家森林公园。加快实施城北水网建设工程一期及两河水网减运沟综合治理。持续健全环保联合执法机制，全力做好重大活动服务保障和重污染天气联动应对。进一步推动养老、医疗、教育等功能向北三县拓展布局，为两地百姓释放更多一体化发展红利。

（五）绘绿色优质效，高标准打造国家绿色发展示范区

坚定不移推动绿色发展，全面加快绿色城市建设，用绿色低碳绘就副中心高质量发展底色。

全力写好低碳发展大文章。深入开展“双碳”行动，进一步夯实绿色发展基础。力促能源体系向“新”而动，积极构建氢能利用、智慧化供热、冷热电三联供等绿色低碳、广泛互联的供热体系，鼓励分布式光伏发电、地源热泵等绿色能源在运河商务区、张家湾设计小镇等区域应用。推动绿色建筑向规模化品质化拓展延伸，新建保障性及政策性住房全面采用装配式建筑，在行政办公区等重点区域开展超低能耗建筑示范。着力打造绿色智能的城市运行保障体系，积极倡导绿色低碳生活，努力做绿色低碳发展标杆。

着力绘好大美生态新画卷。强化污染治理和生态保护修复，让群众享受到更多生态红利。深化“一微克”行动，强化重型柴油车等高污染车辆夜间执法，紧盯工地、工厂等重点区域，精准阻击大气污染源，力争空气质量再创新优。纵深推进水环境治理，实施通惠河、港沟河等骨干河道景观提升及生态修复工程，开工建设萧太后河退水渠等重点工程，实现河东资源循环利用中心一期正式运行，确保8个国市控考核断面达到四类水质。进一步拓展绿色生态空间，建成云景公园、运河生态公园等一批精品公园，加快打造减河至潮白河、大运河沿线、城市绿心等精品绿道和“千里潞道”品牌，营造水清河畅、岸绿景美的生态景观。

大力塑造绿色动能新优势。加快绿色科技创新，引导社会资本更多投向应对气候变化领域，力争气候投融资工作取得积极进展。全力推动北京绿色交易所承建全国自愿减排交易中心，完善碳配额和环境权益交易市场，推进碳账户、绿色项目库等绿色金融改革，打造国家绿色金融改革创新示范区。持续办好城市副中心绿色发展论坛，加快环境社会治理研究院等一批绿色资产管理机构聚集发展，打造绿色发展城市新名片。

（六）添福祉惠民生，确保人民生活再增新色彩

紧紧抓住群众最关心最直接最现实的利益问题，采取更多惠民生、暖民心措施，确保民生服务更有质感、民生保障更有温度、民生福祉直抵民心。

有力推动公共服务提档升级。坚持出真招、用实劲，力促公共服务供给更充分、布局更均衡、品质再提升。持

续推动教育优先发展，有序推进试点托班向普惠园覆盖，加快第一实验中学国际部等一批学校建设，力促北京二中通州校区改扩建等项目建成投用。做强潞河中学等三大教育集团，增强教师交流轮岗和“双减”工作的针对性与实效性，进一步提升教育品质、塑造教育特色，推动“学有所教”迈向“学有优教”。坚持科技自立自强，推进首都科技条件平台通州工作站建设，积极构建以企业为主体、需求为导向、项目为牵引的产学研用协同新模式。深入开展健康中国行动和爱国卫生行动，加快安贞医院通州院区等项目进度，强化医联体建设，完善分级诊疗机制，加快实现不同层级医疗资源统筹配置、补充发展、整体提升。加快补齐体育设施短板，推进区体育场升级改造等工程，办好副中心马拉松等品牌赛事，营造全民健身新风尚。

持续夯实民生保障基石。坚持把保障和改善民生置于更加突出的位置，持续健全多层次社会保障体系。以就业保增收，多措并举稳就业、扩就业，新开发就业岗位4万个以上。以老年人需求为导向，加快推进区养老院等项目建设，构建街道乡镇养老服务联合体，努力为群众提供方便可及的养老服务。持续做好社会保险提质扩面工作，进一步提升社会救助水平。深化住房保障工作，推动漷县镇集租房等项目开工建设。

着力奏响文化发展最强音。坚持以大运河文化带建设为抓手，推动城市副中心文化繁荣与文旅共兴。全面推进大运河国家AAAAA级旅游景区建设，确保创建成功。进一步整合优化全区文化旅游资源，力促路县故城遗址保护展示工程全面完工，完成张家湾古镇城墙、通运桥修缮工程及周边环境整治，强化“一区一河三镇”联动发展，打造更多“网红打卡地”。持续增加公共文化供给，提升北京（国际）运河文化节等品牌活动影响力，推出“游通州，行大运”文旅品牌与“大运河文化带”目的地品牌，在以文塑旅、以旅彰文的进程中，推动副中心中外交融、古今同辉的人文魅力大放异彩、深入人心。

（七）强治理提品质，力促城市治理能力和治理水平实现新提升

聚焦建设未来没有“城市病”的城区，坚持党建引领、多元共治，以“科技赋能+绣花功夫”有效提升城市治理效能。

标本兼治提升城市形象。坚持将“疏整促”专项行动作为重要抓手，持续推进“基本无违法建设区”创建，确保新生违建“露头就拆”，存量违建全面压减。常态化开展占道经营、“开墙打洞”、群租房等专项整治工作。多管齐下治堵缓堵，对重点路口、学校医院、地铁站周边等堵乱点实施“清单式”治理，对高发交通违法行为进行专项整治，确保道路交通安全畅通、井然有序。着力提升城市公共空间魅力，聚焦宋庄艺术创意小镇、张家湾设计小镇等周边区域，打造特色街巷空间；聚焦重点商圈、旅游景区等区域，打造特色夜景观光带，全面做强副中心可游可赏可休憩功能。

数字驱动打造智慧城市。坚持以“智”促“治”，强化数字赋能城市治理，推动城市运行更高效。深入实施数字底座筑基工程，加快城市大脑基础设施、规建管运三维一体化平台、“全域感知”管理服务平台等项目建设，持续推进5G、大数据、人工智能等信息技术在城市治理各领域应用。推动交通、市政等传统基础设施数字化升级，加快155平方千米范围内路灯智能化改造，推进环球主题公园周边等重点区域交通信号灯智慧联网建设，完善生活垃圾智慧化精细化管理系统，让城市更加“耳聪目明”、让治理更加精准高效。

齐抓共管构建基层治理新格局。持续强化大抓基层的鲜明导向，巩固拓展“基层治理年”工作成果，稳步推进副中心基层治理能力和治理成效再上新台阶。坚持“眼睛向下、脚步向前”，进一步完善接诉即办、未诉先办、主动治理运行机制，狠抓主动上门和见面办理，推动治理类乡镇尽快退出，更快更好解决群众的急难愁盼问题。进一步完善“党建引领+多元共治”的基层治理生态圈，健全区域化党建联席会议制度，落实街道办事处条例，出台实施基层治理五年行动计划，配强配优社区工作力量，积极引导人大代表、政协委员、社会组织、街巷长、责任双师、志愿者等群体在基层治理中发挥更大作用。

慎终如始守好安全底线。更好统筹发展和安全，努力建设更高水平的平安副中心。认真做好新阶段疫情防控，科学有序将工作重点由“防感染”转变为“保健康、防重症”，抓好老年人和患基础性疾病群体等重点人群防护，保障好群众的就医用药需求。持续完善疾控网络，提升重大疫情防控应急能力。强化站岗放哨意识，严密常态化巡逻防控和重点时期、重点点位布控，完善重大决策社会稳定风险评估等机制，不断提升防范化解风险隐患的能力和水平。压实安全生产责任，深入开展燃气、危险化学品、电动自行车、储能电站等领域安全专项治理行动，坚决防范和遏制重特大安全事故发生。大力推进质量强区建设，全力做好国家食品安全示范城市创建迎检工作。

（八）毫不动摇坚持和加强党的全面领导，为城市副中心建设发展提供坚强保障

深入落实新时代党的建设总要求，始终以永远在路上的坚定执着进行自我革命，持之以恒推进全面从严治党向纵深发展。

坚持旗帜鲜明讲政治，以党的政治建设全面统领党的建设各项工作。坚决落实“看北京首先要从政治上看”的要求，带头坚持和捍卫“两个确立”，进一步增强“四个意识”、坚定“四个自信”、做到“两个维护”，持续提高政治判断力、政治领悟力、政治执行力，坚定不移把对党忠诚体现到贯彻中央决策部署和落实市委工作要求的实际行动中。健全总揽全局、协调各方的党的领导制度体系，加强对人大、政府、政协、纪检监察机关、审判机关、检察机关、武装力量、人民团体、企事业单位等工作的领导。巩固和发展最广泛的统一战线，充分发挥民主党派、工商联和无党派人士作用，加强对民族、宗教、侨务、港澳、对台工作的领导。深化工会、共青团、妇联、残联、红十字会、文联、

科协等单位和团体组织桥梁纽带作用，组织动员社会各界和广大人民群众坚定不移跟党走。做好双拥、退役军人保障和优抚安置等工作。注重发挥老干部优势和作用，为高质量建设发展城市副中心贡献力量。

坚持凝心聚力谋发展，蹄疾步稳推进全面深化改革。围绕贯彻落实党的二十大精神和市党代会各项部署，坚持以改革方法开路解难、激发活力、释放潜能。探索创新“自下而上”系列改革举措，主动承接、积极争取市级赋权和改革授权，制定实施年度改革要点，不断激发全面深化改革整体效应。聚焦重要领域和关键环节攻坚突破，按照“成熟一个、推动一个”的原则，稳步实施撤村建居、社区规模调整工作；扎实推进产业工人队伍建设改革，充分调动副中心产业工人的积极性主动性创造性，更好地发挥主力军作用；加快推进证照分离、证照联办等“放管服”改革，实现审批服务再提速再增效；加快推进国家要素市场化配置改革任务落实；打好产业园区管理体制改革收官战，进一步为产业高质量发展加注新动能；持续深化国有企业改革，力促区属国企重组整合。强化改革统筹推动，持续提高改革“含金量”，确保改革任务落地见效。

坚持赋能强基固根本，全面加强干部人才队伍和基层党组织建设。坚决贯彻落实新时代党的组织路线，持续提升干部支撑力、组织保障力和人才集聚力。制定实施新一轮干部队伍建设三年行动计划，做深做细“知事识人”工作，强化关键领域、重点地区班子配备，进一步优化全区干部队伍结构。针对不同层级、不同领域干部广泛开展思想淬炼、政治历练、实践锻炼和专业训练，加强全方位教育管理监督，努力建设堪当副中心高质量发展重任的高素质专业化干部队伍。扎实推进各领域基层党组织建设，加强基层干部培养交流和管理激励，做深做实党建引领基层治理“5・20”等工作机制，实施基层党建“亮点工程”，深化党建创新项目评选，持续开展“我是副中心党员”系列主题活动，打造具有副中心特色、鲜活有力的党建工作品牌。深化人才工作体制机制创新，推进实施人才住房保障管理办法等引才聚才措施。做优做强人力资源服务产业园通州园区，高水平建设国际人才社区，奋力构建创新创造活力竞相进发、各类人才奔涌汇聚副中心的良好局面。

坚持守正创新展形象，奋发有为推进城市副中心宣传思想文化工作。始终用习近平新时代中国特色社会主义思想凝心铸魂，为城市副中心奋进新征程、建功新时代提供强大的价值引导力、文化凝聚力和精神推动力。以党的二十大精神宣传宣讲统领全年思想文化工作，建强“百姓宣讲”队伍，实施理论宣讲志愿服务人才培育工程，打造“五个一百”理论宣讲品牌。坚持对标一流、突出特色，强化新媒体和融媒体联动发展，围绕副中心发展成就和美好前景，开展全方位、立体式、高密度的主题宣传，打造副中心建设的全景多维“画像”。持续巩固全国文明城区创建成果，深入开展“V蓝北京”等宣传实践活动，夯实“通州榜样”“诚信通州”等品牌建设，推动市民文明素养和社会文明程度全面提升。

坚持自我革命永远在路上，坚定不移推进党风廉政建设和反腐败斗争。不断增强全面从严治党的政治自觉，以勇于自我革命的精神不断锻造锤炼全区党员干部的政治品格。加强新时代廉洁文化建设，教育引导副中心党员干部清清白白做人，干干净净做事。紧盯重点工作和重点领域，持续强化政治监督。进一步贯通“两个责任”，将“一把手”和领导班子思想状态、履职表现等情况纳入监督重点，推动形成履职尽责的“头雁效应”。深化“五大板块”专项监督业务集群建设，进一步增强监督合力、提升监督质效。进一步发挥巡察综合监督和利剑作用，开展3轮处级单位常规巡察及巡察整改专项“回头看”，切实做到监督、整改、治理有机贯通。深化派驻机构改革和区管企业纪检监察体制改革，完善基层监督体系，进一步激活全面从严治党的“神经末梢”。锲而不舍落实中央八项规定精神，严防形式主义、官僚主义以新形式、新特征反弹回潮，推动全区作风建设持续向好。坚持“三不腐”一体推进，重点查处“雅贿”“影子股东”等隐性腐败，着力实现查处一案、警示一片、治理一域，持续净化政治生态，不断涵养体现新时代精神的浩然正气。

北京市通州区人民政府工作报告

——在北京市通州区第七届人民代表大会第三次会议上

通州区人民政府区长　孟景伟

2023年1月4日

2022年工作回顾

2022年是新一届政府的届首之年，是城市副中心开启“立长远、强功能、全面上台阶”的关键之年。一年来，在市委、市政府和区委的坚强领导下，在区人大、区政协的监督支持下，区政府始终坚持以习近平新时代中国特色社会主义思想为指导，全面学习宣传贯彻党的二十大精神，深入落实习近平总书记对北京和城市副中心的系列重要指示，认真贯彻北京市第十三次党代会精神，坚持稳中求进工作总基调和“疫情要防住、经济要稳住、发展要安全”总要求，坚定不移落实区第七次党代会各项安排部署和区七届人大一次会议确定的目标任务，高效统筹疫情防控和经济社会发展，推动副中心高质量发展迈上新台阶。

一年来，我们突出“稳”字当头，和谐大局更加巩固。坚持把服务保障党的二十大胜利召开作为贯穿全年的工作主线，有效防范化解社会稳定、疫情防控、安全生产等领域重大风险隐患，不遗余力做好保平安、护稳定、促发展各项任务。全区上下在共迎共庆一系列大事要事中汇聚起奋进新征程的磅礴力量。

一年来，我们紧盯“进”字发力，经济运行变中向好。坚持保持定力，精准发力，培育动力，千亿投资加快落地，各类政策优势全面释放，成为全市唯一的国家要素市场化配置综合改革试点区，“五子”联动中高质量发展的含金量不断提升。地区生产总值和社会总消费增速高于全市平均水平，建安投资总量位列全市第1，为全市稳增长加码添秤。

一年来，我们强化“绿”字打底，低碳发展加力加速。成功摘取北京平原地区首个国家森林城市又一金字招牌，蓝天白云日渐成为常态，水清岸绿更加触手可及。成为全国首批国家应对气候变化投融资试点地区和林业碳汇试点城市，绿色低碳技术、标准、材料在生产生活中的应用不断扩大，以较低的能源增速支撑了经济社会快速发展，绿色发展理念更加深入人心。

一年来，我们坚持“惠”字为本，民生答卷更有温度。全面开展“基层治理年”工作，“一年奠定基础”目标初步实现，“接诉即办”成效明显，排名跻身全市中上游，累计解决民生诉求41.4万件，永顺、潞城退出治理类乡镇。高质量完成全年民生实事工程，京通快速、京哈高速历史性实现分时段、分路段免费通行，公共事业及社会保障支出占一般公共预算支出比重保持60%以上。居民获得感幸福感安全感持续增强。

一年来，我们践行“干”字为要，攻坚克难中追求卓越。更加强化路径谋划，立足当前着眼长远，形成一系列突出任务落实的实施方案、行动计划和项目清单。更加注重综合统筹，利用统计监测、绩效激励等手段强化整体调度，辅助精准决策。更加坚持以上率下，班子成员深入一线督导增效，闭环推进各项任务高效落地，广大干部“马上就办”“跳起摸高”的拼争精神持续提升。成功创建全国法治政府建设示范区。

一年来，重点做了以下工作：

一、宏伟蓝图深入实施，新的“一翼”蓄势乘风

控规落地全面加速，“四梁八柱”夯基垒台。国土空间规划布局持续优化，以城市副中心控规为“坐标轴”，全面建立“两级三类”上下闭合、覆盖全域的国土空间规划体系。高质量发展意见落细落地，制定“一方案三清单”，坚持清单式管理、项目化推进，716条任务全速实施，230项重大项目压茬推进。三大功能区日进日新，行政办公区二期进入装修施工冲刺阶段，运河商务区总计完工440万平方米，文化旅游区北部地块四大产业项目全部开工。重点工程进展迅速，三大文化设施基本完工，东六环入地改造西线隧道首段贯通，副中心站综合交通枢纽全速推进。特色小镇多点开花，张家湾设计小镇北京国际设计周永久会址落成，北泡二期项目开工建设。台湖演艺小镇主题酒店正式运营，京城重工、图书城等提升改造项目进展顺利。宋庄艺术创意小镇印象街等工程启动，清华大学人才培养基地项目加快实施。

新城老城融合共生，城乡格局更趋均衡。坚持减量集约发展，突出系统织补和有机更新，城市双修稳步实施，南大街腾退保护更新北部片区启动试点，梁各庄、八里桥等6个棚改项目有序推进。在全市率先引入老旧小区改造

“评定分离”招标模式，提升居民参与度和满意度，5个老旧小区完成改造，5个家园中心项目加快建设。北人厂（南区）老旧厂房改造提升、北小园老旧小区综合整治、设计小镇建设等项目分别入选北京城市更新“优秀案例”和“最佳实践”。乡村振兴全面推进，组建区农资委和各乡镇集资委。集中开展农村人居环境“三百”专项行动，优秀示范村庄达到98个，人居环境整治考核排名全市第三。高标准实施美丽乡村建设，121个村饮用水水质提升工程、38个村供水管线改造工程完工。严格落实粮食安全党政同责要求，全年复耕复垦10.8万亩，耕地保有量稳步增长，百姓“米袋子”装得满拎得稳。大力发展现代种业、休闲农业，出台鼓励现代种业发展十条措施，先正达（中国）种芯农场等一批农业科技企业入驻于家务国际种业科技园区。农文旅资源深度融合，推出首批13个“运河畔”农文旅产业品牌，农民跨界增收渠道不断拓宽。

一体化发展纵深推进，区域协同更加紧密。与北三县一体化高质量发展示范区建设加快推进。京唐城际铁路通车在即，平谷线、厂通路加快建设，潮白河大桥正式开工，大运河京冀段实现全线旅游通航，基础设施互联互通全面提速。111家定点医疗机构实现异地门诊卡码通结，3654项政务服务事项纳入区域通办，便民惠企合作范围持续扩大。“通武廊”医疗卫生协调联动基本公共服务标准化试点项目入选全市“两区”建设改革创新经验。共同发布信用联合体建设三年行动方案，签约推介合作项目37个，产业发展协同协作更加深入。编制潮白河国家森林公园概念规划，建立“通武廊”区域重大环境事项联防联控工作机制，生态环境合作力度不断加大。联合制定《北京城市副中心与河北雄安新区工作对接机制》，围绕规划建设、产业承接等领域加大协同力度，“两翼”互动日益密切。

二、发展动能提档升级，产业生态日益完善

产业组织全面加强，营商氛围更加浓厚。编制实施《北京城市副中心深化产业组织推动产业高质量发展实施方案》，聚力打造数字经济、现代金融、先进制造、商务服务、文化旅游、现代种业六大产业集群，形成各领域“三年行动计划”。“四个一”招商工作机制进一步落实落细，产业要素保障不断夯实，涵盖全区可利用空间资源、项目要素的产业空间地图加速完善。制定推动元宇宙发展、加强科技创新等系列配套措施，出台支持基础设施领域不动产投资信托基金（REITs）和私募股权二级市场基金（S基金）政策组合，组建副中心首个50亿规模的政府产业引导基金。营商环境进一步优化，区级政务服务事项实现全程网办，积极承接高新技术企业认定市级权限，认真落实各项助企纾困扶持政策，“服务包”企业增至837家，办结服务事项2024项，兑现支持资金4.14亿元。

产业结构持续优化，重点业态扩容提质。总部经济特色更加凸显，中石油、中国电力、中国建筑等央、市属国企新落户32家，首旅集团、华夏银行、北建院、北咨公司等新总部开工建设。金融业支撑作用持续增强，实现增加值和区级税收占比均超过10%，金融机构存贷款余额增速名列全市前茅。北银理财顺利开业，平安健康保险、航证科创、招商信诺等40个金融类项目实现落地，累计注册金融企业360余家。国际消费中心城市建设加快推进，消费供给持续优化，城市大道入选国家级夜间文化和旅游消费集聚区，3家亚洲首店、6家中国（内地）首店、46家北京首店落地发展，九棵树等传统商圈加速转型升级，新建和规范提升各类生活性服务业网点93个，远洋乐堤港商业街实现竣工，北京首座户外智玩IP乐园阿派朗创造力乐园开园，环球主题公园带动文体娱乐业收入同比增长185.2%。

科创要素加速集聚，“高精尖”产业蓬勃发展。创新平台和承接载体加速完善，京津冀国家技术创新中心通州分中心正式成立，市级重点实验室、工程技术中心等创新平台达到38个，中关村通州园综合承载力和服务能力持续提升。福元医药、凯德石英、诺思格、华新环保成功上市，全区上市、挂牌企业累计达31家。新增市级“专精特新”企业159家、国家级“小巨人”企业16家，均呈现倍增态势。成立北京城市副中心智慧城市产业联盟，数字经济加速发展，元宇宙应用创新中心基本建成，中联资产集团等全国首批数据评估机构注册落户，全国首笔千万级数据资产抵押贷款合作落地，法定数字货币试验区加快建设。蓝色宇宙等150家企业落户张家湾设计小镇，小乔机器人等65家企业入驻国家网络安全产业园通州园。

三、治理能力全面提升，人居环境大幅改善

基层治理成果丰硕，治理体系纵深发展。“基层治理年”首年18项任务全面完成，一批百姓急难愁盼问题得到有效解决。推动市民热线和网格管理并轨运行，实现队伍、事项、数据等要素“一网融合”。接诉即办运行机制不断优化，创新引入“大数据画像”，高频调度推动“每月一题”，接诉即办“三率”水平稳步提升。坚持“党建引领、多元共治”，常态化社区议事协商机制向网格、小区、楼门、院落等基层治理单元延伸覆盖。22个街乡镇全部建立基层治理专家智库团队，社会组织、群团组织等社会力量参与基层治理机制不断健全，共建共治共享格局初步形成。

数字赋能步伐加快，智慧建设全面提速。编制完成《北京城市副中心“十四五”时期智慧城市规划》，瞄准“数字+治理”“数字+生活”等六大目标，全面启动28项标杆示范项目。成为全市唯一入选全国首批智能建造试点城市，建筑业数字化转型加快推进。数字底座进一步筑牢，新增5G基站330个，重点区域实现5G网络连续覆盖，5G院前诊疗落地副中心。政务数据共享平台建设完成，照明设施管控平台改造升级，基本实现155平方千米范围内路灯智能化控制。应用场景项目加快落地，智慧再生水调度、特种设备巡检、智慧物联融合一体化平台等项目建设完成。“城市大脑”功能进一步完善，城市治理更加“善解人意”。

环境秩序明显改善，城市品质内外兼修。新一轮“疏整促”专项行动纵深开展，各项任务全部完成。拆除违法建设350.6万平方米，腾退土地384.5公顷，10个街乡镇实现限期整治类图斑清零，“基本无违法建设区”创建取得重要成果。精细化管理持续加强，垃圾分类示范片区建设实现全覆盖，物业“三率”不断提高。背街小巷示范片区创建进一步扩容，连续两年在全市综合考评中获评一档；重点区域环境品质持续提升，高标准完成环球影城等区域综合整治，实施行政办公区二期周边景观改造，“三庙一塔”等一批景观照明工程如期完工，持续“点靓”城市夜景，城市环境实现由盆景到风景的华丽转变。连续五年通过国家文明城区创建复审。

市政设施加快建设，城市运行更有保障。国家城乡交通一体化示范县创建任务全部完成，交通基础设施一体化水平进一步提升。潞苑四街等一批道路如期完工，九德路等加快建设，道路交通网络织优织密。完成潞河医院、城铁站周边等秩序乱点疏堵治理工作，区域公交线路全部纳入市公交系统统一运营管理，居民出行体验更加舒适便捷。市政设施服务保障能力进一步增强，完成3个小区自备井置换及16个老旧小区供水管网改造，河东5号调峰热源工程正式投产，国内首座近零能耗建筑能源调度中心光伏发电组实现运行，通州北输变电工程建成投产，形成“一南一北”双500千伏变电站供电保障格局。

四、绿色发展态势强劲，生态环境明显提升

国家绿色发展示范区深入推进，绿色低碳转型迈出新步伐。编制《北京城市副中心建设国家绿色发展示范区实施方案》，助推绿色发展全面融入副中心城市基因。绿色金融生态逐步形成，北京绿色交易所等企业落地办公，全市首笔CCER（国家核证自愿减排量）质押贷款、全市首支百亿规模绿色基础设施投资基金等一批绿色金融首创性业务顺利开展，全区绿色信贷余额突破260亿元。大力推行绿色建筑，北京国际财富中心等一批低碳园区建设完工。加速推广绿色能源，全市首个中深层地热示范项目顺利实施，再生能源发电厂二期工程、城市绿心地源热泵及光伏系统综合应用示范项目建设稳步推进。

增绿提质同步推进，绿色福祉更加丰富。不断开展大尺度绿化，新增造林面积1.5万亩，实施留白增绿1251亩，“揭网见绿”653.7公顷，全区森林覆盖率达到34%左右。织密织细慢行系统，启动北苑和温榆河三网融合慢行系统示范区建设，小中河、中坝河、运潮减河164千米绿道实现贯通。百姓身边绿意更浓，碧水再生水厂水系景观公园初步建成，路县故城遗址公园一期园林绿化工程基本完工，漫春园、玉春园、和园等一批全龄友好化公园、精品口袋公园亮相投用，居住区公园绿地500米服务半径覆盖率达到87.33%，城市公园基本“串珠成链”，百姓家门口推窗见绿、出门见林的“微幸福”空间持续扩展。

聚焦重点加力加压，大气质量持续向好。全力推进中央、北京市第二轮生态环境保护督察整改任务落实，并举一反三、建立长效。强化科技支撑，加大挥发性有机物治理力度，全面完成区域内公交车辆新能源替换，新建22个挥发性有机物自动监测站，实现街乡镇全覆盖。深入落实工地、道路、裸地“三尘”精细化管控，开展道路夜间“大清洗”行动，将全区256条重点道路纳入尘负荷常态化监测范围。实施裸地差异化精准治理，裸地面积减少61.8%。持续加大巡查执法力度，环保执法量排名全市前列。全区降尘量下降至3.9吨/平方千米·月，同比改善39.1%，$PM_{2.5}$累计浓度降至33微克/立方米。

全力打好碧水攻坚战，水生态品质不断提升。强化系统思维，制定水环境系统治理提升实施意见，统筹开展“源、网、厂、河”一体化流域治理。河东资源循环利用中心一期工程基本完工，14座污水处理站加快建设，完成538个入河排污口治理，整治水环境问题3539处，国市控考核断面水质全部达标。梯次推进农村生活污水治理工程，129个农村生活污水治理项目完工。持续开展水岸共治，实施萧太后河景观提升及生态修复等工程，城南水网、通惠河治理二期工程、港沟河综合治理等项目有序推进。水清岸绿、蓝绿交织的生态底色更加鲜明。

五、民生保障普惠发展，百姓福祉持续增进

社会事业提质发展，公共服务更加优化。教育事业更加均衡普惠，新成立3家教育集团，组建4所九年一贯制义务教育学校，北京景山学校通州分校等4所新校建成，新增学位8730个。医疗卫生服务体系进一步健全，安贞医院、友谊医院二期、首儿所、市卫生职业学院等项目有序建设，通州妇幼成功晋级全市区县级首批三级甲等妇幼保健院。重点公共场所应急救助能力不断提升，27处急救站点落成，100台自动体外除颤器（AED）在人流密集大型空间安装投用，配置水平居于全市前列。积极推进文旅融合发展，大运河国家AAAAA级旅游景区创建加速“冲刺”，大光楼、漕运码头等重点区域改造提升基本竣工，路县故城遗址等文保修缮工程加快实施，一批精品文化旅游体验活动陆续开展。完善体育基础设施布局，区体育场升级改造正式开工，一批群众身边举步可达的体育场地投入使用，激活全民健身热情。人防、气象、地方志、保密、地震、红十字、残疾人、慈善、双拥、宗教等各项事业取得新进展。

社会保障不断夯实，民生福祉持续改善。多措并举稳就业，促进城乡劳动力就业2.36万人，登记失业率控制在3.92%以内。稳步推进城乡居民基本保险参保扩面，参保单位同比增长5.4%。城乡低保标准提高至月人均1320元。区养老院加快建设，4家养老机构投入运营，新增养老床位3429张，168家养老驿站基本实现社区居家养老全覆盖，于家务仇庄村、西集镇南小庄村获评北京市“2022年全国示范性老年友好型社区”。完成22个街乡镇儿童成长驿站转型升级，成立区级首家定点公办儿童康复机构和学龄前儿童成长中心。多措并举筹集建设各类保障性住房2.9万套，数量居全市第一。

着力防范安全隐患，“平安通州”纵深开展。动员全区各方力量，因时因势优化防控措施，大力开展新冠疫苗接种，持续加强医疗救治，优化社区服务保障，及时有效

应对了多轮疫情冲击，最大程度保护人民生命安全和身体健康。高标准服务保障冬奥会、冬残奥会等重大活动，安全生产专项整治三年行动全面收官，3023 项清单任务全部整改完成，扎实开展经营性自建房、城市运行安全两个“百日行动”及道路交通安全专项整治，创新引入自建房安全责任保险机制，一批安全隐患得到有效遏制。应急救援体系不断完善，城市副中心消防指挥中心正式启用，建立应急救援专职队 21 个、微型消防站 1126 个。韧性城市建设稳步推进，城市综合风险预警平台入选全国首批城市生命线安全工程试点市（区），28 个社区（村）获评“全国综合减灾示范社区”。持续加大社会矛盾纠纷排查调处力度和社会面防控，治安警情、秩序警情分别下降 11.6%、54.2%，社会治安环境持续改善。

六、深化改革加快开放，发展活力加速迸发

全面改革纵深推进，重点领域多点突破。坚持以改革破解难题、推动发展的鲜明导向，扎实推进 45 项改革任务落地落实。集体产业用地加快激活，张家湾南火垡等 3 处集租房项目开工建设；探索重大项目全程代办高效模式，博格华纳新工厂 47 个工作日即开工，跑出集体产业用地审批“新速度”。国资国企改革取得新进展，通商集团、通城建集团等一批区属企业完成改制重组。成功入选全国首批商业秘密保护创新试点，公平竞争的法治环境更加清朗。社区规模调整有序推进，新设立 23 个社区居委会，基层治理格局更趋合理。启动首批 3 个村撤村建居试点，城区农村城市化进程稳步实施。调整台马板块商品住房政策，与亦庄协同发展的规建管机制进一步理顺。

“两区”建设持续发力，对外开放成效显现。“两区”项目新增 359 个，“碳资产综合监测管理模式”入选生态环境部典型案例，“‘绿色+’全产业链助推国家绿色发展示范区建设”入选全市“两区”建设第二批改革创新实践案例。打造以新加坡、伦敦招商联络处为代表的线上、线下相结合的海外招商服务阵地，高水平国际合作更加紧密。新设立外资企业 51 家，进出口总额同比增长 15%，吸引外资热度持续提升。国际人才社区建设有序推进，制定国际人才服务管理改革措施，人才发展环境更加优化。精彩亮相 2022 北京服贸会，成功举办“行走的达沃斯”、全国科技活动周、“海创论坛”等活动，副中心知名度、美誉度进一步提升。

围绕大局与时俱进，自身建设持续加强。制定实施《通州区人民政府合法性审查工作细则》，扎实推进行政复议体制改革，重大行政决策机制更加健全。牢固树立过“紧日子”思想，财政资金使用绩效不断提高。进一步完善跨部门、跨层级执法协作联动机制，执法效能加快提升。完善区政府“三重一大”制度，严格执行中央八项规定精神，持续推进办公用房和公务用车规范管理使用，政府系统干部作风和能力建设进一步加强。自觉接受人大法律监督和政协民主监督，全年办理市区两级代表议案、建议和政协提案 380 件，办复率 100%。

各位代表，过去一年面对宏观形势复杂多变和新冠疫情延宕反复带来的多重考验，全区上下以高度的政治责任感和历史使命感，众志成城、迎难而上，变压力为动力，化愿景为现实，努力推动副中心实现更高质量、更有效率、更可持续的发展。成绩来之不易，这是以习近平同志为核心的党中央指引方向、亲切关怀的结果，是市委、市政府坚强领导、大力支持的结果，是副中心党工委、管委会统筹调度、牵头抓总的结果，是区委直接领导、强力推进的结果，是区人大、区政协监督和支持的结果，是各位代表和委员共同凝聚智慧、倾心建言献策的结果，是各民主党派、人民团体、驻通部队、武警官兵、公安干警、驻通中央及市属单位和兄弟区鼎力支持的结果，是全区人民共同努力奋斗的结果。在此，我代表通州区人民政府，向辛勤工作在全区各条战线的干部职工、向所有关心支持参与副中心建设发展的各界人士和全区人民表示崇高的敬意和衷心的感谢！

在总结成绩的同时，我们也清醒地认识到，在经济社会发展中还面临不少困难和挑战。一是高质量发展基础尚不稳固，经济结构还欠优化，主导产业尚未形成规模，支撑产业迭代发展的生态要素、资金人才等短板亟需补齐。二是城乡发展不平衡不充分问题依然突出，对标“七有”要求和“五性”需求，教育、医疗、养老等领域供需布局不够均衡，群众多元需求没有得到充分满足，还需加快推动城乡基本公共服务提质升级、普惠共享。三是城市治理精细化、智慧化转型还任重道远，“接诉即办”投诉量居高不下，污染治理、环境秩序、安全生产等领域还存在不少薄弱环节，还需要持续发力、久久为功。四是政府系统部分干部不畏困难的勇气、解决问题的能力还不够强，工作作风还不够扎实过硬。对这些问题，我们将正视不足、刀刃向内，以更强的力度，更实的措施加以解决。

2023 年工作的总体思路和主要任务

2023 年是我们深入学习贯彻党的二十大精神，全面落实市第十三次党代会部署，加快打造北京新“一翼”的关键一年，做好各项工作至关重要。我们要进一步增强使命感、责任感和紧迫感，更好地统筹疫情防控和经济社会发展，团结奋斗、乘势而上，全力推动城市副中心高质量发展。

2023 年政府工作的总体思路是：坚持以习近平新时代中国特色社会主义思想为指导，全面学习宣传贯彻党的二十大精神，坚决落实好习近平总书记对北京重要讲话精神和对城市副中心指示精神，按照区委七届五次全会总体部署，以新时代首都发展为统领，以高质量发展为主题，牢牢把握城市副中心战略定位，聚焦“立长远、强功能，全面上台阶”要求，全力推动工程建设提速，产业发展提质，民生福祉提高，城市治理提升，拼搏奋斗提劲，驰而不息推进全面从严治党和加强自身建设，大力促进经济社会实现更高质量、更有效率、更加公平、更可持续、更为安全的发展。

2023年经济社会发展的主要目标是：实现地区生产总值增长5%左右，一般公共预算收入增长3%，全社会固定资产投资超千亿元，社会消费品零售总额增长5%左右，居民人均可支配收入稳步增长，登记失业率控制在5%以内，万元地区生产总值能耗、大气和水污染物排放完成市级下达的任务。

一、聚焦规划体系落地，开启副中心建设新征程

按照“一年一个节点，每年都有新变化”的要求，不断夯实和拓展城市框架，全面推进城乡统筹、新老融合、区域协同发展，持续筑牢“千年城市”之基。

更大力度推进重大项目、重点区域建设。不断完善纵向传导、横向衔接的规划体系，有序推进乡镇、重点地区、重点项目规划落深落细，增强规划执行质效。继续保持千亿以上投资规模，不断优化投资结构，推动投资向高精尖产业、民生等领域倾斜，有效带动社会投资。深入开展“拔钉行动”，加强土地供应与重点项目建设联动，做好储备项目统筹接续，确保高质量发展意见“一方案三清单”持续落地见效。加快推进运河商务区重点组团、文化旅游区北部地块四大产业项目和各类总部项目建设，实现行政办公区二期基本完工，绿心三大文化设施精彩亮相、人民大学通州校区一期建成投用。全力确保城市副中心站综合交通枢纽、东六环入地改造、六环高线公园、地铁6号线南延、M101线、通州堰等重大项目顺利实施。推动特色小镇联动发展，着力加快张家湾设计小镇北建院、北咨公司新总部，台湖演艺小镇图书城和宋庄首开印象街等重点项目建设，努力形成副中心多点开花、各美其美的小镇集群发展新格局。

更大尺度推进新老、城乡融合发展。加快城市更新改造，持续推动街区功能再造、空间重塑、环境改善和品质提升。有序推进南大街腾退保护更新，加快市政交通基础设施改造等相关专项规划编制。新开工15个老旧小区综合整治项目，完成一批续建工程。深化实施“六小村”等7个棚改项目，启动怡乐园二区等家园中心建设，促进老城医疗、养老、体育等公共服务功能持续提升，让老城不“老”、新颜再绽。深入实施乡村振兴战略，加快农业农村现代化进程。开展第三批106个美丽乡村建设，持续推进农村人居环境“三百”行动，不断提升农村地区人居环境水平。加强农村集体“三资”管理，用好农村集体资产清产核资和经济合同清查结果。立足资源禀赋，发挥各乡镇联营公司等新平台作用，聚力发展“一镇一特色”产业，有效壮大集体经济实力。围绕“两区两中心”战略定位，做强做优国际种业科技园区，推动一批国际国内科研院所、龙头种业企业加快聚集。实施“运河畔”美丽乡村样板村建设，因地制宜深化农文旅融合，加快打造一批串珠成链、连片成景的特色村庄。

更大格局建设与北三县一体化高质量发展示范区。持续完善共建、共管、共治、共享对接机制，深入实施与北三县一体化高质量发展工作方案，扎实推动重点项目、配套政策等落实落地。加快地铁平谷线等道路建设，织密交通“一张网”；围绕潮白河国家森林公园谋划，加强北运河、潮白河综合治理，合力打造生态“一盘棋”；加速先进制造、配套服务等适宜产业向北三县延伸布局，探索促进职住平衡实施路径，拓展深化产业发展“一条链”；完善与北三县政务服务大厅线上互动和联动办理机制，扩大通办事项范围，推进区域政务服务“一站式”；增强养老、教育、医疗卫生、文化旅游等资源辐射能力，加速公共服务“一条线”，推动形成更加紧密的一体化发展格局。

二、聚焦产业集群打造，培育壮大经济发展新动能

坚持“五子”联动，准确把握产业迭代发展、集群发展、绿色发展新趋势，聚焦六大产业延链、补链、强链，更好发挥政府引导作用，全力推动产业集群发展壮大、集聚成势，加快建设现代化产业体系。

全面激发产业要素资源活力。持续优化产业用地供给，稳步推进“用地清单制”改革，加快出台工业用地全生命周期管理方案，创新实施存量空间盘活利用政策，推进产业项目与存量空间的有效衔接，动态完善产业地图。全面发挥政府基金对市场预期、资源调配和产业集聚的牵引作用，吸引集聚创业资本，为企业提供全周期金融服务。充分释放千亿固定资产投资红利，以投资促招商、以项目促落地，吸引导入更多优质资源。全力做优产业服务，用好“经济大脑”企业服务平台，加强各项政策措施协调配合，充分发挥“全程代办”“服务包”等机制效能，及时有效做好助企纾困等工作，进一步提振市场信心。

全力抓好创新驱动发展。围绕重点产业链目标企业，加快推进创新型、高成长性企业集聚，加速培育头部企业集群。进一步丰富金融业态，大力引进银行、证券、保险、理财、资管等金融机构，建设“基金财富港”，加快打造全球财富管理中心、全球绿色金融和可持续金融中心。推动金融业数字化创新与试点，加快法定数字货币试验区建设，支持开展数字资产交易。深入实施元宇宙创新发展三年行动计划，持续提升数字经济产业发展竞争力。保障甘李药业等企业扩能升级，推进东直门医院国家医学中心建设，不断提高医药健康产业发展水平。加强新型研发机构、科研机构、科技领军企业等资源导入和培育，推进中国信息通信研究院产业创新基地等项目开工，加快实施西北工业大学北京研究院、网络安全领军人才培育基地等项目，高标准建设国家网络安全产业园，持续优化创新创业生态。

积极推动国际消费中心城市建设。坚持把恢复和扩大消费摆在优先位置，新商圈培育与传统商圈改造“两手抓、两促进”，持续改善消费环境，创新消费场景。深入开展文旅区项目招商，有序推进奥特莱斯和免税店建设，力促城市运动中心项目选址落地。推动远洋乐堤港、富力广场等开业运营，加速形成新的消费聚集。持续实施商业设施提质行动，对现有商圈、商业街区加大品牌整合、优化和资金支持力度，增强消费客群吸引力。完善一刻钟便民生活圈，精准补建便民商业服务设施，促进生活服务业提质

升级。引导更多商贸流通企业、老字号企业创新转型，拓展电商、网络卖货、云逛街等消费新体验。全方位开展特色促消费活动，大力发展首店经济、夜间经济等消费业态，打造“环球影城 × 大运河”国际消费体验区，全力推进景区消费向全域消费、日间消费向全时消费、传统消费向新兴消费转变。

三、聚焦共建共治共享，奋力拓展城市治理新局面

围绕“让城市副中心成为令人向往的美好家园”的目标，突出“治”与“智”的融合，以数字化赋能精细化，推动治理能力加快实现现代化。

以精治打底促品质提升。深入落实基层治理五年行动计划，进一步细化措施，形成动态评估机制，全面提升基层治理能力。坚持“以提促疏、以提促治”，深化拓展“疏整促”专项行动，集中力量攻坚克难，坚决打赢“基本无违法建设区”创建战，保持新生违法建设动态清零。以提升居民生活环境和品质为重点，启动新一轮背街小巷环境精细化整治。围绕精品商圈、特色小镇等重点区域实施景观亮化与环境提升，塑造高品质特色空间，做好城市“美”的文章。坚持不懈抓好两个“关键小事”，稳步提高接诉即办“三率”水平，深入推进诉求见面办理，扎实推动“每月一题”重难点问题攻坚，实现治理类乡镇有序退出，推动社会治理“向前一步”，以速度、温度和力度汇出群众满意度。

以数字为媒助治增“智”。聚焦“智能融合的未来城市发展样板”，深入实施数字底座筑基工程，加快推进城市大脑基础设施、规建管三维一体化平台、“全域感知”管理服务平台等项目建设。助推数字医疗云影像等标杆示范项目取得实质成果。积极争取市级重大应用场景在副中心先行先试，借助“数字化社区”示范建设，打造社区治理、物业管理、社区安全、居民服务 4 大数字化场景。加快自动驾驶扩区建设，启动综合一体化出行服务平台、智能化交通运行分析系统研究，打造更加安全、舒适、智能出行体验。推进大数据、人工智能等信息技术在城市治理各领域的应用，让数据深入城市肌理，持续释放智慧城市新势能。

以设施为基强城市功能。持续完善综合交通网络，加快 230 国道、通马路等项目征拆，推进九德路、玉桥西路等项目建设，完成孔兴路、漷马路等道路工程，打造交通基础设施“硬联通”。坚持“治”“疏”结合，继续开展交通综合治理，有效保障道路交通畅通、有序。深入挖潜停车资源，研究车位共享鼓励机制，科学适量施划路侧电子收费停车位，有效解决停车难问题。进一步优化公交线网，完善运河商务区等重点区域线网布设，提升地面公共交通运营服务水平。有序推进公共区域集中供热热源互联互通，力争实现梨园、创意园两个 220 千伏输变电工程开工，加快再生能源发电厂（二期）、有机垃圾资源化综合处理中心等一批市政设施建设，持续增强城市运行保障能力。

四、聚焦绿色低碳发展，努力取得生态文明建设新成效

牢牢把握绿色发展这个最鲜明的特色，以实现“双碳”目标为引领，围绕绿色产业、绿色能源、绿色交通、绿色建筑、绿色生态、绿色文化六大核心要素，加快实现绿色生产、生活、生态“三生”融合发展，让绿色进一步成为副中心看得见、可体验、有内涵的深厚底色。

加快建设国家绿色发展示范区。深入推进绿色金融创新发展，积极谋划推动气候投融资工作，强化政企联动，引导更多社会资本投向应对气候变化领域。支持北京绿色交易所承担全国自愿减排等碳交易中心功能，完善碳配额和环境权益交易市场，推进碳账户、绿色项目库、ESG 投资等改革。持续推动绿色能源发展，探索建设中深层地热供暖项目，积极构建氢能利用、智慧化供热、冷热电三联供等绿色低碳、广泛互联的供热体系。持续深化建筑、交通、产业等重点领域节能，提升新型基础设施能效水平。全面推行绿色设计与建造，在行政办公区等重点区域开展超低能耗建筑示范，努力为北京率先实现“双碳”目标做出更多贡献。

纵深推进污染防治攻坚战。深入实施“一微克”行动，突出源头治理，全面深化 $PM_{2.5}$、臭氧等多污染物的协同减排治理。聚焦扬尘污染顽疾，建立建筑工地数字化监管平台，提升扬尘污染的监管执法力度和精度，依法倒逼施工主体严格落实污染防治责任。坚持裸地治理挂销账机制，坚决实现裸地动态清零。加快污水治理工程建设，实现河东资源循环利用中心一期正式运行，实施减河北综合资源利用中心项目，全面完成全区入河排污口清理整治。大力推进老城区雨污合流污染治理，完成乡镇地区排水管网污染溯源与排查评估，确保 40 个村生活污水治理工程竣工。统筹推进土壤源头防治和风险防控，坚决守牢生态环境安全底线。

持续打造水绿交融的生态空间。巩固和扩大国家森林城市创建成果，加快打造减河—潮白河、大运河沿线—城市绿心等精品绿道线路，唱响“千里潞道”品牌，持续丰富城乡居民绿色出行体验。建成云景公园、运河生态公园，高品质完成 6 公顷的小微绿地建设，让更多人群享受绿色福祉。系统打造“一堰、十河、三网、多点”的水环境格局，结合海绵城市建设，完成城北水网一期、两河水网减运沟综合治理工程；持续实施城市河湖景观提升，不断提高滨水空间的通达性、宜居性；大力推进沟渠、坑塘治理和生态修复，进一步拓展水系互联互通范围，在更大区域内实现河水蜿蜒流淌、雨水有序流动的自然水生态模式，提升全区“水弹性”和水系生态建设水平。

五、聚焦民生保障基础，扎实推动民生福祉再上新台阶

紧扣“七有”要求和“五性”需求，全力做好普惠性、基础性、兜底性民生建设，千方百计多谋民生之利、多解民生之忧、多办民生实事。

大力推进公共服务优质共享。不断扩大优质教育资源覆盖面和受益面，开工建设文旅区中小学，确保台湖镇公租房小学、东方厂安置房幼儿园等投入使用。启动运河小学教育集团等第三批集团化试点，推动城乡教育更加均衡。加快职业院校特色专业建设，促进产教融合、创新发展。着力提升公共卫生服务水平，持续完善“三甲医院＋社区医院”紧密型医疗联合体模式，启动1～2家社区卫生服务中心项目建设，有力保障市疾控中心迁建和友谊医院二期、安贞医院、区疾控中心等项目顺利推进。完善院前急救网络体系建设，增强家庭医生服务效能，大力创建全国健康促进区。持续发展文化体育事业，力争大运河国家AAAAA级旅游景区创建成功，推进通州古城、路县故城、张家湾古镇等区域保护工作，办好北京（国际）运河文化节、大运河阅读行动计划等特色活动；加快区体育场、20处全民健身场地建设，积极举办大型品牌赛事、群众性体育活动。开展新一轮双拥模范城创建。继续做好民族、宗教、侨务及对台工作，促进融媒体、地方志、气象、保密、人防、地震、红十字等各项事业健康发展。

不断完善社会保障体系。全力扩大就业容量、提升就业质量，从满足全区支柱产业用工和促进农村劳动力就近就便就业两方面发力，充分发挥人力资源产业园区“筑巢引凤”作用，促进城乡劳动力就业不少于1.5万人。继续扩大社会保险覆盖面，努力实现应保尽保、应享尽享。构建街镇养老服务联合体，加强公共空间适老化无障碍改造，不断营造老年友好环境，努力让养老变“享老”。健全贫困家庭救助制度，进一步完善社会救助体系。力促漷县、宋庄等集租房项目开工，扎实推进经营性自建房安全责任保险试点实施。

全力维护社会安全稳定。更好统筹发展和安全，提高各类重大风险预测、预警、预防、化解“全链条”防控能力，加快构建“大安全”工作格局。坚持人民至上、生命至上，认真做好新阶段疫情防控，持续推进公共卫生体系建设，提升基础防控能力和分级分类医疗救治能力，保障好群众的就医用药需求。全面落实粮食、蔬菜生产责任制，全力做好群众生活必需品保供稳价工作。健全“从农田到餐桌”食品安全监管链条，全面推进国家食品安全示范城市创建。加快城市安全风险综合监测预警平台试点项目建设，打造“集中监测、智能预警、会商研判、应急联动、协调处置”五位一体的预警中心。持续推动道路交通等重点领域安全专项治理，建成于家务等21座消防站，积极创建社会治安防控体系示范城市，全面建设平安副中心。

六、聚焦全面深化改革，持续释放开放发展新活力

坚持以改革破瓶颈、以开放聚合力，加速释放城市动力、活力、吸引力，进一步为副中心高质量发展助力赋能。

狠抓重点领域改革攻坚。加快推进园区体制改革，进一步完善中关村通州园管理架构和运行机制，切实增强其创新发展组织力。不断强化国资监管力度，深入推进国企战略性重组和专业化整合，在改革中实现国有企业“强身健体”。持续深化投资管理体制改革，积极创新投融资方式，着力推动一批创新性金融工具先行先试。聚焦农村产业发展，加快出台集体土地利用及相关配套方案，吸引更多平台性、支撑性的优质项目落地，增强集体经济可持续性。着力整合优化行政审批流程，进一步推动“证照联办”“一照通办”改革，营造优质、便捷、高效的政务环境。

稳步扩大高水平对外开放。持续释放“两区”政策红利，深耕副中心制度创新体系，争取在财富管理、绿色金融等方面开展先行先试。不断扩容“两区”项目库，推动更多优质项目、前沿成果落地。更大力度吸引和利用外资，优化重点外资企业服务，加快研究出台国际组织落户支持政策，不断完善外籍人才及家属在华永久居留证申请等管理服务，积极营造更具竞争力的国际人才发展环境，全力打造对外开放的副中心样板。

推动副中心品牌全面跃升。加快释放品牌引领效应，高标准举办全球财富管理论坛、绿色发展论坛、北京种业大会等活动，积极谋划一批具有全球影响力的论坛或会议，持续擦亮副中心“金名片”。切实打牢品牌发展基础，推动北京国际设计周、北京时装周、北京城市建筑双年展等活动能级提升，持续深化重大文化项目与特色小镇联动发展。深入挖掘大运河文化底蕴，依托大运河国家AAAAA级旅游景区，提炼做强文旅商融合发展的运河文化品牌。着力讲好“副中心故事”，优化完善“两区”展示会客厅、副中心城市会客厅等互动体验、交流展示平台，持续强化城市副中心媒体矩阵，着力打造充满魅力的副中心“朋友圈”。

名词解释

（按在报告中出现的先后顺序排列）

1.“五子”联动：统筹推进国际科技创新中心建设、“两区”建设、全球数字经济标杆城市建设、以供给侧结构性改革创造新需求、京津冀协同发展这五个方面联动发展。

2.“一方案三清单”：关于推进北京城市副中心高质量发展的实施方案及配套的政策清单、项目清单、任务清单。

3.老旧小区改造“评定分离”招标模式：在老旧小区改造工程施工及监理单位招标过程中，将评标与定标作为两个环节独立分离，评标环节由专家评审确定前三名入围定标，定标环节由实施主体组建“招标人代表＋街镇＋社（村）＋居民＋物业企业”五方定标委员会，逐一听取入围单位针对群众关心的材料选型、带户施工等问题的汇报并进行“答辩式”问询，综合考量其施工组织设计、居民工作方法、沟通协调机制等因素予以打分，最终按照评、定环节“4∶6”比重确定中选单位，确保中标结果充分体现民意。

4.“三百”专项行动：百日攻坚（利用三个月时间开展一轮人居环境整治攻坚行动）、百村整治（抓环境意识薄弱的100个较差村庄开展重点攻坚，提升村庄环境水平）、百村示范（力争打造100个人居环境优秀示范村）。

5.异地门诊卡码通结：在通州区定点医疗机构，使用外地社会保障卡或国家医保电子凭证均可直接就医结算。

6.“四个一”招商工作机制：副中心招商体制机制创新的重要举措，围绕数字经济、现代金融、先进制造、商务服务、文化旅游、现代种业六大重点产业，建立“四个一”招商工作机制，确保每个重点产业有一位区领导牵头、一个工作专班、一支招商队伍，一个决策咨询机构。

7.“小巨人”企业：“专精特新”中小企业中的佼佼者，是专注于细分市场、创新能力强、市场占有率高、掌握关键核心技术、质量效益优的排头兵企业。

8. 大数据画像：由10项计分指标（诉求量、万人诉求比、响应率、解决率、满意率、剔除未认可率、市区回访“反复”率、见面率、调度率、重复来电率）和4项描述指标（重点诉求、高频点位、体制内处置情况、治理类街乡镇情况）组成，满分共计1000分，更直观地展现接诉即办工作中的优缺点。

9. 接诉即办“三率”：分别为响应率、解决率、满意率。

10. 全龄友好化公园：充分考虑全年龄段，特别是老年、儿童、残障人士等弱势群体的生理和心理需求，提供健康、安全舒适、充满关爱的高品质公园环境及服务设施，提升公园的服务效能与使用体验。

11. 慢行系统“三网”融合：巡河路网、园林绿道网与城市道路网的有机衔接。

12. 碳资产综合监测管理模式：物联接入多类能耗表计，实现区域实时能耗和碳耗的追踪，自动进行碳排放量计算，实现碳排放监测、碳配额分配、碳核查、碳交易、绿证交易等全流程碳管理服务，确保碳管理全流程安全、可追溯、可信赖。

13. 种业“两区两中心”战略定位：国家战略物种种源安全先行区、国家现代种业产业集群发展示范区、国际生物育种前沿技术创新中心、国际种业创新成果汇聚转化中心。

14.“用地清单制”改革：在土地出让前，通过“多规合一”平台组织各部门和市政公用服务企业，开展地质灾害、地震安全、压覆矿产、水土保持、防洪、考古考察勘探等评估工作，并对历史建筑保护、古树名木、危化品安全、地下管线等进行现状普查，形成评估评价结果和普查意见清单，一并纳入土地供应招拍挂文件，在土地出让时一并交付土地受让单位。

15. 基金财富港：拟在运河商务区新打造一个五千亿规模的基金产业集群，业务涉及“募、投、管、退”四大领域，带动近千家行业内资产管理、投资、中介服务等机构入驻。

16. ESG投资：通过E（environmental环境）、S（social社会）、G（governance政府）三个维度考察企业中长期发展潜力，既创造股东价值又创造社会价值、具有可持续成长能力的投资。

17.“千里潞道”品牌：通州历史上称为“潞县”，“潞”字，由“水”和“路”组合而成，作为副中心的绿道品牌体现了历史的传承。

18.“一堰、十河、三网、多点”的水环境格局：“一堰”即“通州堰”，“十河”指10条主要防洪排涝河道，包括温榆河、北运河、潮白河、凉水河、通惠河、小中河、玉带河、萧太后河、凤港减河、港沟河，“三网”指城北、两河、城南三大水网排涝体系，“多点”指宋庄、中坝河、玉带河、凤港减河、凉水河等蓄滞洪涝区湿地。

通州区新冠肺炎疫情防控三年工作情况

2023年1月31日

新冠疫情三年以来，通州区坚决贯彻习近平总书记重要讲话精神和党中央、国务院、市委市政府的各项决策部署，坚持“人民至上、生命至上”理念，落实落细从“乙类甲管”到“乙类乙管”的各项防控措施，高效统筹疫情防控和经济社会发展，最大程度保护了人民生命安全和身体健康，最大限度减少了疫情对经济社会发展的影响。现将工作情况报告如下：

一、新冠肺炎疫情防控工作基本情况

三年来，面对疫情多轮反复来袭，全区各街道乡镇、各部门数万名党员干部、医务工作者以及百万群众勠力同心、团结一致、艰苦奋斗，共同打赢了全民疫情防控的总体战、阻击战。据中国疾病预防控制信息系统显示，自2020年1月20日至2023年1月7日（新型冠状病毒感染实施“乙类甲管”期间），通州区累计报告本土确诊病例2689例，无症状感染者4748例；自2023年1月8日（新型冠状病毒感染实施“乙类乙管”后）至1月29日，通州区累计报告本土确诊病例830例，无症状感染者19例。

二、“乙类甲管”期间疫情防控主要措施及经验

在“乙类甲管”期间，通州区坚持把疫情防控作为压倒一切的头等大事来抓，秉承“疫情要防住、经济要稳住、发展要安全”理念，从严从实从细抓好各项防控措施，坚决打好疫情防控“阻击战”，全区疫情防控形势持续平稳可控。未出现医疗机构院内感染，未出现死亡病例。

1. 健全领导指挥体系，高效有力统筹调度。一是强化组织架构。在区委书记和区委副书记、区长任双组长的区疫情防控工作领导小组体制机制下，健全完善组织架构，先后由“一办十七组”调整为“一部一办十八组”，并成立通州区疫情防控集中办公协同工作专班（8个组），编制完成《通州区应对每百万人口30例以上规模性新冠病毒疫情处置工作方案》等方案。二是常态化统筹调度。坚持“早会商、晚调度”，统一领导指挥全区疫情防控工作。截至目前，累计组织召开区疫情领导小组会议143次，切实扛起了首都疫情防控主体责任。三是配强基层防控队伍。各街镇8小时应急处置指挥部均成立指挥调度、流调溯源、封控管控、督导检查4个工作组，调配各委办局、社区卫生服务中心（5名工作人员）、派出所（1名副所长带4名干警）力量入驻，区、镇街两级8小时应急处置指挥部实现1600人24小时值守。四是全覆盖精细化管理。全区按人口分布、疫情分布等情况划分片区，由街道乡镇班子成员包片，全区180个社区、470个村共划分262个片区，配副处级以上干部276名、一般干部2339人，强化组织领导。五是围绕重要节点、重点区域健全保障机制。紧盯党的二十大、全国两会、各节假日等重要节点，成立疫情防控现场处置工作专班和特殊期间通州区疫情防控工作专班等，推动各项决策部署落实落细，有力保障行政办公区安全。针对北京环球度假区及周边重点区域，构建文化旅游区综合指挥中心，区级10余家职能部门以及公交、地铁、园区运营方等联动，充分发挥综合指挥调度作用，保障北京环球度假区在疫情期间正常运营。切实守好首都东大门，强化外围防控工作，13个外围检查站、24个乡村卡口，高峰时期核查进京车辆12万余辆，核查人员26万余人；三年来，13个外围检查站共核查车辆 8458万辆，人员16544万人次；劝返车辆 73.9万辆、人员 95.8万人；24个乡村卡口共检查车辆58.5万余辆、人员89.9万余人，保障了进返京人员健康、安全，守护首都社会和谐稳定。

2. 坚持党建引领，基层治理水平和治理能力得到充分提升。充分发挥基层党组织战斗堡垒作用，发挥社区、村在疫情防控中的阻击作用和兜底作用，落实落细基层防控各项工作，团结带领广大人民群众，筑牢疫情防控“第一道防线”，共同打赢疫情防控的人民战争、总体战、阻击战。一是当好疫情前线的“先锋队”。各街道乡镇突发疫情后，迅速成立疫情处置前线指挥部，由区领导牵头，相关人员

每日赴现场调度指挥，指导相关街道乡镇做好疫情处置工作，严防疫情外溢、做好服务保障。二是当好村庄卡口的“守门人”。下发《致全区基层党组织和广大党员干部的倡议书》《通州区社会组织参与疫情防控倡议书》，组织开展“我是副中心党员——战疫有我、有我必胜”主题活动，在疫情防控一线普遍建立临时党组织，依托党建引领“双报到、双积分”工作机制，引领带动广大党员干部、志愿者及社会组织冲在一线、守在一线、战在一线。三年来，区级部门及各街道乡镇累计选派3万余名机关企事业单位干部下沉一线，4万余名在职党员、12万余名志愿者参与报到并开展服务。三是当好公共场所的“监督员”。督促属地坚持“喜事缓办、丧事简办、宴请不办”，引导村民尽量少串门、少走动，减少农村流水宴、大排档等群体性聚集活动，做好聚集性红事、白事、宴请的统计报备。加强农村大集防疫管理，建立农村大集管理台账。督促属地严格落实扫码、测温、查验和戴口罩等措施，防止人员扎堆聚集。四是当好接壤路口的“放哨人”。永乐店、漷县、西集、潞城、宋庄五镇与天津市、河北省接壤，最大化进行物理隔离，确保外围防线安全，镇村两级通过广播、微信、告示等形式广泛宣传。同时，指导乡镇组织村级联防联控力量，会同巡警、派出所做好首都环线高速防控风险点位巡查工作。五是当好风险区域的“服务者”。督促相关社区（村）从严从细落实风险区域管控措施，特别是对于城乡接合部、胡同平房院落所涉风险区域，做实做细网格管理，配齐网格服务保障力量，严格居家管理，严禁串门聚集、跨网格流动，严防疫情内传外溢。对划定的临时管控区，要求在排除风险后，尽快解除管控，恢复正常生活秩序。六是做好物资的“保障者”。在高峰时期全区有80余个封管控小区的情况下，全力保物资充足、价格平稳，一线工作人员防护到位。特别是八里桥市场涉疫时，有效调整策略，成立八里桥市场工作专班，派驻工作人员进场，及时掌握市场存量情况、货源地情况、市场交易情况、进货量情况以及保障供应存在的困难，千方百计保住市场交易功能，满足人民群众购物需求。七是做好隔离工作“管理者”。紧盯疫情防控形势，深挖本区房源潜力，强化人员培训力度，严格规范隔离点管理，突出人文关怀关爱。三年来，通州区各集中隔离点累计接收市级交办的入境直航隔离人员20370人次，接收本区密接、次密接隔离人员34675人次，接收国内中高风险返京隔离人员4987人次，确保疫情不外溢。八是做好全民共同抗疫的“参与者”。基层党组织团结带领广大群众众志成城、守望相助，在群防群控、物资药品互助等方面形成巨大合力。引导居民做好个人健康第一责任人，创新开展“邻里互助”等活动，同心同向，互相扶持，营造了团结奋斗的良好氛围，共同打赢一轮轮疫情阻击战。

3. 守住医疗机构院感防控底线，加强新冠医疗救治。防院感方面：一是始终将院感防控作为疫情防控的重中之重，确保抓在手上。始终严格预检分诊，发热门诊及住院病房等重点医疗环节和重点医疗区域的管控，切实履行医疗机构院感防控主体责任，严格各项院感防控措施落实，严守院感底线，确保医院零感染，设立基层发热哨点19个。二是健全院感管理体系，细化院感管控措施。严格四项机制落实，开展56轮次督导检查、36场涉及12万人次培训工作，强化医院全口径人员管理，严格落实工作人员风险筛查、核酸检测、疫苗接种、健康监测等防控措施，确保医务人员零感染。三是严格督导检查，筑牢疫情防控屏障。印发《通州区关于进一步加强新冠疫情期间院感防控工作落实情况督导方案》《关于从严从紧持续做好院感监督检查工作的通知》等多个院感文件，牢固树立红线、底线意识，通过组织院感质控专家定期巡查、机构自查、医院互查、监督所督查、领导包片督查、“四不两直”暗访等多种督查方式，进一步强化源头管控，及时发现薄弱环节，筑牢疫情防控屏障。四是对排查出的问题隐患建立台账清单，挂账整改。加大对医疗机构重点机构、重点部门、重点岗位、重点环节的监督检查力度，对排查出的各类问题隐患建立健全台账清单，及时开展“回头看”，确保问题整改到位。五是强化问责机制，严格责任追究。持续深化院感防控的重要性，将各项院感防控措施落实、落细、落小并责任到人，一旦出现问题，严格责任追究，坚决杜绝出现责任事件。医疗救治方面：先后制定印发《北京市通州区新型冠状病毒感染的肺炎医疗救治工作方案》《北京市通州区新型冠状病毒感染的肺炎相关病例转运工作方案》《北京市通州区新型冠状病毒感染的肺炎密切接触者转运工作方案》《北京市通州区新型冠状病毒感染的肺炎疑似病例转运工作方案》等涉及诊疗、转运、质控，多角度、多维度的工作实施方案。一是迅速搭建新冠疫情医疗救治网络。组建包含感染、呼吸、重症、急诊、院感、中医、医学影像、医学检验、流行病等专业共24名人员的通州区新冠肺炎专家组；建立以紧急设立的独立辖区新冠肺炎收治定点医院为定点，基层医疗机构预检分诊筛查及可疑病例应急隔离，潞河医院、友谊医院通州院区、胸科医院发热门诊负责检测排查，区疾病预防控制中心负责明确诊断的区域医疗救治网络体系，明确分工，最大程度保障其他医院非新冠患者正常诊疗需求。二是加强监测与会商。将友谊医院通州院区、胸科医院、东直门医院通州院区以及263医院等市属、部属以及部队机构纳入全区新型冠状病毒肺炎监测、会商、督查、培训体系，形成辖区医疗救治资源统筹调度；建立新冠肺炎多部门会商研判机制，由区卫健委领导牵头，医疗救治、社区防控、流调隔离、监督执法、医疗机构等多部门参与的会商机制，快速组建区级疫情研判专家组。三是坚持中西医并重。提升救治效率，加强新冠肺炎各版诊疗方案和重型、危重型病例医疗救治方案等文件解读培训，规范开展救治工作。四是科学精准救治。围绕“提高收治率和治愈率、降低感染率和病亡率”，加强病例分析和救治效果的评估，积极汲取各地先进经验，深入细致做好对重型、危重型和高龄老人、儿童病例救治管理，分类精准科学施治，防止疑似和轻型、普通型病例病情恶化。

4. 提升流调溯源质量和效率，及时阻断疫情“传播链”。一是建立专业化流调队伍。自疫情发生以来通州区由区疾控中心和辖区28家医疗机构抽调卫生专业技术人员组成区级流调队，“以干强训”，在实战中不断提升通州区卫生应急能力，累计有500余名工作人员进行流调溯源相关专业的培训。二是整合各方资源形成流调工作合力。为应对大规模疫情处置工作，通州区加强人员力量储备，及时抽调多批次医疗机构区级流调队员参与疫情处置工作，在实战中不断提升卫生应急能力。此外，抽调区统计局、区法院、区检察院和区公安分局300余人，以及街道乡镇3300人，形成疫情处置有效补充力量。团区委组织的机关单位、大学生等志愿者665人对风险人员及时开展电话信息核查，保证风险人员第一时间落位管控。三是加强基础信息收集和技术手段支撑。建立“物理平面图、人员底数、日进出人员”三本台账，滚动摸排底数，确保底数清，为迅速流调打好基础。充分发挥“三公”联动，公安、公卫、工信部门通力协作，利用大数据手段，通过调取“健康码、支付宝和微信支付”三码，监控排查等方式，开展信息排查，以最快时间锁定风险人员信息并落实管控。2020—2022年累计排查风险点位24155个，环境采样65688个。撰写大数据协查函2000余份，出具高风险区及相关管控意见1000余份。四是建立“1+22”应急处置机制。由区防控办组建22个“区级+22街乡镇”联络群，主要负责的区领导进群调度，加强基层防疫指导、物资调配等。在接到新冠肺炎初筛阳性疫情报告后，第一时间在联络群共享信息，22个街道乡镇第一时间响应处置，开展流调工作，确保“不漏人员”。

5. 切实发挥核酸检测前哨作用，进一步提升“早发现”能力。坚持“四早”（即“早发现、早报告、早隔离、早治疗”）工作要求，建立通州区核酸检测能力“五个一”（即“一本账、一张图、一支力量、一个团队、一个平台”）台账，坚持区域核酸筛查与常态化核酸检测相结合，进一步发挥核酸检测快检快筛的优势。2022年5月起，实施常态化核酸检测服务以来，累计采样量18115万人次，平均每日采样74万人。一是点位布局科学统筹。全力打造常态化便民采样点服务圈，峰值时全区设置466个常态化核酸检测点位。三年来，及时收集百姓诉求，不断优化常态化核酸点位，先后实行早晚延时服务、午间不间断服务、24小时采样服务、中英文双语报告服务、便民核酸检测排队小程序服务等，最大程度满足各类核酸检测需求，方便居民就近就便检测。二是特殊保障专项统筹。三年来，根据不同时期疫情特点和防控任务，统筹开展专项核酸检测保障工作，坚决阻断疫情传播。2021年初，针对“河北省邢台市疫情”开展临近区域和进返京人员集中核酸检测，归纳总结出“双轨制”工作方式，以全员核酸检测为主，大数据比对、筛查、补缺为辅，既铺开工作面确保采样效率，又“密织细网”确保不遗漏风险人员。2021年10月，针对“内蒙古自治区额济纳旗疫情”集中开展重点人群核酸检测，归纳总结出条块结合的工作经验，以行业主管部门组织行业人员为“条”，以属地实施核酸检测为“块”，发挥各自管理优势，快速衔接并启动核酸检测，做到不漏一人全覆盖。2021年底，针对“宋庄镇小堡村疫情”开展精准区域内全员核酸筛查，归纳总结出迭代提升的工作经验，不断提升组织能力和检测效率。2022年5月，针对首都疫情持续高位运行，通州区充分发挥指挥体系优势和组织动员经验，妥善开展13次全员筛查和40余次部分街道乡镇区域筛查，总结形成统筹调度、精准组织、党建引领、全民参与的区域核酸筛查做法。2022年下半年，针对学生、老人等特殊群体，开展专项核酸检测服务保障，中高考期间采样点进考场，就近就便服务考生；开学前期，增设采样点位或通道，保障学生群体检测；为养老院提供上门核酸检测服务，减少老人外出感染风险等。三是统筹提升便民服务。把常态化核酸检测与人性化服务相结合，以社区村为依托，主动摸排辖区特殊人群需求，为行动不便老人提供上门采样服务。同时区检疫检测组指导属地在常态化核酸采样点为老弱病残孕人员和学生群体开通绿色通道，优先服务特殊群体，彰显核酸检测服务温度。四是稳步提升核酸检测能力。完成北京圣维尔医学检验实验室准入注册；落实北京和合医学检验研究所6.5万管核酸能力提升；完成北京千麦医学检验实验室气膜舱质量验收。三年来，通州区区域核酸检测累计采样19807.10万（198071018）人次，其中2020年1月1日—12月31日，共计核酸采样35.97万（359729）人次；2021年1月1日—12月31日，共计核酸采样201.80万（2017986）人次；2022年1月1日—12月31日，共计核酸采样19569.33万（195693303）人次。全区核酸检测能力达19万管/天，可满足辖区常态化日常检测需求。

6. 传播抗疫正能量，绘就共克时艰的最大同心圆。疫情期间，通州区采用“四导向宣传法”，即“目标导向、问题导向、人本导向和舆情导向”，用宣传引导工作，统一思想、凝聚人心、解疑释惑、增强信心，推动疫情防控宣传入脑入心，形成公众理解、支持、自觉参与疫情防控的良好舆论氛围，为疫情防控工作提供坚强有力舆论支持。一是坚持目标导向，凝聚支持疫情防控最大公约数。协调中央、市级媒体，统筹区属媒体、区内各单位自办媒体和区内自媒体，形成“四位一体”长效宣传矩阵，累计刊播各类稿件1.1万余篇，网络媒体总阅读量达到1.3亿人次，第一时间把党的权威声音，区委、区政府坚强决心，疫情防控科学举措，各条战线拼搏奋战的感人事迹，通过各种渠道立体传播，做到全面覆盖。二是坚持问题导向，及时化解群众思想疑虑。针对群众聚焦的疫情动态进展、疫苗接种是否科学有效、如何做好个人防护、如何识别不实信息、如何避免焦虑和恐慌等问题，采取图文、视频、动漫、H5等公众喜闻乐见的传播形式，刊发播出各类权威解读稿件1700余篇，以科学知识破解网络谣言和传言，及时消除群众恐慌情绪，不断强化战胜疫情信心。三是坚持人本导向，“暖心宣传”赢得群众加分。始终带着温度宣传，从让群众感受到区委、区政府的关心和广大党员干部的贴心。在不同时间节点，通过“北京通州发布”公众号等平台刊发《致广大市民的一封信，请您查收》《敲黑板！重要通知：请“快修保食洁”朋友速到社区报备！》《核酸检测点位最新分布图，请您收好》等充满关怀和温情的稿件，数十篇稿件阅读量均在10万+以上，市民纷纷点赞，给予好评。电视、广播、新媒体等各类平台，持续不断报道“大白”“小蓝”以及干部群众携手抗疫的动人瞬间，让正能量爱心传递。累计发送各类温馨提醒提示类短信367万条，主动提供电话咨询服务119万余次，确保宣传引导工作真正做到市民的心坎上。

7. 牢固树立全市全国一盘棋的思想，全力打好抗疫整体仗。一是全力保障北京城市副中心行政办公区绝对安全。制定《保障北京城市副中心行政办公区新冠肺炎疫情防控安全工作实施方案》，健全平战结合指挥体系，加强市、区、属地街道三方联动，健全市机关事务局、通州区、小区物业企业（市住保中心、北投集团）“四方联席会”机制；增派人员力量，严格24小时卡口值守；加强辖区生活物资统筹调配，保障宿舍区各生活超市及时补货供货，全力保障居民采购需求。二是全力配合首都抗疫工作。连续多次从潞河医院、东直门医院通州院区选派经验丰富的医护人员，前往丰台、朝阳、顺义、大兴等兄弟区驰援核酸采样工作。2022年，通州区在隔离点使用上开源节流、不断挖潜，在本地区房源吃紧的前提下，支援东城、西城、海淀、朝阳等10个区使用集中隔离点共12个，支援房间总数8447间（单日高峰支援6154间），占通州区隔离房源（11096间）的76%，为市级统筹贡献副中心力量。三是全力支援京外省市抗疫工作。2021年共派出370名经验丰富的医务人员前往河北省廊坊市大厂回族自治县支援当地的核酸检测采样工作，两批医疗队累计采集核酸近18万人次。2022年援助三河市燕郊镇抗疫医务人员730人，累计采集核酸8万人次。组织由21人组成的检测队伍驰援山东省博山市开展核酸检测工作，圆满完成任务。应西藏拉萨市城关区紧急请求，派出相关专家通过现场指导培训，帮助解决实验室污染问题，重新培训标准操作流程，帮助其实验室提高检测质量和检测效率。

三、常态化疫情防控工作开展情况

“乙类乙管”后，通州区疫情形势持续向稳，熟悉的“烟火气”回归，城市运行平稳有序，社会保持安全稳定，群众生活逐步恢复正常。

1. 体制机制进一步优化。制定《通州区新型冠状病毒感染防治工作总方案》，明确了“1+5”（即通州区新型冠状病毒感染防治工作总方案、通州区农村地区新型冠状病毒感染防控工作方案、通州区新型冠状病毒感染重点人群社区健康服务工作方案、通州区养老机构新型冠状病毒感染防控工作方案、通州区新型冠状病毒感染监测响应工作方案、通州区学校新型冠状病毒感染防控工作方案）工作体系，把市里部署落实落细，坚决做到不走样、不变形、不加码。同时，对部分防控组进行优化，为避免资源浪费，对人员进行缩减，可随时激活启用。

2. “保健康、防重症”下足功夫。“乙类乙管”后，通州区顶住疫情冲击，在较短时间内将疫情控制住，发热患者诊疗量、重症患者床位使用率等逐渐下降。为有效降低病亡率，重点开展以下几方面工作：一是22所社区卫生服务中心及其下设的51个社区卫生服务站全部设置发热诊室（诊区），全部开设留观输液区，基层发热诊疗占比达8成，有效分流发热患者及轻症感染者。二是使用区级资金第一时间为全部社区卫生服务中心、社区卫生服务站及村卫生室、养老及福利机构配发血氧仪，并加强供氧保障，提升基层预警监测能力，及早发现风险人员，强化救治关口前移。三是通过快速调整扩增急诊救治空间、紧急购置监护设备、打破院内二级分科、“以干代训”增加重症救治医务人员力量等措施，快速提升重症救治能力，高峰时设立开放重症监护室（ICU）及抢救室床位687张，比应设的269张提升2.5倍。增加氧疗、血滤、监护系统及呼吸机等设备配置共1207台（套），建立健全辖区重症会诊专家组，及时对疑难危重病例进行会诊及处置。四是广泛开展培训，提升基层对可能发展为重症、危重症潜在风险患者的早期识别和处置能力，降低重症发生率。五是有效发挥4个片区制医联体的协同联动作用，统筹资源调度，形成上下转诊，强化分级分类收治。六是各二三级医院均组建院内专家组，强化内外科结对及多学科会诊，增强重症收治及救治能力，对重症患者采取呼吸机支持、氧疗、俯卧位通气、抗感染和中医中药等综合治疗措施，有效降低了病亡率。

3. 加强重点人群监测与服务。通州区高度重视特殊群体健康监测工作，建立实时更新台账。一是监测养老机构。21家养老机构在院老人共1391人，养老机构实行入院“六必须”（即必须现场扫码“京养老服务通”进行登记，并出示身份证予以核对；必须体温测量正常；必须查验48小时核酸阴性证明、现场抗原检测阴性结果；必须观察询问健康状况并做好记录；必须全程严格规范佩戴口罩、采取手消毒等卫生防护措施并遵守相关防疫要求；疫情流行时，必须在外来人员离开机构后，对所到区域进行全面消毒）制度，药品及防控物资充足。二是监测重点人群。社区现有独居群体共2349人（空巢及独居老人1276人）。农村地区独居特殊群体1738人（独居老人940人）。三是监测教育系统。对各教育单位建立动态台账，为各大中小学校和教育机构复课开学做好准备。四是监测贡献群体。做好728名贡献群体服务保障工作。

4. 消费回暖，“烟火气”逐渐回归。“乙类乙管”以来，通州区多措并举促消费、稳民生，全力守护好这份人人期盼的“烟火气”。区内商场开展多种活动，吸引消费者超100万人次。区内重点百货、超市、餐饮和电商等17家企业实现销售额6634万元，七个重点商圈客流量超121

万人次。文化盛宴好戏连台，全区共举办各类公共文化活动 200 余场，吸引群众 20 余万人次。北京环球度假区平稳运营，环球主题公园日均接待游客 2.5 万人以上，城市大道接待游客日均超 3 万人。

5. 全力抓好复工复产。伴随市场经济活动逐渐回暖，社会生活秩序趋于正常，为全面落实“乙类乙管”各项措施，通州区持续深入了解企业问题诉求，及时调度，会同有关部门予以协调解决，切实精准做好企业服务，高效推动复工复产。通州区规模以上工地 179 项，已复工 10 项，复工项目在岗人数 793 人；规模以上工厂 230 家，在产 169 家，在产率为 74%，人员到岗率约为 78%。商务楼宇 77 栋，企业 5493 家，正常经营 5262 家，占比约 95.79%，企业人员到岗率约 81%。

6. 优化核酸检测工作。根据疫情形势变化与政策措施的调整，通州区核酸采样点由 418 个缩减到 67 个（已公示），均可出具“中英文报告”。检测能力 19 万管 / 日，12 小时内可以出结果。废弃采样亭拆除工作有序进行，截至 1 月 29 日，全区撤除总量 398 处，已撤除 307 处，撤除率 77%，留用各类核酸采样亭安全、整洁、美观，与城市环境相协调，体现城市品质和形象。

（区新冠肺炎疫情防控办提供）

五年扬帆磨砺奋进　法治奠基千年之城

—— 副中心晒出亮眼“法治答卷”

2022 年 6 月 27 日

过去的五年，是城市副中心扬帆起航的五年，更是城市副中心法治政府建设发展具有里程碑意义的五年。通州区深入落实习近平法治思想，重点围绕“职能科学、权责法定、执法严明、公开公正、智能高效、廉洁诚信、人民满意”建设目标，立足“八个聚焦一个坚持”，全力推动副中心法治政府建设，涌现出一大批法治政府建设典型案例和亮点工作。通州区单项示范项目“行政复议规范化建设”获第一批全国法治政府建设示范项目命名。落实事中事后监管等相关政策措施社会反映良好被国务院通报表扬。在全市率先建立区级包容审慎监管机制，助力推动法治副中心建设取得新成效……向党委政府和副中心人民交出了一份亮眼“法治答卷”！

一、聚焦政府机构职能体系建设，政府职能作用发挥更充分

一是积极推动政府机构职能协同高效。依法保障全区高质量完成机构改革任务，确保机构设置更科学、职能更优化、权责更协同。首批市级赋权 30 个事项实现下沉并顺利运行，“副中心的事副中心办”迈出重要标志性一步。二是“放管服”改革成效明显。加大简政放权力度，大力推进告知承诺制，完成更多市区两级告知承诺审批事项落地，市场主体信用承诺的自主申报登记事项实现“秒批”，7600 户次的市场主体通过“告知承诺制”进行相应业务办理，减少行政干预。作为北京市区统建共用网上审批工作唯一试点区，初步实现全区行政审批“一张网”办理。全市率先推出“政银合作直通车”、率先实现市场准入“三证”同办。全区 1529 项事项实现“一次不用跑”，413 项事项实现“最多跑一次”。推动更大范围、更深层次“跨省通办”，深化与天津、河北等地区政务服务协同办理机制，实现副中心政务服务事项“全事项、无差别”跨省办理。建立政务服务“好差评”工作机制，持续推出 263 项“办好一件事”引导式主题服务。三是法治化营商环境全面优化。着力加强政策体系保障，在全市率先出台落实《北京市优化营商环境条例》促进副中心发展 27 条实施意见，推出市场主体登记便利化等“一揽子”措施，形成市场监管领域许可证套餐服务等 9 项制度创新。出台“通八条”产业扶持政策及相关配套措施，在全市率先创新打造“政策通——通州区企业服务平台”，助力企业纾困、高质发展。推出一事一策“普惠服务包”和一企一策“定制服务包”，为企业提供专业化、个性化专属服务。在全市率先建立“小微企业”法治体检中心，为副中心小微企业提供包括企业治理、并购融资等 7 大类 47 项专业服务。

二、聚焦依法行政制度体系建设，政府治理规范化程序化法治化程度更高

一方面，锚定重要领域，加强立法调研。开展副中心城市管理立法调研活动，推动副中心城市管理立法列为市人大立法调研项目。在玉桥街道建立全市首批基层立法联系点，累计收集涉教育、劳动就业、收入分配、社会保障、医疗卫生、安全生产、乡村振兴等方面的立法意见和建议

30 余条。另一方面，锚定关键领域，加强法治审核。坚持合法性审核全覆盖，印发《通州区行政规范性文件管理规定》，制定《通州区人民政府合法性审查工作细则》，凡要求纳入合法性审查范围的事项都应履行合法性审查程序，最大程度提高政府发文质效。试行重大民生类规范性文件、重大协议提前介入制度，对涉及重大民生事项相关文件，合法性审查部门要提前介入，参与文件起草、论证、合法性审查等全过程。健全行政规范性文件动态清理和备案审查工作机制，强化行政规范性文件、政府合同的合法性审查和备案清理工作，累计清理 5 轮次共废止 50 余个规范性文件，向市政府和区人大常委会报备 30 余次，报备率、报备及时率、规范率均达 100%。

三、聚焦行政决策制度体系建设，行政决策更科学民主

一是把握关键环节，有效规范政府决策行为。完善重大行政决策机制，研究制定《通州区重大行政决策程序实施细则》《通州区重大行政决策事项目录管理办法》《通州区 2022 年度重大行政决策目录》，细化公众参与、专家论证、风险评估、合法性审查和集体讨论决定的重大行政决策机制工作流程，提高决策质量和效率，明确决策责任，推进决策科学化、民主化和法治化。推进重大决策后评估工作，在全市率先举办行政规范性文件和重大行政决策评审会，对农村饮水安全、河东资源循环利用中心 PPP 项目、背街小巷环境整治提升等项目进行评估，全面把握通州区政府在重大行政决策中存在的问题和薄弱环节，同时针对性地提出整改措施和建议，为科学决策提供参考样本。二是聚焦内外联动，管好用好法律顾问队伍。发挥法律顾问协同审核作用，聘请法律顾问参与重大行政复议诉讼的代理、重大合同的审核等工作，为区政府决策提供法律咨询建议。制定《北京市通州区关于进一步健全行政机关法律顾问工作的若干措施》《通州区行政机关外聘法律顾问工作管理规定》等，率先在全市试行首席法律顾问制度等，督促内外法律顾问切实履行职责，有效预防和控制决策风险，保障决策行为在法律框架内规范运行。三是关注持续发展，引入智库推动依法行政。推动通州区人民政府与中国政法大学签署战略合作协议，根据战略合作协议约定，双方在共建全国领导干部法治教育合作基地、合作举办法治骨干人才培训、区域法治政府建设、法治课题研究、人才交流等多个方面开展深度合作，副中心依法行政能力显著提升。

四、聚焦行政执法工作体系建设，行政执法效能显著提升

一是深化行政执法机制建设。定期召开执法协调小组会议，起草执法数据报告，分析研判各单位执法数据、存在问题，向区政府提出规范行政执法合理建议；完善执法协调体制机制，制定《通州区街道乡镇行政执法协调工作若干规定》，积极协调解决执法争议；高标准推进行政执法“三项制度”，创新推出“调研式”督查检查，定期开展全区行政处罚案卷集中评查和质量抽验工作；建立行政执法考核“红黑榜”，加大行政执法监督考核力度。二是加大重点领域执法力度。出台《通州区控制在施违法建设若干规定》，超额完成市区两级年度任务，形成副中心控制在施违法建设的创新举措。制定《通州区规范涉企行政执法优化营商环境若干措施》《通州区关于强化政法保障助力民营经济健康发展的若干措施》，规范涉民营企业执法司法行为。三是创新包容审慎执法方式。在全市率先建立“三个一”包容审慎执法机制，出台《通州区包容审慎“沙箱监管”若干规定》，建立包容审慎“沙箱监管”对象库，对 211 项执法事项给予企业自我纠错的空间，实现“审慎执法”数据网络共享。

在这些机制的推动下，过去五年，全区行政检查量从 4.56 万件上升到 29.17 万件，人均检查量从 33.25 件上升到 243.95 件，行政处罚案件量从 2.06 万件上升到 3.60 万件，人均处罚量从 15.04 件上升到 37.88 件。

五、聚焦社会矛盾纠纷行政预防调处化解体系建设，行政复议化解矛盾纠纷“主渠道”作用凸显

一方面，规范化建设增强矛盾纠纷吸附力。出台《通州区全面推进行政复议规范化建设的工作方案》，着力构建行政复议规范化体系，实现流程、空间、队伍、文书规范化，并在全市范围内实现“五个率先”，即率先发布《通州区行政复议报告（1999—2017）》《通州区行政复议应诉十大典型案例》；率先出台《通州区关于实行行政复议“三公开”制度的意见》；率先出台《行政复议规范化建设工作方案》，系统提升行政复议质效水平；率先完成复议接待室空间标准化建设；率先建立 22 个行政复议接待咨询分中心。特别是 22 个街（乡镇）行政复议接待咨询分中心全覆盖，在行政争议前端化解中充当了重要角色，有效引导人民群众合法合理主张权利，行政复议吸附矛盾纠纷的能力进一步增强。2020 年 8 月，通州区“行政复议规范化建设”获第一批全国法治政府建设示范项目命名。自此，行政复议规范化建设“副中心范式”成为北京城市副中心法治政府建设的“金名片”。

另一方面，多元化调处提升矛盾纠纷解决率。高标准建设通州区行政争议多元化解调处中心，坚持“多点布局、多元解纷”，按照“先调处、后立案”的原则引导申请人通过案前调解化解争议。通过推动多元共治，整合和解、调解、裁定、诉讼等方式，实现化解矛盾纠纷形式多元化；积极调动专职人民调解员、专职律师、法官、各类行业专家参与纠纷调解，实现调解主体多元化；采取矛盾纠纷分类导流、案情研判、分类化解等形式，针对疑难复杂矛盾纠纷，多部门集中参与会诊，全力推进服务多元化。截至 2022 年 6 月，累计调处各类行政争议 230 余件，有效实现了行政争议“溯源治理、就地化解”。

六、聚焦突发事件应对体系建设，疫情防控依法有序推进

始终把人民群众生命安全和身体健康放在第一位，坚

持运用法治思维和法治方式开展疫情防控，研究制定依法推进新冠肺炎疫情防控“十条举措”，出台落实北京市帮扶企业系列政策区级“12条”措施及20个配套实施细则，在全市率先实现规模以上在建工程100%复工。加强“行刑衔接”和“联动协作”，依法从严从重处理危害疫情防控犯罪行为。创新推出“云调解”“云法庭”，积极化解涉疫情矛盾纠纷，协同案件卷宗100%线上流转。出台依法防控双语法治指引，引导全社会依法行动、依法办事。在全区范围内启动新冠肺炎疫情防控法治研究成果的征集工作，形成《通州区涉疫情法治研究汇编》，为有关部门决策提供了重要参考。加强依法防疫法治宣传工作，动员全区87家普法责任单位累计开展各类宣传活动2300余场次，制作原创依法防疫动画被司法部、京司观澜等官方新媒体转发。

七、聚焦行政权力制约和监督体系建设，行政权力运行更规范透明

一是人大监督、监察监督、民主监督、司法监督更加有力。强化议案、建议、提案办理工作，建立每年第一次政府常务会专题研究部署等制度，形成常务副区长定期议商调度等推进机制。二是行政监督和审计监督更加强化。先后制定《通州区人民政府督促检查工作办法》《加强风险防控完善区政府领导班子“三重一大”决策制度实施办法》《北京市通州区人民政府工作规则》等行政监督文件，形成长效机制。审计管理体制健全，实现了审计监督“全覆盖”。三是社会监督等机制更加精细。筹备建立了“12388”电话举报受理系统，并于2019年3月正式投入使用。推动媒体反映问题的办理情况及时得到正面反馈报道，形成“接收—整改—反馈—报道”的媒体反映问题落实工作闭环。

八、聚焦法治政府建设科技保障体系建设，着力打造数字型法治政府

深入推进信息化平台建设，统筹建成北京城市副中心政务服务中心，实现市、区、街乡多级网上政务全覆盖。持续推行副中心政务“云窗口”服务模式向各街乡镇、社区（村）、园区楼宇等基层服务站点的下沉延伸，在普及行政审批“马上办、网上办、就近办、一次办、自助办”中体现副中心标准。高水平打造“智慧市场监管平台”，依托大数据分析系统、智能研判分析系统、远程调度指挥中心、政企互动、法律法规查询五个子系统，以大数据可视化分析的方式实现全区各类市场主体监管手段创新，实现了对监管执法合规性及监管对象行为双向监督。加快推动法治政府建设管理类职能和服务类职能同步向移动端延伸，实现更多管理和服务职能“掌上办”。依托“法治通州”微信公众平台，引入“国家工作人员培训考试云平台”，全区1555名行政执法人员参加网上学习并考试。

九、始终坚持党的领导，法治政府建设成果让人民更满意

一是谋定后动，依法治区框架有序拉开。2019年6月，通州区委全面依法治区委员会正式成立，初步形成委员会牵总，一个办公室、四个小组有机配合的总体架构。先后建立了委员会工作规则、委员会办公室工作细则、协调小组工作规则、专家决策咨询议事规则等制度，为全面依法治区各项工作打下坚实基础。委员会先后针对法治政府建设、优化营商环境、公共法律服务体系建设等重要事项进行了研究，提出具体要求，并做出顶层设计，法治“固根本、稳预期、利长远”的重要作用得到充分发挥。二是亮点推动，法治政府建设有序推进。在全市率先制定《通州区党政主要负责人履行推进法治建设第一责任人职责清单》，对党政主要负责人应当履行的法治职责进行全面、系统、具体的部署安排，组织56家区政府相关单位细化完成本单位职责清单。规范法治政府年度报告制度，2021年首次集中发布区政府和区政府各部门法治政府建设年度情况报告，2022年首次纳入副中心党工委管委会工作、首次实现专家评审组集中审议。三是示范带动，依法行政能力全面加强。高位推动法治政府建设攻坚行动，狠抓法治政府示范创建工作措施落地见效。对照指标体系，细化工作任务，梳理亮点经验，加强督导调度，积极做好法治政府示范创建的申报和迎检准备。持续开展区级法治政府建设示范创建活动，培育“市场远程监测调度指挥中心”等6个2020年度区级示范创建项目，“通州区加强事中事后监管规范化建设”等13个2021年度区级示范创建项目。

一路走来，我们砥砺奋进。展望未来，我们信心满怀。站在新的历史起点，法治政府建设任重道远。我们坚信，在全面依法治国新理念新思想新战略的引领下，在一个又一个科学规划的护航下，未来的北京城市副中心，一定会以守望千年的姿态，屹立在法治城市发展的前沿，不断开创全面依法治国的崭新局面！

（区司法局提供）

大事记

1月

13日　文化和旅游部党组成员、副部长卢映川到台湖演艺小镇调研。在考察台湖演艺车间、台湖图书城、双益发文创园、台湖舞美艺术中心和听取相关情况介绍后，提出要求。副市长王红，区领导孟景伟、杨磊参加调研。

14日　通州区冬奥会服务保障工作领导小组第1次会议召开。

19日　“踔厉奋发　扬帆远航——北京城市副中心产业高质量发展推进大会”在北京国际财富中心举行。

20日　城市副中心党工委、区委党史学习教育总结会议召开。

同日　通州区金融服务商会换届大会召开，会议选举产生以华夏银行北京城市副中心分行为理事长单位、北京北投投资管理有限公司为副理事长兼秘书长单位、北京财富管理有限公司为监事长单位的新一届领导班子，并正式更名为北京市通州区金融协会。

同日　台湖演艺车间举行颁证首演。

26日　通州区冬奥会服务保障工作领导小组扩大会议召开。

28日　通州区2021年度街道、乡镇和系统党（工）委书记抓基层党建述职评议会召开。

同日　区政府印发《北京市通州区人民政府关于印发北京城市副中心（通州区）“十四五”时期妇女儿童发展规划的通知》。

1月　区政府常务会第3次会议决定由北京市通州区国有资本运营有限公司负责对通州宾馆（通州发展大厦）进行整体改造和功能提升，计划2024年5月完成改造并投入商业办公运营。

2月

1日　通州区开通会计人员信息跨省调转业务。

7日　通州区召开“以案为鉴、以案促改”警示教育大会。

9日　北京城市副中心推进国际消费中心城市建设领导小组召开第1次全体会议，传达北京市培育建设国际消费中心城市领导小组第1次全体会议精神，听取并研究城市副中心推进国际消费中心城市2021年工作进展、2022年工作安排及副中心推进国际消费中心城市统计监测情况。

11日　人社部就业促进司处长娄权超到通州区马驹桥镇人力资源市场调研零工市场发展、建设情况，并针对节后返京灵活用工、自发形成的招聘对接机制进行细致摸查。随后到通州区创业孵化示范基地张家湾设计小镇创新中心，了解创业孵化的运作创新模式及共享办公空间大数据+智慧运营新方法的孵化效果。

12日　中共中央政治局委员、北京市委书记蔡奇，市委副书记市长陈吉宁到城市副中心政务服务中心调查研究，并召开城市副中心建设领导小组全体会议。

14日　城市副中心高质量发展推进大会暨通州区人民政府第一次全体扩大会议召开。

16日　中国北京人力资源服务产业园通州园区成立区级“务工人员之家”。搭建职能部门与在京务工人员双向交流、沟通的平台，建设同学习、共进步的文明之家。

同日　区市场监管局、三河市市场监管局、大厂县市场监管局、香河县市场监管局联合发文启动四地知识产权行政执法联动工作机制，开展北京冬奥会冬残奥会知识产权保护工作。

17日　通州区召开2022年征兵工作动员大会。

21日　北京城市副中心2022年投资暨重大工程专题发布会举行。

22日　于家务国际种业科技园区规划建设研讨会举办，邀请农业农村部、中国农业绿色发展研究会、中国科学院、北京市农林科学院等单位专家，共同谋划通州区种业发展。

24日　“府院联动　基层共治”副中心一站式多元解纷工作推进会暨一站式多元解纷中心揭牌仪式举办。

28日　区纪委七届二次全会召开。

3月

1日　2022年（春季）全国消费促进月·北京消费季启动活动在环球主题公园城市大道举办。中央政治局常委、市委书记蔡奇，商务部部长王文涛，中央宣传部副部长、中央广播电视总台台长慎海雄，市长、市委副书记陈吉宁出席。

2日　北京2022年冬残奥会火炬接力城市火种采集仪式在大运河漕运码头举行。

3日　通州区妇幼心理行为教学基地成立，开展自闭症儿童仿学活动。

4日　北京凯德石英股份有限公司在北京证券交易所举办上市仪式，是自北交所开市以来副中心首家上市企业。

7日　北京市第一生态环境保护督察组督察通州区情况反馈会召开。市第一生态环境保护督察组组长吴问平、副组长李晓华出席，区委书记赵磊作表态发言，区委副书记、区长孟景伟主持。吴问平宣读《通州区北京市生态环境保护督察报告》，对生态环境保护督察工作进行反馈。

11日　通州区社会建设工作领导小组2022年第一次会议暨全区“基层治理年”工作部署会议召开。

同日　《2022北京城市副中心责任双师工作计划》正式发布。

14日　中共中央政治局委员、市委书记、城市副中心建设领导小组组长蔡奇到城市副中心调研基层党建工作。察看永乐店镇老槐庄村基层党建工作后，蔡奇主持召开市委党的建设工作领导小组全体会议并讲话。

21日　《关于进一步服务北京城市副中心高质量发展的实施意见》印发，提出持续深化“放管服”改革、深化北三县一体化高质量发展、强化知识产权保护、深化“两区”建设、深化公平竞争审查、开展质量强区建设六大方面的任务，推出15项举措。

25日　区税务局建立“通武廊”互助服务机制，实现三地税收征管服务效益最大化。

31日　北京城市副中心产业引导基金（有限合伙）在通州区注册成立，首期资金规模20亿元人民币。

同日　区投资促进服务中心与金隅集团冀东国际贸易有限公司举行战略合作签约仪式。

同日　区政府印发《北京市通州区人民政府关于印发北京城市副中心（通州区）“十四五”时期基础设施建设发展、城市治理、生态环境、新型城镇化示范区建设重点专项规划的通知》。

4月

2日　通州区首个税收宣传普法教育基地在北京现代音乐研修学院正式揭牌。

7日　中共中央政治局委员、市委书记、城市副中心建设领导小组组长蔡奇，市委副书记、市长、城市副中心建设领导小组副组长陈吉宁到城市副中心调研交通工作。考察东夏园综合交通枢纽、梨园中街慢行系统改造及史家小学通州分校周边交通治理项目，沿途查看果园环岛路口、京津公路与通朝大街交叉口、绕城环路交通情况后，蔡奇在九棵树街道主持召开市委城工委专题会议并讲话。

同日　通州区儿童康复园在通州区残疾人职业康复中心正式揭牌成立，并被授予北京市儿童康复定点机构称号。

9日　以“履行植树义务，共建美丽中国”为主题的2022年共和国部长义务植树活动在张家湾镇南火垡村植树点开展，中共中央直属机关、中央国家机关各部门和北京市的133名部级领导干部参加。

10日　中核集团总经理、党委副书记顾军等到城市副中心规划展厅、路县故城遗址、运河商务区合景中心4B办公楼项目调研，并乘船察看大运河城市段景观。

11日　区政府印发《北京市通州区人民政府关于印发〈北京城市副中心（通州区）“十四五”时期京津冀区域协同发展示范区建设规划〉和〈北京城市副中心（通州区）“十四五”时期人口发展规划〉的通知》。

14日　全国政协副主席兼秘书长李斌率队到副中心调研基层政协落实习近平总书记关于加强和改进人民政协工作重要思想的实践成果。

15日　北京通州文化旅游发展有限公司完成企业变更登记，通州区级文化旅游产业平台正式组建，后续将推进市场化选聘职业经理人工作。

20日　七届区委全面深化改革委员会第1次会议召开。

21日　全国人大常委会副委员长、全国妇联主席沈跃跃到通州区调研“家校社”协同育人工作。

同日　副市长谈绪祥到潮白河宋庄镇港北村段及渣土填埋点、运潮减河入潮白河处、潮白河于辛庄橡胶坝、尹家河村调研潮白河防洪保安、生态补水及河道规划建设情况。

22日　市政协主席魏小东带队到东六环改造工程和城市副中心剧院、图书馆、博物馆三大建筑施工现场调研重大工程建设情况。

同日　通州区“两区”工作领导小组2022年第一次全体会议召开。

23日　全市首座进口冷链食品首站中转查验库在于家务回族乡国际种业科技园区建成，面积1380.24平方米，冷库容量810吨。实行封闭式管理，具备集中检测、消杀（核酸检测能力为每日1万管核酸检测样本、消杀能力每日可完成全库2次消杀）及转运等功能，可满足全区进口冷链食品首站中转入库需求。

5月

26日　中国共产党北京市通州区代表会议召开。区委书记赵磊代表区委，就通州区出席北京市第十三次党代会代表的重要意义、产生程序、构成情况及有关要求进行说明，并对选举工作提出要求。根据计票结果，确定通州区出席北京市第十三次党代会代表。

31日　区政府印发《北京市通州区人民政府关于印发北京城市副中心（通州区）“十四五”时期产业发展、金融业发展、公共服务发展、住房保障和职住平衡规划的通知》。

同日　通州区2022年防汛抗旱工作暨区防汛抗旱指挥部第一次会议召开。

5月　九棵树街道金侨时代家园公共空间改造“生命之环”项目获“2022年北京城市更新优秀案例”称号。

6月

1日　北京恒基客运有限公司地面公交业务正式移交至北京公共交通集团，至此城市副中心地面公交正式纳入市公交系统进行统一运营管理。

6日　张家湾人民法庭被最高人民法院确定为北京市唯一“为服务新型城镇化建设”试点法庭。

9日　区人力社保局首创电台直播带岗模式，利用北京广播电台《副中心会客厅》栏目（FM107.3），以北京城市副中心“职等你来”为主题，帮助副中心企业招贤纳士。

10日　区委宣传部、区人力社保局联合开展北京城市副中心“职”等你来云上招聘新时代文明实践活动。

14日　市政协主席魏小东、副主席杨斌和部分市政协委员到东六环改造工程和城市副中心剧院、图书馆、博物馆三大建筑施工现场调研重大工程建设情况。

20日　九棵树街道金侨时代家园公共空间改造“生命之环”入选亚太城市可持续发展目标优秀项目库，被联合国亚太经社会委员会授予荣誉证书。

22日　北京城市副中心党工委管委会与中国石油天然气集团有限公司签署新能源战略合作框架协议。

24日　大运河京冀段通航仪式举行，全线62千米游船实现通航。

25日　北京环球度假区正式恢复限流开放。

28日　中国邮政储蓄银行股份有限公司北京分行——新光大中心2A商务办公楼建成交付，楼高190米，建筑面积7.7万平方米。

7月

2日　中共中央政治局委员、市委书记蔡奇，市委副书记、市长陈吉宁围绕“学习宣传贯彻市第十三次党代会精神，高水平建设城市副中心”主题到城市副中心调研检查工作。视察首钢西集重大活动应急场所项目、博格华纳北京公司、运河商务区北京远洋乐堤港项目后，蔡奇在北京国际财富中心一号楼主持召开座谈会并讲话。

8日　北京城市副中心云招聘“国聘行动进园区”直播活动举办。

12日　市政协农业农村委围绕“强化创新体系建设，推动种业高质量发展”到通州区调研。

13日　内蒙古自治区赤峰市翁牛特旗党政代表团到通州区考察，对接东西部协作工作。

14日　区市场监管局颁发通州区首张“证照分离”食品生产许可证。依托电子化系统，可以实现企业办理食品生产许可“足不出户”全程网络办理。

19日　“2022年中国（京津冀）鲜食玉米大会暨第八届北京鲜食玉米节”在北京通州国际种业科技园区召开。

同日　通州区首笔线上个人出租房屋发票代开业务成功办理。

20日　北京市委副书记、市长陈吉宁到通州区税务局调研优化营商环境重点工作，实地考察了通州区税务局第一税务所电子税务局专项运行情况，深入体验了增值税留抵退税业务办理流程，详细了解了北京市税务系统在推进智慧办税、服务京津冀协同发展、发挥涉税专业服务机构作用等方面的工作情况并提出工作要求。

21日　内蒙古自治区通辽市奈曼旗党政代表团到通州区考察，对接东西部协作工作。

22日　区红十字会第五次会员代表大会召开。

同日　通州区召开食品药品安全委员会扩大会议暨创建国家食品安全示范城市动员启动大会。

25日　城市副中心举行上半年经济社会运行情况发布会。

29日　第十届北京七夕文化节于家务分会场“爱暖副中心 相约在七夕”活动在仇庄书院举办。

同日　通州区投资促进服务中心与中核地矿科技集团有限公司签署战略合作协议。

同日　首届北京城市副中心公共艺术汇报展开幕。

8月

1日　通州区政府与中国铀业有限公司战略合作协议签约仪式举行。

2日　中共中央政治局委员、市委书记蔡奇到城市副中心台湖演艺小镇调查研究。视察京城重工台湖项目、台湖图书城B库、台湖演艺车间、台湖万亩游憩园、北京新城职业学校后，蔡奇在国家大剧院台湖舞美艺术中心艺术交流楼一层会议室主持召开座谈会并讲话。

8日　大运河文化旅游景区创建高峰论坛在城市副中心举办。

同日　2022北京（国际）运河文化节在城市副中心城

市绿心森林公园开幕。

同日 通州区妇幼保健院获批科技部“中国人类遗传资源保藏库”。

9日 中共中央政治局委员、市委书记蔡奇到城市副中心张家湾设计小镇调查研究。视察北泡轻钢地块项目一期北京国际设计周永久会址、北京未来设计园区、元宇宙应用创新中心后，蔡奇在城市副中心党群服务中心主持召开座谈会并讲话。

16日 廊坊市党政代表团到通州区调研，共商通州区与北三县一体化高质量发展示范区建设大计。市委常委、秘书长，城市副中心党工委常务副书记、管委会常务副主任，区委书记赵磊一同调研。区领导郑皓、吴孔安等参加。

18日 市委常委、秘书长，城市副中心党工委常务副书记、管委会常务副主任，区委书记赵磊率通州区党政代表团到廊坊市北三县考察，视察三河市燕郊科学城孤山片区项目、香河县北运河中心码头项目和大厂县首钢机电厂项目，并召开座谈会。廊坊市领导王立彤、李国勇、张海川，城市副中心党工委、管委会和通州区领导孟景伟、郑皓、苏国斌、吴孔安等参加。

19日晚，“遇见·运河”城市探访系列活动启动仪式举行。

20日 2022年全国科技活动周主场活动暨北京科技周启动仪式在城市绿心森林公园举行。

22日 通州区政府与蘑菇车联信息科技有限公司签署战略合作协议。

同日 区政府印发《北京市通州区人民政府、北京市科学技术委员会、中关村科技园区管理委员会、北京市经济和信息化局关于印发〈北京城市副中心元宇宙创新发展行动计划（2022—2024年）〉的通知》。

23日 “行走的达沃斯”活动在城市副中心启动。中共中共中央政治局委员、北京市委书记蔡奇会见线上线下参加活动的中外企业代表。市委副书记、市长陈吉宁，中国气候变化事务特使解振华一同会见。通州区政府与外资企业举行合作项目签约仪式。国家发展改革委副主任连维良，北京市领导赵磊、隋振江，市政府秘书长戴彬彬，通州区领导孟景伟、苏国斌参加。

28日 京津冀职业技能高质量发展推进会在中国北京人力资源服务产业园通州园区举行。会议由北京市通州区人力资源和社会保障局主办，中国智慧工程研究会职教技能发展工作委员会承办。天津宝坻区，武清区，滨海新区，河北雄安新区，廊坊市，唐山市六家人力社保部门线上参加会议并与主办单位联合签署《京津冀五区两市职业技能高质量发展战略合作框架协议书》，共同发起成立“京津冀职业技能发展联盟”。

8月 市级赋权副中心管委会后首个施工许可审批项目通州文化旅游区通马路综合交通枢纽项目（通马路综合交通枢纽）正式落地。

9月

1日 区委副书记、区长孟景伟出席2022北京“两区”建设国际合作暨投资北京峰会，对北京自贸试验区特色片区产业优势和发展机遇进行主题推介。

同日 市政协主席魏小东等到尹各庄分洪枢纽调研“通州堰”分洪工程。区领导张德启、秦涛、尚祖国、甄宇参加。

3日 北京城市副中心运河骑游季——工会专场活动在大运河森林公园举行。

5日 2022年中国国际服务贸易交易会北京城市副中心金融服务专题展在首钢园举办。2022年中国国际服务贸易交易会——走进北京城市副中心主题活动在国家会议中心顺利举办。

7日 以“践行‘双碳’战略 汇聚绿色动能”为主题的“海创论坛·2022”在城市副中心开幕。全国政协副主席、致公党中央主席、中国科协主席万钢作主旨报告。

12日 区政府印发《北京市通州区人民政府关于公布第五批通州区级非物质文化遗产代表性项目名录的通知》。

14日 市科协“专业智库基地通州行”活动在张家湾设计小镇北京未来设计园区举行。

15日 2022年北京通州·河北廊坊北三县项目推介洽谈会举行。

17日 2022北京城市副中心文旅产业峰会暨特色小镇高质量发展论坛开幕。

18日 2022北京城市副中心运河赛艇大师赛开赛。

20日 第二届新视听媒体融合创新创意大赛启动仪式暨新视听媒体融合峰会在北京城市副中心举办。

21日 第三届北京城市副中心消费论坛在北京国际财富中心举办，发布《2022年度消费者满意度调查报告》。连续三年开展消费者满意度调查，84.39%的消费者对通州区消费环境表示非常满意或满意，同比提升15.08个百分点。

23日 区政府与北京市第三中级人民法院签署《关于司法服务保障城市副中心“两区”建设的战略框架合作协议》。

同日 2022年通州区第四届“社区邻里节”启幕。

24日 市国资委主任张贵林一行到城市副中心调研，听取运河商务区工作进展情况汇报，察看远洋乐堤港项目规划建设情况后召开座谈会。

28日 京津冀国家技术创新中心通州中心在张家湾设计小镇创新中心注册成立，是通州区首次引入国家级科创平台。

29日 全国政协副主席张庆黎一行到北京城市副中心规划展厅、大运河通州城市段开展党支部活动。市政协党组书记、主席魏小东，区领导张德启、秦涛陪同。

30日　2022年通州区烈士公祭活动在大运河森林公园周文彬雕塑广场举行。

10月

10日，通州区首个公益助残直播间项目“手递手星星直播间”在北投集团爱琴海购物公园正式启动。

11日　通州区首个反家暴工作站成立。

12日　文旅部资源开发司副司长吴科锋一行到大运河文化旅游景区调研创建国家AAAAA级旅游景区进展情况。市文旅局一级巡视员周卫民主持召开座谈会。区领导孟景伟、秦涛参加。

20日　国家林草局生态保护修复司一级巡视员陈建武一行到马驹桥镇郭村调研平原造林2405号小班松材线虫病处置情况。市园林绿化局一级巡视员蔡宝军主持召开座谈会。

22日　北京通州发展集团有限公司签订增资扩股协议获批复同意，增资后北京通州发展集团有限公司持有北京光谷科技园开发建设有限公司57.05%的股权，成为控股股东。

24日　北京城市副中心（通州区）领导干部会议召开。

27日　区政协召开2022年社情民意恳谈会，区领导与各民主党派、各界委员代表面对面座谈，听取大家对城市副中心经济社会发展意见建议。区领导张德启、陈江华、郑皓、苏国斌等参加。

10月　通州区首例全流程电子化政府采购项目——“2022年通州区社会化拖车平台项目”落地。

11月

2日　通州区被正式授予“国家森林城市”称号，成为北京市第一个获评“国家森林城市”的平原区。

7日　区财政局核准北京市通州区住宅合作社资产评估结果，核定住宅合作社国家资本金1.59亿元，12月30日，注册成立北京通营置业有限公司，北京市通州区住宅合作社转企改制全面完成。

同日　通州区妇幼保健院被北京市正式确定为三级甲等妇幼保健院。

8日起　划归北京经济技术开发区管理的通州区台湖、马驹桥地区（约78平方千米）商品住房（包括新建商品住房和二手住房）执行北京经济技术开发区商品住房政策有关规定。

10日　区政府与市经信局、国家中小企业发展基金有限公司签署“专精特新”中小企业培育战略合作框架协议。

14日　通州区第七届人民代表大会第二次会议开幕。区委副书记、区长孟景伟作《北京市通州区基层治理工作报告》。

同日　通州法院“4×3”服务体系案例入选最高人民法院“打造枫桥式人民法庭服务基层社会治理”典型案例。

15日　通州区第七届人民代表大会第二次会议闭幕，会议表决通过了关于推进基层治理体系和治理能力现代化建设的决议。

同日　副市长隋振江到中国人民大学通州校区检查城市副中心重点工程建设，并在三大建筑施工现场召开座谈会。

17日　北京市学习贯彻党的二十大精神宣讲团通州区报告会在城市副中心举行。市宣讲团成员、新华社原副社长路建平作宣讲报告。

26日　市委书记尹力到通州区西集应急方舱医院，城市绿心剧院、图书馆、博物馆三大文化设施建设现场调研检查疫情防控工作。

12月

6日　区委、区人大常委会、区政府、区政协领导和机关干部集体收看江泽民同志追悼大会，认真学习习近平总书记在追悼大会上所致的悼词，深切缅怀江泽民同志的光辉业绩和崇高风尚。

13日　北京城市副中心首家合资保险资产管理公司招商信诺资产管理有限公司落地通州区，注册资本5亿元。

15日　通州区党的二十大精神宣讲报告会召开。市委常委、秘书长，区委书记赵磊围绕《深刻学习领会党的二十大精神 凝聚起推动城市副中心更高质量发展的磅礴力量》作主题宣讲报告。

18至19日　区委副书记、区长孟景伟到内蒙古自治区通辽市奈曼旗、赤峰市翁牛特旗，考察京蒙东西部协作工作，推动合作共赢。

23日　北银理财有限责任公司开业仪式在北京银行总行举行。市委常委、区委书记赵磊出席仪式并讲话，北京银行党委书记、董事长霍学文致辞，区委副书记、区长孟景伟出席。

28日　北京市建筑设计研究院有限公司、北京市工程咨询公司和首旅怡禾生物园区更新改造项目在张家湾设计小镇开工建设。

31日　通州区南大街及周边片区腾退保护更新项目试点片区正式启动。

2022年　通州区新设立23个社区居民委员会，涉及北苑、中仓、玉桥、临河里、杨庄、九棵树、潞邑、梨园、西集、台湖、马驹桥等11个街道、乡镇。优化调整1个社区居民委员会，同步调整19个社区居民委员会，其中3000户以上大型社区9个。截至年底，通州区社区居民委员会总数达到183个。

中国共产党北京市通州区委员会

综 述

【概 况】 2022年是党的二十大胜利召开、党团结带领全国各族人民以中国式现代化全面推进中华民族伟大复兴的起航之年，是新一届市委大力推动新时代首都发展、率先基本实现社会主义现代化的开局之年，也是新一届区委全力推动副中心高质量发展极不平凡的一年。这一年，中共通州区委始终以习近平新时代中国特色社会主义思想为指导，在市委的坚强领导下，深入贯彻党的十九大、二十大和市第十三次党代会精神，全面落实党中央和市委各项决策部署，坚定不移把方向、谋大事、强党建、抓落实、保平安，坚决服务保障好党的二十大、全国两会、北京冬奥会冬残奥会、服贸会等重大活动。党的二十大胜利召开后，在全区全面掀起学习宣传贯彻党的二十大精神热潮，迅速把全区干部群众思想统一到党的二十大精神上来。

【统筹推进疫情防控和经济社会发展工作】 2022年，通州区严把进京关口，完成了全市40%进京人员车辆查验；顺利完成隔离人员转运、隔离点服务保障等各项工作；持续加固免疫屏障，全程疫苗接种率提高到123.9%。因时因势优化完善防控措施，深入落实疫情防控“二十条”“新十条”要求，持续加强医疗救治，强化社区服务保障，千方百计保障群众就医用药和生活需求。积极主动为恢复经济创造各种有利条件，促投资、促消费，大力解决企业用工及供应链等关键问题，开展“一企一策”专门服务。主要经济指标实现稳中有进、进中提质。

【重大工程项目建设】 2022年，通州区充分发挥副中心承载重大项目“主阵地”作用，持续保持千亿级投资强度，以全面发力、攻坚突破之势强力推进230项重点项目建设。城市绿心三个文化设施基本完工，人文新地标展露初容。东六环入地改造西线隧道首段贯通，副中心站综合交通枢纽主体工程进度超四成，6号线南延、M101线、通马路交通枢纽等一批工程加快推进，副中心联通南北、贯通东西的交通网络加快成型。重要功能区多点开花，行政办公区二期加快建设，运河商务区新投用30万平方米，文化旅游区车辆段综合利用项目开工建设。城市更新成效突出，引入社会资本参与西营前街等社区级家园中心建设，南大街保护更新项目启动腾退，北小园老旧小区综合整治等项目入选全市城市更新“最佳实践”案例，一批背街小巷综合治理片区建成达标，清新亮丽、宜居宜游的老城新貌跃然而出。

【京津冀协同发展】 2022年，通州区与北三县一体化高质量发展全面发力、纵深推进，总体方案获国务院批复。产业链深度融合，连续四年举办北京通州与廊坊北三县项目推介洽谈会，2022年37个项目完成签约；研究制定通州区与北三县区域内差异化新增产业禁限目录，推动构建“研发试验—成果转化—科技孵化—产业化”的一体化产业链条。交通一体化格局加快形成，京唐城际铁路即将通车运营，地铁平谷线、厂通路等道路加快建设，觅子店等检查站前移至河北段。区域生态空间加快构建，潮白河生态绿带等交界地区生态规划深度衔接，大运河京冀段62千米实现历史性旅游通航，机动车超标排放信息实现共享，执法督查专班共同监督贴边建设行为。公共服务合作稳步实施，潞河医院、区妇幼保健院、东直门医院通州院区与北三县医疗机构组建医联体，3654项政务服务事项纳入区域通办。坚持与雄安新区错位发展、互为促进，“两翼”合力承接非首都功能疏解取得新成效。

【乡村振兴】 2022年，编制完成全市首个非建设空间管控规划，形成了全域、全要素、全周期的非建设空间管控一张蓝图。充分发挥特色小镇一端连接城市，一端连接乡村的功能作用，产城之间、城乡之间融合发展迈出新步伐。张家湾设计小镇北京国际设计周永久会址正式运营，台湖演艺小镇精品酒店完工，宋庄艺术创意小镇正在成为艺术淘宝地和网红打卡地，台马组团深度融入经开区发展，潞城、西集、漷县、永乐店、于家务等特色小镇发展活力持续释放。国际知名企业先正达集团等一批龙头项目入驻国际种业科技园，特色农业、科技农业蓬勃发展。压实粮食安全保障责任，充分发挥粮食安全的“压舱石”作用。农文旅融合深入推进，乡村精品民宿吸引大量游客。在全市率先实现生态林全部移交集体林场养护，永乐店、西集等一批集体林场改革加快推进，带动绿岗就业6000余人；潞城、漷县、于家务试点探索林下经济多元化发展模式，有力推动了乡村振兴和农民增收。美丽乡村建设压茬推进，农村人居环境综合排名稳居全市前列。

【产业发展】 2022年，聚焦“3+1”主导功能，全区新增市场主体1.5万户，高精尖产业加快聚链成群、蓄能成势。

商务服务功能不断强化升级，总部经济规模进一步壮大，中石油华北新能源等32家优质央企、市属国企注册落地，北银理财、招商信诺等36个金融项目成功落地，金融机构存贷款余额增速在全市名列前茅，金融业实现增加值和区级税收占比均超过10%。环球主题公园溢出效应加快显现，城市大道入选国家级夜间文化和旅游消费集聚区，全区文体娱乐业收入同比增长185.2%。科技创新引擎动能更加强劲，率先出台“元八条”等支持政策，蓝色宇宙等150家企业落地张家湾设计小镇，65家网安类企业入驻国家网络安全产业园，市级重点实验室等创新平台达到38个，福元医药、凯德石英、诺思格、华新环保成功上市。“两区”开放阵地深入拓展，入库项目累计落地319个，在推外资项目数量居全市前列。深入落实企业减负政策，“轻挑担子好赶路”的产业发展环境加快构建，实施系列纾困惠企措施，累计完成减税降费46.9亿元，“服务包”企业扩容至837家，区级政务服务事项100%实现全程网办。

【城乡治理】 2022年，全面吹响副中心“基层治理年”集结号，聚焦超大城市治理特点和副中心工作特色，深化市域社会治理现代化试点创建，在治理广度、深度、温度上不断求突破。全面完成“基层治理年”18项任务，有效夯实基层治理基础，形成了一批有影响力的品牌。深入开展动静交通疏堵综合治理，交通秩序不断改善，通行效率持续提升。坚持深化“疏整促”专项行动，拆除违法建设350.6万平方米，腾退土地384.5公顷，“基本无违法建设区”取得显著进展。以接诉即办、未诉先办为抓手，第一时间听民意、察民情、解民忧，实施439个小微项目惠民生工程，用见面促“解决”，用实干换“满意”，考评成绩实现新突破，两个治理类乡镇实现退出。持之以恒抓好两个“关键小事”，物业服务更加精细高效，垃圾分类示范片区实现全覆盖。发布实施智慧城市规划，智慧政务等28个标杆示范项目全面铺开，新增5G基站330个，数字基底不断夯实，“文明数治”管理平台在全市率先实现“一网统管”。坚持高位统筹，注重条块结合，强化督导考核，立体式推进全国文明城区常态化创建，累计整改问题12.2万余个，副中心的文明底色更鲜明、更浓郁。常态化开展扫黑除恶，依法精准打击养老诈骗等各类违法犯罪活动。全面推进依法治区工作，广大干部法治思维和依法办事能力进一步增强，全国法治政府建设示范区创建成功。

【公共服务】 2022年，围绕“七有”目标和“五性”需求，强化优质公共服务供给，织密民生保障网络，群众美好生活的基石更加稳固。北京景山学校通州分校等一批新校投入使用，新增学位8730余个，“幼有所育”连续三年全市第一。教师交流轮岗常态化开展，“双减”政策深入推进，一体化、集团化办学体系加快形成，城乡教育更加优质均衡。通州妇幼成功晋级全市区县级首批三级甲等妇幼保健院，友谊医院通州院区二期等一批优质医疗项目加快建设，27处急救站点建设完工，医疗资源覆盖更加全面、配置更加优化。深入推进大运河文化带建设，“三庙一塔”、漕运码头等重点区域提升改造工程全面完成，国家AAAAA级旅游景区创建具备迎检条件。高水平举办赛艇大师赛等品牌赛事活动，品读文化、崇尚体育、乐享健康的生活方式日益成为新风尚。强化就业优先政策，促进城乡劳动力就业2.4万人，高校毕业生就业率达到96.2%。新增养老床位3429张，162家养老驿站基本实现社区居家养老全覆盖。全面落实社会救助各项政策，稳步推进参保扩面，全力实现应保尽保。落实“房住不炒”，强化职住平衡，建设筹集各类保障性住房2.9万套，居全市第一。

【国家绿色发展示范区建设】 2022年，聚焦绿色产业培育、绿色能源供给、绿色生态建设，全面推动城市发展绿色转型。绿色金融加快发展，全市首单国家核证自愿减排量质押贷款、首支百亿规模绿色基础设施投资基金等一批首创性金融项目实现落地，成功入选首批国家应对气候变化投融资试点地区和林业碳汇试点城市，“碳资产综合监测管理模式”入选生态环境部典型案例，绿交所成交额突破32亿元。注重源头减碳，全市功能规模最大的再生水源热泵项目获批立项，国际财富中心光伏项目实现并网发电，低碳能源供给体系加快构建。生态环境持续优化，$PM_{2.5}$累计浓度降至33微克/立方米，四项大气主要污染物浓度均创历史新低，国市控考核断面水质全部达标，164千米绿道实现贯通，新一轮百万亩造林任务全面完成，国家森林城市创建成功，蓝天常伴、碧水常清、水岸常绿的生态美景成为百姓最普惠的福祉。

【党的建设】 2022年，坚持和加强党对各项工作的领导，坚持把党的政治建设摆在首位，坚持和捍卫“两个确立”，持续增强“四个意识”、坚定“四个自信”、做到“两个维护”，不折不扣落实党中央和市委各项决策部署。区委总揽全局、协调各方作用进一步发挥。严格落实人大常委会、政府、政协、纪委监委、法院、检察院党组定期向区委常委会汇报工作的制度。支持人大、政协进一步加强自身建设、更好发挥职能作用，在基层治理、美丽乡村等重点领域作出突出贡献。加大区级、街道乡镇、职能部门改革统筹与督导力度，45项改革要点落地见效。大力加强统战工作，实施“五大专项行动”共建乡村振兴基地，民主党派、工商联、无党派人士作用得到更充分发挥。老干部工作不断加强。工会、共青团、妇联、残联、红十字会、文联、科协等群众团体桥梁纽带作用更加突出。扎实推进副中心干部队伍建设三年行动计划收官，加强体系化干部教育培训，累计调整干部359人次，培训干部1608人次，干部队伍实现“三升两降一优化”（新提拔和进一步使用干部数量、干部交流轮岗数量、干部前学历比例大幅提升；干部平均年龄、未配备全日制学历干部的班子数量持续降低；专业化干部结构明显优化）。从严把好组织统筹关、环节程序关，高标准选举产生出席市第十三次党代会代表。区级四套班子成员对470个村进行全覆盖、点对点指导，持续加大软弱涣散村整顿力度。创新打造“两新”党建品牌，各领域党组织的政治功能和组织功能进一步加强。统筹推进副中心国际人才服务管理改革的17条专项政策措施落实落地，研究开发人才服务智慧平台，国际人才社区加快建设。持续加强宣传舆论工作，开展“强国复兴有我”、二十大精神宣讲等系列活动，“通州发布”“副中心之声”等全域联动的传播矩阵集中发力，围绕各领域发展成果开展系列新闻发布会和专题报道，副中心声音更响、品牌更亮；压紧压实意识形态工作责任，精准研判、全力防范意识形态领域风险挑战，副中心舆论氛围平稳有序、向上向好。坚决扛起全面从严治党主体责任，构建“五大板块”创新监督模式，开展监督检查5万余次。切实抓好市委巡视反馈问题整改落实，持之以恒发挥政治巡察综合监督作用，先后对25个处级单位开展巡察。坚持“三不腐”一体推进，处置问题线索752件次，立案审查调查88件，给予党纪政务处分138人次；查处职务犯罪13人，留置13人；查处违反中央八项规定精神问题11人，给予党纪政务处分10人，全区政治生态持续向好。

（任经纬）

重大决策

【城市副中心深化产业组织推动产业高质量发展方案实施】 2月24日，区委办公室、区政府办公室制发《北京城市副中心深化产业组织推动产业高质量发展实施方案》，聚力打造数字经济、现代金融、先进制造、商务服务、文化旅游、现代种业六大产业集群，形成各领域三年行动计划。“四个一”（一个区级领导联系、一套工作班子、一支招商队伍、一个决策咨询机构）招商工作机制进一步落实落细，产业要素保障不断夯实，涵盖全区可利用空间资源、项目要素的产业空间地图加速完善。

【加快推进北京（通州）大运河文化旅游景区创建国家AAAAA级旅游景区工作方案实施】 3月11日，区委办公室、区政府办公室制发《关于加快推进北京（通州）大运河文化旅游景区创建国家AAAAA级旅游景区工作实施方案》。依据实施方案，景区提升区域面积约8.55平方千米，北至通燕高速，南抵甘棠大桥，河道段长12.1千米，水域面积2.56平方千米。沿途穿过北关闸桥、千荷泻露桥等10座桥梁。景区提升后将辐射城市绿心森林公园、环球影城度假区、张家湾古镇等运河沿线文化和旅游资源。

【通州区党政领导干部安全生产职责清单建立】 6月20日，区委办公室、区政府办公室制发《北京市通州区党政领导干部安全生产职责清单》，进一步细化各级党政领导干部安全生产职责，形成责任具体、环环相扣的党政领导干部安全生产责任链。

【通州区接诉即办工作奖励激励和责任追究办法实施】 6月27日，区委办公室、区政府办公室制发《北京市通州区接诉即办工作奖励激励和责任追究办法》，完善和补充市、区两级优秀街乡镇奖励条件，优化奖励精准度，新增排名进度奖，激励全区各单位提升接诉即办工作水平。

【加强和改进新时代人大工作意见实施】 8月11日，区委制发《关于贯彻落实中央人大工作会议精神 加强和改进新时代人大工作的意见》，从认真学习贯彻中央人大工作会议精神、加强党对人大工作的全面领导、全面提升人大工作质量和水平、充分发挥人大代表作用、加强人大及其常委会自身建设五个方面，明确22条具体措施，进一步增强人大工作的前瞻性、系统性、科学性和规范性，为城市副中心高质量发展贡献人大智慧和力量。

【加强新时代检察机关法律监督工作服务保障城市副中心高质量发展方案实施】 10月13日，区委制发《关于加强新时代检察机关法律监督工作 服务保障城市副中心高质量发展的实施方案》，从坚持和加强党的全面领导、充分发挥法律监督职能作用、全面提升法律监督工作质效、常态长效优化法律监督工作环境等方面明确19条具体措施，全力打造法律监督工作高质量发展典范，为把城市副中心建设成为新时代高质量发展典范提供有力法治保障。

【加强和改进新时代通州区政协工作意见实施】 11月21日，区委办公室制发《关于加强和改进新时代通州区政协工作的实施意见》，从总体要求、加强思想政治引领、发挥专门协商机构作用、深化凝聚共识工作、加强委员队伍建设、加强党的全面领导、推动形成政协工作合力七个方面，明确21条具体措施，推动区政协工作在继承中发展、在发展中创新，更好服务城市副中心发展大局。

【城市副中心（通州区）气候投融资试点三年行动方案（2023—2025年）实施】 12月30日，区委办公室制发《北京城市副中心（通州区）气候投融资试点三年行动方案（2023—2025年）》，明确主要目标和28项重点任务。2022年，启动具有副中心特色的气候投融资项目库建设，不断增强气候项目对投资者的吸引力，气候投融资试点工作路径更加明晰。加快建立政金企合作对接、气候信息披露、应对气候变化审核、长效评估四大机制。政府稳搭台、企业唱好戏，市场投融资的协同工作模式持续完善。

（任经纬）

重要会议

【区委全体会议】 2022年，中共北京市通州区委全体会议召开4次。

1月28日，中共北京市通州区第七届委员会第二次全体会议召开。会议听取关于通州区推荐提名北京市出席党的二十大代表工作的汇报，审议通过推荐人选和《2021年区委常委会抓党建工作情况报告》。

5月16日，中共北京市通州区第

七届委员会第三次全体会议召开。全会作关于通州区出席北京市第十三次党代会代表候选人预备人选建议人选名单有关情况和《关于召开中国共产党北京市通州区代表会议的决议（草案）》的说明。全会投票确定出席北京市第十三次党代会代表候选人预备人选，通过召开中国共产党北京市通州区代表会议的决议。

7月26日，中共北京市通州区第七届委员会第四次全体会议召开。全会听取并审议市委常委、秘书长，区委书记赵磊代表区委常委会所作的全会工作报告，讨论区委副书记、区长孟景伟所作的关于2022年上半年全区经济社会发展工作的书面报告，表决通过《中国共产党北京市通州区第七届委员会第四次全体会议决议》。

12月26日，中共北京市通州区第七届委员会第五次全体会议召开。全会深入学习贯彻党的二十大和市第十三次党代会精神，传达市委十三届二次全会精神，听取并审议市委常委、秘书长，区委书记赵磊代表区委常委会所作的全会工作报告，审议2022年区委常委会抓党建工作情况报告，讨论区委副书记、区长孟景伟所作的关于2022年全区经济社会发展工作的书面报告，表决通过《中国共产党北京市通州区第七届委员会第五次全体会议决议》。

【区委常委会（扩大）会议】 2022年，七届区委常委会（扩大）会议召开10次。传达学习市政协十三届五次会议和市十五届人大五次会议精神，部署贯彻落实工作；传达学习市领导到城市副中心调研指示精神，部署贯彻落实工作；传达学习全国两会和全市领导干部会议精神，部署贯彻落实工作；传达学习市领导到城市副中心调研指示精神，部署贯彻落实工作；传达学习习近平总书记在北京冬奥会、冬残奥会总结表彰大会上的重要讲话精神，贯彻落实市委常委会（扩大）会议和北京冬奥组委党组（扩大）会议精神；传达学习市第十三次党代会精神，部署贯彻落实工作；传达学习市领导到城市副中心调研指示精神，部署贯彻落实工作；传达学习市领导到城市副中心调研指示精神，部署贯彻落实工作。研究疫情防控相关工作。

【中国共产党北京市通州区代表会议召开】 5月26日，中国共产党北京市通州区代表会议召开。区委书记赵磊代表区委，就通州区出席北京市第十三次党代会代表的重要意义、产生程序、构成情况及有关要求进行说明，并对选举工作提出要求。会议通过总监票人、副总监票人和监票人名单，宣布正式代表候选人名单，并进行选举。根据计票结果，确定通州区出席北京市第十三次党代会代表。

【北京城市副中心（通州区）领导干部会议召开】 10月24日，北京城市副中心（通州区）领导干部会议召开，贯彻全市领导干部会议要求，深入学习党的二十大精神，部署下一步学习宣传贯彻工作。市委常委、秘书长，城市副中心党工委常务副书记、管委会常务副主任，区委书记赵磊主持并讲话。

（任经纬）

重大活动

【2022年（春季）全国消费促进月·北京消费季启动活动】 3月1日，2022年（春季）全国消费促进月·北京消费季启动活动在城市副中心环球主题公园城市大道举办。中央政治局委员、市委书记蔡奇，商务部部长王文涛，中央宣传部副部长、中央广播电视总台台长慎海雄，市委副书记、市长陈吉宁，商务部和北京市领导王炳南、崔述强、张家明、莫高义、杨晋柏，市政府秘书长戴彬彬，区领导赵磊、孟景伟等参加。

【2022北京（国际）运河文化节开幕】 8月8日，2022北京（国际）运河文化节在城市副中心城市绿心森林公园开幕。市委常委、秘书长，区委书记赵磊出席并致辞，他表示要深入推进大运河文化带建设，塑造运河文化IP，展示运河文化精神，讲好千年运河故事，不断擦亮大运河文化“金名片”，全力打造古今同辉、文旅融合的人文之城。区领导孟景伟参加。

【2022年全国科技活动周主场活动暨北京科技周启动仪式举行】 8月20日，2022年全国科技活动周主场活动暨北京科技周启动仪式在城市副中心城市绿心森林公园举行。中央政治局委员、中宣部部长黄坤明宣布活动启动，中央政治局委员、市委书记蔡奇，全国人大常委会副委员长艾力更·依明巴海，科技部党组书记、部长王志刚，市委副书记、市长陈吉宁，中国科协副主席、书记处书记孟庆海出席并共同按下活动启动按钮。市委常委、秘书长，区委书记赵磊，区委常委、副区长苏国斌参加。

【“行走的达沃斯”启动】 8月23日，“行走的达沃斯”在城市副中心启动。中共中央政治局委员、市委书记蔡奇会见线上线下参加的中外企业代表。市委副书记、市长陈吉宁，中国气候变化事务特使解振华一同会见。市领导赵磊、隋振江，市政府秘书长戴彬彬，区领导孟景伟、苏国斌参加。

【2022年北京通州·河北廊坊北三县项目推介洽谈会举行】 9月15日，2022年北京通州·河北廊坊北三县项目推介洽谈会举行。市委常委、秘书长，区委书记赵磊出席并致辞强调：城市副中心肩负起新时代赋予的历史使命，始终把推动与北三县一体化高质量发展作为分内之事、应尽职责，紧密合作、携手共进，为建设现代化首都都市圈、为谱写京津冀协同发展新篇章作出更大贡献。国家发改委地区经济司副司长曹元猛，市发改委党组成员、京津冀协同办副主任刘伯正，河北省发改委党组成员、河北省北京新机场办专职副主任贾乐堂，河北省廊坊市委书记王立彤分别致辞，区领导孟景伟、苏国斌参加。

【2022年通州区烈士公祭活动举行】 9月30日，2022年通州区烈士公祭活动在大运河森林公园周文彬雕塑广场举行。区领导孟景伟、赵玉影、张德启等参加。

【义务植树】 4月2日，区委书记赵磊，区委副书记、区长孟景伟，区人大常委会主任赵玉影，区政协主席张德启，区委副书记刘东伟等区领导到张家湾公园，与全区1700余名党员干部一同参加通州区2022年春季大型义务植树活动。

（任经纬）

组织工作

【概　况】 2022年，区委组织部围绕“立长远、强功能，全面上台阶”的要求，高质量推进《城市副中心干部队伍建设三年行动计划》收官，持续深化党建引领“副中心经验”，全方位优化人才发展环境，坚决稳妥抓好疫情防控相关工作，扎实推进市委巡视整改落实，为副中心高质量发展提供坚强组织保证。12月30日，印发《北京城市副中心人才队伍建设五年行动计划（2022—2026年）》。截至年底，全区有3060个基层党组织，76680名党员；有处级干部998人，其中处级领导干部657人。调研成果《北京城市副中心干部教育培训体系化建设调研报告》获得市党建研究会课题成果一等奖，《加强干部教育培训体系化建设研究》获得市农工委“郊区党建”征文活动一等奖。

【服务保障党的二十大】 2022年，区委组织部高标准做好党的二十大服务保障工作。召开工作部署会对相关工作进行整体安排和业务培训。经全区各推荐单位提名，区委确定6人作为通州区推荐提名北京市出席党的二十大代表人选上报市委。经市第十三次党代会选举，产生通州区出席党的二十大代表2名。学习贯彻党的二十大精神，面向全区各单位和广大党员干部征集特色做法和反响体会，在“通州组工”微信公众号开设专栏，制作“回首忆峥嵘，喜迎二十大”专题系列视频，引导广大党员干部以更加奋发的精神姿态拼搏奋斗，助推副中心高质量建设。

【服务保障市第十三次党代会】 2022年，区委组织部高标准做好市第十三次党代会服务保障工作。制定《通州区出席中国共产党北京市第十三次代表大会代表选举工作方案》并召开选举工作部署会，组织全区2217个基层党组织、72875名党员参与，从严做好人选考察、资格联审等工作，周密部署、精心组织区党代表会议，推选通州区出席市第十三次党代会代表23名。

【疫情防控】 2022年，区委组织部毫不动摇贯彻落实中央、市委关于疫情防控的决策部署，牵头抓好社区防控、检疫检测相关工作，妥善应对多轮次区域性疫情。建立健全两级会商调度、定点支援、联系对接等工作机制，推动落实“四方责任”（指在疫情期间，把全市动员起来，全面落实属地、部门、单位、个人的四方责任，建立全社会共同防控体系）。发挥党建引领优势，先后从区级企事业单位抽调干部5256人次下沉村（社区）一线，统筹各街道乡镇组织1300余名干部下沉，划拨专项党费1400余万元提供支持，做好数据核查、隔离管理等重点工作。持续开展“我是副中心党员——战疫有我、有我必胜”主题活动。根据疫情防控形势，迅速适应从“防感染”转换到“防重症”的新阶段，为疫情防控平稳可控作出积极贡献。

【干部任免】 2022年，区委组织部进行17批394人次处级干部调整任免。通过严格开展“凡提四必”程序（即讨论决定前，对拟提拔或进一步使用人选的干部档案必审、个人有关事项报告必核、纪检监察机关意见必听、线索具体的信访举报必查，坚决防止“带病提拔”）、推荐考察，以及后期印发任免文、任前谈话、送干部、全程纪实等，确保干部任免工作顺利进行。

【科级领导干部队伍建设】 2022年，区委组织部指导各单位调整科级领导干部568人，其中提拔303人。

【职务与职级并行】 2022年，区委组织部按照干部管理权限完成晋升二级调研员及相当层次以上职级58人，指导各单位晋升三、四级调研员66人。完成50家单位483人次一至四级主任科员晋升职级职数审核及备案工作。

【公务员调任】 2022年，区委组织部办理公务员调任8人，其中处级3人，科级5人。3月，完成8名干部选任制公务员登记。

【干部工作信息化】 2022年，区委组织部整合干部任免、“知事识人”、职务与职级并行工作成果，及时更新完善全区1000余名区管干部信息。结合干部公务员一体化平台的推广使用，加强干部信息导入维护、优秀年轻干部库、干部统计等功能模块的运用，推动干部档案管理系统上线，做好新老干部信息管理系统的衔接。9—12月，按照市委组织部关于干部档案信息化工作要求，启动区管干部档案信息化工作，审核、扫描干部档案1000卷，补充档案材料3400余份。

【干部年度考核】 1月12—14日，区委组织部以书面形式组织开展2021年度区级领导班子和领导干部年度考核测评工作，干部选拔任用“一报告两评议”、基层党建工作年度考核测评一并进行。1—2月，组织全区各处级单位召开2021年度处级领导班子和领导干部年度考核测评会，安排部内干部对年度考核工作开展全覆盖式全程监督检查。连续五年引进第三方公司，采用机读卡的形式对测评票进行数据采集，确保年度考核结果客观、公正。

【事业单位职员等级晋升】 3月11日，区委组织部联合区人力社保局召开通州区县以下事业单位建立管理岗位职员等级晋升制度工作部署会，启动通州区街道乡镇职员等级晋升工作。6—12月，指导完成21名六级职员等级晋升工作。

【挂职干部工作】 7月，区委组织部接收河南省新乡市实岗锻炼干部2名、市级机关挂职干部21名；9月，接收中央单位挂职干部8名。7月，选派援藏干部5名，选派到市级机关挂职干部5名；11月，选派对口协作湖北武当山挂职干部1名。

【公务员、选调生招录】 2022年，区委组织部发布考试录用公务员、补充录用公务员职位99个，计划招录公务员112人，实际录用92人（考试录

▲ 8月1日，北京城市副中心干部“科技创新与数字经济”专题培训班开班式在市委党校举行
（区委组织部提供）

用64人、补充录用28人）。开展面向优秀社区、村党组织书记招录公务员工作，招录8人。开展面向冬奥组委工作人员择优招录公务员工作，招录2人。开展定向选调生招录工作，计划招录21人。8—12月，联合区人力社保局，共同组织开展2022年通州区事业编选调生笔试、面试、体检、公示、政审等工作，有31名选调生与用人单位签订三方协议，持续加大城市副中心优秀年轻干部和高层次人才的培养储备力度。

【干部教育培训】 2022年，区委组织部举办培训班次13期，培训干部1608人次（其中处级1175人次、科级433人次）。其中，采取“3+5+2”（3次集中专题辅导、5门线上学习课程、2次线下集体学习与研讨）模式开展通州区处级干部学习贯彻党的十九届六中全会精神集中轮训，717人（含国有企业领导人员）参加，实现换届后领导班子成员全覆盖；联合市委组织部在市委党校共同举办北京城市副中心“科技创新与数字经济”专题培训班，培训干部45人；开展党建引领乡村振兴、党建引领基层治理2期示范专题培训，培训干部81人；举办通州区新任处级领导干部专题培训班，培训干部82人（正处33人、副处49人）；举办通州区2022年优秀中青年干部培训班，培训干部38人；分3期举办通州区科级干部任职培训班，培训干部278人。统筹指导22个街道乡镇，分2批挂牌成立基层党校，健全完善副中心干部教育培训阵地体系。另举办8期公务员培训班，包括1期选调生能力素质提升专题培训、3期公务员初任培训、3期公务员大规模轮训班、1期行政执法改革转制过渡人员培训班，共培训学员813人次。

【干部管理监督】 2022年，区委组织部强化干部日常管理监督，结合换届人选资格审查、随机抽查、巡视巡察等工作，严格执行领导干部个人有关事项报告制度，全年受理查核干部个人有关事项报告情况28批次、204人次，提醒谈话16人次，函询6人，批评教育4人，给予诫勉2人。区委管理干部随机抽查一致率，由2017年的66.36%提高到2022年的98.88%，干部戒惧意识、规矩意识明显增强。

【基层党建“亮点工程”】 2022年，区委组织部大力实施基层党建“亮点工程”，推动136个党建创新项目实施，投入专项扶持经费近1600万元，深化打造58个具有创新性、实效性、典型性的党建品牌，涵盖党建引领基层治理、行业治理等各个方面，其中9个项目荣获全国、全市奖项，28个项目被中央、市级媒体报道。

【抓党建促乡村振兴】 2022年，区委组织部印发《通州区抓党建促乡村振兴工作实施方案》，实施村级组织分类提升计划，进一步推动示范村党组织建设，形成一批农村党建工作品牌，其中，潞城镇前疃村、永乐店镇老槐庄村、于家务回族乡富各庄村分别被评为“党建创新型”“治理服务型”“引领发展型”市级示范村党组织。

【软弱涣散村党组织整顿】 2022年，区委组织部制定《通州区软弱涣散村党组织整顿转化检查验收工作方案》，采取乡镇自查、区级复查、部门联审方式，对13个软弱涣散村进行全覆盖检查，确保软弱涣散党组织整顿转化取得实效，经综合评定，有3个村符合转化条件。

【村级考核】 2022年，区委组织部深入落实村“两委”（即村党支部委员会和村民委员会）班子和村“两委”干部考核工作，评定出93个优秀村（含11个“十佳村”）、359个良好村、17个一般村、1个差村，给予优秀村、“十佳村”奖励资金1945万元，对差村村“两委”负责人进行调整，通过奖优和罚劣双向发力，鼓励先进、鞭策落后，进一步激发村“两委”干部干事创业的源动力。

【国有企业、中小学校、公立医院等领域党建】 2022年，区委组织部结合国企改革重点任务，建立完善“双向进入、交叉任职”的领导体制，进一步规范和加强混合所有制企业党建工作，有力推进党的领导和公司治理有机统一。研究制定《北京市通州区关于建立中小学校党组织领导的校长负责制的落实方案（试行）》，扎实开展中小学校领导体制改革工作。对标城市副中心医疗卫生服务实际需要，充分发挥公立医院党委领导作用，深化党委领导下的院长负责制，把党建工作渗透到医疗、管理和服务全过程。持续推进党支部规范化建设，突出发挥“党支部云课堂”平台作用，不断提高支部建设质量，全区3个党支部经验做法入选《党支部工作法：北京市优秀党支部工作案例选编》。

【新经济组织、新社会组织、新就业群体党建】 2022年，区委组织部创新实施“与副中心发展同行”系列活动，以区级税收前900、专精特新等企业为重点，通过健全直接联系制度、创新党组织设置等方式，不断提升两新组织“两个覆盖”（即党的组织覆盖和工作覆盖）质量。截至12月底，全区非公企业和社会组织党组织覆盖率分别达到90.3%、84.8%。在培育先进典型上持续发力，加强政策指导、直接联系、宣传推广等，打造具有副中心特色、可推广借鉴的党建品牌，其中，中际联合北京科技股份有限公司党支部、中体盛世北京国际体育管理有限公司党支部获得2022年市级非公企业党组织奖励经费支持。持续做好新业态、新就业群体党建工作，创新“支部联建、党员联学”流动党员教育培训机制。充分整合服务资源，鼓励社会各方对新就业群体开展服务，引导新就业群体参与基层治理，聚力打造万达商圈“六圈共建”“玉见骑士”等工作典型。

【党群服务中心体系建设】 2022年，区委组织部探索区级抓统筹、街道乡镇抓落实、社区村抓覆盖的分级管理机制，逐步构建“1+25+N+X”（以1个区级党群服务中心为统领、25个街道乡镇、园区楼宇党群服务中心为支撑、N个社区村党群服务中心为基础、X个网格党群服务站为延伸）四级党群服务中心工作体系。截至12月底，全区建成街道乡镇、园区党群服务中心25个，村社区及其他各类党群服务中心366个。突出阵地共享共用，依托街道乡镇党群服务中心成立22个基层党校，实现全覆盖；广泛建设“暖心驿站”“职工之家”等，搭建新就业群体综合服务平台。常态化开展“党群阵地@你”主题服务活动，举办“在京过大年”“喜迎二十大、建功副中心”等活动55期，组织开展线上线下活动3000余场次，覆盖党员群众近100万人次。在企业群众聚集度高、政务服务需求量大的15家党群服务中心配备智能政务一体机，实现3000余项市区两级政务服务、85项企业常办高频事项就近办。

【人才交流合作】 8月26日，区委组织部会同运河商务区管委会在中国国际展览中心新馆“HICOOL2022全球创业者峰会”设立“走进城市副中心”主题展，携数字经济、现代金融、先进制造、商务服务、文化旅游、现代种业六大产业亮相，面向全球创业者和创新人才展示副中心古今融合、生机勃发的高质量发展前景，吸引人才落地发展。

【人才工作领导小组会议】 12月30日，区委组织部召开通州区委人才工作领导小组会议。会议审议通过《中共北京市通州区委人才工作领导小组工作规则》《中共北京市通州区委人才工作领导小组办公室工作细则》《北京城市副中心人才队伍建设五年行动计划（2022—2026年）》《〈北京市通州区办理北京市工作居住证实施细则（试行）补充规定〉》，听取关于博士后科研工作站建设情况汇报、通州区委人才工作领导小组会重大事项汇报。

（郝赛）

宣传工作

【概　况】 区委宣传部是区委主管意识形态工作的职能部门，加挂北京市通州区人民政府新闻办公室（简称区政府新闻办）、北京市通州区新闻出版局（简称区新闻出版局）牌子。北京市通州区精神文明建设委员会办公室（简称区精神文明办）设在区委宣传部。归口领导区委网信办、区文化和旅游局、区文联、区融媒体中心。负责区委宣传思想工作领导小组办公室、区推进全国文化中心建设领导小组办公室、区文化改革和发展领导小组办公室、区“扫黄打非”工作领导小组办公室日常工作。2022年，区委宣传部深入推进习近平新时代中国特色社会主义思想的学习宣传贯彻，组织开展迎接和学习宣传贯彻党的二十大精神系列活动。围绕城市副中心各领域发展成果开展系列新闻发布、专题报道，加强疫情防控宣传引导。结合区委巡察开展意识形态责任制专项检查，严格排查全区各类意识形态阵地，“扫黄打非”工作取得优异成绩。深化思想道德建设和爱国主义教育，积极推进大运河文化带建设，北京（国际）运河文化节等系列品牌活动影响力逐年提升。

（翟洪娟）

【理论学习宣传】 2022年，区委理论学习中心组围绕党的创新理论、新发展格局、副中心重点工作开展学习研讨14次。全区各单位通过中心组学习、支部讨论、专家辅导等形式开展学习3000余次。组建区级学习贯彻党的二十大精神宣讲团、“启航新征程 建功副中心”百姓宣讲团，开展学习宣讲活动800余场。制定《2022年通州区推动学习贯彻习近平新时代中国特色社会主义思想“六进”宣讲工作方案》，开展进企业、进农村、进机关、

▲ 10月28日，通州区学习宣传贯彻党的二十大精神宣讲团走进通运街道

（区委宣传部提供）

进校园、进社区、进网站宣讲146场。

【百姓宣讲活动】 2022年，区委宣传部举办百姓宣讲骨干培训班，组织“强国复兴有我”优秀百姓宣讲团评选比赛。组建通州区百姓宣讲团，代表通州区参加北京市百姓宣讲调研汇讲活动，并深入基层开展巡讲。

【传统节日和纪念日文化活动】 2022年，区委宣传部开展春节、元宵节、清明节、端午节、七夕节等传统节日文化活动，累计参与量达500余万人次。在抗战胜利日、烈士纪念日、国家公祭日等重大纪念日开展主题教育，举办“忆历史 敬英雄”纪念中国人民抗日战争暨世界反法西斯战争胜利77周年网络直播活动，吸引5万人观看。

（宋颖）

【新闻宣传工作】 2022年，区委宣传部服务保障区领导参加市联防联控新闻发布会20场次。《人民日报》、中央广播电视总台等中央级、市级媒体刊发《管控区亲历实录——上阵“母子兵”，齐心同战疫》等稿件227篇，#副中心战“疫”#微博话题阅读量超9100万次。完成北京冬奥会、冬残奥会火炬接力拍摄采访保障工作，《人民日报》、中央电视台《新闻联播》、《北京日报》、北京电视台等平台刊播《在通州大运河漕运码头采集的火种为“源流之火”》等相关报道140余篇。2月19日，开展“双奥之城新气象——2022中外媒体北京行”城市形象采访活动，邀请中外媒体记者实地探访运河商务区五河交会处、大运河森林公园、张家湾设计小镇等地。8月9日，组织国外记者绿道骑游活动。10月，开展“江河奔腾看中国——京杭大运河”直播报道，观看人数达370余万人。中央广播电视总台《新闻联播》刊播《古老运河 时代新貌》专题报道。开展“高质量发展新高地——北京城市副中心”中外媒体集中采访副中心活动，组织中外媒体参观运河商务区“两区”展示会客厅、大运河森林公园、副中心三大建筑等点位。开展二十大开幕式集中宣传报道，《北京日报》《新京报》等主流媒体刊登《副中心建设者铆足干劲建功新时代》《城市副中心广大党员干部群众积极收听收看党的二十大开幕盛况》等报道430余篇。

（李奕）

【政务服务】 2022年，区委宣传部加快数字政务建设，实现电子印章与电子证照在部门行政许可全事项应用，全年办理出版物零售单位设立、变更等事项753件。

（冯立军）

【新闻出版和电影行业管理】 2022年，区委宣传部累计检查实体书店、影院等场所842家次，消除各类问题1162项，确保新闻出版行业安全生产秩序平稳有序。开展对异地经营、未按规定参加年度核验等违法违规行为的核查处置工作，对17家经营单位处以警告、罚款等行政处罚。

（付超男）

【实体书店建设】 2022年，区委宣传部修订《北京城市副中心实体书店发展扶持资金管理办法》，面向社会开展2022年实体书店扶持项目征集工作。经过专家评定，共给予31家实体书店298万元的资金扶持。

【全民阅读活动】 4月20日，2022“书香副中心”全民阅读活动启动仪式举办，区内实体书店、读者等代表等100余人参加，126.3万人次观看直播。与韬奋基金会阅读组织联合会签订协议，将第八届全国读书会大会会址落地通州。制定印发《2022“书香副中心”全民阅读活动方案》，开展“喜迎二十大 红色经典诵读”等线上线下阅读活动2000余场，受众近百万人。

（李曼）

【“扫黄打非”工作】 2022年，召开“扫黄打非”工作会议3次，累计检查各类场所6700余家次，查办案件63起，清理网络有害信息71731条，取缔关闭网站6749个，查获收缴非法出版物3612册。

（李志宏）

【公益电影】 2022年，完成电影公益放映1.5万场次，吸引观众50万人次。开展“迎冬奥”“北京国际电影节”“迎接党的二十大”等电影公益放映主题活动，共计放映影片5200余场次，吸引观众12万人次。

（郭海燕）

【北京（国际）运河文化节】 8月8日，北京（国际）运河文化节在城市绿心森林公园活力汇拉开帷幕。此次文化节以“游运河 行大运”为主题，围绕“千年运河”“缤纷运河”“活力运河”三大板块，举办“大运河AAAAA级旅游景区建设高峰论坛”“大运河缤纷旅游季”“嗨！运河文化派对”等8项重点活动，打造世界运河文化交流的窗口。

【北京（通州）大运河文化旅游景区北区试运营开放】 9月26日，北京（通州）大运河文化旅游景区北区的燃灯塔和周边古建筑群景点试运营开放。经改造提升，景区内文物古迹得

▲ 北京市通州区大运河文化旅游景区（北区）——三庙一塔风光

（范德明拍摄，区园林绿化局提供）

到全面修缮，公共服务设施日益齐全，并植入北运河非遗传习所、状元文化展等沉浸式体验项目。

【运河赛艇大师赛举办】 9月18日，运河赛艇大师赛在京杭大运河北运河起点开赛。此次大赛以“让赛艇穿越城市血脉，让运动激发城市活力，让创新精神引领发展”为主题，首次设计双赛制赛事（即500米直道竞速赛和10千米折返追逐赛），宣传“全民健身”“绿水青山”等理念，进一步展现运河文化内涵，推介城市副中心发展成果。

（马学武）

【举办“国潮——2022运河文化时尚大赏”活动】 9月24日至25日，通州区举办“国潮——2022运河文化时尚大赏”活动。活动以沉浸式夜间游园和主题服装秀相结合的形式，呈现大运河文化的当代价值与时代特征。活动线上直播收看人数达5934万人次。

（尹静）

【道德典型】 2022年，区委宣传部开展“通州榜样”主题教育，授予王桂玲、钱元元、邵玉喜等10人“2022通州榜样”称号。张红丰荣登2022年度“中国好人榜”。胡淼、陈宝安荣获“2022北京榜样”提名奖，王林、钱元元入选“2022北京榜样”周榜。开展“通州榜样公益行”“赞榜样、做好人、读好书”线上云分享活动，启动“通州交通榜样”“通州政务榜样”等子品牌选树活动。

【诚信体系建设】 6月10日，区委宣传部举办“劳动创造幸福”主题宣传教育暨“做诚信好果农，打造樱桃之乡”活动启动仪式，引导广大果农诚信经营，打造“西集大樱桃之乡”品牌。

（赵佳琼）

【未成年人思想道德建设工作】 2022年，区委宣传部开展“新时代好少年”选树工作，2人获评2022年首都“新时代好少年”。开展“未成年人思想道德建设创新案例”评选工作，通州区图书馆“家风”教育新系列获评2022年度“首都未成年人思想道德建设创新案例”。组织“争做文明好少年 共建北京城市副中心”文明进校园作品征集、“童心向党”歌咏活动、“中华美德少年行”、“筑梦新时代 争当好少年”——首都未成年人思想道德建设展示、“牢记革命历史 传承红色基因”网上祭英烈、“向国旗敬礼”等主题活动。

（李硕）

统一战线

【概　况】 中共北京市通州区委统一战线工作部（简称区委统战部）对外加挂北京市通州区民族宗教侨务管理办公室（简称区民宗侨办）、中共北京市通州区委台湾工作办公室、北京市通州区人民政府台湾事务办公室（简称区台办）牌子。2022年，完成北京冬奥会、冬残奥会观众组织工作。创新统战工作模式，推动乡村振兴共建工作。加强党外代表人士队伍建设，提升履职尽责能力；推动新时代城市副中心民族工作高质量发展，进一步做好新时代党的宗教工作。着力加强新时代民营经济统战工作，促进“两个健康”（促进民营企业和民营企业家健康发展）。深入做好港澳台工作，不断壮大爱国友好力量。彰显统战力量，凝心聚力助力副中心抗疫工作。加强统战队伍自身建设，为统战工作提供人才保障。

【深入学习贯彻党的二十大精神】 2022年，组织全区统战代表人士300余人，集体收看党的二十大开幕式直播，召开统战系统动员部署会，传达党的二十大精神和市委、区委主要领导讲话精神；开展“党建引领、同心行动”党建品牌创建。开设“同心大讲堂”，依托“通州统战”公众号等媒体平台，定期向统战成员及统战干部分享党内优质教学资源，参培人数千余人次。探索同心“1+N”工作模式（以“1”个党组织核心，凝聚“N”个统战成员、统战组织）。组织“党建铸魂、同心有我行动”，策划“不忘初心、永远跟党走”同心读书分享活动。在香港回归祖国25周年之际，录制视频《明天会更好》。通过主题宣讲等方式，铸牢中华民族共同体意识。

（李晶）

【构建大统战工作格局】 2月22日，区委统一战线工作领导小组召开全体会议，对2022年全区统战工作重点进行安排部署。区委书记、统战工作领导小组组长赵磊主持并讲话。区委副书记、统战工作领导小组常务副组长刘东伟出席。会议以视频形式召开。会议审议通过《关于调整区委统一战线工作领导小组成员的征求意见稿》和《2022年全区统战工作要点（审议稿）》，传达学习《汪洋同志在地方党委统战工作领导小组发挥作用经验交流会上的讲话》精神，以及全国统战部长会议精神、全市统战领导小组会议精神和全市统战部长会议精神。

【北京冬奥会、冬残奥会活动保障】 2022年，作为通州区票务和观众组织单位，协调30余家单位沟通对接，建立4389人的观赛保障资源库，开展16512人次的集中核酸检测，出动车辆176车次，完成北京冬奥会、冬残奥会共15场4128人次的组织观赛和集结疏散任务，通州区委统战部获“北京市冬奥先进集体”称号，王琪琛获评“北京市冬奥先进个人”。

【疫情防控工作】 2022年，各民主党派、工商联、无党派和统战社团积极响应倡议，捐款捐物价值总计600余万元。区委统战部根据全区防疫工作实际，分时分阶段将防疫物资发放至全区30多家防疫任务重、投入防疫工作人员多的单位，保障全区防疫工作顺利开展。区委统战部领导和干部分组到区内隔离点、街道乡镇实地检查疫情防控工作。开展党支部、在职党员双报到工作，共200余人次机关党员干部下沉九棵树街道、潞源街道进行社区卡口执守。

（王琪琛）

【新的社会阶层和党外知识分子工作】 2022年，完成接待中共中央书记处书记、中央统战部部长尤权到宋庄调研自由职业人员统战工作。举办通州区2022年度新的社会阶层代表人士和党外知识分子培训班。制定区知联会会员发展、专委会及相关分支机构设置工作规则，增设科技、医药卫生、金融、教育四个工作委员会。成立通州区律师行业新的社会阶层联谊会。组织区知联会举办送文化下乡活动、助推副中心高质量发展座谈会和“同心向党·习近平治国理政金句”书法百米长卷现场创作活动。支持宋庄新联会承办迎冬奥冰雪主题展。组织网络知名人士分会开展通州区最美街巷打卡活动和科技小院云推介活动。

（高志鹏）

【对港对台工作】 3月，区委台办组织向香港中西区妇女会、香港宝石事务促进会捐赠10万只口罩，并收到感谢信。7月15日，举办由北京市体育局、通州区人民政府主办，区台办、北京市体育总会秘书处、区体育局在大运河森林公园联合承办的“复兴有我”两岸青年跑步接力活动，参加人员近200人。7月23日，区委台办在宋庄荣宝斋画院举办2022宋庄高雄两岸书画文化线上沙龙活动，宋庄艺术家与高雄艺术家通过视频连线形式进行书画交流，展示100多幅书画作品。10月26日，区委台办在于家务乡仇庄村举办“孝道进社区 情谊续千里”——通州·高雄基层视频连线活动，通州和高雄两岸基层民众以线上交流形式开展孝道主题活动，共同推进两地基层交流。为庆祝香港回归祖国25周年，区委台办定制两个蕴含通港两地交流交往情谊的景泰蓝瓶，赠予与通州区结对的香港社团组织。组织制作“庆祝香港回归祖国25周年，来自北京城市副中心的祝福”云祝福视频，并联系香港社团举办对应庆祝活动和视频制作，营造两地通过网络方式共同庆祝的热烈氛围。

（张静）

【科技小院建设】 2022年，各帮扶单位优势互补，开展北京科技小院特色农产品云推介、农业扶持政策宣讲、农村创业与互联网+主题沙龙等活动，科技小院品牌效应初显。西槐庄科技小院入选全国首批科技小院建设支持名录，富各庄、西槐庄科技小院成功申请“富各庄福华”“西槐庄园”注册商标。

【统一战线教育培训】 2022年，完成统一战线教育培训5期，共14天，培训民主党派、党外知识分子、民族宗教人士、新的社会阶层等代表人士，以及统战干部300余人次，基本实现统战人士全覆盖。

（张启凤）

调查研究与全面深化改革

【概　况】 2022年，通州区委、区政府研究室（简称区委、区政府研究室）围绕区委、区政府中心工作，认真履职尽责，主动担当作为，完成各类文稿300余篇、80余万字。负责全区调研课题跟踪管理服务工作。编印《通州调研》23期，16篇调研文章在市级以上刊物刊发。

（李双莉）

【重点文稿编写】 2022年，区委、区政府研究室起草完成在区委七届四次、五次全体会议上的报告和决议，2023年通州区政府工作报告等材料。参与全会和区两会的简报工作，完成简报审定和编辑、分组讨论记录汇总等工作。完成“双调研”（市委、市政府主要领导到城市副中心调研）汇报起草工作，围绕全年工作开局、交通建设治理、学习贯彻市第十三次党代会精神、特色小镇规划建设等课题开展调查研究，结合区委、区政府主要领导要求，形成“双调研”汇报材料5篇。完成点评会材料起草工作，围绕两个“关键小事”、文明城区创建等工作，收集整理区纪委区监委、区委组织部等23家单位1000余条点评意见，起草完成委办局党组（党委）书记工作点评会、街道乡镇党（工）委书记月度工作点评会讲话提纲7篇。

（侯林放）

【重大问题研究】 2022年，区委、区政府研究室围绕区委、区政府主要领导重点调研课题，完成《党建引领基层治理的思考与实践》《关于农村集体经营性建设用地利用的思考与实践》研究报告。完成赴朝阳区、昌平区等区域的实地调研，全面梳理分析城市副中心基层治理的发展脉络、问题与挑战以及党对基层工作全面领导等六个方面所作的实践探索与取得的工作成效。报告在《北京调研》《通州调研》刊登发表。

（陈帅　张榆蛟）

【全面深化改革】 2022年，区委改革办优化全区改革工作格局。完善组织机构运行机制，根据新一届区委、区政府领导班子最新分工，对标中央、市委机构设置情况，对区委全面深化改革委员会组成人员与专项小组组长、副组长进行调整，将通州区22个街道乡镇纳入成员单位，与10个改革专项小组同部署同落实，形成全区上下联动推进改革的工作格局。扎实推进改革攻坚。聚焦副中心建设主线，制定全区45项年度改革要点，覆盖落实功能定位、涵养产业生态、推进“两区”建设等重点领域，并围绕落实国务院高质量发展意见和“基层治理”年度特色工作，梳理20项改革亮点予以重点推动，各项要点任务年度目标应完尽完。用好区委深改委会、改革专题会、改革办主任办公会等平台机制，审议党政机关事业单位公务用车统一管理统筹使用等一批重要议题，专题研究推进高标准构建交通管理统筹体制机制等重要改革事项，实现各领域改革梯次接续、纵深突破。系统抓好改革实施。强化督办落实，围绕改革要点开展书面督查、实地督查等全面督查70余次，并配合市级部门开展大城市病治理、区域协同发展等领域专题督查。发挥好信息交流和辅助决策作用，编发改革动态、改革参考共24期，2篇经验材料被市委改革办采用。多方式多手段推动改革实施，以督促改、以宣促改实效不断显现。着力提升改革成效。总结形成一批可复制、可推广、有特色的制度创新、实践创新成果，率先在全市实现镇域规划、村庄规划全覆盖，“文明数治管理平台”在全市率先实现“一网统管”。推动“用地功能兼容与建筑复合利用”入选中国改革地方全面深化改革典型案例、“党建引领社区治理创新实验室”入选全国社会治理创新案例、“张家湾设计小镇围绕功能定位高效创新”入选北京市“微改革、微创新”典型案例。国家要素市场化配置综合改革等一批试点加快建设，系列模式创新加速激活，集体产业用地统筹利用等一批经验探索转化为制度成果，基层改革持续深化、效能加快提升。

（苏烨）

机构编制

【概　况】　2022年，通州区委机构编制委员会办公室（简称区委编办）加强对机构编制规定贯彻落实情况的日常监督和专项督查，通过实名制管理、跟踪问效、督查调研等多种方式，对各单位落实“三定”（定职能、定机构、定编制）规定情况、机构编制管理运行情况等实行动态监管，确保各单位严守机构编制纪律“红线”。

【乡镇改革评估】　2022年，区委编办通过乡镇自评、实地检查、会议座谈等形式，对乡镇改革分层分类开展评估。疫情期间创新采用线上座谈开展评估。运用微信小程序等开展群众认可度调查，整体检验乡镇运行实际和改革成效，有效推动乡镇改革任务落地。

【综合执法改革】　2022年，区委编办加大综合行政执法改革的探索力度，进一步整合执法队伍。稳妥做好人员转改工作，加快构建权责统一的区级行政执法体系。通过检查座谈方式，提升乡镇执法编制在岗率，切实将综合行政执法优势转化为基层社会治理效能。

【园区管理机构设置】　2022年，区委编办按照市级批复的实施方案内容，调整组建符合副中心最新规划的运河商务区管理机构。进一步理顺种业园区管理体制，结合通州种业发展实际，提出种业园区管委会体制调整建议，全面加强区农业农村局对种业园区的管理和指导。理顺副中心科技创新体制机制，持续优化中关村管委会内设机构，使得中关村园区的管理体制更加有利于副中心的高标准规划和高水平开发建设，凝聚国际科技创新中心合力。

【副中心交通管理体制改革探索】　2022年，区委编办从副中心规划建设发展角度出发，优化交通多头建设管理现状，强化区级交通整体统筹职能。成立由区委副书记挂帅、各相关部门组成的工作专班，周密部署改革工作。深入调研各先进省、市级及各区交通主管部门机构编制情况，梳理职责分工。研究提出《关于优化调整交通管理相关职责高标准构建交通管理统筹体制机制的初步意见》并提交区级会议研究。

【规范议事协调机构管理】　2022年，区委编办研究拟定《通州区议事协调机构管理办法》，对议事协调机构的设立、审核、调整、运行、撤销等作出规定，完善督查评估反馈机制，定期对议事协调机构运行情况进行监督检查，推进议事协调机构依规设立、依规运行、依规管理。

【规范设置和优化调整机构】　2022年，规范设置和优化调整的机构有：4月26日，北京市通州区应急管理综合执法队更名为北京市通州区应急管理综合执法大队，机构规格调整为副处级；11月28日，北京市通州区国际种业科技园区管理委员会由与北京市通州区于家务回族乡人民政府合署办公，调整为在北京市通州区农业农村局加挂牌子。

（李黎）

区直机关党建

【概　况】　通州区委、区直属机关工作委员会（简称区直机关工委）以党的政治建设为统领，坚定不移强党建、抓落实，不断提升机关党建工作水平，为副中心建设提供坚强组织保障。2022年，区直机关工委辖70家机关党组织，8600余名党员。指导14家机关党组织完成换届工作，15家机关党组织完成补选工作，1家机关党组织调整设置。新发展党员70人，预备党员转正58人。“七一”期间慰问4名困难党员，发放慰问金1.2万元。

【推选党代表】　1月，区直机关工委产生北京市出席中国共产党第二十次全国代表大会代表候选人推荐人选5名。2月，遴选确定11名通州区出席市第十三次党代会代表候选人推荐人选。

【服务保障北京冬奥会、冬残奥会】　2—3月，领导班子成员带队组织系统内123名党员干部，参加冬奥会火炬传递服务保障工作。组织系统内200余名机关干部，完成北京冬奥会、冬残奥会开幕式、闭幕式、全要素彩排等各项任务。收到北京2022年冬奥会和冬残奥会组织委员会感谢信。

【述职考评】　3月11日，区直机关工委组织召开2021年度区直机关党组织书记抓基层党建述职评议考核工作会，

▲　3月11日，2021年度区直机关党组织书记抓基层党建工作述职评议大会召开

（区直机关工委提供）

34家区直机关党委、党总支、党支部书记参加现场述职，37家区直机关党组织书记进行书面述职，区直机关工委领导班子成员进行现场点评，与会人员填写考核测评表。

【教育培训】 2022年，区直机关工委举办3次培训。2月28日至3月3日，举办通州区委、区直机关2022年度党员发展对象培训班，对76名党员发展对象进行集中培训，76名党员发展对象取得“党员发展对象培训结业证书”。3月7日，举办通州区委、区直机关2022年度入党积极分子培训班，对83名入党积极分子进行集中培训，83名入党积极分子取得“申请入党人党的知识考试合格证书”。9月13日至14日，举办2022年区直机关党员教育培训示范班，70家直属机关党组织的宣传委员参加培训。

（陆晓园）

网络安全

【概　况】 2022年，通州区委网络安全和信息化委员会办公室（简称区委网信办）统筹网络安全和信息化发展，统筹网络空间综合治理建设和管理，不断提高网络安全和信息化工作水平。建立健全网络安全应急工作体系和机制，编制完成《通州区网络安全事件应急预案》，组织开展网络安全实战攻防应急演练，对44家单位的信息系统开展现场检查，确保各类业务系统平稳运行。组织开展“4·29”首都网络安全日、国家网络安全宣传周通州区宣传活动、“数字赋能，全民共享”数字素养月等网络安全宣传教育活动。加强对全区网络意识形态工作指导，组织开展培训、实地调研。指导全区参与#副中心战“疫”#微博话题内容发布与互动，话题阅读量9153万次。聚焦高质量发展、绿色发展和大文旅，精心开展网络主题传播系列活动，持续打造北京城市副中心网络形象，全年网上传播量近3亿次。2022年，区委网信办被市委网信办评为网络文明建设先进单位。

【网络文明和网络文化建设】 4—6月，开展“倡导文明上网　共建网络文明”主题系列活动，加强网络安全和网络文明建设，共同营造清朗网络环境，网上总传播量近1100万次。其中，线上倡议书引发近100万人次关注，依法上网、文明用网系列短视频传播量达596万次，网络文明线上沙龙活动网上传播量达395万次。全年，围绕“网络中国节”，统筹全区开展传统节日网上宣传，统一活动标识，营造浓厚的网络文化氛围，活动网上总传播量超百万次。

【通州区委网络安全和信息化委员会第四次会议召开】 6月9日，中共北京市通州区委网络安全和信息化委员会召开第四次会议。区委书记、区委网信委主任赵磊主持会议，会上传达学习中共北京市委网络安全和信息化委员会第四次会议精神，听取全区2021年网信工作开展情况，审议通过2022年工作要点和相关工作文件。

【网络安全事件应急预案】 6月，区委网信委与区应急委联合印发《通州区网络安全事件应急预案》，进一步健全完善网络安全应急工作机制。年底，全区90余家单位结合工作职责完成各自应急预案的制修订工作。

【“潮涌京津冀　逐梦新征程”（北京站）——北京城市副中心网络主题活动】 7月，区委网信办邀请20余家主流媒体的新闻网站及商业平台媒体记者集中探访城市绿心森林公园、运河商务区、三大建筑、政务服务中心等副中心高质量发展和京津冀协同发展的代表性点位，线上同步广泛开展网络宣传。属地网络媒体推出专题专栏10余个，发布原创稿件近100篇，转发推送4000余篇次，相关微博话题阅读量达1.1亿次，抖音、快手短视频播放量达1851万次。

【网络安全联合检查】 7月下旬至8月，与区公安分局、区经信局等部门成立联合检查组，针对全区党政机关、企事业单位深入开展网络安全责任制落实情况检查。制定145个检查指标，现场检查44家单位、142个系统，发现网络安全管理问题95个、漏洞249个，均已通知相关单位整改并完成修复。

【通州区网络安全实战攻防应急演练活动】 8月8日，2022年通州区网络安全实战攻防应急演练活动启动仪式在通州区会议中心举行，为期10天的实战攻防应急演练活动正式拉开序幕。本次演练邀请专业网络安全机构组成攻击队伍，搭建全真网络攻击环境，对全区党政机关、事业单位、国有企业、教育、医疗、媒体等重点行业领域20余家单位的重要信息系统、网站、移动应用程序等进行深度攻击测试，从实战的角度，深入排查安全

▲　7月18日，举办“潮涌京津冀　逐梦新征程”（北京站）——北京城市副中心网络主题活动

（区委网信办提供）

风险漏洞和短板弱项，有效检验全区网络安全技术防护水平，进一步提升网络安全防护和应急处置能力，不断筑牢副中心网络安全防火墙。

【“‘心’选城市种草计划”网络主题传播活动】 8—10月，邀请文旅、摄影领域的网络大V走访副中心，拍摄系列Vlog。通过线上预热、发起话题、发布“星选”任务等多样玩法，立体化传播副中心网上新形象。《大运河风光》《绿色之行，不止所见》《无滤镜风光大赏》《副中心的治愈力》四期Vlog播放量超200万次，四期平台“星选”任务参与网友超5000人，获得任务奖励近3000人，取得良好传播和互动效果。活动获评市委网信办“创四优”优秀网评作品。

【“绿色之行 不止所见——中外青年打卡北京城市副中心”主题传播活动】 9月，区委网信办邀请海外“网红”、青年留学生、中国网络大V、央媒和市媒主流媒体记者50余人探访运河商务区、三大建筑、张家湾设计小镇和城市绿心森林公园，体验绿色金融、绿色建筑、绿色生态发展成果，国际化传播副中心绿色发展声音。人民日报英文版客户端、Twitter、环球时报客户端、中国日报中文网、微博和B站等广泛报道，海内外传播量超500万次。9月，线上发起短视频征集；11月，线上召开优质短视频作品新闻发布会，为9部优秀作品颁奖。本次主题活动获得第三届“京彩”网络正能量活动类优秀作品奖。

【国家网络安全宣传周活动】 9月5日，“2022年通州区国家网络安全宣传周启动仪式”在通州区会议中心举办。全区部分党政机关和重点企事业单位相关负责人员参加。本次活动聚焦“网络安全为人民、网络安全靠人民”主题，围绕网络安全、数据安全、个人信息保护等重点领域，以网络安全知识课堂、主题巡展、社会面宣传等为宣传载体，开展校园日、电信日、法治日、金融日、青少年日和个人信息保护日六大主题日活动，宣传普及网络安全知识技能，以线下网络安全培训、主题巡展、智能全息展等特色活动为亮点，吸引数万人次群众参与，全网总阅读量283万次。

【“奋进新征程 潮起副中心”网络主题传播活动】 9—12月，聚焦重大工程重大项目、交通建设、产业集群、生态环境、基层治理等多个领域，展示副中心的新作为新业绩。策划推出《“五子”联动看副中心》系列短视频，获得第三届“京彩”网络正能量动漫音视频类优秀作品奖。微博同名话题#奋进新征程潮起副中心#阅读量达1.4亿次。

【防疫网上宣传】 2022年，#副中心战“疫”#微博话题阅读量超9100万次，广泛凝聚抗疫战场上的副中心力量。全区征集并利用“@北京通州发布”官方微博账号发布“疫”线优质原创作品30余部，总阅读量超3500万次。

▲ 9月6日，举办“绿色之行 不止所见——中外青年打卡北京城市副中心”主题传播活动 （区委网信办提供）

【重大活动重要时期服务保障】 2022年，区委网信办聚焦党的二十大主题主线，坚持最高标准、最佳状态、最实举措，全力推动各项任务落实落细，确保北京冬奥会和冬残奥会、党的二十大期间网络意识形态安全和网络运行安全。

【网络信息内容管理】 2022年，区委网信办在全区范围内持续关注网络生态专项治理，累计清理封堵涉违法和不良信息631条，永久封停和处理违法违规账号3个。

（李瑞）

保密工作

【概　况】 2022年，区委保密办以服务保障党的二十大为主线，强化保密工作体系建设、开展宣传教育、加大保密检查力度，以区委保密委员会名义印发相关通知，服务保障党的二十大和市第十三次党代会相关保密工作方案和冬奥会保密工作。3月，组织召开区委保密委员会全体会议和保密工作会议，总结上一年度工作，部署全年任务。因组织人事变动，在3月和8月两次调整区委保密委员会成员。组织销毁涉密文件2次共计12吨。废止9份有关涉密人员保密管理文件。新冠疫情期间分别以区委保密委员会和区委保密办名义印发疫情防控保密管理的文件。全年无失泄密事件发生。

【保密管理】 2022年，区委保密办完成保密定密管理、网络保密管理、涉密人员管理工作。转发涉密人员的保密管理指南，印发相关通知，加强涉密信息系统后勤外包服务人员、技术运维人员保密管理并完善涉密人员台账。规范基层定密管理，普查全区定密信息。统计互联网政务应用系统，印发相关通知，规范门户网站、政务应用系统、重点行业领域数据资源平台的保密管理。完成涉密领域国产化替代工作，对两家单位的涉密信息系

▲ 8月29日，举办通州区2022年度保密工作培训班

（区委办保密管理科提供）

▲ 10月11日，区委老干部局组织开展“护航二十大 银发助安宁”——老党员先锋队志愿巡逻活动 （区委老干部局提供）

统完成测评工作。

【保密检查】 2022年，对22家街道乡镇和41家单位开展保密自查自评工作实地检查、10家涉及党的二十大服务保障工作单位开展专项检查、3家单位开展进驻式保密检查。受市保密局委托，对辖区内涉密资质（资格）企业开展“双随机”（随机抽取检查对象、随机选派执法检查人员）抽查。制定考试类保密工作方案，开展考前检查20次。

【保密培训】 8月29—31日，区委保密办在区委党校举办机关单位保密培训班，全区各机关单位保密员120余人参加，同步发放限时版保密检查工具100余套。8月29—30日，在区委党校举办涉密资质（资格）企业保密培训班，企业负责人40余人参加。选派保密业务骨干深入18家单位开展现场教学。8月10日下午以加密视频会议形式组织全区召开“保密大讲堂”活动。依托“保密观”App和“中国保密在线”网站组织培训活动，共计3000余人参加，并对成绩合格的人员颁发电子证书。

【保密宣传】 2022年，区委保密办组织开展“六进”（进机关、进乡村、进社区、进学校、进企业、进军营）活动，张贴保密宣传海报，发放教育视频压缩包940余个，发送彩信2000余条。连续10天在通州电视台、“融汇副中心”App播放保密宣传公益片。组织1.5万余人参加市保密局保密知识竞赛活动，区委保密办获《北京市保守国家秘密条例》知识竞答活动优秀组织奖。录制“保密故事大家讲”视频40余部，其中于家务回族乡政府的唐一琳获评“保密故事优秀讲述人”。

【保密监管平台升级改造】 2022年，区委保密办升级改造区级重要涉密单位互联网接入口保密监管平台和机关单位互联网门户网站保密监管平台，对通州区政务办公平台、政府门户、QQ、微信、微博、公众号、邮箱等网站和即时通信工具进行实时监管，进一步提升网络技术防范能力和网络保密管理水平。

（郝淳）

老干部工作

【概　况】 截至2022年底，全区离退休干部共计1030人。其中，离休干部78人，退休干部952人。离休干部平均年龄93岁，年龄最大101岁，最小87岁，身体不能自理20%，半自理45%，状态良好35%。退休干部平均年龄71岁，最大100岁。

【离退休干部思想政治建设】 2022年，区委老干部局组织广大离退休干部，深入学习新时代党的创新理论，自觉践行习近平新时代中国特色社会主义思想，采取老干部大学开设思政课、利用App参加专题辅导报告会、网上知识竞赛、送学上门等多种形式，全面系统及时学习，引导老干部在政治、思想和行动上始终同党中央保持高度一致。

【离退休干部服务管理】 2022年，区委老干部局落实“一对一”精准帮扶，为13名抗战时期参加革命工作的离休干部家庭完成适老化改造。为全区离休干部调整离休费和离休补贴，落实离休干部特困帮扶机制和自费医药费帮扶解困机制，提高离退休干部困难户帮扶、去世慰问、生病住院慰问金额标准。走访慰问离退休干部2200余人次，分19批组织近500名老干部健康体检，逐月发放养老服务津贴11万余元，向219人次生活困难离退休干部及离休干部遗属发放慰问金30余万元。

【离退休干部发挥作用】 2022年，全区64支老党员先锋队700余名队员，围绕服务全国两会、助力冬奥、护航二十大、疫情防控开展常态化文明实践志愿服务。老干部宣讲团成员走进街道、学校、村居，开展百姓宣讲活动。关工委完善关工组织体系，新增7个街道关工组织、9家青少年教育基地，对全区青少年进行革命理想、家德家风教育。

【学习活动阵地建设】 2022年，区委老干部局整合现有资源，建设兼具阅览、座谈交流功能的书香馆，打造集宣讲报告、论坛沙龙、视频放映于

▲ 8月30日，通州区基层党校成立仪式暨干部教育培训工作推进会召开 （区委党校提供）

▲ 2月14日，区委党史办向副中心建设者赠送史志书籍 （区委党史办提供）

一体的初心讲堂，完成太极拳馆、瑜伽馆、健身室配套改造。

【打造“通州老干部大思政”平台】 2022年，区委老干部局开设线上思政简讯、思政诵读、思政论坛、思政微课堂。举办老干部大思政读书班，组织老干部参与19期党史知识、20期红色经典歌曲、28期中国共产党人精神谱系等系列宣传片宣讲片制作。开办“行走中的思政课”，组织老干部进企业、到乡村、观展览、谈变化，在历史巨变中体悟思想伟力。

（白玉）

党校教育

【概　况】 2022年，区委党校充分发挥干部培训主渠道作用，举办各类培训班次23期，培训学员1460人次。其中，通州区第二十七期处级领导干部进修班1期，37人次；通州区新任处级领导干部履职能力提升培训班1期，82人次；通州区2022年优秀中青年干部培训班，38人次；“基层治理年”党建引领乡村振兴示范培训班1期，44人次；北京城市副中心党建引领基层治理示范培训班1期，37人次；通州区2022年度选调生能力素质提升专题培训班1期，44人次；通州区2022年公务员大规模培训班3期，281人次；通州区2021年新录用公务员初任培训班2期，179人次；通州区2022年度事业单位青年骨干培训班1期，40人次；通州区2022年度统战工作专题培训班1期，52人次；2022年区直机关党员教育培训示范班1期，70人次。区委党校教师林学达受聘为北京城市副中心（通州区）基层治理专家，成为副中心治理智库成员之一。

【课程体系建设】 2022年，区委党校完成《伟大政治宣言引领伟大新征程——深入学习党的十九届六中全会主要精神》《新时代城市副中心高质量发展的实践与路径》等12个新专题开发验收。打造具有区域特色的教学课程，永乐店镇老槐庄村党建引领社区治理、玉桥街道精微治理模式、张家湾设计小镇、宋庄艺术区4个现场教学点建设工作顺利开展。

【立项课题7项】 2022年，区委党校围绕城市副中心建设和社会重点、难点、热点问题，全年立项课题7项，均顺利结项，其中1项民政部课题获副部长和司长批示。4篇资政报告获区领导肯定性批示，为城市副中心发展建言献策。《潞城镇党建引领“四微一行”治理模式》《创新党建工作模式 打造园区党建新样板》2项调研报告入选“新时代首都基层党建创新实践”优秀调研报告。

【成立22个基层党校】 2022年，区委党校扎实推进基层党校建设，联合区委组织部印发《通州区基层党校建立工作方案》，明确基层党校建设规格标准。22个街道乡镇先后成立基层党校，实现基层党员教育培训全覆盖。

【宣传宣讲】 2022年，区委党校结合习近平新时代中国特色社会主义思想和学习宣传贯彻党的二十大精神，构建线上线下结合的大培训格局，通过“百讲党课进基层”、新时代文明实践志愿服务活动等平台开展各类宣传宣讲154场。

【智慧党校建设】 2022年，区委党校推进信息化建设水平，加强智慧党校建设力度，教学管理小程序和报告厅视频教学系统投入使用，教学管理工作效率和线上教学覆盖范围得到有效提升与拓展。

（张云桥）

史志编研

【概　况】 2022年，通州区委党史工作办公室、通州区地方志办公室（简称区委党史办）开展群众性党史学习教育活动、史志“七进+”活动、“党史进工地志愿关爱行”志愿服务活动，携手区社工联“首都老兵”红色讲师团开展党史学习宣传教育活动，收集整理通州区党史资料。

【党史学习教育活动】 年初，区委党史办携手区社工联“首都老兵”红色讲师团，开展老兵读书会活动，学习、宣传通州党史。“首都老兵”红色讲师团以线上为主、线下为辅的方式，为社区居民和在校师生讲授党史和英雄模范先进事迹，进行爱国主义宣传教育。

【史志“七进+”活动】 2022年，区委党史办开展史志“七进+”系列活动。与新华街道温馨家园联合开展“庆冬奥、办实事”史志文化助残活动。向中仓街道莲花寺社区赠送通州党史、年鉴等书籍。向北京中科印刷有限公司捐赠《中国共产党北京市通州区历史（1921—2012）》，引导职工通过学习党史激发干事创业热情，强化职责担当。迎接党的二十大胜利召开，开展“强国复兴有我”群众性主题宣传教育活动。邀请通州史志专家到中仓街道东里社区、小园社区、悟仙观社区和杨庄街道经贸国际社区开展送“四史”进社区活动，并向社区居民赠送《中国共产党北京市通州区历史（1921—2012）》《北京通州年鉴（2022）》等书籍。

【“党史进工地志愿关爱行”志愿服务活动】 2月14日，“2022年通州区新时代文明实践志愿服务活动”在北京城市副中心站综合交通枢纽项目举行。活动由区委宣传部、区委党史办、区住建委、区文联、区妇联、区建筑业工会联合会、中国建筑（北京通州）总部、中建四局等单位主办。活动上，区委党史办向副中心建设者赠送了通州区党史、文化书籍和温馨大礼包。

【为《中国共产党北京执政纪事（2021）》提供资料】 2022年，区委党史办根据北京市委党史研究室、北京市地方志办公室要求，为《中国共产党北京执政纪事（2021）》收集、报送通州区党史相关资料。

（赵龙刚）

通州区人民代表大会

综 述

【概 况】 北京市通州区人民代表大会常务委员会（简称区人大常委会）是通州区人民代表大会常设机构。2022年，区人大常委会贯彻落实中央人大工作会议精神，坚持党的领导、人民当家作主、依法治国有机统一，践行全过程人民民主，加强人大“四个机关”（政治机关、国家权力机关、工作机关、代表机关）建设，自觉融入副中心发展大局，统筹做好疫情防控，为推动副中心高质量发展提供更加及时有力到位的民主法治保障。

【复工复产座谈会】 6月23日，区人大常委会召开“区人大代表多措并举、统筹疫情防控和稳定经济增长，做好复工复产、持续推动城市副中心高质量发展”座谈会。座谈会上，区发改委汇报《通州区统筹疫情防控和稳定经济增长的实施方案》细则及实施情况，10名企业界人大代表结合各自企业复工复产情况作了交流，并就统筹疫情防控和经济社会发展提出意见建议。与会区政府部门对代表提出的意见和诉求进行解答，并就如何帮助企业纾困解难，全力推动经济建设和社会发展提出举措和建议。与会人大代表现场签订《多措并举、统筹疫情防控和稳定经济增长，做好复工复产、持续推动城市副中心高质量发展倡议书》，向全区各级人大代表发出倡议，带头履行防疫责任，引领示范做好复工复产各项工作。区委常委、常务副区长郑皓围绕服务保障企业运行，促进复工复产，推动经济社会持续健康发展作了发言，并介绍区政府下一步工作思路和想法。

（杨昊 李晓晨）

重要会议

【概 况】 2022年，区人大常委会召开常委会会议8次、常委会主任会议12次，听取和审议区“一府一委两院”专项工作报告26项，依法作出决议、决定35项，任免国家机关工作人员245人次。

【区人大常委会会议】 2月18日，区七届人大常委会召开第二次会议，表决通过区人大常委会2022年工作要点，市、区人大代表辞职有关事项和区人大常委会关于进一步加强人大代表联系选民工作的办法；听取关于2021年区政府重要民生实事完成情况和2022年区政府重要民生实事项目编制情况的报告；听取和审议区人大常委会关于推动基层治理工作的安排方案和关于北京市通州区第七届人民代表大会第一次会议代表建议、批评和意见综合分析报告。4月29日，区七届人大常委会召开第三次会议，表决通过关于北京市通州区第七届人民代表大会个别代表的代表资格审查报告、关于补选北京市通州区第七届人民代表大会代表的决定、关于补选镇人民代表大会代表的决定、《关于批准北京市通州区2022年地方政府债务新增限额及区级预算调整方案的决议》；听取和审议关于中医药发展情况的报告、关于中医药发展情况的调研报告。6月29日，区七届人大常委会召开第四次会议，表决通过关于批准北京市通州区2022年新增地方政府债务限额

▲ 10月16日，区人大常委会机关党员干部收看党的二十大开幕盛况
（区人大常委会提供）

▲ 6月23日，区人大常委会召开区人大代表多措并举、统筹疫情防控和稳定经济增长，做好复工复产、持续推动城市副中心高质量发展座谈会
（区人大常委会提供）

及区级预算调整方案的决议，听取和审议关于北京市通州区2021年环境状况和环境保护目标完成情况的报告及其意见和建议。8月31日，区七届人大常委会召开第五次会议，表决通过关于北京市通州区2021年区级决算的决议，听取和审议区人大财经委关于通州区2021年区级决算草案的审查结果报告、关于通州区2022年国民经济和社会发展计划上半年执行情况的意见和建议、区人大城建环保委关于《北京城市副中心控制性详细规划（街区层面）(2016年—2035年)》实施情况报告的意见和建议及区人大法制委关于开展《北京市接诉即办工作条例》执法检查情况的报告，区政府关于2022年上半年工作情况的报告、关于2021年区级决算草案的报告、2021年预算执行和其他财政收支的审计工作报告以及关于2022年上半年预算执行情况的报告、关于北京市通州区2022年国民经济和社会发展计划上半年执行情况的报告、关于《北京城市副中心控制性详细规划（街区层面）(2016年—2035年)》实施情况的报告、关于《北京市接诉即办工作条例》落实情况的报告、关于中小企业发展情况的书面报告，表决通过关于北京市通州区第七届人民代表大会个别代表的代表资格审查报告、关于补选北京市通州区第七届人民代表大会代表的决定、关于补选镇人民代表大会代表的决定。10月11日，区七届人大常委会召开第六次会议，表决通过关于补选通州区第七届人民代表大会代表的代表资格审查报告、关于召开区七届人大二次会议的决定、关于北京市通州区第七届人大代表报告履职情况办法。10月19日，区七届人大常委会召开第七次会议，听取和审议关于副中心背景下有序实施乡村建设 推进城乡融合发展情况的工作报告和调研报告，关于区七届人大二次会议主席团、秘书长名单（草案）、关于区七届人大二次会议的列席人员范围、法定列席人员名单，表决通过决定列席人员名单，听取关于北京市通州区全域无隐性债务试点工作完成情况的报告。11月25日，区七届人大常委会召开第八次会议，听取和审议关于北京市通州区2021年行政事业性国有资产管理情况的专项报告，关于北京市通州区2021年行政事业性国有资产管理情况的专项审计工作报告和关于北京市通州区2021年国有资产管理情况的综合报告，关于通州区2021年国有资产管理情况综合报告和行政事业性国有资产管理情况专项报告的意见和建议，关于北京市通州区2021年预算执行和其他财政收支审计查出问题整改情况的报告，关于通州区2021年预算执行和其他财政收支审计查出问题整改情况报告的意见和建议，关于北京市通州区2022年区级预算调整方案和审查结果报告，关于2022年北京市通州区人大代表建议，批评和意见办理情况和督办情况的报告，关于2022年北京市通州区人大代表建议办理情况评估的工作报告；审议关于区七届人大三次会议议程（草案）和主席团、秘书长名单（草案）；表决通过关于召开区七届人大三次会议的决定。12月23日，区七届人大常委会召开第九次会议，听取和审议关于2022年法治政府建设工作进展情况的专项报告，关于2022年备案审查工作情况的报告，关于区七届人大三次会议议案审查委员会主任委员、副主任委员、委员名单（草案）的报告及说明，关于区七届人大三次会议的列席人员范围、法定列席人员名单的报告及说明，关于北京市通州区人民代表大会常务委员会工作报告（审议稿），表决通过决定列席人员名单。

【区人大常委会主任会议】 2月17日，区人大常委会召开2022年度第3次主任暨专题主任会议，专题听取区政府关于城市副中心慢行系统建设情况的汇报，通过区人大常委会关于检查《北京市接诉即办工作条例》实施情况的工作方案、关于区第七届人大代表2022年至2026年的培训实施方案、关于区第七届人大代表2022年学习培训班的工作方案。6月28日，区人大常委会召开2022年度第6次主任暨专题主任会议，专题听取区政府关于教育“双减”工作情况、关于农村涉水工程建设情况的汇报，听取区人大财经委关于北京市通州区2022年新增地方政府债务限额及区级预算调整方案及审查结果报告、区人大城建环保委关于北京市通州区2021年环境状况和环境保护目标完成情况及其意见和建议。8月29日，区人大常委会召开2022年度第7次主任暨专题主任会议，专题听取区人大财经委关于2023年区级预算初步审查工作方案的汇报。9月20日，区人大常委会召开2022年度第8次主任暨专题主任会议，视察张家湾镇前街村平原生态林和张家湾林场智慧巡林监控系统的建设情况并专题听取了区政府所作的通州区林长制工作开展情况的报告。

【七届人大二次会议】 11月13—15

▲ 11月13—15日，通州区第七届人民代表大会第二次会议召开

（区人大常委会提供）

日，区七届人大二次会议在阳光国际会议中心召开。会议听取和审议关于北京市通州区基层治理工作报告、《北京市副中心（通州区）基层治理五年行动计划（2022 年—2026 年）》，表决通过北京市通州区第七届人民代表大会二次会议选举办法、关于推进基层治理体系和治理能力现代化建设的决议，选举出席北京市第十六届人民代表大会的代表、补选通州区监察委员会主任。

【基层治理工作会议】 3 月 3 日，区人大常委会召开基层治理工作第 3 次会议。会议听取关于“基层治理年”工作部署会筹备情况的汇报、审议关于推进北京城市副中心（通州区）“基层治理年”的工作意见和 2022 年工作任务书，基层治理工作专班、办公室工作制度及组成人员和基层治理专家人员名单等相关事宜。

（杨昊　李晓晨）

人事任免

【概　况】 2022 年，区人大常委会依法行使人事任免权，依法任免国家机关工作人员 245 人次。

【任免事项】 2 月 18 日，北京市通州区第七届人民代表大会常务委员会第二次会议决定：任命杨磊为北京市通州区人民政府副区长（兼）。任命姚华峰为北京市通州区人民代表大会常务委员会办公室主任、郭宝圣为北京市通州区人民代表大会常务委员法制办公室主任、张东凤为北京市通州区人民代表大会常务委员会财政经济办公室主任、蔡力凯为北京市通州区人民代表大会常务委员会教科文卫体办公室主任、李智敏为北京市通州区人民代表大会常务委员会城建环保办公室主任、刘美俊为北京市通州区人民代表大会常务委员会农村办公室主任、刘志刚为北京市通州区人民代表大会常务委员会研究室主任、杨东莲为北京市通州区人民代表大会常务委员会代表联络室主任、李凤云为北京市通州区人民代表大会常务委员会办公室副主任、张玉刚为北京市通州区人民代表大会常务委员会办公室副主任、李文龙为北京市通州区人民代表大会常务委员法制办公室副主任、王文兵为北京市通州区人民代表大会常务委员会财政经济办公室副主任、王巍为北京市通州区人民代表大会常务委员会教科文卫体办公室副主任、韩雪冰为北京市通州区人民代表大会常务委员会城建环保办公室副主任、张东旭为北京市通州区人民代表大会常务委员会农村办公室副主任、潘大伟为北京市通州区人民代表大会常务委员会研究室副主任、欧阳君为北京市通州区人民代表大会常务委员会代表联络室副主任、王立艳为北京市通州区人民代表大会常务委员会信访办公室主任。任命林正航为北京市通州区人民代表大会常务委员会新华街道工作委员会主任、李彦明为北京市通州区人民代表大会常务委员会北苑街道工作委员会主任、宗飞为北京市通州区人民代表大会常务委员会中仓街道工作委员会主任、孙雪松为北京市通州区人民代表大会常务委员会玉桥街道工作委员会主任、刘鑫为北京市通州区人民代表大会常务委员会潞源街道工作委员会主任、赵志刚为北京市通州区人民代表大会常务委员会文景街道工作委员会主任、杜德耕为北京市通州区人民代表大会常务委员会九棵树街道工作委员会主任、华飞为北京市通州区人民代表大会常务委员会临河里街道工作委员会主任、张民平为北京市通州区人民代表大会常务委员会杨庄街道工作委员会主任、陈新全为北京市通州区人民代表大会常务委员会潞邑街道工作委员会主任。任命郑皓为北京市规划和自然资源委员会通州分局局长、姚伟龙为北京市通州区发展和改革委员会主任、曾祥正为北京市通州区教育委员会主任、郭澜涛为北京市通州区科学技术委员会主任、耿磊为北京市通州区经济和信息化局局长、张全启为北京市通州区民政局局长、张琴琴为北京市通州区司法局局长、王付轩为北京市通州区财政局局长、于立东为北京市通州区人力资源和社会保障局局长、张卫东为北京市通州区生态环境局局长、曾勃为北京市通州区住房和城乡建设委员会主任、赵军为北京市通州区交通局局长、曹树常为北京市通州区水务局局长、王德松为北京市通州区农业农村局局长、李霞为北京市通州区商务局局长、张华为北京市通州区文化和旅游局局长、白玉光为北京市通州区卫生健康委员会主任、徐景发为北京市通州区退役军人事务局局长、刘永忠为北京市通州区应急管理局局长、冯源为北京市通州区市场监督管理局局长、吴长利为北京市通州区人民政府国有资产监督管理委员会主任、邓小民为北京市通州区体育局局长、杨连元为北京市通州区统计局局长、胡克诚为北京市通州区园林绿化局局长、李俊霞为北京市通州区金融服务办公室主任、张胜勇为北京市通州区政务服务管理局局长、杜彤为北京市通州区人民防空办公室主任、于军为北京市通州区信访办公室主任、田春华为北京市通州区医疗保障局局长。任命刘宁为北京市通州区监察委员会副主任，刘伶艳、刘立民为北京市通州区监察委员会委员。任命李士刚为北京市通州区人民法院审判委员会委员，张涛为北京市通州区人民法院审判委员会委员，杨宇为北京市通州区人民法院审判委员会委员、宋庄人民法庭庭长，马辉为北京市通州区人民法院审判委员会委员、综合审判庭庭长，刘梅为北京市通州区人民法院审判委员会委员、立案庭（诉讼服务中心）庭长，原海涛为北京市通州区人民法院民事审判一庭（家事审判庭）庭长，曹越为北京市通州区人民法院民事审判二庭庭长，孙之智为北京市通州区人民法院民事审判三庭庭长，晋怡为北京市通州区人民法院张家湾人民法庭庭长，孟强为北京市通州区人民法院马驹桥人民法庭庭长，于俊平为北京市通州区人民法院漷县人民法庭庭长，卫丹为北京市通州区人民法院立案庭（诉讼服务中心）副庭长，王新东为北京市通州区人民法院民事审判一庭（家事审判庭）副庭长，刘丹丹为北京市通州区人民法院民事审判一庭（家事审判庭）副庭长，何杨彪为北京市通州区人民法院民事审判一庭（家事审判庭）副庭长，薛德胜为北京市通州区人民法院民事审判二庭副庭长，陈明山为北京市通州区人民法院民事审判二庭副庭长，张燕为北京市通州区人民法院民事审判三庭副庭长，邵玉喜为北京市通州区人民法院民事审判三庭副庭长，熊伟为北京市通州区人民法院综合审判庭副庭长，李想为北京市通州区人民法院综合审判庭副庭长，奉一兵为北京市通州区人民法院综合审判庭副庭长，芦玉杰为北京市通州区人民法院张家湾人民法庭副庭长，李福华为北京市通州区人民法院漷县人民法庭副庭长，叶福勇为北京市通州区人民法院马驹桥人民法庭副庭长，梁联林为北京市通州区人民法院台湖人民法庭副庭长，许多清为北京市通州区人民法院台湖人民法庭副庭长，马巨为北京市通州区人民法院审判员，马帅为北京市通州区人民法院审判员，邢怀龙为北京市通州区人民法院审判员，刘芳为北京市通州区人民法院审判员，刘析鹭为北京市通州区人民法院审判员，汤和云为北京市通州区人民法院审判员，李慧为北京市通州区人民法院审判员，张苏豫为北京市通州区人民法院审判员，张培为北京市通州区人民法院审判员，张赫赫为北京市通州区人民法院审判员，赵凡为北京市通州区人民法院审判员，胡佳琦为北京市通州区人民法院审判员，崔欢为北京市通州区人民法院审判员，魏文风为北京市通州区人民法院审判员。任命刘帅、刘祯、孙亚丽、李雯迪、吴官荦、张蒙旗、梁志龙天、程晓林为北京市通州区人民检察院检察员。免去石建华北京市通州区监察委员会副主任职务，郭玉明北京市通州区监察委员会委员职务；免去于俊平北京市通州区人民法院立案庭（诉讼服务中心）庭长职务，曹越北京市通州区人民法院民事审判一庭（家事审判庭）庭长职务，晋怡北京市通州区人民法院民事审判三庭庭长职务，孙之智北京市通州区人民法院综合审判庭庭长职务，刘梅北京市通州区人民法院马驹桥人民法庭庭长职务，原海涛北京市通州区人民法院漷县人民法庭庭长职务，马辉北京市通州区人民法院张家湾人民法庭庭长职务，杨宇北京市通州区人民法院台湖人民法庭庭长职务，李士刚北京市通州区人民法院宋庄人民法庭庭长职务，杜鹏北京市通州区人民法院民事审判二庭庭长职务，李福华北京市通州区人民法院立案庭（诉讼服务中心）副庭长职务，芦玉杰北京市通州区人民法院民事审判一庭（家事审判庭）副庭长职务，张燕北京市通州区人民法院民事审判一庭（家事审判庭）副庭长职务，熊伟北京市通州区人民法院民事审判二庭副庭长职务，奉一兵北京市通州区人民法院民事审判二庭副庭长职务，叶福勇北京市通州区人民法院民事审判三庭副庭长职务，刘丹丹北京市通州区人民法院综合审判庭副庭长职务，卫丹北京市通州区人民法院综合审判庭副庭长职务，徐宪龙北京市通州区人民法院综合审判庭副庭长职务，陈明山北京市通州区人民法院台湖人民法庭副庭长职务，王新东北京市通州区人民法院台湖人民法庭副庭长职务，何杨彪北京市通州区人民法院宋庄人民法庭副庭长职务，薛德胜北京市通州区人民法院马驹桥人民法庭副庭长职务，李想北京市通州区人民法院张家湾人民法庭副庭长职务，许多清北京市通州区人民法院张家湾人民法庭副庭长职务，佘亚妮北京市通州区人民法院民事审判三庭副庭长、审判员职务，王旭东北京市通州区人民法院审判员职务，王爱农北京市通州区人民法院审判员职务，刘颖北京市通州区人民法院审判员职务，李峥北京市通州区人民法院审判员职务，高楠北京市通州区人民法院审判员职务；免去王雪生北京市通州区人民检察院检察员职务。4月29日，北京市通州区第七届人民代表大会常务委员会第三次会议决定：任命吴斌为北京市通州区监察委员会副主任，任命林长春为北京市通州区信访办公室主任，任命刘军伟为北京市通州区人民检察院检察委员会委员；免去于军北京市通州区信访办公室主任职务，免去田雪姣、庄庆龙、徐晶北京市通州区人民法院审判员职务，免去于博北京市通州区人民检察院检察委员会委员职务。8月31日，北京市通州区第七届人民代表大会常务委员会第五次会议决定：任命徐明祺为北京市通州区人民法院张家湾人民法庭副庭长，于素娟为北京市通州区人民法院民事审判三庭副庭长，王宝荣为北京市通州区人民法院综合审判庭副庭长，鲍婕为北京市通州区人民法院审判员，齐茜为北京市通州区人民法院审判员；任命汪玫瑰为北京市通州区人民检察院检察员；免去郑皓北京市规划和自然资源委员会通州分局局长职务；免去唐亮北京市通州区人民法院审判委员会委员、审判员职务，王鹏、赵书通、杨光、宋剑涛、苑路佳、曹森北京市通州区人民法院审判员职务，蒋为杰北京市通州区人民法院刑事审判庭副庭长、审判员职务，刘丹丹北京市通州区人民法院民事审判一庭（家事审判庭）副庭长、审判员职务，李想北京市通州区人民法院综合审判庭副庭长、审判员职务，李福华北京市通州区人民法院漷县人民法庭副庭长、审判员职务，杨刚北京市通州区人民法院人民陪审员职务；免去李希强北京市通州区人民检察院检察委员会委员、检察员职务，张玉青、窦立博北京市通州区人民检察院检察员职务。11月25日，北京市通州区第七届人民代表大会常务委员会第八次会议决定：任命陈洪波为区人大常委会通运街工委主任；任命石建华为区司法局局长；免去张琴琴北京市通州区司法局局长职务。12月23日，北京市通州区第七届人民代表大会常务委员会第九次会议决定：免去李迎新北京市通州区人民法院副院长、审判委员会委员、审判员职务，杜鹏北京市通州区人民法院审判委员会委员、审判员职务；免去马良民、向令涛北京市通州区人民检察院检察员职务。

（李晓晨）

代表工作

【概　况】　2022年，区人大常委会更加密切与基层人大的联系，建立常委会主任统筹、副主任联系人大街工委、乡镇人大制度，全覆盖走访指导。加强区人大代表小组建设，召开专题培训会，举办讲座、交流经验、开展座谈、部署工作、提出要求。集中力量推进代表家站建设，召开启动会，全面动员部署。召开代表家站建设推进会，制定代表联系选民实施方案、代表家站活动安排、工作安排，并拍摄“代表家、站建设示范篇”，持续引领推动代表家站高标准建设、常态化运行。共建立代表之家23个、代表工作站410个，推选选民代言员15932人。组织代表走访选民活动1419次，代表参与7156人次，收集意见建议1364条。

【助力疫情防控】　2022年，区人大常委会第一时间向全体人大代表发起积极参加抗疫工作倡议，代表们主动担当，积极履职，带头遵守疫情防控各项规定，走进疫情防控一线。全区代表参与疫情防控工作7716人次，捐款36830元，组织筹备口罩、矿泉水、水果、方便面、帐篷等大量防疫物资，为坚决打赢疫情防控阻击战贡献人大代表力量。为加快企业复工复产进度，组织召开区人大代表多措并举、统筹疫情防控和稳定经济增长，做好复工复产、持续推动城市副中心高质量发展座谈会，向企业家代表发起复工复产倡议，并将企业家代表提出的意见和建议转交政府有关部门办理。

【学习培训】　2022年，区人大常委会制定新一届代表五年学习计划，把握代表履职阶段性特征，注重理论和实践相结合、辅导讲座与代表言传身教相结合、提供经济社会发展资料与报刊书籍相结合、组织学习考察与参与履职实践相结合、线上线下相结合，不断丰富和拓展方式途径，提高代表履职培训的针对性、实效性。扎实做好届首之年代表学习培训，加强代表小组负责人“蓄能充电”，通过网上课堂对三级代表进行培训，聘请专家为代表集中授课培训。

【搭建代表履职平台】　2022年，区人大常委会组织代表开展半年集中活动，参加各专委会组织的视察调研，精心筹划人代会会前活动，探索专业代表小组建设。组织市人大通州代表团代表发表审议意见，提出议案建议，在更高平台推动副中心建设发展；全面总结市人大代表履职情况，提出连任代表的建议，协助做好新一届市人大代表初任培训。统筹安排市、区人大代表列席区人大常委会会议。制定《北京市通州区第七届人大代表报告履职情况办法》，组织市、区人大代表报告履职情况。

监督工作

【概　况】　2022年，区人大常委会充分发挥职能作用，综合运用多种监督方式，听取和审议区政府工作情况的报告、计划执行情况、预算执行情况报告，确保人代会批准的全年任务目标实现，推动城市副中心建设保持良好发展态势，为推动副中心高质量发展奠定坚实的基础。

【民生建设重点领域监督】　2022年，区人大常委会加大力度推进城乡融合发展，听取农业农村重点工作推进情况汇报，提出要对标对表、查找差距、抓住重点、聚焦短板、主动作为、推动发展。组织视察精品民宿建设情况，就搭建服务平台、把控建设方向、增强发展后劲等提出建议。围绕农村劳动力就业，组织视察调研，提出要拓宽就业渠道、加强零就业家庭安置、精准开展培训等意见。积极推进乡村建设，督促政府进一步壮大集体经济，加强基础设施建设项目管理，构建长效发展机制，充分发挥资源优势，促进城乡融合发展。着力推动社会环境建设，组织视察慢行系统建设情况，进一步强化部门联动效应、政策叠加优势，强化严格监管、低碳出行。组织调研教育事业发展情况，专题听取教育“双减”工作情况汇报，提出要强化主体作用，强化部门协同，强化校外监管，强化社会共识，推动常态化建设。统筹发展和安全，组织视察消防救援工作，着力防范化解风险隐患，壮大基层自防自救力量。听取和审议中医药发展情况报告，发挥中医药在抗疫防疫中的优势，推动政府聚焦社区中医建设、传承创新发展等，不断总结经验、补齐短板、激发活力。

【法制建设监督】　2022年，区人大常委会开展《北京市接诉即办工作条例》实施情况执法检查，进行动员部署，组织实地检查、座谈研讨、提出建议，督促相关部门改进工作；依托代表家站，听取诉求人、居民代表、人大代表意见建议，开展第三方调查；听取和审议《条例》落实情况的报告，围绕“提升全区物业服务能力”“有效解决居民小区配套设施差”等重难点问题，首次开展专题询问。组织“北京市非机动车管理条例”执法检查，在全区开展问卷调查，召开代表和居民督办会，推动《条例》有效实施。持续推动全国法治政府建设示范区创建工作，就加强统筹协调、群众参与、示范带动、监督指导等提出建议。对区法院建立一站式多元解纷副中心模式，提出要深度融入基层治理、参与市民热线重难点工单办理、联动化解纠纷、切实解决群众的“急难愁盼”问题。按照有件必备、有备必审、有错必纠的要求，修改完善制度规范，加强备案审查能力建设，提升备案工作质量。协助市人大开展45项立法调研、征求意见、执法检查、座谈研讨工作，组织三级代表开展“三边”检查、问卷调查，提出意见建议。

【预算全口径监督】 2022年，区人大常委会对预算编制、调整、决算、新增政府债券进行初步审查，提出初审意见交由区财政部门办理，并将初审意见及办理情况征求区人大代表意见，提请区人大常委会审查批准。充分发挥财政在经济社会发展中的积极作用，专题听取和审议全域无隐性债务工作完成情况、审计工作、审计查出问题整改情况的报告，围绕财源建设、预决算管理、绩效管理、审计监督等提出审议意见。组织19名代表全程参加37个项目财政支出绩效评价，24名代表参加29个项目预算事前绩效评估。各专委会参与6个对口部门预算编制，提出意见建议。持续推进人大预算联网监督系统建设，增强审查监督的针对性和实效性。

【生态环境监督】 2022年，区人大常委会持续监督环境状况和环境保护目标完成情况，提出要压实责任，强化区域协同、督察整改，加快建设国家绿色发展示范区，以更高标准打好污染防治攻坚战，有效提升生态系统质量和稳定性。围绕农村涉水工程建设开展监督，推动强化统筹、落实到位。对标污染防治攻坚战考核要求，推动解决突出问题。组织视察东方化工厂企业转型、“生态保育核”、土壤污染风险管控和生态修复、碳中和典型案例实践，扎实推进节能降碳。围绕园林重点工程建设、林下经济、大运河国家AAAAA级旅游景区创建等提出建议。对老旧公园全龄友好化改造工程建设，提出要加强服务设施、数字化建设，完善城乡公园体系，推动提升精细化管理水平。

专门委员会

【概　况】 区人大常委会设置法制委员会、社会建设委员会、财政经济委员会、教科文卫体委员会、城建环保委员会、农业农村委员会6个专门委员会。

【法制委员会】 2022年，区人大常委会法制委员会视察创建全国法治政府建设示范区、区法院一站式多元解纷副中心模式运行情况等工作，依法有效开展代表补选工作，推动乡镇人大依法依规举行人代会，认真做好规范性文件备案审查工作，积极主动配合市人大做好《北京市非机动车管理条例》执法检查。协助市人大做好2023年立法计划项目征集，提出“关于在《北京市城市道路管理办法》中增加‘在城市桥梁上禁止垂钓’的相关规定”建议。

【社会建设委员会】 2022年，区人大常委会社会建设委员会聚焦中心工作，全力推动基层治理，扎实开展《北京市接诉即办工作条例》执法检查，推动条例落地落实，结合《条例》实施情况，进行专题询问。组织社会建设委员会视察通州区促进农村劳动力就业、全区消防救援等工作，就“关于应急管理能力方面的建议”办理情况进行评估。

【财政经济委员会】 2022年，区人大常委会财政经济委员会深化预决算审查监督，提高财政资金使用绩效，强化经济计划监督，推动经济高质量发展，组织对2021年财政决算和预算执行及其他财政收支审计情况，2022年上半年预算执行情况，2022年新增地方政府债务及区级预算调整方案、2021年区级预算执行和其他财政收支审计查出问题整改工作、国民经济和社会发展计划执行情况，中小企业发展、区级国有资产管理情况等开展监督和调研工作，推进各专门委员会参与部门预算初步审查工作，做好年度预算执行及下年度预算草案的初审工作，持续推进人大预算联网监督系统建设，配合市人大做好立法调研征求意见等相关工作。

【教科文卫体委员会】 2022年，区人大常委会教科文卫体委员会聚焦区医疗卫生事业发展，以监督检查《北京市中医药条例》落实情况为抓手，围绕完善中医药发展政策、中医药服务体系等方面开展系列专题调研。以运河文化为底色，着力推动文化产业健康发展。详细了解通州区在推进精品民宿旅游新业态发展中的经验做法。关注教育事业，坚决落实义务教育“双减”工作，推动通州区教育高质量发展。

【城建环保委员会】 2022年，区人大常委会城建环保委员会围绕副中心绿色发展情况、城市副中心慢行系统建设工作、《北京城市副中心控制性详细规划（街区层面）(2016年—2035年)》实施情况、大运河通航情况开展相关调研和监督工作，结合文明城区常态化创建对“加强城市管理”议案办理审议意见办理情况进行了专题视察，配合市人大做好《北京市住房租赁条例》《北京市城市更新条例》相关立法调研和执法检查工作。

【农业农村委员会】 2022年，区人大常委会农业农村委员会聚焦“三农”、以美丽乡村建设为重点，将推进城乡融合发展的工作情况作为常委会议题，按照副中心定位着力监督推进通州区美丽乡村建设的全面提升，持续促进城乡融合的进一步发展，为全面推进通州区乡村振兴、加快农业农村现代化提供有力支撑。将农村污水治理和饮水水质提升工程等区政府民生实事项目作为监督重点，多次组织实地调研。

（杨昊）

通州区人民政府

综　述

【概　况】 2022年区政府召开会议99次，研究议题432项。其中，召开区政府常务会42次，讨论议题240项；召开区长专题会57次，讨论议题192项。举行区政府常务会会前学习11次。2022年是新一届政府的届首之年，区政府高效统筹疫情防控和经济社会发展，推动副中心高质量发展迈上新台阶。

【城市副中心建设】 2022年，国土空间规划布局持续优化，高质量发展意见落细落地，三大文化设施基本完工，东六环入地改造西线隧道首段贯通，副中心站综合交通枢纽全速推进。城市双修稳步实施，南大街腾退保护更新北部片区启动试点工作，梁各庄、八里桥等6个棚改项目有序推进。5个老旧小区完成改造，5个家园中心项目加快建设。121个村饮用水水质提升工程、38个村供水管线改造工程完工。京唐城际铁路通车在即，平谷线、厂通路加快建设，大运河京冀段实现全线旅游通航。111家定点医疗机构实现异地门诊卡码通结，3654项政务服务事项纳入区域通办。

【产业发展】 2022年，区级政务服务事项实现全程网办，“服务包”企业增至837家，办结服务事项2024项，兑现支持资金4.14亿元。央、市属国企新落户32家，首旅集团、华夏银行等新总部开工建设。金融业实现增加值和区级税收占比均超过10%，40个金融类项目实现落地，累计注册金融企业360余家。新建和规范提升各类生活性服务业网点93个，环球主题公园带动文体娱乐业收入同比增长185.2%。京津冀国家技术创新中心通州分中心正式成立，创新平台达到38个。全区上市、挂牌企业累计达31家。新增市级“专精特新”企业159家、国家级“小巨人”企业16家。全国首笔千万级数据资产抵押贷款合作落地。150家企业落户张家湾设计小镇，65家企业入驻国家网络安全产业园通州园。

【“基层治理年”建设】 2022年，“基层治理年”首年18项任务全面完成。全面启动28项标杆示范项目。“城市大脑”功能进一步完善。“疏整促”各项任务全部完成。拆除违法建设350.6万平方米，腾退土地384.5公顷。国家城乡交通一体化示范县创建任务全部完成。完成潞河医院、城铁站周边等秩序乱点疏堵治理工作。完成3个小区自备井置换及16个老旧小区供水管网改造。

【生态环境】 2022年，北京绿色交易所等企业落地办公，一批绿色金融首创性业务顺利开展，全区绿色信贷余额突破260亿元。北京国际财富中心等一批低碳园区建设完工。新增造林面积1.5万亩，实施留白增绿1251亩，“揭网见绿”653.7公顷。164千米绿道实现贯通。居住区公园绿地500米服务半径覆盖率达到87.33%。全面完成区域内公交车辆新能源替换。新建22个挥发性有机物自动监测站。将全区256条重点道路纳入尘负荷常态化监测范围。全区降尘量下降至3.9吨/平方千米·月，同比改善39.1%，$PM_{2.5}$累计浓度降至33微克/立方米。14座污水处理站加快建设，完成538个入河排污口治理，整治水环境问题3539处，国市控考核断面水质全部达标。129个农村生活污水治理项目完工。

【民生事业】 2022年，新成立3家教育集团，组建4所九年一贯制义务教育学校，北京景山学校通州分校等4所新校建成。安贞医院、友谊医院二期等项目有序建设。27处急救站点落成，100台自动体外除颤器（AED）安装投用。区体育场升级改造正式开工。促进城乡劳动力就业2.36万人，登记失业率控制在3.92%以内。城乡低保标准提高至月人均1320元。4家养老机构投入运营，新增养老床位3429张，168家养老驿站基本实现社区居家养老全覆盖。完成22个街乡镇儿童成长驿站转型升级。筹集建设各类保障性住房2.9万套。安全生产专项整治三年行动全面收官，3023项清单任务全部整改完成。城市副中心消防指挥中心正式启用，建立应急救援专职队21个、微型消防站1126个。治安警情、秩序警情分别下降11.6%、54.2%。

【深化改革】 2022年，扎实推进45项改革任务落地落实。张家湾南火垡等3处集租房项目开工建设。通商集团等一批区属企业完成改制重组。成功入选全国首批商业秘密保护创新试点。新设立23个社区居委会。启动首批3个村撤村建居试点。“两区”项目新增359个，新设立外资企业51家，进出口总额同比增长15%。制定国际人才服务管理改革措施。成功举办“行走的达沃斯”、全国科技活动周等活动。全年办理市区两级代表议案、建议和政协提案380件，办复率100%。

（李欣玥）

重要会议

【区政府专题会议】 2022年，区政府专题会议召开57次。重点听取区金融办关于建设北京绿色金融国际中心加快构建城市副中心绿色发展新格局的汇报；区住房城乡建设委关于通州区老旧小区综合整治项目2021年完成情况及2022年工作计划的汇报；交通支队关于通州区2021年重大交通事故情况分析及预防措施的汇报；通投公司关于通州区“拆五还一”数据平台建设及管理工作有关情况的汇报；区发展改革委关于通州区2022年一季度经济形势预判及下一步调度工作汇报；区政府治理违法建设违法用地联席会议办公室关于通州区创建“基本无违法建设区”工作情况的汇报；区发展改革委关于通州区完善企业“服务包”制度精准服务企业高质量发展的汇报；区财政局关于通州区财源建设工作情况的汇报；区农业农村局、市规自委通州分局关于推进全区复垦复耕工作情况的汇报；区城市管理委关于《北京城市副中心（通州区）“十四五”时期电力、燃气、供热市政设施建设规划》的汇报；区农业农村局关于做好2022年通州区农村工作的汇报；区发展改革委关于通州区“经济大脑”平台建设相关工作的汇报等。

【区政府常务会议】 2022年，区政府常务会议召开42次。重点听取区政府办关于2021年区政府工作报告重点工作完成情况和2022年区政府工作报告重点工作分工方案编制情况、2021年通州区重要民生实事项目完成情况和2022年通州区重要民生实事项目编制情况的汇报；区生态环境局关于《通州区深入打好污染防治攻坚战2022年行动计划》的汇报；区发展改革委关于《通州区“疏解整治促提升”专项行动2022年工作方案》的汇报；听取区应急管理局关于修订《通州区突发事件总体应急预案》的汇报；区妇联关于《北京城市副中心（通州区）“十四五”时期妇女儿童发展规划》的汇报；区经济和信息化局关于《北京副中心推进数字经济标杆城市建设行动方案（2022—2024年）》的汇报；区农业农村局关于北京市通州区国家级现代农业产业园创建相关工作的汇报；区司法局关于《通州区2021年法治政府建设年度情况报告》《通州区2021年依法行政专项工作分析报告》的汇报；区经济和信息化局关于《通州区智慧城市建设工作方案》的汇报；区交通局关于《通州区创建国家城乡交通运输一体化示范县（区、市）工作方案》的汇报；区政务服务局关于制定《通州区关于落实〈北京市2022年政务服务行动计划〉实施方案》的汇报；区“两区”办关于《北京城市副中心2022年深化“两区”建设工作方案》的汇报；区投资促进服务中心关于《通州区产业高质量发展指标体系工作专报（2021）》的汇报等。

（李晨）

重大活动

【2022年（春季）全国消费促进月·北京消费季启动活动】 3月1日，2022年（春季）全国消费促进月·北京消费季启动活动在环球主题公园城市大道举办。活动紧扣“约惠北京，乐享生活”主题，全面展示消费季特色亮点。市委书记蔡奇，商务部部长王文涛，中央宣传部副部长、中央广播电视总台台长慎海雄，市委副书记、市长陈吉宁到“共享冰雪，联动未来”“科技消费，数字引领”“文化消费，浪漫之都”“美食之都，世界融合”等展示区，通过《一起向未来》冰球表演、北京特色商圈虚拟场景展示、中西面点大师美食比拼等活动，了解冰雪消费新趋势，察看数字化商圈建设新进展，感受夜间经济新特点。

【北京冬残奥会火种采集仪式】 3月2日上午，北京冬残奥会火种采集仪式在大运河漕运码头举行，主题是采集“源流之火”，深刻体现北京城的历史与传承，展示源远流长的大运河文化魅力。在火种采集现场，4名肢残采火人分执从长江、黄河、永定河、大运河采集的水，共同汇入采火器水槽，汇集之水托起采火器触燃火种，以水火交融的形式点燃源流之火。下午，该火种在天坛公园与其他火种一起举行火种汇集仪式，共同汇聚生成北京2022年冬残奥会官方火种。

【全国科技活动周】 8月20日，全国科技活动周主场活动暨北京科技周在北京城市副中心城市绿心森林公园启动。科技部党组书记、部长王志刚主持启动仪式。中共中央政治局委员、中央书记处书记、中央宣传部部长黄坤明，中央政治局委员、北京市委书记蔡奇，全国人大常委会副委员长艾力更·依明巴海，北京市市长陈吉宁，中国科协专职副主席、书记处书记孟庆海参加。该活动以“走进科技 你我同行”为主题，由科技部、中央宣传部、中国科协主办，旨在全面贯彻习近平总书记关于科技创新的系列重要指示精神，落实党中央、国务院重大决策部署，突出宣传《中华人民共和国科学技术进步法》，加快推进科技政策扎实落地，重点展示重大科技创新成果，深入开展科技为民服务系列活动，充分激发全社会的创新创造热情，为加快推进高水平科技自立自强注入强大动力。全国科技活动周主场活动暨北京科技周于8月20—27日在北京市通州区绿心森林公园城市绿心活力汇举办，重点展示科技抗疫、科技冬奥、第二次青藏科考以及北京市科技创新成果。

【“行走的达沃斯”活动】 8月23日，国家发展改革委与世界经济论坛共同组织跨国企业会员到通州区开展2022年首场“行走的达沃斯”活动。此次活动的主题为“加速绿色低碳转型，落实气候变化《巴黎协定》和《2030年联合国可持续发展议程》”。数十家跨国企业齐聚城市副中心，调研参观城市绿心森林公园、北京环球城市大道、新光大中心，俯瞰运河商务区和五河交会，全面了解城市副中心绿色低碳转型发展之路，亲身感受良好营商环境，参加政企交流会，为北京城市高质量发展建言献策。国家发改委、北京市领导会见跨国企业代表。来自IBM、渣打、ABB、普华永道、默克等61家企业的105名企业家在线上、线下参与此次活动。借此契机，北京市通州区政府与美国能源基金会、上海巍美文化发展有限公司分别签署战略合作谅解备忘录和战略合作协议，分别与美国楷亚锐衡建筑设计咨询（北京）有限公司、英国赫斯科建筑设计咨询（北京）有限公司就落户张家湾设计小镇签订协议。

【北京“两区”建设国际合作暨投资北京峰会】 8月31日，2022中国国际服务贸易交易会盛大开幕，北京“两区”建设国际合作暨投资北京峰会（以下简称峰会）亮相服贸会“北京主题日”。本次峰会由北京市“两区”建设工作领导小组办公室、中国银行股份有限公司主办，北京市商务局、北京市投资促进服务中心协办，以“开放北京 驱动未来”为主题。区长孟景伟重点对北京自贸试验区特色片区的产业优势和发展机遇进行主题推介。市人力资源和社会保障局局长章冬梅结合境内外市场主体普遍关注的《北京市境外职业资格认可目录（2.0版）》进行深度解读。普华永道会计师事务所发布《北京市投资发展报告》，波士顿咨询公司就其与市商务局共同研究的数字贸易成果进行介绍。峰会上还推介了10个各具优势的特色产业园区。

【海创论坛】 9月7日，以“践行‘双碳’战略 汇聚绿色动能”为主题的“海创论坛·2022”在城市副中心开幕。本次论坛由致公党中央和北京市政协共同主办、中国新闻网等承办，旨在深入学习贯彻习近平新时代中国特色社会主义思想，发挥致公党侨海优势，为海外归国创业人才、企业界人士和专家学者提供交流和服务的平台，通过交流经验、探讨问题、共商对策，更好地研究和破解我国推进“双碳”战略中的难点和挑战，深入探寻在“双碳”战略下的发展之路。全国政协副主席、致公党中央主席、中国科协主席万钢出席论坛开幕式并作主旨报告。全国政协常委、副秘书长、致公党中央常务副主席蒋作君，北京市政协主席魏小东致辞。通州区委副书记、区长孟景伟致辞，区政协主席张德启参加。

（曹丽斌）

综合政务管理

【通州区人民政府工作规则出台】 1月12日，为进一步转变政府职能，建设人民满意的法治政府、创新政府、廉洁政府和服务型政府，根据《中华人民共和国宪法》《中华人民共和国地方各级人民代表大会和地方各级人民政府组织法》《法治政府建设实施纲要（2021—2025年）》《国务院工作规则》《北京市人民政府工作规则》等法规文件以及区政府工作的总体要求，区政府制定了《通州区人民政府工作规则》。

【通州区人民政府“三重一大”决策制度实施办法出台】 6月10日，为进一步规范区政府“三重一大”决策制度，加强区政府决策“三重一大”事项的风险防控，依据《中共北京市委北京市人民政府印发〈关于进一步加强廉政风险防控管理的意见〉的通知》《中共北京市通州区委关于印发〈中共北京市通州区第七届委员会常务委员会落实“三重一大”决策制度的实施办法〉的通知》和《北京市通州区人民政府关于印发通州区人民政府工作规则的通知》，区政府制定了《通州区人民政府“三重一大”决策制度实施办法》。

【北京城市副中心元宇宙创新发展行动计划（2022—2024年）出台】 8月22日，为系统推进元宇宙相关产业在城市副中心落地发展，打造数字特征鲜明的城市科技创新高地，助力北京建设数字经济标杆城市，区政府、市科委、中关村科技园、市经济和信息化局联合制定了《北京城市副中心元宇宙创新发展行动计划（2022—2024年）》。

【通州区加强科技创新引领高质量发展支持办法出台】 11月9日，为深入贯彻落实《国务院关于支持北京城市副中心高质量发展的意见》《中共北京市委办公厅 北京市人民政府办公厅印发〈关于推进北京城市副中心高质量发展的实施方案〉的通知》等文件精神，强化科技创新对北京城市副中心高质量发展的支撑引领作用，结合全区实际，区政府制定了《通州区加强科技创新引领高质量发展支持办法》。

（东滨）

【政务信息】 2022年，区政府向市政府办公厅信息处报送政务信息和舆情信息3060余条，被《昨日市情》专、普刊和《今日舆情》累计采用信息236条，报送信息和采用信息数量同比增长约74%和约25%。全年累计采集基层政务信息和舆情信息超过6300余条，编辑《昨日区情》专、普、特刊500期，信息采集量同比增长约8%。共获得市主要领导批示5条，其中《北京城市副中心加速建设全球财富管理中心 全球三大财富管理中心建设经验可供借鉴》等4条信息获得市委书记蔡奇批示，《通州区率先推出城乡接合部重点村经营性自建房安全责任强制保险试点》信息获得市长陈吉宁批示。《昨日区情》共获得区政府领导批示120余条，其中获得区长孟景伟批示52条，同比增长超过200%，进一步发挥了信息参谋辅政的作用。办理市区领导批示233条，同比增长20%以上。

（张晓燕）

【2022年为民办实事】 2022年，区政府深入推动“小微项目惠民生”工程，玉带河西街50号楼污水井管网改造、长城国际小区路面维修等100项“小微项目惠民生”工程全部完工。全面开展100个村庄美丽乡村建设，完成道路、供水、绿化等200个农村基础设施“补短板”建设项目。有序推进治理类乡镇整治提升，完成太玉园小区西区道路及便民设施提升项目、金桥花园小区防水修复工程等60个项目。完成161个村饮用水水质提升和5个自备井单位置换工程。完成54个美丽乡村“一事一议”工程和18个美

丽乡村“小微工程”。完成漫春园、玉春园、万春园、漪春园及通燕高速北侧绿地等5处全龄友好公园建设。加大推进保障性租赁住房建设、筹集工作力度，全年开工6783套，竣工6044套。新开工15个，竣工5个老旧小区综合整治项目，提升老城居民获得感。启动21部老楼加装电梯工作，完工华兴园小区21#2单元、玉带河西街2#2单元等10部电梯加装工作。完成40千米农村污水收集管线建设工程。运河中学附属小学项目完工并投入使用，全年增加学位1920个。建设养老家庭床位301张，进一步将专业化的养老服务延伸到家庭。按照“一校一址一案”要求制定课后服务方案，整体统筹安排课后服务与教育教学一体规划设计。累计安装1026户“一键呼”助老设备。完成22个街道（乡镇）和631个社区（村）政务服务互联互通。完成公共法律服务进驻区、街（镇）政务服务大厅，为群众提供“一站式”的法律咨询、公证法援复议等服务。新建和规范提升各类基本便民商业网点93个，完成全年任务量的155%。完成21条公交线路优化，进一步提升群众出行便利性。完成通燕高速辅路、徐平路等20条道路路灯补建工作。完成44处公共停车场有偿错时共享工作，提供车位1105个。完成20处全民健身场地和70处健身器材安装工作。完成13处沿河骑行道路断点施工整改工作。完成北苑街道、临河里街道、梨园镇、宋庄镇、张家湾镇、潞城镇、台湖镇图书馆分馆（阅读空间）效能提升，满足群众多元化阅读需求。完成公共惠民文化活动447项，共计1392场，参与群众343万余人次。累计开发就业岗位54197个，培训各类劳动力10168人，实现城乡劳动力就业19801人。完成635户有需求的残疾人居家环境无障碍改造工作。在漷县书院、城市绿心森林公园北区游客服务中心等场所完成100台自动体外除颤器（AED）安装工作。完成92789户天然气安全型配件和103520户液化气安全型配件更换、加装工作。完成电动自行车智能管理平台二维码生码功能优化、移动端赋码登记和扫码查询等主要功能开发。建立联合检查、信息报送、定期调度等机制，确保通州区电动自行车从正规销售、安全充电、合法上路到环保回收、严格监管的全链条动态管理。完成39580个电动自行车安全充电设施接口建设任务。完成55家次食品生产企业的抽检，对乳制品、肉制品、豆制品等重点食品类别强化开展抽检4轮次，共计抽检样品196批次。对全区339家含食堂的学校及托幼机构开展餐饮环节学校及托幼机构区级监督抽检196家次、594批次。完成“一警六员”考核培训3.61万人，完成率为113%。在150处老旧小区、城乡接合部重点村村民自建房公共区域安装联网式独立火灾报警装置。

（董冠楠）

【建议提案办理】 2022年，市政府办公厅交由通州区政府研究办理全国、市人大代表建议，市政协提案共49件。按照市政府有关规定，49件建议、提案全部在法定期限内办复。

2022年，区政府系统共承办区人大代表建议和区政协委员提案331件，办理区政协主席会议建议案4件。办理区人大代表建议129件，会议期间交办126件，会下交办3件。内容涉及城市建设与管理方面28件，占22%；社会事业与民生方面64件，占50%；乡村振兴方面17件，占13%；经济发展方面3件，占2%；生态环境方面4件，占3%；其他方面13件，占10%。区政府按照“分级负责、归口办理、重点督办”的原则，交由66家单位和部门研究办理，全部依法按期办复。办理区政协委员提案202件，均为会议期间交办。内容涉及社会事业与民生方面72件，占36%；城市建设与管理方面68件，占34%；经济发展方面31件，占15%；乡村振兴方面20件，占10%；生态环境方面8件，占4%；其他3件，占1%。分别交由72家单位和部门研究办理，全部按期办复。

（管丽萍）

外事与港澳事务

【概　况】 2022年，通州区外事工作服从服务中央对外工作和国家总体外交大局，把握新发展阶段、贯彻新发展理念、服务构建新发展格局，围绕城市副中心建设发展新形势、新要求，围绕服务保障国际交往中心功能建设，压实责任、主动作为，各项对外工作有序开展。6月9日，区委书记、区委外事委主任赵磊主持召开通州区委外事委2022年全体会议，对2022年度外事重点工作进行全面部署。10月，组织通州区国际交往中心功能建设人才素质提升培训班，有力提升副中心干部队伍对外工作能力水平，为服务首都国际交往中心功能建设夯实工作基盘。年内，深入贯彻实施《北京市国际交往语言环境建设条例》，开展“迎冬奥 促提升”国际语言环境专项整治行动，副中心国际语言环境进一步优化。

【服务国家总体外交】 2022年，在中墨建交50周年、厄瓜多尔独立200周年、巴西独立200周年、中国尼加拉瓜复交一周年之际，在运河沿岸商务区楼宇举办亮灯纪念活动，在传递美好友谊的同时，让生机勃勃、水城共融的副中心走出北京，走向世界。高质量服务保障第七届“一带一路”高峰论坛北京专场首场活动、“行走的达沃斯”活动在副中心举办，组织跨国企业高管代表实地感受城市副中心发展变化、深入开展政企交流，大幅增强跨国公司在城市副中心投资发展的吸引力。开展冬奥主题友好城市交流，与日本文京区、韩国九老区等友城互致友好信件，展示“双奥之城”魅力。与文京区共同举办青少年间的线上交流、视频推介等活动，为中日邦交正常化50周年纪念营造氛围。2022年，共接待外交部外管司走进城市副中心调研活动、韩国首尔访问学者、日本自治体国际化协会等代表团参访共计7批次160余人次，向国际友人充分展示副中心开放成果。

【对外和对港澳交流交往】 2022年，统筹全区资源，深入开展对外和对港澳交往。参与第二十五届北京·香港经济合作研讨洽谈会，对接多家在港知名企业，宣传推介城市副中心。深化教育领域国际交流，梨园学校入选中国教育国际交流协会举办的第七批中美“千校携手”项目，依托线上平台开展中美学生交流活动；北京学校、北京理工大学附属中学通州校区与张家湾中学携手北海道3所高校展开持续性线上交流研讨活动；潞河中学与通州六中参加第三届“中外文化交流小使者”展示活动、“传承华夏文化精粹，共筑民族复兴辉煌”——北京市港澳台学生国情教育美术作品展活动；组织各学校参与市友协举办的“多彩世界”国际青少年绘画邀请展，一起用画笔讲好北京故事、中国故事、世界故事。

【城市国际影响力持续提升】 2022年，聚焦商务服务功能，举办2022服贸会“走进北京城市副中心”主题活动，30余家中外企业实现现场签约。聚焦文化旅游功能，8月，举办2022北京（国际）运河文化节，展示大运河文化带运河文化保护传承与利用成果，打造世界运河文化交流的窗口；9月，举办2022北京城市副中心文旅产业峰会，挖掘环球主题公园外溢效应，推动特色小镇高质量发展。聚焦科技创新功能，8月，携六大产业亮相HICOOL2022全球创业者峰会，吸引大量国际创业人才和企业目光，展示副中心智慧城市魅力；9月，举办2022海创论坛，为海外归国创业人才、企业界人士和专家学者提供交流和服务的平台。

【守好涉外安全底线】 2022年，严格落实《北京突发事件总体应急预案（2021年修订）》《北京市突发公共事件应急案例》等一系列指示要求，做好北京冬奥会、冬残奥会，党的二十大召开期间涉外安全保障工作。健全疫情涉外防控体系，进一步完善入境进京人员隔离管控工作机制，建立涉疫外籍人员信息报送机制，做好天堂酒吧突发聚集性疫情期间涉疫外籍人员监测工作。全力配合外交部落实培训基地闭环转运、核酸检测等防疫措施，全年完成34批次、547人次出访外交人员返京隔离服务保障工作。开展“全民国家安全教育日”宣传，向重点涉外单位印发千余册预防性领事保护宣传资料，持续提升市民领事保护意识。

（傅世聪）

▲ 北京城市副中心政务服务中心大厅

（区政务服务管理局提供）

政务服务

【概　况】 2022年，区政务服务管理局深入贯彻落实《通州区关于落实〈北京市2022年政务服务行动计划〉实施方案》，持续深化“放管服”改革，夯实“互联网+政务”建设，提高政务公开水平，助力副中心政务服务高质量发展。通州区政务服务体系包含1个区级政务服务中心、6个政务服务分中心和20个街道乡镇政务服务中心。2022年，副中心政务服务中心办理业务量约4万件，满意率99.9%，接待考察调研团233批。区政务服务管理局以副中心政务服务中心建成运行为契机，探索首都政务服务新模式，全力打造副中心政务服务新样板。一系列改革创新举措获《人民日报》《北京日报》《北京新闻》等媒体宣传报道30余次。

【涉企服务举措推陈出新】 2022年，区政务服务管理局助力运河商务区管委会高标准设立“运河商务区政务服务站”，实现工商注册、税务登记等市区两级3000多项事项园区就近办理。推出“政管家”企业微信，由政务专员为企业提供线上“点对点”惠企政策咨询解答，线下“一对一”办事服务，年内累计服务企业16家，响应、处理企业需求42条。“两区”建设一站式服务中心惠企政策兑现服务平台上线运行，实现涉企政策发布、多元解读、自动匹配、精准推送、事项申报、特色服务等全过程管理。平台已汇集全区882家重点企业信息，发布解读惠企政策20个，提供政策兑现服务事项28项，有26家成长型中小企业完成政策兑现事项申报办理，建设银行、农业银行、北京农商银行、光大银行、浙商银行5家金融机构进驻平台，提供金融服务产品70余种。

【完善政企互动工作机制】 2022年，区发改委、区政务服务管理局协同各委办局及属地多维度开展“局处长走流程”活动。通过领导干部带头转变角色，亲身体验流程，深入查找问题，各单位对发现的问题实行清单式管理，逐个明确整改措施及整改时限，推动问题有效解决，年内有45家单位、475人次参与走访。联合运河商务区管

▲ 北京城市副中心政务服务中心开设“法智小屋、智税微厅、财务智所”智能特色服务

（区政务服务管理局提供）

委会建立“改革效果体验官”工作机制，聘请10家驻区重点企业管理人员，通过集中体验、分散体验等多种方式，从企业群众视角检视全区政务服务工作开展情况，指出存在问题，为改进和优化服务找准工作方向。

【推进政务服务全程网办】 2022年，区政务服务管理局依托副中心一体化政务服务平台，推动全区482个政务服务事项实现“全程网办”，占比91.63%。移动端统一集成到“北京通”App及小程序办理，推动事项申办、预约等功能实现掌上办，推动区级政务服务事项入驻全市统一申办受理平台，实现让数据多跑路，群众少跑腿。

【智能终端“自助办理服务”模式】 2022年，区政务服务管理局将副中心政务服务中心“云窗口”政务服务模式延伸至20个街道乡镇政务中心以及万达商圈、运河商务区、张家湾设计小镇等企业汇聚的商圈，并逐步向村居延伸。区交通局在全市率先实现“小客车摇号”“货车运输许可证”等高频业务事项通过智能终端自助办理。区民政局“丧葬补助发放”业务下沉街道乡镇，办事人通过就近政务服务站点智能终端即可办理。区司法局、区税务局、区财政局依托智能终端开设“法智小屋、智税微厅、财务智所”智能特色服务，工作人员实时在线解答，企业可就近发起线上咨询。

【实现社区（村）政务服务规范化建设】 2022年，区政务服务管理局推动全区645个社区（村）政务服务站陆续配置副中心一体化平台系统以及办公电脑、打印机、高清摄像头等硬件设备，明确1～2名“全能社工”负责值守综合窗口工作，落实北京政务服务标识、好差评二维码、全能社工桌牌等标识摆放，完成21项村居政务服务事项清单、制度汇编等材料公示，不断推动全区政务服务规范化建设，进一步提升基层政务服务能力，让群众享受优质高效的“家门口”政务服务。

【完善公共资源交易服务】 2022年，区政务服务管理局推动水务、园林绿化等领域工程纳入区公共资源交易平台统一管理，实现水务、园林数据进场。不断完善全流程电子化开评标模块功能，持续做好公共资源交易现场见证、服务与管理工作。年内累计进场项目230个，涉及资金305.1亿元；开标服务204场、评标服务295场。

【政府信息公开】 2022年，区政务服务管理局制发《通州区政务公开扩大公众参与办法》，扩大公众参与政府决策范围，年内全区有21件政策性文件通过区政府网站向社会公众征求意见。推动政策制定部门采用简明问答、音视频或动漫形式进行综合式解读，年内发布区级政策性文件解读32件。开设“副中心政务服务云直播”节目，在线解读利企惠民政策，年内开展直播活动19期，累计观看人数42万人次。持续开展政务新媒体清理整合规范，整治“指尖上的形式主义”，年内清理政务新媒体账号27个。组织完善并动态更新区政府及各部门政府信息公开指南，畅通完善申请渠道，年内受理政府信息公开申请128件。

（王存）

支援合作

【概　况】 2022年，通州区对口帮扶内蒙古自治区赤峰市翁牛特旗、通辽市奈曼旗；对口支援拉萨市城关区；对口协作湖北省十堰市武当山特区。2022年通州区共安排援助资金6033.76万元，实施92个项目，助力受援地区巩固好脱贫攻坚成果，全力推进乡村振兴。

【东西部协作】 2022年，通州区拨付翁牛特旗、奈曼旗区级财政资金2787.76万元，乡镇投入援助资金1290万元，用于京蒙东西部协作工作。通过劳务协作，帮助协作地区农村劳动力实现就业6605人（脱贫人口6238人），其中来京就业483人（脱贫人口442人），省内就近就业4577人（脱贫人口4451人），到其他地区就业1545人（脱贫人口1345人）。引导社会资源参与帮扶，据不完全统计，社会各界累计捐款、捐物折款1032.56万元。拓展线下、线上、大宗营销渠道，通过东西部协作搭建的销售平台总销售额5.72亿元，在京产品销售额2.56亿元。

【通州区党政代表团赴内蒙古考察】 12月18—19日，区委副书记、区长孟景伟带队赴翁牛特旗、奈曼旗，考察对接东西部协作工作。代表团实地考察翁牛特旗农产品加工集散中心、中粮家佳康有限公司、安琪酵母（赤峰）有限公司等项目，深入了解奈曼旗、翁牛特旗规划建设、乡村振兴、产业发展、就业等情况。并与两旗分别召开座谈会，谋划2023年东西部协作工作，全面助推二旗乡村振兴。

【通州区挂职干部团队助力翁牛特旗藜麦产业发展】 2022年，通州区挂职干部团队助力翁牛特旗藜麦产业发展，协调企业落地。对接藜麦育种、种植与产品深加工行业领军企业中藜高科公司，推动翁牛特旗亿合公镇旱泡子村、西场村1.7万亩藜麦产业基地和德日苏嘎查414亩的藜麦育种基地项目落地。签署合作协议。促成中国科学院分子植物科学卓越创新中心、翁牛特旗人民政府与中藜高科有限公司签订藜麦育种和产业化示范基地项目三方战略合作协议。据统计，亿合公镇旱泡子、西场村仅土地流转阶段就带动当地563户、1041名村民每人每年增收6000元以上，其中脱贫户和监测户共计125户、274人。在播种的25天时间里，参与播种的村民平均每户增收12500元。

【修订通州区支援合作资金和项目管理办法】 2022年，为适应支援合作新形势新任务，根据国家及北京市考核要求，依据《北京市支援合作项目管理办法》和《京蒙协作资金和项目管理办法》等文件，结合通州区实际，在2018年印发的《通州区产业帮扶专项资金使用管理办法（试行）》基础上，编制《通州区支援合作资金和项目管理办法》，进一步规范通州区支援合作资金和项目管理，切实发挥好支援合作资金效益。

【通州挂职干部引资亿元项目落地奈曼旗】 2022年，通州挂职干部引资亿元项目落地奈曼旗。该项目由北京昆仑隆源集团有限公司实施，计划在奈曼旗治安镇建设油田压裂用石英砂生产线3条，压裂用覆膜砂生产线3条，规划用地面积约30亩，项目总投资1.2亿元。项目全部投运后，年可实现销售收入1.5亿元、税金600余万元，可安置就业150人。

【“助飞梦想”对口支援资助活动】 8月4日，通州区红十字会赴翁牛特旗开展2022年对口支援工作并举行捐款签约仪式，共同签订“助飞梦想”资助困难家庭学生协议。2022年，通州区红十字会继续向翁牛特旗红十字会捐资10万元用于实施困难家庭学生助学项目。四年来，资助活动共惠及亿合公镇、广德公镇、阿什罕苏木等地区贫困学生800余人。

【组团式帮扶】 2022年，通州区聚焦翁牛特旗、奈曼旗2个结对帮扶地区发展所需，组建医疗、教育2个帮扶团队，下沉一线开展“组团式”帮扶，帮助各地区补短板、强弱项、破难题，为乡村振兴注入强劲动力。选派25名专技人才赴翁牛特旗、奈曼旗开展对口帮扶，其中包含12名医生和13名教师；区22家医疗机构共接收来自二旗的93名跟岗培训医师，加强双向交流，共同促进当地教育、医疗水平提升。援派专家填补当地医院多项诊疗技术空白，成功为奈曼旗人民医院引进心脑血管介入治疗技术，大力提升当地医生团队胃肠镜及腹腔镜应用水平。联合清华大学继续教育学院教育人才学习中心，组织数十名业界权威专家、名师为二旗教育系统近300名干部教师举办为期10天的高级研修班，切实提升当地教育干部人才的管理素养与教学能力。组织“京津冀蒙高中‘大概念下单元教学重组’课堂教学”活动，邀请内蒙古、河北、天津30余所学校的1000余名干部教师参加活动，探讨学生核心素养培养，更好适应“双新”背景下高考命题新要求、新趋势。

（高沐）

信 访

【概　况】 2022年，全区信访总量13116件，同比上升35.7%，重复信访总量9923件。其中，办理纸信1011件，同比下降29.2%；网信7855件，同比上升92.4%；来访4250批次，同比上升2.2%，6715人次，同比下降18.3%；群体访150批次，同比下降30.6%，1420人次，同比下降49.2%。

【区复查复核案件办理情况】 2022年，全区复查复核办公室收到来信207件次，同比下降3.2%。其中受理110件次，符合条件受理率100%；不予受理件7件次，不予受理率3.4%，复查案件办结率100%。复核办理49件次，与上年同比基本持平。出具答复意见书167件，同比下降20.3%。

【区级领导信访接待】 2022年，全区区级领导在岗接访37次，处级领导干部接访747次，接待群众608批次、1505人次，下访接待群众996批次、763人次，约访群众144批次、396人次，化解信访问题641件。通过探索“一访、二调研、三调度、四疏导”的下访工作模式，推动3件区级重点矛盾得到有效化解。

【推进化解信访积案常态化】 2022年，研究制定《关于建立化解疑难复

▲ 4月7日，通州区委副书记，北京市通州区政府党组书记、区长孟景伟（右三）接访

（区信访办提供）

杂突出重点信访矛盾攻坚工作机制》，成立专案攻坚组，透彻剖析案源，一案一策精准施策。针对倒流积案、未化解积案和化解不彻底积案，深挖案件案源，逐案分析症结所在，同时形成可复制、可推广、可沿袭的化解模式。在推进矛盾纠纷源头化解、治理重复信访、化解信访积案等方面取得成效，部分突出重点信访矛盾得到有效化解。全年全区两批重复信访积案 291 件，上报化解率 100%、倒流率 1.72%，再次信访率较低，居全市前列。

【专项工作】 2022 年，制定并下发工作相关方案，启动应急预案，组织召开 2 次信访工作联席会议全体会议和 3 次重点矛盾化解专题会商会，针对突出问题及时调度协调，推动区级重点矛盾全部上报化解。开展专项督查督办，成立 3 个专项督查组，在全区范围内开展督查督办工作。对北苑街道、潞城镇、张家湾镇、西集镇等 16 个街道乡镇及重点委办局进行专项督查，对存在的问题现场点、现场纠、现场督、现场结，做到应查尽查、应督尽督、全方位预防。

【《信访工作条例》宣传】 2022 年，以学习《信访工作条例》为契机，结合副中心特色亮点，设立“信访哥”动漫形象，推出全市首个微动漫宣传片——“信访哥”来宣传：让《信访工作条例》走进北京城市副中心。累计开展线下知识竞赛 45 场次，学习覆盖 2000 余人，推动《信访工作条例》进乡村、进社区、进学校、进企业、进单位，营造浓厚的学习宣传氛围。

【深入开展矛盾纠纷排查调处工作】 2022 年，围绕养老诈骗、农民工讨薪、房地产逾期交房等重点问题，综合开展大排查、专项排查、动态排查，超前介入开展协调化解，切实把矛盾化解在早、化解在小、化解在基层和萌芽。构建全区大排查、专项排查、动态排查和零报告排查“四位一体”的矛盾纠纷排查工作机制。开展两次社会矛盾纠纷大排查工作，共排查出各类社会矛盾 210 件，其中区级重点矛盾 31 件。2022 年，31 件区级重点矛盾全部结案化解。同时，开展重点人、养老诈骗、教育“双减”、涉疫等专项排查。建立全年“365×24”不间断动态排查工作制度，随排查、随化解，把可能引发信访问题的矛盾纠纷化解在基层、化解在萌芽状态。重点时期实行每日“零报告”工作制度。

【信访工作模式探索】 2022 年，结合通州区信访工作实际，探索“三师一调”（即律师、心理咨询师、社会工作师和人民调解员）信访工作模式，充分调动访调对接、第三方化解、心理咨询、司法救助等手段，破解信访难题，妥善解决涉及群众利益的信访问题，切实维护群众合法权益，为城市副中心高质量发展营造良好的社会环境。接待群众讲求方式方法，做到因人而异、因事而异，既坚持原则讲清政策，又春风化雨耐心细致，避免因工作简单粗暴而激化矛盾。区信访办王方玉被国家信访局评为全国信访系统优秀接谈员。

【人民建议征集工作】 2022 年，制定《进一步加强通州区人民建议征集工作的意见》文件；从全区社会各阶层人士中选聘 241 名区级特邀建议人及 691 名街乡级特邀建议人；推动人民建议的成果转化，让“金点子”结出“好果子”，全年人民建议转化为政策措施或形成成果的建议 28 项；对评选出的 23 件优秀人民建议进行表彰奖励。同期建议人、永乐店社区卫生服务中心外科组长郑少秋被北京市信访办评为人民建议征集工作先进个人，通州区人力社保局及潞城镇被北京市信访办评为人民建议征集工作先进集体。

（王仁华）

机关事务服务

【概　况】 2022 年，区机关事务服务中心围绕城市副中心建设大局和区委、区政府中心工作，强化党建品牌建设，统筹疫情防控与机关运行，全力服务保障全区重要会议重大活动，创造性履行办公用房管理、公务用车管理、资产管理、节能管理行政职能，高质量完成机关后勤保障使命。

【公务活动保障】 2022 年，区机关事务服务中心完成中共北京市通州区代表会议、区人大二次会议、区两会、副中心高质量发展推进大会、区委全会等 15 次重要会议以及北京冬奥会观赛、国家及市区重大专项调研、市委巡视组专项巡视、市审计组专项审计、市安全生产督察、市第二轮环保督察、市行政办公区二期搬迁等重大活动服务保障任务。保障区纪委区监委机关、区委组织部、区政府办等部门资产调配需求 28 次，涉及办公家具、办公设备 137 件，其中循环调剂使用 67 件次；保障上级机关到通驻通专项督导、督

▲ 通州区档案馆新馆建设现场

（区机关事务服务中心提供）

察、考察、巡视、检查等以及区换届选举、疫情防控、“退费纠纷”专班等重要会议活动资产需求16次，涉及办公设备315件次、办公用品821件次，节约财政资金83万元。

【办公用房管理】 2022年，区机关事务服务中心开展办公用房权属统一登记，制定并实施《办公用房权属统一登记管理工作方案》，完成5家单位40处房产权属统一登记；开展第二轮、第三轮区属行政事业单位办公用房清查，新纳管33家区属单位、872处资产；试点推行《加强办公用房房屋、土地未入账资产规范管理的工作方案》；建成投用办公用房可视化管理平台，推进87家单位办公用房自查整改；制定实施《办公用房租赁管理办法》，审核13项租赁需求；探索闲置锅炉房转换路径，调剂解决新增办公用房需求9处、退租6处，节约财政支出近3000万元/年。

【基建工程项目】 2022年，区机关事务服务中心推动区档案馆新馆全面开工，完成市级补助资金申领4960万元，实现固定资产投资1.096亿元；完成区交通局办公楼、区文游局办公楼等11项修缮工程，推进区城市管理指挥中心、区市场监管局办公用房改造工程。

【机关节能管理】 2022年，区机关事务服务中心开展全区442家公共机构能源资源消费统计工作；制定并落实《机关食堂反食品浪费工作成效评估和通报制度实施方案（试行）》，建立全区党政机关食堂及反食品浪费基础台账；开展节能宣传周活动，全区80余家单位、线上线下3000余人参与；制定《通州发展大厦项目绿色建筑专项设计》，严守“近零碳排放”标准，助力打造全国首个国家绿色档案馆。

【公务用车管理】 2022年，区机关事务服务中心研究制定《区党政机关事业单位公务用车统一管理统筹使用若干措施（试行）》并经区政府专题会议、区委深改委会议审议通过、印发实施；强化区级平台168辆公务用车管理，调剂借用108台次，更新12辆，新能源车型占比91%，用车保障2300余台次、65万千米，高效保障机关公务出行以及全区重大专项工作开展。

【办公区后勤服务】 2022年，借鉴市级办公区经验，在2个办公区试行开设“主食厨房”；增添餐饮服务文化属性，引入民俗时令特色食品及各地网红品牌小吃，适时开展红军餐、猜灯谜活动等节日活动，留驻“乡愁记忆”，服务层次迭代升级。

（王雨格）

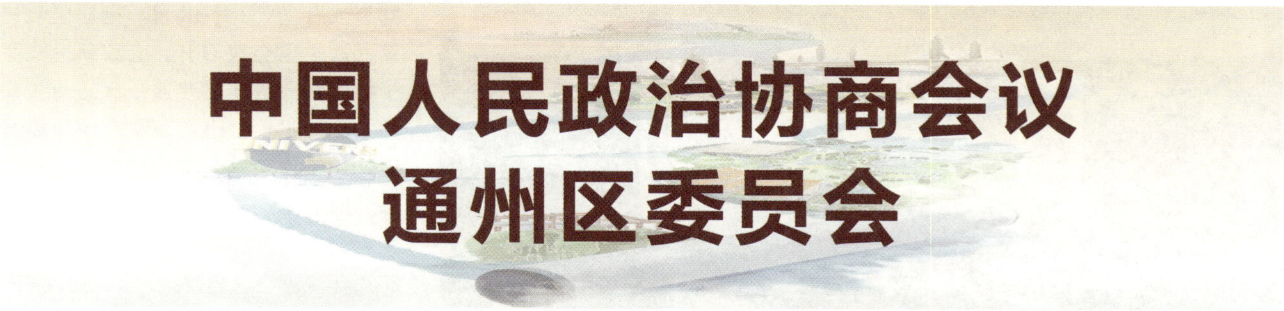

中国人民政治协商会议通州区委员会

综　述

【概　况】　2022年是七届区政协的起步之年。政协北京市通州区第七届委员会围绕学习宣传贯彻中共二十大、十九届六中全会、市十三次党代会和区七次党代会精神并开展系列学习活动，全年举行宣讲、学习培训和理论研讨25次。围绕全国政协、市政协工作新部署，引领广大政协委员和界别群众切实把思想和行动统一到中共二十大精神上，紧扣中共二十大确定的目标任务建言资政、凝聚共识。利用“智慧政协”履职平台开展线上读书，围绕学习贯彻《习近平关于北京工作论述摘编》，区政协班子成员共领读领学48次，委员参与互动交流3000余次，发表读书体会近10万字。做实联系服务群众机制，调整、新建委员工作站（室）共26个，实现街道乡镇和界别全覆盖，辐射带动1300余人次界别群众为副中心建设献计出力。利用13家“悦读书屋”和16个界别组举办委员读书活动41场次，学习推荐书籍1000余部，带动2万余名界别群众参与其中。全年各类建议得到市委和区委、区政府主要领导批示53次。在市区媒体刊播稿件226篇，《人民政协报》《北京观察》等报刊发稿近60篇。30多家中央、市属新闻单位对通州区“讲好‘中国式商量’故事”进行集中采访，全网报道770篇。启动第五届青少年“模拟政协”活动，70名委员在23所项目校向800余人次师生，传播协商民主理念。委员参与各类活动5342人次，建言551份。委员积极响应区政协“助力副中心防疫，政协委员献爱心”号召，投身防控值守、保障供应等工作，踊跃捐款捐物价值185万元。全年组织常委会议7次、主席会议12次。截至年底，政协北京市通州区第七届委员会共有委员317人，常务委员会组成人员59人。

（张俊国）

重要会议

【概　况】　2022年，区政协召开常务委员会会议7次、主席会议12次。

【常务委员会会议】　1月20日，七届区政协第一次常务委员会会议召开。会议传达学习市政协十三届五次会议精神，通报区政协主席、副主席、秘书长工作分工，研究2022年区政协常委会工作要点，研究2022年区政协专题调研、协商、监督议题计划，研究2022年区政协主席会议、常委会会议议题计划，审议有关人事事项，通报区政协专门委员会组成人员情况，通报区政协专委会工作室联系界别组安排。5月27日，七届区政协第二次常务委员会会议召开。会议传达学习全国政协会议精神，传达学习全国政协、市政协“学习贯彻习近平总书记重要指示　深入开展政协委员读书活动”座谈会精神，传达学习市政协贯彻落实中央政协工作会议和市委第五次政协工作会议精神进展情况“回头看”调研座谈会精神，研究加强和改进反映社情民意信息工作有关事宜，研究委员履职工作有关事宜，研究开展委员读书活动有关事宜。7月28日，七届区政协第三次常务委员会会议召开。会议传达学习市第十三次党代会、区委七届四次全会精神，听取和审议《区政协2022年上半年工作总结和下半年主要安排》，审议通过《政协北京市通州区委员会关于进一步加强委员联系群众工作的实施办法》《政协北京市通州区委员会委员视察考察工作办法》《政协北京市通州区委员会提案办理“扩面协商”工作办法》《政协北京市通州区委员会关于加强应用型智库建设的意见》。8月23日，七届区政协第四次常务委员会会议召开。会议围绕“关于推进城市副中心特色小镇建设，打造城乡融合发展新典范”开展协商议政，提出如下建议：加快形成特色小镇示范带动效应；做强特色小镇产业支撑；突破特色小镇土地瓶颈；完善特色小镇配套服务；优化特色小镇建设体制机制。8月23日，七届区政协第五次常务委员会会议召开。会议围绕“在疏解非首都功能中找准定位，实现城市副中心乡村产业振兴”开展协商议政，提出如下建议：找准定位，明确乡村产业振兴的方向路径；科学研究，系统谋划；多措并举，全维度推进乡村产业振兴。11月28日，七届区政协第六次常务委员会会议召开。会议围绕学习宣传党的二十大精神进行宣讲。12月27日，七届区政协第七次常务委员会会议召开。会议通报2022年全区党风廉政建设和反腐败工作总体情况，审议通过区政协七届二次会议委员调整建议名单，传达中共北京市通州区第七届委员会第五次全体会议精神，听取区政协2022年度委员履职情况通报，审议通过关于召开区政协七届二次会议的决定、会议

▲ 1月20日，七届区政协第一次常务委员会会议召开

（区政协提供）

议程、会议日程，审议通过区政协七届二次会议大会秘书长建议名单、副秘书长建议名单，秘书处下设机构及负责人建议名单，各次大会主持人名单和新闻发言人建议名单，审议通过区政协七届二次会议委员分组办法及各组召集人建议名单，委员联组讨论分组办法及联组召集人建议名单，审议通过区政协七届二次会议决议起草委员会委员建议名单，审议七届区政协常委会工作报告和七届区政协常委会关于提案工作情况的报告。

【主席会议】 1月20日，七届区政协第一次主席会议召开。会议通报区政协主席、副主席、秘书长工作分工，研究2022年区政协常委会工作要点，研究2022年区政协专题调研、协商、监督议题计划，研究2022年区政协主席会议、常委会会议议题计划，审议有关人事事项，通报区政协专门委员会组成人员情况，通报区政协专委会工作室联系界别组安排。2月21日，七届区政协第二次主席会议召开。会议专题研究2022年度各驻会主席牵头开展的专题调研工作方案。4月7日，七届区政协第三次主席会议召开。会议听取专委会一室关于区政协2022年提案分析情况的汇报，研究确定驻会主席督办提案、“扩面协商”提案、备选优秀提案。4月19日，七届区政协第四次主席会议召开。会议研究加强和改进社情民意信息工作，研究委员履职工作。5月27日，七届区政协第五次主席会议召开。会议研究《区政协贯彻落实习近平总书记对委员读书活动重要指示精神的工作方案》，研究七届区政协第二次常委会会议议题安排。7月28日，七届区政协第六次主席会议召开。会议研究七届区政协第三次常委会会议议题安排，审议通过《政协北京市通州区委员会主席会议工作规则》，研究有关制度修订情况。9月8日，七届区政协第七次主席会议召开。会议围绕“加强低碳绿色城市建设，推进城市副中心高质量发展”开展协商议政，提出如下建议：开展区域能源结构研究，构建功能完善的绿色能源体系；提升减污降碳、协同增效的管控效率，构建低碳生态环境体系；加强绿色建筑全过程管控，推动建筑过程节约资源建设排放，实现低碳零排放、智能化、高品质化发展；优化交通运输结构，构建高效绿色交通体系；树立全民低碳绿色的环保理念，践行绿色生活新时尚；加快完善配套政策，支撑低碳绿色发展。9月8日，七届区政协第八次主席会议召开。会议围绕“引入社会资源助力‘双减’工作”开展协商议政，提出如下建议：进一步强化顶层设计，构建高品质教育生态；进一步拓宽资源渠道，完善资源入校常态机制，推进规划落实，拓展教育空间；进一步落实经费保障，全面提升课后服务质量；进一步推动政策跟进，全面减轻教师负担；进一步关注家教家风建设，汇聚家校社协同育人合力。9月13日，七届区政协第九次主席会议召开。会议研究《关于加强和改进新时代通州区政协工作的实施意见》，研究调整和新建委员工作站工作，研究常委读书班活动安排。10月25日，七届区政协第十次主席会议召开。会议审议通过区政协2022年主席会议建议案，审议通过《政协北京市通州区委员会关于进一步提高提案质量和集体提案比重的意见》，研究区政协七届二次全会前委员视察活动安排。11月24日，七届区政协第十一次主席会议召开。会议听取2022年党派团体界别提案和由区委部门承办的委员提案办理工作情况的通报，听取2022年委员提案办理工作情况的通报，听取区政协2022年提案工作情况汇报，听取区法院2022年工作情况通报，听取区检察院2022年工作情况通报。12月8日，七届区政协第十二次主席会议召开。会议审议通过关于表彰2022年度优秀履职委员的决定，审议通过关于表彰2022年度反映社情民意信息工作先进单位、先进个人及优秀社情民意信息的决定，审议通过关于表彰2022年度优秀提案的决定，审议通过关于表彰2022年度文史资料优秀撰稿人的决定。

（张俊国）

政治协商

【概　况】 2022年，为充分发挥人民政协专门协商机构作用，更好为民办实事办好事，区政协根据2022年专题协商计划安排，各专委会各界别积极开展协商议政活动。

【“农村污水治理”专题协商】 4月7日，区政协围绕“利用高新技术手段提升农村污水治理水平”开展专题协商活动。区政协副主席甄宇出席。区水务局、区农业农村局、区生态环境局、区科委等相关政府职能部门结合分管领域工作，通报了当前农村污水治理现状、存在问题及下一步工作思路。委员围绕议题，结合副中心高质量发展实际，与区政府职能部门进行了沟通交流，就加强顶层设计、科学规划建设、打造应用场景、引入大市政水源、区域化治理、后期运维管护、绿色金融支持、建立长效机制等方面积极建言献策。

【“城市副中心文旅产业深度融合发展”协商活动】 6月16日，区政协围绕“进一步推动城市副中心文旅产业深度融合发展”开展提案扩面协商活动。区政协副主席冯利英出席。委员刘利代表九三学社通州区工委向与会人员介绍提案背景及提案主要内容。区文旅局、区委宣传部、文旅区管委会、张家湾镇、台湖镇、宋庄镇等相关部门负责人，结合各自职能对文旅产业深度融合发展进行详细介绍。委员提出加强城市副中心文旅项目推广、鼓励引导社会力量参与文旅产业融合发展、将大运河文化元素融入文旅产业链、打造通州文化特色文创产品等意见建议。

【“园林垃圾循环利用处理”协商活动】 6月29日，区政协围绕“园林垃圾循环利用处理”开展提案扩面协商活动。区政协副主席甄宇出席。提案人刘鑫介绍了提案原由，承办单位负责人就提案进展和办理情况进行通报。委员就如何做好副中心园林垃圾循环利用处理进行讨论，并提出有针对性意见建议。

【“城市副中心国际消费中心城市建设”专题协商】 7月29日，区政协围绕“加强融合创新 推进城市副中心国际消费中心城市建设”开展专题协商活动。区政协副主席甄宇、金文岭出席。区商务局就推进国际消费中心城市建设进行全面通报，区市场监管局、区文旅局、区体育局等相关政府职能部门结合各自分管领域工作，通报当前城市副中心国际消费中心城市建设现状、存在问题及下一步工作思路。委员围绕议题与区政府职能部门进行沟通交流并建言献策。

【“提升农村污水治理水平”专题协商】 8月5日，区政协围绕“利用高新技术手段 提升农村污水治理水平”开展专题协商活动。区政协副主席甄宇、金文岭出席。专题学习《通州区“十四五”时期农村污水处理设施全覆盖工作方案》及系列文件；组织区水务局等职能部门就推进农村污水治理情况进行座谈交流；调研潞城镇南刘各庄村、宋庄镇双埠头村污水治理项目及治理情况，提出意见建议。

▲ 8月12日，区政协围绕推动博物馆高质量发展进行调研

（区政协提供）

【“助力博物馆之城建设”专题协商】 8月12日，区政协围绕“助力博物馆之城建设，彰显大运河文化魅力”开展专题协商活动。区政协副主席冯利英出席。实地参观通州区文旺阁木作博物馆，听取区政协委员、博物馆馆长王文旺关于中国传统木作文化的介绍。委员在充分发挥博物馆的社会价值，吸引更多群众走进博物馆，感受历史文化魅力、增强文化自信等方面提出意见建议。

【“促进城市副中心基础教育优质均衡发展”专题协商】 9月15日，区政协围绕“统筹推进教育资源共享 促进城市副中心基础教育优质均衡发展”开展专题协商活动。区政协常务副主席尚祖国出席。委员到运河中学和景山学校通州分校，实地考察校园环境、校园文化和党建工作情况，听取学校校长关于学校建设和集团化办学等方面介绍并提出意见建议。

（张俊国）

民主监督

【概　况】 2022年，为更好地履行政协民主监督职能，区政协根据2022年民主监督协商议题计划安排，开展民主监督活动。

【“提升农村劳动力就业水平”民主监督】 4月20日，区政协围绕“实施就业优先政策，提升农村劳动力就业水平”开展民主监督活动。区政协副主席冯利英出席。区人力社保局、农业农村局相关负责人通报推进全区农村劳动力就业工作进展情况。委员围绕健全完善就业创业服务体系，聚焦产业发展、合理配置本地城乡劳动力资源，落实就业优先政策、为农村劳动力就业提供平等的就业机会，加大就业创业培训力度等方面提出意见建议。

【“推进国际种业科技园区建设”和“财源建设”民主监督】 9月2日，区政协围绕“高标准推进国际种业科技园区建设带动地方经济发展”和“通州区财源建设”开展民主监督活动。区政协副主席甄宇、金文岭出席。区政协委员紧密联系通州区经济和财政工作实际，分析研判当前和今后一段时期经济形势，围绕统筹推进经济社会发展与财政工作建言献策。

【“背街小巷精细化治理”民主监督】 9月6日，区政协围绕“副中心背街小巷精细化治理工作”开展民主监督活动。区政协副主席甄宇出席。实地考察北苑街道潞河中学北街、玉桥街道粮食局直属库平房胡同等点位，区城管委相关负责人进行现场讲解。区城管委通报全区背街小巷环境精细化整治提升工作情况。委员从加强历史文化展示、探索人文科技赋能方面提出意见建议。

【“城市副中心文化建设”民主监督】 9月24日，区政协围绕“城市副中心文化建设”开展民主监督活动。区政协主席张德启出席。视察通州商务园北京云锐国际文化传媒有限公司和大运河文化旅游景区燃灯塔及周边古建筑群，听取区文旅局和区园林绿化局有关情况介绍。区文旅局、区委宣传部以及副中心文旅区管理局分别汇报《关于北京城市副中心文化建设的建议案》落实情况、通州区推进大运河文化带建设情况以及承接北京环球度假区外溢效应，打造北京文化旅游新地标相关情况。委员围绕城市副中心文化建设进行交流发言，并提出意见建议。

【“建设北京绿色金融国际中心”民主监督】 9月27日，区政协围绕“建设北京绿色金融国际中心 打造城市副中心绿色发展新格局”开展民主监督活动。区政协副主席甄宇出席。区发改委、区住建委、区生态环境局结合各自领域工作就绿色金融助力绿色产业、绿色建筑、绿色生态等方面进行通报。北京绿色交易所和北京绿色金融与可持续发展研究院相关负责人介绍副中心绿色金融工作推进情况。委员结合议题情况提出有关意见建议。

【“提升副中心物业管理水平”民主监督】 9月27日，区政协围绕“提升副中心物业管理水平”开展民主监督活动。区政协副主席甄宇出席。实地考察中仓街道东方生活区、九棵树街道金成府小区，深入了解小区内垃圾分类治理、物业值班值守、停车管理等情况。区住建委对全区物业管理基本情况、《北京市物业管理条例》落实情况进行介绍。委员围绕全区物业管理现状及存在问题提出建设性意见。

【“区域交通一体化”民主监督】 10月19日，区政协围绕“区域交通一体化”开展民主监督活动。实地考察厂通路项目建设和北运河通航情况，听取区交通局、区公路分局、区水务局等部门情况介绍，并围绕进一步加快区域交通一体化、加快与北三县融合发展等方面提出意见建议。

（张俊国）

专门委员会

【概　况】 第七届政协通州区委员会设提案委员会、学习委员会、农业和农村委员会、经济和科技委员会、教文卫体委员会、人口资源环境和建设委员会、社会法制和民族宗教委员会7个委员会。专门委员会工作由各专委会工作室负责，其中，专委会工作一室负责提案委员会工作，专委会工作二室负责学习委员会，专委会工作三室负责农业和农村委员会、经济和科技委员会工作，专委会工作四室负责教文卫体委员会工作，专委会工作五室负责人口资源环境和建设委员会工作，专委会工作六室负责社会法制和民族宗教委员会工作。

【专委会工作一室】 1月20日七届区政协第一次会议以来，共收到提案288件，审查立案249件（其中党派团体提案12件，界别提案17件，委员提案220件）。立案提案全部办复完毕，办复率100%。研究制定《区政协关于进一步提高提案质量和集体提案比重的意见》，提倡有提案意愿的委员每年集中精力提交1～2件高质量提案，各党派界别每年提交2～3件集体提案，为培育更多高质量提案提供机制保障。研究制定《提案办理“扩面协商”工作办法》；探索扩面协商“6+X”（6个专委会和各党派界别）工作模式。坚持重点提案重点协商，推动一批高水平提案落地见效。“加强副中心‘两区’建设”提案，助力出台《北京城市副中心2022年深化“两区”建设工作方案》；“承接环球度假区溢出效应”提案，推动北京环球度假区周边综合交通枢纽、国际人才社区项目等配套工程建设，打造周边精品旅游线路；“循环利用园林垃圾”提案，探索园林废弃物资源化再利用模式；“完善接诉即办工作机制”提案，推动建立“吹哨报到”问题追踪长效机制。升级提案管理平台，融入“智慧政协”系统，开发提案“双评”、分类统计、采纳率填报统计等功能模块，打造集提交办理、协商互动、数据分析于一体的提案工作网络体系，实现提案线上提交率100%。通过政协微信公众号开办“提案微讲堂”专栏，采取图文结合的形式，宣传提案工作思路、撰写要求、办理流程。开展委员读《做好新时代人民政协提案工作》暨线上提案业务培训班，系统讲授提案知识，激发委员履职建言积极性。

（金彤）

【专委会工作二室】 2022年，创新开展委员线上线下读书活动，打造线上“运河书院”，线下“悦读书屋”读书品牌。创办“通州智慧政协”App“运

▲ 10月19日，区政协围绕“区域交通一体化”到北运河甘棠船闸现场开展民主监督活动

（区政协提供）

▲ 9月21—23日，区政协举办常委读书班，组织常委委员到延庆区学习考察

（区政协提供）

河书院——团结在光辉的旗帜下”读书群，开展委员线上读书暨学习贯彻《习近平关于北京工作论述摘编》（2022年版），有效互动累计近3000次，收集意见建议2200余条。开展“悦读书屋”系列线下读书会活动20余场次，《人民政协报》《北京日报》及其新媒体等多家区级以上媒体进行报道，中国教育电视台——“书香中国”第一期、第二期进行录播，集中推荐阅读党史资政类和传统文化、社会治理类书籍1000余册，影响带动群众超万人。开展多种形式学习培训。举办“副中心讲堂”“委员讲堂”“微讲堂”10期，实现委员学习全覆盖。强化学习制度体系建设，完善学习制度。修定印发《政协北京市通州区委员会关于加强和改进委员学习工作的意见》和《关于建立习近平新时代中国特色社会主义思想学习座谈会制度实施办法》，制定区政协《2022年委员学习工作计划》，为开展学习培训奠定基础。发挥委室作用，促进凝聚共识与建言献策双向发力。做好所联系界别委员社情民意信息工作，收集报送信息30余篇。指导所联系地区委员工作站开展协商议事厅活动。

（毛瑞霞）

【专委会工作三室】 2022年，精心组织专题协商。围绕“加强融合创新推进城市副中心国际消费中心城市建设”和“利用高新技术手段 提升农村污水治理水平”议题开展专题协商。组织委员与政府职能部门协商交流、建言献策，并将意见以社情民意信息“专报”形式报送区委、区政府主要领导阅知，区政府主要领导对“调研成果”给予充分肯定，并签署重要批示。深入开展对口协商。协调对口联系的区政府18个职能部门向经济和科技委、农业和农村委及经济、科技、农业三个界别委员通报部门工作情况，征求委员意见建议，并向相关政府部门反馈。结合副中心高质量发展实际，围绕科技创新、“两区”建设主题与区科委、运河商务区管委会召开2次对口协商座谈会，听取情况介绍，组织委员建言献策。有效开展民主监督。组织协调区政协经济运行民主监督组和财政民主监督组分别围绕“高标准推进国际种业科技园区建设 带动地方经济发展”和“通州区财源建设”监督议题，召开民主监督协商会议。组织专题调研组成员和监督组委员，对2021年专题调研成果的落实情况进行“回头看”，召开民主监督座谈会，促进主席建议案落地见效。

（商跃）

【专委会工作四室】 2022年，围绕引入社会资源助力“双减”工作开展专题调研，形成调研报告，转化为主席会议建议案后报区委、区政府参考。依托委员工作站，围绕“城市副中心文旅产业深度融合发展”“推动博物馆高质量发展，彰显大运河文化魅力”“推进通州区国家慢性病综合防控示范区和全国健康促进区”等主题开展协商议事活动。组织食品药品民主监督组和教育卫生民主监督组开展视察监督。全年征集文史资料稿件100余万字，协助市政协完成《北京文史资料》和北京“双奥之城”文史资料征集工作。启动宋庄地区和梨园地区文史专辑征编工作，编辑出版《泰和永顺》及3期《通州文史》，再版《漕运古镇张家湾》，切实发挥“存史、资政、团结、育人”作用。持续开展“模拟政协”活动，组织70名政协委员参与23所项目校的“模拟政协”活动，提升青少年参与社会实践的积极性和主动性。

（吴渴）

【专委会工作五室】 2022年，深入开展“加强低碳绿色城市建设，推进城市副中心高质量发展”专题调研，参观北京冬奥会延庆赛区及冬奥村的建设运营，学习杭州市、深圳地区先进经验，形成调研报告，转化为主席建议案后报区委、区政府参考。围绕“关于背街小巷精细化治理”和“加强物业管理，提升副中心物业管理水平”开展专项民主监督活动。指导工会界、农工致公界、玉桥地区委员工作站，积极围绕“小区内电动自行车充电桩建设及使用问题”“履职献策建诤言 促企建会助和谐”等议题开展协商议事活动。组织界别开展“悦读书屋”读书活动，分享读书《新时代党和人民奋进的必由之路》书籍及党的理论知识，号召委员踊跃发言60人次。建立对口单位结对子共建机制，发挥专委会委员优势、特长和资源，与对口4家部门建立长期联系机制，带领委员与单位深入对接具体工作。与市政协协同共建，市区联动共同开展活动8次。

（贾迪）

【专委会工作六室】 2022年，充分发挥社会法制和民族宗教专委会职能作用，组织、引导、服务妇联界、民族宗教界、特邀界政协委员认真履职尽责，积极参政议政。积极对接各街道乡镇党委、政府，围绕无物业小区规范治理、居民小区停车难、电动自行车综合治理等问题，开展“微协商”，提出“微建议”，切实把政协协商民主优势、凝聚共识优势、联系群众优势转化为基层社会治理效能。法制民主监督组通过听取情况通报、工作检查、实地视察等方式，重点围绕“实施就业优先政策，提升农村劳动力就业水平”推进情况开展民主监督活动，推动农村地区实现更加充分更高质量就业。加强与政法有关部门联系，助力市域社会治理现代化试点工作，以“市域之治”助推更高水平“平安通州”建设。成立张家湾、杨庄、九棵树地区委员工作站，推动“基层难事”得到有效解决。密切与民族宗教界代表人士联系，强化民族团结进步宣传教育，促进民族团结、宗教和睦。

（刘飏）

纪检监察

综 述

【概　况】 2022年，区纪委区监委紧紧围绕建设城市副中心“高质量发展典范”要求，聚焦中央、市、区统筹推进疫情防控和经济社会发展重大决策部署，强化监督，忠诚履职，为副中心各项建设高质量发展、迎接党的二十大胜利召开提供坚强纪法保障。

【反腐败工作】 2022年，全区纪检监察组织共处置问题线索864件，立案审查调查104件111人，给予党纪政务处分157人次。办理职务犯罪13人，留置13人。扎紧“不能腐”的笼子，深化供销社系统、生态环保领域腐败问题专项治理和溯源，推动主责部门建章立制，发送各类纪检监察建议62份，特别是围绕住房救助租房补贴专项整治，向区住建部门提出整改建议，相关工作得到区委、区政府主要领导的批示肯定。增强“不敢腐”的自觉，拍摄制作受贿案警示教育片，常态化做好警示教育，推送典型案件16个，确保震慑常在。

（莫天新）

监督检查

▲　10月8日，通州区纪检监察系统疫情防控监督工作推进会召开

（区纪委区监委提供）

【概　况】 2022年，区纪委区监委开展各类专项监督47项，监督检查1700余次，发现并推动问题整改343个，给予党纪政务处分31人。查处违反中央八项规定精神问题17人，给予党纪政务处分16人，诫勉1人，制发典型案例通报2批次，对11人进行点名道姓通报曝光，起到警示震慑作用。

【政治监督】 2022年，区纪委区监委紧盯疫情形势变化及疫情防控关键环节，优化整合区、镇、村三级纪检监察力量，形成“传达重点—分组负责—当日落实—反馈报告—监督整改”的监督工作链条，开展监督检查10万余次，发现并推动整改问题2500余个，谈话提醒75人次，制发监督提醒函5份，给予党纪政务处分2人。紧盯副中心建设重点工作，制发《关于2022年首都经济社会发展通州区重点任务监督工作方案》，动态做实经济社会发展重点任务“全覆盖”监督。瞄准市纪委市监委高度关注的通清路等道路工程遗留拆迁、通惠河水环境治理二期推进难和西集镇望君疃村应急用房滞留户等难点堵点问题，有效推进相关工作进度。紧盯重大政治任务落实，跟进掌握党的二十大、北京冬奥会冬残奥会、全国两会、市党代会等重大政治活动全流程重要事项，全力保障活动顺利进行。持续推进扫黑除恶、规自领域专项整治、农村乱占耕地、“两违”问题治理、大棚房“回头看”、农村自建房、领导干部违规在农村建豪宅、服贸会成果落地等一系列重大政治任务专项监督。

【民生监督】 2022年，区纪委区监委持续发挥接诉即办专班作用，全年共核查属实工单168件，主动约谈、提醒谈话、批评教育等146人，给予党纪政务处分1人，解除合同1人，制发提醒函、纪检监察建议4份，通报报告1件1人。聚焦“我为群众办实事”，围绕养老机构运营补贴、低保人员问题数据信息核实整改等工作，对违规领取低保及工作人员不作为、乱作为问题深挖细查，梳理问题数据5大类164条，处置问题线索10件次，查处多发低保救助金26万余元，立案1人。持续统筹推进粮食购销领域、开发区领域、停车收费领域腐败和作风问题和“双减”专项整治监督检查活动200余次，发现并推动问题整改20

余个，起底问题线索8件，立案1件。开展市环保督察第二轮反馈问题追责问责工作，给予党纪政务处分5人。

【强化“两责贯通”】 2022年，区纪委区监委履行协助职责，统筹推动区级四大家及全区92家处级单位党委（党工委、党组）结合本地区本单位全面从严治党形势任务，提请区委书记审批6次，提请区委常委会、区反腐倡廉建设领导小组会议研究4次，进一步推动主体责任落实落细。细化更新30余项管党治党专项指标任务，制定《2022年全面从严治党主体责任落实情况专项考评细则》。年初、年中分别组成16个检查组，对处级单位开展全覆盖现场检查。统筹区委办、区委组织部等领导小组成员单位，开展各自领域内全面从严治党专项考核工作。检查结果在全区进行通报，通过及时提醒，区领导已开展反馈约谈29次。

（莫天新）

审查调查

【概　况】 2022年，全区各级纪检监察组织共处置问题线索864件，立案审查调查104件，处分157人次。办理职务犯罪13人，留置13人，移送检察机关5人。审结各类案件184件次，其中审理委内查办党纪政务处分案件77件、移送检察机关审查起诉职务犯罪案件5件，统一审理街道乡镇、派驻组查办党纪政务处分案件102件。审理问责处理案件5件，组织处理1件。

【制度机制建设】 2022年，区纪委区监委制定《通州区纪委区监委问题线索与案件督办工作办法（试行）》，对问题线索及案件办理时限及延长情形作出原则性规定，完善问题线索及案件承办部门向案管室报送备案材料流程，明确提醒督办、书面督办、会议督办等督办方式，规定问责追责情形，提高问题线索与案件查办工作质效。完善线索排查会工作机制，召开线索排查会22次，研究问题线索200余件次，向案件监督管理系统录入日常监督数据6282件，问题线索数据3819件，审查调查数据304件，累计对录入案件监督管理系统的1万余件数据进行上报前的审核校对。组织审查调查工作例会31次，在问题线索办理、疑难复杂问题研究等方面，建立信息共享工作机制，解决监督检查、审查调查部门“背靠背”工作、相互之间通联不够的问题，推动线索处置、案件查办高效畅通连接。

【服务保障市纪委办案】 2022年，区纪委区监委建立全市首家区级留置分点，在无先例可循的情况下，制定相关制度，自4月份启用，共保障市区两级纪委监委35人次的留置任务，得到市纪委领导充分肯定。全力保障疫情期间市纪委各室谈话需要，协调委机关及乡镇街道纪（工）委谈话场所资源，先后保障市纪委各室谈话任务100余人次。

【重点案件审理】 2022年，区纪委区监委切实做好市纪委市监委指定管辖案件的审理工作，审结并移送起诉北京市档案馆技术保护处原二级调研员何某某受贿案。审结区生态环境局大气环境科原科长、区生态环境局第六党支部原书记陆某某违反政治纪律案件。审结西集镇林屯村村委会原主任张某某、原村“两委”干部班某某、杨某某违规发放津补贴案件，区住房保障事务中心审核配售事务科科长李某某，形式主义、官僚主义等多起违反中央八项规定精神案件。快审快结台湖镇胡家垡村疫情扩散传播案件。审结并移送审查起诉全市最大小产权房所在地张家湾镇张湾村党支部原书记、村委会原主任刘某某涉嫌挪用资金、职务侵占案，审结市纪委交办困难群众救助补助资金专项系列案件。

（莫天新）

作风建设与廉政教育

【作风建设】 2022年，区纪委区监委制发《通州区纪委区监委关于加强新时代纪检监察干部监督工作的实施意见》，从监督履职、规范用权、防范风险、惩治腐败等方面，督促全区各级纪检监察组织和干部依规依纪依法行使权力，尽职尽责正风肃纪反腐。制发《通州区纪检监察系统内部督导工作方案》，成立区纪委区监委监督检查工作领导小组，下设办公室（干部监督室）负责综合协调、组织指导、具体实施等工作。制发《通州区纪委区监委关于对打听过问干预监督执纪案件工作实行登记报告和责任追究办法（试行）》，建立完善关于跑风漏气、说情打招呼备案管理等内控机制，严防“灯下黑”。

【廉政及警示教育】 2022年，区纪委区监委聚焦副中心建设、优化营商

▲ 8月18日，“运河清风”宣讲团参加通州区“强国复兴有我”优秀百姓宣讲团评选比赛
（区纪委区监委提供）

环境、新冠肺炎疫情防控等，采取电视新闻、文字报道等方式，展现副中心纪检监察工作亮点。在“清风通州”微信公众号陆续开辟“战疫一线”“同心战疫”“镜头｜疫线监督不停步”等6个专栏，反映一线抗疫监督情况，刊发涉及全区开展疫情防控监督工作稿件91篇次。紧盯春节、五一、国庆等关键节点，在“运河清风”网站、“清风通州”公众号以及《北京城市副中心报》等媒体平台，做好节前提醒、动态报道、典型案例曝光，公开曝光3起违反中央八项规定精神典型问题。拍摄制作陆某某案警示教育片，刻录郭某某案警示教育片光盘。在“清风通州”公众号推出“以案为鉴”专栏，推送典型案件17个。组建2022年“运河清风”宣讲团，参加全区“强国复兴有我”优秀百姓宣讲团评选比赛，获得集体一等奖，姜震获评优秀宣讲员。《密符扇·大运河上的清廉密码》获第二届中国·扬州“运河清风”微电影大赛短视频类一等奖。

【纪检监察队伍建设】 2022年，区纪委区监委首次在机关专案组中成立临时党支部，实现党建与业务“双轮驱动”。深化全员培训，共选派500余人次参加中央、市、区各级各类培训，实现了教学相长、学用互进。自觉接受外部监督，完成第二届特约监察员选聘工作，为推动党风廉政建设建言献策。全区纪检监察工作取得良好成效，区纪委区监委机关工会委员会获“北京市模范职工之家”称号；宋庄镇纪委监察办获评北京市先进纪检监察组织；刘晨、邢军、朱春山获评北京市优秀纪检监察干部。

（莫天新）

深化改革

【创新“五大板块”监督】 2022年，将市纪委市监委“构建集团作战格局，形成监督合力”的指示要求融入副中心建设监督实践，结合监察体制改革以来派驻监督经验和存在问题，打破各派驻组单兵作战、各管一摊的模式，对16个派驻组进行优化组合，组建政治监督、营商环境监督、民生监督、工程生态建设监督、文化文明建设监督5个专项监督联合工作组，分别牵头统筹全区对应任务领域的专项监督，创造性构建“五大板块”监督模式，就各组如何立足本职、服务保障副中心建设进行实地深度调研，进一步明晰联合监督探索方向。统筹做好涉及派驻组的线索登记管理、转送交办、进度催办、汇总上报等工作，全年分办处置问题线索159条，对54条经商办企业问题线索进行及时分配并逐月跟进，有力提升线索处置效率。抽调派驻组12人参与组建3个工作组，开展市环保督察第二轮反馈问题问责调查工作，查处农村污水治理滞后、扬尘污染反弹、非法油罐车等4大类问题线索，问责29人，其中给予党纪政务处分5人，下发纪检监察建议5份、工作提醒函4份。

【推进基层监督】 2022年，区纪委区监委继续推动监察干事单向交叉监察模式，完成2021年度和2022年上半年履职考评工作。坚持推进村务监督App宣传推广和使用，已有2万余户注册量。充分发挥村（社区）监察干事一线监督优势，对村居卡口管控、核酸检测秩序、物资保供等涉及群众切身利益的防控工作开展全面监督，同时派出监察干事进驻封管控区、农贸市场等点位担任驻点监督员，及时反馈防控问题和群众诉求，着力保障群众生活需要。

【纪检监察信息化建设】 2022年，区纪委区监委研究制定《通州区纪委区监委信息化项目建设规划方案（2022—2026年）》，在纪检监察工作监督、办案、办公等全业务流程方面持续推动科技赋能。推动“通州区纪检监察移动办公平台项目”建设，前期开发工作已基本完成，上线测试工作稳步推进中。2月，率先试用中纪委央地信息协查系统，制定《通州区纪委区监委央地信息协查系统试点工作方案》并推广使用，共开展央地协查97次，协查信息12515条。

（莫天新）

巡察工作

【概　况】 2022年，区委共召开区委常委会会议6次、区委书记专题会议3次，听取巡察汇报、研究部署工作。区委书记履行巡察第一责任人职责，把巡察作为“书记工程”来抓，对巡察工作直接作出批示15次，共计点人22次，点事39次。召开领导小组会3次、问题线索会2次，领导小组成员参加巡察反馈会15人次，就巡察工作作出批示、圈阅242人次。

▲ 10月12日，七届通州区委第三轮巡察工作动员部署会召开

（区纪委区监委提供）

【巡察机制建设】 2022年，区委巡察工作领导小组在六届区委巡察工作基础上总结提升好经验、好做法，形成七届区委“3+4+1”（3个文件：《七届通州区委巡察工作规划》《中共北京市通州区委关于开展巡察工作的实施意见》《关于开展村（社区）巡察的意见》；4个规则：区委巡察工作领导小组、区委巡察组、区委巡察办工作规则和被巡察党组织配合区委巡察工作规定；1个办法：《区委巡察工作人才库及选调干部管理办法》）巡察工作机制，为副中心巡察工作高质量发展奠定重要基础。七届区委巡察进一步深化巡察整改“七方责任”（被巡察党组织整改主体责任、区纪委区监委和区委组织部日常监督责任、相关职能部门协作配合责任、区委巡察机构统筹协调责任、区级党员领导干部督促指导责任、区委组织领导责任），将“深化巡察整改‘七方责任’机制”列入区委全面深化改革委员会2022年改革工作要点，不断健全完善整改机制。坚持“清单式交办、销号式管理”，对每轮巡察反馈意见整改落实、问题线索处置等情况进行汇总分析，总结整改工作成效，部分单位新任“一把手”将巡察报告作为开展工作的重要参考，深化巡察成果运用。

【巡察工作成果】 2022年，区委开展了七届区委第一轮至第三轮巡察，共发现25个被巡察党组织“三个聚焦一个落实”（聚焦基层贯彻落实党的路线方针政策和党中央决策部署情况，聚焦群众身边腐败问题和不正之风，聚焦基层党组织软弱涣散、组织力欠缺问题，落实巡视巡察、审计、主题教育整改不到位问题）方面问题724个，问题线索64件，指出“一把手”存在问题46个。围绕“七有”“五性”，紧盯群众诉求集中问题和12345热线反映高频问题开展监督，发挥巡察联系群众纽带功能。做好巡察整改“后半篇文章”，召开巡察整改监督推进会，高效推动整改落实。

【巡察干部队伍建设】 2022年，区委巡察工作领导小组组长主持召开巡察机构交流研讨会，就巡察工作高质量发展提出指导意见，领导小组副组长亲自授权每轮区委巡察组长任职和任务分工，亲自审阅巡察干部选调工作。2022年第1次区委编委会研究同意为区委巡察办增加行政编制2名，充实巡察力量。1名政治过硬的区委巡察组组长转任相关部门主要负责人，2名优秀处级干部担任区委巡察组组长、副组长。区委组织部从全区范围内选调优秀干部，区纪委区监委、区审计局、区财政局选调专业干部参与巡察，通过“大培训＋微培训”，提升巡察干部业务本领。

（莫天新）

民主党派

中国国民党革命委员会北京市通州区总支部委员会

【概　况】　截至2022年底，中国国民党革命委员会北京市通州区总支部委员会（简称民革通州区总支）新发展党员27名，转入党员2名，共有党员199人。入党考察20人。设有8个支部、6个专委会及民革通州城市副中心朗诵艺术团、民革通州城市副中心篮球队2个团体。总支委员21人，市委委员4人。区政协委员15人，市政协委员1人，全国政协委员1人。

【参政议政】　2022年，民革通州区总支组织全区党员报送提案、社情民意信息340余条。其中《加强对家族信托的法律规制》《设置国家机关、企事业单位招聘的学历上限，避免专业人才浪费》2篇被民革中央采用，《关于北京市高中物理课改问题的调研与建议》等14篇被市政协采用。《关于进一步完善通州区乡村民宿发展服务保障的提案》《关于探索被动式建筑节能方法，塑造国际一流低碳城市的提案》等5篇委员个人提案被评为优秀提案；《关于疫情防控新常态下落实“保交楼、保民生、保稳定”的意见建议》被评为优秀社情民意信息。积极参加上级组织课题调研，完成《关于副中心高质量发展中等职业教育的报告》等重点调研课题12项。

【社会服务】　2022年，民革通州区总支与台湖镇党委签署《民革一台湖镇乡村振兴共建基地共建协议书》，提出多项适宜乡村振兴基地共建建议。积极助力疫情防控，组建“民革一蓝天2022同心抗疫服务团”，累计出勤27车75人次、防疫时长200余小时，覆盖9个街道18个社区、消杀面积超20万平方米。持续开展助力科技小院精准帮扶、扶危助困、社会救援等公益活动，组织开展医疗服务20余次、法律宣传咨询11次、驻村科技帮扶10余次，联合中山博爱基金会、民革中央企业家联谊会共同捐赠价值35万元防疫物资。

【自身建设】　2022年，民革通州区总支多次组织全体党员深入学习中共二十大精神、民革十四大精神、中共北京市第十三次党代会精神、民革北京第十四次代表大会精神等各类会议（活动）50余次，组织参与主题线上读书分享、“喜迎二十大，迈进新征程”健步走等活动20余次。先后成立第七支部和副中心支部，完成6个专委会组织架构设置和人员配置，成立民革通州城市副中心朗诵艺术团、民革通州城市副中心篮球队两个团体。进一步完善党员推荐、组织谈话、审慎确定等新党员发展流程，发展新党员27名、入党考察20人，平均年龄35岁，大学以上文化程度36人、占新发展及引进党员总数的90%。广泛开展合作共建，总支与市住建委、民革朝阳区委、民革东城区委等单位开展共建活动10余次。

【获奖情况】　2022年，在市委统战部、新华网联合举办的“永远跟党走”首都统一战线微视频展播活动中，总支部党员朗诵作品《你是我思念的彼岸》被评为“优秀微视频”作品。总支部被民革北京市委评为2022年度社情民意信息工作先进集体。杨建英委员被评为年度优秀履职委员。

（邓帅）

中国民主同盟通州区工作委员会

【概　况】　截至2022年底，中国民主同盟通州区工作委员会（民盟通州区工委）转入及新发展盟员27人，共有在册盟员261名。当选市人大代表1人、市政协委员1人、区人大代表3人、区政协委员19人。

【参政议政】　2022年，民盟通州区工委聚焦副中心高质量发展问题、聚焦人民群众关心关注的民生问题，确定参政议政市级课题5项、区级课题12项。副主委郭健、朱群芳聚焦城市副中心“文化和旅游”主导功能，探求在当前现状实现进一步高质量发展的路径，并提交民盟北京市委进行验收；区工委《关于推动城市副中心文旅业高质量发展调研报告》被区委统战部评为一等奖。区工委20余篇社情民意信息通过《委员之声》提交区委、区政府，多篇社情民意得到区领导批示，并荣获区政协社情民意表彰感谢信。

【社会服务】　2022年，民盟通州区工委推进乡村振兴共建基地，以北京市农业农村局“百师进百村”项目为契机，副主委朱群芳同骨干盟员霍红蕾、孔苗、魏巍等成立工作组，与永乐店镇马合店村建立对接关系。邀请盟内农业界李宝聚、韩涛、卢志军等专家学者赴永乐店镇、于家务回族乡开展实地调研。助力科技小院，重点对接帮扶西集镇车屯村。积极参与疫情防控，发动30人支援张家湾镇社区卫生服务中心核酸采样工作，每人每天上午核酸采样1000余人次，有效缓解核酸采样人员不足的压力。

【自身建设】 2022年，民盟通州区工委召开4次区工委主委会议，1次区工委全体委员（扩大）会议、组织2次理论中心组学习活动，领导班子集体分别围绕全国两会、民盟北京市委十二届十五次全体（扩大）会议、北京市第十三次党代会、民盟北京市第十三次代表大会会议精神及中共十九届七中全会精神等主题进行集中学习。

【获奖情况】 民盟通州区工委撰写的《首都高质量建设“博物馆之城”的问题及调查研究报告》荣获“2021年度北京市民主党派参政议政优秀调研成果一等奖”。韩德正、嵇立平等撰写的《打造文艺精品 传承红色基因——民盟北京市委利用文艺载体助力深化政治交接常态化的实践研究》荣获“2022年度统战理论研究课题一等奖”。丘自然、吴镝鸣、王浩、嵇立平荣获“北京市优秀盟员”荣誉称号，郎志被评为民盟中央优秀信息员，盟员嵇立平的课题荣获民盟中央统战理论研究课题一等奖，个人被评为民盟思想政治建设和宣传工作先进个人。民盟通州区工委被评为2022年度反映社情民意信息工作先进单位，韩德正被评为2022年度优秀履职委员；韩德正、郭健、王伟、王浩被评为2022年度社情民意信息工作先进个人。民盟通州区工委提出的《关于加强通州大运河文化带特色旅游高质量发展的建议》荣获2022年度优秀党派提案表彰，池雪斌提出的《关于加强家庭教育指导中心建设的提案》、韩德正提出的《关于完善“接诉即办”机制，提升通州区社会治理水平的提案》、丘自然提出的《关于深化通州先进典型的榜样效应，共建美好生活的提案》分别荣获2022年度优秀委员提案表彰。

（韩德正）

中国民主建国会通州区工作委员会

【概　况】 截至2022年底，中国民主建国会通州区工作委员会（简称民建通州区工委）人数为219人，其中新发展会员21人，转出2人，去世1人。共有区人大代表2人，区政协委员23人，其中副主席1人，常委4人。

【参政议政】 2022年，民建通州区工委提交党派团体提案2件、委员提案21件。民建通州区工委有3件提案被评为2022年度优秀提案，委员高国庆、周薇、刘建勇、冯志宇、王紫石、刘鑫提交的提案被评为委员优秀提案。委员高国庆、周薇、田明、许月等被评为2022年度优秀履职委员。民建通州区工委被评为2022年度反映社情民意信息工作先进集体，委员田明、周薇等被评为2022年度反映社情民意信息工作先进个人。委员田明提交的3篇信息、周薇提交的1篇信息被评为2022年度优秀信息。向民建市委、区政协、区委统战部上报社情民意信息80篇次，中共市委办公厅《信息专报》采用2篇并得到市委主要领导批示，市政协采用12篇，民建市委采用28篇。民建通州区工委提交的调研报告获2022年度通州区民主党派优秀调研课题二等奖。

【社会服务】 2022年，民建通州区工委与潞城镇党委结对共建潞城镇“乡村振兴共建基地”，完成基地展厅建设，并开展社会服务、乡村振兴沙龙等活动。民建通州区工委领导带队到科技小院调研3次，邀请食用菌专家到村指导2次，开展帮扶销售3次，总价值3万元。为河北丰宁张百万村“爱心超市”捐出价值2万元的农村所需食品、物品和价值10万元的运动鞋200双。疫情期间开展捐赠活动35次，捐出总价值60万元的医用防护服、防护口罩、电动自行车、消毒水等一线防疫物资；参与核酸检测志愿工作50余人次，参与疾控中心流调工作300人次，参与社区防控工作180人次；会员企业派出抗疫医护人员150人次，组建抗疫队伍50支，覆盖街道、乡镇16个，服务社区40个，采集核酸样本102340份；会员企业组建应急车队参与物资保障运输200多车次，通过“物溜网”发布物流信息300余条。

【自身建设】 2022年，民建通州区工委组织骨干会员到延庆进行培训。组织青年工委会员在潞城镇党建公园开展党史参观学习暨健步走活动，组织老龄工委会员到青田奇石馆参观建党百年石雕展。组织骨干会员开展读书、研讨活动，并以支部为单位，组织全体会员观看党的二十大开幕式，会后组织学习、讨论会4次，会员参与总人数300人次。向会员发布各类学习宣传文章200余篇；与区融媒体中心合作，拍摄时长7分钟的民建宣传片；在民建市委网站发表动态信息104篇，在“北京通州统战”发表13篇，在“北京党派e点通”发表15篇，在民建中央网站发表11篇。与大兴区结成友好合作组织，并新成立“会员之家”1个。新成立综合六支部，推选罗冬根担任支部主任委员，佟杰、孟丽担任副主任委员。

【获奖情况】 2022年，民建通州区工委被评为民建中央定点帮扶工作先进集体，刘红、许月被评为民建中央定点帮扶工作先进个人。会员刘红的北京绿蜻蜓特色果蔬产销专业合作被《农民日报》评为中国农民合作社500强。会员申珅被评为2022年北京冬奥会、冬残奥会北京市先进个人。工委韦爱鲜被民建北京市委评为优秀通讯员。

（高国庆）

中国民主促进会通州区工作委员会

【概　况】 截至2022年底，中国民主促进会通州区工作委员会（简称民进通州区工委）共有会员184人，设有7个支部和1个青年委员会。有人大代表4名、政协委员14名。

【参政议政】 2022年，民进通州区工委积极参加民进中央、民进市委、市人大、市政协、区人大、区政协组织的各类调研、协商、视察等工作，积极建言献策。提交界别提案1件，党派提案2件，委员提案15件，人大建议4件。完成《北京城市副中心经济高质量发展研究》调研报告和《聚焦共同富裕目标，多措并举促进农民增收》协商议政课题调研报告。

【社会服务】 2022年，民进通州区工委积极组织民进中央开明画院、北京民进书画院的书法家以及书法爱好者等，为潞城镇太子府村村民现场书写赠送春联、福字，助力乡村文化建设。与大厂回族自治县教育和体育局主要领导开展座谈，并组织优秀会员教师开展校际交流活动，线上参与大厂一中生物、语文等学科共同教研。与永乐店镇合作共建乡村振兴基地，制定共建基地实施方案，签订共建基地框架协议，重点从教育、农业科技、文化传媒、产业发展等方面开展共建活动，2022年组织调研座谈2次，助力疫情防控捐赠物资2次。助推于家务乡果村科技小院建设，扶持蔬菜种苗，通过北京市农林科学院通州育苗基地为果村培育优质种苗，提供了番茄种苗20万株，确保果村两大蔬菜种植茬口的生产，促进农户增收。开展日光温室芹菜冬春茬水肥管理技术、芹菜采后处理技术、番茄节水栽培技术、病虫害综合防治技术等跟踪服务，针对5户示范户的技术示范，向全村种植户进行推广。同心抗疫送温暖。向西安、香港等地区及北京慈善义工联合会、北京青少年发展基金会和永乐店镇政府以及九棵树街道新城嘉园社区、新华街道如意园社区、台湖银河湾社区等捐赠医用口罩、防护服、防护手套、保暖衣、消毒液、酒精、风油精、方便面、矿泉水、饮料、饼干、火腿肠、大米、冷柜等物资，总价值80万元。情系西藏，情系边疆，民进通州区工委联合候鸟基金为日喀则市日拉村23名学生捐赠28000元。

【自身建设】 2022年，民进通州区工委举办“通州区民主党派羽毛球友谊赛专场”活动，有来自通州区民革、民盟、民建、民进、农工、致公、九三学社等党派的数十位羽毛球爱好者参加活动，展现了团结、奋进、开拓、活跃的良好氛围。组织开展“传承中华传统文化——制香活动”“大运河文化——阅读书屋活动”“大运河文化——参观体验活动”等，进一步了解中华传统文化，并从中汲取营养和智慧，增强文化自信，凝聚共识，凝聚力量。

【获奖情况】 会员高超、闫浩、张鹏喆被评为区政协2022年度优秀履职委员。高超被评为区政协2022年度反映社情民意信息工作先进个人。《关于统筹推进教育资源共享，发展城市副中心高质量基础教育的提案》《关于推进副中心农业高质量发展，打造国家级智慧农业示范样板的提案》被评为通州区政协2022年度优秀提案。《北京城市副中心经济高质量发展研究》被评为区委统战部2022年度通州区民主党派调研课题二等奖。

（闫浩）

中国农工民主党通州区工作委员会

【概　况】 截至2022年底，中国农工民主党通州区工作委员会（简称农工党通州区工委）新入党员24名，转出党员1名，共有党员139名。12月，根据履职需要建立医药卫生、生态环境与社会法治、社会服务三个专项委员会。筹备建立党内监督委员会。11月，农工党通州区工委增加2名党员作为通州区第七届政协委员的增补人选。

【参政议政】 2022年，农工党通州区工委的关于“在副中心加快推进互联网医院+社区卫生服务平台建设的建议”被评为2022年度政协优秀提案。8月，农工党通州区工委到滦县文化健康小城镇开展“助力乡村振兴、共建健康基地”调研活动，并最终形成《关于加强滦县健康小镇建设的提案》。组织党员积极参加参政议政及社情民意的撰写工作，提交4篇调研报告并被市级机关采纳。在区政协七届二次会议期间，农工党同致公党联合发起“关于进一步落实关心关爱医务人员具体举措的建议”，呼吁全社会关心关爱医务工作者。

【社会服务】 2022年，农工党通州区工委积极投入抗击疫情战斗中，40名党员医务工作者奋战一线，共同抗疫。非医务党员以帮扶的形式向滦县镇、潞城镇、玉桥等捐赠价值65538元防疫物资。对永乐店镇西槐庄村科技小院进行帮扶调研，并邀请农工党北京市委人口资源生态环境专委会副主任、中国农业大学资源与环境学院教授芮玉奎现场为村民讲授种植知识和技巧，助力农村科技小院发展。组织党员开展“我为冬奥做贡献”活动，并提交4篇冬奥征文活动；在中国书店开展《阅读大运河》线下读书活动，30余名党员参加读书学习活动；组织开展医疗卫生进玉桥社区活动，为社区居民做好健康宣传。

【自身建设】 2022年，农工党通州区工委组织全体党员学习二十大精神、《中国共产党统战工作条例》等内容，撰写学习二十大精神以及统战征文等学习体会，共向农工党北京市委报送16篇关于党的二十大征文，向区委统战部报送4篇征文。落实环境与健康宣传周活动，组织68名党员进行线上培训。每月定期开展主委会，加强班子自身学习，深化学习政治理论并做到学以致用。8月份，农工党通州区工委采用“线上+线下”方式组织学习中央统战工作会议精神，区工委主委张琴琴出席活动并讲话，副主委兼秘书长郝玥主持并领学，工委班子成员、骨干党员、新党员参加培训。

【获奖情况】 2022年，农工党通州区工委被评为农工党中央2018—2022年先进集体、2022年度统战力量助力疫情防控先进集体，并获2022年度通州区民主党派调研课题优秀奖。一支部被评为农工党北京市委抗击新冠肺炎疫情先进集体。商思刚被评为农工党中央2018—2022年先进个人。胡磊被评为农工党中央委员会脱贫攻坚工作先进个人。王建武、曾艳芳、张正海、曾艳芳、岳凌菊被评为农工党北京市委抗击新冠肺炎疫情先进个人。郝玥、徐昊被评为优秀履职委员。

（郝玥）

中国致公党通州区工作委员会

【概　况】 截至2022年底，中国致公党通州区工作委员会（简称致公党通州区工委）有党员189人。其中，发展新党员10人，市委划拨党员37人，转入党员1名，去世党员1名。完成17名入党积极分子的见面和材料审查工作。

【参政议政】 2022年，致公党通州区工委向市区两级人大、政协提交建议3件、提案28件。向致公党北京市委报送社情民意信息14篇，向区政协报送信息16篇。其中，《关于探索城市更新行动“北京模式”，构建首都高质量发展新格局的提案》被定为“2022年市政协领导督办重点提案”，被评为“市政协界别优秀提案”；陈少叶的《关于加强垃圾分类管理，大力发展生态循环产业的提案》、林发钏的《关于加强通州区儿童青少年近视防控工作的提案》、姜丹的《关于老旧产业园改造消防问题的提案》获评“委员优秀提案”。

【社会服务】 2022年，致公党通州区工委对接张家湾镇，共建“乡村振兴基地”。4月与张家湾镇共同举办“2022年助力乡村振兴义务植树活动”；10月与张家湾镇正式签订协议，结为共建单位。向张家湾镇捐赠消毒液、口罩、手套等防疫物资。有25名医护党员参与一线防疫，参加各种疫情防控活动100余人次，用实际行动诠释了“致力为公、侨海报国”的理念。助力科技小院建设，组织党员专家赴漷县镇军屯村科技小院考察调研。在村里无公害西红柿滞销时，立即组织党员推动认购，并在网络上进行宣传促销。

【自身建设】 2022年，致公党通州区工委认真开展“书香支部——京致阅读”活动。以读书促提升，加强领导班子思想政治建设，推进理论学习中心组学习制度化、规范化。及时传达致公党北京市委、市委统战部主题思想教育文件，研究落实致公党北京市委2022年理论学习中心组学习计划。8月23—26日，组织干部骨干赴延庆参加区委统战部组织的民主党派领导班子和中青年骨干学习。组织全体委员观看二十大开幕式，会后吴涛带领班子成员学习习近平总书记在二十大开幕式上的讲话精神，并撰写学习二十大精神体会，同时将心得体会上报市委、区委统战部和区政协。

【获奖情况】 2022年，致公党通州区工委被评为“中国致公党社会服务先进集体”和“中国致公党宣传思想工作优秀集体”。党员林发钏被评为中国致公党宣传思想工作先进个人。党员张洪被中华全国总工会授予“全国五一劳动奖章”。工委一支部和四支部被评为致公党北京市委社会服务先进集体，党员李伟、张伟东、王骞、林发钏、刘彤、苏明被评为先进个人。吴涛、马婧撰写的《关于推进通州区与廊坊市北三县一体化发展，加快建设京津冀协同发展示范区的调研》，姜丹等撰写的《加快完善“两区”建设体制机制，切实推动北京高效创新发展》等多篇调研报告被评为致公党北京市委2022年度优秀调研成果，王飞提出的《关于修改现行收养制度缓解老龄化压力的建议》、马婧提出的《北京市老旧小区加装电梯工作存在的问题及建议》被评为致公党北京市委2022年度优秀社情民意信息。谭国强被评为区政协“2022年度优秀履职委员”。

（陈少叶）

九三学社通州区工作委员会

【概　况】 截至2022年底，九三学社通州区工作委员会（简称九三学社通州区工委）有在册社员161人，新发展社员11人，积极分子41人。所属四个支社完成更名，成立北京城市副中心支社筹备组。成立社会服务工作委员会、妇女工作委员会。正在筹建内部监督委员会。当选市人大代表2人、市政协委员1人，九三学社北京市委常委1人，增补区政协委员2人。

【参政议政】 2022年，九三学社通州区工委提出的《关于加快首都供应链制度创新的建议》《关于提升北京健康宝弹窗应用便利性的建议》两篇参政议政信息获时任北京市委蔡奇书记批示。5篇提案信息被区委、区政府领导批示落实；区工委党派提案和民建九三界提案获评年度党派团体界别优秀提案；4篇委员提案获评年度政协委员优秀提案；吴非提出的《关于加快首都供应链制度创新的建议》获评区政协年度优秀社情民意信息。区政协七届二次会议提交2篇党派提案、1篇界别提案和18篇委员个人提案；吴非作大会发言；刘利、阎晶作联组会发言。区工委提交的《关于宋庄艺术创意小镇发展现状及高质量发展的调研报告》被评为区委统战部优秀课题。全年上报社情民意信息48篇，被上级组织采用24篇。

【社会服务】 2022年，九三学社通州区工委继续发挥界别特长优势，组织各类社会服务活动。4月，赴宋庄镇进行对接交流，形成区工委与宋庄镇党委“乡村振兴共建基地”框架协议，并开展共建友谊林活动。5月、11月先后两次向宋庄镇捐赠价值2万余元的防疫物资和后勤保障食品。7月、10月医卫支社分别组织医疗界专家开展拥军和敬老义诊活动。8月，带领通州区儿童福利院儿童走进北京奥林匹克博物馆，同月，妇女工作委员会开展带领残疾儿童参加画扇活动。9月，带领社内外专家赴宋庄镇围绕特色小镇建设开展调研。10月，与宋庄镇正式签署结对共建协议。同月，老龄工作委员会开展“重阳节走进台湖演艺小镇”敬老爱老活动。

【自身建设】 2022年，九三学社通州区工委将“喜迎二十大”和学习宣传贯彻中共二十大会议精神作为之后一个时期的首要政治任务，制定专门工作方案，开发微信小程序平台题库开展常态化学习，扎实开展灵活多样的主题教育。研究制定通州区工委五年发展规划（2021—2026）。举办线上讲座8次，内容涵盖参政议政、医疗健康、金融、规划、艺术、科普等。组织6名社员参加区委统战部民主党派领导班子和骨干培训，组织9名社员参加朝阳区优青培训计划活动。微信公众号“北京通州九三”发布信息70篇，被市委统战部采用稿件近20篇，被区委统战部采用稿件5篇，被社市委网站采用23篇。完成区工委青年工作委员会换届，3个基层支社完成届中委员增补。

【获奖情况】 2022年，通州医卫支社被评为2021—2022年九三学社全国社会服务先进集体；郑贵强获2022年九三学社全国宣传思想工作先进个人称号。通州区工委被评为年度反映社情民意信息工作先进集体；柳晓雷、阎晶获年度优秀履职委员称号；柳晓雷、石逸杰、吴非和阎晶获年度反映社情民意信息工作先进个人称号；通州区工委被评为年度通州区统战工作优秀单位；郑贵强被评为年度通州区统战系统优秀信息员。巴彦布《哈尔滨之恋》获第七届“中国长诗”最佳文本奖。

（刘利）

人民团体

通州区总工会

【概　况】 2022年，通州区有单独工会组织421个，其中区总工会所属街道乡镇总工会、委办局、行业、开发区及直属基层工会54个，非公企业工会367个。全区有会员149720人。2022年，区总工会围绕产业工人队伍建设改革重点任务，聚焦“劳模工匠、产业工人、新业态劳动者”三个群体，做好政治引领、建会入会、维权维稳和职工服务等工作，持续推进“品牌工会”“有为工会”“满意工会”建设，为推动城市副中心经济社会高质量发展贡献工会力量。

【宣教活动】 2022年，区总工会组织工会系统干部职工及退休党员集体观看党的二十大开幕盛况，邀请二十大代表李银环为全区工会系统干部职工宣讲党的二十大精神，开展“强国复兴有我”快闪活动，微博阅读量超110万人次。同时在全区工会系统、职工中开展创建国家森林城市、创建全国文明城市、新时代文明实践等主题宣教活动。

【经费审查委员会工作】 2022年，区总工会对本级及区所属基层工会上半年工会经费预算执行情况进行自查，对下属7家街道乡镇的机关工会进行延伸审计，对直属事业单位及所属基层工会完成全覆盖审计，对22家基层工会离任工会主席进行任期经济责任审计，对部分完成换届选举的街道乡镇总工会进行任期经济责任审计，出具相关审计报告，被审计单位按期完成整改并反馈审计整改报告。在北京市总工会经审工作规范化建设考核评比中获优秀等次。

【推进产业工人队伍建设改革】 2022年，成立以区委副书记为组长，23家单位为成员的区推进产业工人队伍建设改革协调小组，制定并下发《通州区推进产业工人队伍建设改革工作方案》，组织召开工作推进会。结合市总工会部署，开展城市副中心职工队伍调查，形成《2022年北京市通州区职工队伍状况调查结果报告》。

【建会入会】 2022年，深化“党建引领，党工共建”工作格局，坚持“双沟通”模式，组建全市首批“工建指导员”队伍，成立九棵树街道弘祥文化创意园党工共建微阵地。全年新建非公企业单独工会组织67家，其中百人以上17家，新发展会员1.3万人。

【维护职工合法权益】 2022年，调解成功案件816件，涉及职工1121人，履行金额3247万元。工会法律援助81件，服务职工94人，履行金额325万元。接12351职工服务热线派单415件，为职工代书137份，接待来电来访咨询310人次。举办线上劳动争议调解培训班并开展“培育助推和谐劳动关系企业共同行动”，以点带面促进“企业关爱职工，职工热爱企业”和谐劳动关系理念植根于企业文化、职工心中。

【建家建站】 2022年，全区建设示范职工之家5家、公共区域职工之家8家、百人以上企业职工之家14家、职工暖心驿站76家，拨付市区两级阵地建设资金358.4万元。申报2022年全国最美工会户外劳动者服务站点8家、北京市最美工会户外劳动者服务站点10家。国美控股集团有限公司工会委员会和北京中农富通园艺有限公司工会委员会纳入2022年模范职工之家结对共建试点。年内全区共建有职工之家153家、暖心驿站1247家。

【荣誉评选】 2022年，区总工会审核推荐区内获得全国五一劳动奖章个

▲ 6月28日，区总工会组建“工建指导员”队伍启动仪式现场

（区总工会提供）

人1人、首都劳动奖章个人13人；获评首都劳动奖状单位4家、北京市工人先锋号单位4家。

【疫情防控】 2022年，区总工会投入市、区、街道乡镇三级工会防疫和慰问经费近2600万元，参与志愿防疫下沉职工3万人次。策划《工会职工志愿服务"蓝马甲"在行动》系列宣传7期，区总工会微信公众号累计发布抗疫专题16期。

【职工活动】 2022年，区总工会举办职工演讲比赛、征文活动，在"北京晚报读者俱乐部"微信号等网络平台连续开展20场"每日阅读党报"直播活动，场均点赞超万次。开展"文化传承品鉴经典"职工文化大讲堂活动40场，参与职工2800人次。举办太极拳、八段锦等各类培训班10期，参与培训350人。为潞城镇10家基层职工书屋补充更新1.2万册图书，价值50万元；为通运街道总工会等5家基层职工书屋配发电子阅览屏，升级电子书屋，多层次、多渠道满足职工阅读需求。三八妇女节期间，在区总工会微信公众号上发布2022年"三八妇女节"致全区女职工的一封节日问候信，组织慰问先进女职工代表200人、单亲困难女职工6人，"幸福家庭"2家，举办6场插花工艺讲座和5场奥运主题工艺讲座。

（李亮亮　张思宇）

▲ 4月28日，青年突击队助力流调溯源

（团区委提供）

共青团北京市通州区委员会

【概　况】 截至2022年底，通州区有团员23457人，团组织2656个，其中基层团委65个，基层团工委13个，团总支25个，团支部2553个，共青团北京市通州区委员会（简称团区委）直属团组织71家。团区委官方微信公众号"青春副中心"全年发布文章近2000篇，累计阅读量超过270万人次；推出"青春副中心有我""幸'盔'有你 '带'来安全""绿色青春 健康无毒"3部微视频作品，新媒体综合影响力在全市各区团组织中位居前列。

【疫情防控】 2022年，团区委组建副中心疫情防控青年突击队，驰援区疾控中心流调溯源工作。自4月起，300余名突击队员先后驻扎区疾控中心支援全区疫情防控大数据流调溯源工作。在此基础上，动员北京物资学院、北京工商大学嘉华学院、北京经济技术职业学院三所高校近千名在校生线上参与流调溯源工作。累计完成8万余人次大数据风险筛查。截至11月29日，发动784支志愿服务队伍、2.3万余名志愿者，开展疫情防控志愿服务项目1422个，累计志愿服务总时长58.7万小时。推进核酸采样志愿者工作，协助区卫健委制定《通州区核酸采样志愿者工作实施方案》《通州区核酸采样志愿者"志愿北京"系统使用说明》《通州区核酸采样志愿者工作建议》。围绕招募、考核、上岗等环节，全流程参与核酸采样志愿者工作。

【学习贯彻党的二十大精神】 10月16日，团区委书记班子、机关干部、全区22个街道乡镇团（工）委负责人在区团代表联络站集中观看党的二十大开幕盛况，另组织支援疫情防控流调工作的青年突击队在区疾控中心集中观看大会开幕直播。全区各机关单位、企业、高校直属团组织负责人、区青联委员和驻区央企、市属国企青年在线收看大会直播。团属新媒体第一时间刊发团员学习感受，在全区青年中掀起学习热潮。指导全区2553个基层团支部，围绕"党的青年运动史""新时代伟大成就""党的二十大精神"开展相关专题学习会、专题主题团日活动8155次，覆盖团员83663人次，全区团支部专题学习活动录入率达到100%，党的二十大精神专题学习活动录入率100%。

【优秀青年座谈会】 6月2日，团区委组织召开通州区学习贯彻习近平总书记在庆祝中国共产主义青年团成立100周年大会上的重要讲话精神暨优秀青年座谈会，区委书记赵磊、副书记刘东伟参加座谈。全国五四青年奖章获得者张旗、少先队辅导员杨慧、基层一线抗疫干部彭静、志愿者肖莹莹等8位优秀青年代表结合学习感想和工作实际交流发言。

【校外少先队阵地建设】 2022年，团区委与区教工委协同合作，深化校外少先队阵地建设，加强区、街道乡镇、社区村三级校外少先队实践活动体系建设，成立10个街道少工委、24个社区（村）少工委。推出暑期红领巾实践营8期，服务青少年300人。在朗清园开展红领巾托管营活动，编制活动菜单，为76名营员提供"点单式"服务。

【服务两新青年群体】 2022年，团区委统筹资源，联合北京中石化燃气有限公司通州分公司、广发银行北京通州分行、饿了么等企业设立41个"小哥加油站"，配备爱心包、衣物、保暖手套、围巾等爱心物资，为新业态青年提供持续服务。向快递、外卖小哥和网约车司机等为副中心服务的两新（新业态、新就业群体）青年群体发放“京小团”公益理发活动卡，凭卡可以在副中心范围内的10家四美国际美容美发门店免费理发一次，近200名快递、外卖小哥和网约车司机享受服务。

【青年人才引进和培养】 2022年，团区委持续推进百千万聚才工程“万人计划”，组织北京物资学院80名学生参观北京城市副中心规划展厅和大运河漕运码头；组织北京理工大学、北京大学、北京交通大学学生到西集镇、漷县镇进行实岗锻炼和社会实践。走进清华大学、北京大学、中国人民大学等高校开展系列主题宣讲，宣传推介城市副中心。完成“挑战杯”首都大学生创业计划竞赛服务保障工作，以“揭榜挂帅”模式首创副中心创业专项赛道，为副中心延揽人才开辟新方式。

【副中心青年跑】 2022年，团区委在城市绿心森林公园、运河公园、东郊森林公园、张家湾公园等地连续举办10期“副中心青年跑”系列青年体育体验活动，每次活动规模为30～40人，覆盖机关干部、社区工作者、非公领域青年等群体。

【青少年权益维护】 2022年，团区委组织各级团组织通过线上线下结合形式，开展“开学第一课”交通安全宣传教育活动，加强青少年自身安全防护。围绕“积极心态培养”“青少年被害预防六部曲”“对校园欺凌说不”等主题组织街道乡镇团组织开展青少年普法自护公益巡讲活动20余场。组织6所中小学开展普法自护情景剧工作。开展“阳光筑心桥”服务，为青少年提供心理咨询服务，开展团体及个案辅导150余人次。开展合适成年人到场服务40余次。依托团市委资源，配合专业社工机构服务有不良行为青少年及未成年受害者关爱工作，全年开展训诫服务、一站式服务等40余人次。

【帮扶工作】 2022年，团区委完成重点、困境青少年摸排，确立帮扶重点、困境青少年369名，做到“一人一表”、台账详细。组织开展困境青少年公益“1+1”课业帮扶工作，帮助中小学生16名，累计开展课业帮扶25期，受益青少年400余人次。开展慰问活动，为困境青少年匹配书籍700余册、护眼台灯48盏、运动鞋200余双，申请两节慰问专项资金8万余元。开展残疾青少年专项帮扶工作，依托青春副中心网络平台开展《关爱残疾青少年康复主题讲座》专题讲座，对接温馨家园、培智学校等机构开展沟通能力等六大板块具体帮扶项目。开展困难家庭学生助学金申报工作，申报“学子阳光”奖学金7人，申报希望之星（1+1）奖学金10人。

【志愿服务事业】 2022年，团区委完成北京冬奥会、冬残奥会通州区城市志愿者工作。在15天庆祝活动期间，13个城市志愿服务站和重点社区招募志愿者480名，累计服务时长5537.5小时，服务5万余人次。协调组织北京物资学院、北京财贸职业学院、北京现代音乐研修学院等高校，为2022年北京科技周活动提供志愿服务，累计上岗160人次，服务时长800小时，服务游客6万余人次。在第六届中国青年志愿服务大赛中，4个项目获得银奖，创历史新高。选送9个项目参加首都志愿服务大赛，7个项目获奖，其中6个项目获金、银牌。

（张德虎）

▲ 8月20日，志愿服务者保障北京科技周活动

（团区委提供）

通州区妇女联合会

【概　况】 2022年，通州区妇女联合会（简称区妇联）聚焦《北京城市副中心（通州区）“十四五”时期妇女儿童发展规划》目标，着力为妇女儿童办好事、解难事。深入开展向新业态、新就业群体送温暖活动，推进“两新”组织向基层延伸。2022年，区妇联官网共发表宣传文章千余篇，在“北京市妇联”等微信公众号刊登报道百余篇，被全国妇联网络信息传播中心评为妇女宣传舆论阵地建设全国先进集体。

【疫情防控】 2022年，区妇联动员全区各级妇联组织全力配合属地做好疫情防控各项工作。全区22个街道乡镇共计3934名基层妇联干部在一线参与防控工作，逐家逐户做好宣传排查工作；5783名巾帼志愿者与各级妇联干部一起投入宣传引导、排查防控等工作中。发起成立“通州区妇联热心大姐工作队”和各街道乡镇“老姐妹宣讲团”，联合潞邑街道、玉桥街道、潞城镇、潞河医院举办3场“关爱老人 健康行动”专题讲座和义诊活动；助力潞邑街道妇联、玉桥街道妇联、潞城镇妇联60岁及以上老年人新冠疫苗接种工作；提供经费15万元，慰问约480名基层巾帼志愿者，协调社会各方资源，贡献巾帼之力。

【规划编制】 2月11日，通州区政府发布《北京城市副中心（通州区）“十四五”时期妇女儿童发展规划》，

▲ 5月18日，区妇联开展"党建副中心 巾帼暖人心"慰问活动

（区妇联提供）

为"十四五"开好局、起好步。区"十四五"公共服务规划中以重点项目形式，明确新建区级妇女儿童服务中心，为推动通州区妇女儿童事业发展、提升通州区妇女儿童工作和服务质量奠定坚实基础。

【支持妇女创业就业】 2022年，区妇联联合区人力社保局以及天津市武清区妇联、河北省廊坊市妇联，开展京津冀女性线上专场招聘会。136家企业参与，涉及130类职位，提供岗位3439个，超过1.8万人浏览岗位信息，370人达成就业初步意愿。开展京津冀"巾帼故事荟"活动，刊登女性创业故事8篇。开展"春风送暖"活动，为北京绿蜻蜓特色果蔬产销专业合作社等14个创业就业基地提供价值近5万元的玉米和蔬菜种子。积极申请市级农村妇女创新创业发展项目帮扶资金280万元，用于帮扶新品种科技成果转化试种等12个项目。

【妇儿基地建设】 2022年，区妇联开展规范和建设家长学校工作，共建成儿童之家593个、家长学校620所，全区社区（村）（除拆迁村居）家长学校覆盖率100%。"对通州区家庭、家教、家风建设方面的评价"群众满意率90%以上。聚焦基层家庭工作，助推街道家庭建设，在通运街道创新家庭综合性服务模式，构建"街道家庭学校+社区家庭学校"两级家庭服务平台，在知识传授、矛盾化解、心理辅导、文化娱乐等方面开展全员、全过程、全方位服务。以政府主导、高校和专业社会组织指导、家庭参与，社会支持为实践路径，培育家庭教育指导队伍，建立"家校社"协同模式，打造"家喻户晓"活动品牌。

【妇儿权益保障】 2022年，区妇联探索开展婚前辅导，深入推进婚姻家庭纠纷心理服务，联合区法院建立"妇女儿童权益保护联席会议制度"，推进妇女儿童权益保护，维护文明和谐的婚姻家庭关系。持续推进婚姻家庭法律服务，开展婚姻家庭法律法规宣传教育30余场次，对居民矛盾纠纷等开展咨询解答及争议调解。普法宣讲受众约800人次，现场及电话咨询70余人次。排查化解婚姻家庭纠纷矛盾，全年接待妇女求助来电来访94件，其中婚姻家庭纠纷54件，接待满意率100%。联合区委政法委、区司法局集中排查婚姻家庭纠纷，在22个街道乡镇155个社区和470个村建立婚姻家庭矛盾纠纷台账。实施双丝带赋能计划——通州区两癌患病女性服务项目，先后开展宣传活动6场，个案咨询60人次，成立双丝带爱心联盟，开展心理援助工作，参与志愿服务120人次，志愿服务时长近300小时。响应"春蕾计划"，为贫困地区妇女儿童募集善款59.9万元。

【家庭家教家风建设】 2022年，区妇联举办"浪漫七夕节 相约副中心"青年联谊活动，引导青年树立健康向上的婚恋观。联合区委组织部、区武装部、区双拥办、区退役军人事务局等单位举办"党建副中心 巾帼暖人心"家庭建设系列活动暨"报国有你 守家有我"庆"八一"军嫂慰问活动，全面营造"拥军优属、拥政爱民"良好社会氛围。携手区双拥办等单位主办"携手运河畔，扎根副中心，矢志谋强军，献礼二十大"军人集体婚礼，为建功军营的官兵构建幸福生活愿景。与区体育局等单位共同承办"喜迎党的二十大"北京城市副中心运河骑游活动，组织100个家庭参与，践行绿色健身精神，展现副中心女性积极向上的精神风貌。

【基层社会治理】 2022年，区妇联实施"巾帼心向党，建功新时代"——基层社会治理创新项目，项目获评通州区基层党建"亮点工程"。开展党建引领"妇芬分"垃圾分类家行动，建立由各级妇联执委、三八红旗手（集体）、巾帼建功标兵、巾帼文明岗、最美家庭成员为主干力量的志愿者服务队伍，开展"巾帼心向党，喜迎二十大——300场公益大讲堂进基层活动"，深入乡村、社区开展100场创新创业培训，受众近2000人，内容包括农业技能、手工制作、电商直播等，帮助妇女提升就业创业技能，增收致富。结合家庭家教家风建设，提升妇女文明素养，开展100场文化知识大讲堂，涵盖传统非遗文化、书法、声乐、国学等，邀请全国人大代表、国家非遗传承人宋水仙走进副中心，为基层妇女讲授马尾绣、刺绣等非遗文化。开展100场公益健身舞蹈培训，学习培训《我和我的祖国》《锦绣副中心》等主旋律歌舞，成立通州区广场舞妇女微家，延伸妇联组织服务触角。

（门帅琦）

通州区科学技术协会

【概　况】 2022年，通州区科学技术协会（简称区科协）围绕"四服务"（为科技工作者服务、为创新驱动发展服务、为提高全民科学素质服务、为党和政府科学决策服务）职责定位，整合资源，多措并举，夯实科协基础，提升服务能力。2022年新成立2家企业科协和1家园区科协。截至年底，区科协工作覆盖22个街道乡镇科协、100家园区科协和企业科协，拥有会员1万余人、科技工作者3000余人，硕士以上学历和高级职称近千人。

【落实全民科学素质行动计划】 2022年，区科协面向青少年、农民、老年群体和产业工人等重点人群开展科学素质提升工作，举办科普报告、技能培训、专题讲座、实践活动200余场，总参与人数5万余人。其中组织幽兰山谷安全科普馆、文旺阁木作博物馆、爱因斯坦科学思维馆开展应急科普、消防演练、传统榫卯木艺、科学实验等多种形式的科学普及参观体验活动20余场。在华世奥业生态科普基地开展“种子的力量”——农业种植科普活动6场，既有科普知识讲座又有动手实际操作过程，覆盖在校学生1252人。

【参加青少年科技创新大赛】 2022年，区科协组队参加北京市第41届青少年创新大赛，推荐参与市赛项目中晋级93项，获得一等奖4项、二等奖15项、三等奖41项。

【“专业智库基地通州行”活动】 9月14日，北京市科学技术协会（以下简称市科协）“专业智库基地通州行”活动在通州区张家湾设计小镇举办。北京市委常委、通州区委书记赵磊，市科协党组书记沈洁，通州区委副书记、区长孟景伟等领导出席此次活动。市科协智库基地代表与通州区政府部门和企业代表结对开展“面对面”“点对点”交流。北京农学会与种业园、北京聚牧源农业专业合作社，北京测绘学会与区政务局，北京减灾协会与区生态环境局，围绕智慧城市建设、农产品全产业链指导、种业发展、灾害预报等方面深入交流，并达成多项合作。

【全国科普日主场活动】 9月17日，区科协在西集镇文化广场举办通州区全国科普日主场活动暨2022年通州区科普文旅节活动。活动以“喜迎二十大，科普向未来”为主题，采取主会场+分会场结合形式，实现科普、文旅有机融合共鸣，幽兰山谷科普基地、永乐航天科普馆等15家科普分中心分别进行科普知识主题传播，17家科普基地和科技企业陆续开展25场科普活动；联合北京科技报社、区文旅局共同推出植入科普元素的两条精品旅游路线。

【通州区元宇宙融合产业创新发展研讨会】 9月28日，由区科协、张家湾设计小镇专班共同主办，北京通州网络安全产业园区运营管理有限公司承办的“通州区元宇宙融合产业创新发展研讨会”在张家湾设计小镇创新中心召开，特别邀请相关行业专家交流研讨，为城市副中心构建元宇宙产业生态建言献策。来自市科协、区科委、区文旅局等8家单位主管领导以及来自元宇宙相关行业、企业主要负责人60余人参加研讨会。

▲ 8月21日，区科协在幽兰山谷科普教育基地开展安全普法“社会主义价值观主题”教育活动
（区科协提供）

【制度建设稳步推进】 2022年，区科协起草完成《通州区全民科学素质行动规划纲要实施方案（2021—2025年）》，并将方案纳入区委绩效管理综合考评范畴，对全区54家单位进行考评。

【3所学校授权建立科学家班】 2月20日，经竺可桢之子竺安授权，北京理工大学附属中学通州校区建立竺可桢班；7月6日，经李四光外孙女、中国地质调查局地质力学研究所专家邹宗平授权，通州区永乐店中学建立李四光班；8月28日，陆士嘉之子张克澄授权北京第二中学通州校区建立陆士嘉班。

【帮扶工作】 2022年，区科协组织于家务回族乡富庄村党支部委员会、村民委员会班子和种植户学习菌棒生产加工和大棚食用菌种植技术，在前期引进黑木耳及榆黄菇技术基础上，引进白玉菇、平菇等4个新品种，协助畅通销售渠道，帮扶村民致富增收。

【金桥种子工程】 2022年，申报通州区金桥种子项目34项。经专家评审，共支持金桥工程种子资金项目18项，其中A类项目3个，资助经费3万元；B类项目15个，资助经费2万元。

（孔庆文）

通州区工商业联合会

【概　况】 2022年，通州区工商业联合会（简称区工商联）紧扣“两个健康”（即非公有制经济健康发展和非公有制经济人士健康成长）工作主题，把民营经济人士团结在党的周围，全面促进副中心民营经济高质量健康发展。调研成果“政协委员工作站是工商联履职的重要依托”荣获全国工商联2022年理论研究创新成果三等奖；“创新构建‘六服务’模式，助力副中心民营企业产权保护”获市工商联2022年度实践创新奖；“关于推动北京城市副中心‘两区’建设 助力首都经济高质量发展的建议”获北京市工商联系统参政议政优秀调研成果二等奖；“问需问计走基层 助企纾困促发展”调研报告在《通州调研》第20期专刊发表，被《北京调研》和《北京农村经济期刊》刊登。

【领导调研】 3月1日，市政协副主席、市工商联主席燕瑛到通州区调研民营企业产权保护社会化服务体系建设情况。区政协主席张德启、有关部门主要负责人员及部分民营企业家参加调研座谈。实地考察北京城市副中心公共法律服务企业法治体检中心，为通州区“民营企业产权保护调解室”揭牌，并召开座谈会；区工商联主要负责人员汇报民营企业产权保护社会化服务体系建设情况，区法院、区检察院、区司法局、通州区律师协会主要负责人员分别介绍开展民营企业产权保护相关工作情况；与会企业负责人围绕通州区法治营商环境建设及民营企业产权保护情况交流发言。10月11日，市委常委、统战部部长游钧调研北京联东投资（集团）有限公司，参观联东集团品牌馆，听取公司发展历程及业务架构等有关情况介绍。

【组织民营企业家政协委员参观调研】 7月5日，区工商联组织工商联界别政协委员，并邀请部分其他界别委员开展参观调研活动，先后到“千年之城，开放新篇”北京市“两区”展示会客厅、北京通州北投希尔顿酒店参观调研。

【司法助力中小微企业纾困解难座谈会】 7月15日，区法院、区工商联召开司法助力中小微企业纾困解难十项举措座谈会。区法院、区工商联领导及3名企业家现场进行座谈交流，区工商联会员企业代表70人通过视频形式线上参会。会上介绍区法院2022年上半年涉中小微企业司法保障情况和典型案例；发布《司法助力中小微企业纾困解难十项举措》。

【参加第四届民营经济法治建设峰会】 8月18日，第四届民营经济法治建设峰会通报沟通联系机制建设落实情况及调研中发现的“四个一百”典型事例，区工商联与区司法局、区法院共建沟通联系机制做法入选工商联与公检法司机关沟通联系机制典型事例（2021—2022）。

【民营经济代表人士培训班】 9月15—16日，区工商联组织60余名会员企业代表，开展通州区民营经济代表人士学习贯彻中央统战工作会议精神培训班。通过《以新发展理念引领经济高质量发展》《习近平总书记在中央统战工作会议上的重要讲话精神解读》《如何撰写建言献策类信息》《伟大政治宣言引领伟大新征程——深入学习六中全会主要精神》等专题讲座，全面提升民营经济代表人士政治把握能力、参政议政能力、组织协调能力、合作共事能力。

▲ 9月20日，区工商联与区检察院联合开展“检·护”民企助力合规暨挂点联系民营企业活动

（区工商联提供）

【开展“检·护”民企助力合规活动】 9月20日，区工商联与区检察院联合开展“检·护”民企助力合规暨挂点联系民营企业活动。会上发布17家挂点联系民营企业名单，结合实际案例向企业家介绍企业合规、民营企业刑事风险防控相关法律问题。与会企业家围绕主题进行交流讨论后，到北京民企总部基地（台湖）参观，观看“检·护”民企主题宣传片。

【开展2022北京民营企业百强申报工作】 5月24日，区工商联通过线上会议方式召开民营企业百强调研部署会，区委常委、统战部部长吴孔安出席会议并提出工作要求，各街道乡镇主管领导参会。区工商联对重点企业实施“双督办”，属地政府动员辖区内企业积极申报，区工商联对重点企业进行二次动员。加强与区经信局横向沟通联系，比对市区两级“专精特新”重点企业名录广泛动员，提升重点企业填报率。全区有13家民营企业入选2022北京民营企业百强。

【“问需问计走基层 助企纾困促发展”调研】 2022年，区工商联开展“问需问计走基层 助企纾困促发展”调研活动。成立7个调研组，通过座谈、走访和调查问卷等形式，到民营企业较为集中的17个街道乡镇，对180余家企业进行专项调研，形成调研报告。召开“问需问计走基层 助企纾困促发展”调研情况汇报会，7个调研组分别对本组调研情况进行汇报。区委常委、统战部部长吴孔安出席会议。

【“凝心聚力新时代 团结奋斗新征程”徒步活动】 11月4日，区工商联组织各商协会、会员企业280余人，在城市绿心公园5.5千米环路开展以“凝心聚力新时代 团结奋斗新征程”为主题的徒步活动，现场设置20余块展板宣传党的二十大精神。区委常委、统战部部长吴孔安，区政协党组副书记、常务副主席尚祖国参加活动。

【“法治护企 情暖运河”主题活动】 11月15日，区工商联与区司法局、区政务服务局、区总工会在副中心政务服务中心，联合举办以“法治护企 情暖运河”为主题的小微企业法治体检系列活动。活动采用“现场＋直播”方式进行，设置法治讲座和互动环节，对小微企业存在的法律风险分析症结原因，提出具体法律意见建议，为小微企业进行“法治体检”。

（陈宇昕）

法 治

政法委与综治

【概　况】　2022年，区委政法委全力战疫情、防风险、保平安、护稳定，有力维护全区安全稳定大局。完成党的二十大，北京冬奥会、冬残奥会，全国两会等重大活动安保任务。加强区域警务合作，统筹安全查控和疫情防控，筑牢环京“护城河”工程。持续推进矛盾纠纷大排查，坚持一案一策，化解涉众纠纷20余件。严格履行疫情防控社会稳定职责，制定《通州区应对每百万人口30例以上规模性新冠病毒疫情涉疫人员转运工作方案》《通州区应对每百万人口30例以上规模性新冠病毒疫情社会面防控工作方案》，安全高效转运隔离涉疫人员3万余名，牵头建成全市首个首站中转查验库并首批投用，严打快处涉“疫”违法案件935起。深化政法系统《中国共产党政法工作条例》贯彻落实情况自查，党对政法工作的绝对领导得到充分体现。发挥政法单位职能和专业优势，围绕城市副中心建设发展大局，完善府院沟通、会商研判、专案攻坚机制，有效推动50余个滞留项目清理。在全区推广建立“一站式”解纷中心，年度诉讼案件收案数量同比下降24%。持续优化公共法律服务体系、营商环境建设，强化司法助推和法治保障作用，全力服务保障好城市副中心高质量发展。

【举办政法党员大讲堂专题讲座】　3月29日，区委政法委举办政法党员大讲堂——贯彻落实《中国共产党政法工作条例》专题讲座，邀请中央政法委政法研究所所长胡增印对《中国共产党政法工作条例》进行深入解读，全区政法各单位、各街乡镇政法委员等相关人员参加。4月7日，举办政法党员大讲堂——《中华人民共和国反有组织犯罪法》专题讲座，邀请北京法学会犯罪学研究会常务理事、北京警察学院法律系姚东教授对《中华人民共和国反有组织犯罪法》进行详细解读，全区政法干警、区扫黑除恶斗争领导小组各成员单位、各街道乡镇相关工作人员参加。

【疫情防控】　4月3日，按照首都严格进京管理联防联控协调机制办公室要求，区委政法委组建工作专班负责铁路、公路通道进返京人员闭环接转工作，工作开展以来闭环接转上海、海南等方向进返京旅客近400人。4月27日，召开全区规模性涉疫人员转运工作紧急会，成立全区密接次密接人员隔离转运专班，专班进驻通州会议中心24小时集中办公，平稳有序转运隔离涉疫风险人员3万余人。

【开展“4·15”全民国家安全教育日活动】　2022年，区委政法委制定印发《2022年“4·15”全民国家安全教育日宣传教育活动方案》，在西海子公园建成区级国家安全宣传教育阵地，在运河文化广场等地开展宣传活动，发放宣传品1万份，发放宣传片5000余套。

【举办政法系统第六届主题政法故事汇演比赛】　9月7日，政法系统第六届“建功副中心，喜迎二十大”主题政法故事汇演比赛在区文化馆举行。比赛由区委政法委与区委组织部、区委宣传部、区直机关工委联合主办，区公安分局承办。政法各单位以一个个感人的故事，展示副中心政法干警在服务保障城市副中心高质量发展过程中涌现的先进人物和典型事迹。政法各单位领导、政法干警代表、区委平安通州建设领导小组成员单位相关负责人、各街道乡镇政法委员参加。

【开展“良法善治”网络主题采访宣传活动】　9月21日，由30余家中央

▲ 9月21日，“良法善治”网络主题宣传活动通州区座谈会召开

（区委政法委提供）

及市级媒体和专家学者组成的采访团先后到张家湾镇“一核多元”共治中心、城市副中心政务服务中心进行采访报道，随后在通州会议中心进行座谈交流。活动展现城市副中心政法系统贯彻落实习近平法治思想，服务保障城市副中心法治建设高质量发展的生动实践，人民网、光明网等媒体刊登报道40余篇。

【开展打击整治养老诈骗专项行动】 4—10月，由区委政法委牵头，13家成员单位及22个街道乡镇联合开展打击整治养老诈骗专项行动，破获各类案件185起，刑拘97人，打掉团伙13个。

【开展党的二十大安保督查】 8—10月，区委政法委牵头开展党的二十大安保督查，制定《通州区党的二十大安保督查方案》，成立3个综合督导组和10个重点行业领域专项督导组，围绕政治安全、社会治安、矛盾化解、疫情防控等方面，对全区22个街道乡镇及重点行业党的二十大安保工作情况开展督导检查700余次，发现并整改问题隐患200余项。

【开展“十佳”基层社会治理品牌评选活动】 11月，第三届“十佳”基层社会治理品牌评选活动正式启动，活动由区委平安通州建设领导小组办公室联合通州区社会建设工作领导小组办公室开展，活动征集优秀项目19个，通过集中宣传、网络投票、专家评审最终选定“绮力巾帼 幸福宋庄”“经营性自建房+安全责任保险试点项目”等“十佳”基层社会治理品牌。

【群防群治】 2022年，区委政法委围绕春节、北京冬奥会、冬残奥会，全国两会，市第十三次党代会，党的二十大等重大活动或重要节点，以城市副中心行政办公区和火车站、地铁站、公交枢纽站、医院、大型商（市）场等人员密集地区以及进京卡口、京津冀交界等区域为重点，发动群防群治力量7.7万余人开展巡逻防控工作。

【开展反邪教宣讲团进基层活动】 2022年，区委政法委举办反邪教宣讲团进基层活动30场次，推动反邪教知识“进机关、进乡村、进社区、进学校、进企业、进宗教场所”，营造浓厚氛围，确保宣传实效。

【常态化开展扫黑除恶斗争】 2022年，区委政法委完成“四大行业”（信息网络、交通运输、工程建设、自然资源）专项整治，完善线索接报、批办、转递、核查、回访、问责等全要素、各流程闭环管理体系，核破案件76起。

【开展基层平安创建行动】 2022年，区委政法委开展2022年度“平安社区（村）”“平安医院”“平安校园”“平安商（市）场”“平安园区”“平安家庭”基层平安创建行动，330家单位和110户家庭在创建活动中达标。

【开展智慧平安小区建设】 2022年，895个智慧平安小区、村庄前端智能化安防设备建成，社区可防性案件同比下降50%以上。

【推进“消隐促建”专项行动】 2022年，全面推进平安铁路“消隐促建”（指消除铁路安全隐患，促进平安铁路建设）三年专项行动，47处专项整治任务全部整改完成。

（李莹）

法治政府建设

【概　况】 2022年，通州区深入学习贯彻习近平法治思想，聚力攻坚、奋力争先，法治建设“固根本、稳预期、利长远”的保障作用在服务副中心高质量发展进程中全面彰显，11月28日，通州区获第二批全国法治政府建设示范区命名。将《习近平法治思想学习纲要》纳入各级党委、政府会前学法、专题法治讲座、领导干部依法行政培训班重点学习内容，编印《领导干部和公职人员法治建设学习手册》，进一步增强深入学习宣传贯彻的自觉性和坚定性。出台《通州区学法用法工作制度（试行）》《通州区2022年度宣传研究阐释习近平法治思想实施方案》，形成日常学法、季度考法、年终述法工作制度。全区有2800余名领导干部及国家工作人员参加学法用法考试，及格率达100%。

出台《通州区重大行政决策事项目录管理办法》，进一步明确重大行政决策的决策主体、事项范围、程序要求。统筹做好重大行政决策事项前后公开工作，及时发布2022年区政府重大行政决策事项目录。加强规范性文件监督管理，修订出台《通州区人民政府合法性审查工作细则》。全年对区政府重大行政决策和规范性文件出具合法性审查意见382件，审核区委、区政府重大合同、协议72件，为区属部门出具征求意见函149件。

进一步提高行政执法规范化建设水平，规范行政执法行为，实行执法公示月督导制度，指导监督全区48家行政执法单位公示并动态更新权利清单、执法结果等执法信息。开展行政处罚案卷集中评查和质量抽验工作，有效规范行政执法行为。落实轻微违

▲ 1月12日，通州区法治政府建设示范项目专家评审会召开

（区司法局提供）

法免罚制度，共作出轻微违法不予处罚案件6330件。强化行政执法协调，及时协调解决新修订《中华人民共和国行政处罚法》中关于事先告知等执法难点问题，分析违法建设强制拆除败诉案件原因，进一步规范违法建设强制拆除程序，减少行政复议诉讼风险。严格执法人员资格管理，核验全区行政执法人员2400余人，换发新版行政执法证件1700余人，清理注销600余人。开通网上学习平台，全区1543名行政执法人员参与学习。

【召开通州区法治政府建设示范项目专家评审会】 1月12日，法治政府建设示范项目专家评审会召开，全区有22个法治政府示范项目报名参评，申报单位按照抽签顺序先后介绍项目申报理由、亮点与成效以及下一步计划，并对示范项目互评打分。评审专家组成员围绕针对性、创新性、持续性、实效性对申报项目逐一点评。推出“法治引领责任双师保障副中心规划高质量实施”等区内示范项目，形成点上突破、全面推进的良好氛围。

【行政复议体制机制改革】 7月1日起，行政复议职责正式由区级行政复议机构集中统一行使，明确行政复议委员会职责并调整优化组成人员，进一步提升行政复议权威性、专业性和公信力。2022年，区司法局收到行政复议申请558件，纠错55件，以调解、和解等方式结案103件，综合化解率达到20%；办理复议区政府案件18件，未发生被纠错情形。健全完善行政应诉机制，出台《通州区行政机关应诉规则》，进一步规范各级行政机关应诉工作程序、内容、要求等。认真执行行政机关负责人出庭应诉职责，组织区政府各部门协同应诉，区政府完成负责人出庭4件、行政机关负责人出庭167件。

（于瑶）

公　安

【概　况】 2022年，北京市公安局通州分局（简称公安通州分局）落实防风险、保安全、护稳定、控疫情、惠民生等各项措施，全力以赴维护辖区安全稳定。以党的二十大安保为纲，与北京冬奥会、冬残奥会，全国两会等安保协同推进，完成安保任务。开展“冰锋·2022平安冬奥”“百日行动”等专项行动，严厉打击各类违法犯罪活动。全力护航副中心高质量发展，主动跟进全区重点项目，全程跟进全区“疏整促”，助力通州区成功创建国家森林城市，全年保障北京环球度假区491万名游客安全游园，确保北京消费季启动仪式、大运河通航等212场活动平稳有序开展；创新110项“放管服”举措，推动87项政务事项进驻政务服务中心，人力资源产业园外国人服务大厅揭牌使用，户籍、出入境窗口服务满意率100%，7.8万件报警求助快速处置，深入开展“转作风、办实事、树形象”主题实践活动，用心用情用力解决群众身边小事、小案、小纠纷，收到锦旗523面、感谢信156封。全力夯实警务发展之基，深化110、122“两台合一”，营造良好交通治安环境；全面加强隐患清整，清查涉气、消防、烟花爆竹等安全隐患1.5万余处；强力推进执法办案规范化建设，执法工作考评名列前茅；加强智慧警务建设，智慧社区高标准推进，社区可防性案件同比下降50.7%。

【城市副中心87项公安政务“一窗通办”】 2022年，公安通州分局立足智能化、精准化、便利化，全力打造与副中心地位相匹配的区级公安政务“一窗通办”模式，依托北京城市副中心政务服务中心，全面梳理公安政务服务事项，拓展为民便民服务清单，治安、户政、交管、网安等87项公安政务“一窗通办”落实落地，实现副中心公安政务前台综合收件、后台分类审批、统一窗口出件，在全市率先实现受理材料标准化、档案留存电子化、服务终端智能化，成为引领首都公安政务“一窗通办”品牌工程。累计服务企业18032家次，服务群众3.2万余人次。

【平安校园建设】 2022年，公安通州分局深化平安校园建设，深入校园安全检查、周边清理整治510余次；结合疫情形势竭诚护考，保障全区中考、高考考生安全顺利参考；加强各类职业考试、京考考试及“升学季”咨询现场秩序维护；组织开展“校园安全宣传月”“校园暑期安全教育系列活动”“法治副校长专题培训”等系列宣传活动，开展线上授课400余场，受众16万人次。

【守护辖区生态环境安全】 2022年，公安通州分局全力守护辖区生态环境安全，依托“平安”专项行动、严厉打击破坏野生鸟类资源违法犯罪专项行动，坚持打源头、端窝点、摧网络、断链条、追流向，严厉打击危害珍贵濒危野生动物违法犯罪活动。联合区园林绿化、市场监管、城市管理、农业农村等部门，针对农贸市场、非法鸟市、野生动物养殖场所、重点林地等区域开展联合执法检查和综合整治，有效遏制野生动物违法交易，消除林地火灾隐患。

【十大“副中心警察之星”评选活动】 2022年，公安通州分局开展十大“副中心警察之星”评选活动，激励全体民警在服务保障城市副中心高质量发展中担当作为。评选内容覆盖打击整治、基础工作、为民服务、规范执法、巡逻防控、护航发展等十方面，含单位推荐、系统审评、综合审核、结果公示、宣传推介和结果运用等环节。全年组织开展四期评选活动，200名十大“副中心警察之星”光荣上榜。

【庆祝“中国人民警察节”主题宣传活动】 1月10日，公安通州分局举办庆祝“中国人民警察节”主题宣传活动，组织开展忠诚教育学习、警营开放日、警察节进校园等系列庆祝活动。在警务中心广场举行升国旗仪式，重温人民警察誓词；在北京环球度假区举办“人民至上110，勇毅护航新征程”主题宣传活动，现场进行盾牌对抗表演，设置宣传展台，向群众普及安全防范知识，解答相关政策措施；局属派出所深入辖区，通过张贴海报、发放宣传品等方式开展安全防范宣传。

【重要时段安保工作】 1月31日至

2月6日，公安通州分局抓细冬奥专项安保、抓实烟花爆竹禁放、抓严社会面管控，全力防风险、保安全、战疫情，实现全区烟花禁放目标，完成北京冬奥会开幕式和通州区火炬传递安保任务，保障154.4万余人次游客购物游览安全。3月19日至4月5日，通州分局加大清理整治、巡逻防控、融合执法、秩序维护等工作力度，保障19.1万余名群众安全有序祭扫，完成清明节安保工作。6月7日至10日，普通高等学校招生全国统一考试举行，通州分局围绕“试卷安全、考场安全、考生安全”，全面强化组织保障，全面防范隐患风险，严密应急培训演练、环境清理整治、试卷押运看护、考点秩序维护、打击考试作弊行为、“绿色通道”服务保障等各项安保措施，出动警力627人次、车辆203辆次，消除安全隐患14处，提供服务保障105人次，完成高考安保工作。8月20日至27日，2022全国科技活动周暨北京科技周在通州城市绿心公园举行，通州分局从严从细落实方案制定、部门联动、突发事件处置、安全检查、清理整治、隐患排查等各项安保措施，完成活动安保任务。9月3日，由区政府和中央电视台电影频道共同举办的“大运河·电影频道传媒荣誉之夜——燃动北京城市副中心”活动在通州区运河文化广场举办，通州分局严密组织部署、高效调度指挥、强化联勤联动、细化各项安保措施，完成安全监管工作。

【举行潞源派出所荣获“北京市青年文明号”和全国“枫桥式公安派出所”揭牌仪式】 7月7日，公安通州分局举行潞源派出所“北京市青年文明号”和全国“枫桥式公安派出所”揭牌仪式，宣布潞源派出所获“北京市青年文明号”和当选全国第二批“枫桥式公安派出所”表彰通报。区委政法委、公安分局、团区委、潞源街道等单位主要领导出席仪式并揭牌。

【开展涉水急救培训】 9月20—21日，公安通州分局邀请区蓝天救援队在大运河漕运码头组织开展2022年涉水急救培训，提高民警涉水急救实战能力。培训采取“理论+实操”的方式，结合水上救援突发性强、时间紧迫、危险性高、技术性强的特点进行系统理论培训，重点围绕岸上施救、入水救援、心脏复苏、船艇救生四个科目进行讲解和现场示范，并组织民警乘坐冲锋舟开展离岸救援实操演练。分局102名民警参训。

（高凤霞）

【人口数据】 2022年，通州区有户籍人口414719户，848888人（男419410人；女429478人），其中非农业人口595375人，农业户口253513人。全年登记出生5808人（男3108人；女2700人），死亡2722人（男1351人；女1371人），迁入16193人（省内迁入8520人；省外迁入7673 人），迁出5309人（迁往省内5011人；迁往省外298人）。 （靳诗君）

【流动人口和出租房屋管理】 截至2022年，通州区登记流动人口1157982人，办居住证353603人，携带16岁以下儿童26597人。登记出租房屋181534户，建立出租房屋管理站276个（来京人员和出租房屋服务站），配备专职协管员430人。

（杨地）

【户口申报审批】 2022年，公安通州分局办理各类审批户口2547份3150人。

【证件管理】 2022年，公安通州分局办理二代居民身份证91321个，办理临时居民身份证4066个。

（靳诗君）

检　察

【概　况】 2022年，区检察院共办理审查逮捕、审查起诉案件2228件2841人。批准逮捕443件595人，提起公诉1077件1273人，分别比上年下降35.2%和36.3%。从重打击危害公共安全和社会稳定各类犯罪，惩处跨京冀鲁苏涉恶团伙犯罪等案件。从严打击破坏市场经济、妨害企业管理、侵犯企业合法权益犯罪35件46人，办理侵犯北京环球度假区商标权，北京冬奥组委吉祥物著作权、商标权案。办理刑事、民事、行政监督案件660件，公益诉讼案件316件。监督公安机关立案7件、撤案109件；受理并建议移送行刑衔接案件23件，公安机关均予立案；办理职务犯罪案件14件15人，查办司法工作人员利用职权损害司法公正案件7件8人。开展打击养老诈骗专项行动，办理养老保险诈骗案件22件66人，帮助2000余名老人追回损失300余万元。开展民生领域专项监督，立案531件。开展支持农民工讨薪专项监督，帮助900余名农民工追回劳动报酬900余万元。维护民营企业合法权益，全年清理涉企经济犯罪“挂案”107件；结合办案，对企业进行合规必要性审查和合规调查指导，检察长、副检察长、各部门挂点联系30家区域代表性民营企业，开

▲ 3月24日，区检察院各党支部和各乡镇党委举行共建签约仪式

（区检察院提供）

展对口服务，提供司法保障。办案质量不断提高，2件案件入选高检院“刑事犯罪办案指引典型案例”，与市检察第三分院合办的马某某涉嫌合同诈骗撤案监督案，获评全国检察机关优秀立案监督案件；15件案件获评北京市检察机关优秀案例和典型案例；督促尹各庄烈士墓保护行政公益诉讼案获评北京市十大检察办案好故事。

【召开家庭教育指导工作会】 1月4日，区检察院召开“促进家庭教育，检爱护航成长——落实《中华人民共和国家庭教育促进法》暨全市首批家庭教育指导工作会”，会同区妇联、区关工委、民警、家庭教育指导师、社工共同启动家庭教育指导工作，向未成年王某的监护人宣布“督促接受家庭教育指导令”。随后，与会人员进行研讨交流，共同探索家庭教育指导“副中心模式”。

【举办检察服务副中心乡村振兴工作启动会】 3月24日，区检察院在张家湾镇举办“能动履职 回应代表诉源治理 未诉先办”暨检察服务副中心乡村振兴工作启动会。会上发布《北京市通州区人民检察院服务保障副中心乡村振兴战略的实施意见》，区检察院11个党支部与11个乡镇党委现场签订《关于全面推进乡村振兴共建协议》，与区委组织部、区委政法委、区农业农村局（乡村振兴局）及各乡镇党委共同建立检察服务副中心乡村振兴工作机制，共同开启副中心基层治理新篇章。

【检察联动工作室挂牌】 3月31日，区检察院设立在区城市管理中心的市民热线检察联动工作室正式挂牌，并举行“能动履职 服务发展”暨“12345”市民服务热线“12309”检察服务热线联通启动仪式，发布《通州区人民检察院与通州区城市管理指挥中心关于建立市民服务热线协作机制的意见》，紧密对接《北京市接诉即办工作条例》，依托市民服务热线拓展涉检诉求和法律监督线索来源渠道，实现司法服务端口前移，确保及时、高效、精准、有效监督。

【与区教委签订加强未成年人保护工作共建协议】 4月12日，区检察院与区教委共同召开贯彻落实最高检、教育部《检察官担任法治副校长工作规定》座谈会，签订《关于加强检教合作 推进平安校园建设共建协议》，打造“检教共建”工作的“副中心模式”。根据共建协议，双方进一步健全常态化联动机制、法治副校长制度，协同做好未成年人案件强制报告、教职工准入查询违法犯罪信息、法治教育等工作，加强校外培训机构监管治理、校园周边环境整治、校园安全设施建设力度，对涉及侵害未成年人合法权益的重点领域、重要环节重点监督检查，及时排查化解校园风险隐患。

【知识产权宣传周启动活动】 4月19日，区检察院在台湖镇开展知识产权检察服务副中心暨台湖演艺小镇知识产权宣传周启动活动。现场通报2019年至2021年区检察院针对知识产权保护重点领域和突出问题以及严厉打击各类侵犯知识产权犯罪的情况，听取相关职能部门和企业代表意见建议。

【召开知识产权大数据模型工作推进会】 6月30日，区检察院会同区公安分局环食药旅支队、文化旅游局执法大队、市场监督管理局执法大队等多家单位，召开知识产权大数据工作推进会，共同研讨知产大数据监督模型的应用。各执法部门对数字司法和大数据赋能办案辅助高效联合执法的重要意义达成共识，决定扩大行政机关和司法机关数据共享，并对重点线索进行摸排和跟踪调查，打造并办理副中心大数据知产典型案例。

【发布检察服务种业发展保障意见】 8月22日，区检察院在第十一届北京现代种业博览会开幕式上发布《北京市通州区人民检察院关于服务保障于家务国际种业科技园区高质量发展的实施意见》，从知识产权保护、侵权犯罪打击、民事行政监督、种业领域公益诉讼、两法衔接、品牌服务、协作配合、普法宣传八方面，细化履职举措，落实检察服务，以法治保障助力于家务国际种业科技园区打造全球种业创新高地。检察干警在开幕式上进行种业知识产权保护宣讲，就园区企业关心问题作详细讲解。

【全市首例侵犯公民个人信息刑事附带民事公益诉讼调解结案】 1月29日和2月16日，区检察院就刘某某侵犯公民个人信息案，先后向通州区法院提起刑事公诉和刑事附带民事公益诉讼，指控刘某某向他人出售、提供公民个人信息非法获利，追究其刑事和民事责任。8月26日，区法院就刑事起诉作出判决，以侵犯公民个人信息罪判处刘某某有期徒刑三年，缓刑四年，并处罚金人民币80000元。9月30日，就刑事附带民事公益诉讼确认调解协议，刘某某同意由亲友代为向区检察院给付赔偿款78328元，于本案刑事判决发生法律效力后两个月内将其非法存储的公民个人信息数据永久删除，并在国家级媒体上对其侵犯公民个人信息的行为向社会公开赔礼道歉。

【环球度假区检察室服务保障工作】 2022年，区检察院环球度假区检察室积极履行刑事、民事、行政、公益诉讼检察职能，全年提前介入化解涉园区刑事案件20余件，形成处理意见20余份，开展食品安全、消防安全等联合执法检查10余次，为园区提供水域保护，为游客提供个人信息安全保障；制发法律风险提示10余次，面向游客、员工、社会面普法宣传受众万余人次，全方位保障园区“衣食住行”畅游无阻。

（张晓雁）

法 院

【概 况】 2022年，区法院以深化诉源治理，加强法庭建设，打造智慧法院，提升规范化、标准化水平四项系统性改革为牵引，为城市副中心高质量发展提供坚实司法保障。全年办结各类案件59365件，结案率87.4%、结收比104.3%，两项结案指标位列全市一类法院第一。法官人均结案535件，是全市法院平均值的1.5倍，服判息诉率90.5%，发回改判率仅0.48%，审判质效继续保持全市法院前列。先后获全国维护妇女儿童权益先进集体、平安北京建设工作先进集体、北京模范法院、全国为群众办实事示范法院称号，另有19个集体、37名个人获得区级以上荣誉，形成创先争优浓厚氛围。“民有所需 我有所应·解纷直通车”党建品牌获“学习强国”报道，入选首都法院新时代党建工作创新案例。

【保障副中心重点工程建设】 2022年，区法院涉副中心重点工程案件首次实现专门庭室集中管辖，结案1327件，有力保障副中心交通枢纽、区网安园创新中心等一大批重点项目顺利推进。主动与最高法院合作共建，促成区政府与市三中院达成框架协议，在东方厂棚改最后一户腾退案中，一、二审联动在区政府专题会议后5日内即作出终审判决，保障城市绿心森林公园后续建设顺利进行。持续为运河商务区、文化旅游区等重点功能区提供专业法治服务，工作成效获《人民法院报》《中国审判》整版刊介。

【融入基层社会治理】 2022年，区法院依托“12368”诉讼服务热线（“一号响应”）直连各类主体解纷需求，通过一站式解纷中心定制化开展普法宣传、诉源治理、司法确认等服务200余次，街乡镇覆盖率、需求办结率达双100%。深度参与重难点工单办理，与区城市管理指挥中心和街乡镇市民诉求中心建立两级对接，联合办理“12345”市民热线诉求，仅张家湾法庭即参与办理辖区重难点工单近千件，助力辖区诉求解决率和满意度实现双提升。充分压实安保责任，院党组逐项研究“12368”投诉举报工单，“院长信箱”来件三日内全部查阅交办处理，院庭长接待信访人1100人次，化解信访近百件，完成党的二十大安保任务。

【建成“法治宣传教育中心暨党建宣传中心”】 2022年，区法院建成“法治宣传教育中心暨党建宣传中心”，为北京法院添加“红色名片”。中心植根建院七十余年奋斗历程，深入挖掘一手图文史料，通过800余张照片、5万多文字、80余件实物、15段音影视频、2处场景还原等形式，全景呈现自1949年建院以来70多年来一代代通法人忠诚担当、拼搏奋进、艰苦奋斗的光辉奋斗史，成为各地各级政法单位调研学习的热门之地。

【刑事审判】 2022年，区法院常态化推进扫黑除恶专项斗争，示范办结3起市级挂账督办的恶势力组织犯罪案，有力打击犯罪团伙敲诈勒索副中心三大建筑工地的嚣张气焰。妥善审结广受关注的高空抛物砸伤居民案、“9·20”电动车室内充电引发重大火灾刑事案、通州区首例侵犯公民个人信息犯罪案，守护辖区居民“头顶上”“住所内”“网络中”的安全。审结养老诈骗、电信网络诈骗等各类诈骗案件74件，涉众经济犯罪案12件，涉案标的额6.4亿元，坚决守好群众的“钱袋子”。向知识产权犯罪“亮剑”，审结的翁某等人网络电子书侵权案入选北京市年度“扫黄打非”十大案件。妥善审结区人大常委会委员刘某某、区生态环境局陆某某职务犯罪案等重大典型案件，上级移送审判的9件政法干警职务犯罪案全部审结。

【民商事审判】 2022年，区法院审结民商事案件39489件，总标的额427亿元。7天高效办结因平原造林工程引发的49件群体性纠纷，有力处理因“蓝天保卫战”清退拆除补偿引发的系列纠纷，防范化解重大群体性纠纷风险。促成调解的大马庄村委会与养殖公司涉疫情租赁合同案入选最高法院“助力全国统一大市场建设典型案例”。联合区工商联发布《助力中小微企业纾困解难十项举措》，获最高法院和全国工商联联合表彰。与区卫健委、教委、劳动仲裁院合作共建，助力涉民生纠纷诉前实质化解，收案数量同比下降38%。在中仓街道成立首个反家暴工作站，为家暴受害者签发人身保护令守护生活安宁。建设全市首批少年法庭，涉未成年人案件实现统一归口办理，构建家庭教育指导“三封信”制度，创新适用探望权纠纷“云探视”制度，以专业化审判全方位护航未成年人健康成长。

【行政审判】 2022年，区法院审结行政案件992件，诉前化解率继续保持30%以上。妥善审结市、区两级行政机关负责人出庭应诉行政案件110件，有力保障并有效监督依法行政。示范裁判驳回马某因非京籍入学资格争议诉区教委案，为后续类似案件处理树标立范，保障辖区教育政策稳定实施。就安贞医院通州院区、文化旅游区建设等重点项目府院联席研讨、点餐式授课23次，助力法治政府示范

▲ 8月10日，北京高院党组书记、院长寇昉（右一）等一行到通州法院调研基层法院财产线索接转中心建设工作（区法院提供）

▲ 10月11日，通州法院牵头成立全区首个反家暴工作站（区法院提供）

区和一流法治城区建设。行政审判工作经验获多家中央媒体刊载推荐。

【推动"切实解决执行难"】 2022年，区法院执结各类执行案件17051件，执行到位金额104亿元。组建全市首批财产线索接转中心，被执行人财产线索"凡交必接、凡接必录"，24小时内高效处理，及时查控处置发还，市高院院长寇昉实地调研后高度肯定。

【深化诉源治理】 2022年，区法院在区委政法委的协调下，全市首开先河将"万人起诉率"考核落地街道乡镇。创新构建"人民法院—人民法庭—街道乡镇—村居社区"四级解纷网络，22个一站式多元解纷中心覆盖全部街道乡镇，案件量在多年高位运行和持续增长后，收案同比下降24%，降幅全市一类法院第一，诉源治理副中心模式成为全市乃至全国范围内具有影响力的基层治理品牌。

【加强法庭建设】 2022年，区法院在全市率先将诉前调解、立案诉服和速裁工作全面下沉至人民法庭，真正实现案件解决不出辖区，有效减少当事人诉讼奔波和案件流转成本，便利群众5万余人次。张家湾、马驹桥法庭工作经验入选最高法院人民法庭建设典型案例。张家湾法庭还被最高法院确定为全市唯一服务新型城镇化建设试点法庭，中央及市级46名专家记者蹲点式采访后广泛赞誉，获最高法院院长周强批示肯定。宋庄法庭"红色微e站"党建创新项目获《北京支部生活》推介。

【打造智慧法院】 2022年，区法院构建现代化诉服体系，建成全市基层法院首个足不出户即可立案、查询、智能问答的实景化、沉浸式网上诉服中心；将送达、排庭、归档等辅助事务集约再造，有效加快案件周转。全面推广智能化办案模式，全市率先运用智慧庭审平台、法官云电话、人工智能外呼等智能办案手段，在"北京云法庭"带宽受限、居家隔离开庭不便的情况下，及时满足当事人解纷需求近万次，真正"让当事人不跑路、让法官少跑路、让信息多跑路"。优化调整办公格局，高标准启用面积1.8万平方米的第三审判区，建成全市基层法院最大、功能最为完备的一站式诉讼服务和解纷中心，全院八个办公区所承担的功能定位更加清晰合理。

【规范化、标准化建设】 2022年，区法院选派办案骨干编写程序性办案指引8类15份、类案办理规范10项，有效规范办案程序、统一法律适用，综合部门全面梳理编写档案借阅、案款发放、司法公开等各类综合业务流程图13组、172张，确保定岗定责、流程清晰、高效办理，持续满足人民群众对公平正义的更高需求。

（张浩）

司法行政

【概　况】 2022年，全区有律师事务所147家，律师748人；区律师行业党总支下辖律师事务所党支部21个，律师党员206人。有人民调解组织655个，人民调解员2600人。设区矛盾纠纷多元调解指导中心调解专家团队1个、区调解委员会1个、街镇社区（村）调委会648个、重点行业性专业性调委会5个。各调解组织开展矛盾纠纷排查21203次，调解案件43270件，基层调解组织调解成功率90%。有司法鉴定机构1家，执业司法鉴定人15人。在管社区服刑人员505人，在管安置帮教人员1835人。

【公共法律服务体系建设】 2月22日，区司法局公共法律服务企业法治体检中心进驻城市副中心政务服务大厅，开通"法智小屋"网上对接法律援助、公证和行政复议，提供实时"云端问诊"，全年小微企业法律服务团开展法治体检活动5场次，参与企业100余家，受众7.2万余人。累计受理法律援助案件1158件，解答群众现场咨询8864人次、"12348"热线咨询33191人次。累计办理各类公证事项10785件。

【"八五"普法工作】 2022年，区司法局高标准推动法治村居建设，申报55个市级民主法治示范村居，培育263户农村学法用法示范户，潞城镇武疃村、于家务回族乡南三间房村获得第九批"全国民主法治示范村（社区）"称号。打造"法治诵读"品牌，集中开展覆盖全体中小学生的"法治诵读"活动，分类拍摄《诵法读典 法治为民》系列"法治诵读"数字产品。打造"新媒体普法"品牌，吸纳全区优质普法类微信、微博、抖音加入新媒体普法矩阵，累计发布法治资讯800余篇，推出"云课堂"20期，组织录制《大家看法》栏目6期，拍摄依法防疫、高空抛物等动画8期，依法防疫动画被司法部官方新媒体选用。

【律师行业管理】 2022年，区司法局印发《关于进一步健全行政机关法律顾问工作的若干措施》《通州区行政机关外聘法律顾问工作管理规定》，进一步提高行政机关依法决策水平。与区工商联签署《通州区民营企业产权保护社会化服务体系战略合作协议》，助力民营企业产权保护，该做法入选全国工商联和司法部评选的"工商联与司法行政机关沟通联系机制典型事例（2021—2022）"。开展巾帼送法服务基层社会治理活动，联合区妇联、区律师协会组织辖区女律师法律服务团深入全区社区（村），授课60余场次，开展线下讲座60余场次，录制线上普法课程讲座30节，接待基层群众咨询解答350余人次，线上答题参与达300余人次，整体受益人数多达6000余人。

【矛盾纠纷排查化解】 2022年，区司法局加强工作考核监督，将"万人调解率"排名纳入区平安指数考核，全区各级各类调解组织调处纠纷43339件，比上年增长近2倍，办理司法确认534件。各调解组织在北京冬奥会、冬残奥会，全国两会，党的二十大期间共开展矛盾排查18256次，各调解组织共收到锦旗19面，表扬信1封、电话表扬1次。组织区级调解人员培训18场次。全面启动"12345+多元化解"工作，对接区城指中心，开展综合运用社会矛盾多元化解机制分类化解"12345"诉求工作调研，研究制定区"12345+多元化解"试点工作方案。调研文章《关于"坚持和发展枫桥经验"构建矛盾纠纷多元化解工作格局的思考》在市级刊物《法治政府》上刊发。

【"两类"人员规范化管理】 2022年，区司法局依法成立通州区社区矫正委员会，指导22个街道乡镇全部成立本级社区矫正委员会，在全市率先完成两级矫委会成立工作。制定社区矫正对象考核和分类管理制度，完善社区矫正对象请假外出审批流程，规范执行地变更调查核实格式，协调区公安分局调整收监执行程序，及时对司法所开展业务指导和工作提示，确保《北京市矫正实施细则》落地施行。持续完善安置帮教工作，对在册安置帮教对象台账进行再梳理，按照一类、二类、三类人员进行分类，更新完善在管人员、双列管人员台账，做到与各司法所统一，落实动态管理。做好安置帮教人员信息管理工作，加强与监狱、看守所等单位的信息衔接，对服刑在教人员基本信息核查、预释放人员信息沟通、安置帮教人员信息管理等工作进行及时录入，完善安置帮教工作信息管理系统。

【举办通州区处级领导干部法治政府建设专题培训班】 4月13—15日，区委依法治区办在通州会议中心举办通州区处级领导干部法治政府建设专题培训班。区委依法治区办主任、区委政法委书记王永民作开班动员，区委依法治区办副主任、区司法局党组书记石建华主持开班仪式并作总结讲话。培训班同步以视频会议形式进行，在区政府各相关部门、各街道乡镇设分会场。紧密结合法治政府建设工作实践，邀请中国社会科学院、中国政法大学知名专家教授围绕习近平法治思想解读、《法治政府建设实施纲要(2021—2025)》解读、《行政处罚法》修改与行政执法风险防范、重大行政决策程序暂行条例、地方法治政府建设问题与挑战、新时期法治政府建设率先突破的目标及实现路径等方面，旨在持续提升领导干部的法治思维和依法行政能力，助推副中心开创法治政府建设工作新局面。

【通州区第四届律师代表大会举办】 12月31日，召开北京市通州区第四届律师代表大会。区委政法委常务副书记朱战芳，市律协副会长毕文胜，区司法局党组书记、局长石建华及大会主席团成员出席会议。与会代表听取第三届通州区律师协会理事会工作报告。大会审议第三届通州区律师协会理事会工作报告、监事会工作报告，选举产生第四届区律协理事、监事和会长、副会长。

（于瑶）

▲ 7月22日，区仲裁院与区法院召开2022年度"裁审衔接"党建联动机制工作会

（区人力社保局提供）

仲 裁

【概　况】 通州区劳动人事争议仲裁院（简称区仲裁院）隶属于区人力社保局，为副处级参公事业单位，根据通州区劳动人事争议仲裁委员会的委托，承担仲裁委员会的日常工作，受理并承办辖区内劳动人事争议案件的调解和仲裁等工作。通州区劳动人事争议仲裁委员会（简称区仲裁委员会）主要负责聘任、解聘专职或兼职仲裁员；受理劳动人事争议案件；讨论重大或者疑难劳动人事争议案件等工作。2022年，区仲裁院受理劳动人事争议案件10142件，比上年增长26.2%，结案率为98.57%，调解率为71.8%，终结率为74.3%，3月获得2021年度"全国人力资源社会保障系统优质服务窗口"称号。

【基层调解组织调解】 2022年，通州区96家调解组织共预防调处劳动争议3153件，其中，案外调解942件；街乡调解组织调处1564件，调解成功率为100%，高于市调解仲裁处60%的考核指标；六方联动调解中心调撤978件，其中，审查确认置换调解书820份。2022年台湖镇劳动人事争议调解中心被选树为北京市第二批金牌劳动人事争议调解组织。

【裁审衔接新机制】 2022年，区仲裁院与区法院签署裁审衔接党建新机制工作协议，明确以党建为引领源头治理，共建诉前调解机制，指派裁审团队组建联合党小组，共同参与批量案件的诉前调解工作，联合开展点对点的普法宣传。

【多元化解仲裁案件】 2022年，区仲裁院与区总工会、区司法局等部门围绕派驻调解中心、法律援助站争议化解多次召开联席会议，年内累计向区劳动争议调解中心转件4720件，成功调解978件，支持总金额1923.2万元；派驻法律援助中心累计接待办事群众咨询11495人次，代写仲裁申请书200余份，提供法律援助494案次。

【法治共建战略合作】 2022年，区仲裁院与北京物资学院法学院组织开展法治共建战略合作，联合签署法治共建战略合作协议，共建"法学实践教学基地"，开展联合培训、法治宣传、走进仲裁庭等活动，并邀请法学院老师担任兼职仲裁员进行案件审理，实现资源共享。

（宫晶玉）

军事

人民武装

【概　况】 2022年，中国人民解放军北京市通州区人民武装部（以下简称区人武部）完成政治教育、民兵整组、军事训练、民兵执勤、年度征兵等各项工作任务，单位全面建设不断得到加强和巩固。

【冬季适应性训练】 1月2—8日，区人武部按照北京卫戍区统一安排，组织冬季适应性训练，其中1月4—8日在平谷地域进行野外拉练。

【征兵工作】 1月，区征兵办公室按照北京市统一安排，向22个街道乡镇下发《关于做好兵役登记工作的通知》，传达兵役登记有关政策规定。2月17日，通州区召开2022年征兵工作动员大会，区征兵工作领导小组全体成员、区征兵办公室成员单位负责领导、各街道乡镇主要领导参会。会议总结2021年区征兵工作，表彰奖励先进单位和个人，对2022年区征兵工作提出新要求。3月6日起，组织开展为期10天的预定新兵役前教育训练。3月8日，召开役前教育动员大会。会议强调，役前教育训练是走好“兵之初”之路的第一步，参训青年要拿出“准新兵”的标准，以“放眼国际形势、认清重大意义、充分做好准备、保持良好心态”为要求，认真学习、刻苦训练，力争得到思想上的淬炼、行动上的磨炼、素质上的锤炼。9月5—16日，组织预定新兵进行役前教育，把好新兵入口关。

【重大活动保障】 2月3—21日，3月3日至全国两会结束，区人武部组织宋庄镇、潞城镇、西集镇、漷县镇、永乐店镇民兵，担负21条无人值守进京道路外围卡点封控任务，协助公安干警卡口封控。3月3日，区人武部联合区委政法委、区公安分局组织全国两会、北京冬残奥会期间安保工作检查调研，听取各单位全国两会及北京冬残奥会期间安保和疫情防控工作汇报，对一线执勤民兵进行慰问。党的二十大期间，区人武部严格选拔民兵，联合地方公安、武警力量纳入安保执勤体系，按照“统一指挥部署，统一检查督导，统一协调保障”原则，在43个进京卡口、检查站和景观桥点位，执行安保执勤任务。

【民兵新质力量建设调研交流】 4月15日，区人武部组织人员到北京凌天职智能装备集团股份有限公司开展民兵新质力量建设调研交流。活动以新兴科技支持新时代民兵实质力量建设为主题，依次进行参观见学、公司介绍、交流探讨，双方就民兵新质力量建设达成共识。

【疫情防控】 4月3日至5月1日，区人武部组织民兵参加疫情防控执勤工作。5月13日，协调区人大、区慈善协会和金警国际安保服务（北京）有限公司主要领导参加“同心抗疫　善爱无边”慈善物资捐赠活动。

【国防教育暨军事日活动】 7月21日，通州区国防教育和军事日活动全面展开，区人武部协调区退役军人事务局，组织22个街道乡镇武装部专武干部、重点建设民兵分队和区委办局机关干部围绕军史理论授课、疫情防控、野炊保障等科目进行学习训练。

【组织民兵参加首都民兵比武竞赛】 根据年度民兵训练计划和北京市民兵比武训练需要，8月9—13日区人武部组织民兵在山里庄训练场参加北京市组织的首都民兵比武竞赛活动。

【为立功受奖官兵送喜报】 8月12日，区人武部、区退役军人事务局成立慰问组，为二等功获得者刘尚龙家庭送上“二等功”喜报和慰问金。

【2022年度专武部长集训工作】 11月1—6日，区人武部组织2022年度专武部长集训。

（范雨鑫　于磊）

人民防空

【概　况】 2022年，通州区人民防空办公室（以下简称区人防办）紧紧围绕副中心人防建设大局，认真落实国防动员体制改革，进一步提升人民防空助力副中心高质量发展和城市战时安全保障能力。12月29日，通州区国防动员办公室正式挂牌。

【公共安全宣传教育】 2022年，区人防办完成北京冬奥会、冬残奥会期间各项宣传任务，深入开展国际民防日、“4•15”国家安全教育日、“5•12”防灾减灾日、法治政府示范区创建、安全生产、《北京市人民防空条例》实施20周年等宣传活动。通过通州电视台、北京电视台、《北京晚报》《北京人防》杂志、新浪网等新闻媒体共发布各类新闻报道及新闻稿件40余条。制作《人民防空，护民之盾》宣传短片，在全民国防教育日宣传活动期间由“北京人防”公众号正式对外发布，“通州应急”“通州人防”“台湖之窗”

▲ 4月15日，开展“通武廊”协同通信演练

（区人防办提供）

等众多公众号及多家网络平台转发。

【指挥通信建设】 4月15日，由区人防办牵头组织开展“通武廊”协同通信演练，配合市人防办完成“京津冀”跨区联合演练。完成《通州区人民防空袭方案》修订工作。9月17日，完成全民国防教育日警报试鸣任务，全区警报鸣响率100%，50余名居民参与防空袭疏散掩蔽演练。

【应急值守备勤工作】 2022年，区人防办在北京冬奥会、冬残奥会，全国两会以及重要节日等特殊节点，做到24小时专人值守，人防区级指挥所设备、街道乡镇指挥调度系统及应急指挥通信车运转正常，顺利完成应急值守备勤任务。

【人防工程维护维修】 2022年，区人防办对人防工程进行维护维修，确保工程达到应有防护效能，完成工程量普查招标、施工及验收工作。

【人防工程安全管理】 2022年，区人防办针对人防工程点多、分布广，检查车辆及人员不足等情况，对人防工程使用单位实行差别化管理，制定通州区人防工程安全监管差别化管理台账，对安全信得过的企业树立典型，对存在问题较重的企业加强监管，对于企业安全实行分级管控，突出重点。加强安全检查力度，在重要时间节点，领导带队对全区人防工程开展夜查和突击检查，确保将事故隐患消灭在萌芽状态，确保通州区人防工程“零”住人、“零”事故。全年出动检查人员1682人次，夜查25次，实地检查人防工程，联合属地等相关部门执法检查96次，网络巡查9562处次，查出各类安全隐患496项，均得到有效整改。

【“疏解整治促提升”工作】 2022年，按照《通州区“疏解整治促提升”专项行动2022年工作方案》要求，区人防办于9月底完成多处人防工程内部环境提升和人防工程再利用工作任务并销账，完成进度在全市排名第一。

【接诉即办】 2022年，区人防办受理群众诉求22件，均得到有效解决，整体成绩排在全区政府部门前列。收到群众赠送锦旗1面，1件群众诉求件作为优秀案例在全区接诉即办专题会上做典型分享。

【人防工程质量监督】 2022年，区人防办对在建人防工程进行质量监督行政检查。全年检查235次，确保人防工程施工质量达标，保障建设项目顺利实施。在北京城市副中心住房项目推进中，多次协调各参建单位，进行人防工程建设质量监督指导36次，为参建单位解决人防专业施工过程中存在的难点，并提供技术支撑。

【行政审批】 2022年，区人防办按照简化程序、明确责任、提高效率的原则，对全部行政审批项目实施流程优化，逐项设计流程图示。简化流程中间环节，压缩运转时限，明确各个环节岗位职责，采取“早晚弹性办、周末预约办”的延时办理服务，方便前来办事的单位和群众，办结时限由15个工作日压减为1个工作日。

【人防工程建设】 2022年，区人防办受理审批人防工程建设标准审查30件，申报人防工程设计方案，规划设置人防工程建筑。受理审批人防工程竣工验收备案。受理审批人防工程平时使用150件。

【人防工程使用】 2022年，区人防办按照人防工程平战结合原则，协调开发商和物业将人防工程用于停车场使用，缓解群众停车压力。全年利用人防工程向社会新增停车位1000个，依托副中心政务服务大厅智能审批平台批准使用人防车库，提供新增车位1686个，超额完成年度“为民办实事”任务。

（杨丽君）

功能区建设

“两区”建设

【概　况】　通州区2018年被确立为服务业扩大开放综合试点示范区；2020年9月，中国（北京）自由贸易试验区获批，中国（北京）自由贸易试验区国际商务服务片区通州组团包括运河商务区和张家湾设计小镇周边可利用的产业空间10.87平方千米。通州区“两区”建设聚焦财富管理、绿色金融、金融科技、城市规划与文创设计、科技创新、文化旅游、专业服务、京津冀协同等领域，以运河商务区、文化旅游区、张家湾设计小镇等重点示范区和功能区为高水平开放核心承载区，通过“产业开放+园区开放”模式，不断深化改革开放。

【体制机制建设】　2022年，区“两区”办印发《中国（北京）自由贸易试验区国际商务服务片区通州组团（通州区国家服务业扩大开放综合示范区）工作领导小组和办公室组成方案（2022年修订）》，书记、区长担任区“两区”工作领导小组组长，区领导担任副组长兼协调工作组组长。印发“两区”建设专项绩效任务集和考评细则，建立“两区”统计监测指标体系。新聘任7位专家、学者、行业领军人物担任“两区”顾问委员会委员，召开北京城市副中心“两区”顾问委员会第二次全体会议；成立“双碳”专业委员会、文旅专业委员会暨特色小镇专业委员会；成立“两区”业界理事委员会，吸纳115家成员单位、143位业界代表人士出任理事。

【政策制度创新】　2022年，区“两区”办印发《北京城市副中心2022年深化“两区”建设工作方案》，研究制定《中国（北京）自由贸易试验区国际商务服务片区通州组团三年行动方案（2023—2025年）》。总结、提炼创新经验成果，“探索建立碳资产综合监测管理模式”典型案例入选生态环境部综合规划与政策典型案例，在全国复制推广；“‘绿色+’全产业链助推国家绿色发展示范区建设”纳入北京市“两区”建设第二批改革创新实践案例，在全市复制推广。

【项目落地】　截至2022年底，“两区”项目库入库项目639个，含内资项目535个、外资项目104个，推进落地352个，新增入库项目数399个、新增落地项目数266个。总部方面，中国石油天然气集团有限公司2家二三级公司落地，华夏银行股份有限公司、北京首都旅游集团有限责任公司等总部开工建设。金融领域，全市首家以绿色资产交易为特征的地方绿色金融基础设施北京绿色交易所入驻办公，全市首家从事另类投资业务的专业性投资公司、全市首支百亿规模绿色基础设施投资基金及全国首笔数据资产质押融资贷款、全市首笔CCER质押贷款、全市首笔保障性租赁住房公募REITs等首创性项目、业务落地。ESG产业领域，打造“副中心ESG绿色产业创新引擎”项目，成立ESG领域国有控股公司。文旅及科技创新等特色产业领域，全国首个元宇宙数字艺术产业园揭牌，蓝色宇宙数字科技有限公司、山魈映画动画科技（北京）有限公司、北京德火科技有限责任公司等元宇宙项目落地，全球首个Endeavor City城市运动中心签约；在全国首创性打造“数字人民币+自贸区智慧园区”等场景。

【招商推介】　2022年，区“两区”办参与“携手30年 共享开放先机”——北京“两区”建设“全球超链接”之对接以色列农业科技产业专场推介会

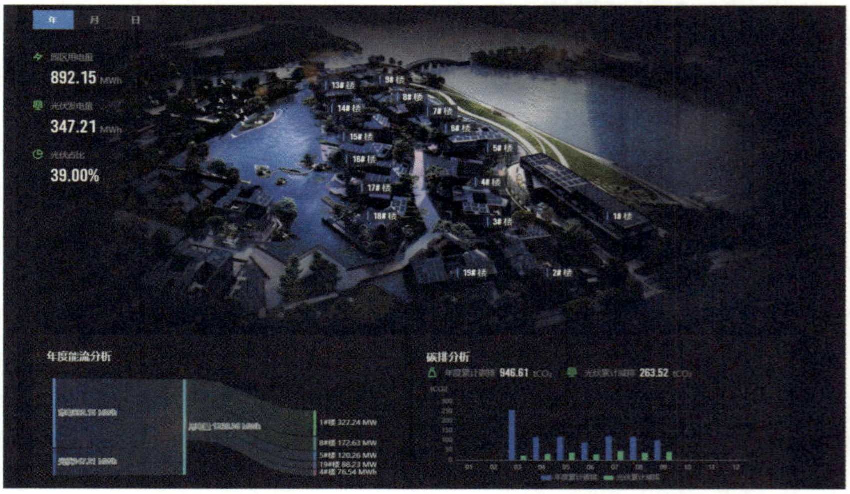

▲　“探索建立碳资产综合监测管理模式”入选生态环境部综合规划与政策典型案例
（区“两区”办提供）

等市级推介活动，对接匈牙利大使馆开展调研，面向境内外企业、机构推介北京城市副中心。配合外资招商专班，举办“日本律师协会”“日本金融与投资合作推介会”“与日本SBI控股株式会社交流会”“与东京都中日友协的经济交流”等多场线上招商推介活动。举办台企“两区”行活动，在京近20名台商参观北京城市副中心规划设计展览馆、北京市“两区”展示会客厅。设立新加坡、伦敦招商联络处，打造海外招商服务阵地。

【优化营商环境】 2022年，区“两区”办分类制定区级涉企经营许可事项改革清单，取消审批事项37项，审批改备案事项27项，推行告知承诺事项58项，优化审批服务184项。在运河商务区设立民营企业产权保护调解室、法官工作站，建立一站式多元解纷平台。落实外商投资准入前国民待遇加负面清单管理制度，实行《外商投资信息报告制度》。开展2022年度北京市服务业扩大开放外籍创新创业人才申请在华永久居留积分评估推荐函申报工作。

【“两区”展示会客厅】 2022年,区“两区”办高标准运营市“两区”展示会客厅，上线北京城市副中心展陈内容。推出《未来之城》北京市“两区”重点园区（组团）系列宣传片——通州组团《活力》、文化旅游区《魅力》,《“五子”联动看北京——走进运河商务区》《“五子”联动看副中心——“两区”建设》等宣传片，参与《我家住在运河边》北京篇等直播活动。北京城市副中心“两区”建设实效获得新华社、央广网、中国新闻网、中国国际电视台(CGTN)等中央媒体,《中国日报》、《北京日报》、凤凰网、香港商报网等网络媒体平台广泛关注和采访、报道700余期。

【品牌活动】 8月26—28日，区“两区”办举办HICOOL2022全球创业者峰会通州区主题展览，以“‘走进’北京城市副中心”为主题，以“北京城市副中心生机勃发”“未来之城·活力之城”“绿色之城·人文之城”“共治之城·共享之城·共富之城”四大板块为推介要点，全面展示在政策制度先行先试、市场主体共建共治、应用场景示范引领等方面的显著成效。9月5日，举办2022中国国际服务贸易交易会“潞通天下 大运之城”走进北京城市副中心主题活动，清华大学国家金融研究院院长、中国国际经济交流中心副理事长、国际货币基金组织前副总裁朱民和中国信息通信研究院副院长魏亮发表主旨演讲，北京绿色交易所有限公司董事长王乃祥，国华能源投资有限公司党委书记、董事长刘小奇，北京市建筑设计研究院有限公司党委书记、董事长、总建筑师徐全胜，北京银行行长助理、公司业务总监戴炜和普华永道中国综合商务咨询服务合伙人周骉雯做访谈对话。9月29日，举办北京市“两区”建设两周年新闻发布会贸易投资便利化专场，发布城市副中心“两区”建设两周年成效和下一步工作计划。

（田园依）

运河商务区

【概　况】 2022年，运河商务区坚持高质量发展主基调，在基础设施建设、“两区”建设、招商引资、财源建设、企业服务、园区管理等方面不断创新工作方法，稳步推进各项目标任务落地。2022年，新增注册企业4285家，新增注册资本金456亿元，较上年同期增长11.6%，占全区新增企业数27.8%，其中新设企业3036家、新迁入企业1249家。截至2022年底，累计注册企业19672家，注册资本金4560亿元，企业总数比上年同期增长24.0%，占全区企业总数13.8%，其中含总部企业48家、金融企业289家、高新企业124家、专精特新企业21家、上市企业2家。全年完成全社会投资34亿元，其中建安投资21亿元，累计完工建筑面积441.96万平方米。

【企业服务】 2022年，运河商务区管委对北京几何科技有限公司等15家意向入驻企业进行背景调查；对北京建院投资有限责任公司等7个产业项目进行准入评估并完成入驻协议签订。2022年新增意向企业40家。与国家发展改革委价格成本调查中心、清华大学、北京大学、中国人民大学等高校及北京绿色交易所等机构合作，启动“副中心ESG绿色产业创新引擎”项目，筹建副中心ESG研究院，注册成立ESG产业公司，推动打造ESG基金。“领导驾驶舱系统”进入试运营阶段，为招商引资、企业服务等提供智能服务。积极探索疫情下新型招商模式，依托北京运河商务区产业发展服务有限公司，通过创新云推介方式开展招商工作。组织开展“路通天下 大运之城”云推介直播活动，通过“北京通州发布”“投资通州抖音”“运河范儿”“融汇副中心”等平台在线直播，实时观看人数超4万，活动总阅读量达百万人次。

【优化营商环境】 2022年，运河商务区管委围绕聚焦营商环境，邀请区委组织部、区发改委等部门及各乡镇共同参与“早餐会”活动5场，面对面解决企业诉求、推动合作意向对接、探索创新产业招商服务模式；对接供需两端，召开首届“乐居副中心”房展会，超15个住宅、办公、公寓项目参展，吸引超50家观展企业。全年累计走访“服务包”企业199家次，为企业解决政策兑现、人才引进等诉求217件，解决率100%。依托北京运河商务区产业发展服务有限公司，为重点企业兑现奖励政策，为三峡集团租赁人才公寓700套，提供通勤班车线路19条。2022年，新光大大融城一期（地上）等商业综合体陆续展业，园区商业开业面积达20万平方米。开展“仲夏大行动”“盒马市集”等活动，点亮商务区夜经济。组织特斯联科技集团有限公司、四季沐歌科技集团有限公司等知名企业参加“富华名流荟•2022仲夏之约”活动，进一步提升商务区消费品质。

【完善配套设施】 2022年，世界侨商中心、新光大中心、绿地中央广场、保利大都汇项目周边5条道路实现连通，远洋乐堤港项目周边龙舟路完工，黄船埠街开放通车。新建给排水管线

▲ 3月28日，通州运河商务区智慧消防监控平台

（区融媒体中心提供）

600米，完成区域热力管线900米；完成远洋乐堤港、复地通运府、成大中心、新光大中心、富力运河十号（二期）5个能源子站建设。滨河北路、上营街等道路工程开工建设。完成北环环隧内部交通标志改造提升工程，制作安装89块自发光板面、新安装21块停车指示牌、施划4处地面标识。完成商务北区标识系统及城市家具品质提升项目（一期）建设。完成绿化景观提升项目（一期）建设，全年实现总绿化面积超过2万平方米。

【园区管理】 2022年，运河商务区管委开展“平安园区”创建试点工作，研究制定《运河商务区“平安园区”创建工作方案》，通过第三方服务机构对试点入驻企业、物业服务单位进行考核，对阳光人寿保险股份有限公司北京分公司等5个“平安园区”示范企业、广州宁骏物业管理有限公司通州分公司等8个“平安园区”示范物业单位和9个“平安园区”达标企业和物业进行授牌。加大对重点商圈、地铁站等重点点位日常巡查和秩序维护。通过市政道路停车区域施划、共享单车“入栏结算”、定制花箱外摆等一系列措施，园区整体环境显著提升。做好园区在施工地日常管理，深入现场开展安全生产、消防安全、扬尘治理、汛期防汛专项检查，实现2022年安全生产零事故、零伤亡。深入施工现场开展创建国家森林城市、创建国家卫生区、创建全国文明城区专项检查，建立定人、定岗、定责工作体系，严格审查建筑工地围挡公益广告画面覆盖率及维护管理情况，2022年全年整改实地考察点位157处，全力营造浓厚的宣传氛围。

【打造智慧管理平台】 2022年，运河商务区综合金融服务平台项目初步方案编制完成，平台一期进入内测阶段。在市“两区”展示会客厅、城市会客厅内设置数字人民币展区和应用场景，联合区金融办、区商务局及招商银行成功举办“大运河畔 品质生活”数币消费券活动，数字人民币区域场景开放。打造运河商务区智慧建筑示范工程，积极推进4个智慧楼宇示范项目建设进度。城市副中心“综合交通枢纽一体化示范”建筑工程智慧建造系统平台进入试运行阶段，形成可视化成果，智慧运营指挥平台完成顶层设计。

【接诉即办】 2022年，《北京市通州区运河商务区“接诉即办”工作实施方案（修订版）》正式发布实施。推动主动治理，未诉先办，由解决“一件事”向解决“一类事”转变。全年接收接诉即办市、区级派单81件，同比下降58%。全年平均成绩91.19分。

【园区宣传】 2022年全国两会期间，《北京城市副中心运河商务区诚邀全球企业共谱开放新篇》被《光明日报》刊登。10月，北京电视台推出《“大美京津冀 献礼二十大”——北京城市副中心运河商务区加速崛起》专题片，多角度全方位介绍运河商务区产业发展及宜居宜业良好环境。“运河范儿”微信公众号推送文章819篇，其中原创573篇，总阅读人数33.5万人，总分享1.66万次，总用户数5120余人。“北京城市副中心运河商务区”推送文章79篇，其中原创43篇，总阅读人数2.55万人，总分享1972次，总用户数1810人。

（郑文超）

中关村科技园区通州园

【概　况】 2022年，中关村科技园区通州园聚焦设计小镇、网安园、医药健康产业集聚区、种业园四个重点产业功能区，统筹规划编制、推进重点项目、加强招商引资、优化企业服务，着力提升园区科技创新和产业发展能级，为城市副中心高质量发展提供有力支撑。全年7个园区（网安园、设计小镇、医药健康产业集聚区、通州经济开发区北区、永乐开发区、聚富苑产业园区、种业园）完成工业总产值228.3亿元，总收入414.4亿元，利润总额12.1亿元，税收合计29.9亿元。

【招商引资】 2022年，通州园内引进企业282家，其中注册资金1000万元以上企业113家，注册资金亿元以上企业18家。其中以北京央美城市公共艺术院为代表的城市科技、前沿技术创新应用、绿色低碳类项目95家；以北京华天幕墙工程有限公司为首的设计类企业12家；以蓝色光标集团子公司蓝色宇宙数字科技有限公司为代表的元宇宙应用类项目9家；以北京种芯科技有限公司为代表的现代农业项目2家；以北京小乔机器人科技发展有限公司为代表的网络安全类项目69家；以北京神经树干细胞医学研究有限公司为代表的医药健康项目13家；以北京和益世纪餐饮服务有限公司为代表的其他类企业82家。继续推进“四区结对”（通州区与西城区、朝阳区、海淀区签署结对协议）区域协同发展，全年共有60家企业通过“四区结对”工作落户通州园，其中海淀23个、朝阳35个、西城2个，注册资本共约9.5亿元。严格立项准入评价，全年接收项目立项53个，通过初审52个，过审项目分别报区发改委和区经信局进行立项申请。

【京津冀协同发展】 2022年，与北三县各高新区招商负责人员建立微信工作群，就当地资源政策及产业需求进行常态化联络交流，并在2022年北京通州·河北廊坊北三县项目推介洽谈会上，签订《中关村通州园与北三县经开区管委会一体化招商合作框架协议》。

【企业服务】 2022年，制定《园区重点走访服务企业清单》，围绕市场拓展、员工住宿、居住证办理、人才引进、开工手续等方面，开展专题化企业走访工作，通过协调推进、资源对接等方式为企业提供精准化服务。组织协调福元医药、甘李药业、春立医疗对接潞河医院，推动临床新药率先进入；协助北京海德润医药集团有限公司提交扩产申请；协调区经信局为北京英惠尔生物技术研究院等企业讲解国家级专精特新小巨人申报流程。摸排企业融资需求，梳理有需求重点企业28家，组织3场金融知识讲座、政策解读、银企对接活动。加快与专业机构建立合作，协同区科委与中关村科创金融服务中心签订战略合作协议。多渠道助力知识产权保护，开宝科技创客中心和设计小镇创新中心建站以来，围绕“世界知识产权周”“商业秘密保护”“知识产权宣传”等主题开展活动5场，发放各类宣传材料100余份，为企业协调知识产权事项30余项。协同区知识产权中心引导北京未来设计园区、一方健康谷、北京经开·智汇园、网安园创新中心4家重点项目参与知识产权服务工作。抓好园区安全生产工作，配合属地乡镇政府对分园重点企业安全生产工作进行检查督导，做好隐患排查整治工作，全年组织线上消防专题培训4次，参与指导消防应急实战演练2次。

【优化营商环境】 2022年，通州园新认定中关村高新技术企业90家，累计认定828家。12个项目入选2022年北京市新技术新产品，2家企业被认定为北京市企业科技研究开发机构，17家单位被认定为北京市知识产权试点单位，4家单位被认定为北京市知识产权示范单位，14家企业入选国家级专精特新“小巨人”企业，105家企业入选北京市“专精特新”中小企业，2家企业入选市级企业技术中心新创建名单，4家企业基地入选通州区科普基地名单。2个项目获1000万元科技资源支撑型特色载体专项支持资金，70个项目获通州区高精尖产业发展资金支持，2家企业获市科委、中关村北京四板挂牌资金支持。

【园区人才建设】 2022年，通州园4家企业获批设立园区类博士后科研工作站，现有园区类博士后科研工作分站20个，新进站博士后12人。全年协助16家企业26名人才申报引进需求，协助17家企业申报非京籍毕业生引进需求，协助园区25家企业获得市、区人才政策扶持资金和资助经费781.5万元，其中5家设站企业获得博士后日常资助市级经费40万元，7家设站企业获得区级建站专项资助140万元，15名在站博士后获得区级研发经费和生活补贴142.5万元，4家企业的5名高层次人才获得通州区高层次人才政府特殊津贴和购房补助9万元，9家企业的9名灯塔人才获得区级扶持资金450万元。

（郭庆云）

张家湾设计小镇

【概　况】 2022年，张家湾设计小镇专班完成张家湾设计小镇“十四五”时期发展规划和产业规划研究，编制形成产业发展图谱；对标《全国特色小镇规范健康发展导则》，编制《张家湾设计小镇建设方案》（未定稿）。在5.4平方千米规划综合实施方案基础上，梳理供水、排水、供电、燃气、供热可实施项目；联络市、区市政主管部门，推进水、电、气、热纳入市级大市政体系；启动编制区域整体能源方案，打造国家绿色发展示范区样板。2022年，实现税收7.2亿元，其中存量企业纳税6亿元，增量企业纳税1.2亿元。

【地块建设】 2022年，铜牛二期约4.7万平方米完成多规合一初审意见，完成可研报告编制工作，启动申报立项。创新中心项目建设完成楼宇24栋及地库3座，完成全部楼宇验收工作。5月，北泡轻钢地块项目一期（北京国际设计周永久会址总建筑面积约1.8万平方米）建成并投入使用；北泡轻钢地块项目二期（家园中心及停车楼规划总建筑面积约2.2万平方米）取得规划许可证及施工许可证，正式开工。北京市建筑设计研究院有限公司、北京北咨城市规划设计研究院有限公司新总部——环球建筑科创中心项目完成选址，8月取得建设用地，12月28日开工建设，其中北京建院新总部总建筑规模约4万平方米、北咨公司新总部总建筑规模约2.3万平方米。12月28日，位于城市副中心11组团张家湾设计小镇中北部区域的首旅怡禾项目开工，占地面积约1.5公顷，规划建筑面积3.8万平方米，投资总额约5.4亿元。

【企业入驻】 2022年，设计小镇全年新注册企业152家（累计注册企业382家），注册资金逾37亿元（累计注册资金约160.8亿元）。以蓝色宇宙数字科技有限公司、山魈映画视效（北京）科技有限公司等为代表的34家元宇宙产业关联企业先后入驻。首都创新设计研究院有限公司、北京央美城市公共艺术院、文博智慧云（北京）网络科技有限公司等15家设计类企业完成注册（累计注册32家）。以国电投下属港资企业——新源蕴能科技开发（北京）有限公司、北京清峰绿能科技股份有限公司为代表的17家低碳、新能源产业关联企业落户设计小镇。累计对接外资企业60余家次，完成注册 7 家，现有美资设计企业楷亚锐衡建筑设计咨询（北京）有限公司等外资企业 17 家。

【智慧小镇建设】 2022 年，智慧城市标杆示范项目进展显著。“副中心设计之心”核心技术——“英心”作为国产首个自主三维图形引擎，入选国务院国资委发布的国企十大数字技术典型成果。“智慧生活实验室二期”主要成果——智慧建筑运维管理平台正式发布。“近零碳排放智慧能源示范区”围绕分布式光伏、地热资源开发等应用完成相关方案设计。数字化转型升级项目推进落实。围绕“数管园区、慧聚产业、智服企业”目标，建设设计小镇智慧管理平台；以怡禾生物园区升级改造项目为样板，副中心建筑业数字化转型试点落户设计小镇；数字人民币试点全域推广，涉及对公党费缴纳、咖啡机、自动贩卖机、娱乐设施、食堂等场景，安装支付消费设备 11 台，开通数字人民币钱包 138 个（其中企业端 2 个，个人端 136 个）；组建国际化研究机构——零碳工场中国研究院，以怡禾生物地块、建院新总部等项目为试点，推动碳中和应用场景；全市首个数字人民币充电站试运行，实现支付模式创新、数字人民币与物联网充电桩融通。

【配套设施建设】 2022 年，梧桐路环岛及梧桐路、凤桐路、铜牛公园景观提升项目建设完成；T105 和 317 路公交线路改线工作完成，在设计小镇设站点 9 处；在重点地块和区域开通“接驳班车”。在重点地块建设职工餐厅，未来设计园区深夜食堂面向大众开放营业；结合数字货币应用，在重点地块布置咖啡、饮料等消费终端，解决员工餐饮问题。与创新中心华住诺富特酒店就商务合作进行具体磋商，启动设计公开招标；首旅怡禾项目开工建设，以酒店、餐饮、商业综合体模式，完善设计小镇内产业服务配套。

【市委书记蔡奇调研张家湾设计小镇】 8 月 9 日，市委书记蔡奇到张家湾设计小镇调查研究，先后走访北京国际设计周永久会址、北京未来设计园区、元宇宙应用创新中心。蔡奇强调，未来五年是城市副中心立长远、强功能、全面上台阶的关键时期，设计小镇作为城市副中心高质量发展重要支点，要更加积极主动作为，着力打造展现城市副中心科技与文化魅力的新名片。

▲ 9 月 17 日，“两区”建设顾问委员会文旅专业委员会暨特色小镇专业委员会正式成立（区融媒体中心提供）

【副中心文旅产业峰会暨特色小镇高质量发展论坛】 9 月 17 日，2022 北京城市副中心文旅产业峰会暨特色小镇高质量发展论坛在设计小镇北京国际设计周永久会址举行。峰会由区委宣传部、北京城市副中心文化旅游区管理局主办，以“新格局 • 新机遇 • 新思维”为主题，将视角集中于承接环球影城外溢效应，推动特色小镇高质量发展。峰会分为新格局与文旅产业融合、新机遇与文旅产业创新、新思维与文旅产业运营建设三大板块内容，邀请文旅业内专家发表演讲，研讨新时代背景下的文旅产业高质量发展模式、文化赋能特色小镇建设等热点议题，为副中心文旅产业发展献计献策。并发布城市副中心文旅建设成果和文旅产业多项招商引资政策。

【北京时装周闭幕式】 9 月 22 日，2022 北京时装周闭幕盛典暨铜牛“萃 • 至真”发布会在设计小镇举行。闭幕会上，铜牛集团携手北京服装学院教授、国内著名设计师邹游，带来以“铜牛七十载，创新在路上”为愿景的时尚大秀。长者、青年和孩童三段年龄跨度的表演者用场景化、剧场化、多元化的走秀形式，展现这一肇始于北京市人民针织厂的老品牌 70 年峥嵘岁月的成就和对未来的憧憬。

【2022（第六届）北京国际城市设计大会】 11 月 19 日，2022（第六届）北京国际城市设计大会在设计小镇北京未来设计园区开幕。大会由北京建筑大学、中国建筑学会、中国建筑文化中心、北京市建筑设计研究院有限公司主办，北京未来城市设计高精尖创新中心、中国建筑学会城市设计分会、“一带一路”建筑类大学国际联盟、北京市建筑设计研究院有限公司未来设计院承办，首次在北京城市副中心举办。大会以“城市更新与高质量发展”为主题，汇聚国内外百余位建筑设计、城市规划领域院士、大师、知名学者专家等，围绕当代城市更新理论和实践、文化遗产保护等重点领域进行交流分享。

（宋丽娟）

国家网络安全产业园区（通州园）

【概　况】 国家网络安全产业园区（通州园）是工信部和北京市政府合作共建的国家级网络安全产业园区，规划占地面积 5.06 平方千米，其中起步区范围约 1.67 平方千米（实际可利用面积约 1 平方千米），启动区范围

▲ 3月9日，“赋能发展 集势共赢——2022网安园IPO宣讲会”在北京城市副中心举办（网安园专班提供）

约0.19平方千米（位于起步区内）。园区定位为国家网络安全高端产业集聚示范基地和网络安全领军人才培育基地主要承载区，主要围绕工业互联网、5G网络、车联网、智慧城市、大数据、物联网、云计算、商业密码应用等八大方向发展产业。2022年，园区税收超3500万元，年度税收超100万元的重点税源企业有9家。

【规划建设】 2022年，编制完成网安园整体战略发展规划、商业和公服配套方案，形成园区交通及竖向规划初稿。网安园启动区三个项目开工建设。11月28日，西北工业大学北京研究院项目取得施工准备函，开始进行土护降施工。11月29日、30日，网安园启动区办公及服务配套项目和网络安全领军人才培育基地项目先后取得施工许可证，进入施工阶段。

【招商引资】 2022年，新引进网络安全相关企业69家，其中新注册企业24家，外区迁入企业32家，通州区迁入企业13家。累计引进企业134家，其中2家企业获得国家级专精特新“小巨人”企业称号，3家企业获得北京市专精特新“小巨人”企业称号，12家企业获得北京市“专精特新”中小企业称号，20家企业被认定为“国家级高新技术企业”。

【企业服务】 2022年，网安园专班搭建数字化企业管理系统，组建企业服务团队，组织企业服务专员为企业解读政策、指导申报。全年帮助十余家企业落实惠企助企政策，包括通州区2022年度高精尖产业发展重点支撑支持项目，2022年通州区知识产权资助、奖励、补贴项目，通州区2022年“专精特新”企业高质量发展项目，通州区科委2022—2023年科研储备项目，北京市通州区人民政府减免服务业小微企业和个体工商户房屋租金有关事项等。成立网安园科学技术协会，搭建党和政府联系企业科技工作者的桥梁。

【园区活动】 2022年，成功举办2022网络安全企业服务与发展推进会，2022网安园IPO宣讲会暨畅融工程活动，第五届关键信息基础设施自主安全创新论坛，2022网安园（通州）“专精特新”线上政策详解会，阅读驿站•繁荣网络安全产业•护航数字经济发展、通州区元宇宙融合产业创新发展研讨会，走进北京理工大学就政校企合作开展网安园（通州）重点企业专场招聘会、座谈会等系列活动。

（童楠）

漷县镇医药健康产业集聚区

【概　况】 漷县镇医药健康集聚区（本分目内简称集聚区）主要由漷县镇中心区组团和觅子店组团两部分组成，共计11.6平方千米，其中中心区组团总体规划面积8.8平方千米（1.71平方千米纳入中关村国家自主创新示范区政策范围），觅子店组团总体规划面积2.8平方千米，集聚区内已建成建筑面积102万平方米。截至2022年底，集聚区内有实体企业型生产企业27家，主要涉及生物医药、高性能医疗器械、现代服务业等行业，规模以上企业19家，专精特新企业11家。集聚区内配套北京大学人民医院、北京卫生职业学院、副中心养老院等重大医疗资源和基础公共服务设施。

【产业规划设计】 2022年，漷县镇围绕“京东运河古城，健康文化小镇”整体定位，通过分析漷县镇产业基础，研究医药健康产业发展战略和提升路径，提出符合漷县镇实际的产业发展方向，推动集聚区产业规划编制实施工作。截至年底，镇域产业规划完成三轮意见征集及修改，进入终稿修订阶段。

【招商引资】 2022年，漷县镇对接洽谈项目70余次，新增注册企业58家，促成北京人卫中药饮片有限公司、新疆建工集团北京分公司、北京灵赋生物科技有限公司、奥托博克（中国）工业有限公司等企业落地集聚区。人卫中药项目正式投产运营，新疆建工集团北京分公司年纳税超过1000万元。

【重点项目建设】 2022年，紧盯在途项目，每月按时通报项目建设进度，责成专人对集聚区重点建设项目相关手续办理全程督办、催办。6月18日，北京福元医药高精尖药品产业化建设项目开工建设，年底正式开始主体结构施工。9月8日，北京益生祥明科技产业园区项目开工建设。智汇中心产业园项目及智汇中心科技园取得多规合一。

【企业公益联盟】 2022年，漷县镇充分发挥党建引领示范带动作用，汇集镇域内26家重点企业成立通州区首家镇级企业公益联盟，出台《漷县镇公益联盟工作方案》，正式搭建社会慈善资源与村、社区需求精准对接平台。2022年，企业公益联盟组织活动4次，包括为漷县镇捐赠防疫物资、资助优秀高考毕业生、慰问医护人员等，累计捐助资金24.9万元，捐赠防疫物资上万件。

【宣传推介】 2022年，漷县镇整合梳理集聚区区位位置、现有空间资源、相关政策、重点企业及项目等情况，

▲ 9月2日，漷县镇企业公益联盟捐助优秀高考学子活动
（漷县镇医药健康产业集聚区提供）

▲ 7月19日，2022年中国（京津冀）鲜食玉米大会暨第八届北京鲜食玉米节召开，国内100多个主流鲜食玉米品种亮相
（北京通州国际种业科技园区提供）

编制完成集聚区宣传手册，用于对外招商宣传。日常宣传中，协助一方健康谷参加2022年中国国际服务贸易交易会进行企业展示；协助甘李药业、一方健康谷2家企业参加《副中心会客厅》节目，对企业发展情况、产业优势等进行详细推介。通过《北京日报》为甘李药业和春立正达进行企业宣传报道2篇，通过《北京城市副中心报》、“北京通州发布”等区级媒体完成集聚区企业及项目报道26篇，通过“漷县书院”公众号平台完成宣传报道24篇。

【企业服务】 2022年，漷县镇积极落实企业“服务包”政策，制定《漷县镇企业服务专员工作制度》，为企业配备“一对一”服务专员，做好日常联络对接。全年通过实地调研、电话访谈等形式走访服务包企业35家47次，主要领导带队走访13次，举办专题座谈会6次，累计解决企业诉求90件，解决企业高管子女入学6人次、人才保障住房2套。“服务包”考评工作累计报送企业上市、重点企业及项目落地等加分材料4次，累计进入全市排名前10名4次。

（郭雨桐）

北京通州国际种业科技园区

【概　况】 北京通州国际种业科技园区于2011年7月13日在于家务回族乡挂牌成立，先后被农业农村部、科技部认定为国家农业科技园区、国家农业信息化示范基地、京津冀农业科技协同创新基地及国家现代农业产业园，是首家纳入中关村国家自主创新示范区的农业特色园区。园区有千亩新品种展示基地，稳定保留3万亩育种基地，建成8.2万平方米综合服务大楼，60余家高校院所和种业企业入驻。2022年8月，北京市通州区人民政府办公室印发《于家务国际种业科技园区产业规划（2022—2030年）》、《关于鼓励现代种业发展十条措施》，明确了“两区两中心”（国家战略物种种源安全先行区、国际生物育种前沿技术创新中心、国际种业创新成果汇聚转化中心、国家现代种业产业集群发展示范区）战略定位，为园区培育、引进、支持龙头企业，吸引高端种业人才，促进种业成果转化交易等提供制度保障。

【园区公共服务平台建设】 2022年，优化提升分子育种共性技术服务平台，在全国CSAL资质基础上，于7月通过转基因检测扩项，是国内设备较先进、装备较齐全的高通量分子检测平台，为全国30个省市400余家单位提供服务。完善和提升农作物新品种展示评价转化平台，成功入选第二批全国农作物新品种展示评价基地，并在玉米、小麦、蔬菜作物常规新品种展示基地基础上，策划生物育种产业化示范基地，已完成基地建设招投标工作；在开展农作物常规品种展示基础上，为种业企业开展获得安全证书的生物育种回交转育提供场地，为生物育种监管部门、种业研发单位提供生物育种品种中试展示、推广示范服务。搭建现代种业全产业链双创服务平台，建设企业总部孵化基地1.8万平方米，双创公共服务平台2500平方米，是科技部、北京市批复的首批星创天地，中关村特色产业孵化基地和创新型企业孵化集聚区，满足入驻单位集中办公、独立办公、会议会客、商务洽谈等全方位的办公科研需求，提供注册、税务、人力资源、认证等一站式服务。

【会展服务】 9月，面积3.9万平方米的国际种业会展中心落成。2022年，园区成功举办第十一届现代种业博览会、第三届京津冀鲜食番茄擂台赛暨首届京津冀鲜食黄瓜擂台赛、2022年中国（京津冀）鲜食玉米大会暨第八届北京鲜食玉米节，并在新品种核心展示基地、航天育种基地、玉米中心基地等常年开展玉米、小麦、蔬菜新品种田间展示，提供365天不落幕农业会展服务。

【科技成果】 2022年，帮助入园单位自主研发获得主要农作物新品种审定111个、非主要农作物新品种登记136个，取得国家植物新品种保护权证书33项；从园区育出的京科968推广超过1亿亩，京农科728超过2000万亩；京胡36、京春娃阻击了跨国公司对国内蔬菜种业的垄断冲击，京秋3号成为秋白菜育种的标杆品种；种业卡脖子技术持续突破，获得专利成果33项、软件著作权21个、重大科技技术4项。

【招商引资】 2022年，园区引入先正达集团中国落地，2月在园区注册“种芯（北京）科技有限公司”法人实体，开展玉米生物育种产业化应用、种衣剂等业务。与中科院计算所建立入驻意向，现平台企业已在园区核心展示基地为中科院计算所开展两季玉米、牧草、小麦种植，供其开展智能农机装备试验。

【成功申报创建农村综合性改革试点试验】 5月，财政部公布了2022年农村综合性改革试点试验名单，以于家务国际种业科技园区为范围的北京市通州区农村综合性改革试点试验列入创建名单，打造以种业科技创新为驱动的农村综合改革试点试验样板。试点试验以“两区两中心”发展规划为基础，结合财政部试点要求，重点布局种业展览展示提升、双创服务、农作物育种加速器、生物育种种质协同创新、番茄种质资源创新、蔬菜种子加工包装共享中心、种业智慧园区运营中心等任务。

【推进通州区国家现代农业产业园建设】 通州区国家现代农业产业园以“种业+蔬菜”为主导产业，建设现代农作物种业创新发展新标杆和叶类蔬菜产业集聚新高地，发展“高科技、高效益、高附加值”农业，持续深化产业融合，辐射带动农民增收，全力打造种业推新育优工程、蔬菜提质扩面工程、产业拓精促融工程、公共服务科技工程、富民振兴绿色工程5大工程20个重点项目，计划总投资22.53亿元。2022年，于家务国际种业科技园区作为产业园核心区，积极推进产业园建设，承担十余项重点建设任务。年内，产业园各项建设项目已全面开工。

（关承运）

▲ 7月6日，北京市通州区张家湾车辆段综合利用项目开工动员会举行

（文旅区管委会提供）

北京通州文化旅游区

【概　况】 2022年，北京通州文化旅游区聚焦文化旅游主导功能，坚持以文塑旅、以旅彰文、文旅融合，围绕高质量发展主线，牢牢把握“两区”建设机遇，全力建设文旅商体融合发展示范区，力争打造“文化旅游新地标、文创科技新高地、国际交流新窗口”。完成全社会固定资产年投资任务87.35亿元，超额19.09亿元。

【重点项目服务】 7月19日，首旅集团成功摘地入驻文旅区。文旅区管委会完成文化旅游区北高压架空线临时迁改工程，解决首旅总部和环北综合交通枢纽施工阻碍；协调解决张家湾车辆段综合利用项目红线外临时占地、项目占用绿地等问题。年内，文化旅游区北部产业带张家湾车辆段综合利用项目、环北综合交通枢纽、通马路综合交通枢纽、国际人才社区、首旅集团总部项目全部实现开工。

【招商引资】 2022年，北京环球影城主题公园盛大开园入选全国文化中心建设2021年度十件大事；环球城市大道入选第二批国家级夜间文化和旅游消费集聚区名单；促成区政府与全球最大潮流体育和时尚娱乐集团Endeavor集团旗下上海巍美文化发展有限公司、国内品质出行龙头企业广州悦途网络科技（集团）股份有限公司签约；与北京环汇置业有限公司、北京明瑛东方音乐有限公司等行业优质企业签约；与区委宣传部联合主办“2022北京城市副中心文旅产业峰会暨特色小镇高质量发展论坛”。年内注册优质企业16家，其中6家国有企业和优质行业企业实现工商、税收双落地。

【政策研究】 2022年，编制完成《北京城市副中心文化旅游区发展建设三年行动计划（2023—2025年）》及三个配套清单；顺利承接涉及市文旅局三类共21个项目市级权力；初步编制《文化旅游区产业准入退出评价机制》及涉及招商、文旅、金融、人才等全方位文旅区特色政策包；开展水系通航研究，形成滨河景观、雅致夜景和“夜游”项目的开发建设配套方案；对接专业智慧能源和绿色发展机构，谋划推动“近零碳”绿色发展示范区建设。

【联动发展】 2022年，获得市“两区”办评选的“国家服务业扩大开放综合示范区重点园区”授牌。加强“一区三镇”（一区指文化旅游区，三镇指张家湾设计小镇、台湖演艺小镇、宋庄艺术小镇）联动发展，同步推进三个特色小镇建设。编制张家湾古镇地区投资策划运营一体化方案并上报区领导专题会审议；形成《台湖演艺小镇理事会组建方案》并经副中心管委会专题会议审议通过；探索梳理宋庄艺术创意小镇存量空间更新、配套服务完善、产业经营管理等实施路径。

（李慧君）

宋庄文化创意产业集聚区

【概　况】 北京宋庄文化创意产业集聚区是北京市政府2006年首批认定

的全市十个文化创意产业集聚区之一，规划面积14.6平方千米，其中通州新城范围内10.3平方千米。2022年，继续与北京通州文化旅游区管委会合署办公，在文化旅游区党组的领导下完成年度工作任务。

【重点项目进展】 2022年，中国艺术品交易中心项目有序重启，项目开发主体变更为北投集团，内部功能和商业落位等内容正在优化中。截至年底，安贞医院通州院区项目完成“多规合一”综合会商推送，屋面工程已完工，二次结构基本完工，正在进行外装修、室内装修及机电工程施工。副中心住房项目（0701街区）A#地块地下结构基本完成，正在进行地上结构及地下二次结构施工；B#地块主体结构已封顶，外檐施工全部完成，小市政全部施工完毕，大市政工程穿插施工，机电设备安装全部完毕，室内装饰完成80%；幼儿园地下结构施工完成，正在进行地上结构施工；D#地块地下结构基本完成，正在进行地上结构及地下二次结构施工，楼座转换层施工基本完成；E#地块所有栋号转换层全部完成，部分栋号主体结构施工至6层；学校地块外立面收尾基本完成，内部装修基本完成，达到交付条件；F#地块施工现场平整场地完成。家园中心地块土护降施工基本完成，正在进行CFG桩施工。

【土地一级开发工作】 2022年，集聚区管委会协助宋庄文化创意产业集聚区投资开发有限公司完成房屋拆迁许可证延期等手续办理工作，协助申请土地一级开发项目资金审批与拨付；与区综合事务中心、北京保障房中心有限公司签订《北京城市副中心住房项目潞苑南大街北侧地块土地开发建设补偿协议之补充协议（二）》《补充协议（三）》，大力推进园区土地一级开发项目进程。

▲ 1月28日，集聚区管委会到副中心住房项目施工现场检查安全生产

（宋庄文化创意产业集聚区管委会提供）

【园区服务和管理】 2022年，集聚区管委会加强与宋庄镇政府的沟通协作，协助文化旅游区完成宋庄艺术小镇相关调研工作，助力宋庄艺术小镇的提升建设，加强产业互动、优势互补；加强与园区入驻企业日常联络，配合区市场监管局、区税务局等单位，做好园区企业信息公示、企业年审等协调服务工作；通过走访艺术展馆、微信公众号发布信息等方式，做好知识产权、防范非法集资等宣传工作，维护园区经济金融安全和社会稳定。

【疫情防控及安全生产管理】 2022年，集聚区管委会通过转发、制发各类疫情防控、安全生产管理通知，督促园区内项目建设施工方提高风险防控意识，开展安全生产自查自改，落实落细各项疫情防控及安全生产管理措施。在重要时间节点针对重点项目进行现场施工安全检查，传达安全生产相关政策要求，排查项目施工现场安全隐患，确保年内无安全事故发生。

（黄林娜）

经济管理

经济社会发展与经济调控

【概　况】 通州区发展和改革委员会（简称区发改委）主要负责全区国民经济和社会发展统筹协调、经济体制改革综合协调。2022年，初步核算地区生产总值实现1253.4亿元，同比增长2.8%，高于全市2.1个百分点。一般公共预算收入全年实现89.43亿元，还原口径同比增长0.3%。固定资产投资继续保持千亿规模；建安投资总量始终保持全市首位，增长稳定器作用凸显。社会消费品零售总额实现539.6亿元，同比下降4.2%，降幅小于全市3个百分点，总量排名第10，增速排名第5。居民人均可支配收入实现51618元，同比增长3.9%，高于全市0.7个百分点，实现稳步增长。

（武英英　马欣悦）

【综合绩效评价】 2022年，区发改委大力推进高质量综合绩效评价工作，围绕指标体系提出7个方面64项促进措施，制定出台《关于促进高质量发展、提高综合绩效评价工作实施方案》，将高质量发展综合绩效评价促进工作纳入区级绩效考核，制定考评细则及专项任务集，常态化开展指标监测分析，跟踪各指标促进任务进展，2021年通州区得分75.25分，整体得分有所提升。

【推动副中心高质量发展意见落实落细】 2022年，区发改委扎实推进副中心高质量发展政策清单、任务清单和项目清单，政策清单“半月调度、半月报告”，20余项政策落地生效；印发实施包含248项任务716条具体工作举措的《关于推进北京城市副中心高质量发展的任务清单区级任务书》，实行“月督办、季报告”，716项任务圆满完成；项目清单50项区属项目有序推进，全年固定资产投资继续保持千亿规模；建安投资总量全市第一。

（马欣悦）

【深化投资管理体制改革】 2022年，区发改委完成《通州区优化政府投资项目决策审批改革方案》编制，经区委常委会审议通过，以区政府办名义印发。围绕政府投资项目的全生命周期管理，从项目谋划储备到项目前期推进，从项目报建审批到项目竣工决算，逐项明确各阶段要求，建立固定资产投资建设项目“谋划—储备—决策—审批—实施”全流程推进体系，确保区级政府投资项目实现谋划储备超前、成本管控有力、实施规范有序的管理目标。

（商德望）

【优化营商环境】 2022年，区发改委着眼于落实市级改革任务、副中心营商环境“十四五”规划、破解产业发展中的体制机制障碍以及加大改革创新力度等四个方面，制定《通州区培育和激发市场主体活力持续优化营商环境重点任务分工》，并印发至各相关单位落实。同时，为使各项改革任务落地见效，印发《2022年通州区局处长走流程工作方案》，以“局处长走流程”为抓手，推动政策落地最后一千米落实。全年有45家单位、475人次参与走访，发现新政策解读、政策知晓度低等方面问题124项，全部整改完成。同时聚焦企业服务，建立“服务包”企业三级走访机制，区领导直接联系重点企业，提高沟通层级。2022年，“服务包”企业扩容至837家，其中区领导联系企业130家，较上年同比增长22.3%。行业管家、属地处级领导走访联系区级“服务包”企业，实现企业走访全覆盖，全年解决企业诉求2200余项，诉求办结率和满意率均达到100%。

（王雪　林尚玮）

【疫情防控与复工复产】 2022年，区发改委根据市疫情防控政策调整变化，在有效控制疫情蔓延的同时，同步推进各市场主体复工复产。强化复工复产组各成员单位压紧压实主体责任，从常态化执法检查、中高风险地区人员排查、环境核酸检测与重点人群核酸检测等方面毫不松懈做好各项防疫工作。切实帮助市场主体纾困解难，推动经济回稳向上，牵头制定《通州区统筹疫情防控和稳定经济增长的实施方案》《通州区〈关于继续加大中小微企业帮扶力度加快困难企业恢复发展的若干措施〉的落实指引》《〈北京市积极应对疫情影响助企纾困的若干措施〉的落实指引》，聚焦企业复工复产中存在的实际困难，深入一线，建立“线上走访、线下督办”工作机制，形成“主要领导亲自盯、主管领导具体抓、当日督办当日毕”的工作模式，在有效防住疫情的同时稳步推进经济发展，做到疫情防控与经济发展两手抓。

（龚楚杰）

【举办与廊坊北三县项目推介洽谈会】 9月15日，区发改委以线上线下相结合的方式举办第四届北京通州·河北廊坊北三县项目推介洽谈会，现场签约重点合作项目37个，意向投资额约280亿元。2019年以来，连续四年举办与廊坊北三县项目推介洽谈会，累计签约项目161个，意向投资额累计1080亿元。

【通州区与北三县一体化高质量发展总体方案获批】 8月，经国务院批复，国家发改委正式发布《关于印发〈推动北京市通州区与河北省三河、大厂、香河三县市一体化高质量发展总体方案〉的通知》，有力推动通州区与北三县的一体化高质量发展。

（李丹）

【启动北大人民医院国家创伤医学中心、东直门中医医院国家中医医学中心项目】 2022年，区发改委与东直门中医医院、北大人民医院紧密对接，组织专业人员对两院建设的国家医学中心项目规模需求进行评估论证，在节约利用土地的前提下，框定项目选址用地控制规模。

【印发“十四五”时期北京城市副中心（通州区）公共服务发展规划】 2022年，区发改委经过反复修改完善，全区“十四五”公共服务发展规划经区政府审议后于5月正式印发实施。该规划立足新发展阶段和副中心公共服务发展急需突破的问题，紧扣“七有”要求和“五性”需求，以打造构建公共服务新高地为抓手，聚焦民生福祉改善，进一步完善均衡优质、高效持续、多层多样的副中心社会公共服务体系。

（李昌龙）

【召开价格认证工作会】 9月27日，区发改委价格认证中心召开价格认证工作会，区公安分局及各乡镇街道派出所代表参加会议。会上发放最新“价格认定协助书”填写模板，明确委托书填写规范，并开展问答环节，针对民警提出的各项问题予以解答，规范“价格认定协助书”填写，提高工作效率。

（宋宁）

【强化节能工作】 2022年，区发改委根据全区402家规模（限额）以上二三产企业，分行业（14个领域）、街道乡镇（22家单位）、重点用能单位（16家单位）制定《通州区2022年节能目标分解方案》，将节能工作纳入16个部门和各街道乡镇绩效任务中，加强节能工作指导和培训，落实节能目标责任制。开展节能审查、节能监察、能源审计等工作，进一步挖掘用能单位节能潜力，持续提升区域能效水平和节能管理水平。

【完成项目审批】 2022年，区发改委完成电力、燃气、热力等传统能源类项目批复26个，总投资5.91亿元。共计完成企业光伏备案29个，备案装机容量15.41兆瓦；通州区自然人分布式光伏备案159户；完成热泵项目核准2个，涉及资金4.29亿元。2022年通州区地源热泵项目获得市级补贴金额居全市首位、自然人分布式光伏发电项目获得补贴户数居全市前列。

【推进国家绿色发展示范区建设】 2022年，区发改委在推进绿色发展上狠下功夫，配合编制《北京城市副中心建设国家绿色发展示范区实施方案》并制定区内任务分解方案，推动通州区各项任务有效落实。主动对接国华能源投资有限公司、北京能源集团有限责任公司、新源劲吾（北京）科技有限公司等新能源企业，做好区内绿色发展重点项目布局，形成一批以虚拟电厂为代表的多能耦合绿色低碳项目。经初步谋划拟将张家湾设计小镇综合智慧能源项目一期工程、北京城市副中心公共机构存量屋顶太阳能利用改造项目等6个项目纳入2022年度谋划重点项目。全市再生水源热泵供能规模最大的通州区碧水再生水厂热泵供热供冷示范项目一期工程、运河商务区超低碳排放示范区启动建设，北京城市副中心城市绿心起步区地源热泵供热、供冷系统主体结构完工。

【持续开展“双碳”工作】 2022年，区发改委推进碳达峰碳中和先行示范，深入实施碳达峰碳中和专项行动。探索能耗“双控”向碳排放“双控”转变，大力支持“北京城市副中心推动能耗‘双控’向碳排放‘双控’转变试点方案”课题研究，提高城市副中心双碳工作水平，发挥示范引领作用，推动绿色低碳发展。编制完成《通州区碳达峰碳中和工作领导小组组建方案》，加强对碳达峰碳中和重大政策、重大改革、重大事项的落实，科学加强相关资源配置。

【节能宣传周系列活动】 2022年，区发改委以“节能低碳人人行动，绿色生活乐在其中”为主题开展副中心节能宣传周系列活动，开展知识竞答线上活动，学习节能低碳知识；发布“节能降碳随手拍”征集活动信息，面向全体居民征集节能降碳短视频、图片，整理筛选后在线上择优公布，让节能环保理念“飞入百姓家”；会同区教委在全区各小学一年级至五年级开展城市副中心节能宣传“小使者”作品征集活动，让节能环保意识在孩子们心中生根发芽。

（郑丽）

▲ 9月27日，在副中心党工委办公区会议楼召开北京市通州区价格认证工作会

（区发改委提供）

▲ 龙旺庄健身场地修复小微项目施工后照片

（区发改委提供）

▲ 4月13日，通州区高质量发展之财源建设暨企业服务包专题培训班开班仪式现场

（区财政局提供）

【“小微项目惠民生”工程】 2022年，区发改委扩大“小微项目惠民生”支持力度，按照区委、区政府提出的“牢牢把握城市副中心基层治理年”的工作要求，聚焦市民集中诉求，全年统筹实施439个项目，同比增加218个，迅速解决困扰群众的“急难愁盼”问题，提高群众获得感、幸福感和安全感。

（杜梦文）

【提前完成全区2022年百万亩造林项目勘察、设计招标方案核准工作】 2022年市级下达平原重点区域造林任务15432亩，为确保项目按计划实施春季造林，区发改委提前介入，主动服务，针对涉及通州区2022年百万亩造林任务的10个项目进行提前核准勘察、设计招标方案，进一步压缩前期手续办理时限。

【完成园林、水务、道路领域审批、核准事项62项】 2022年，区发改委完成2022年新一轮百万亩造林、丁各庄公租房周边市政道路、畅和东路给水工程等38个项目的立项批复，协助厂通路、国道230、九德路、美丽乡村三批、张家湾公园建设工程（二期）等24个项目取得市发改委批复。

【争取市级资金支持】 2022年，为有效解决项目实施过程中的征拆资金难题，区发改委对接市发改委争取征地拆迁补助资金支持。厂通路（春明路—市界）、国道230（国道104—九德路）、京唐城际铁路被交道路（春明路）节点等7个项目申报征拆总需求8.6亿元，争取市发改委三项定额补助资金2.5亿元。为缓解区级资金压力，区发展改革委申请市级资金支持，道路、园林、水务领域59个项目争取市政府固定资产投资资金15.8亿元。

【持续落实“街乡吹哨、部门报到”制度】 2022年，通州区发展和改革委员会持续落实“任务单”工作模式，受理吹哨报到案件24件，全部办结，办结满意率100%，做到“第一时间响应、准时到场参会、认真回复问题、积极回访追踪”。

（邵月）

财 政

【概 况】 2022年，通州区一般公共预算收支平衡。一般公共预算总收入385.60亿元，其中，一般公共预算收入89.43亿元，同比下降3.2%，还原增值税留抵退税因素后增长0.3%，完成区七届人大常委会第八次会议批准调整预算的100.1%；上级补助收入182.98亿元；上年市级结转9.56亿元；上年区级结余结转38.54亿元；政府一般债券转贷收入16.12亿元；调入资金41.56亿元（政府性基金预算调入19.07亿元，国有资本经营预算调入0.03亿元，其他资金调入22.46亿元）；预算稳定调节基金调入7.41亿元。一般公共预算总支出385.60亿元，其中，一般公共预算支出306.25亿元，同比下降7.3%，完成区七届人大常委会第八次会议批准调整预算的97.6%；上解市级支出22.28亿元；市级结转10.77亿元；区级结余结转46.30亿元。政府性基金预算收支平衡。政府性基金预算总收入279.22亿元，其中，政府性基金预算收入89.67亿元，完成区七届人大常委会第八次会议批准调整预算的122.6%；调入资金21.08亿元；上年市级结转1.40亿元；上年区级结余结转28.32亿元；上级补助收入23.15亿元；政府专项债券转贷收入115.60亿元。政府性基金预算总支出279.22亿元，其中，政府性基金预算支出113.93亿元，完成区七届人大常委会第八次会议批准调整预算的113.4%；上解支出86.95亿元；专项债务还本支出23.50亿元；政府性基金预算调出19.07亿元；市级结转7.80亿元；区级结余结转27.97亿元。

国有资本经营预算收支平衡。国有资本经营预算总收入1.88亿元，其中，国有资本经营预算收入0.11亿元，完成区七届人大常委会第八次会议批准调整预算的100%；上年结转1.77亿元。国有资本经营预算总支出1.88亿元，其中，国有资本经营预算支出1.83亿元，完成区七届人大常委会第八次会议批准调整预算的100%；国有资本经营预算调出0.03亿元；结转下年0.02亿元。

【预算执行情况】 2022年，区财政局统筹推进疫情防控与经济社会发展。疫情防控投入9.61亿元，主要支持街道乡镇及卫生系统疫情防控物资采购、生活物资储备、核酸检测、疫苗接种、密接人员转运、集中隔离观察点运行等。产业结构调整投入4.63亿元，主要落实“通八条”（《关于加快推进北京城市副中心高精尖产业发展若干措施》代称）、“金七条”（《北京城市副中心促进金融业发展措施》代称）等产业引导扶持政策。落实房租减免政策，惠及小微企业和个体工商户774户，减免租金约1.3亿元。疏整促专项投入12.97亿元，主要支持拆除违法建设，实施治理类乡镇、小微项目惠民生、智安乡村、重点区域整治提升等项目，开展战略留白、揭网见绿、地下空间整治及群租房“动态清零”等，疏解整治促提升年度任务圆满完成。基层治理投入16.06亿元，主要用于落实基层党建引领工作，支持百万聚才工程，培养优秀基层人才，推行基层“三级联创”（在区、街道乡镇、村三级同时都开展某项活动或工作），支持街道及社区精细化管理，加快老旧小区整治，通过落细落小治理单元，助推副中心社会治理体系和治理能力现代化。

大力改善区域生态环境。节能环保投入8.24亿元，主要支持大气、水、土壤等领域污染预防和治理工作，推动全区节能减排，建设污染物排放精细化管控系统，保障环保综合信息化系统及环境执法，落实重点区域环境监测及机动车尾气检测。水环境治理投入4.47亿元，主要用于提升副中心水系管理水平，推动海绵城市建设，构建大运河碧水景观，开展城市排水设施作业检查，完善污水处理及净化体系，提高防御水旱灾害能力。园林绿化建设投入23.03亿元，主要用于新一轮百万亩平原造林，绿化隔离地区和“五河十路”[“五河”，即永定河、潮白河、大沙河、温榆河、北运河，“十路”指京石路、京开路、京津塘路、京沈路、顺平路、京承路、京张路、六环路（五环路）等8条主要公路及京九、大秦两条主要铁路]绿色通道生态林用地补助及管护，副中心生态植被养护，台湖万亩游憩园建设，大运河森林公园、东郊森林公园、西海子公园等完善与提升，打造生态宜居、亲水涵养的副中心优质生活环境。

全面提升城乡治理水平。美丽乡村及农业生态保护安排资金18.12亿元，主要支持美丽乡村建设，促进经济薄弱地区及少数民族乡村建设，推进都市农业产业发展，创建国家级现代农业产业园，加强耕地保护，加快农村地区环境建设，落实菜田补贴等。城乡环境建设及治理投入19.50亿元，主要支持道路清扫保洁，城区面貌维护与提升，开展治理城市“蜘蛛网”，完成6条道路电力线路工程及13条道路通信线路入地，推动“三庙一塔”（文庙、紫清宫、佑胜教寺及燃灯佛舍利塔）等一批景观照明工程和20条有路无灯道路改造，实现23家停车场有偿错时共享，新增及复划电子围栏2026处。公共安全投入20.38亿元，主要支持雪亮工程建设与维护，加强公安队伍建设，维护检查站卡口安全，加强法治宣传、法治建设和法治保障等。

持续增进民生福祉。社会保障和就业投入35.40亿元，主要用于落实城乡居民养老保险、医疗保险补助及城乡无保障老年居民生活补贴等社会保障及救助政策，落实农村最低生活保障金，推动社区养老驿站建设，开展流浪乞讨人员及残障人员救助工作；保障征地超转人员生活费和医药费，落实义务兵退役安置及优抚对象待遇、高校毕业生“三支一扶”（大学生在毕业后到农村基层从事支农、支教、支医和扶贫工作）待遇政策，增强就业稳定性。卫生健康事业投入资金37.04亿元，主要推动“健康促进区”建设，加强医疗质控管理，建立医疗应急保障系统，支持公立医院人才培养、能力建设、设备购置及基础设施改扩建，培育潞河医院重点实验室，落实在岗乡村医生基本待遇补助、农村地区社区卫生人员岗位补助，保障“两癌”（乳腺癌和宫颈癌）筛查与孕婴幼各类检查。教育事业投入50.75亿元，主要支持教育人才引进，提高教育软硬件水平，保障新增5342个学位，落实“双减”（有效减轻义务教育阶段学生过重作业负担和校外培训负担）要求，安排中小学课后服务专项，推动建立家校共育新模式探索等83所中小学200个课程改革项目，加快构建成熟的课程改革体系，积极推进、改善与提升义务教育薄弱环节。文化旅游与体育事业投入4.05亿元，主要用于组织运河骑游周、赛艇、飞盘等体育赛事，举办农村文艺演出星火工程、百姓大舞台演出、周末场演出计划等公益性文化活动，让百姓精神生活得到进一步满足。科技事业投入1.01亿元，主要用于扶持高层次人才创新创业平台建设，加大科技创新投入力度，支持科技周和系列科普活动，加强科学技术普及宣传，推动提升副中心科技创新水平和成果转化能力。

【财源建设】 2022年，区财政局实行“月审议、旬调度、周督促”工作新模式，组织开展“线上云走访、线下登门访”活动，建成市—区—街乡镇闭环式财源建设工作平台。搭建副中心“经济大脑”、财源建设一体化管理平台和城市会客厅，面向市内承担疏解职能、抓好结对协作发展，面向市外不断联动推介、吸引总部项目落地副中心。兑现“通八条”“金七条”奖励资金3.3亿元，出资1.5亿元设立副中心产业引导基金，与朝阳、东城、密云三区签订结对发展协议，持续放大财源“叠加效应”。2022年，全区头部财源户数增速12.2%，实现地方级收入增量17.56亿元，储备项目落地41个、增收6.94亿元，地方级税收收入125.5亿元、占比82.7%。

【绩效管理】 2022年，区财政局实施全成本预算绩效管理《三年行动计划》第二年计划，以西集、梨园2个镇试点为带动，按照挖掘项目、跟进培训、压实标准、成果运用、评审推优“五步法”，持续推进重点领域全成本绩效分析和政策评估，探索出“先管后评”“以评促管”相结合的绩效评价新模式。西集“政府物业服务费”、梨园“大楼保洁服务”试点项目支出分别压减40%和10%以上。新设基层辖区城市运行、信息化运维等支出标准36个，调整优化支出标准27个，节约财政资金约1.7亿元，财政支出压减率最高达40%，形成成本核定基线和定额标准。全年完成财政评审项目320个，节约财政资金8.15亿元。

【政府采购】 2022年，区财政局发挥政府采购政策功能，大力支持乡村振兴、助力中小微企业，持续优化政府采购营商环境，实现政府采购全流程电子化、采购文件线上线下免费获取。2022年，政府采购规模增加21.66亿元、同比增长74.64%，当年授予中小微企业合同占比达84.41%，节能、环保产品采购金额比重分别增长16%和12.5%，进口产品采购金额比重下降1%，超额完成政府采购脱贫任务，完成率115.19%，连续三年蝉联全市第一，获批全国政府采购支持绿色建材促进建筑品质提升先行试点。

【债务管控】 2022年，区财政局加强政府专项债券“借、用、管、还”全生命周期管理，明确各阶段管理要求和职责分工，提高债券资金使用效益。提前落实偿债资金，全额纳入预算管理，到期债务全部按时还本付息，通州区政府债务率保持在合理区间。严禁新增隐性债务，全区债务监管高压态势不动摇，防范发生债务风险，精细制定并落实“清零”方案（《北京市通州区开展全域无隐性债务试点工作实施方案》代称），在全市第3个完成隐债清零任务。加强债务项目常态化储备，实行滚动管理，坚持储备入库一批、发行使用一批、开工建设一批，切实发挥债券扩大有效投资、稳住经济大盘的积极作用。2022年，全区新增债券51.56亿元，全部支出完毕。

【财政体制改革落地】 2022年，区与街道乡镇财政管理体制改革施行平稳顺利，在全市率先实行“保基本、保事权、促均衡、促发展”激励约束模式和结构性转移支付方式，充分激发街乡镇加强财源建设、发展经济的积极性。在10家单位试点“业财一体化”内控管理系统建设，解决部门单位合同管理不到位、经济活动行为不规范等问题，提高业财效能。

【财政管理】 2022年，区财政局深入推进预算管理一体化，实现从传统财政管理到数字化、精细化、阳光型、服务型的转变，促进财政部门内部、财政与预算单位、上下级财政之间信息互联互通，财政管理效能得到提升。制定加快支出进度提高财政资金使用效益“十条措施”，有效解决年底“突击花钱”问题。深化国库管理制度改革，依托非税收入电子收缴管理系统，实现对非税收入的实时缴库和有效监管。

（温柏翼）

▲ 4月15日，通州区税务局远程进驻北京城市副中心政务服务中心，在50台政务服务智能终端上部署电子税务局登录界面，开设“智税微厅”，实现政务“云帮办”

（区税务局提供）

税务

【概　况】 2022年，区税务局持续深化“三个打造”（打造首善税务机关、打造智慧北京税务、打造一流税收营商环境）和“两个支撑”（强化基层支撑和人才支撑），统筹抓好疫情防控和各项税收重点工作，为区域经济发展贡献税务力量。2022年，区税务局累计完成各项税收收入251.2亿元，同比增长0.6%。一般公共预算收入129.1亿元，减收3.2亿元，同比下降2.4%；区级公共预算收入76.9亿元，增收1.2亿元，同比增长1.6%。还原留抵退税影响后，税收收入同比增长5.8%，一般公共预算收入同比增长2.8%，区级公共预算收入同比增长3%。

【退税减税】 2022年，区税务局把落实减税降费政策作为重大政治任务抓紧、抓实、抓到位，坚持“快退税款、狠打骗退、严查内错、欢迎外督、持续宣传”五措并举，建立领导小组工作机制，局领导分片包干，召开各类部署协调推进会议55次，向区委、区政府做专题汇报19次，有关领导作出工作批示10次。深化“财—税—银”三部门协商，邀请区人大代表、企业代表实地体验退税办理流程。分批走访136家重点企业，组织典型企业开展退税减税座谈，编制税费政策电子书，开展“春风税雨”系列直播活动，主动宣传税费支持政策，点对点推送辅导信息，辐射纳税人6万余户次。设立“专人、专岗、专窗”，开通全流程绿色通道，加快退税审批进度，让“真金白银”以最快速度直达企业，更好助力稳住宏观经济大盘。2022年，增值税留抵退税、“六税两费”减半优惠、制造业中小微企业缓缴税费三项政策合计退、减、缓税47.7亿元。

【税种管理】 2022年，区税务局完成2021年度企业所得税汇算清缴，享受研发费用加计扣除户数同比增长4.89%，扣除金额增长26.39%。高效推进个人所得税汇算清缴，2022年有28.55万人完成2021年度汇算申报，其中15.84万人申报退税，退税金额1.66亿元。持续提升副中心国际税收管理和服务水平，全年组织入库非居民企业税收3.72亿元，同比增长12.96%。全年组织非居民相关税款入库2.27亿元。持续加强土地增值税全链条管理，全年完成18个清算项目，入库税款12.49亿元。全年征收耕地占用税698.39万元，成为全市首个成功对临时占地行为按章征税的区税务局。充分发挥绿色税制在环境保护中的杠杆作用，环境保护税全年同比减征3184万元，减征幅度22.6%。全力做好印花税新法实施政策落实，首个征期平稳运行，申报率达到100%。

【社保费和非税收入】 2022年，区税务局主动与医保部门、银行、乡镇社保所、教委建立对接机制，多层次、多批次开展缴费辅导提示，城乡居民基本医疗保险累计缴费29.9万人次，缴费率达97.8%。有序推进非税收入划转工作，加强上下沟通、横向协作，联合构建了“处、科、所”上下三级高效联动机制，积极对接市、区两级规自部门，做好国有土地使用权出让收入、矿产资源专项收入开征工作，确保非税收入划转任务落地。

【税收分析】 2022年，区税务局立足“税眼看经济”，对全市150家外资企业开展调研，反映北京市外资企业现状及面临问题，分析报告获得时任北京市委常委、副市长杨晋柏批办至有关部门研阅。持续关注环球度假区运营情况，并对如何提高游玩体验及周边区域消费承载能力提出相关建议，被市委、市政府内参刊载，为领导决策提供一手参阅素材。充分发挥财源专班作用，完成各类税收经济分析报告15篇，被北京市委、市政府领导肯定性批示3篇。

【优化税收营商环境】 2022年，区税务局以优化办税流程为抓手，以智慧税务为支撑，进一步深化办税缴费便利化改革，有力促进全区税收营商环境的持续优化。制定并落实《通州局2022年“便民办税春风行动”实施方案》，推出5大类20项125条便民办税缴费措施。着力提升纳税人满意度，创新以宣传为载体，广泛向纳税人问需，累计宣传辅导32场，访问纳税人1503户。2022年，区税务局作为代表参与税务总局的满意度调查，助力北京市取得全国第四名的历史成绩。持续升级智慧税费服务体系，创新上线“问办一体化”服务，并配套免费“双向寄递”，推动非电子税务局业务“一次不用跑”比例达到99%以上。全面推行“线上问办结合、线下导办分离”的服务模式，管辖户进厅比例考核领先全市水平，“非接触式”办税指标位居全市第一。咨询服务持续向好，呼叫中心全年受理热线咨询15.92万人次，“好差评”满意率99.93%。持续推进政务联动，接诉即办工作模式不断完善，全年累计受理各渠道工单3318条，均按时办结，纳税人诉求及时响应率100%。创新不动产登记网上缴税举措，成功办理副中心首笔增量房网上缴税业务，实现契税业务网上办，新房缴税不用跑。组织辖区168户涉税中介自查整改，营造良好市场环境。税务服务远程进驻副中心政务服务中心，开设2间“智税微厅”，实现政务“云帮办”，全年辅导纳税人远程办税651户次。7月，北京市委副书记、市长陈吉宁到区税务局调研营商环境优化工作，对便捷办税经验做法予以充分肯定。

▲ 4月2日，通州区税务局与北京现代音乐研修学院签订税收宣传普法教育合作框架协议，联合打造通州区首个税收宣传普法教育基地

（区税务局提供）

【深化税收征管改革】 2022年，全市首推普通商品房项目“交房即交证”服务，实现增量商品房线上缴税和房产证同步办理。区税务局在全市率先试点“个人出租房屋代开发票全流程自助办”业务，实现个人出租房屋委托代征税款“线上”实时入库，实时开具电子完税证明，创新经验在全市推广。充分发挥毗邻区位优势，建立“通武廊”疫情期间涉税业务互助模式，为13户企业提供跨区域办税服务。开设“定制e服务”专属税讯服务，累计推送税费优惠政策及办税提示116批次，惠及纳税人、缴费人61万户次。创新发票风险指标模型，自主建立4个增值税留抵退税风险模型。与北京现代音乐研修学院签订税收宣传框架合作协议，成立区级首家税收宣传普法教育基地。探索“税务+”委托代征模式，全域10个街乡出租房屋代征点、7个集贸市场代征点实现委托代征全覆盖，2022年代征税款5362.10万元。试点成立全市首家公职律师涉税争议咨询调解中心，成为集税情收集、税法服务、争议调解、法律救济、权益保护、风险防控六大功能于一体的法治税务前沿阵地，化解涉税争议33件，税费争议纠纷的基层化解率、调解满意率均达100%。

（侯萨）

▲ 4月14日，通州区党政主要领导干部"1托5"经济责任审计项目进点会召开

（区融媒体中心提供）

审　计

【概　况】 2022年，区审计局共完成32个审计项目，查处违规问题涉及金额20680万元，需整改的管理不规范问题涉及金额19132万元，其他非金额计量问题189个，退还财政资金108901.95万元。针对审计发现的问题，提出128条进一步强化管理审计建议。组织召开区委审计委员会会议，审议并通过区委审计委员会委员调整、审计项目计划、2021年度审计委员会工作总结及2022年度工作要点等议题。审议《北京市通州区关于进一步建立健全审计查出问题整改长效机制的实施方案》《北京市通州区经济责任审计结果运用办法》。配合完成北京市通州区人民政府原区长赵磊经济责任审计和自然资源资产离任审计项目，成立审计保障工作领导小组，区审计局5名处级领导干部划分责任分组，全面对接市审计组；同时，定期到访被审计单位，加强与各部门各单位主要负责人的沟通交流，提高主要负责人的配合度、重视度、参与度；派出科室负责人、业务骨干11名编入专项审计组，每周召开跟组人员专题调度会，确保工作及时推进，每周将审计组工作情况以简报形式报送区委、区政府，及时通报问题情况。

【审计计划编制】 2022年，区审计局围绕区域经济发展重点，结合上级审计机关的联动要求，认真贯彻落实审计全覆盖，以发挥政策落实跟踪审计、预算执行审计、经济责任审计"三个平台"作用为原则，年初安排审计项目33个，其中重大政策落实板块11个，预算执行板块11个、经济责任审计板块11个、调减审计项目1个，32个审计项目按计划全部完成。

【重大政策落实审计】 2022年，区审计局按照市审计局的工作安排，对城镇保障性安居工程专项资金及中央财政城镇保障性安居工程专项资金的分配、拨付及使用情况，优化营商环境政策落实情况，房租减免政策落实情况，中小企业账款清欠政策落实情况等进行审计。开展公共卫生应急管理体系建设情况及资金使用情况专项审计调查，重点关注公共卫生应急管理体系建设、资金筹集、管理使用及相关政策落实情况等，审计区应急管理局、区财政局、区医保局和区卫健委及其下属全区9家二级以上公立医院和综合医院、22家卫生服务中心、40个卫生服务站三年行动计划涉及39个任务完成情况，以及43859.33万元资金使用情况。开展北京冬奥会、冬残奥会专项资金审计，对多个单位的资金延伸到末端核实，深入实地了解资金使用情况。做好副中心无障碍环境建设项目专项审计问题整改"后半篇文章"，对全区36个单位任务完成情况进行调查，重新梳理各单位数据，帮助相关部门"破除僵局"，推进工作。

【预算执行审计】 2022年，区审计局对区财政局具体组织2021年度区级预算执行和决算草案情况进行审计，重点审计区一般公共预算、政府性基金预算和国有资本经营预算三本预算的预算执行和决算草案编制情况，落实各项决策部署和预算管理等情况。对区64个一级预算单位2021年度预算执行和决算草案进行审计，重点审计决算草案编制、政府采购、国库集中支付、项目支出管理等事项，过程中及时了解掌握进度，及时沟通解决问题，及时汇总成果，及时组织督促整改。开展2021年行政事业单位国有资产管理专项审计，重点延伸公务用车使用情况，按程序向区人大常委会进行汇报。

【经济责任审计】 2022年，区审计局对11个单位18名处级领导干部开展经济责任审计，其中，乡镇政府党政领导干部4名，街道党政领导干部3名，区级部门党政领导干部9名，区管企业领导人员2名。同时，开展宋庄镇和区农业农村局主要领导干部自然资源资产离任（任中）审计。推动经济责任审计制度化建设，制定《北京市通州区经济责任审计结果运用办法》《经济责任任前经济责任以及自然资源资产管理和生态环境保护责任告知办法》《2022年经济责任审计工作方案》。

【投资审计】 2022年，区审计局规范投资审计工作，制定《关于加强政府投资项目审计风险防范的实施意见（试行）》，完成金福艺农番茄联合国园区前期资金投入情况和安贞医院通州院区北区地块征拆等4个项目的专项审计工作，累计报审金额137653.36万元，审定金额130358.32万元，审减节约财政资金7295.04万元，新增"彩虹之门"原址项目成本费用和广渠路东延征拆项目等三个临时交办审计项目。对协审机构报送的新华南北路景观提升工程等两个政府投资项目的资料进行复核，提出补充证据资料、签章等复核意见，确保审计资料的真实性、完整性，防范审计风险。切实加强对政府投资重点工程项目的审计监督，充分发挥投资审计在维护财政资金安全、规范项目管理、节约政府投资、提高投资使用效益、为政府宏观决策服务等方面的积极作用。

【内部审计】 2022年，区审计局印发《北京市通州区审计局关于2022年内部审计工作的指导意见》，明确服务方法和目标，推动内部审计队伍建设，为指导和服务通州区2022年内审工作提出明确要求。按照审计署、北京市审计局关于开展内审统计工作的部署要求，面向全区80余家行政事业单位以及国有企业发送统计调查工作通知，明确报送时限、方式及相关工作要求，并按时汇总上报。通过内审统计调查工作准确掌握全区内审机构、人员以及内审工作准确情况。开展全区内审人员培训班，全区169家单位的611名内审人员参加线上培训。筹备完成为期两天的国企线上培训班。

（田佳宁）

统　计

【概　况】 通州区统计局、经济社会调查队（简称通州局队）立足“一核两翼”和京津冀协同发展大局，推出“2021年打基础，2022年促提升，2023年抓深化”三年行动计划，从畅通机制、提升服务、开发产品、落实成果四维度入手，全面彰显通州统计服务副中心高质量发展的主动性和积极性。2022年，通州局队撰写分析564篇，编发各类信息1256条，被市局及区政府网站等采用信息909篇。累计发布专刊（统计报告、统计专刊）169篇，提供给市区两级领导及相关部门，有88篇调研分析被领导批示191次，为领导和相关部门及时掌握副中心建设推进情况及科学决策提供参考依据。在2022年度全市优秀统计分析报告评比中，《稳中加固夯实经济基础破局向上仍需勇毅前行》获（各区组）形势类二等奖，《从环球影城“周岁”看通州区文旅产业发展》《乘风破浪毅勇前行破茧化蝶书写新篇》获（各区组）专题类二等奖。

▲ 6月，通州区统计巡查工作启动大会

（区统计局提供）

【统计资料】 2022年，通州局队在常规资料《初步统计手册》《通州区统计年鉴》《经济发展月报》基础上，编印《2022年北京城市副中心统计监测报告汇编》《2022重点课题汇编》《2022统计报告汇编》《2021年通州与廊坊北三县经济社会发展主要数据资料》4项特色产品，以文、图、表的形式，全面反映各个行业发展成果、发展态势以及发展前景。编印《五年奋进展硕果，殷实献礼二十大》，数说北京城市副中心十九大以来的经济社会发展，首次将台马地区、“两区”发展的数据纳入综合汇编。

【建立统计巡查协作机制】 2022年，通州局队围绕党中央、国务院关于完善党和国家监督体系、促进各类监督贯通融合的整体要求，通州局队与区委巡察办建立统计巡查协作机制，制定针对政府17个部门和22个街道乡镇的《通州区统计巡查工作办法》，邀请市局法规处、区委巡查办对被巡查单位开展全员培训，明确统计巡查内容、要求强化巡查保障。

【统计监测健全多维评价体系】 2022年，为进一步发挥统计监测评价职能作用，助力城市副中心在“五子”联动中推进高质量发展。通州局队聚焦数字经济、“两区”建设、科技创新建设等十个方面，主动对标市级监测评价标准，立足城市副中心功能定位和高质量发展，构建副中心经济、社会领域的监测评价体系，为区委、区政府正确决策提供坚实、有力的统计支撑和服务保障。

【完成第五次全国经济普查专项试点工作】 7—9月，通州局队主动申请承担国家统计局经济普查专项试点，确定中仓街道和潞城镇为试点地区，开展投入产出调查，数字经济调查，限额以下批零住餐单位商品零售类值和网上零售情况调查，产业园区统计、一套表单位分主要业务活动营业收入调查等试点工作。区政府批准同意成立通州区第五次全国经济普查国家专项试点工作组，结合区域现状和特点，制定《通州区第五次全国经济普查专项试点方案》。通州局队周密谋划，稳步推进，圆满完成第五次全国经济普查专项试点工作，为五经普贡献通州智慧和力量。

【优化“北京通州统计”官方微信公

众号】 通州局队进一步优化官方微信公众号“北京通州统计”，在手机端增加数据查询、检索报表指南等功能，方便读者获取统计数据。2022 年“北京通州统计”平台发送内容 212 期、389 条，总阅读数为 51970 次，单篇最高阅读量 1470 次，总分享量为 6565 人次。

【统计执法工作】 2022 年，通州局队完成执法检查任务 615 家，其中常规执法 90 家、专项执法 521 家，催报 4 家。对违法行为轻微的 29 家单位做出简易处罚处理，并对检查中发现统计违法行为较为严重的 3 家单位进行立案处理。统计执法始终以“双随机、一公开”为原则，坚决执行执法检查结果“双公示”制度，将执法、服务、宣传相结合，坚持严格执法、文明执法、理性执法。

【开展诚信单位认定工作】 2022 年，为切实推进依法统计、诚信统计，树立诚信统计的示范典型，引导统计调查对象自觉遵守统计法律法规。通州局队开展诚信统计单位认定，坚持公平、公正、公开的原则，由单位自愿申报，专业科室推荐，经过执法检查，调取日常工作记录、调研、核查，并征求区各委办局意见。最终筛选统计台账完备、统计报表积极、数据质量过关的 30 家诚信单位。

【开展专项调查工作】 2022 年度通州局队完成 5 项北京市统计局专项调查处部署工作任务，包括北京市中小微企业生产经营情况调查、北京市城乡居民垃圾分类意识及现状调查、北京市重要民生实事项目线索调查、北京市优化营商环境条例执行效果调查、北京市小微企业融资调查；完成 1 项通州区调查项目：2022 年通州区群众安全感调查；完成 8 项社会热点自主调查项目：城市副中心建设评价调查、居民防灾意识与减灾能力调查、农村劳动力就业情况调查、交通状况及交通安全意识调查、基层治理状况调查、居民生活便利性调查、居民养老需求调查和居民消防安全状况调查。

（董可静）

▲ 4 月 23 日，通州区建成全市首座进口冷链食品首站中转查验库

（区市场监管局提供）

市场监督管理

综 述

【概 况】 区市场监管局主要负责通州区市场综合监督管理，营造诚实守信、公平竞争的市场环境，市场主体统一登记注册，组织和指导通州区市场监管综合执法工作；负责质量管理，产品质量安全监督管理，特种设备安全监察、监督管理工作，统一管理本区计量、标准化工作；负责食品药品安全监督管理综合协调，食品安全监督管理，药品、医疗器械和化妆品安全监督管理工作；负责知识产权管理及保护工作等。加挂北京市通州区食品药品安全委员会办公室（简称区食药安委办）、北京市通州区知识产权局（简称区知识产权局）牌子。全区有市场主体 181462 户，其中企业 142237 户、个体工商户 38907 户、农民合作社 318 户。新设企业 15367 户，新设个体工商户 876 户，新设农民专业合作社 7 户。全年办理案件 20037 件，罚没款 8600.96 万元。新增认定北京市知识产权试点单位 29 家、示范单位 4 家，新增认定国家知识产权优势企业 3 家。新华、北苑、宋庄 3 个市场所被北京市市场监管局评为全市首批“示范所”“规范所”。

【农贸市场疫情防控】 2022 年，区市场监管局严格落实常态化防控措施，因时因势统筹推进市场领域防控措施落地，开发“市场疫情防控监测系统”，出台《加强扫码查验依法开展行政处罚指导意见》，夯实市场领域疫情防控防线，对农贸市场实行精细化网格管理，建立“1+2+3+3”（成立一支值守应急处置队伍；构建疫情防控主体责任网和行业主管部门、执法部门和属地检查执法网“两张网”；完善场内人员台账、防疫管理台账、经营台账“三本账”；公示市场布局图，人员、车辆流线图，网格化管理图“三张图”）机制、8 小时应急保障机制（在收到疫情相关线索在 8 小时内完成相关追溯处理工作）、干部驻场机制。开展昼巡夜查加大防疫监管力度，累计检查市场主体 320708 户次，责令整改问题 14753 个，有力有效筑牢市场领域疫情防线。

【全市首座进口冷链食品首站中转查验库建成】 2022 年，全市首座进口冷链食品首站中转查验库在通州区于家务回族乡国际种业科技园区建成。实现进口冷链食品首站中转库入库查验、检测消毒信息上传、生成出库证明等功能，实行源头赋码、进京查码、入库验码、出库贴码全流程信息化管控，筑牢拦截疫情“防火墙”。全年查验货品22447批次、13743.81吨。

【综合监管】 2022年，区市场监管局牵头落实“6+4”（风险监管、信用监管、分级分类监管、协同监管、科技监管、共治监管6项基本制度和“一业一册”“一业一单”“一业一查”“一业一评”4项场景化措施）一体化监管，先行先试推进两个试点场景，打造安全评价机构事中事后监管“北京模式”。建立完善“风险+信用”分级分类监管制度和联合奖惩工作制度，信用风险分类管理、信用修复工作落实有力。有序开展“疏整促”专项行动，完成无证无照经营销账56户，155平方千米范围内“开墙打洞”保持动态清零。开展131批次、4615户跨部门“双随机”（指随机抽取检查对象、随机选派执法检查人员）联合抽查，实现“进一次门，查多项事”。开展年报和清虚工作，企业年报率95.27%，吊销企业2206户。

【公平竞争监管】 2022年，区市场监管局完善抽查考核机制，出台《通州区人民政府公平竞争审查工作细则》。推进商业秘密保护工作稳步提升，深入开展商业秘密保护服务进企业活动，组织2次商业秘密保护专题培训。7月，通州区入选全国首批商业秘密保护创新试点。

【网络交易监管】 2022年，区市场监管局出台提升网络交易监管效能实施意见，建立网络市场线上线下一体化监管机制，通过“红盾云桥”“红盾京通”等平台规范网络交易经营行为，不断加强网络交易主体规范化建设。

【重大活动服务保障】 2022年，区市场监管局专业化服务保障北京冬奥会、冬残奥会，党的二十大等重大活动，组建会供企业服务团队，保障供应食品65个品类、291吨。区市场监管局被评为北京冬奥会、冬残奥会先进集体，区知识产权局被评为奥林匹克标志知识产权保护突出贡献集体，文化旅游区分局被评为特种设备安全服务保障工作突出贡献集体。

【优化营商环境】 2022年，区市场监管局出台落实服务副中心高质量发展15条实施意见和营商环境5.0版20条60项任务；降低准入成本，承接食品生产许可审批权下放工作，在自由贸易试验区启动市场主体登记确认制，特种设备使用登记补领证书实现“一照通办”，在网络餐饮服务等领域推进告知承诺，深化新业态食品经营许可试点取得初步成效，通过“网办+寄递”方式办理登记37211件；开通绿色通道，服务承接北京公交集团城市更新运营管理有限公司等落户通州；落实“服务包”制度，精准对接企业发展需求提供服务。

【助企纾困帮扶措施】 2022年，区市场监管局深化包容审慎监管，完善容错纠错机制，对轻微违法行为依法不予行政处罚132件。建立22个“小个专”（小微企业、个体工商户、专业市场）党建工作指导站，开展“两送一推进”（送法律、送服务，推进非公党建）活动，有效解决制约专业市场发展难题，搭建银企“桥梁”，协助32家企业获得融资贷款1.02亿元。

【落实知识产权资助奖励政策】 2022年，区知识产权局受理79件发明专利授权资助申请，7项专利质押贷款贴息补贴，13家北京市知识产权试点单位，3家北京市知识产权示范单位，5家知识产权贯标认证企业，1家通州区知识产权教育示范学校，4家通州区知识产权教育试点学校，6项专利导航、预警、战略项目，2项知识产权维权援助资助，2项中国专利奖，确定29项专利技术成果产业化项目，累计资助、奖励、补贴金额共计1395万元。

【加大知识产权保护力度】 2022年，区知识产权局制定《2022年通州区知识产权工作方案》《2022年通州区“两区”建设知识产权工作方案》，研究出台知识产权工作重点举措，有效深入推进知识产权保护工作开展。全年查处商标侵权、假冒专利、奥标侵权、商标代理机构恶意申请等案件27件，罚没款71.6万元。

【保障北京环球度假区安全运营】 2022年，区知识产权局完善定期会商、检查通报等机制，进一步加强北京环球度假区知识产权保护，做好定期沟通，协同配合，关注舆情，提高风险意识，注重打防结合，加强宣传引导，提前做好风险预判工作。查处的侵犯“环球影城”注册商标专用权案被评为2022年商标行政保护十大典型案例。

【重拳严打市场领域违法行为】 2022年，开展民生领域“铁拳行动”、食品安全“五大战役”等专项执法，在食品药品、价格、收费、“双减”（减轻义务教育阶段学生过重作业负担和校外培训负担）、“双打”（打击侵犯知识产权和制售假冒伪劣商品）等领域查办一批典型案件，顶格处罚违规校外培训，查办通州区首例组织帮助其他经营者在网络平台“刷单炒信”案和遗漏认证程序的认证违法案件。深化行刑衔接，严厉查办生产销售伪劣肉制品等3起涉刑移送案件，首次行政立案查处6起区人民检察院、区公安分局反向移送案件，社会影响和震慑效果显著。

（贾牟伟）

食品药品监督管理

【概　况】 2022年，区食药安委办（区市场监管局）有序推进通州区创建国家食品安全示范城市，扎实开展“守查保”（守底线、查隐患、保安全）等专项整治，强化对食品添加剂使用企业、特殊食品经营企业监管，加大校园及周边食品监管力度，学校食堂实现“网络阳光餐饮”全覆盖，有效实施全链条分级分类管理，总体食品抽检合格率98.83%。有序开展“新冠病毒检测试剂”检测和检查，加大对药品、医疗器械、化妆品抽检力度，药品抽检合格率100%。深入开展药品安全专项整治行动，严厉打击制售假药劣药等违法行为，获评药品安全专项整治工作表现突出单位。

【创建国家食品安全示范城市】 2022年，区食药安委办（区市场监管局）牵头制定《北京市通州区创建国家食品安全示范城市实施方案》，针对国家食品安全示范城市评价细则相关内容，对各成员单位分工进行明确。

完成《通州区创建国家食品安全示范城市自评报告》，向社会进行公示，广泛征求意见，并以区政府名义正式向北京市食品药品安全委员会致函申请开展省级初评。完成2022年度通州区食品安全群众满意度及食品安全示范城市创建工作知晓率调查，食品安全群众满意度85.81分，食品安全示范城市创建工作知晓率74.4%。

【校园食品安全守护行动】 2022年，区食药安委办（区市场监管局）制发《关于开展2022年春季开学校园（幼儿园）食品安全的专项监督检查的通知》《关于开展2022年秋季开学校园（幼儿园）及周边食品安全的专项监督检查的通知》，针对辖区内学校（幼儿园）食堂、学生集体用餐配送单位以及校园周边餐饮单位开展全面食品安全检查，认真排查隐患，减少食品安全风险。学校（幼儿园）监督检查覆盖率达到100%，共监督检查622户次，下达责令改正通知书9份，行政处罚立案数6起。

【“阳光餐饮”工程】 2022年，通州区网络阳光餐饮工程实现学校（含托幼机构）全覆盖，安装“网络阳光餐饮”单位1024家，“通州阳光餐饮”微信小程序完成建设。

【餐饮服务单位风险分级管理】 2022年，区食药安委办（区市场监管局）印发《北京市通州区市场监管局2022年度餐饮服务单位风险分级管理工作方案》，对已取得食品经营（含小规模食品生产经营）许可资质的餐饮服务经营者、单位食堂以及小餐饮店实施风险分级管理，根据风险等级实现差异化监管。截至12月31日，完成5870家餐饮企业的风险等级评级及点位督查工作，其中4090家餐饮企业正常营业，1780家餐饮企业关停。4090家正常营业的餐饮企业中，A级餐饮企业2935家，B级餐饮企业742家，C级餐饮企业27家，D级餐饮企业386家。

【药品化妆品医疗器械安全专项整治行动】 2022年，区食药安委办（区市场监管局）完成“两品一械”（药品、化妆品，医疗器械）行政处罚案件97件（一般程序31件），其中药品类案件66件，罚没金额0.853万元；器械类案件12件，罚没金额7064.01万元；化妆品类案件15件，罚没金额22.51535万元；虚假广告案件4件，其中包括重大案件2件，吊销药品经营许可证1件，器械经营大案要案1件，罚没合计7000余万元。

【器械不良事件监测】 2022年，区食药安委办（区市场监管局）联合区卫健委发布医疗器械不良事件监测方案，首次将22家社区服务中心纳入医疗器械不良事件监测上报系统。监测效能突出，区市场监督管理局及区卫健委被评选为2022年北京市不良事件监测优秀单位。

【药械保供】 12月，区食药安委办（区市场监管局）牵头成立通州区医药物资应急保障工作专班。对辖区药店市场供应情况进行监测，每日监测连花清瘟、布洛芬、对乙酰氨基酚、小儿豉翘等9种重点药品市场进销存情况，并针对监测情况对市级调拨药品进行分派，保障市场药品数量充足。12月26日，派出19名执法人员进驻22家社区服务中心和4家二级医院开展用药用氧物资保障服务，解决辖区内医疗物资需求。

（贾年伟）

质量技术监督管理

【概　况】 北京市通州区市场监管局充分发挥全区质量工作牵头引领作用，严格按照区政府质量工作部署，全面履行质量技术监督职能，不断推进质量管理工作、产品质量安全监督管理工作、标准化工作、计量管理和检验工作、特种设备安全监察和检验工作，助力城市副中心高质量发展。

【提升产品质量】 2022年，区市场监管局组织开展“质量月”活动，依托3个质量基础设施“一站式”服务站开展“提质强企”帮扶行动。开展对标达标提升专项行动，3家企业6款产品成功对标国际先进标准，完成副中心新型电力系统地方标准立项，服务国家绿色发展示范区建设。质量基础建设填补行业空白，在全市首次完成“电容电阻式粮食水分分析仪”社会公用计量标准的建标工作。

【质量基础设施一站式服务】 2022年，区市场监管局牵头不断丰富完善北京大唐高新技术创业园、张家湾设计小镇创新中心和通州区开宝科技创新中心等3家质量基础设施“一站式”服务窗口服务功能，深入园区为企业服务。应企业需求，先后为一站式站点园区企业组织开展包括计量检测、特种设备检测、食品药品检测、商业秘密保护、企业诚信建设知识在内的宣讲活动20余次，服务各类企业上百家。主动为企业送去质量基础相关业务知识，帮助企业建立检测实验室，鼓励引导企业建立首席质量官制度，对有质量管理需求的企业协调资源安排授课，打造政府、资源和企业三方联络桥梁。

【安全生产】 2022年，区市场监管局深入开展安全生产“百日行动”，检查电动自行车、燃气灶具及配件销售单位8310家次，完成产品质量抽检893组，不合格产品162组，均已依法处置。对全区在用特种设备开展检查，共检查1999台（套）、检验13003台（套），安全阀校验2048只。建立特种设备“重大风险源台账”，着重对环球影城等开展高频监督检查，联合多部门对液化气站、天然气充装站等高风险点位进行整治，督促整改安全隐患。

【特种设备日常监督与检验】 2022年，区市场监管局针对重点点位与设备评估建立重大风险源台账，与台账内主体建立点对点的沟通机制。建立公用管道台账并完成检验，督促未办理使用登记压力容器产权单位办理使用登记。全年累计检查440家，出动1181人次，发现事故隐患72项，开具安全监察指令书30份，立案7起，处罚12.15万元。全年，全区特种设备运行状态平稳，未发生事故。

【产品质量监管】 2022年，区市场监管局重点突出与群众生活密切相关产品、安全生产及消防相关产品、大气环境治理相关产品的质量监督抽检和风险监测工作。抽检产品覆盖儿童玩具、学生文具、服装、涂料胶黏剂、成品油、电动自行车、蓄电池、小家电、大家电、轮胎、燃气灶具及配件等产品，共检查强制性认证生产企业40余家次，强制性产品销售主体8000余家次。

【计量检定与管理】 2022年，区市场监管局完成强制检定计量器具26259台件，其中贸易结算18563台（件），安全防护6047台（件），医疗卫生1649台（件），企业最高标准器42台（件）。推进诚信计量体系建设，开展保民生计量执法检查活动，对药店、加油站、快递行业、眼镜店、超市、集贸市场等在用计量器具开展专项检查，完成计量执法检查325家次，立案8起。

【通武廊标准化协同发展】 2022年，区市场监管局组织开展“通武廊医疗卫生协调联动基本公共服务标准化试点”项目，建立区域协同的试点建设工作机制和制度体系，在全国首次构建涵盖143项标准的三地协同适用的代谢性疾病基本公共服务标准体系。编制重点协同标准20项。3月，通武廊医疗卫生协调联动基本公共服务标准化试点项目入选北京市“两区”建设改革创新经验。

【首都标准化战略资金补助申请】 2022年，区市场监管局对10家意向单位围绕标准化资金补助政策进行重点指导和培训，6家单位通过资金补助系统进行申报，2家单位通过首都标准化战略资金补助申报初审，完成申报受理。

（贾牟伟）

价格管理

【概　况】 2022年，北京市通州区市场监管局从严从快从重处置各类价格违法行为，及时发布价格违法案件通报，营造重拳打击价格违法行为的舆论环境，持续发挥震慑效应。全年立案查处325件价格违法案件，罚没款334.91万元。

【疫情期间价格监督】 2022年，区市场监管局牵头起草《关于疫情期间生活必需品价格监督执法工作方案》，组织全面开展米、面、油、菜、蛋、奶等生活必需品价格监管工作。多次约谈八里桥批发市场，要求市场发挥好压舱石作用，确保商品源头价格平稳。

【核酸检测领域价格执法】 2022年，区市场监管局加强核酸检测点位收费问题监督检查，督促核酸检测点位及时公布价格公示标识。全年办结核酸检测领域不执行政府定价案件8件，罚没款72.628万元。

【药品、医疗器械专项价格执法】 11月，区市场监管局印发《关于进一步加强市场价格监督检查工作的通知》，指导各部门强化口罩、抗病毒药品、消毒杀菌用品、相关医疗器械等防疫用品的价格监测工作。全年出动执法人员272人次，发放告诫书266份，网络发布提醒告诫资料700余份，指导药店等行政对象370家。对4家药店、1家诊所未明码标价行为进行行政处罚，罚款0.6万元。

【民生热点价格执法】 2022年，区市场监管局组织开展“雪糕刺客”“雨伞刺客”“文具刺客”等群众反映强烈的商品专项价格检查活动，查处违法违规案件6件，罚没款0.59万元。

【涉企收费专项检查行动】 2022年，区市场监管局立案查处无故拖延、拒不执行转供电惠企政策的违法行为案件4起，结案7件，罚没款107.53万元。

【教育收费专项检查行动】 2022年，区市场监管局联合区教委检查教育机构39家，查处涉嫌私自收取“教材费”以及未进行教育收费公示案件3件，罚没款2.7904万元，责令相关教育机构退费46.27万元。

（贾牟伟）

消费者权益保护

【概　况】 2022年，北京市通州区市场监管局立足北京城市副中心建设和发展需要，积极开展消费者权益保护和社会监督调查工作，围绕消保维权目标持续发力，为促进疫情常态化背景下辖区经济发展，稳定市场秩序，优化消费环境建设做出积极贡献。全年通过“12345”“12315”“96315”3个渠道受理消费者投诉50659件，办结48534件，办结率为95.81%。考核排名相较2021年提升5名，获北京市接诉即办工作先进集体称号。

【接诉即办】 2022年，区市场监管局制定出台《中共北京市通州区市场监管局党组2022年“接诉即办”工作实施意见》，提速提质工单办理，确保接诉即办工作机制高效运转。并持续推进“我为群众办实事”实践活动，作为市级2022年度“每月一题”中“餐饮行业食品安全问题”的区级主责单位，结合2022年重点推动解决民生诉求工作任务制定工作方案，严格做好接诉即办工作，解决重点区域、重要点位以及多发食品安全问题。

【消费纠纷调解】 2022年，区市场监管局通过消费者来电来访来信等方式共受理消费投诉1219件，消费咨询1804件，共计3023件，投诉办结率达到95.16%，满意率达到80%以上，为消费者挽回经济损失合计100.66万余元。获得消费者来电、来信表扬40余件。

【“退费纠纷”工单处置专班工作】 2022年，“退费纠纷”工单处置专班承办“12345”退费类工单6401件，区中心回访4856件，响应4711件，解决2069件，达基本满意以上3830件，原始响应率97.01%、原始解决率42.61%、原始满意率75.68%。自专班组建以来累计退费金额达到1200余万元。

【开展线上线下消费宣传活动】 2022年，结合“3·15”主题活动、消费进社区、国家食品安全示范城市创建（示范引领项目）、“诚信建设万里行”、“安全用药月”、“质量月”等活动开展各类宣传30余次，现场为消费者答疑解惑500余次，发放各类宣传材料2000余份。

【完善升级通州区预付式消费服务平台】 2022年，先后对领展购物中心、万达广场、北京北投爱琴海购物公园、1988国际体育小镇等重点商圈、街道、行业商户开展集中签约注册活动20余次、推广培训会30余场、集中授牌仪式1次。北京东郎（通州）电影创意创业园作为副中心首个预付式消费服务平台示范园区，园区内涉及预付式消费的19家商户全部入驻平台。截至年底，平台注册商户596家，45家实现资金存管，33家商户预付费产品上线。结合《北京市单用途预付卡管理条例》（以下简称《条例》）宣贯工

▲ 3月15日，区市场监管局联合区消协组织开展“3·15”国际消费者权益日主题宣传活动 （区市场监管局提供）

▲ 9月21日，第三届北京城市副中心消费论坛开幕 （区市场监管局提供）

作，推动更多企业纳入平台管理，通过平台强化对预付式消费行为的事前、事中、事后环节的全流程精准监管，建立处理“预付式消费问题”长效工作机制，从源头上强化退费纠纷突出问题的预防和治理。

【畅通消费维权渠道】 2022年，为辖区32家商超制作120张消费者投诉举报电话公示牌并在经营场所明显位置公示。32家商超包括14家经营面积超过2000平方米的放心肉菜示范超市和18家农贸、商品市场。公示商超客服电话、经理人电话和辖区市场所电话，进一步畅通消费者维权的渠道，打通消费者和经营者之间的“最后一千米”，让消费者少走弯路，力争把消费纠纷化解在经营场所内，减少纠纷防止矛盾升级。

【《北京市单用途预付卡管理条例》宣贯工作】 6月1日，在区局官方微信公众号、微博平台上发布《条例》普法宣传解读。7月15日，组织召开《条例》普法宣传会暨通州区预付式消费平台培训会，邀请涉及教育、餐饮、体育、文娱等6个行业的169家平台入驻企业参会，对《条例》中涉及企业经营行为的重点内容进行解读，督促企业履行经营者义务。9月23日，在永顺镇前上坡村开展“积极开展消费教育 构建放心消费环境”主题讲座，重点解读《条例》中“7天冷静期”、合同示范文本等相关内容，提高消费者依法维权意识。在全区范围内持续开展《条例》宣传与执法检查工作，共发放宣传材料810户，执法检查614户。

【北京城市副中心消费论坛举办】 9月21日，第三届北京城市副中心消费论坛在北京国际财富中心举办，现场发布《2022年通州区实体店消费体验调查报告》《2022年通州区消费者满意度调查报告》，80多名消费领域专家、学者、律师、消费者代表和企业代表围绕“优化提升消费环境、打造引领消费高地”活动主题，共同为营造北京城市副中心良好消费环境建言献策，在推动辖区消费提档升级、优化营商环境、助力区域经济高质量发展上取得良好成效。

（贾年伟）

国有资产监督管理

【概　况】 截至2022年12月，通州区人民政府国有资产监督管理委员会（简称区国资委）一级监管企业10户，全部独立法人单位84户。监管企业资产总额441亿元，负债总额309亿元，净资产总额132亿元，平均资产负债率70%；监管企业实现营业收入34.3亿元。

【国企经济发展】 2022年，区国资委加快资源整合及产业布局调整，参与城市副中心建设。北京市通州区国有资本运营有限公司稳步推进通州发展大厦、八里桥棚户区改造等副中心重点项目，设立区级产业引导基金，参与发起副中心绿色产业创新引擎项目。北京通州城市建设运行集团有限公司推动城市基础配套再升级，加快集体土地租赁住房项目及区重点工程建设，承接全区113条道路工程。北京市通州商业资产运营集团有限公司推进通佰园入驻工作，强化推进招商运营，促进人才供需对接，打造一刻钟生活服务圈，构建基础商业网络。北京通州发展集团有限公司围绕副中心科技成果转化和产业化发展，持续推进设计小镇创新中心、网安园、元宇宙应用创新中心等项目落实落地。北京通州投资发展有限公司承担市区两级投资战略功能平台职责，统筹开发乡镇集体产业用地，全力以赴保障副中心重点项目建设，稳步推进张家湾设计小镇、区档案馆等重点建设项目。北京大运河文化旅游发展有限公司开展大运河国家AAAAA级旅游景区创建和运营工作，全年接待游客17.1万人，安全出航2.1万船次。北京市燕东保障性住房建设投资有限公司做好房源增量拓展、公租房运营管理和共有产权住房政府份额代持等工作。北京首通智城科技创新有限责任公司加快整合信息化产业资源，完善副中心智慧城市技术框架与体系，组建副中心智慧城市产业联盟。北京市通州区供销合作总社加快为农服务项目落地，打造乡镇为农服务综合体，构建农村商业物流体系，拓展农业金融板块，与北京市供销社合作组建致农科技基金。

【国企改革工作】 2022年，区国资委加快推进区属国企改革重组，增强顶层设计和统筹谋划，构建完成城市建设、城市服务、民生保障、科技创新、文化旅游等产业板块。深入推进国有资产集中统一监管工作。完成区水务局所辖14座乡镇水厂及区住建委、林业局所属转制企业承接工作。推进物业企业改革，探索多种管理模式，组建国有控股物业公司；推动城市副中心地面公交纳入市公交系统统一运营管理；推进事业单位法人登记清理规范工作，完成14家事业单位注销工作；加大历史遗留问题解决力度，完成29家停产停业企业的注销、破产和转制工作。

【监管机制建设】 2022年，区国资委规范企业固定资产处置和固定资产购置审批程序，加强国有企业经营性房屋、土地出租管理。规范“三重一大”（重大事项决策、重要干部任免、重要项目安排、大额资金的使用，必须经集体讨论做出决定的制度安排）事项权责划分，不断完善“三重一大”事项决策内容；重新修订《通州区国有企业投资监督管理办法》，对国资监管和国企改革发展重大事项，严格履行决策及审批程序；下发《关于控制区属企业产权层级及新增法人企业的通知》，对企业层级进一步做出规范要求；加强区属国有独资公司董事会建设，落实董事会职权，出台《关于规范区属国有独资公司董事会建设的指导意见》等一批制度文件。修订完善《区国资委监管企业分类及年度经营业绩考核计分办法》，调整企业分类名称，完善考核指标和分值，提高经济指标分值，降低非经济指标分值，企业发展导向功能更突出。

【履行社会职责】 2022年，区国资委系统派出下沉干部2700余人次，参与10个乡镇、4个街道、6个隔离点的疫情防控工作。切实为中小微企业和个体工商户减轻负担，为773家商户减免租金1.28亿元（不含八里桥），减免面积49万平方米，切实减轻企业经济负担。结合国资系统实际，建立“任务单”，全年接哨34单，全部落实；受理“12345”工单1645件，涉及市级有效回访252件，响应率100%，解决率92.34%，满意率93.34%。组织系统9家国有企业为贫困地区捐款70万元，完成消费扶贫销售额4425万元。

【国企党建工作】 2022年，区国资委系统发展党员30名，包含4名高层次人才。

（冯禹）

国有资本运营

【概　况】 2022年，通州区国有资本运营有限公司（简称国资公司）积极推动公司改革和主营业务发展，围绕北京城市副中心建设，全力推进各类工程项目建设，重点工程项目进展显著。2022年，公司系统资产总额187.47亿元，实现各项收入总额37183万元，缴纳税金8401万元。

【重点工程项目】 2022年，国资公司负责的重点工程项目进展情况：通州发展大厦取得《关于通州宾馆改扩建项目相关事项的批复》《北京市规划和自然资源委员会通州分局多规合一协同平台会商意见》《建设项目修建人民防空防护工程标准审查意见书》《建设工程规划许可证》《北京城市副中心管理委员会关于通州发展大厦项目核准的批复》等相关手续，完成A座（1—19层）、B座（1—13层）、C座（5—19层）精装修设计；八里桥片区棚户区改造项目通惠北路城管委地块21户全部签约，支付八里桥项目拆迁补偿款和其他费用3.8亿元。配合北京市通州区住房保障事务中心完成2022年5.14亿元棚改债申请工作。完成399份档案资料审计工作，取得成本清算审计报告；做好核心区、北苑、西海子、上营等各地块项目结算工作；北京城市副中心行政办公区再生水工程（二期）项目，以再生水经营为主线，持续拓展关联业务领域，现有再生水用户共计27家，2022年，再生水供应1131万吨；通州区综合办公区项目取得项目规划用地指标。开展现场踏勘，核查项目用地及底档等资料，同时根据摸底调查情况完善实施方案；参股企业北京建工国通建设工程有限责任公司完成19条管廊、14项道路工程（含13条道路和1项消防支队内部基础设施改造工程）、3项绿化工程的竣工验收，完成19条管廊的产权移交和1条管廊的管理权移交工作，完成3条道路产权移交工作，完成32个项目的结算工作。文旅区市政基础设施项目建设接近尾声，综合管廊工程共20条，其中19条全部完工；市政道路工程共53条，其中45条完工；随路电力管线共18条，其中16条完工；随路中压燃气管线共27条，其中23条完工；绿化工程共8项，其中6项完工。

【基金投资】 2022年，为加速引导区内产业发展，经区委审议，决定设立区域引导基金，依据相关要求，满足出资条件；设立财通汇科技信息咨询有限公司，致力于推动全球财富管理论坛，成为中国乃至全球财富管理行业最具权威性和引领性的国际交流平台，10月12日，完成公司工商注册；参与发起副中心ESG（环境社会治理）绿色产业创新引擎项目，截至年底，完成《关于设立北京城市副中心环境社会治理创新引擎运营有限公司的可行性研究报告》；下属通政公司作为股东参与推进公募REITs的发行以及Pre—REITs投资，第三方中介机构完成企业尽调，正在商讨发行方案；与北京宏远创信能源科技有限公司成立的合作公司北京通城创信能源有限公司办理售电公司市场注册业务，同步办理首都、冀北以及四川省的注册申请。

【疫情防控】 2022年，区国资公司开展防疫调研2次，各级领导带队检查53次、排查50次，累计排查5万余人次。国资公司系统召开疫情防控工作部署会47次，确保疫情防控和复工复产两手抓、两不误。对符合减免条件的42户小微企业，减免房租1300余万元。按照区委统一部署，组织423名干部职工参加全区14个点位的上浮、下沉工作，完成涉疫人员转运7549趟次、30917人。

【接诉即办】 2022年，区国资公司接到市民诉求2300件，同比下降3.6%。国资公司市级回访总数为1136件，考核“三率”669件，响应率为99.96%，解决率为89.90%，满意率为90.41%，平均成绩91.41分，较2021年平均成绩提高1.89分。组织召开接诉即办调度会20次、实地调研7次、吹哨会5次、培训会4次，有3篇典型案例被媒体刊登，解决百姓急难愁盼问题，新城基业上园南街更换路灯的成功案例接受北京交通广播的专题采访。

（姚雪峰）

私营个体经济管理

【概　况】 北京市通州区私营个体经济协会将“小个专”（小微企业、个体工商户、专业市场）党建工作融入副中心发展大局、市场监管工作和服务企业的全过程，强抓工作落实，不断开创“小个专”党建工作奋力先行的新局面，为促进通州区私营个体经济发展做出积极贡献。

【“小个专”党建工作】 2022年，深入八里桥市场经营一线开展调研，了解八里桥市场在党建工作中遇到的困难及入驻商户党员活动开展情况等问题，首先在永顺市场监管所设立“小个专”党建工作指导站，制定指导站制度，进一步健全市场监管部门紧抓“小个专”党建的工作机制，完善党建工作阵地，夯实党建工作基础。

【搭建融资服务平台】 2022年，以解决企业反映的堵点、难点、痛点问题为导向，全年下沉一线走访企业300余家，广泛收集营商环境、惠企惠民政策落实等方面的问题线索，组织北京投融资商会、北京农村商业银行与广大企业个体进行融资洽谈，让金融机构更多了解企业在发展中遇到的困难，以及在政策和金融方面的需求，促使其更有针对性地出台惠企政策，开发出更多更好的金融服务产品。全年，为辖区企业和个体提供服务32家，放款1.02亿元，切实为“小个专”解决一批实际问题。

【做好全国先进个体工商户申报工作】 2022年，通过个性化咨询与指导，协助有意向参评的个体工商户进行申报。同时，协调各部门，努力解决评估项目多人员少、经验不足等问题，多次开会逐条研究实施方案和评估内容，与估组员定期进行沟通联系，推荐通州区一家个体工商户参加全国先进个体工商户评选工作。

（贾年伟）

投资促进

【概　况】 2022年，区投资促进服务中心统筹的储备在谈项目共485个，其中数字经济项目115个，现代金融83个，先进制造69个，商务服务143个，文化旅游40个，现代种业8个，其他类27个。2022年新增在谈项目236个，同比增长40.7%，其中数字经济76个，现代金融27个，先进制造29个，商务服务49个，文化旅游23个，现代种业8个，其他类24个。

【“两区”项目库和空间资源库建设】 2022年，通州区“两区”招商引资工作指标全部超额完成。“两区”建设项目库新增项目数399个，完成全年工作指标的216%。新增预计投入资金为1127亿元，资金量全市第三，完成全年工作指标的103%；库内落地项目数为266个，落地率48%，高出全年落地率工作指标8个百分点。汇总形成117条空间资源信息，累计占地面积6600余亩，建筑面积超870万平方米，并同步在投资北京地图上更新。

【重点项目引进情况】 2022年，央企落户城市副中心形成集聚效应，其中，中国长江三峡集团有限公司二三级总部24家；中国石油天然气集团有限公司二三级公司3家，包括中石油华北（北京）新能源有限公司、北京

▲ 11月14日，北京城市副中心首个“小个专”党建工作指导站在永顺镇市场监督管理所挂牌成立　（区市场监管局提供）

▲ 8月1日，通州区政府与中国铀业有限公司签署战略合作协议　（区融媒体中心提供）

慧普时代数字科技有限公司等；中国电力国际发展有限公司二三级公司5家，包括新源劲吾（北京）科技有限公司、新源协合（北京）能源科技有限公司等。新源协合业务伙伴北京光享无限科技公司和北京鑫合新能科技公司新设立的北京合创能源科技公司已落地；中国建筑集团有限公司系统多家企业，包括中建方程投资运营（北京）有限公司、中建一局集团第三建筑有限公司等；中航建设集团有限公司已落地。此外，与中国核工业集团有限公司系统企业签署合作备忘录，其中中国铀业股份有限公司、中核铀业有限责任公司已工商落地。市属国企方面，与金隅集团冀东发展集团国际贸易有限公司签约，促成北京金隅国际供应链服务有限公司注册落地。北银理财有限责任公司、北京首旅资本管理有限公司等市属国企落户通州。中国电信天翼安全科技有限公司北京分公司、中海外（北京）安全技术有限公司已注册落地。外资方面，楷亚锐衡建筑设计咨询（北京）有限公司、北京荣辉普照新能源科技有限公司等企业已落地。

【“通八条”政策制定及兑现情况】 2022年，区投促中心持续做好“通八条”惠企政策及实施细则落实工作，通过采用“免申即享”的方式，向75家非金融类重点企业发放扶持资金2.14亿元，其中成长型中小企业58家，中小企业扶持数量和扶持资金实现“双增长”。

【健全优化产促会协调机制】 2022年，区投促中心召开5次产业发展促进委员会会议，研议各类产业项目31项，其中各类产业项目22项，人才服务事项3项，协调相关工作事项6项。审议修订“通八条”政策、招商中介扶持办法及高精尖企业人才扶持办法。

【完善招商引资体制机制】 2022年，区投促中心聚焦六大重点产业招商工作，牵头制定《“四个一”招商工作机制实施方案（2022年试行版）》，6月3日以区政府名义印发实施。围绕数字经济、现代金融、先进制造、商务服务、文化旅游、现代种业六大重点产业，分别搭建“四个一”招商工作组织架构，确保每个重点产业都有一位区领导联系、一套工作班子、一支招商队伍、一个决策咨询机构，从区政府层面、区级主管领导层面、工作专班层面，按照每季度、每月、双周的频率，建立“三级”招商工作调度机制。

【出台全区投资促进指导文件】 2022年，区投促中心根据《关于进一步加强投资促进工作推动经济高质量发展的若干意见》体例及精神并按照市投促“两区”建设考核要求，以区政府批复名义出台《关于进一步加强投资促进工作推动经济高质量发展的实施方案》，明确市级层面投资促进长期规划要求，指导全区投资促进工作。

【完善产业高质量发展指标体系】 2022年，区投促中心按照区领导要求，持续做好指标体系季度专报编制和指标体系年度修订工作。《指标体系（2022版）》设立“产业项目”“产业资源”等4项一级指标，“全区可利用产业空间楼宇利用率”“产业绿色发展程度”等32项二级指标，“集体产业用地腾退资金使用效率”“推行绿色建筑标准”等102项三级指标。

【北京城市副中心产业高质量发展推进大会召开】 1月19日，区投促中心召开“踔厉奋发 扬帆远航——北京城市副中心产业高质量发展推进大会”，全面推介城市副中心的发展优势和投资机遇，发布产业空间清单、产业政策清单、应用场景清单、企业服务清单4大惠企清单，促成“双千兆”网络设施建设、北京首钢基金有限公司产业引导基金、绿色基础设施投资基金等8个重点项目签约。

【举办城市副中心优化营商环境网络推介大会】 6月27日，区投促中心举办“北京城市副中心优化营商环境网络推介大会”及“海外专场推介大会”，分别就城市副中心高质量发展有关政策、应用场景、智慧城市建设等相关情况进行推介和发布，并与北京数字创意产业协会等5家招商引资中介机构签约。大会特别设立海外专场，并与荷兰、葡萄牙等国的多家海外商会合作，进行双语推介，面向世界舞台推介城市副中心。

【区外招商对接活动】 9月8日至11日，第二十二届中国国际投资贸易洽谈会采取线上线下融合方式在中国厦门举办，区投促中心会上对接法国威立雅集团、丹麦安徒生文化基金会等17家企业。10月，到浙江温州开展招商推介活动，向温州企业家推介北京城市副中心营商环境和资源优势，详细介绍北京城市副中心产业发展和招商政策，并邀请50余家温州市高新技术企业到通州考察，吸引企业项目投资落地。12月14日，第二十五届北京·香港经济合作研讨洽谈会以视频连线方式在北京和香港同步举行，通州区围绕绿色金融主题向与会嘉宾分享推介，区政府与香港凯韵国际有限公司签署战略合作框架协议。

【拓展招商渠道】 2022年，区投促中心推广应用招商项目数字化管理系统，面向全区进行使用培训，20多家单位正在使用，招商项目信息管理平台录入全区项目209个。研发系统手机端，在手机端可以浏览招商数字平台上的录入内容，查看项目进展。年内，共有中介平台62家，新签约36家，清退8家，引入企业500余家。2022年纳税企业中，75家企业总税收约1.67亿元。

【实施“全程代办”和“服务包”服务模式】 2022年，区投促中心协助企服码（北京）科技有限公司、智慧悦行科技有限公司等35家企业完成落户注册手续；协调通州区各属地管家，汇总整理案例说明等相关材料，在“服务包”平台“成效管理”模块录入属于“服务包”族谱企业的新注册子公司共42家，助力区“服务包”专项考评连续几个月全市排名第二，平台办结率和满意率持续保持100%。贴心服务企业，北京北咨城市副中心工程咨询有限公司、蒙牛高科乳制品（北京）有限责任公司向区投促中心赠送锦旗。

【开展企业培训服务系列品牌活动】 2022年，区投促中心举办2022年度招商引资大讲堂系列培训活动，包括“政银企直通车”产业政策清单解读专题会活动、企业家大运河健步行，组织区各委办局、各乡镇招商系统人员参加商务部组织的线上招商培训等系列活动。

（陈子杰）

烟草专卖与管理

【概　况】 2022年，通州烟草全面落实“坚持首善标准，争创一流业绩”的北京烟草精神，努力践行“忠诚、干净、担当，团结、奋进、共享”的通州烟草理念，探索开展通州烟草“党建带网建”“信用监管五步法”“五维营销工作法”“两个之家建设”等一系列具体实践，各项工作呈现稳中向好的积极态势。坚持“端窝点、断源头、破网络、抓主犯”的方针，全力推进年度工作目标任务落实。制定实施“通州烟草信用监管五步法”，全面推动专卖管理工作提质增效，相关案例入选国家烟草专卖局提升企业核心竞争力典型案例。

【电子烟监管】 2022年，通州烟草成立新型烟草制品监管队，建立“过渡期”电子烟市场主体信息档案375户。绘制电子烟监管电子地图，编制许可、案件办理事项“两张清单”和监管记录范本，助推电子烟管理工作提质升级。严格按照零售点指导数量上限，依法依规核发电子烟零售许可证52户。多轮次开展持证户电子烟问题清理整治，敦促指导卷烟持证户电子烟产品全部清理下架，实现电子烟市场平稳过渡。

【驻厅服务工作】 2022年，通州烟草大力推动“互联网+政务服务”，接收网上申请1738件，邮寄送达行政许可1438件，指导延续换证516件。践行“一次办好”服务理念，优质高效服务获赠锦旗，2名驻厅人员分别被评为“最佳首席代表”和“先进个人”。持续提升“12345”“12313”热线工作处理质效，及时妥善处置举报投诉864起，维护群众合法权益。

【打造“橄榄形”客户结构】 2022年，通州烟草坚持市场导向，提高市场把控和反应能力，保持良好市场状态。多维度设定样本点客户监测数据，准确研判消费需求特点和市场真实状态。深化营销网建现场会课题成果，持续运用好客户分类体系，推进零售客户分类别精细化管理。优化升级零售客户经营指导建议书，着重帮扶中小客户分析经营短板，推动客户盈利水平、卷烟投放策略使用率和客户档位同步提升，打造“橄榄形”客户结构。

【推动零售终端数字化转型】 2022年，通州烟草持续以“档位+标签”工作为切入点，培育优质数采客户717户，同比增加480户，占比位列全市第一名。有序组织960户零售客户办理聚合支付业务并正常使用，实现客户销售数据与云POS系统对接传送。建立线上线下相结合数据检查监测机制，加强优质数采客户实地检查和线上监测力度。坚持动态管理原则，及时替换数据失真客户，有效提升数据采集质量。指导客户运用现代终端实时掌握进销存数据，促进客户盈利提升。

【打造零售终端形象标杆示范客户】 2022年，通州烟草加强宣传引导，用好用足“档位+标签”政策红利，激发零售客户自主参与形象提升内生动力。联合工业企业开展驻店体验、品牌宣讲等活动，提升示范影响力。依托诚信互助小组分享终端形象改善优秀案例，示范客户典型引领、辐射带动作用逐步显现。全年建设“标准终端”568户，零售客户自主改善店面形象热情日益高涨。推动形象提升工作向农网终端延伸，率先打造农网地区形象标杆户、堡垒户，激发农网终端经营活力。

【推进零售客户信用体系建设】 2022年，通州烟草全面开展诚信宣传教育，加大守信激励、失信约束机制措施宣传力度，引导零售客户树立诚信守法经营意识。认真梳理零售客户守信失信行为，科学开展信用评价。将信用评价结果应用到档位评价，发挥信用引导作用，推进零售客户信用体系建设持续完善。

【激发工商零三方共育品牌活力】 2022年，全市系统首个“零售户之家”在通州烟草成立，在全行业率先开展工商协同面向零售户线上直播带货“首秀”。突出品牌引领，强化品牌思维，切实履行品牌培育第一职责。实施差异化培育方式，为零售客户提供个性化品牌培育服务与指导，提升品牌培育科学性、精准性、有效性。积极协调工商零三方资源，探索品牌培育创新机制，强化信息互通、人员互动，提升品牌培育工作质效。

【加强隐患排查落实整改责任】 2022年，通州烟草开展综合性安全检查12次，聘请专业机构开展电消检、防雷设备设施检测各1次，落实施工安全交底、一日三查要求，确保“平安通烟”目标达成。完善公务用车管理办法，更新三辆公务用车，杜绝交通安全隐患。打通层级沟通渠道，与机关服务中心和安全管理处及时沟通汇报，扎实推进东院后院区北墙维修、办公院区视频监控与周界报警设施加装等隐患整改。邀请安全管理处、通大物业共同组织应急疏散、灭火器实战演练，提高全员消防安全意识。坚持办公区域每日消毒消杀，严格外来人员管控，压紧疫情防控主体责任。

（李婧）

农业 农村

综 述

【概　况】 2022年，区农业农村局全面启动非宅类试点整治工作，持续开展调整优化和复耕复垦，落实最严格的耕地和永久基本农田保护制度。扎实推进乡村振兴战略实施，支持一二三产业融合、适度规模经营、特色优势产业发展。

【耕地用途管制】 2022年，通州区全面实施耕地用途管制，由各涉农镇（乡）人民政府具体主责，落实《关于严格耕地用途管制有关问题的通知》。为保证创建国家森林城市工作顺利推进，通州区百万亩造林等22个项目完成编制耕地进出平衡工作方案，并纳入2022年度进出平衡总体方案。

【非宅类试点整治】 2022年，通州区非宅类试点整治区域于家务乡结合“基本无违法建设区”、自然资源督察整改等专项执法工作，完成整改116宗，项目占地面积22.66公顷、占耕地面积8.78公顷。另有17宗已纳入公共公益专项，按照补办手续方式推进整改。

【复耕复垦】 2022年，完成10.71万亩土地签约，完成土地整理10.57万亩，种植农作物8.82万亩，约8.29万亩复耕地块已通过区级验收。督促各乡镇加快土地整理和种植，并积极申报验收。印发《关于调整区级田长名单和责任乡镇的通知》，要求田长结合日常工作开展督导，区级田长每年至少开展2次巡田，乡镇级田长每月至少开展1次巡田，村级田长每周至少开展1次巡田，及时发现并协调解决耕地与永久基本农田保护管理存在的问题。配合“通州区耕地保护空间复耕工作专班”开展2022年土地复耕复垦土壤污染状况调查工作，完成检测地块1525个、36913亩，未发现受污染地块。

【田长制责任体系落实情况】 2022年，区农业农村局按照《通州区关于全面推行“田长制”的实施方案》的要求，对全区19.92万亩耕地进行保护，共涉及9个乡镇344个村，逐村建立田管员队伍，由村书记、主任担任村级田长，村委会其他干部任村副田长，由林场林管员兼任田管员或是村委会选派本村人员、镇政府聘用第三方综合协管员来担任村级农田管护员，健全区、镇、村三级田长制度，完善农田管护体系。

【高标准农田规划和建设】 2022年，区新建高标准农田3000亩，按照“缺什么、补什么”的原则，配建农田基础设施、农田灌排和节水工程、农田地力培肥工程，全面提升农田生产能力和整体质量。

【永久基本农田质量调查】 2022年，区农业农村局对通州区19.28万亩耕地开展质量等级调查评价与土壤环境质量类别分类管理，全区永久基本农田采样检测样点（30亩以上地块）538个，综合分析检测数据，测算永久基本农田地力与空间分布。

【防止“大棚房”问题反弹】 2022年，区农业农村局坚决落实党中央关于“大棚房”和保护耕地的工作要求，坚决遏制耕地“非农化”“非粮化”，对各乡镇园区开展抽查，进入园区实地核查，区级“大棚房”专班每月发通知督促各乡镇整改，通过“北京市设施农业巡查系统”App对各类农业园区（基地）的21633栋大棚类设施农业项目进行逐栋扫码拍照，进行日常检查。各乡镇对发现的隐患性、苗头性问题进行立行立改。

【产业融合发展】 2022年，区农业农村局以“严格筛选、政策聚焦、持续支持、锻造精品”为工作原则，采取“集中培训、政策解读、专家辅导”等工作措施，通过点对点帮扶、整体谋划指导等多种形式，高效高质量开展4个美丽休闲乡村提升项目、6个休闲农业园区提质项目、改造提升19户乡村民宿项目的建设工作。

【建立涉农资金统筹整合长效机制】 2022年，区农业农村局统筹整合涉农资金，支持一二三产业融合、适度规模经营、特色优势产业发展。11家金融机构共同推动更多金融资源配置在副中心三农领域，助力乡村振兴。为农户提供20万元以内的信用贷款，为经营主体提供100万元以内的信用贷款，并形成“项目贷”新产品模式，对重点项目提高授信额度，对用款费用给予全贴息和担保费补贴，有效解决项目前期资金压力大的问题。

【联农带农】 2022年，通州区通过规划设计、主题提升、体验及培训活动的开展，拓展农业休闲项目，全年游客量增加17万人次以上，增加采摘、农产品销售800万元，农文旅活动体验及乡村旅游等各项收入增加1000万元以上。带动周边农户就业120余人，增加临时性用工200余人，农户平均增收1万余元。

【粮食高产创建】 2022年，通州区建设小麦、玉米百亩“样板方”2个，建设千亩“示范片”2个，带动万亩

“产业带”2个，小麦和夏玉米各1个。推介主导品种15个、主推技术9项，集成推广小麦节水高效、玉米轻简高效的生产模式2套。2022年全区小麦平均亩产为489.4千克，百亩方平均亩产616.5千克，比全区增产26%。千亩方平均亩产584.4千克，比全区增产19.4%。万亩方平均亩产514.6千克，比全区增产5.1%。全区夏玉米平均亩产为627.9千克，百亩方平均亩产669.7千克，比全区增产6.7%。千亩方平均亩产641.2千克，比全区增产2.1%。示范区关键技术得到普遍推广应用，小麦节水高效技术、玉米轻简高效技术应用率达90%以上，新品种覆盖率达100%。

（王天宇）

种植业

【概　况】　2022年，通州区持续提高蔬菜、粮食播种能力，确保农产品质量安全。进一步做好农膜和农药包装废弃物回收工作，推广蔬菜优质安全种植技术，持续提升病虫草鼠害监测预警水平。

【粮食播种】　2022年，通州区粮食播种面积任务指标6.8万亩（其中大豆播种面积0.55万亩），粮食产量任务指标2.06万吨。全年完成粮食播种面积7.18万亩，完成生产任务指标105.6%（其中大豆播种面积0.73万亩，完成任务指标132.7%），全年粮食产量2.76万吨，完成任务指标134%。

【蔬菜播种】　2022年，通州区蔬菜（含食用菌）播种面积任务指标13.47万亩，产量35.16万吨。全年完成蔬菜播种面积13.5万亩，完成任务指标100.2%；全年蔬菜产量完成38.2万吨，完成任务指标103.9%。花生播种面积任务指标6525亩，全年完成花生播种面积6603.6亩，完成任务指标101.2%；油菜播种面积任务指标360亩，全年完成油菜播种面积383.6亩，完成任务指标106.6%。

【蔬菜生产设施】　2022年，通州区蔬菜生产设施项目有28个，建设面积769056.45平方米（1153.58亩）；柔性日光温室380栋，面积350298.9平方米（525.45亩）；连栋温室41栋，面积184201.79平方米（276.31亩）；单栋大棚304栋，面积234555.76平方米（351.84亩）。

【蔬菜生产技术服务】　2022年，区农业农村局根据生产时节持续开展各项生产技术服务工作。适时发布《2022年通州区粮食、油料作物春季后期管理工作技术指导意见》《北京市通州区农业农村局关于做好2022年通州区“三夏”工作的指导意见》《2022年通州区主要农作物科学施肥指导意见》《通州区露地秋播大白菜技术指导意见》《通州区冬储大白菜莲座期管理技术》《通州区秋大棚黄瓜滴管施肥技术要点》《通州区“三夏”期间蔬菜生产管理技术方案》《通州区冬季极端天气蔬菜生产管理技术方案》《通州区设施番茄栽培技术要点》《通州区设施黄瓜栽培技术要点》《通州区设施茄子栽培技术要点》《通州区设施甜辣椒栽培技术要点》《通州区设施蔬菜三种高产高效种植模式技术要点》等多项技术指导意见。

【农膜和农药包装废弃物回收】　2022年，区农业农村局为进一步做好农膜和农药包装废弃物回收工作，成立“通州区农膜和农药包装废弃物回收处置工作领导小组”，制定《通州区2022年农膜和农药包装废弃物回收处置工作方案》，全年回收废旧地膜59.36吨，废旧棚膜、滴灌带、育苗盘等种植业塑料制品23吨，兑换规格为国标0.014毫米的新地膜34.32吨。全区15家农药包装废弃物回收门店回收农药废弃包装47.07吨，过期农药6.03吨。

【菜田补贴】　2022年，区农业农村局根据《北京市农业农村局北京市财政局关于印发〈2021年北京市菜田补贴实施办法〉的函》要求，制定《2021年北京市通州区菜田补贴实施方案》。全区菜田补贴涉及9个乡镇、228个村，补贴种植主体4883个，补贴种植面积32740.18亩，补贴金额1964.4108万元；工厂化补贴主体6家，折合补贴面积4540.66亩，补贴金额272.4396万元。

【农机购置补贴】　2022年，区农业农村局制定完成《2021—2023年北京市通州区农机购置补贴实施细则》和《2021—2023年北京市通州区农机购置补贴机具投档和核验工作规范》，并在市区两级《农机补贴信息公开专栏》进行公布，公布相关信息45条。截至12月21日，农机补贴受益户19户，补贴机具162台（套），补贴资金109.526万元（中央补贴资金96.566万元，市级补贴资金12.96万元）。

【化学农药减量】　2022年，区农业农村局持续提升病虫草鼠害监测预警水平，发布病虫情报25期，预测准确率达到90%以上。对草地贪夜蛾等迁飞性害虫进行监测预警和应急防控，在全区设立性诱监测点160个，布控性诱捕器490余套。在9个涉农乡镇设立灯诱监测点7个。及时对2020年安装的100盏太阳能杀虫灯进行检修，投入普查人员1003人次，草地贪夜蛾的调查面积达16500亩次，科普宣传累计发放技术挂图、手册、资料等4000余份。加强植物诊所建设，开具合格处方单1738份，合格率98.8%，技术咨询直接覆盖面积4376.1亩次。利用绿色防控产品补贴资金对小麦的专业化防治组织补贴6260亩次。推进专业化统防统治与绿色防控相融合，示范面积2536亩次。

【新品种新技术试验示范】　2022年，区农业农村局示范与推广蔬菜优质安全种植技术，建立高品质番茄、黄瓜、生菜三种作物优质品种与集成技术示范点5个，引进优质品种30个，示范面积100亩，集成示范水肥一体化、生物有机肥培肥、集约化育苗技术等多项高效栽培技术。筛选出京番309、甜番贝、京采6等5个番茄品种，筛选出京研旱宝5号、东风速递F1、小尾香长等5个黄瓜品种，筛选出射手101、北生1号等5个生菜品种。示范与推广粮经作物绿色优质栽培技术，引进彩色鲜食玉米、甘薯新品种15个，从中筛选出适宜种植的新品种3个；建立鲜食玉米示范基地200亩，引进的鲜食玉米品种比普通品种亩增产

▲ 2022年，甘薯新品种示范田

（区农业农村局提供）

12.6%，亩增收35.8%；建立甘薯示范基地100亩，平均亩增产45.7%，亩增收143.4%。开展鲜食玉米塑料大棚一年两熟高产高效栽培技术示范，示范面积50亩；开展甘薯抢早优质、高产、高效技术及豌豆、甘薯连作用地养地高产高效种植模式技术示范，示范面积7亩。

【农业安全执法】 区农业综合执法大队聚焦春节，北京冬奥会和冬残奥会，全国两会，春耕备耕等关键节点，开展《农业综合执法护奥保春耕专项行动》《北京市冬春季农业执法专项行动》《2022年春季农资打假专项治理行动》等系列专项执法行动，农产品质量安全、农业投入品安全共出动执法人员1512人次，检查种植养殖基地、农资经营门店等重点监管对象566家次，立案查处农产品质量安全类案件27件（未按规定建立生产记录案件2件、伪造动物检疫证明案件1件、使用伪造动物检疫证明案件1件、农业投入品质量安全案件23件），罚没款1.14万元。其中，移送公安机关立案追诉案件1件，追诉刑事责任1人。

【植物检疫普查】 2022年，对13种植物进行检疫普查，并对北京市销售的农作物种子、苗木和其他繁殖材料的经营门店与执法人员的模拟双随机监督检查7次，通过系统随机抽取门店85家次，出动执法人员170人次。针对种子经营门店未按要求保存农业植物检疫档案的开展农业植物检疫简易处罚19起。

（王天宇）

林 业

【概　况】 2022年，通州区完成造林任务1.5万亩。2018年至2022年，通州区围绕“两带一环一心”（北京城市副中心构建绿色格局“两带一环一心”，第一条绿带指沿潮白河东部绿带，第二条绿带指沿中心城区在西部的一条绿带；“一环”指围绕城市副中心155平方千米要形成一个环城绿色休闲游憩环；“一心”指城市绿心）绿色空间格局，完成造林任务13.55万亩，超额完成北京市平原地区造林工程建设总指挥部考核任务12.15万亩。10月14日，生态保护红线成果经自然资源部批复正式执行。

【林长制工作】 2022年，开展区级林长巡林27次（含总林长），街道乡镇级林长巡林264次，村社区级林长巡林33000余次。实施林长制、田长制、河长制“三长联动、一巡三查”试点，探索“林长制+”模式。开展“守好身边绿”“枯枝死树清理”专项行动，解决专项问题8个，清理枯死树5398株。落实林长制培训机制，为副中心园林绿化精细化管理培养1600余名人才。

【林业资源管理】 2022年，区园林绿化局印发《通州区森林经营方案（2021—2030年）》，做好森林资源图斑调查核测工作，已累计完成调查图斑2.82万个。严格开展占地资源审核和土地流转管理，做好各类生产性林木（树木）伐移、征收林地绿地及其他涉林涉绿审核审批工作，受理并审批城区树木伐移99件、林木伐移1613件；审批占用或征收征用林地6件、审批面积9.51公顷；出具产地检疫合格证134个、林木种子生产经营许可证65个。开展台湖古树公园建设行动。联合区公安分局、区城管执法局等部门开展专项整治行动10次，加强全区140株古树保护。

【集体林场】 2022年，26.88万亩生态林全部移交集体林场分级分类管理，推进马驹桥镇、漷县镇等8个乡镇示范性集体林场建设，通州区成为全市率先将生态林全部移交集体林场养护管理的区域，带动“绿岗”就业5000余人，本地劳动力占比近九成。

【森林生态功能提升】 2022年，区园林绿化局开展林分结构调整2.93万亩，疏伐林木25.32万株，移植林木1.37万株。实施春季和雨季补砾9.85万株，整体成活率85%以上。实施地被景观提升0.53万亩。建成22处生物多样性保育小区、11处森林高质量发展示范区。

【森林防火】 区园林绿化局在2021—2022年防火期内及重大节日期间开展巡查检查，出动护林员5606人次，组成巡逻队5690支，参与巡逻3.52万人次；对重点林区、野外火源管控、重点时期看护、应急值守等情况进行专项督查，发现并整改各类隐患108处；完成排查整改树线火灾隐患319处，涉及隐患树木1.45万棵；充分利用森林防火视频监控及通信系统，实现林区全天候森林火情24小时不间断探测，提升森林防火监测预警和早期处理能力；做好极端天气应对，下发大风、雨雪等自然灾害预警40余次；围绕消防、防汛、安全知识等内容开展培训10余场。

【林木有害生物防治】 2022年，区园林绿化局建设林木智能保护基站

6个，开展154架次飞防作业，防控面积约23.10万亩次，完成美国白蛾等重大林业有害生物普查、预防和除治任务73.93万亩次，有害生物防治测报准确率达95%，无公害防治率达95%，成灾率控制在1‰以下。

【杨柳飞絮治理】 2022年，区园林绿化局采取疏枝修剪、高位嫁接、湿化清扫等措施治理杨柳飞絮。累计出动清扫车、高压喷水车、雾炮车等防治车辆670车次，在岗园林工作人员700人次，绿地湿化面积累计2000万平方米，完成6.2万株杨柳树雌株打针治理。

【野生动物保护】 2022年，北京潞湾国家级野生动物疫源疫病监测站点挂牌成立。开展"清风行动""绿剑行动"等专项执法，救护野生动物186只。

【绿色产业】 2022年，完成林下经济示范点前期调研，稳步推进潞城镇、于家务回族乡、漷县镇约1500亩林下经济试点建设工作，探索森林资源可持续利用和长期经营。全力保障优质林产品安全供给，完成北京冬奥会、冬残奥会水果干果供应基地遴选保障；组织实施通州区老北京水果张家湾葡萄示范基地建设；加大食用林产品风险监测和检测力度，开展食用林产品进口冷链及相关从业人员风险排查专项行动，强化食用林产品质量安全管理。普及种子科学知识和相关法律法规，营造现代种业发展的良好氛围。编制实施《通州区园林绿化局2022年土壤污染防治工作方案》，在全区70个点位开展土壤污染调查。

（李影）

养殖业

【概　况】 2022年，通州区有备案养殖场9家，其中奶牛场6家、肉鸭场2家、生猪场1家。截至12月底，全区家畜存栏1.2万头（只），累计出栏家畜0.82万头（只）；全区家禽存栏1.2万只，累计出栏家禽45.5万只；累计鸡蛋产量0吨，累计牛奶产量（不含农场局）6.4万吨。有水产养殖户464户，其中食用鱼养殖272户、观赏鱼养殖147户、垂钓45户。养鱼水面5833亩，其中食用鱼面积3008亩、观赏鱼养殖水面2302亩、垂钓面积523亩。全年渔业产量2121吨，休闲渔业产值3010.3万元，苗种生产数量4.2亿尾。

【农产品质量安全监测】 2022年，区农业农村局制定并组织实施《通州区农产品质量安全统一监测计划》。全年检测51047个样品，合格率为100%。其中，监督抽检1297个样品（包括种植业877个、水产品100个、畜禽产品320个），定性检测49750个。市级异地监督抽检样品240个，检测结果全部合格。

▲ 3月30日，潞城林场工作人员将红外摄像机固定在树干上，用于开展生物多样性监测、保护野生动物 （区融媒体中心提供）

【动物防疫物资储备及动物强制免疫】 2022年，区农业农村局根据《通州区动物防疫工作方案》，采购狂犬病强制免疫疫苗7万支，犬免疫标识8万个；免疫注射犬只58032条，发放免疫标识73450个；购入防疫物资40万件（套、支、个），发放个人防护用品13万件、免疫监测耗材3.79万件、消毒药品2.2吨。

【疫病监测】 2022年，区疫控中心实验室对全区7类养殖品种、5种重大动物疫病进行8项免疫抗体监测，共检测样品8869份；监测高致病性禽流感H5+H7样品1116份；监测新城疫样品448份；监测小反刍兽疫样品560份；监测口蹄疫O型样品1700份；监测狂犬病抗体血清样品1177份；净化工作中进行马传贫检测样品335份，实验室送检奶牛布病样品10129份。

【非洲猪瘟防控】 2022年，区农业农村局为保证生猪生产的健康稳定以及猪肉市场供应的安全保障，通州区严格按照相关文件要求开展非洲猪瘟检测工作。通州疫控化验室检测非洲猪瘟样品22668份，其中大红门屠宰场送样22252份（非洲猪瘟肉样19200份、环境拭子249份、运输车辆拭子2481份、毛猪鼻拭子322份），猪场送样416份（生猪鼻拭子20份、环境及运输车辆拭子228份、病亡猪拭子108份、血清60份）。

【重大疫病防控】 2022年，区农业农村局监督指导新建猪场做好非洲猪瘟等重大疫病防控工作，对病死猪执行非洲猪瘟检测、养殖场消毒、无害化处理等各项防疫制度，并开展日常监督抽测。区动物卫生监督机构继续加强屠宰环节监管，开展屠宰企业非洲猪瘟抽样检测工作，坚持24小时人员驻场。

【动物疫病强制免疫与监测】 2022年，区农业农村局按照"预防为主、综合防治"的原则，继续开展动物免疫工作，确保免疫密度，对高致病性禽流感等动物疫病实行强制免疫。全年免疫畜禽7万余头。通州区有32家定点免疫单位，22个乡镇和街道参与了狂犬病免疫工作，免疫犬只5.8万条。对7类养殖品种、5种重大动物疫病进行 8 项免疫抗体监测，共检测样品 8869 份，总体合格率在 91% 以上。

【动物无害化处理】 2022 年，通州区加强病死动物无害化收集暂存点管理工作，保证病死动物无害化处理收集暂存体系平稳运转，及时拨付收集暂存点补助经费，无害化处理动物 10442 头（只）。

【畜禽水产主要污染物减排】 2022 年，区农业农村局结合通州区水产养殖现状，在水产养殖场节水、资源化利用等方面进行提升改造，根据建设单位实际，统筹规划，确定项目建设内容和规模，采取“先建后补，以奖代补”的方式，按照财政资金补助不超过项目主体建设的 80% 标准执行。

（王天宇）

农机服务

【概　况】 2022 年，区农机中心按照上级单位的要求，积极开展通州区农机化建设相关事务性、服务性工作，有针对性地在全区对农业机械新技术、新机具进行推广。

【裸露农田扬尘抑制保护性耕作技术推广】 2022 年，区农机中心积极参与推广季节性裸露农田扬尘抑制关键保护性耕作技术，全面推进农机深松耕地、秸秆粉碎覆盖还田、少免耕播种三大关键保护性耕作技术作业任务落实，完成保护性耕作深松作业2万亩，少免耕播种作业 2.5 万亩，秸秆还田作业减重复约 2.2 万亩。

【农业机械化年度报表工作】 2022 年，区农机中心指派专业技术人员，与北京市农业局农机管理处、各个乡镇、统计局、农业局等相关单位部门对接，在系统套表报写过程中，反复与乡镇核实、核对，确保报送及时准确。

【“春耕”前农机推广】 2022 年春耕前，区农机中心充分发挥“孵化”作用，传播农机科技，助力服务“三农”，派技术骨干对漷县集体林场 60 余名农机手推广农机使用方法、维护保养、常见故障排除等方面的农机实用操作技术，切实提升农机操作人员对农业机械的实用操作能力。

【排查农机安全隐患】 2022 年上半年，区农机中心为确保“三夏”不发生农机安全生产事故，技术人员、种养科执法人员及乡镇农机主管部门人员，针对“三夏”农机作业安全，按镇、片区，对各乡镇投入“三夏”作业的农业机具进行联合检查，发现问题、及时反馈，及时解决。

【加强农机推广人员培训】 2022 年，区农机中心开展通州区基层农技推广队伍业务能力和综合素质提升线上培训 2 期，每期有 24 学时以上的课程。9 月 19—23 日和 10 月 31 日至 11 月 4 日，参加由北京市农业农村局主办、北京农学院承办的 2 期“2022 年北京市基层农技推广体系骨干人员素质提升培训班”，每期派 4 名技术骨干参加培训。

【农村防疫巡查】 2022 年 4 月中旬到年底，区农机中心派 10 名工作人员，分组逐镇逐村，对农村地区及冷库进行疫情防控检查。

（王天宇）

美丽乡村建设

【概　况】 2022 年，新农村建设服务中心扎实推进业务工作，稳步提升农村人居环境，不断完善“煤改电”长效管护机制，持续推进农村宅基地规范管理，结合农民增收等多项措施促进美丽乡村建设。

【开展“三百行动”】 2022 年，区农业农村局全面推进农村人居环境“百日攻坚、百村整治、百村示范”的“三百行动”专项，动态清理农村人居环境基础问题 2 万余个，407 处长期历史挂账顽固重难点问题整改率达到 100%，100 个较差村庄全部达到合格以上水平，优秀示范村庄新增 61 个，总数达到 98 个。

【“煤改电”长效管护】 2022 年，区农业农村局进一步完善平房住户取暖“煤改电”长效管护机制，聘请专业团队对出保设备的运行情况、售后服务、用户使用、用电安全等工作进行巡查。针对农村地区“煤改电”设备后期运行维护工作，完善长效管护机制，保障已实施“煤改电”用户冬季正常安全取暖，印发《2022 年度通州区平房住户冬季取暖“煤改清洁能源”长效管护工作方案（试行）》《通州区“煤改清洁能源”应急保障预案（试行）》。根据通州区《通州区平房住户“煤改电”低谷电价电费补贴清算工作实施方案》，保障全区 13 万户用户享受峰谷电价补贴政策。加强宣传培训，强化安全管理，针对“煤改电”政策、设备使用注意事项等内容，印发《致

▲ 8 月 16 日，通州区农村宅基地基础信息摸底调查工作部署会召开

（区农业农村局提供）

"煤改电"用户的一封信》；针对"煤改电"后期长效管护的相关政策，结合全区"煤改电"长效管护实际情况，以拍摄短片的形式对"煤改电"改造及后期长效管护的相关政策以及电取暖设备的调试、操作方法进行宣传。

【农民增收】 2022年，区委农村工作领导小组办公室印发《关于促进通州区农民增收工作方案》，出台20条措施推动农民收入稳定持续增长。全区农村居民人均可支配收入同比增速快于城镇居民，农村居民进入中等收入群体比例稳步提高。

【评选美丽庭院】 10月，通州区启动第三批"美丽庭院"评选工作，经过"线上线下申请报名—线上资格审核—线上投票评选—线下核实确认"的工作环节，有590户参评对象获得第三批通州区"美丽庭院"荣誉称号。

【农村宅基地管理】 2022年，区农业农村局开展宅基地基础信息摸底调查工作，通过整合一张工作底图、全面捋顺宅户关系，规范宅基地线上审批管理，实现对人、地、房、权等数据的精准化掌握和数字化管理，完成全区9个乡镇、359个自然村村庄115470宗农村宅基地基础信息摸底调查工作。

【规范乡镇宅基地及建房审批流程】 2022年，区农业农村局按照《通州区农村宅基地及房屋建设管理的若干规定》的要求，畅通村民建房审批路径，全区9个乡镇备案宅基地房屋翻建审批862宗。

【宅基地联合执法机制】 2022年，区农业农村局与区规自分局联合印发《关于明确通州区农村宅基地行政处罚权及建立联合执法工作机制的通知》，配合市农业综合执法总队、区农业综合执法大队开展春、秋两季执法检查，检查过程中村民建房均已办理审批手续。

【农村人居环境整治】 2022年，区农业农村局累计检查城乡接合部村庄110余村次，发现问题1339处，督办整改问题点位1000余处，整改率75%。完成道路、公厕、绿化等7项农村基础设施信息台账更新，管护太阳能浴室34座、节能路灯81670盏、绿化地560.96万平方米、公厕726座，且统一录入《北京市美丽乡村建设管理平台》，完成在线数字化管理，并聘用当地农民作为日常管护工作人员6000余人，解决农民就业，促进农民增收。

【安全监管】 2022年，通州区新农村建设服务中心为保证美丽乡村建设工程安全进行，加强汛期安全检查，到9个乡镇、80多个村的美丽乡村建设施工现场检查应急备汛，要求各乡镇高度重视安全生产工作，严格落实属地责任，督促施工单位有秩序施工，切实落实安全生产责任制，对发现的问题确保整改到位、见底清零。

【样板村建设】 2022年，区农业农村局根据区农村工作会议精神和区政府工作报告重点工作任务要求，牵头启动通州区运河畔美丽乡村样板村规划建设项目。以"微改造、精提升、强产业"为方向，深入系统挖掘新时代运河畔村落新内涵，传承农村优秀"农"文化、留住"京韵农味"、促进农村农业现代化，推动运河畔村落成为展示通州区农业农村发展的新窗口、新品牌，文化赋能美丽乡村建设，依托乡村振兴二十四字方针，以休闲农业等新兴业态为载体，打造一批串珠成链、连片成景的特色村庄。全年完成第一批13个样板村村庄风貌提升及村落文化与乡村振兴研究初步成果。

（李欣玫）

农村经济管理

【概　况】 2022年上半年，通州区农村集体资产总额为717.66亿元，所有者权益合计232.66亿元；集体经济总收入为10.51亿元，农户所得总额57.26亿元，汇总分配人口37.3万人，人均所得为15347元，同比增长3.9%。年内完成村级集体经济组织换届情况统计，对新完成换届并需要更换法人信息的村完成证书更换和460个村经济合作社换届、换证相关资料的档案整理和归档。指导各乡镇审计部门做好2021年度村级公益事业专项补助资金审计，共审计474个单位，涉及资金12885.03万元。加强对村级公益事业金使用的管理，2022年全区落实到位资金9144万元。

【成立农村集体资产监督管理委员会】 2022年，区委农村工作领导小组印发《关于加强农村集体资金、资产、资源管理工作的意见》，并制定工作程序文件。成立北京市通州区农村集体资产监督管理委员会，印发文件指导各乡镇设立镇（乡）集体资产监督管理委员会，全区11个乡镇均已完成组建。全年共召开2次农资委专题会议，研究"村地区管"细则、种业园会展中心项目、宋庄镇20亩以上土地流转项目等议题。

【农村集体资产清产核资及经济合同清查】 2022年，通州区农村集体资产清产核资和经济合同清查工作专班成立，研究制定工作方案，建立周报制度。截至年底，清产核资实地盘点完成进度约98.1%，债权债务核实完成进度约98.1%，系统录入完成进度约85.7%；完成合同清查、乡镇自查，土地测绘完成进度约96%。在此次工作基础上，同时推进市级农村涉地合同和集体资产资源核查工作。

【"数字乡村"信息系统建设】 2022年，区农业农村局完成数据库设计、原型设计、GIS一张图展示原型设计及基础界面开发，完成模块调整及看板优化。完成在地图上可查询到的合同关联资产四至地图数据3263条，可以通过业务系统展示的宅基地业务数据6114条。整理清产核资、煤改电数据。

【规范乡镇经联社运行秩序】 2022年，按照机关事业单位所办企业清理规范工作要求，各乡镇多数企业被解散注销，另有部分企业被规范保留。为进一步规范乡镇企业经营行为，被保留企业需变更乡镇合作经济联合社为其投资主体，根据管理需要，部分经联社需变更法定代表人。区农业农村局结合乡镇集资委工作规则，研究起草《关于启用镇（乡）合作经济联合社的工作方案》《关于进一步做好农村集体经济组织登记证变更工作的通知》，为充分发挥农村集体经济组织的功能作用，确保正常开展经营管理活动提供保障。

【研究建立通州区农村经济统计指标体系】 2022年，区农业农村局经与市农业农村局和区统计局有关部门学习交流、在区农业农村局内部开展业务研讨及查询相关资料等一系列前期准备工作，起草《关于建立通州区农村经济统计指标体系的工作方案》。该方案历经两次局内会议讨论和两次征求意见，进行数次修改后，进入区农资委会议题申报环节。

【2021年度农村集体产权制度改革情况填报】 截至2021年底，全区累计按股分配总额54.8亿元，其中成员股东分配52.8亿元，集体股东分配2亿元。有84个村实现按股分配，惠及成员股东7.2万人。股金分配总额4.3亿元，其中成员股东分配4.3亿元，集体股东无分配。人均股金分配6022元，同比增长426元。

【指导农村产权交易】 2022年，全区农村产权交易事项完成45宗，涉及金额2.6亿元。业务类型包括实物资产类15宗、农用土地类2宗、农业生产设施设备类1宗（农机具转让）、其他类27宗（林木、机动车转让、建筑工程）。涉及宋庄镇25宗、永顺镇9宗、永乐店镇6宗、西集镇2宗、台湖镇1宗、马驹桥镇1宗、于家务回族乡1宗。

【乡镇农工商总公司调研】 2022年，区农业农村局加强对乡镇集体资产的监督管理，深入理清乡镇农工商联合总公司有关情况，2月15—18日，组织对各乡镇开展调研。根据调研情况，全区乡镇农工商联合总公司有21个，撤销的有13家，其中撤销后明确注销或吊销的有6个；存续状态的有8个，其中存续且正常经营的有4个。

【启用村（社区）股份合作社】 2022年，区农业农村局修改完善《通州区启用村（社区）股份合作社工作方案》，指导乡镇做好集体资产移交及股份合作社启用工作，对试点村反馈的账户开设、财务分立等问题进行答疑。共有5个镇（永顺镇、梨园镇、马驹桥镇、潞城镇、永乐店镇）启用股份合作社试点村，其中，马驹桥镇驸马庄村完成启用村股份合作社工作，由村股份合作社负责村集体资产经营管理；潞城镇辛安屯村将村集体资产由村委会平移至村股份合作社，完成了村集体资产移交；其他试点村资产平移工作正在平稳有序推进中。

【农村集体资源管理】 2022年，做好土地确权登记颁证工作，有序推动农村土地确权登记颁证工作扫尾，在与镇、村共同努力下，前期拒签未领的部分农户陆续领取证书，有69户补签合同并领取证书。做好土地承包与流转管理工作，对基层组织土地承包与流转工作进行指导和规范，并督促乡镇、村认真履行主体职责，加强对承包和流转各环节的监督与管理，完成市级土地流转调查表格的填写上报。加强土地承包调解仲裁工作，为切实提高仲裁人员素质，区仲裁办督促仲裁员持续加强业务知识学习。全年接待、处理土地承包经营纠纷信访案件41件次，其中由区政务服务局牵头，多部门共同参与处理的信访件1件。

【农村集体资金管理】 2022年，区农经监管平台监管大额资金使用17589笔，金额263.77亿元，否决不合理资金使用562笔，金额6.22亿元；监管资产处置231笔，否决不合理资产处置15笔；监管资产购置1006笔，否决不合理资产购置51笔；监管经济合同签订2581份，否决不合理经济合同140份。修改监管审批流程，根据《通州区村级集体资金支出工作程序》和《通州区农村集体资产购（处）置工作程序》的责任分工，区分村委会监管程序，与三方公司工程师就资金支出、经济合同签订等流程进行沟通，在通州农经监管平台设立新的监管流程，进一步调整和规范审批流程。提高平台运维保障能力，积极推动通州农经监管平台完成定级备案，最终定为二级等保，并完成平台扩容，保障乡镇涉林合同的审批进度不受影响。

【农民专业合作社】 2022年，开展国家级、市级、区级示范社的培育和申报工作。通过培育创建、组织申报、区级联合审核等程序，最终推荐北京碧海园蔬果农民专业合作社申报国家级示范社；评定北京绿洲亿丰种植专业合作社为区级示范社，并将其推荐为市级示范社。完成市级示范社规范化建设评价和监测工作。指导被纳入2022年度市级示范社评价的3家合作社（北京圆梦缘农业专业合作社、北京五彩田园种植专业合作社、北京盛丰禾农业旅游观光专业合作社）按规定准备相关参评材料，并对14家市级示范社进行监测。加强合作社规范提升，详细摸查各乡镇在市级示范社培育创建、开展规范化建设、扶持资金管理与使用等方面的情况，开展全区农民合作社规范化考评工作。拟定《关于开展通州区2022农民专业合作社规范化考评工作的通知》和考评标准。落实政策扶持，做好"2022年市级转移支付资金支持农民合作社建设"工作，指导全区5家符合条件的农民专业合作社开展"农民合作社建设和生产托管项目"。

【农村集体产权制度改革】 2022年，区农业农村局指导做好农村集体资产和财务管理工作。完成永顺镇永顺村集体产权制度改革工作。积极配合区民政局做好撤村建居工作中的资产处置，制发《关于启用农村（社区）股份合作社工作方案》，完成马驹桥镇驸马庄村、潞城镇辛安屯村启用村（社区）股份合作社工作，将村集体资产由村委会移交至村（社区）股份合作社进行经营管理，实行"政经分开"。

（郭晶 李昕彤）

工业 信息化

工 业

【概 况】 2022年，通州区规模以上工业企业333家，完成工业总产值595.3亿元，同比下降8%，实现营业收入827.3亿元，同比下降6.7%。规模以上软件和信息服务业企业33家，实现营业收入46.2亿元，同比下降4.7%。

（金绍光 屠洪月）

【疫情防控】 2022年，通州区经济和信息化局（简称区经信局）加强对全区规模以上工业和软件信息服务业、通信相关企业重点人群疫苗接种的组织协调，提高疫苗接种率。全区通信相关人员接种率92.36%、软信类人员接种率94.7%、规模工业人员接种率96.3%。统筹全区重点防疫医疗物资和消杀产品的生产调度，对接市医用防疫物资保障小组，协调相关医疗物资的紧急调配，准确掌握全区防疫物资生产企业、药品生产企业的产品相关信息并建立工作台账，以备紧急情况下第一时间精准对接。加强对冷链食品及相关人员、冷库的统计管理，对冷链食品生产加工企业排查建账，严格开展冷库食品排查、规范冷链食品入库防疫管理；严格履行“四方责任”，补齐漏洞，做好食品工业企业冷库存货食品涉疫风险排查和防控工作。利用线上交流方式，以“财源建设”“保增长、促发展，做好一季度开门红”“稳经济运行”等为主题，组织开展企业座谈，了解企业面临的影响正常生产经营的困难，并及时会同相关部门予以解决。做好工业企业生产物资物流运输保通保畅，持续做好对乡镇、办事处及申报企业的指导工作，及时办理转运证明，为319家次工业企业办理《应急物资进出京调拨（转运）证明》，涉及车辆644车次，有效缓解一部分企业的生产物资运输难问题；启用“北京市智慧货运综合服务平台”对工业企业在线提出的《北京市重点物资运输车辆通行证》办理需求申请进行二级审核工作，严格落实“即接即办”工作原则，第一时间进行在线审核，年内累计审核通过企业办理“通行证”申请820家次，涉及运输车辆3228车次。

（刘书标 刘建波）

【固定资产投资及项目管理】 2022年，通州区完成工业固定资产投资9亿元（不含台湖、马驹桥地区）；完成软件和信息服务业企业固定资产投资11.9亿元。完成固定资产投资项目备案50个，总投资64.2亿元。其中新建项目42个、技改项目7个、改扩建项目1个。

【高精尖产业发展】 2022年，区经信局召开多场重点企业政策解读会，宣传贯彻《2022年北京市高精尖产业发展资金实施指南》，市级高精尖政策从多维度12个方面给予企业支持，通州区推荐16个项目申报市级高精尖政策，其中申报新制造100项目5家、医药创新品种项目2家、集成电路首流片项目1家、低碳发展4家、重点新材料项目3家、贷款贴息奖励1家；协助48家企业获得市级首升规、首破亿奖励合计2130万元。制定区级高精尖资金支持实施细则，开展技改项目摸排、三方评审公司确定、《实施细则》初稿的制定、支持资金初步核算等。按照市级智能制造诊断相关要求，梳理通州区重点企业20余家，一对一进行政策辅导，推荐智能制造诊断服务商对接。扩充专精特新队伍，截至2022年底，共培育出“专精特新”中小企业256家，同比增速达164%；培育出专精特新“小巨人”企业26家，同比增速达160%。

（刘书标）

【数字经济发展】 2022年，区政府办印发《北京城市副中心推进数字经济标杆城市建设行动方案（2022—2024年）》，以数字产业培育、产业数字转型、数据要素供给、标杆工程建设、数字赋能服务等5类共57项具体任务勾勒副中心数字经济发展的蓝图规划；推动区政府与市科委中关村管委会、市经信局联合印发《北京城市副中心元宇宙创新发展行动计划（2022—2024年）》，成为全市首个市区两级协同、三方共推的元宇宙发展指南。组建招商团队，对接决策咨询机构和招商中介机构，推动中国电子商会与区政府签订战略合作协议，依托其元宇宙、数字城市、自主创新与安全技术等重点产业分支机构，通过对接企业并开展多层次活动，向通州区导入产业资源；推进北京市商汤科技开发有限公司与区政府签订战略合作协议，在推动人工智能计算中心运营公司在副中心落地、打造副中心数字经济产业生态以及打造副中心AI落地应用场景等方面开展合作。加强重点项目跟踪服务，推动北京小乔机器人科技发展有限公司、北京蘑菇智行科技有限公司在国家网络安全产业园区（通州园）注册，北京容联易通信息技术有限公司在设计小镇创新中心落地。全国首例“数字人民币+自贸区智慧园区”项目落地张家湾设计小镇；北京（通州）大运河文化旅游景区创建智慧化景区建设完成技术评审，跨体系医疗示范中心和数字化社区两个市级标杆工程有序推进。数字新基建初具规模，持续推进中国信息通信研究院信息通信技术产业创新基地项目，取得“多规合一”初审意见函、选址意见书和备案证明，完成土地补偿费用缴纳；持续跟踪两个在建数据中心建设进展，电投工业互联网数据安全信息港项目已实现主体封顶，腾龙通州网络安全技术研发及应用平台云计算数据中心基本完成土建工程。以“试点示范+机构落地”释放数据要素价值，组织罗克佳华科技集团股份有限公司、传神联合（北京）信息技术有限公司、北京开运联合信息技术集团股份有限公司3家企业参与全市数据资产评估试点，探索推进数据资产+金融新模式示范，北京银行城市副中心分行与罗克佳华科技集团股份有限公司就数据资产化、数据资产抵押贷款达成合作意向，成功落地全国首笔1000万元数据资产质押融资贷款；继罗克佳华科技集团股份有限公司后，北京开运联合信息技术集团股份有限公司也落地1000万元数据资产质押融资贷款。

（屠洪月）

【疏解整治促提升】 2022年完成疏解企业5家、提质企业6家，全市排名第五，并开展回头看检查417家次；在产业质量提升方面，支持4个升级方向共计13个项目，对11家企业进行绿色节能诊断。

（刘书标）

【社会信用体系建设】 通州区社会信用体系建设联席会议办公室（以下简称“区信用办”）依据《2022年北京市社会信用体系建设重点工作任务》，制定《2022年北京市通州区社会信用体系建设重点工作任务》，下发至全区66个成员单位，运用绩效考评督促工作落实；通州区联合廊坊市共同制定《通州区与北三县守信联合激励建设行动方案（2022—2024年）》，打造“信息互通、标准互认、措施趋同、激励联动”的通州区与北三县信用联合体；区经信局和区市场监管局共同牵头制定《2022年通州区市场环境建设工作方案》，开展创建全国文明城区市场环境建设工作。依据《北京市通州区加强政务诚信建设实施方案（试行）》，建立政务诚信监测制度，利用市级政务诚信监测平台，将监测范围拓展至街道（乡镇），提升信用环境状况监测水平。依法依规将175家诚信经营企业列入“红名单”，将160家失信被执行人、税收违法案件当事人和严重失信企业纳入“黑名单”，联合激励案例541个，联合惩戒案例692个，将企业信用与市场准入、政策优惠等因素挂钩，开展信用联合奖惩；开展“屡禁不止、屡罚不改”严重违法失信行为和信用服务机构失信问题专项治理，解决一批严重失信问题；完善企业行政处罚信用豁免工作机制，助企纾困，优化营商环境。做好信用信息归集整理发布，归集整理发布双公示信用信息22209条，其中行政许可10590条、行政处罚11619条；开展信用修复1010次，处理4个异议申诉事项；发挥“信用中国（北京通州）”网站效能，发布信用动态信息3210余条，发布四个季度诚信“红黑名单”，归集发布5类数据信息，大力推进企业信用信息应用。

（魏永刚）

【促进中小微企业发展】 2022年，区经信局通过召开中小企业发展座谈会、银行和电信运营商对接会、到科技园区实地走访调研等方式，就企业发展所遇到的问题、中小微企业信息化服务和数字化赋能等方面以及数字经济等相关内容、科技领域企业在经营发展过程中的相关需求、潜力中小企业识别机制的制定等方面进行了调研走访交流，完成《通州区中小微企业创新发展培育方案》《通州区潜力中小微企业识别机制》初稿编写，为进一步促进通州区中小企业发展提供政策依据。完成通州区中小微企业智慧服务平台开发、建设。截至年底，平台已入驻44家企业综合服务机构以及10家银行机构；有380家区内中小微企业完成注册，平台累计促成310笔企业综合服务订单，31笔数字化服务订单；组织各类培训10次，参训企业125家次，成功举办“创客北京2022”通州赛区复赛；累计发布各类政策信息9482条次，触达通州区中小微企业3568家次；累计协助29家次中小微企业获得银行贷款授信1.64亿元。

（刘建波）

【减轻企业负担】 制定《通州区防范和化解拖欠中小企业账款专项行动方案》和《通州区2022年减轻企业负担工作实施方案》，明确各相关单位职责，加强对拖欠中小企业账款、减负工作的指导。抓好原有台账剩余欠款清偿。开展区级党政机关、事业单位、大型企业逾期未支付中小企业款项信息公示及排查、清偿工作。做好减负问卷调查，按照国家和北京市的工作部署，组织4个乡镇共20家企业在线填报企业负担问卷调查。

（刘建波）

【安全生产】 2022年，区经信局制定并组织实施《通州区经济和信息化局2022年安全生产工作重点及责任分工方案》《通州区经济和信息化局关于进一步强化安全生产和消防安全责任落实防范遏制重特大事故若干措施的落实方案》《区经信局安全生产大检查工作方案》。开展安全生产宣传指导，全年出动463人次，走访企业606家次，发放“安全生产指导工作记录表”1093份，促进企业落实安全生产主体责任。

（张桂明）

信息化建设与管理

【概　况】 2022年，通州区经济和信息化局积极贯彻落实《“十四五”数字经济发展规划》《北京市数字经济促进条例》《北京市“十四五”时期智慧城市发展行动纲要》文件要求，围绕城市发展目标，坚持需求驱动、场景驱动和模式驱动，着力强化数字基础设施能力，提升惠民服务体系，提高社会智能化治理水平，通过新一代信息技术与城市副中心社会经济发展的全面融合，探索场景开放与产业创新协同发展的路径，加快推进副中心智慧城市建设。

【智慧城市规划】 2022年，区经信局编制完成《北京城市副中心“十四五”时期智慧城市规划》（以下简称《规划》），由北京城市副中心管委会、通州区人民政府联合印发。该《规划》由数字底座和“数字+生活”、“数字+治理”、“数字+融合”、“数字+双碳”、“数字+产业”、“数字+安全”等六大领域组成，把建设宜居之城、智能之城、创新之城和韧性之城作为发展蓝图，打造以“全网感知、全城通办、全域协同、全景开放、全时响应”为主要特征的新型智慧城市体系。

【智慧城市建设】 2022年，区经信局高效统筹市区两级资源，组建副中心智慧城市工作专班，形成“一办六组”工作组织架构，先后召开15次工作调度会，其中包括2次市区两级共同调度，明确各组工作思路和工作重点。2022年规划中28项标杆示范工程全面启动，其中，经济大脑、智慧应急、智慧医疗、“一网通办”等21个标杆项目已实施建设。

【智慧场景开放】 2022年，区经信局通过定向邀请、方案征集的方式建立城市副中心智慧城市产业联盟，联盟已吸纳50余家优质企业成为首批会员，通过对接国内优秀产业联盟，有针对性地接洽优质企业到城市副中心聚集和发展，年内共吸引北京有生深境技术有限公司、北京数通科创技术有限公司、北京慧普时代数字科技有限公司、企服码（北京）科技有限公司等10家优质企业完成工商注册，落户北京城市副中心。

【数字底座建设】 2022年，区政府与北京市通信管理局、中国联合网络通信有限公司北京市分公司、中国移动通信集团北京有限公司、中国电信股份有限公司北京分公司及中国铁塔股份有限公司北京市分公司签署战略合作协议，筑牢数字保障底座，打造“双千兆”全国标杆性城市；加强数据共享，推进互联互通，搭建完成全区政务大数据平台及区级目录链平台，其中视频汇聚平台完成区内2万余路视频的对接，区级目录链的建设实现数据确权，确保数据有序流动以及数据交换行为全流程路径追踪明细，保障数据安全有序。

（卢迪）

【政务外网运行】 2022年，新增政务外网接入节点60个、政务外网迁移节点6个、金财网新增接入节点1个，累计在线网络接入节点700余个、医保网接入节点27个、金财网接入节点200余个、VPN接入账号250余个。全年解决接入单位网络故障及问题咨询1900余次。完成政务外网传输备用链路建设、通州区政务数据中心机房搬迁工作。

【网络信息安全】 区经信局联合区委网信办、区公安分局开展全区电子政务网络安全检查，对区人力社保局、区财政局、区交通局等30余家单位70余个政务信息系统的安全管理及技术保障情况进行全面检查，进一步掌握政务网络安全现状并对发现的问题督促相关单位及时整改。完成北京冬奥会、冬残奥会，全国两会以及党的二十大等重要活动政务网络安全保障工作。完成区政务外网、政务办公系统、区政府网站3个系统的商用密码测评以及等保测评工作。

【政府网站运行】 2022年，区政府网站整体运行平稳，发布文章2万余条，网站浏览量800余万次。完成网站首页、无障碍适老化页面改版，完成政府信息公开手机适配、智能搜索、信息订阅、信息资源库、智能问答和问答知识库等功能开发上线。制作上线数据开放、2022年民生实事、通州区社区（村）政务服务站办事指南、通州区助企纾困政策集成等17个专题专栏，全市区政府网站考核前三季度均排名前列。

【区级办公系统运行】 2022年，区政务办公系统有单位200余家、个人账号4700余个，移动端办公账号1400余个。单位间公文收发140余万份，区领导签批文件37000余次；解决各单位办公系统问题2000余次；完成政府办会议科、机要保密科等10余个模块的优化及功能开发。

（王超）

【软件正版化】 2022年，区经信局编制印发《2022年通州区软件正版化工作推进方案》，组织召开软件正版化工作培训会，开展区内软件正版化实地指导检查，指导卫健委、国资委及教委推进行业软件正版化工作。政府机关操作系统、办公软件、杀毒软件正版化率均为100%，纳入检查的国有企业及教育直属事业单位正版化率均为100%。

（魏锐）

建筑业 房地产业

综　述

【概　况】　2022年，通州区住房和城乡建设委员会（简称区住建委）坚持稳字当头、稳中求进，扎实做好保交楼、保民生、保稳定各项工作，持续落实房地产市场平稳健康发展长效机制，多措并举促进房地产市场销售，推进副中心职住平衡建设，持续整治规范房地产市场秩序，防范化解处置房地产开发企业经营风险，确保房地产市场平稳发展。

（李昱莹　罗慧敏）

【建筑业数字化】　2022年，区住建委坚持产业导向和前瞻布局，高位对标建筑业“十四五”发展规划，牵头制定副中心建筑业数字化转型升级试点工作方案。依托市区联动协调机制，率先推进首个数字建造试点怡禾生物园项目建设，充分开展全过程数字化创新探索，开展建筑师负责制下的数字化EPC招标，不断探索建筑生产方式重构路径，着力实现新业态新模式下的生产力提升。11月，通州区作为北京市推荐试点顺利登榜全国首批智能建造试点城市名单。

【绿色建筑】　2022年，区住建委开展规划研究，牵头7家课题研究单位，形成副中心绿色建筑高质量发展专项规划阶段性研究成果，涵盖绿色建筑全过程管控机制、政策保障与创新等10个子课题，引导副中心绿色建筑发展方向。推动项目落地，大力发展绿色建筑，形成国风尚城等4个超低能耗、近零碳建筑示范项目，为副中心发展超低能耗和低碳建筑提供参考和示范。推广绿色建造，装配式建筑面积占新建建筑面积的47.52%，在全市处于领先水平；施工现场环境监测技术等绿色施工方式在重大工程中得到推广，绿色建材占比不断提升。

【房地产市场】　2022年，通州区房地产开发投资298.8亿元，同比降低14.5%，房地产领域完成建安投资114.2亿元，完成年度目标任务的73%；房地产业整体税收59.2亿元。供应3宗商品住宅用地8.25公顷，完成年度供应计划的43.4%。租赁住宅供地35.24公顷，完成年度租赁住宅供地计划。住房市场交易规模有所下降，价格平稳，其他业态交易规模增长明显，住房租赁市场量缩价涨。新建商品房网签成交面积105万平方米，同比下降19%，全市排名第四。新建商品住房网签面积68万平方米，同比下降29%，在全市排名第五，成交均价为4.8万元/平方米（排除共有产权房住房），价格平稳；商务型公寓网签成交3.12万平方米，同比增长77%；商业网签面积5.25万平方米，同比增长10%；办公（不含产业园）网签面积7.02万平方米，同比增长30%。存量住房网签10881套，同比降低14%，成交均价4.1万元/平方米，价格平稳。租赁备案41975套，同比降低3.5%，租赁住房租金价格（链家）54.1元/平方米·月，租金有所上涨。完成保障性住房建设筹集、竣工任务和棚改任务，筹集28440套保障性租赁住房，任务完成率为105%，分别为副中心职工周转房一期15881套、台湖镇和马驹桥镇集租房8787套、西集镇临时应急隔离房3772套。筹集永乐花园公租房项目1214套，任务完成率为120%。竣工6044套各类政策性住房，任务完成率为101%，包括中建幸福里共有产权住房626套、恒泰家园共有产权住房1072套、车联网公租房526套、文旅区10片区安置房3820套。完成棚户区改造征拆签约100户和2个场清地净项目。

（李昱莹　罗慧敏　王颖）

建筑业

【概　况】　2022年，通州区建筑企业首次申请资质获批29家，增项资质获批8家、升级资质获批6家、迁出企业12家、资质证书变更286家（其中迁入企业31家）。截至12月31日，通州区资质有效期内建筑企业共计1784家（其中劳务备案企业928家）。

【下放部分建筑业企业资质审批权限】　根据市住建委《关于下放部分建筑业企业资质审批权限的通知》文件精神，自3月1日起，电子与智能化工程专业承包二级、消防设施工程专业承包二级、防水防腐保温工程专业承包二级、建筑装修装饰工程专业承包二级、建筑幕墙工程专业承包二级、特种工程专业承包资质的许可权限（包括企业发生重组、合并、分立、跨省变更等事项后资质核定）下放至区级住建部门许可。

（宋友香）

【优化住建行业管理模式】　2022年，区住建委探索引入住宅工程质量“双保险”机制，延展工程质量维修维保覆盖范畴，健全质量监管体系；依托“常规+专项、巡查+抽检”等方式，持续加大重点工程监管力度。依托科技赋能，在全区加快推广建筑工地数字化监管模式；坚持施工安全风险分级管控、隐患排查治理“双重预防”。研究搭建渣土车监管系统，制定施工现场环境保护工作方案，精准绿色施工管控。紧盯商品房销售面积、建筑业北京市完成产值两大关键指标，服务好两大支柱产业。依托“服务包”制度，搭建行业平台，联动协调、精准调度、助企纾困，充分挖掘住建领域企业潜力。着眼收费标准不清晰、成本不透明等难题，编制出台物业服务可视化标准指导手册，明确不同物业服务等级价格标准，引导物业企业、业主之间建立“质价相符”消费理念。着眼物业服务业务水平良莠不齐、群众认可度不高等问题，编制典型案例手册，深入挖掘各街镇在破解物业管理重难点问题中出现的典型案例，以案释策，以例讲理，为全区物业管理提供参考。着眼全区无物业小区失管局面，研究打造集物业管理、公共服务、数据评估于一体的数字化虚拟物业服务平台，激发市场活力，弥补失管短板，盘活老旧小区物业管理僵局，加快实现物业管理高质量转型发展。

（李昱莹）

【施工现场扬尘治理】 2022年，区住建委开展扬尘治理执法检查5683项次（其中夜间执法检查407项次），出动检查人员15859人次，发现并整改扬尘治理不到位现象2724项。针对存在严重问题的项目，移交城管处罚133项次；会同属地、执法等部门联合执法检查237项次；非道路移动机械检查出动人员4454人次，检查工地1930项次，检查机械1204台。

【施工现场安全生产治理】 2022年，区住建委召开全区施工现场安全生产大会4次，制定专项工作方案15件，开展安全生产执法检查4938项次，出动检查人员13288人次，发现并整改完成安全类隐患问题1023项，视情节行政处理542起，其中责令整改222起，简易行政处罚299起，一般行政处罚11起，共处罚金额100.9万元，针对企业及个人扣分共计151分。危大工程安全专项检查共计完成现场检查106项，起重机械专项检查完成265台。引导施工企业通过“安责险”降低事故损失，区住建委在监工程本着“应上尽上”的原则，除部分不满足上险标准工程以外，上险率达到百分之百，施工现场上安责险项目共计100项次，参保人数共计30335人。推动“双控平台”（北京市房屋建筑和市政基础设施工程安全风险分级管控及隐患排查治理双重预控管理平台）应用，实现符合录入条件的工程全录入；推动北京市安全生产监管信息平台应用，配合区安委会构建双重预防机制（安全风险分级管控和隐患排查治理），将重大风险源管控作为日常监督重点。通过政府购买服务聘请第三方协助开展起重机械及危大工程分部分项检测，强化重点风险管控。年内区住房城乡建设委风险评估工作中上系统291家施工项目，共辨识评估2062个风险源，其中较大风险源62个、一般风险源1550个、低风险源450个。

【施工现场应急处置】 2022年，区住建委制定建筑工程施工现场防汛工作要点、防汛培训计划表、防汛宣传计划和防汛演练计划表；全面排查施工现场防汛隐患，加强应急救援队物资储备工作，建立健全应急物资保障体系，组织项目施工现场抢险队114支，出动抢险队员2599人。组织应急演练活动，提升施工现场人员应急能力，开展“5·12”全国防灾减灾日消防应急演练。全年开展防汛演练200余次，参与人员约6000人次。

（傅刚）

【绿色建筑高质量发展】 2022年，副中心绿色建筑面积达1005万平方米，155平方千米范围内有67个项目获得绿色建筑标识，其中58个项目取得设计标识，建筑面积约861万平方米，9个项目取得运行标识，建筑面积约145万平方米，获得运行标识项目均为三星级。年内，启动《北京城市副中心绿色建筑高质量发展专项规划研究》项目，研究成果将进一步加速副中心绿色建筑高质量规模化发展。

（赵程鹏）

房地产开发

【概　况】 截至2022年12月底，通州区商品房在途项目共计140个（地块数量），开复工面积1572.8万平方米，同比降低1.1%。其中，新开工面积179.4万平方米，同比降低5.7%；复工面积1393.4万平方米，同比基本持平。竣工面积415.2万平方米，同比增加1.2倍。通州区商品房开复工面积连续10年保持在千万平方米以上。

【形成《通州区房地产市场监测分析报告》】 2022年，区住建委根据《通州区建立和完善房地产市场平稳健康发展长效机制的工作方案》，持续开展2022年通州区房地产市场指标监测工作。在每日、每周、每月监测商品房成交量、成交价格的基础上，通过座谈访谈、案例调研、数据收集等方法，探索通州区房地产发展趋势，分析整理数据指标，总结通州区各项指标季度完成情况，形成《通州区房地产市场监测分析报告》。

【印发《通州区预售商品住宅项目风险防范处置方案》】 2022年，区住建委为防范化解处置房地产开发企业经营风险，持续落实《通州区防范化解处置房地产开发企业经营风险工作方案》，以区专班名义印发《通州区预售商品住宅项目风险防范处置方案》，同时调整专班组织架构，完善联络机制。对取得预售证的在建商品住房项目进行逐个风险排查，掌握全区预售项目可回收资金和监管资金是否可覆盖债务及后续工程款、企业上级集团债务等情况，并建立工作台账和问题清单。根据项目风险等级，实行清单管理。建立分级管控、动态预警、化解处置机制。

【新建商品房市场】 截至年底，通州区新建商品住宅共成交6265套，同比下降5.2%，均价4.5万元/平方米，基本与上年持平；商务型公寓共成交253套，同比增加41.3%，均价4.5万元/平方米，同比上涨2.3%；写字楼共成交407套，同比增加64.1%，主要增长点为通州富力中心项目集中签约，均价4.4万元/平方米，同比上涨2.3%；商业成交171套，同比下降45.2%，均价2.9万元/平方米，同比下降6.5%。

【新建商品住房供应】 2022年，通州区商品住房供应面积23.8万平方米，同比减少72%（北京市同比减少14.2%），供应规模为近年最低值。

【新建商品住房价格】 2022年，通州区新建商品住房成交价格平稳。网签均价为4.5万元/平方米，排除共有产权住房后，新建商品住房网签均价为4.8万元/平方米，同比上涨1%。

【新建商品住房网签】 2022年，通州区商品住房网签成交68万平方米，占北京市商品住房网签成交面积的10%，全市排名第五，网签规模同比降低29%（北京市同比降低24%）。

（罗慧敏）

【房屋实测绘成果审核】 2022年，区住建委完成房屋实测绘成果审核162件，其中初审项目140件，实预测对应项目17件，变更项目5件，楼栋个数为1059栋，总面积964万平方米。

【群租房整治】 2022年，区住建委严格贯彻落实市、区两级“疏整促”专项行动部署，统筹协调各街道乡镇及公安、市场监管等部门开展违法群租房专项整治，按照“发现一处、整治一处”原则，整治上账违法群租房300户，实现全区群租房“动态清零”。

【房地产经纪和住房租赁企业备案】 2022年，通州区初始备案企业108家，其中经纪机构89家，分支机构19家；变更（重新）备案的企业共计109家，其中经纪机构16家，分支机构92家，住房租赁企业1家；注销备案共办理65家，其中经纪机构38家，分支机构10家，住房租赁企业17家。

【房地产市场综合执法】 2022年，区住建委有序推进商品房销售、存量房交易、房屋租赁中介领域执法工作。全年涉及房地产执法2293家次。其中，经纪机构1520家次，住房租赁企业648家次，开发企业125家次。全年立案处罚13起，罚款金额共计30万元。其中，经纪机构11起，罚款金额27万元，住房租赁企业2起，罚款金额3万元。

【房地产中介类信访和接诉即办】 2022年，区住建委受理房地产经纪、住房租赁类投诉2072件，其中“12345”工单1974件，信访案件14件，其他84件（市级平台66件、人民网18件）。

【牵头短租住房规范经营管理】 2022年，区住建委会同区公安分局牵头规范通州区短租住房经营管理工作。加快推进短租住房试点项目，上线全市首个短租住房合规经营申报系统，截至2022年12月31日，试点项目共上线客房134间，由29家单位运营，满足游客对周边短租住房需求。

【牵头经营性自建房安全责任保险试点工作】 2022年，通州区住房城乡建设委牵头制定《通州区试点经营性自建房安全责任保险工作实施方案》，在通州区创新试点经营性自建房安全责任保险工作机制，指导乡镇结合区域实际选取10个试点村庄，锁定紧邻北大人民医院的漷县镇翟各庄村试点先行，推动翟各庄村以81户村民签约、94%投保率的成效率先完成试点落地。

（郑晴）

综　述

【概　况】 2022年通州区实现社会消费品零售总额539.6亿元，增速排名全市前6，高于全市平均水平3个百分点。

【特色商圈打造】 2022年，环球城市大道入选国家级夜间文化和旅游消费集聚区；九棵树、北苑商圈“一圈一策”改造提升方案编制完成；远洋乐堤港商业综合体实现竣工，开始招商。北苑商圈万达广场调整升级品牌，东8yeah巷酷乐潮玩特色商业街全新开业，引入沉浸式、体验式新消费场景。九棵树商圈举办“新消费创新创业”大赛，打造特色网红美食“拾味街”，培育一批具有新IP、引领消费风向的新消费业态。月亮河休闲小镇与华业东方玫瑰步行街区、华远好天地消费商圈共同形成了三条环球影城周边的特色餐饮街区。

【培育新消费品牌】 2022年，通州区新增首店17家，均为北京首店（含旗舰店）。开展欢乐通州欢乐购系列活动，依托“新场景”“新趋势”“新能级”“新势力”“新体验”五大板块，滚动开展汽车消费节、“点亮夜京城”等21项系列活动。以“云购物•尚通州”为主题，开展三波“通州网上年货节”促消费活动。春节期间各相关企业累计销售额约2.6亿元，各企业平均销售额同比增长约15%。多次对接苏宁易购和居然之家，开展家具家电惠购活动。举办副中心品质生活节，聚集各商家优惠券，通过“小票互通”和“自行发券”等多种方式，实现企业联动让利，相互赋能，11家参与企业通过发放专属优惠券带动消费近2000万元。组织苏宁易购、通州万达、国泰百货3家企业积极参与北京消费季线上团购节活动，团购优惠信息直达消费者，进一步促进消费市场加速回暖。用好绿色节能消费券政策，联合苏宁在全市首办内购活动，一周内拉动销售额达3192万元，其中7月23日单日销售额达2620万元。联动通州美食协会启动“舌尖盛宴　食在通州”人气美食评选活动，激发域内消费活力。

▲ 2022年，九棵树商圈以满足区域居民日常消费为主的领展购物广场

（区商务局提供）

【推进民生工程】 2022年，区商务局制定《2022年生活性服务业品质提升工作任务清单》《通州区加快建设一刻钟便民生活圈促进生活服务业转型升级的若干措施》，形成上下联动、共建互融的工作机制。新建或规范提升各类便民商业网点93个，完成全年任务的155%，推进便民商业建设向农村延伸，依托京东大型电商企业，完成全区60个村60个便民商业网点一村一店升级改造。持续释放政策红利，着力助企纾困激发市场活力，发挥区级生活性服务业品质提升专项资金引导作用，对10个商业网点支持资金522.39万元。推进物流和现代流通体系专项规划落地及完成于家务直供中心项目前期论证及相关手续办理工作。

【粮食管理】 2022年，区商务局统筹规划，开展通州区“十四五”期间粮食发展规划课题研究，重新修订粮食应急预案。重新制定《通州区储备粮管理办法》《通州区储备粮动用方案》，并征求相关专家评审意见。强化对区级储备粮的管理和监督检查，完成区级储备粮的轮换、移库、品类调整等工作，保证区储备粮在应急状态调得动、用得上。以“保障粮食供给端牢中国饭碗”为主题，以“时光品粮”“百姓话粮”“未来展粮”三大版块为主线，开展粮食安全宣传，增强公众对国家粮食安全的重视，了解粮食安全对保障国家民生的重要意义。

【筑牢商务领域防疫阵地】 2022年，区商务局制定《通州区应对每百万人口30例以上规模性新冠肺炎疫情生活必需品应急保供系列预案》，区乡联动、政企联动、线上线下联动，保市场、保运力、保队伍，构建“1+3+22+X”（“1”个全区保供总体预案，“3”个重点领域分方案，“22”个乡镇、街道保供总体预案，“X”个各种应急保供资源清单）的生活必需品供应保障体系，梳理10类保供资源清单，将各类疫情防控物资的政府储备增加到17类。印发《通州区重点保供企业配送人员“白名单”工作方案》，在全市第一个启动“白名单”制度；多管齐下，通过驻点巡视、建立重点区域监督“专线”等方式，第一时间掌握市场供应和保障需求情况，协调290余车次蔬菜直通车和6200份蔬菜包，要求重点保供企业3～5倍备货，开展结构性备货，随时补充货源。力保物资充足、价格平稳，百姓生活必需品供应充足。协调区内相关部门通力配合，在全市率先完成中转查验库建设；通过大排查，建立全区餐饮、市场、家政、商超、美容美发等15个生活服务业行业15本工作台账，推动6241家企业、41420名从业人员纳入北京核酸比对系统，确保行业防疫安全。摸底统计38个委办局、22个乡镇街道、10家商超，2020年以来经区商务局发出的防疫物资和应急救灾物资，为应急情况下增储数量提供参考依据。

商业服务业

【概　况】 2022年，区商务局妥善应对国际形势变化，依托“两区”建设，根据《北京城市副中心2022年深化“两区”建设工作方案》制定区商务局2022年“两区”建设任务清单，牵头22条工作，配合29项任务推进海关特殊监管区、保税库等工作。与市商务局就海关特殊监管区申报工作进行沟通，了解综合保税区、海关特殊监管区政策文件及相关评价指标。就启动保税仓、海关特殊监管区申报工作与通州海关开展座谈。会同张家湾镇政府推动四环制药公司保税仓申报工作。

【推进“两区”建设】 2022年，自贸区通州组团新设外商投资企业17家，注册资本合计33052.22万美元，合同利用外资31675.16万美元，实际利用外资6693.06万美元。

【支持重点企业发展】 2022年，区商务局落实“四个一”（确保每个重点产业都有一位区领导联系、一套工作班子、一支招商队伍、一个决策咨询机构）招商工作机制，制定印发《北京城市副中心（通州区）商务服务产业高质量发展三年行动计划（2022年—2024年）》。对接上海大钱公司、小笨鸟信息技术公司，推动数字平台企业落户，将北京小笨鸟科技有限公司纳入区“两区”建设重点项目库。完成“四清单两台账”，储备项目140余项。推进海关特殊监管区建设，推动四环制药公司保税仓申报。

【优化营商环境】 2022年，区商务局实现“粮食收购”“储粮熏蒸”“成品油年检”服务事项全程网办零跑动。进一步压缩审批时限，将从事拍卖业务许可延续、补证、注销事项的承诺办理时限从原来9个工作日压减至5个工作日，让企业群众办事更方便、更快捷、更高效。

对外及对港澳台经济贸易

【概　况】 2022年，区商务局完善副中心交往服务功能，进一步落实“服务包”制度，制定《通州区商务局落实2022年重点企业“服务包”工作方案》，促进外向型经济发展保持平稳。

【外贸形势】 2022年，全区外贸总体向好，实现逆势增长。完成进出口总额197.5亿元，同比增长11.1%。其中，出口89.6亿元，同比增长19.1%；进口107.9亿元，同比增长5.2%。

【新型陆海空口岸体系建设】 2022年，区商务局与通州海关进行初步对接，推动构建服务京津冀、辐射全国的陆海空口岸体系，推进京津冀通关物流数据共享共用，创造更加高效便捷的通关条件。

【打造副中心开放高地】 2022年，区商务局利用2022年服贸会、中国国际进口博览会等国家级展会平台，宣传展示城市副中心开放包容的良好形象、服务贸易及“两区”开放创新发展成果。与市商务局联合举办第七届“一带一路”高峰论坛暨2022北京双向投资促进活动。牵头组织“两展三活动”（两展：文旅服务专题展城市副中心展区、金融服务专题展城市副中心展区；三活动：2022年中国国际服务贸易交易会北京主题日活动、2022年中国国际服务贸易交易会北京城市副中心主题活动、2022年中国国际服务贸易交易会配套商务考察活动）精彩亮相服贸会，完成线上参展注册企业406家，同比增长19.1%；线上搭建展台企业291家，同比增长13.6%；上报并通过审核成果类项目19个，合同一年内可执行金额3.38亿美元，同比增长61%。

【惠企政策】 2022年，区商务局根据市商务局惠企改革方案，按照时间节点逐项传导落实惠企新政。1月1日起，行使通州区自贸实验区内企业在境外开办企业（金融企业除外）备案管理业务。

（李旭）

金融

综述

【概　况】　2022年，通州区金融业增加值133亿元，同比增长10.8%，占地区生产总值的10.6%。金融业累计完成税收28.5亿元，同比增长29.1%，占全区税收的11.3%。截至年底，全区人民币存贷款余额9429.6亿元，同比增长17.5%。全区注册金融及关联企业413家。

【构建金融政策新体系】　2022年，通州区金融服务办公室（简称区金融办）积极谋划财富管理政策体系，研究发布《通州区金融业高质量发展三年行动计划工作方案》，明确副中心金融业发展方向和重点任务。研究制定城市副中心2.0版全球财富管理中心建设方案，加快优质财富管理资源导入。在全国首创发布《通州区支持基础设施领域不动产投资信托基金发展措施（试行）》《通州区支持私募股权二级市场基金集聚发展措施（试行）》政策组合，鼓励和引导各类优质社会资本参与城市副中心建设。推动出台《北京城市副中心数字人民币试点工作实施细则（2022年版）》，有序推进“两区”法定数字货币试点工作。

【招商引资】　2022年，副中心首家政府引导基金——北京城市副中心产业引导基金，首家健康保险专营分支机构——平安健康保险通州支公司，首家证券公司另类投资子公司——航证科创投资有限公司等40个优质金融类项目落地。华夏银行成功购地，中国邮政储蓄银行股份有限公司北京分行实现交楼，北银理财有限责任公司获批开业，招商信诺资产管理有限公司获批迁址，金融领域重大产业项目有序推进。成功举办2022年服贸会金融专题展、金融支持绿色科技年会等重大金融活动。

▲　11月19日，数字人民币应用场景

（区融媒体中心提供）

【绿色金融】　2022年，持续发挥北京绿色金融研究院、北京绿色交易所双轮驱动效应，大力引进和培育绿色金融市场主体。首钢集团全市首支百亿规模绿色基础设施投资基金（Pre—REITs基金）签约落户，北京绿色交易所入驻办公，北京绿色金融研究院与蚂蚁集团合作设立的国际化绿色科技公司——北京达道至简科技有限公司落地展业。加快绿色金融创新，推动驻区银行落地全市首笔CCER质押贷款等一批绿色金融新业务，副中心绿色资产交易规模持续攀升，全区绿色信贷余额近270亿元，占全部贷款比重超10%。

【金融科技】　2022年，加快法定数字货币试验区建设。支持驻区数字人民币运营机构加快布局数字人民币售货设备、拓展数币应用场景，全区开通个人数币钱包累计近39万户，对公钱包累计开通3.8万余户。加快金融科技生态培育，持续引进优质金融科技企业，截至年底，全区有金融科技企业18家。

【金融服务】　2022年，区金融办常态化开展“大运金融行”“融资纾困直通车”“工程项目‘名单制’”等活动，全年促成金企沟通超过1700次，达成融资意向近4亿元。加快企业上市步伐，全年新增5家上市企业，累计上市、挂牌企业32家。积极落实金融机构及人才扶持激励政策，贯彻《北京城市副中心促进金融业发展措施》，向驻区金融机构、企业员工提供子女入学、应届生落户、人才引进等方面服务。

【金融风险防范】　2022年，区金融办严格落实《防范和处置非法集资条例》，建立健全机制，加强对涉非法集资企业的日常监测预警，进一步扩大防范非法集资宣传教育范围。通过大数据监测预警平台扩大对涉非法集资行为监测预警覆盖面，将1.8万余家驻区企业纳入监测范围。按照市、区统一部署，推进私募投资基金风险检查及整治工作，稳步推进11家问题企业出清工作；将驻区70余家私募基金纳入金融风险监测预警云平台，按照冒烟指数分析标准进行实时分级监测。

【疫情防控】 2022年，区金融办督导银行、保险、证券、地方金融组织等机构做好常态化疫情防控和疫苗接种，全年联合区城管执法局开展现场检查2700余次；全区金融机构第三针加强针接种率96.12%；按照疫情防控要求，指导协助金融机构全面推进复工复产。

（周亚琼）

银行

【概　况】 2022年，全区30家银行机构存贷款余额9429.7亿元，同比增长17.5%。其中，各项存款余额6876.3亿元，总量保持全市第六，同比增长13.6%，高于全市2.8个百分点。各项贷款余额2553.4亿元，总量保持全市第七，同比增长29.2%，高于全市17.5个百分点。

【中国工商银行北京通州分行】 2022年，中国工商银行股份有限公司北京通州分行人民币全部存款日均余额599.53亿元，较年初增长46亿元。人民币全部贷款时点余额169.46亿元，较年初增长26亿元。储蓄存款时点规模突破450亿元，增量创历史新高。通州分行全年绩效考核均位列北京分行前十。截至年底，工商银行北京通州分行下辖10个部室、3个团队、2个附属机构，在职员工490人。辖内营业网点18家，其中旗舰店5家、综合店8家、便利店5家，主要分布于新华大街、长安街沿线、运河商务区、文化旅游区等核心区域，为122万余名个人客户、13723家公司客户和558家机构客户提供金融服务，承担国家金库北京市通州支库、人民银行通州代理发行库等职责。全年支持各委办局项目清单14个，涉及重点项目2100个，总投资2.8万亿元；积极支持通州区重点项目4个，全部完成审批放款，项目总贷款规模达12.8亿元，实现区内重大项目累计审批授信69.3亿元、融资余额7.1亿元；积极主导副中心公租房基础设施公募REITs项目和M101周边配套建设项目，金额分别为30亿元和80亿元；作为独家顾问银行与市财政局专题研究专项债充当资本金的政策创新，为市住建委城市更新条例提出修改建议，为相关委办局重要课题和成果作出贡献；积极对接市级预算单位，成为市重大办4个账户的独家合作银行，获市应急指挥中心等7个市级单位落户，服务东迁客户占比超50%，切实以工行力量助推城市副中心高质量发展。

（毕永振）

【中国银行北京通州分行】 中国银行股份有限公司北京通州分行位于通州区车站路44号，内设9个部门，下辖11个营业网点，其中分行营业部1家、二级支行10家；共有员工278人，平均年龄36.2岁。分别是通州分行营业部，通州九棵树支行、通州新华西街支行、通州果园支行、通州马驹桥支行、通州光机电支行、青年路支行、朝阳北路支行、广渠东路支行、通州土桥支行、运河商务区绿色支行。2022年，实现营业收入同比增长5.4%；实现中间业务收入同比增长10.2%；实现拨备前利润同比增长7.1%；实现净利润同比增长15.4%。2022年，取得京投张家湾银团贷款项目银团牵头行、代理行资格，服务北投集团副中心北人厂项目；助力北京绿色金融国际中心建设，创新构建绿色债券特色产品与服务体系：投资北控水务熊猫债；总行全球市场部在通州分行投资绿色债券，投资三峡新能源碳中和债、三峡融资租赁有限公司碳中和债。

（谭琛）

【中国农业银行北京城市副中心分行】 中国农业银行股份有限公司北京城市副中心分行位于通州区八里桥南街1号院9号楼，下辖17个营业网点，覆盖行政办公区、运河商务区、张家湾设计小镇等核心区域。2022年，本外币各项存款余额572.8亿元，较年初下降13.6亿元；各项贷款余额176亿元，较年初增加74.6亿元。全口径纳税额8580万元，同比增速143.3%，含城市副中心分行新办公大楼契税4700万元。2022年，主动融入区域经济建设，助力城市副中心分行高质量发展。累计向通州区内重点项目提供授信68亿元。积极响应国家绿色金融政策要求和创新驱动发展战略，2022年绿色信贷余额较年初增加24亿元，为20余户国家级、省级专精特新“小巨人”企业提供资金支持4900万元。全力做好新市民服务，保障新市民购房贷款需求，发放个人住房贷款421笔，金额7.6亿元。履行社会责任，做好脱贫攻坚与乡村振兴有效衔接，通过工会采购、企业助采等方式购买助农产品68.6万元，为“武强县”筹措帮扶资金200万元，2022年巩固脱贫攻坚成果考核在北京分行位居前列。

（王潇）

【中国建设银行北京通州分行】 中国建设银行股份有限公司北京通州分行位于北京市通州区玉带河西街25号，下设12个部室（含营业部）、16个营业网点。营业网点为：潞河支行、运河支行、光谷支行、财满街支行、瑞都国际支行、群芳中三街支行、玉桥东路支行、玉带河东街支行、云景里支行、鱼市口支行、汇鸿家园支行、物资学院路支行、杨庄路支行、新华西街支行、新华东街支行、张家湾支行。年内在岗人员393人，平均年龄35.8岁，其中本科及以上学历人员341人，党员149人。2022年，在通州区纳税总额1.04亿元。实现本外币账面利润10.81亿元。中间业务收入2.45亿元。本外币全口径存款时点余额664.42亿元；一般性存款余额598.13亿元；本外币各项贷款时点余额373.88亿元；五级分类不良贷款余额0.81亿元，不良率0.33%。支持副中心建设及重点企业发展，实现与北京市住宅产业化集团信贷业务合作，为保障房建设提供信贷支持1.3亿元；持续深化与北投集团合作关系，发放北投投资贷款16.6亿元。大力支持北京市重点示范项目，入选通州区张家湾车辆段综合利用供地项目外部银团，完成首笔贷款投放。助力乡村振兴，与区农业农村局签署《金融助力三农发展战略合作协议》，对接漷县镇政府，上线党建综合服务平台。深化政银合作，实现北京市公共资源交易保证金专用账户独家落户，武警总部某管理中心开立基本账户、零余额账户，区公安分局开立一般账户，新增两个乡镇、三个街道开立账户。实现与区政府、规自委通州分局的战略合作；实现北京市公共资源交易担保金融服务平台对接合作等。

（张兴）

【北京银行城市副中心分行】 北京银行股份有限公司城市副中心分行设立于2017年11月，是银行业在城市副中心首家一级分行。截至2022年底，分行下辖82家综合性营业网点、1家社区支行，其中通州区内设8家综合性网点。2022年，在通州区纳税4.67亿元，较2021年增长21%。2022年，北京银行城市副中心分行服务市区两级政府，深化与市经信局合作，落地全国首笔数据资产质押融资贷款；获得通州区区级财政授权支付业务及非税业务资质。支持副中心重点项目建设，截至年底，累计向城市副中心重点领域提供授信574亿元。积极践行绿色发展理念，通州绿色支行实现年内运营层面碳中和，成为北京市银行业首家碳中和网点；推动绿色金融产品创新，落地“双碳”背景下北京市首单CCER质押贷款。金融助力乡村振兴战略，与通州区农业农村局签署战略合作协议；“民宿贷”产品荣获“中国网2022年度银行分支机构服务实体经济优秀案例”奖项。用心用情服务民生普惠，与通州区总工会创新组建“工建指导员”队伍，为22个街乡工会组织提供对接金融服务支持；辖内国际新城支行获得“全国最美户外劳动者服务站点”称号。

（马鑫宇）

【邮储银行北京通州区支行】 2022年，中国邮政储蓄银行股份有限公司北京通州区支行实现收入2.20亿元，人民币各项存款余额142.90亿元、各项贷款余额50.21亿元。上缴税收2918万元。2022年，积极推进绿色银行建设工作，新增绿色信贷2.44亿元，绿色信贷结余4.12亿元，“两高一剩”（“两高”指高污染、高消耗的资源性的行业，“一剩”指产能过剩行业）领域信贷增速和占比均为0。邮储银行通州支行深耕绿色金融，服务农业企业发展，助力城市副中心乡村振兴，为北京花儿朵朵花仙子农业有限公司提供疫情期间流动资金贷款支持，保证公司正常运转。

（田春）

【北京农村商业银行城市副中心分行】 2022年5月，北京农村商业银行股份有限公司通州分行更名为北京农村商业银行股份有限公司城市副中心分行。截至年底，副中心分行有营业网点36个，在职员工587人；资产总额845.41亿元，各项存款余额830.15亿元，占通州区存款市场份额11.85%；各项贷款余额246.67亿元，占通州区贷款市场份额10.85%。2022年，积极支持城市副中心建设，为行政办公区建设、城市绿心公园、两广路延长线等市区两级重点项目提供贷款超百亿元，并与多家区属企业建立合作关系；信贷支持通马路交通枢纽、环球影城北综合交通枢纽重点工程；积极贯彻绿色金融发展理念，累计为通州核心区区域能源中心、碧水污水处理厂升级改造、乡镇再生水厂建设等绿色信贷项目提供授信超34亿元。2022年涉农贷款余额12.83亿元，较年初增长57.6%，普惠涉农贷款余额2.24亿元，较年初增长30.2%。主动服务属地实体经济，全力做好稳企纾困，疫情期间累计为区内小微企业办理延期还本付息金额26.7亿元，为420余户小微企业提供信用贷款支持累计3.4亿元。布放乡村、社区便利店204家，覆盖12个街道乡镇，服务群众约30万人，全年乡村、社区便利店发生交易71万笔，其中现金业务32万笔、缴费业务11万笔。累计为60岁以上京籍老人及外地常住北京老人发放养老助残卡36.13万张。

（岳俊磊）

【交通银行北京通州分行】 截至2022年底，交通银行股份有限公司北京通州分行资产总额156.77亿元。人民币各项存款时点余额159.31亿元，外币各项存款时点余额3010万美元，各项贷款时点余额86.93亿元。实现利润2.32亿元。机构网点总量4家，其中二级分行营业室1家、二级支行3家。共有员工101人，平均年龄37岁。2022年，支持实体经济和中小微企业复工复产，全年累放8.77亿元，服务400余家小微企业。涉农贷款余额7.06亿元，较上年净增1.27亿元。

（果星）

【浦发银行北京通州支行】 上海浦东发展银行股份有限公司北京通州支行成立于2010年12月，是最早一批入驻通州的股份制商业银行之一。除支行本部外，下设3家零售专业支行、1家社区支行。2022年底有人员90人，其中正式员工68人，派遣制员工1人、外包人员21人。截至2022年底，人民币日均一般性存款余额133亿元，人民币各项贷款余额17.9亿元。2022年支行对小微企业新增贷款投放4107万元，涉及小微企业共计24户。

（浦发银行北京通州支行）

【浙商银行北京城市副中心分行】 浙商银行北京城市副中心分行于2020年11月9日正式开业，分行地址位于北京市通州区北皇木厂北街5号院3号楼，办公楼为自购独栋，面积为2300余平方米，是北京分行下辖唯一的二级分行。内设行长室、办公室（安全保卫部）、营业部、公司金融部、业务发展一部、小企业业务一部、财富管理中心和营业中心共8个部室。截至2022年底，有员工33人，其中正式员工29人、外包员工4人。各项存款余额187.59亿元，其中公司存款余额186.47亿元、零售余额1.12亿元，小企业贷款余额17.92亿元。累计实现营业增加值2.69亿元，国际结算量3.92亿美元，国际业务中间业务收入897.1万元，资产托管业务收入143.65万元，投行业务营业增加值5608.93万元。

（浙商银行北京城市副中心分行）

旅游

综述

【概　况】 2022年，通州区文化和旅游局（简称区文旅局）积极推进大运河文化带建设，配齐文化旅游基础设施，推介文化旅游品牌，提升文化旅游行业监管能力，推进通州区文化旅游更快更好融合发展。

【旅游产业发展保障机制】 2022年，区文旅局发布《通州区“十四五”时期文化旅游业发展规划》，并对全区文化旅游资源、文化设施开展摸底调查。

（王振硕）

旅游景点建设与管理

【概　况】 截至2022年底，通州区共有A级旅游景区4个，其中国家AAAA级旅游景区2家（大运河森林公园、韩美林艺术馆），国家AAA级旅游景区2家（运河公园、中国民兵武器装备陈列馆）。乡村旅游经营单位36家，与前一年数量持平。2022年，通州区旅游收入共计77亿元，同比增长1.7%。其中餐饮类收入7.8亿元，住宿类收入7.4亿元，交通类收入8.3亿元，游览类收入4.5亿元，购物类收入8.1亿元，文化娱乐及其他类收入40.9亿元。通州区净游客量923.6万人次，同比增长57.5%。其中景区旅游接待量970.9万人次，住宿业接待量70.2万人次，乡村旅游接待量44.8万人次。

【国家AAAAA级旅游景区创建】 2022年，区文旅局举办北京（国际）运河文化节、大运河文化创新创意设计大赛等活动，讲述运河故事，加强人文交流；加快北京（通州）大运河文化旅游景区国家AAAAA级旅游景区创建进程，进一步完善、健全大运河文化旅游景区内部及周边旅游配套服务设施内容，推进燃灯塔及周边古建筑群项目、大光楼布展和对外开放等工作。

【旅游基础设施建设】 截至2022年底，通州区旅游景区配有厕所57座（其中配备家庭卫生间旅游厕所13座）、厕位数量604个，游客服务中心4座，标识标牌1905.21平方米，人行步道182015.61平方米，长廊（观景平台、休息亭）9036平方米，无障碍坡道1584米，休息座椅1583个（套、组），垃圾桶880个，轮椅14个。2022年，提升改造旅游厕所14座（其中配备家庭卫生间旅游厕所8座）、厕位数量233个，标识标牌930.34平方米，轮椅5个。

（王振硕）

通州区等级旅游景区一览表

表1

序号	名称	等级	地址
1	大运河森林公园	AAAA	通州区张家湾镇通怀路
2	韩美林艺术馆	AAAA	通州区九棵树东路68号
3	运河公园	AAA	通州区通胡大街70号
4	中国民兵武器装备陈列馆	AAA	通州区焦王庄陈列馆路25号

旅游活动

【第四届“大运河春花儿”即时影像大赛】 3月20日至5月5日，第四届“大运河春花儿”即时影像大赛举办。比赛由区文旅局和区委网信办联合发起，共收到155人、275组、1500余张作品，其中摄影作品227组、视频作品48组。参赛作者年龄最小10岁、最大82岁。活动在“北京通州发布”“文旅通州”等自媒体平台发布作品110组，其中24组阅读量过百万。参与话题的微博平台22家。#大运河春花儿#微博话题阅读量突破1亿次。活动评选

▲ 8月2日，内蒙古自治区翁牛特旗文化旅游推介会举办
（区文旅局提供）

▲ 8月26日，2022京津冀（通武廊）文化旅游交流季开幕式
（区文旅局提供）

出摄影和微视频作品一、二、三等奖各6名，摄影优秀奖15名，微视频优秀奖5名，优秀组织奖1名。

【“美景可期‘通武廊’等你”主题系列宣传活动】 5月19日，区文旅局、区网信办、天津市武清区文化和旅游局、河北省廊坊市文化广电和旅游局共同举办以“美景可期‘通武廊’等你”为主题的2022年文明旅游暨“5•19”中国旅游日主题宣传系列活动。活动分为三部分：第四届“大运河春花儿”即时影像大赛、“文明旅游 你我同行——让文明成为最美的风景”十佳金句征集、线上云游推介经典特色主题文化旅游路线。主要突出“云游”，以线上“1+5”（1个“中国旅游日”专栏和线上征集、线上呈现、线上发布、线上云游、线上互动5个线上活动内容）系列报道的形式进行即时宣传，利用长图、海报、H5等新媒体手段在多个自媒体平台展示，宣传“通武廊”三地以及武当山和内蒙古自治区等地文旅资源。

【参加旅游展会】 7月22—24日，区文旅局参加在昆明举办的2022中国国际旅游交易会。9月19日，区文旅局参加在桂林举办的2022中国—东盟博览会旅游展。区文旅局通过现场咨询、发放宣传资料等多种宣传形式，推介城市副中心文旅资源，提高知名度。

【翁牛特旗文化旅游推介会】 8月2日，在区文旅局的支持下，由中共翁牛特旗委员会、翁牛特旗人民政府主办，中共翁牛特旗委宣传部、翁牛特旗文化旅游体育局承办的“龙凤故里 心灵之旅”——2022年内蒙古翁牛特旗文化旅游推介会在通州区举办。推介会通过“龙凤故里——人杰地灵”“大美翁旗——打卡胜地”“京蒙协作——乡村振兴”三个篇章，全面展示翁牛特旗悠久灿烂的历史文化和俊秀旖旎的自然风光。

【2022京津冀（通武廊）文化旅游交流季】 8月26日至10月25日，由区文旅局、天津市武清区文化和旅游局、河北省廊坊市文化广电和旅游局联合主办的“2022京津冀（通武廊）文化旅游交流季”举办。活动以“国潮”为主线，将传统文化纳入新的展现维度，举办一系列丰富多彩的主题活动，对通武廊同根同源的运河文脉进行深入诠释，陆续推出“盛世北运河”京津冀运河名家作品展、“古运通州行•相约北三县”河畔好物云市集、“寻遗北运河”文化交流、“通武廊”家宴等主题活动及形式丰富的互动体验。共吸引超过10万名网友在线观看，互动点赞超13万人次，图片直播与云影集浏览人数突破50万人次。

行业管理

【疫情防控和安全生产大检查】 区文旅局自6月14日起，在全区22个街道乡镇开展文化和旅游行业全覆盖疫情防控和安全生产大检查工作，制定并印发《关于开展文化和旅游行业疫情防控和安全生产大检查工作方案》，明确大排查工作的组成人员、检查范围、检查方式和重点任务，查堵短板漏洞，筑牢织密社会面防控网，消除各类安全隐患。全年检查2094次，对70家文旅运营主体进行督促整改或约谈。

【《北京城市副中心（通州区）文化旅游产业高质量发展三年行动计划》】 9月17日，区文旅局在2022北京城市副中心文旅产业峰会暨特色小镇高质量发展论坛上发布《北京城市副中心（通州区）文化旅游产业高质量发展三年行动计划（2022—2024年）》，加快构建副中心文化旅游产业高质量发展新格局。根据该三年行动计划，2022年全面启动“一区一河三镇”重点项目建设，2023年推出一批文化旅游新业态、新产品、新场景，2024年初步打造成为全国时尚休闲度假旅游优选地。

【民宿管理】 2022年，区文旅局积极培育乡村精品民宿，开展文化旅游区周边精品民宿与精品酒店专题研究，发布实施《关于促进通州区乡村民宿发展的实施意见》，29家乡村民宿通过八部门合法化联审，满足游客多层次住宿需求。

（王振硕）

交通 邮政 通信

道路建设与养护

【概　况】 2022年，北京市交通委员会通州公路分局（简称通州公路分局）全年完成投资5.9亿元，其中市级投资4.3亿元，区级拆迁投资1.6亿元。实施道路新改建7项33.8千米，大修2项16.23千米，中修12项45.08千米。实施史村立交桥桥梁改造1项，安全设施精细化提升3项，交通安全隐患治理1项及水毁恢复、普通公路机电设施建设运维、治超专项，路网交通信息采集与发布设施工程。管养城市道路28条22.517千米；完成乡村公路养护工程114千米，占养护里程的7%，完成交通综合治理绩效任务；新增乡村公路管养道路里程44千米。路网设备完好率100%，全年未发生安全生产事故。

【推进京津冀交通一体化】 2022年，通州公路分局推进跨界道路桥梁建设。厂通路是连接北京城市副中心与河北省廊坊市大厂县之间的东西向道路，1月签订共建协议，进场施工3.6千米，完成总进度32%，厂通路潮白河大桥于12月实现开工建设。截至年底，漷台路全线7.6千米，累计进地7.1千米，作为通州区中南部村镇重要东西向出行通道，目的是实现通州区中南部村镇及周边地区快速进出北京市。通清路全线4.9千米，累计进地3.6千米，作为城市副中心直达天津市武清区的省际通道，目的是打通城市副中心直达天津市武清区跨省断头路，助力京津冀交通一体化建设。

【通州区内路网建设】 2022年，通州公路分局推动漷小路二期、通宝路、石小路、姚家园路东延、武兴路提级等一批道路前期工作。加快漷马路、孔兴路等项目建设，推进国道230等新建项目建设。7月，漷马路下穿京津高铁防护工程完工；截至年底，漷台路全线7.6千米，进地7千米，总体进度完成70%；漷马路全线3.2千米，进地2.3千米，总体进度完成67%；九德路改建全线4.21千米，累计进地800米，总体进度完成14%；觅西路全线4.9千米，进地3.6千米，总体进度完成55%；孔兴路进地3.9千米，总体进度完成82%。

▲　11月15日，厂通路道路工程底面层摊铺

（通州公路分局提供）

【日常养护管理】 2022年，通州公路分局以“创城、创卫、创安、创森”等活动为契机，秉承“精细管理、无痕服务”养护理念，践行副中心高质量发展目标，将创建活动、“12345”接诉即办工作与普通公路日常养护常态化作业有机融合，全年承办并解决“12345”市民热线750余件。对潞西路（K0+000—K2+000）排水工程、京榆旧线（K0+000—K0+300）北侧排水工程、唐通线（K223+219—223+806）排水工程及草寺泵站、范庄泵站、科印泵站、古城泵站下凹式桥区挡墙隐患进行水毁恢复工程治理。通州公路分局管养北京城市副中心行政办公区及周边28条道路共29.087千米，包括桥梁4座共0.21千米，隧道2座共7.24千米。为进一步规范城市副中心城市道路的养护管理，先后制定《北京城市副中心城市道路日常养护管理办法》《北京城市副中心道路巡查管理办法》《北京城市副中心城市道路资金使用管理办法》三个制度性养护标准，根据养护工作实际制定《北京城市副中心城市道路养护考核办法》，并对已接养道路底数与接养资料进行全面核查，建立电子化目录。秉承“城市管理应该像绣花一样精细”的理念，完成全年日常养护工作，对城市道路进行每日4次巡查，发现病害立即修复。完成城市副中心及周边道路、桥隧的检测工作，合计完成道路检测22.5千米、桥梁4座、隧道1座，整体提升

▲ 2月27日，史村立交桥人行钢便桥吊装
（通州公路分局提供）

▲ 12月28日，运通隧道接养——隧道监控中心
（通州公路分局提供）

设施服务水平。

【推进桥梁安全改造专项工程】 2022年，通州公路分局县级以上公路共有桥梁191座（含匝道桥2座），其中一类桥39座，二类桥147座（含匝道桥2座），无三类、四类桥，未评定桥梁5座。加强桥梁日常巡查和定期检测，制定桥梁养护对策，实施定期检测桥梁79座(非公路产权3座)，特殊检测桥梁1座，559.4延米。完成桥梁破损栏杆修复22座。进一步消除桥梁安全隐患，提升桥梁安全管养水平。完成史村立交桥应急抢修工程施工，史村立交桥于2022年1月4日正式开始实施抢修，1月29日，史村立交桥完成新梁吊装、接缝焊接工作，京沪高速主路交通导改恢复正常通行，4月10日实现通车。保障周边群众出行。同时，争取在市级层面上将史村立交桥应急抢险工程纳入白名单，在冬奥保障期间采取安全、高效的措施，推进工程建设，最终仅用时3个月完成桥梁拆除、建设全部工作，为通州区危旧桥梁应急处置积累宝贵经验。

【交通隐患治理】 2022年，通州公路分局按区交安联办《2022年通州区道路交通隐患治理工作账单》要求，从人、车、路、环境、管理等方面分析事故成因，完善交通安全设施。2022年，完成治理账单中31项任务。累计安装提示标志126面、夜间发光爆闪灯126套、限速及解除限速标志36面，在事故多发段加装道路中央护栏1150米，安装减速梗220米。建立隐患路口整治台账，定期隐患排查治理，分局全年整治隐患路口48个，与交通支队秩序科、事故科建立隐患排查治理联席机制，实现隐患信息共享、共治。

【公路安全设施精细化提升】 2022年，通州公路分局对重点路口、学校、医院及穿村路段的标线及标志等设施进行动态排查，共排查隐患点35处，及时销账治理。完成标线覆划1.6万平方米，完善护栏反光设施8274块、安装弹性分道柱169根、增设线形诱导标志12套、支路口增设停车让行标志54套，清理遮挡标志236处，优化治理路口40处。开展公路安全管理设施排查89处，涉及穿城镇段、急转弯段、学校医院门前、中央及路侧隔离设施等。

【运通隧道接养】 12月28日，通州公路分局与北京市公联公路联络线有限责任公司签署《运通隧道接养协议书》，正式接养运通隧道。接养前通州公路分局组织多部门开展运通隧道隐患排查，全面检查隧道照明、通风、消防、供配电、土建、机电、排水系统及内业资料，发现问题22项，督促建设单位整改9项。接养后持续对隧道问题进行整改，以“全寿命、全系统、全流程”的标准力争将运通隧道管养成为安全、现代、高效的城市隧道养护典范。

【乡村公路管理】 2022年，通州公路分局对通州区农村道路进行调查，经第三方咨询单位评估，并征求属地乡镇意见，经区政府批准，将符合乡村公路标准的44.123千米道路纳入交通部公路网。同时将已经失去使用功能和不符合乡村公路标准的6.95千米道路从公路网剔除。提升乡村公路信息化水平，推进乡村公路自动化检测和路长制工作。开发微信小程序，建立“一路一档”信息化平台，实现道路、桥梁信息快速查阅和定位，提高道路检测效率；建立乡村公路路长制管理平台，增设信息公示、巡视打卡、频率统计等功能。乡村公路路长制、窄路加宽等工作宣传，被《北京城市副中心报》、“融汇副中心”App及《都市晚高峰》多家媒体报道，通州区农村公路自动化检测和路长制管理的典型做法均入选交通运输部典型案例。

【升级许可服务】 2022年，通州公路分局进一步压缩审批时限，普通项目由法定20个工作日缩短为6个工作日，涉及营商环境的项目由法定20个工作日缩短为5个工作日。分局许可经办人员入驻副中心政务大厅后台，为经办人提供“一站服务”。所有涉路许可业务实现在线办理并启用电子印章，许可电子档案实现在线归档。主动作为，协调北投集团和交管部门，完成运潮南路路口开通工作，方便周围回迁百姓出行。配合完成大运河景区提升改造项目任务、大运河骑行断点连通等工作，助力创建国家AAAAA级旅游景区。建立涉路施工“一对一”服务机制，协调市交通委对副中心重点项目予以支持，通过各项举措，保障东六环入地、东夏园综合交通枢纽、老城区电力架空线入地、美丽乡村水治理等市区两级重点工程进展顺利，助力副中心建设发展。全年办理大件运输许可7268件，在涉路工程许可方面，办理公跨埋（跨越、穿越公路及在公路用地范围内架设、埋设管线、电缆等设施，或者利用公路桥梁、公路隧道、涵洞铺设电缆等设施）许可35件，公道口（在公路增设或改造平面交叉道口）审批2件，公占挖（占用、挖掘公路、公路用地或者使公路改线）审批12件，公非标（设置非公路标志）审批3件。

【完成重大活动保障任务】 2022年，通州公路分局完成元旦、春节、清明、五一、端午、国庆、党的二十大等重要节日和重大活动运维保障工作。设置张家湾、牛堡屯双保障的站点布设格局，配备60人保障队伍及专业应急保障物资设备，全面提升道路应急服务保障能力和响应效率。完成副中心城市道路重要节日和重大活动运维保障工作。设立3个常态化应急保障值守点，配备应急保障队伍值守3支，抢险备勤人员85人，抢险机械、车辆21台（套），确保突发事件及时、有效处置，实现城市道路保障工作万无一失。9月21日，召开安委会第三次全体会议暨重大活动安全保障部署会，专门部署党的二十大重大活动安全保障，明确分局在党的二十大期间安全稳定工作任务和工作要求。会后开展安全隐患专项检查20次，出动检查人员72人次，发现各类安全隐患18处，并督促全部整改完毕。

【应急体系建设】 2022年，通州公路分局完善和落实桥梁应急反恐预案，公路铲冰除雪预案及防汛预案。防汛预案明确物资、队伍、隐患排查治理、培训演练等各项工作，实现“一桥一预案、一点一预案”，强化一级调度、扁平指挥、部门联动机制。6月1日至9月底，为做好防汛工作，组织保障力量17支应急抢险队共132人，共备勤28次，备勤总人数4256人次，备勤车辆633台（班），备勤设备286台（套），出动抢险人数375人次，出动抢险车辆设备126台（套）。出动巡查人数200人次，出动巡查车辆124台（班）。及时处置6月10日至13日暴雨红色预警期间，右堤路白庙泵站下凹式立交桥积水40厘米造成断路的突发事件。开展副中心资源保障站点研究。全区建立8处人员、物资保障点位，建立240人24小时备勤应急保障队伍，遇应急突发事件，确保15分钟内到达行政办公区，30分钟内到达其他区域。同时负责1处国家和北京市交通战备物资储备库管理工作，每年开展2批共88人的战备钢梁架设培训。组织应急演练6次。其中道路抢险演练1次、消防演练1次、有限空间作业应急演练1次、防触电演练1次、运河东大街隧道交通事故演练1次、火灾事故演练1次。

【路网运维】 2022年，通州区县级及以上普通公路共有343套公路机电设施，包括交调类设备133套，视频监控设备102套，可变情报板80套，非现场执法设备7套，车牌抓拍设备10套，水位监测设备9套，气象设备2套。4月27日，组织运维单位有针对性地进行路网设备检查工作，排除隐患，安排运维单位加大重要活动期间对路网外场设备检测及故障排除力度，强化运维施工安全及社会面安全意识，对重点点位情报板及视频设备现场巡检，并检查节日期间人员保障方案，发现问题4处，当场责令整改，要求运维单位及监理单位加强保障准备工作，全力保障节假日期间设备的正常运行。

【监督检查】 2022年，通州公路分局扎实推进分局安全专项整治三年行动，对安全生产常态化管理，采取日报、周查、月评制度，加强日常安全监督巡视。组织开展日常安全生产监督检查208次、专项安全生产监督检查、节前安全生产监督检查576人次。

（刘雅婧）

交通运输

【概　况】 截至年底，通州区有地面公交运营企业1家，从业人员921人，涉及运营线路71条，运营里程1501.14万千米，运营车辆596辆，均为新能源车辆；在用公交场站32个；巡游出租汽车企业12家（含区域巡游纯电动小客车企业1家），运营出租汽车车辆指标数2719辆（含运营纯电动车辆1443辆、个体出租汽车工商户车辆17辆），出租汽车驾驶员1950人；网约平台企业1家；旅游客运企业1家，运营车辆10辆，从业人员14人（其中管理人员8人、驾驶员6人）；汽车租赁备案经营企业27家，备案车辆3805辆（含纯电动小客车3223辆）；道路货运经营企业2049户，车辆21158辆，合计载重量283081吨；化危运输企业25家，运输车辆814辆，从业人员1447人；水路运输企业2家，营运游船179艘，从业人员62人；共有备案机动车维修经营企业469户，其中一类企业41户、二类企业85户，三类企业324户、二类摩托车维修企业19户，从业人员1647人；机动车驾驶员培训学校机构11家，取得经营资质的机动车驾驶员培训学校有小型汽车教练车927辆、摩托车教练车112辆，教练员336人；铁路平交道口5处，铁路道口监护员65人。办理运输类政务服务事项38794件，其中全程网办事项28738件；共办理小客车指标业务7540件。对纳入执法改革过渡人员99人（原100人，1人已办理退休手续）进行职务工资套转，将未纳入执法改革的35人仍保留事业身份并编入区交通局所属4个全额拨款事业单位，完成执法改革。

【“十四五”时期交通发展建设规划印发实施】 1月30日，《北京城市副中心（通州区）“十四五”时期交通发展建设规划》（以下简称《规划》）在区政府网站发布。《规划》对“十四五”时期交通发展面临的形势和挑战进行分析，明确交通发展思路，提出“十四五”时期交通发展的目标和指标，确定辖区交通工作主要任务和重点项目，并制定相关保障措施。

【交通运输类许可办理迁至副中心政务服务中心】 3月14日，交通运输类许可办理迁至副中心政务服务中心，开启新的政务办公模式，将从窗口办件全部改为在自助机上办理。区交通局根据事项办理量主动安排工作人员实施早晚、午间、周末的延时服务，满足企业和群众错峰办事需求；推进道路运输事项向街道乡镇下沉，利用视频会审系统为办事人办理业务、答疑解惑，提供“家门口”的政务服务。

【城市副中心地面公交纳入市公交系统管理】 6月1日，公交集团开始承接通州区域全部70条公交线路，由城市副中心客运有限公司负责运营。区交通局指导企业提升运营服务质量，缩短19条线路的发车间隔，延长14条线路运营时间，提高副中心公交实时到站准确率，辖区全部公交线路实现线上实时公交查询功能，并拓展至高德、百度等4款常用软件中可查，完成1225个公交站杆站牌改造。

【大运河京冀段通航】 6月24日，大运河京冀段通航仪式在杨洼船闸举行，实现大运河京冀段全线62千米互联互通通航。2022年，大运河游船企业投入运营船舶120艘，其中自航船18艘、非自航船102艘，均为新、清能源船舶。

【“货运一码通行”上线运行】 10月，通州区综合检查站“货运一码通行”小程序上线运行，货运司机通过上传证件、填写车辆信息等方式自助注册并生成“货运进京码（通州）”，执法人员通过扫码快速完成手续查验、核验，大大缩短货车通行时间。截至年底，关注“货运一码通行”小程序的司机用户30055人，扫码登记的货车车辆3296辆、企业2761户、从业人员4038人，运政检查车辆2223辆。

【通州榜样·交通榜样活动】 11月24—26日，区交通局与区委宣传部联合开展第二届“通州榜样·交通榜样”评选活动，通过面向辖区从事交通行业建设的广大干部职工、企业员工和社会志愿者征集参选人员，共47名参选者入围，挖掘在城市副中心交通行业中奋发有为的先进人物和感人事迹，发挥典型示范引领作用。

【安全生产工作】 2022年，区交通局组织全系统开展各类安全培训3200余人次，完成安全生产专项整治三年行动任务83项，开展全系统应急演练358次，辨识行业内风险源1245个，检查、整改隐患355个。

【“放管服”改革】 2022年，区交通局实施“放管服”改革，事项全程网上可办率达到100%，推动政务事项下沉街道、乡镇，打通京津冀“跨省通办”渠道，落实“减事项、减时限、减要件”“证照分离”改革举措。全年办理小客车指标业务7540件，办理运输类政务服务事项38794件，其中全程网办事项28738件，占比达74%，实现网办事项比例快速增长。

【交通综合治理】 2022年，区交通局按照慢行优先、公交优先、绿色优先“三优先”的交通高质量发展理念，坚持“优化供给、调控需求、强化治理”的工作思路，牵头统筹、制定方案、调度督办，协调推进全区交通综合治理工作。全区交通综合治理任务主要内容包括：确保高质量发展；重拳压减交通事故；在轨道交通、地面公交、慢行系统、道路建设、水运发展五个方面优化供给；在优化交叉口信号配时、推动大运河国家AAAAA级旅游景区建设、持续开展交通运行监测及现场评价三个层面调控需求；在重点区域治理、停车管理、交通执法三个领域强化治理，共计43项，其中10项年底完成类任务高标准落实，13项日常推进及巡查检查类任务亮点突出。

【交通运行监测与评价工作】 2022年，区交通局开展副中心交通运行月度、季度、半年和全年监测评价。全年辖区交通运行情况总体良好，工作日高峰平均道路交通指数3.52，处于“基本畅通”等级，较2021年的3.94下降10.65%；绿色出行比例76%，较2021年的74.5%提高1.50%。总体交通拥堵趋势较上年同期有所缓解，通过全区各项交通综合治理措施的落实，副中心绿色出行环境得到较大提升，总体平稳有序畅通。

【公交线路优化调整】 2022年，区交通局优化调整公交线路29条，其中调整28条，分别为675路、552路、专88路、T115路、T112路、专182路、专207路、通1路、通3路、通6路、通12路、通19路、814路、815快、822路、317路、T14路、T67路、T105路、T114路、T107路、T119路、589路、813路、T2路、T70路、T7路、T58路；新开线路1条，为T88路。新开定制公交线路2条、巡游定制公交线路1条，副中心建成区500米公交站点覆盖率提升至93.8%。

【国家城乡交通运输一体化示范区任务完成】 2022年，《通州区创建国家城乡交通运输一体化示范县（区、市）工作方案》印发实施，按照“高”（高质量、高标准）、“实”（任务实、措施实）、“成”（任务完成、创建成功）三字方针，统筹落实各项创建工作。建设通州区创建国家城乡交通运输一体化示范县（区、市）线上全过程管理平台，全过程实时跟踪25项创建任务详细进展。利用传统媒体与新媒体，开设专题栏目，在市区多家主要媒体刊发播发、转载转发300余次（条）报道，特别是在市十三次党代会期间，在《城市副中心报》刊发整版特刊，累计在北京电视台、《北京日报》等媒体刊播新闻报道60余篇；同时，完成创建Logo（徽标）设计、编制创建有奖知识问答题库、创建工作专题宣传片等工作。截至9月30日，超额完成既定目标，实现交通基础设施一体化发展水平显著提升、客运服务一体化水平升级提效和货运物流服务一体化融合发展。

【厂通路拆迁工作】 2022年，区交通局协调完成厂通路建设工程项目的园林在施工程腾退、林地占用手续办理及树木伐移等工作，累计完成拆迁投资约5570万元，基本完成道路段4.3千米及桥梁段1千米地上物腾退工作，保障工程建设全面进场，施工单位累计完成建设施工总工程量的45%，超额完成40%的年度建设目标。

【智慧交通建设】 2022年，区交通局基本完成进京入口重型柴油车大气污染防治信息化项目建设并验收，累计监测进京货运车辆543105辆，共计4672384车次，其中京籍车辆253781辆，3120656车次，分别占比46%与66%。交通运输行政执法信息管理系统

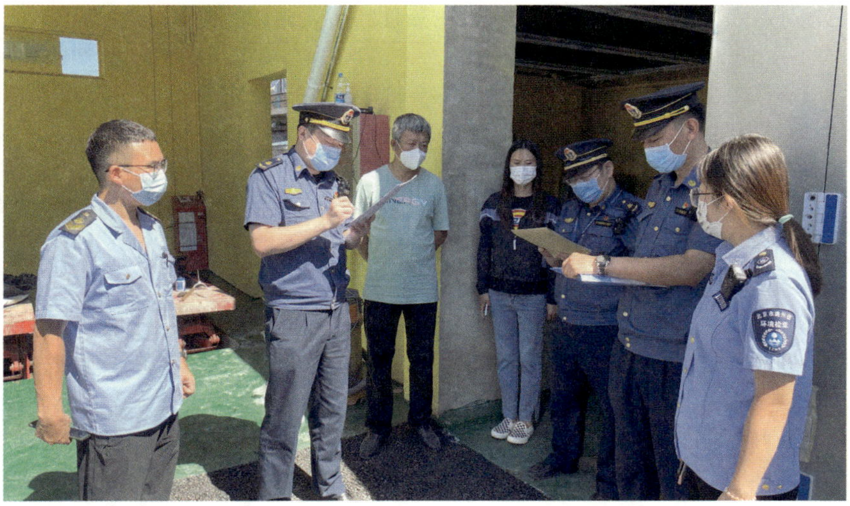

▲ 8月，区交通局与宋庄镇政府开展机修行业联合执法，现场开具执法单据

（区交通局提供）

7大业务系统主流程功能完成开发，使用系统App移动端和公众号推送，实现执法人员和被检查企业的业务闭环。

【交通运输行政执法】 2022年，区交通局制定实施2022年执法工作考核指标，从执法任务量、执法规范、案卷规范三方面，进行周通报、月排名、季考核、年评比，层层传导压力，倒逼责任落实。全年开展行政检查22.5万起次，行政处罚案件6356起次，同比增长21%，其中一般案件5771起次（占比91%），处罚金额2888.4万元，同比增长22%。检查量、处罚量、处罚金额指标数均位列全市郊区局前列。

【公路超限超载治理】 2022年，区交通局加强综检站内部管理，保持治超高压态势，9个综检站共检测货运车辆3488895辆，查获超限超载车辆4771辆，卸载2962辆；综检站24小时值守率100%；各站平均卸载率99.94%；综检站平均超限率0.18%；处罚率平均69.5%。组织流动治超74次；对辖区13家重点货运源头进行公示。

【机动车维修行业监管】 2022年，区交通局编制《通州区交通局推进机动车维修行业“6+4”一体化综合监管实施方案（试行）》，指导试点区域，安排部署联合检查，推进市级重点“6+4”一体化综合监管工作，推动有效市场和有为政府更好结合，提升无事不扰、无处不在的监管能力，营造一流的营商环境，助力副中心高质量发展。

【共享自行车企业监管】 2022年，区交通局与区城管委建立联合约谈机制，强化部门联动专项检查，对逾期整改不到位的企业依职责给予行政处罚。针对互联网租赁自行车企业运营情况开展执法行动59次，其中扫码核查互联网租赁自行车30次，共核查车辆970辆；组织联合执法行动5次；约谈互联网租赁自行车企业24次。对涉嫌存在违法运营行为的企业做出行政处罚3起，罚款金额15万元。

【疫情防控】 2022年，区交通局建立健全物流保通保畅工作机制，成立中高风险进京车辆核查专班和邮政快递、物流运输疫情防控督查检查专班，做好疫情期间交通保障。累计收到进京车辆派单48222辆，核查69127辆次。检查辖区内快递物流企业9054户次，出动20647人次，发现问题450个，均督促企业整改完成。

（丛琳）

邮　政

【概　况】 中国邮政集团有限公司北京市通州区分公司（本分目内简称通州区分公司）位于通州区运河西大街174号。2022年，通州区分公司在册职工912人，机构设置为九部一室，分别为党委党建部、市场营销部、运营管理部、渠道平台部、寄递部、服务质量部、财务部、金融业务部、集邮与文化传媒部及综合办公室。下辖9个邮政支局、35个邮政所、代理金融业务网点25个、营投部14个。设置区内邮路11条，投递道段130条，其中，汽车投递道段20条、电动三轮车投递道段109条、机要投递道段1条，投递里程5700千米。设信筒信箱476处、村邮站479个，承担全区906平方千米185万人口的邮政通信服务工作。主要经营国内、国际函件，包裹，特快专递，报刊，集邮，邮政储蓄、汇兑、综合理财、代销保险、中邮保险、代收付业务（代收代缴、代发工资）等业务。

【网点建设】 2022年，通州区分公司整合资源，加大网点建设。新接收统建配套局所3处，新开办邮政网点1个、代理金融业务网点1个，建立2所临时主题邮局、微整治网点3个，通过加大网点建设改造，提升营业场所环境，不断增加服务网点数量，满足客户用邮需求。

【安全防范建设】 2022年，通州区分公司着力完善机制，强化监督责任，提升安防能力，落实北京冬奥会、冬残奥会和党的二十大等重大活动期间的各项安全保障工作，确保生产经营平稳、邮路运输畅通。落实收寄安全工作，强化过程管控，严格执行收寄验视制度，进一步强化员工的安全意识和责任意识。开展保密培训教育，全员签订保密责任书。严格防范驾驶员、投递员交通违法行为，定期深入最小单元，每月组织召开交通安全例会，督导交通安全工作，实现27年交通安全无事故，连续27年被评为“北京市交通安全先进单位”。

【网业联动】 2022年，通州区分公司加强网业联动，提升寄递队伍能力和标准化建设。优化投递作业模式，提高快递包裹自提率，2022年，建立京邮精品驿站10个、综合便民服务站67个，自提代投率达到56.58%。在营投部开展中邮驿站合作建设，优化“一进三出”趟车盘运计划，实施网格化管理，有效提升普邮服务水平和投递效率。疫情和“双十一”等投递高峰期间实现24小时运转，确保邮路畅通和邮件投送时限。

【服务质量提升】 2022年，通州区分公司开展北京冬奥会、冬残奥会等重大活动期间的服务质量、寄递质量、服务安全等专项检查活动，通过现场检查、非现场检查、明察、暗访等方式完成监督检查，从源头上查找问题产生原因，制定切实有效措施，优化邮政服务能力，保障寄递服务畅通，有效压降服务投诉。全年接诉即办工单响应率、满意率、解决率均达100%。通过不断提升服务质量，树立首都邮政用户满意、服务优质、政府认可的全新服务形象。

【做好政务服务】 2022年，通州区分公司在副中心行政办公区不断提升服务能力，持续优化投递服务模式。在疫情期间，严格管控投递人员，早抗原晚核酸，通过AB排班，开通夜间绿色邮路，确保副中心办公区邮路畅通。与通州区人民法院共同开创司法专邮延伸服务，在第四次投递时提供张贴“应诉通知书”，进一步提升集约送达的含金量。严格落实北京疫情防控工作各阶段工作要求，召开疫情防控调度会20余次，投入防疫物资71.60万元，保障职工身体健康。全力做好保通保畅工作，执行通州区商委和东区管理局防疫物资配送任务5次，体现邮政国家队担当精神。

【服务通州文化宣传】 2022年，通州区分公司参与北京大运河文化旅游景区国家AAAAA级旅游景区创建工作，建成2处普服网点。2022年与区委宣传部共同举办《中国古典文学名著〈红楼梦〉（五）》特种邮票首发活动，面向全国发行《纸鸢蹁跹 红楼有情》主题邮品。开展“烟雨朦胧 运河旧梦”直播活动，助力张家湾古镇和“红学文化”的传播。以党的二十大报告为主题，通过党建活动建联的形式，在全区党政机关、街道社区、企事业单位开展“赏邮票，学报告，话成就”特色党课27次，获得通州区各级政府和企事业单位的赞扬和好评。

▲ 5月31日，西集樱桃惠农项目线上直播

（西集镇提供）

【服务乡村振兴】 2022年，通州区分公司助力乡村振兴发展，彰显扶农助农责任担当。受疫情影响，西集樱桃在销售和寄递上遇到很大困难，通州区分公司开展西集樱桃惠农项目线上直播助推樱桃销售。主动对接地方政府，联合通州邮储分行，与西集镇政府签署战略合作三方协议。充分协调网运和投递资源，增加流动收寄点18处，寄递樱桃2万余件，服务合作社8家、果农500余户。结合助农“一村一品”项目，深挖张家湾金耳、西槐庄萝卜等特色农产品，参与通州农民丰收节活动。全年社区团购农产品45.37万元，开发信用村15个，融资E贷款2727万元。

【疫情防控志愿服务】 2022年，通州区分公司广大党员、团员青年科学有序地投入疫情防控工作之中，立足实际，成立一支以党员、青年先进骨干为主体，由51名职工组成的志愿服务队，开展疫情防控志愿服务工作37人次，志愿服务15个村镇、社区，共计237小时，为打赢疫情防控阻击战贡献力量。开展“我是副中心党员——战疫有我 有我必胜”主题活动，组织党员投身社区参与疫情防控工作和志愿服务，协助社区做好人员排查、体温监测和登记等工作，7名党员14人次参加社区、乡镇疫情防控工作。11名党员轮流参加社区疫情防控工作，参与核酸检测服务工作时长达8小时，服务人数上千人。

（薛晓新）

通信管理

【概　况】 通州区通信建设管理办公室（简称区通管办）于2021年9月23日揭牌成立，为北京市通信管理局下设机构。2022年，区通管办与区经信局、区住建委、区应急管理局、区政务服务局等各部门建立常态化沟通机制。全年处理政府投诉督办问题36件，其中配合政府处理12345基站类投诉16件，配合区城管委处理架空光缆安全隐患整改15件，配合区公路局道路通信杆线整改5件。统筹建设方舱保障项目4处。年内收到北京市保障房中心有限公司赠送“不忘初心显担当，鼎力相助战疫情”锦旗一面。

【通信业与区政府签署“双千兆”战略协议】 1月19日，在北京城市副中心产业高质量发展推进大会上，《北京城市副中心（通州区）“双千兆”网络设施建设战略合作协议》完成签约。区通管办协调北京市通管局和通州区政府落实《北京城市副中心（通州区）“双千兆”网络设施建设战略合作协议》，用以在北京城市副中心

▲ 2021年9月23日，北京市通信管理局各区通信建设管理办公室成立，授牌仪式暨通州区通信建设管理办公室揭牌仪式在通州举行

（区通管办提供）

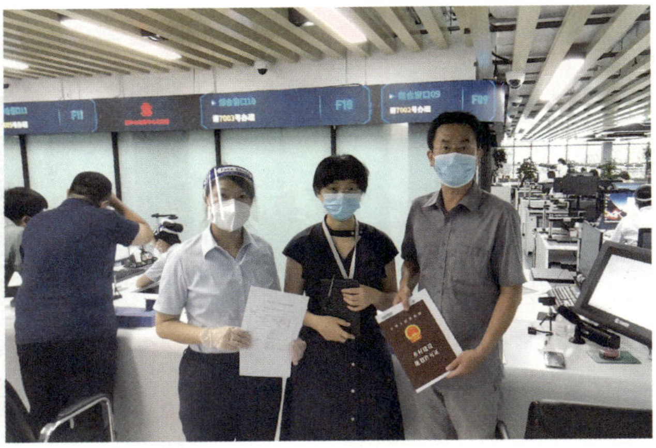

▲ 7月20日，区通管办及政务中心工作人员指导办事企业在市政公用报装“一站式”服务平台完成通信设施报装业务网上自主申报

（区通管办提供）

打造“双千兆”城市全国性标杆，以网络基础设施升级拉动有效投资，促进信息消费和制造业数字化转型，推动北京城市副中心数字经济高质量发展。

【通信报装事项入驻副中心政务服务大厅】 3月30日，区通管办专职人员正式入驻副中心政务服务大厅办公，通信报装服务事项即新建、改扩建工程建设项目的无线通信信号覆盖和通信管道及光纤接入正式纳入副中心政务服务事项库。进驻后，区通管办联合区政务服务局，通过线上、线下方式，对区政务服务中心100余名工作人员进行通信设施报装相关工作业务培训。

【通州区首单通信报装业务受理】 6月30日，通管办组织三家运营商（中国移动、中国联通、中国电信）通州分公司、通州铁塔与北京宇盛宏利房地产开发有限公司联合召开通信报装沟通会，受理完成永顺镇杨富店村北苑国际新建项目的无线覆盖、通信管道及光纤接入两个事项的通信报装申请，这是区通管办入驻副中心政务服务大厅以来受理的第一单通信设施报装业务。

【首次线上“一站式”办理市政公用接入报装】 7月20日，在“北京市投资项目在线审批监管平台”的市政公用报装“一站式”服务平台上，区通管办工作人员及副中心政务服务中心窗口工作人员指导并帮助企业用户中疃建设有限公司一次性完成通信设施报装业务申报。这是北京市推进市政公用接入服务“全程网办”首个通过线上“一站式”服务平台受理办结的企业自主申报。7月22日，区通管办根据用户报装需求，组织开发建设单位、运营商、通州铁塔等相关人员召开现场会，交流讨论该次申报项目的通信报装相关议题。

（王志良 任浩 王洪刚 范思宇）

中国联合网络通信有限公司北京市通州区分公司

【概　况】 中国联合网络通信有限公司北京市通州区分公司（简称通州联通）隶属于中国联合网络通信有限公司北京市分公司，位于北京市通州区云景东路18号，2022年有全口径员工474人，平均年龄40岁。内设7个部门，下辖6个营服中心、6个行业网格、8个营业厅、3个网络网格。2022年，通州联通落实“数字信息基础设施运营服务国家队、网络强国数字中国智慧社会建设主力军、数字技术融合创新排头兵”新定位，积极主动服务和融入城市副中心智慧城市建设，为推进城市副中心建设贡献力量。获5G绽放杯智慧城市赛道全国总决赛优秀奖。

【助力区域疫情防控】 2022年，通州联通在疫情突发之时，第一时间启动应急响应，加强对通州区疫情防控核酸检测平台实时监测，保障平台平

▲ 6月24日，通州联通各党支部紧急支撑西集方舱医院重点项目

（通州联通提供）

稳运行，为通州区开展核酸检测工作提供有力支撑。为区市场监管局搭建“市场疫情防控监测系统”，实现对重点行业人员疫情防控精准管控。响应各级政府安装智慧门磁需求，24小时答疑保障使用，协助辖区多个街道乡镇进行数万户居民智能居家管控。协调多方资源，完成燕保家园疫情防控应急项目、西集方舱医院项目8509户紧急交付任务。完成牛堡屯卫生院、台湖隔离点、市区级政府等多次紧急防疫专线开通工作。

【助力乡村振兴工作】 2022年，通州联通帮助近20个村实现乡镇智慧平台推广使用，提高乡镇智慧建设水平，为乡村文化产业宣传提供新平台。组织通州联通党团员、群众购买西集镇樱桃、漷县镇西槐庄村西红柿等扶贫产品，积极落实帮扶乡村振兴工作。

【助力民生实事工程落地】 2022年，通州联通深研《2022年通州区重要民生实事工程》，组建团队打造养老家庭照护床位智慧监管服务平台解决方案，以“终端+系统+服务+专席”的综合服务模式，为通州区500户试点重度失能老人居家养老服务提供闭环监管。

【助力副中心智慧城市建设】 2022年，通州联通参与区域数字政府重要领域建设，保障通州区接诉即办坐席服务顺畅运营，为数字化政务治理提供有力抓手。通过数字技术立体赋能副中心大运河文化旅游景区国家级AAAAA旅游景区建设，实现大运河景区的可视化管理、智能化运营和多样化应用场景落地。

【网络保障】 2022年，通州联通加快推进5G、千兆建设，室外区域5G信号连续覆盖，老城区及地下空间移网信号深度覆盖不断提升，千兆用户10G PON承载率99.93%，保障市行政办公区及附属区域网络平稳运行；完成北京冬奥会、冬残奥会，全国两会，市纪委市监委和人社局搬迁，共和国部长义务植树，2022电影频道传媒荣誉之夜，党的二十大等54项重要活动网络保障任务。

【社会服务】 2022年，通州联通通过精准服务、助老适老、助残便民、网络检测、反诈宣传等一系列便民举措持续开展“为民服务办实事”主题行动，累计精准服务用户11561户，设立适老窗口8个，开展助老银发小课堂441场，社区营销反诈宣传52场，上门网络监测4808户，为1万多户宽带用户提供体验关怀及问题优化解决方案，有效提升客户体验感知。

（刘宇）

中国移动通信集团北京有限公司通州分公司

【概　况】 中国移动通信集团北京有限公司通州分公司（简称通州移动）是北京移动在北京城市副中心的分支机构，下辖永顺、玉桥、潞城、梨园、张家湾、马驹桥、台湖、宋庄8个经营网格，服务于北京市通州区客户。2022年完成运营收入12.87亿元，移动手机客户规模146万户；宽带用户规模30.4万户，集团收入较2021年增长15%。

【网络建设】 2022年，通州区基站规模4G宏蜂窝1989个，5G宏蜂窝1601个，平均覆盖率达到99%以上。打造北京城市副中心155平方千米范围5G精品网，5G基站累计达926个，覆盖率99.35%，平均下载速率617Mbps；通燕高速和广渠路东延两条通勤线5G覆盖率为99.47%，平均下载速率751Mbps。传输承载网覆盖率100%，分纤点密度14.3个/平方千米，平均接入网络距离220米，能支撑各种业务快速接入。实现北京城市副中心行政办公区、北京环球度假区等重点区域的5G网络精品覆盖，以及通州906平方千米的普遍覆盖，为属地用户提供“首善之首善”的网络，搭建5G应用多场景模式，助力属地企业数字化转型，支持副中心高质量发展。

【客户服务】 2022年，通州移动明确营业厅服务触点投诉处理规范、政企产品投诉处理机制，开展家庭宽带、无线网络专项问题整治活动。全年投诉处理及时率达到95.82%，重复率压降到68.93%，工信部有效申诉量较2021年下降12%。持续做好通信保障，全年累计出动应急通信车10次，完成各类通信保障工作22次，确保属地办公区、公园、各大商圈移动通信网络运行平稳；深入落实银发服务，组织社区养老驿站服务72场次，宽带上门义诊158场次，联合属地派出所开展老年人防范电信诈骗宣传20余场次，线上推送宽带排障小知识88期，覆盖属地客户约13万人次。

【保障北京冬奥会、冬残奥会通信】 2022年，通州移动成立冬奥火炬传递通信保障组部署通信保障，协调应急通信车和架设地点。积极协调相关管理部门，对通信保障提出架设应急车和拉远天线两方案并行，8小时内应急车和拉远站均顺利开通并优化测试，是唯一一个开通应急车的运营商，保障期间启用7×24小时现场值班制，投入211人次，在整个通信保障期间实现通信保障“零重要客户投诉、零重大客户投诉、百分百重要客户满意”目标，助力央视高清视频直播，并收到2022年冬奥和冬残奥北京市运行保障指挥部技术服务保障组和北京市通信管理局感谢信。

【助力属地民生工程】 2022年，通州移动承接通州区居民电动自行车安全充电桩安装工作，覆盖8个街道乡镇，涉及31个小区与8个自然村，集中安装1110个充电端口，4919户村民充电桩到户，能同时解决6029辆电动自行车安全充电问题。同时配合通州公安分局人口支队完成了“通州区100个挂账村项目”的建设与交付，其中重点负责的区级转发子系统平台完成属地全量1079个小区基础信息、4218个设备信息及237.05万条数据上传及统一管理工作，实现111个小区动态数据实时上传功能。

【打造新型智慧网络覆盖】 2022年，家庭宽带建设本年入网134个社区73321户，累计覆盖总户数75.9万户，沿街商铺经过两年的建设，可快速装机及皮线到门头共计5183户，千兆社区改造完成9.58万户，累计改造完成25.67万户；共完成15栋楼宇的网络覆盖，累计完成114栋楼宇覆盖，整体覆盖率达89%，网络覆盖能力持续加强。

（倪景新）

中国电信股份有限公司北京通州区分公司

【概　况】 中国电信股份有限公司北京通州区分公司（简称通州电信）隶属于中国电信股份有限公司北京分公司，位于通州区永顺镇温榆西路金融街园中园5号院58号楼，有全口径员工193人，平均年龄35岁。内设5个部门，下辖8个网格、7个营业厅。2022年，通州电信助力通州区疫情防控工作，做好疫情通信保障，践行央企责任，充分发挥云网融合优势，助力通州区各行业各领域数字化转型，积极投身北京城市副中心建设。2022年获"2021年度绩效管理综合考评优秀单位"称号。

【疫情防控】 2022年，通州电信成立疫情防控党员先锋队，配合区政府及区卫健委提供通信保障服务，奠定数字化服务基础。打造首个区级防疫视频监控平台；为通州区核酸检测工作顺利进行提供网络保障；为通州区各街道提供智能门磁疫情监控保障；为北京二中通州分校部分涉疫隔离师生紧急提供移动Wi-Fi设备，高效解决网课等信息化教育需求，保障停学不停课。及时对接响应乡镇门磁需求，用电信速度实现门磁设备"当日达"，在重点社区参与志愿服务，打造防疫战线上的"电信蓝"，为疫情防控提供有力保障。

【智慧城市建设】 2022年，通州电信积极与区内各委办局、街道乡镇及企业单位对接，在推进通州区政务云进入新阶段的基础上，同步参与通州区"雪亮工程"二期项目第3包视综应用平台建设，为政府单位的政务信息化系统提供等保测评业务和密码测评、密码应用服务，区卫健委等保及安全服务，区妇幼保健院三级等保服务，为智慧城市建设贡献力量。

【重要通信保障】 2022年，通州电信实施通州政务云、通州警务中心、北京环球度假区在内的多个重要网络保障、优化和升级工程。重点完成城市绿心公园2022年北京科技周主场的无线网络保障；完成副中心朗清园、台湖镇燕宝家园、丁各庄保障房、新光大中心的疫情通信保障工作。

【践行央企责任】 2022年，通州电信新完成商圈店等建设10余家，7家自有营业厅内设"爱心翼站"专区，持续为快递小哥、环卫工人、辅警等户外劳动者和老年人、残疾人及孕妇等特殊群体提供一对一爱心引导服务，开展科技助老微课堂、助老助残产品体验等专项服务。持续开展防诈反诈志愿服务。开展防诈骗宣传讲座，累计服务社区群众近千人。进行公益宣传活动，宣传引导，落实乡村振兴战略，集中力量保障通州区乡村区域电信基础服务工作，践行央企责任。

（王瑞祥）

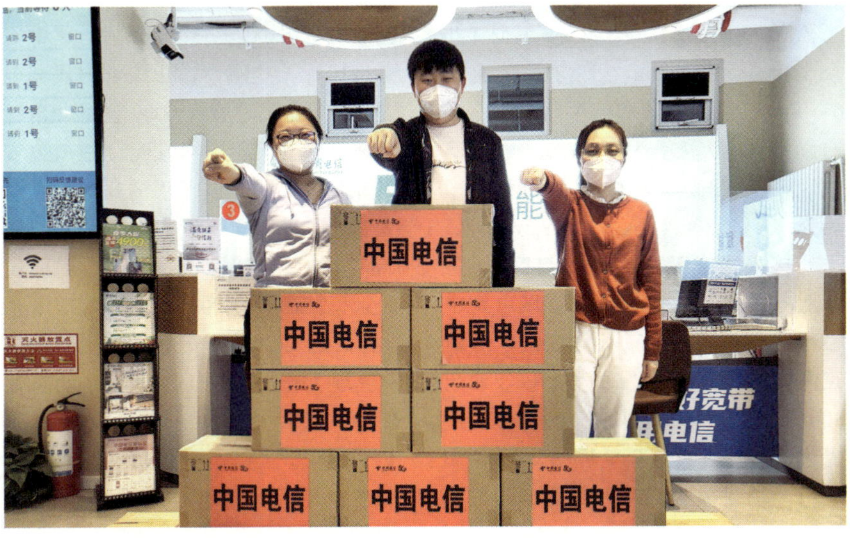

▲ 4月30日，通州电信为北京二中通州分校部分涉疫隔离师生紧急提供移动Wi-Fi设备

（通州电信提供）

中国铁塔股份有限公司北京市通州分公司

【概　况】 中国铁塔股份有限公司北京市通州分公司（简称通州铁塔）是中国铁塔股份有限公司在北京通州区所设市级分支机构。2022年，通州铁塔做好"通信保障、服务保障、防控保障"工作，始终坚持"客户为根、服务为本"，以"满足人民群众对美好数字生活需要"为己任，履行社会责任，彰显国企担当。全年营业收入1.8亿元，较2021年同期收入增长21.30%，2022年利润较2021年同期增长46.28%。2022年，通州铁塔工会被北京市总工会评为暖心驿站。

【副中心数字城市建设座谈会】 2月28日，区委副书记、区长孟景伟到中国铁塔股份有限公司北京市分公司（以下简称北京铁塔）召开交流座谈会，区投促中心、区经信局、北京首通智城科技创新有限责任公司、北京铁塔副总经理及行业拓展部、通州铁塔相关领导参加会议。孟景伟对铁塔公司在通州区5G建设做出的贡献表示高度认可。铁塔公司就后续工作提出建议：铁塔公司与区政府签署战略合作协议，在各方面加深合作，共同提升副中心信息化水平；推进区通管办与区政府形成常态化工作推进机制；以"241"工程专项行动（工业和信息化部、北京市人民政府、中央网信办、国家发展改革委、教育部、财政部、住房和城乡建设部、文化和旅游部、国家卫生健康委、国资委、国家能源局、国铁集团等联合开展北京市重点场所5G网络信号覆盖提升行动）为契机，在重点区域打造5G精品网络，并同步推进基站规划落地；充分发挥铁塔资源优势，配合区政府加快推进电动自行车全链条管控方案实施，助力提升城市治理水平和通州平安建设。

【助力通州区医学观察中心建设】 4月，因疫情原因，西集镇、台湖镇、潞城镇、宋庄镇需建设4座医学观察中心，通州铁塔主动与相关部门对接，与属地运营商企业沟通协调并协同开展信号覆盖现场测试，与业主部门进行多轮沟通，以需求和覆盖最全、信号最优为原则制定方舱医院信号保障建设方案。自5月4日起，先后交付台湖镇疫情闭环管理项目通信保障基站5个、潞城疫情闭环管理项目通信保障基站2个，首钢西集重大应急活动场所工程疫情闭环管理项目通信保障基站2个。6月12日，所有基站全部完成交付并开通。

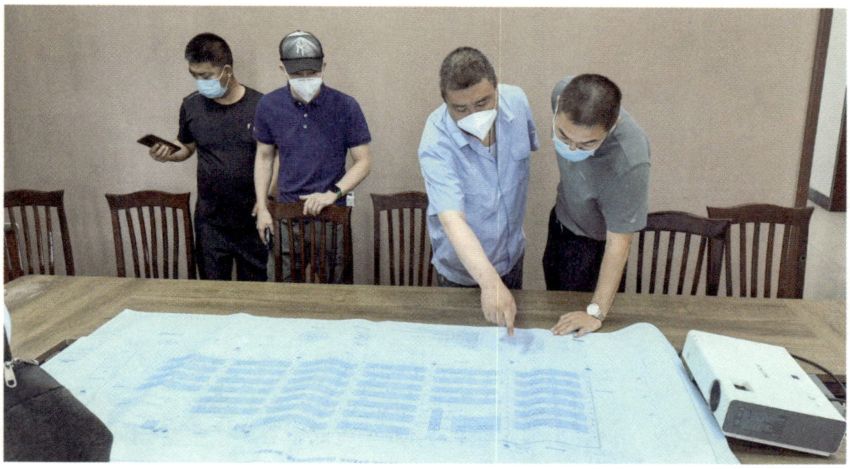

▲ 4月，通州铁塔与属地运营商企业协同开展信号覆盖现场测试，最终制定方舱医院信号保障建设方案　　（通州铁塔提供）

【汛期极端天气通信基站设备维护抢修】 6月4日，西集镇、宋庄镇、漷县镇等区域供电局高压变压器因强降雨、冰雹天气出现故障，引起基站大面积停电。通州铁塔迅速安排部署，出动抢修人员42人次、车辆26台次、利用发电机18台次、电池包10个，锯树2棵，受天气影响的43个通信基站全部恢复正常工作。

【重要活动期间通信保障】 10月16日、10月22日，为做好党的二十大开闭幕式期间通信保障工作，通州铁塔投入保障人员73人次，保障车辆22辆、油机18台、电池包15个，严格落实抢修队伍值班值守及调度要求，完成通信服务保障工作。

（范思宇）

生态环境

综 述

【概　况】 2022年，区生态环境局深入实施以污染治理、生态保护、应对气候变化为核心的污染防治攻坚战行动计划，推动副中心生态文明建设事业取得历史性成就。绿色低碳发展赋能提速，通州区取得国家应对气候变化投融资试点城市资格，制定实施气候投融资试点三年行动方案，与北京绿色交易所签订全面战略合作协议，气候投融资项目库建设提速，2018—2020年温室气体排放清单编制完成。

【大气环境】 2022年，通州区大气环境质量历史最优，细颗粒物（$PM_{2.5}$）年均浓度为33微克/立方米，首次达到国家二级标准，同比改善8.3%，创历史新低。可吸入颗粒物（PM_{10}）、二氧化氮（NO_2）、二氧化硫（SO_2）年均浓度分别同比改善6.1%、12.1%、持平，均稳定达到国家二级标准。累计优良天数272天，优良率74.7%，同比增加2天。重污染天数（扣除沙尘）3天，同比减少7天。全区降尘量为4.0吨/平方千米·月，同比改善4.8%。

【土壤环境】 2022年，土壤环境质量安全稳定，受污染耕地安全利用率、污染地块安全利用率始终保持100%。

【优化营商环境】 2022年，区生态环境局整合前期优化营商环境政策措施，最大限度助企纾困。为多个疫情防控研究试验、物资生产和临时性保供项目豁免环评手续。对2个重点建设项目实施技术评估提前介入和行政许可受理材料“容缺后补”机制。为3个建设项目实施环评与排污许可“两证联办”。持续推进生态环境政务事项全程网上办理，疫情期间受理接待窗口的快递、预约、容缺受理等服务35件。畅通疫情期间信访热线渠道，对29个涉及复工复产的来信来电事项立即办、马上办。充分发挥“云平台”功能，开展互联网培训8次，线上“答疑问诊”2000余次，帮助未复工企业解决困难10个。启用电子印章，实现批复线上盖章，企业互联网打印，减少现场取件环节。全年出具电子批复58份，完成环评登记590件，办理环评审批58件，受理辐射申请55件。

【加强城市适应气候变化能力建设】 2022年，区生态环境局系统性推进海绵城市建设，完成215项海绵工程，较2021年底新增完工35项，达标面积共计27.18平方千米，达标比例37.87%。强化低碳领域资金支持。全年拨付“煤改电”电价补贴9309.03万元，“煤改气”气价补贴2500万元；累计安排10320万元支持多领域新能源车辆购置；推进多层次增绿固碳工作，累计拨付百万亩平原造林工程经费13454.56万元，战略留白工作经费4483.8万元，平原造林养护工作经费39905.48万元，城区绿地养护工作经费20275.05万元，五河十路周边道路绿地养护工作经费6051.53万元。

（兰婕）

水环境治理与保护

【概　况】 2022年，通州区水环境质量大幅提升，8个国市控考核断面全部实现Ⅳ类及以上水质，其中凉水河水质达3类，氨氮、总磷改善率为29%、13%。水污染执法检查企业8270家次，立案处罚24起，罚款金额129万元。

【乡镇跨界断面补偿与改善】 2022年，区生态环境局完成全区9个乡镇（除梨园镇、永乐店镇）27个考核断面、5个考核排口的监测及补偿金核算工作。全年各乡镇应缴纳补偿金总额750万元，应获得补偿金总额337.3万元，缴补平衡后结余412.7万元。应缴纳总额同比下降26.6%，应获得总额同比下降42.4%。在水质类别上，18个乡镇出境断面中，14个断面达到IV类，占比77.8%；1个断面为V类，占比5.6%；3个断面为劣V2类，占比16.6%。与2021年相比，IV类以上断面数量增加25.6%。在主要污染物浓度上，乡镇出境断面及排口化学需氧量、氨氮、总磷年均浓度分别为25毫克/升、1.38毫克/升、0.30毫克/升，同比分别改善3.8%、26%、25%。

【水源地保护管理】 2022年，区生态环境局加强水源水、龙头水质监测监管，按期推动水源水质监测工作落实，完成四个季度区级、乡镇级及千吨万人饮用水出厂水、龙头水、水源水质量检测工作，按季度公开水质信息。强化水源管理和保护，完成2021年度通州区区级、乡镇级和千吨万人集中式饮用水水源地环境保护状况评估及报告编制工作，评估得分为99.82，评估结果为优秀。加大水源地日常监管，开展水源地专项执法和日常监管，全年出动执法人员259人次，检查水源保护区122家次，发现问题3个，已移送属地政府。

【水环境治理】 2022年，全区累计处理生活污水约15569.58万吨，累计完成新建再生水管线5千米，完成市级下达的1100万立方米再生水输配量任务指标。按时完成第三个三年行动方案任务，累计新建污水管线90千米，雨污合流改造15千米。结合美丽乡村建设污水治理相关工程，2022年完成污水治理村庄40个，污水处理设施覆盖率60%。推进农村污水管网建设。累计完成120个村庄美丽乡村污水管线建设工程。推动完成PPP项目农村生活污水治理工程，完成未受拆迁影响的PPP项目农村生活污水治理工程第二、三批工程建设，确保稳定运行。编发《通州区“十四五”时期农村污水处理设施全覆盖工作方案》和《通州区水环境系统治理提升实施意见》，按照分类实施治理的思路，针对全区各乡镇现有污水处理设施情况，指导9个乡镇政府依据全区方案编制各镇具体设计方案，因地制宜制定“一村一策”。完成全区40个村的农村环境整治工作，完成全区生活污水治理率、黑臭水体整治率、水源地整治率、村庄干净整洁四项指标，向市生态环境局提交相关任务台账。

【推进入河排口整治】 2022年，区生态环境局积极推进入河排口整治工作，完成市级30个入河排口整治任务并完成市级“一口一档”平台填报工作。推动全区性入河排口整治工作，截至12月底，657个入河排口中，已完成整治排口数量630个，占比95.89%；需在2022年底前完成整治的排口中已完成443个，占比96.30%。5月底前，完成695.9千米雨水管涵干支线、537千米雨污合流管涵、43957处雨水口（雨箅子）、18834处检查井、218处入河口等排水设施的清掏治理工作。

【河流生态系统综合健康情况】 2022年，区生态环境局以8个国市控断面水质为基础，选取潮白河三个断面、北运河六个断面，从河流生境、理化与生物三个评价体系出发，系统评价通州区主要河流的生态系统综合健康情况，厘清河流生态污染的主要限制因子。通过总结生态健康综合等级评价结果，潮白河三个断面、北运河四个断面生态健康综合等级评价结果为健康，分断面评价水环境质量为优，玉带河入凉水河口和应寺桥断面等级为亚健康，影响北运河健康的限制因素主要为总磷和氨氮水质超标。

（兰婕）

生态环境治理与监管

【“三线一单”成果落地应用】 2022年，区生态环境局将“三线一单”（生态保护红线、环境质量底线、资源利用上线和生态环境准入清单）成果应用于重大建设项目环境影响评价。率先开展建设项目及园区规划的“三线一单”成果对照分析。全年为10个多规合一项目和2个重大建设项目进行“三线一单”区域重点问题识别和特征分析，为项目前期论证决策提供重要依据。优化“三线一单”成果，助力生态环境分区管控体系应用。制定区级精细化生态环境准入清单，编制通州区“三线一单”各街道乡镇分册及图集，提高生态环境管理的精细化、系统化，助力生态环境分区管控体系更规范、内容更精准。

【排污许可核发与执法联动】 2022年，区生态环境局核发排污许可证229家，其中首次申请16家，重新申请43家，变更申请44家，延续126家；完成排污登记企业192家。针对底单完整性、分类分级准确性、发证登记合规性等进行核查，完成排污许可证证后复核141家，登记合规性检查237家。对存在整改问题的33家企业进行帮扶指导，完成排污许可证问题整改及变更。提前完成排污许可证质量复核完成率和2021年度执行报告提交率检查，为排污许可“一证式”管理打下坚实基础。

【固定源执法监管】 2022年，区生态环境局制定年度执法检查方案，制定覆盖蓝天、碧水、净土、噪声、固废及其他常规执法等72项执法工作任务表，依托移动执法系统规范执法监管流程。加强帮扶指导辖区企业，累计出动执法人员36144人次，检查单位6467家16780次，立案处罚966起1899万元，处罚起数和处罚金额全市排名分列第一、第二。移送移交公安机关环境违法案件1起，查封扣押案件109起，五类重大案件办理全市第一。

【京津冀生态协同监管】 2022年，区生态环境局完善“一季度一会商一联动”工作机制，加强环境监管和执法联动，累计开展固定源联动执法4次，检查单位539家次，发现并整改问题35个；组织开展执法经验交流并现场对企业进行检查，联合执法1次、检查污染源3家；开展移动源联合执法4次，累计检查车辆99辆，筛查超标3辆。累计移送超标车辆信息12批次2042辆次，确保区域协同共治发挥作用。

【移动源执法监管】 2022年，区生态环境局从在用车、老旧车、非道路移动机械、油气油品等方面入手，坚持“换、限、查、管”并举，提升监管效能，打击排放超标行为，重型柴油车路检处罚量、非道路移动机械处罚量、氮氧化物处罚量均全市排名第一。落实“生态环境部门检测、交管部门处罚”，在区内9个检查站和主要道路采取24小时执法或机动24小时执法检查方式，对进京、过境柴油车进行排放执法检查，全年人工检查柴油车33万辆，筛查超标车辆11692辆。落实超标柴油车闭环管理，实现区内所有办证检查站24小时环保核查工作。对于列入北京市排放超标重型柴油车数据库的外埠车辆，进京环保审核窗口在其复检合格前不予出具进京证环保合格结果，全年进行环保核查并发放环保凭证19.94万份，其中柴油车6.99万份，劝返不符合标准车辆172辆。

【核与辐射监管】 2022年，区生态环境局完成《通州区辐射安全隐患排查三年行动》，加强执法检查和技能业务培训，更新通州区183家核技术利用企业信息，开展辐射专项执法检查172家次。健全、完善突发辐射环境事件应急响应机制，编制备案完成《北京市通州区辐射突发环境事件应急预案》，规范突发环境事件处置流程。

【京津冀联防联控】 2022年，区生态环境局与廊坊市北三县开展干部实岗锻炼交流工作，遵循“小切口破题”原则，推动两地联动执法及流域执法等工作方面先行先试。加强联防联控，做好重污染天气应对。1月20日，参加北三县大气污染防治联席会议，围绕污染过程应急应对工作，健全空气质量会商研判、重污染应急联动机制；重污染预警期间，制定工作方案联合北三县共同应对污染过程。开展联动执法、联合检查等工作，严厉打击移动源超标排放等违法行为，完成机动车超标排放信息共享等工作。

【信访办理】 2022年，区生态环境局接到投诉举报621件，通过有效沟通合理退单35件，实际受理投诉举报586件。其中“12345”市民热线217件，“12369”举报热线243件，局内来电110件，区转办网信11件，来信1件，来访4件，均在规定时限办结。接诉即办工单量同比降低44.6%；2022年工单满意率59.4%，同比提升2.1%；解决率36.8%，同比下降10.9%；见面率30.8%，同比提升21.3%。

【环境质量监测】 2022年，大气降尘监测。通州区降尘量扣除沙尘影响年均值为4吨/平方千米·月，降尘量达到市级考核标准要求（5吨/平方千米·月）。全区各乡镇、街道各个降尘监测点的降尘量在4.8～8.1吨/平方千米·月，20个街道、乡镇降尘量均高于通州区降尘考核标准。

大气降水监测。全年共采集降水37次，无酸雨发生，通州区大气降水pH值年均值为7.20，属于弱碱性降水。

饮用水源地环境质量监测。通州区区级地下水饮用水源地水质较好。与上年相比，各项水质指标无明显变化，均符合《地下水质量标准》（GB/T14848—2017）中Ⅲ类水质标准要求，水质达标率为100%。2022年，通州区乡镇级地下水饮用水源地水质达标率为100%，与上年相比，水质达标率提高4.7个百分点。

声环境质量监测。全年，通州区声环境质量基本稳定，建成区123监测网格等效声级为53.0分贝，区域环境噪声水平等级为二级，与上年相比降低1.0分贝，有效监测网格达标率为94.3%，社会生活和交通噪声仍是影响区域声环境质量的主要声源。通州区昼间道路交通噪声千米计权等效声级为67.9分贝，城市道路交通噪声强度等级为二级，与上年相比下降0.6分贝。通州区功能区环境噪声自动监测显示，1类区昼间等效声级为56.0分贝，夜间等效声级为44.9分贝，属于不稳定达标。2类区昼间等效声级为50.3分贝，夜间等效声级45.0分贝，属于稳定达标。

土壤环境质量监测。2022年，通州区土壤环境质量总体良好。通州区59个土壤监测点，包括农用地点位46个、建设用地点位7个、未利用地点位6个。所有监测点位，无机污染物未超过评价标准风险筛选限值，有机污染物个别点位监测有检出，但都在土壤评价标准限值内，没有新的污染源出现，表明有机污染物只是历史使用有机农药残留。

农村环境质量监测。2022年，对通州区前营村、吴营村每月进行空气质量连续自动监测。前营村、吴营村的环境空气质量状况总体情况良好，二氧化硫年均浓度和一氧化碳第95百分位数浓度均达标，细颗粒物、可吸入颗粒物、二氧化氮年均浓度和臭氧日最大8小时滑动平均值的第90百分位数浓度超标，最大超标倍数分别为1.1、4.8、0.02和0.7倍。2022年，对辖区内农业面源污染控制断面（南丁庄桥、纪各庄桥）开展监测。结果显示，农业面源污染控制断面中南丁庄桥断面水质为重度污染，主要污染指标为总磷；纪各庄桥断面水质监测达标，符合Ⅳ类水体；对通州区于家务回族乡仇庄村的土壤开展监测，结果显示农村农用地土壤环境质量状况良好；2022年，对全区43家地下饮用水开展水质监测。千吨万人农村集中式饮用水源地水质达标率为97.6%。农村生活污水处理设施出水水质达标率100%。农田灌溉水水质达标率100%。

【生态补偿监测】 2022年，对32个乡镇跨界断面每周开展监测，并根据月均值核算水环境生态补偿金。全年核算补偿金1087.3万元，较2021年（1607.7万元）下降32.4%，其中，总缴纳金额750万元，较2021年下降26.6%；应获得金额337.3万元，较2021年下降42.4%。与2021年相比，Ⅳ类以上断面增加25.6%；化学需氧量改善率为3.8%、氨氮改善率为26%、总磷改善率为25%。

【生态环境损害赔偿】 2022年，区生态环境局共接收生态环境部下发第三批线索12件，接收市生态环境局移送线索119件。做好线索排查与分析，做到应赔尽赔。全年磋商办结案件6件，其中区农业农村局办结5件，生态环境损害赔偿金共计16603.9元；区园林绿化局办结1件，生态环境损害赔偿金42461.25元。

【科技治污】 2022年，区生态环境局在全区22个街道乡镇建设挥发性有机物自动监测站项目，22个新增监测站全部正常运行，全自动、全天候监测各街道乡镇挥发性有机物污染源情况，监测数据均接入区生态环境局指挥平台，每隔8分钟上传一次监测数据，指挥平台对数据进行审核、存储、分析，做到对全区环境质量情况有效监控。升级监管系统，对“生态通州”App进行更新迭代，增加“联防联控”新模块，将污染事件异常问题转至线上办理。同时将全区各属地标准站、微观站、扬尘系统、餐饮油烟系统、挥发性有机物系统数据进行汇总融合，并为各属地开通专属账号，便于各属地进行大气污染问题的统一监督管理。同时将各属地数据查看权限由属地本级扩大至通州区全域范围，形成全区一张数据网，便于属地通过数据研判环境形势，正向促进属地开展对环境的自主改善。分阶段开展全流域综合防治管控系统建设，水环境问题精准识别。截至2022年底，共建设国市控考核断面水质在线自动监测站6座、乡镇出境断面自动监测站13座、重要河道入河排口自动监测站30座、市级以上工业园区重点企业在线监测自动站31座、重要污水管网节点自动监测站17座，千吨以上污水处理厂自动监控设施49套。

▲ 6月5日，通州区启动“守护绿色生态副中心”主题线下实践活动

（区生态环境局提供）

【全民治污】 2022年，区生态环境局围绕国际生物多样性日、六五环境日、全国低碳日，持续打造“一主线、两圆心”的“副中心生态文明月”志愿服务品牌，线下先后开展生态环境教育基地参观、生物多样性主题演讲、共筑昆虫之家等活动300余场，受众10余万人；线上先后开展环保行动打卡、低碳知识问答、生物地图绘制等活动，浏览量50万人次。在大运河森林公园开展“绿色之音爱生万物”生态文明主题音乐会宣传活动，通过“文明通州”“通州融媒”等平台进行网络直播，吸引数百万人参与关注，助力激发全民参与生态文明建设的积极性。通过市、区级媒体开展相关报道100余条，新媒体报道840余篇，阅读量达到40万余人次。

（兰婕）

节能减排

【概　况】 2022年，通州区统筹推进应对气候变化工作，获批国家应对气候变化投融资试点，按照国家部委要求先后报送两批气候投融资重点项目29个，印发《北京城市副中心（通州区）气候投融资试点三年行动方案（2023—2025年）》。推进重点领域温室气体排放控制。完成一般制造业疏解5家，提质改造项目6个。完成光伏备案29个，总投资9412万元，新能源项目核准3个，总投资4.79亿元。完成全区温室气体排放清单编制。完成通州区2018—2020年温室气体排放清单编制，摸清全区温室气体排放底数，夯实数据基础。

【推动北京绿色交易所及国家自愿减排（CCER）交易中心建设】 9月27日，北京绿色交易所正式搬迁至北京城市副中心运河商务区办公。秉承“部市联建”原则，北京绿色交易所积极承接全国温室气体自愿减排（CCER）交易职能并建设CCER交易系统、注册登记系统。区生态环境局配合市生态环境局落实2021年度北京市碳排放权交易试点工作，强化区内重点和一般碳排放单位管理，完成2021年度67家重点和一般碳排放单位名单校核，指导完成年度排放报告编制及履约工作。

（兰婕）

生态环境保护

【大气污染防治】 2022年，区生态环境局深入开展“一微克”行动。在北京冬奥会和党的二十大期间，部门联动采取协商减排、强化执法、精准管控等措施，顺利完成保障任务。实施氮氧化物减排专项行动。全年淘汰巡游出租汽车328辆，新增纯电动车237辆。城区范围内新能源环卫车占比67.4%，累计建成电动汽车充换电场站124个。深化VOCs专项治理行动。全年完成6家企业“一厂一策”精细化治理工程，推进7家企业完成重污染绩效提级。提升城乡环境精细化管理水平。2022年全区查处渣土车1258起，罚款479.5万元，查处违规工地1231起，罚款1996.9万元。全区开展后半夜执法1188项次，检查工地4406家次，查处渣土车537辆，立案281起，罚款361.2万元。2022年，通州区工地出入口道路尘负荷2.15克/平方米，同比改善35.8%。TSP浓度为83微克/立方米，同比改善15.3%，全部街镇均未进入全市后30。截至12月底，全区裸地面积5.5平方千米，全市排第11，同比减少57.3%，全部街镇均退出全市排名后十。

【水污染防治】 2022年，区生态环境局推进创建节水型社会。开展用水指标编制及分配工作，向全区各乡镇、村庄和用水单位下达指标；开展节水型载体创建160个，124家通过验收，其中企业119家、村庄5个，27个节水型小区创建工作基本完成，节水型社区（村庄）覆盖率预计达到42.3%。完成节水型器具普及率调查工作，出具调查报告1套。完成节水型器具换装工作，全年换装节水型器具7000套。开展非居民用水户关系梳理工作，完成注册1885户。

【工业污染防治】 2022年，区生态环境局组织开展流域、饮用水源地、入河排口、地下水防治、未纳管网工业企业、污水处理设施等专项执法检查，累计出动执法人员1801人次，检查企业841家次。严格排污许可核发管理，截至12月底，核发排污许可证221家，其中变更37家，重新申请42家，首次申请14家，延续申请127家，整改后申请1家。6月底完成质量复核和排污登记合规性检查。

【土壤污染防治】 2022年，全区土壤污染风险得到有效管控，农用地及重点建设用地安全利用得到有效保障。全区重点建设用地安全利用率、受污染耕地安全利用率均保持100%。强化建设用地监管。完成20个重点建设用地项目土壤调查联合评审工作，项目一次性评审通过率为75%。分类构建潜在污染风险的关停企业地块清单。建立6个疑似污染地块、26个污染地块和4个北京市建设用地风险管控和修复名录地块清单。严格工业企业污染预防，组织企业参加培训并部署土壤隐患排查、自行监测年度工作。对9家企业2021年度隐患排查及整改措施落实情况开展现场监督检查，隐患排查问题点位全部完成整改。4家土壤重点监管单位和5家高、中风险在产企业完成2022年度土壤隐患排查、自行监测等工作，并提交报告。加强疫情防控，确保医疗废物和涉疫垃圾及时无害化收运处置，北京润泰环保科技有限公司共处置全市医疗废物约51058吨，包括通州区各类医疗废物约5033吨，未发现问题隐患及生态环境违法行为。开展废铅蓄电池收集转运试点工作，4家废铅蓄电池收集转运试点收集废旧铅蓄电池22197吨，转运21925吨。开展危险废物专项执法检查工作，检查涉危险废物单位2953家次，立案处理涉嫌危险废物违法行为9起，拟处罚金额25万元，责令改正8起。强化农用地污染管控。农用地推广测土配方施肥技术19.8万亩，测土配方施肥田间示范800亩，水肥一体化示范面积200亩，统防统治示范2500亩。开展农业投入品废弃物回收处置工作，共完成地膜回收59.36吨、其他农用塑料制品回收23吨、农药包装废弃物回收47.07吨，均已完成转运回收工作。

【生态保护】 2022年，区生态环境局开展外来物种入侵普查。完成农业外来入侵动物病虫害及水生植物普查任务，制定《通州区农业外来入侵水生动植物普查工作方案（2022—2023年）》，制定3条踏查路线，开展普查工作4次，发现入侵水生动物物种3个、水生植物入侵物种6个；发现园林绿化外来入侵物种27个，草原有害生物10个。加强野生动物保护巡查检查。开展专项联合执法行动21次，检查点位近30个，立案1起。检查涉陆生野生动物运输2201车次，完成生态损害赔偿磋商5起，生态损害赔偿价值金额16603.9元，其中4起案件完成生态修复，增殖放流鱼种753.2千克。全年共开展涉及夜鹭、红隼、猫头鹰等野生动物救护约200只。加强生态环境建设。落实常规养护措施，平原生态林分级分类养护管理，根据情况实施年度养护计划作业模式，完成整形修剪面积5.4万亩。开展生长季施肥面积2.2万亩，完成重点区域地被景观提升面积0.54万亩。高质量开展生态林经营管理，林分结构调整完成2.93万亩，疏伐25.32万株、移植1.37万株。建设村头微型公园25处，占总任务的25%；建设生物多样性保育小区22处，占总任务的22%；建设森林高质量经营示范区11处。

【两级督察问题整改】 2022年，区生态环境局推进中央、北京市生态环境保护督察整改，成立北京市生态环境保护督察通州区整改落实工作领导小组，细化整改措施，制发《通州区贯彻落实第二轮北京市生态环境保护督察报告反馈意见整改方案》；应按期完成的第二轮中央生态环境保护督察整改任务和信访问题均已销号，第二轮北京市生态环境保护督察完成16项整改任务办理，信访问题全部完成办理。明确已办结问题的销号标准及具体程序，并将督察整改及销号情况纳入专项考评指标；设置"第二轮北京市生态环境保护督察"专栏，公开《通州区生态环境保护督察报告》、北京市生态环境保护督察移交问题问责情况，发布相关信息30余篇，向公众宣传报道整改进展。

【疫情防控】 2022年疫情期间，区生态环境局对全区定点医疗机构、医疗垃圾处置单位、集中隔离场所、污水处理厂、供水厂等33个单位进行监督检查及检测，深入医疗垃圾焚烧厂及定点隔离单位排查指导。对在用隔离点加强核查、指导，开展在用隔离点化粪池取水专项检查，将检测结果抄送区疫情防控办、卫健委、区文旅局，协助掌握隔离点防疫消毒工作；协同区隔离点管理组对含英园等26个备选隔离点完成现场评估。全年评估指导和帮扶检查隔离点160余家次，开展隔离点废水检测96家次，通报废水检测结果7批次。

【环境应急】 5月9日，区生态环境局开展"南阳实践"（突发环境事件应对长期实践中的经验总结和方法创新）项目，完善辖区内6条河流"一河一策一图"（"一河"，就是逐河调查掌握水文、闸坝、流域环境风险等基本信息；"一策"，就是根据河流实际情况，提前找好筑坝蓄污具体位置，把污水导出来截流住，再采取物理、化学、生物降解等方法，把污染物处置掉，同时把上游清水导下去；"一图"，就是形成突发环境事件情景应对示意图，将河流基础信息、不同事件情景应对方法叠加，实行"挂图作战"）环境应急响应方案及河流基础信息清单。加强环境风险的源头管控，落实企业主体责任，督促企业开展突发环境事件风险评估，编制（修订）突发环境事件应急预案，全年完成204家企业突发环境应急预案备案工作。对存在较大环境风险源单位加强监督检查，督促企业强化风险管控和隐患排查治理能力，落实环境安全防控主体责任。完成区级突发环境事件应急预案编制（修订）及备案工作，包括《北京市通州区突发环境事件应急预案（2022年修订）》《北京市通州区突发水环境事件应急预案》《北京市通州区饮用水水源保护区突发环境事件应急预案（2022年修订）》《通州区辐射突发环境事件应急预案》《北京市通州区突发土壤环境事件应急预案》，进一步将应急处置工作制度化、流程化。落实市区两级部署，全年共开展突发环境应急演练5次，其中市级演练2次、区级演练1次、专项演练1次。

（兰婕）

城乡规划与建设

规划和自然资源管理

【概　况】　2022年，北京市规划和自然资源委员会通州分局（简称区规自分局）持续深入学习领会党中央对副中心的顶层设计，始终将习近平总书记对副中心规划建设发展的重要指示作为副中心各项工作的根本遵循，自觉对标对表，坚持规划引领，坚决维护副中心控规的权威性、严肃性，努力推动城市副中心规划自然资源管理各项工作高质量发展。

【2021年度城市体检】　2022年，区规自分局按照“一年一体检、五年一评估”的要求，组织开展2021年度北京城市副中心控规实施体检工作，形成副中心控规实施体检报告。重点从功能定位、城市规模、空间布局、城市品质、绿色发展、城乡统筹、区域协同、机制创新等方面总结实施成效，聚焦薄弱环节，为副中心后续发展指明方向，以重点项目和关键领域为抓手，以点带面，持续完善，补齐发展和管理短板，推进副中心高质量发展。

【副中心责任双师】　2022年，区规自分局落实市、区工作要求，全流程推进副中心责任规划师和建筑师相关工作，加强党建引领，成立副中心首个责任双师临时党支部，回应民生诉求，探索社区治理共建共享新模式，加速推进“新芽项目”（新芽项目主要针对副中心城市更新、老旧小区改造、环境整治、公共空间改造提升等类型项目，其特点为“小而新”，意为刚刚破土而出的萌芽，需要不断培育孵化，茁壮成长落地的项目）落地实施。项目清单91个，已完成16个，正在推进8个，后南仓中心广场、藤花广场、大营礼堂广场等多个公共空间更新改造完工，以小空间为突破口，以点带面探索空间优化、城市更新、基层治理多效合一的更新实践路径。2022年责师工作实践入选亚太城市可持续发展目标优秀项目库，获通州区“基层党建亮点工程项目”、第三批法治政府建设示范项目等多项殊荣，新芽项目作为代表案例在服贸会上展出、荣获首都城市更新优秀案例以及“百个小微城市公共空间”市级公益践行者奖等众多荣誉，2022年10支责任双师团队获得市级优秀责任规划师称号。

【北京城市副中心各层级规划编制工作】　2022年，区规自分局落实副中心控规指示精神，纵向传导、横向衔接，规划全域全覆盖。全面推动副中心控规落实，统筹好乡镇国土空间规划编制工作，其中《通州区宋庄镇国土空间规划及控制性详细规划（街区层面）（2020年—2035年）》通过市级审查，《通州区台湖镇国土空间规划及控制性详细规划（街区层面）（2020年—2035年）》提请党工委审议，其余7个乡镇国土空间规划均通过镇人大会、专家评审并基本完成公示。编制全市首个非建设空间规划［《北京城市副中心（通州区）非建设空间管控规划和行动计划》］，以高质量生态格局和生态要素协同管理，最终形成约4万图斑的一张非建设空间资源底图，推动规划管理思维由建设空间向全域、全维度、全周期革新，为首都非建设空间建设以及全市土地高质量发展提供经验支撑，获部、市领导肯定。实现一张底图统领，一个数据库管控，一套创新政策保障；作为全市“三长联动”唯一试点（在城乡非建设空间实施管理过程中，将田长制、河长制、林长制工作形成联动，在巡察监管的过程中相互配合，强化空间管控，统筹协调田、林、水域空间管理中存在的问题和矛盾），实现“一图三落”（将田长制、河长制、林长制巡查图斑和空间范围落到三调底图上做好对接和共享，通过划定巡查图斑和“三长”具体工作范围，形成一张统筹协同的工作底图，有效提升生态系统综合质量和稳定性）。引导非建设空间田成方、林成网、水相连，塑造副中心生态安全格局。截至年底，10个项目规划综合实施方案取得审查意见，15个规划类图则完成公示。

【“三区三线”划定工作】　2022年，区规自分局高效开展“三区三线”划定工作，统筹协调耕地和永久基本农田、生态保护红线和城镇开发边界的空间关系，强化底线约束，做到不交叉、不重叠、不冲突，引导形成科学适度有序的国土空间布局体系，历时3个月形成通州区划定成果并上报市级部门汇总。2022年10月14日，北京市“三区三线”划定成果通过自然资源部审查并正式启用。

【通州区产业空间地图】　2022年，区规自分局开展《通州区产业空间地图》研究工作，着眼全区产业资源，以为副中心经济发展利“器”为目标，全力促进产业集聚，完善产业生态，高效支持企业招引“按图索地”。同时站位现代化产业体系构建的大格局，盘点用地现状，从市政、交通等配套服务保障方面创新服务保障机制，通过多元、多措、多维度、全周期式服务培育园区生长，为副中心产业“引凤”种好树、筑好巢。

【重点项目选址】 2022年，北京市规划和自然资源委员会通州分局开展区疾控中心迁建项目和区烈士纪念园新建项目选址研究，统筹考虑空间区位、市政保障、邻避效应等问题，梳理迁建和选址研究备选方案40余个。

【城乡建设用地减量任务】 根据《北京市2022年度城乡建设用地减量实施计划》确定的城乡建设用地减量目标，2022年通州区净减量任务0.2平方千米，减量腾退任务0.9平方千米，年内申报完成通州区2022年第一批城乡建设用地减量地块。

【市政交通】 2022年，区规自分局持续推动市政交通基础设施建设，确保高质量落实副中心控规。完善副中心交通基础设施，构筑综合立体交通网。继续加强与北三县的交通联系，推动京津冀一体化发展，批复厂通路协同意见；加强推进重点区域交通建设，批复城市绿心剧院西路协同意见，完成潞河湾路、通济路（南延）、流霞路方案研究，进一步保障绿心三大建筑交通出行。完善市政基础设施建设，提升高品质市政服务水平，包括批复副中心首个中深层地热供暖示范项目、碧水再生水厂热泵供热供冷示范项目，优化副中心能源结构；推进通州区再生能源发电厂（二期）、通州区有机垃圾资源循环利用中心，提升副中心资源循环利用水平；提升城市安全韧性，批复副中心老城地区2020—2022三年主次干路电力架空线入地、通信架空线入地协同意见；强化四水建设和系统连通，有力保障重点功能区和重点项目建设，批复行政办公区二期供水管线、副中心供水管网完善二期协同意见。

【市政交通专项研究】 2022年，区规自分局为解决副中心建设项目与配套市政交通的匹配衔接问题，高质量推动项目生成，在上年编制46个近期重点项目市政交通基础设施保障方案的基础上滚动做好用地项目配套的规划统筹，编制《北京城市副中心市政交通综合统筹高质量实施计划》。贯彻市领导城市副中心双调研工作部署，综合考虑城市副中心道路系统完善和城市发展需求，有序推进城市副中心“十一横九纵”骨干路网实施，切实做好重大交通项目储备，编制《城市副中心“十一横九纵”骨干路网实施计划》，并上报区政府。为加强副中心基础设施项目数字化水平，联合规划院、北京市政总院开展BIM试点，拟选取副中心住房项目南部十条支路作为第一批试点。项目一路四水设计BIM文件已由市政院编制完成，其余能源管线市规划院正在与市政院合作编制。

【轨道交通站点一体化】 2022年，区规自分局全力推进副中心轨道建设，探索、创新制定《关于做好M101线等城市副中心近期重点轨道交通前期工作保障项目实施的有关意见》，指导M101线规划设计周期压缩至不到常规周期的一半，促进城市副中心首条承接市级赋权轨道6号线二期工程（南延段）顺利开工；细化用地条件，编制《轨道交通M101线用地资源、一体化和实施保障“一站一册”》，促进M101线与城市用地融合发展，成为副中心高质量发展重要实践。

【综合审批】 2022年，区规自分局全力保障全区项目建设，窗口共受理行政许可及其他事项505件（平均2.10件/工作日），其中，城乡规划业务488项、国土资源业务17项。校对、制作、核发规划审批决定479件（平均2件/工作日），其中，城乡规划业务463项、国土资源业务16项。紧扣时间节点，确保重大项目顺利推进，保障副中心电网重要节点项目实施，核发梨园220千伏变电站工程许可；承接市级部门赋权，办理全市第一件跨省工程项目规划许可——厂通路潮白河大桥选址意见书；1个工作日核发西集5000套临时防疫用房临时工程证，保障全市重大活动应急场所建设。此外，1个工作日核发张家湾车辆段综合利用供地项目（落地区）地上酒店部分工程证，保障项目及时纳统；1个工作日核发春明西路节点工程证，保障京唐城际铁路调试运行前完成节点涉铁部分的建设，为远期春明西路按照规划断面全线贯通奠定基础；1个工作日核发信通院创新基地项目选址意见书，推动引进通州区首个信息通信前沿技术研发项目正式进入实施阶段；“当天受理、当天核发”东直门医院国家医学中心通州院区、高新院区选址、预审，保障项目2022年取得国家发改委批复。

【简易低风险工程建设项目】 2022年，区规自分局“三步走”实现社会投资简易低风险工程全流程目标。牵头联动区级发改、住建、政务服务等职能部门，协助建设单位按照建设完工、联合验收、不动产登记“三步走”流程助力项目有序推进。办理简低项目36件，实现全流程6件。此外，完成联合验收环球影城后勤锅炉房，通州区台湖镇YZ00—0405—0094等地块R2二类居住用地、YZ00—0405—0097地块A33基础教育用地项目3#配套楼、2#配套楼，通州区马驹桥镇C01、C—07、C—09地块项目（22#居住服务设施楼）工作。

【规划核验】 2022年，区规自分局办理建设工程规划核验70件，规划核验面积3305631.96平方米；办理市政线性工程［含管线工程及管线附属（设施及建筑）工程］规划核验备案46件，备案管线长度46274.49米；出具道路工程项目技术核验意见函3件。

【自然资源资产管理】 2022年，区规自分局牵头会同区发改委、农业农村局、园林绿化局、水务局、生态环境局，配合区财政局，共同编制完成《关于北京市通州区2021年国有资产管理情况综合报告》，报告全面真实反映国有资产管理情况，经区人大常委会审议通过。完成北京城市副中心城市绿心生态产品价值实现典型案例申报工作。编制完成《建“绿色心脏” 促绿色发展——北京城市副中心城市绿心生态产品价值实现案例》申报成果报自然资源部参评。完成通州区3个开发区、1326个图斑，总面积2900.26公顷的土地监测统计工作，其中更新项目3个，地块图斑5个，总面积17.16公顷。在2021年通州区开发区土地集约利用全面评价工作数据的基础上，分析编制完成《通州区开发区土地资源潜力分析》成果。成果以副中心控规、通州区总规、乡镇域国土空间规划阶段成果、三调成果、权属数据成果等多图层叠加，结合规划定位及产业发展方向，从权属性质、建设现状、生产情况等方面切入抓手，通过对产业空间和非产业空间潜力区和建成区域内国有建设用地和集体建设用地调研分析，结合现场踏勘各类型产业发展现状情况，综合判定各开发区潜力用地开发意向、发展机遇、发展方向和战略机遇等。

【日常执法】 2022年，区规自分局以“长牙齿”的硬措施保护耕地，严厉查处11件占用耕地10亩以上或基本农田5亩以上倾倒建筑垃圾（渣土）重大典型案件。全年参与街道乡镇吹哨报到90余次，协助出具涉嫌违法建设规划审批情况认定250余份，出具基层“两委”、相关单位无违法记录证明2200余人次。

【卫片执法检查】 2022年，区规自分局建立违法线索认定处置分工协作机制，加强执法与审批联动，以月度审核会为平台，会同各科室、各相关单位对卫片图斑严格按规定分析研判、精准分类，建立“周通报、月报告、季考核”常态化协调督办机制，积极推进违法问题整改。

【研究运用“小卫星”遥感监测技术进行全域管控】 2022年，区规自分局应用“小卫星”技术开展通州全域新生“两违”问题治理，对耕地和永久基本农田进行重点精准监测。进一步细化完善全过程业务流程，建立闭环管理机制。分批下发试运行首轮监测成果，基本形成“当月影像采集信息提取，当月完成与业务数据套合分析”的模式，努力实现“打早打小”、快速整改效果。

【无违建创建工作】 2022年，区规自分局牵头加强图斑审核研究和统筹，形成分局内部联动机制，确定有证类审核规则，明确31家区级部门审核权限，组织各部门“批次对接+点位调研”相结合，集中研究解决集体产业类图斑审核等堵点、难点问题。截至12月31日，举证约2363万平方米。同时，开展分析研究，初步形成“一区一策”指标体系。

【公共公益专项整治】 2022年，区规自分局以绩效考核为抓手，通过拆除整改、完善手续和调整分类等方式，联动全区各部门各属地合力推动整治工作。全区1047宗公共公益项目，已完成整改740宗，其中调整分类535宗，拆除整改186宗，完善手续19宗。

【农村乱占耕地建房问题管控】 2022年，区规自分局补充摸排5700余宗存量问题并形成台账。落实《国家试点工作方案》，结合实际选取于家务乡为试点，研究试点乡整治工作方案。同时整改新增问题，截至2022年底，查处50宗新增乱占耕地问题，其中完成整改46宗、按规定移送农业农村部门宅基地2宗、2宗正在推动完善手续。

【巩固“大棚房”问题清理整治成果】 2022年，区规自分局会同区农业农村局、区园林绿化局开展“大棚房”问题百日专项整治，开展联合检查9次，有效巩固整治成果。

【不动产登记业务办理】 2022年，区规自分局办理抵押、转移、变更等各类登记业务6.1万件，接待档案查询1.5万人次，完成义务教育不动产信息审核1.15万条，核实积分落户记录2792条，核发不动产产权证书30603本、不动产登记证明16283份。

【历史遗留项目】 2022年，区规自分局充分发挥通州区专班办机制作用，深度联动住建、税务等部门，年初编制完成中仓小区、后北营棚改安置房等项目解决方案，打通9个项目6987套房屋办证通道，任务完成率698%，在全市率先实现区台账基本清零、自然资源部上报台账项目清零“双清零”目标。

【不动产登记历史数据整合入库】 2022年，区规自分局将全区213282套房屋（包含已移交至北京经济开发区的房屋）装载进入不动产登记二期系统，装载率及装载房屋落宗率均为100%，名列全市第一；历史房屋发布量为103309户，在全市排名第一，完成本次历史数据整治和提升工作，为后续“同城通办”等工作奠定数据基础。

【土地征收】 2022年，区规自分局完成3个项目的征地结案，包括梨园镇东小马、永顺镇邓家窑等一级开发项目、北京通州工业开发区南扩区A1—A14地块建设项目，共计127.6292公顷。推进拟供地项目的征地工作，协调乡镇政府及项目主体，督促加快完善绿心三大建筑、东方厂安置房、0202家园中心等项目的前期手续。办理通州区首宗集体产业用地占地手续，取得博格华纳北京新工厂项目的占地批复，确保该项目按期开工。规范和严格临时用地管理，切实加强耕地保护，促进节约集约用地，严格按照自然资源部的规定，办理37件建设项目施工的临时用地审批并上图入库，保障副中心重大工程实施。

【土地储备】 2022年，通州区在施储备开发项目数量38个，在施面积2257.84公顷。其中，联储项目3个，在施面积883.78公顷；分中心主体项目26个，在施面积980.19公顷；企业主体项目9个，在施面积393.87公顷。

【年度供地任务】 2022年，通州区商品房入库任务19公顷，入库指标已完成32公顷，完成比例168%；租赁住宅用地任务指标35公顷，已完成35.24公顷，完成比例101%；商品房用地供应任务21公顷，完成8.25公顷；产业用地任务42公顷，完成6.17公顷。

【优化营商环境】 2022年，区规自分局深入贯彻优化营商环境1.0—5.0版系列改革政策，助力副中心项目落地落实。进一步完善建设项目网上申报、网上受理、网上办理、邮寄证照的“不见面”审批服务模式。通过邮寄申报材料、电话沟通、网上审查的方式，“不见面”审批办理台湖集租房项目低基配电室乡村工程证；以“全程网办”服务模式完成城市绿心旧厂房改造项目（保留东光实业）、张家湾车辆段综合利用供地项目（落地区）地下部分工程证审批。多部门协作助力博格华纳新工厂落地副中心，形成“博格华纳模式”，开创重点区域、重大项目办理“新速度”。通过“容缺受理制”“全程代办”机制，在特殊时期，解决设计单位位于上海，申报材料无法寄出等问题，各项对接工作网上办理，专人跟踪项目进展，仅用1小时不见面核发项目建设工程规划许可证。主动对接建设单位，提前开展技术审查，快速高效核发诺思兰德公司生物药物产业化基地、福元医药高精尖药品产业化项目，电投工业互联网数据安全信息港、通州网安园项目，通马路、环球影城北综合交通枢纽，北泡轻钢地块二期家园中心等重点项目工程证，为落实副中心“五子”联动推动经济高质量发展目标提供有力保障。推行“告知承诺制”，核发首例告知承诺制集中供地项目规划许可。为保证北京市第三批次集中供地商品住宅项目投资落地，安排专人提供全程陪伴式跟踪服务，通过“告知承诺制”高效核发东小马住宅项目规划许可，实现当场即办，受理即发证，极大缩减办理时限，最大限度降低企业制度性成本。4月15日，完成北京市首个普通商品住宅“交房即交证”项目发证工作。

【重点项目方案审查】 2022年，区规自分局办理完成中国人民大学通州新校区北区学部楼二期项目，中国人民大学通州新校区行政服务中心楼群（含行政服务中心，音乐厅、学术报告中心）项目，通州区张湾镇村、立禅庵村、唐小庄、施园、宽街及南许场村棚户区改造一片区项目（幼儿园地块）等设计方案审查意见函10件。

【“多规合一”协同平台】 2022年，北京市规划和自然资源委员会通州分局为全面落实优化营商环境工作要求，围绕落实北京城总规、副中心控规，推进各项手续办理。2022年核发“多规合一”审核意见149件，其中办理房建类审批案卷84件，包括“多规合一”初审29件、会商意见32件，供审函13件，设计方案审查意见函10件；办理市政类“多规合一”审查意见65件，其中“多规合一”初审16件、协同意见49件。

【划拨供应建设用地】 2022年，通州区划拨供应建设用地6宗，总用地面积约28.83公顷，总建筑面积约38.44万平方米。

【国有建设用地使用权出让合同】 2022年，通州区签订国有使用权土地出让合同1宗，总用地面积约5.26公顷，总建筑面积约16.6753万平方米。出让方式为协议出让，用途为其他类多功能用地（F3养老设施、幼托用地（A334）幼儿园）。

【“12345”市民热线办理】 2022年，区规自分局接收“12345”市民热线工单1861件，实际承办976件。其中房屋权属类375件、规划设计类461件、行政执法类69件、其他类71件。

【行政复议与行政诉讼】 2022年，区规自分局办理行政复议、行政诉讼一审、二审、再审案件共95件，其中，行政复议案件23件、行政诉讼案件72件。其中，违法查处举报、行政处罚类46件。办理司法建议1件、检察监督2件、民事诉讼2件。

【信访工作】 2022年，区规自分局受理信访诉求311件，其中来信123件次，来访52批次、67人次，网信108件次，建议咨询11件，复查17件。主要集中在行政处罚、土地征收、行政许可领域。

【信息公开】 2022年，区规自分局接待及来电依申请信息公开咨询621人次，受理依申请信息公开235件，市、委转办66件，共计301件。其中规划许可类139件、征地出让类69件、行政处罚类27件、规划研究类21件、土地调查监测类21件、其他24件。完成信息不公开法制审查177件。

【土地入市交易】 2022年，通过土地市场成交经营性用地7宗，总用地面积14.42公顷，建设用地14.42公顷，建筑规模36.66万平方米，成交总额76.26亿元。

【融资及还款】 2022年，筹措到位资金30.64亿元，其中收到市级资金8.56亿元，收回回笼资金22.08亿元。归还政府债券13.6亿元，其中运河核心区3号地项目1.4亿元、宋庄文化创意产业集聚区项目8.2亿元、永顺镇邓家窑项目4亿元。

【地籍管理】 2022年，区规自分局严格标准进行土地权属审查，为重点项目落地保驾护航，为征地、供地等工作节点提供土地权属依据。完成土地权属审查62件，涉及173宗地块，面积共约784公顷（其中国有约245公顷、集体约539公顷）。出具图幅核实函11件。办理一级开发、规划编制、市政设施、土地执法等现状核实365件。

【地名工作】 2022年，北京市规划和自然资源委员会通州分局完成重点项目市政道路命名13条，建筑物名称核准件8件，门楼牌编制3件。

【城建档案管理】 2022年，区规自分局完成工程竣工档案验收63项、483栋，开具验收合格意见84件（其中建安工程68件、市政工程16件），接收工程竣工档案44项、535栋、编制案卷3296册。各类档案借阅409人次，调阅档案1875卷，出具证明225件。

（寇晓蓉）

城乡建设

【概　况】 2022年，区住建委持续落实行业监管主体责任，全力保障重点工程、重大项目高效推进，加快促进建筑行业转型升级，住房和城乡建设事业开创新局。

【城镇房屋安全检查工作】 2022年，区住建委开展涉及房屋安全类检查205次、专项检查140次，现场整改70处，限期整改25处。根据《2022年度通州区城镇房屋安全检查工作实施方案》要求，全区共排查77处危险房屋，其中71处为直管公房，6处单位自管房屋。自管房屋已督促属地落实相关解危方案，督促告知产权单位，制定“一房一策”及“转移启动”方案，加大检查力度，确保通州区城镇房屋安全平稳。

【城镇房屋系统防汛工作情况】 2022年，区住建委出动雨中查房600人次，并开展漏雨房屋苫盖及雨水疏通、塌顶房屋拆建工作，检查平房21354间，建筑面积3.6万平方米；楼房1201幢，建筑面积442.5万平方米。雨后，立即组织人员，对直管公房漏雨情况进行全面检查、维修，确保居民的住房安全。

【清理整治普通地下室】 2022年，区住建委制定并落实《通州区普通地下室综合整治工作方案》及《普通地下室检查方案》，利用人防和技防相结合的方式，对存在违规使用的普通地下室发现一处，清理一处，保持普通地下室散租住人排查和自用性宿舍管理的“动态清零”。完成区普通地下室安全日常检查150余次、专项检查70余次，发现问题23处，现场整改5处，限期整改18处。

【自建房安全专项整治】 7—10月，区住建委牵头抓总、统筹协调，以各街道、乡镇为实施主体，以经营性自建房为重点，以专业第三方机构为技术支撑，集中开展自建房安全隐患整治“百日行动”。全区共排查经营性自建房38165栋、一般安全隐患房屋8988栋、严重安全隐患房屋162栋，对严重隐患要求属地落实对房屋进行安全鉴定，向产权人下发通知，贴标识、立标牌等管控措施。

（朱赤军）

【制定保障性租赁住房管理工作方案】 2022年，通州区住房和城乡建设委员会为落实中央关于“坚持房子是用来住的，不是用来炒的”定位，加快建立多主体供给、多渠道保障、租购并举的住房制度， 贯彻《关于加快发展保障性租赁住房的意见》文件精神，结合通州区保障性租赁住房建设实际，在原《通州区集体土地租赁住房建设、分配、运营管理工作方案》的基础上，就进一步规范通州区利用集体经营性建设用地建设的保障性租赁住房管理工作，制定《通州区保障性租赁住房(集体土地）管理工作方案》。

（王颖）

【城镇直管公房解危及大中修工作】 2022年，区住建委房管所根据《房屋安全鉴定报告》成果，制定全区城镇直管公房解危及大中修房屋修缮计划，全年解危加固房屋71间，大中修房屋167间，楼平房屋面防水7300平方米。

【城镇直管公房防汛工作】 5月，区住建委房管所组建直管公房防汛领导小组，制定《2022年通州区直管公房防汛预案》《2022年通州区直管公房汛期突发灾害应急救援预案》《2022年通州区直管公房防汛演练方案》，组织实施防汛工作。强化防汛责任落实，完成各项防汛备汛工作，加固木结构房屋35间，拆砌危险墙体15处，房屋补漏128间。

【城镇直管公房房屋安全普查工作】 2022年，区住建委房管所制定《房屋安全普查工作计划》，组织10个维修班开展2022—2023年度房屋安全普查工作。完成39.74万平方米房屋的安全普查。其中，平房4778.5间，7.14万平方米；楼房103栋，32.6万平方米。

【直管公房专项清理整治】 2022年，区住建委房管所按照“疏解整治促提升”清理整治工作计划开展定期检查，出动3632人次，累计循环检查1965户。开展转租转借专项工作联合夜查和综合检查25次，清理楼道杂物16处，消除安全隐患。整改3户转租转借情况，实现“动态清零”。

（毕中伟）

【建立各区级重点棚改项目领导小组】 2022年，区住建委推进八里桥、六小村棚改及M22号线、张家湾古镇等重点项目，撰写《八里桥市场疏解工作区级领导小组工作方案》《通州区棚户区改造工作领导小组工作方案》，并提议成立八里桥市场疏解工作领导小组，完善通州区棚户区改造工作领导小组。7月20日，八里桥市场疏解工作领导小组取得区委编委批复，通州区棚户区改造工作领导小组正在审批。

【签订《漷马路占地先行用地框架协议》】 漷马路改扩建项目是市、区两级重点项目，西起九德路，下穿京津城际铁路和京津高速公路现况桥孔，东至张采路，全长约3.5千米，宽40米。12月23日，通州区政府与联勤保障部队第五储备资产管理局北京管理站签订《漷马路占地先行用地框架协议》，对打造区西南部地区公路交通干线网，完善城市副中心交通运输体系，助力城乡交通部基础设施一体化具有重要意义。

【张家湾镇六小村棚改项目正式启动】 六小村棚改项目地处张家湾镇，西临六环，南临京哈高速，毗邻绿心，与环球影城隔路相望，位于北京城市副中心155平方千米建设范围内，是张湾古镇建设的重要工作内容之一，该项工作被列为城市副中心重大投资和重点建设内容。10月26日，《通州区张湾镇村、立禅庵、唐小庄、施园、宽街及南许场村棚户区改造项目集体土地上住宅房屋搬迁补偿与安置方案（征求意见稿）》在搬迁范围内张贴公示，采用“线上+线下”同步征求意见模式，征求意见期限为10月26日至11月24日。六小村棚改项目共涉及宅基地约1700宗，总人口约7700人。本次补偿方案在落实“减量发展”原则的基础上，从认定、安置等标准上进行精细化调整，在保障本村本土长

▲ 9月21日，轨道交通22号线（平谷线）永顺站范围内国有土地上房屋征收项目补偿协议签约仪式

（区住建委提供）

居群众安置权益的同时，进一步挤压借棚改拆迁获取不当得利的投机行为。

（程鸿雁）

【完成轨道交通22号线永顺站征收】 该项目于1月正式启动，区征收办依据征收相关法律法规履行发布暂停公告、选定房地产价格评估机构、调查登记、公众参与、风险评估等程序。9月1日，通州区政府作出征收决定，对轨道交通22号线（平谷线）永顺站范围内国有土地上非住宅房屋及附属物实施征收。区征收办与北京八里桥农产品中心批发市场有限公司于9月21日即签约期首日正式签订《轨道交通22号线（平谷线）永顺站范围内国有土地上非住宅房屋征收补偿协议书》，同时八里桥市场将房屋及土地交与征收部门。

（姚嘉斌）

【水泥厂及造纸七厂平房宿舍区征收项目收官】 东方厂周边棚户区改造、水泥厂及造纸七厂平房宿舍区征收项目2018年启动，2022年1月9日，106户被征收人安置房入住办理达到100%，是通州区首个住宅征收签约入住双百项目。

（武文月）

【老旧小区综合整治项目】 2022年，区住建委新确认16个老旧小区，建筑面积36万平方米；新开工15个小区，建筑面积51万平方米；新完工5个小区，建筑面积13万平方米。

【北京地铁6号线二期工程（南延段）】 北京地铁6号线二期工程线路北起于潞城站东、向东沿运河东大街敷设，至减运路后转向南沿减运路向南敷设，至规划潞阳大街北侧设东小营南站，并在东小营南站预留向南延伸条件，线路正线全长2.066千米，均为地下线，设置车站1座。2022年底实现形象开工。

【轨道M101线项目】 轨道M101线全长约19千米，均在通州区域内，设置14座车站、1处停车场。其中，副中心站和北京大剧院站已随城市绿心项目开始施工建设；剩余12座车站、1处停车场途经宋庄镇、永顺镇、潞邑街道、新华街道、通运街道、潞源街道、张家湾镇，2022年底完成21家地上物预签约工作，占签约总量的47%，同时完成通州西站、龙旺庄站、通胡大街站、行政西区站、体育中心站5座站址施工围挡搭建工作。

【漷马路项目】 漷马路西起九德路，东至张采路，道路全长约3.24千米，红线宽60米，线路跨越张家湾镇和马驹桥镇，截至年底，除部队外其余路段均完成地上物搬迁，强、弱电管线开启有序施工。

【漷台路项目】 漷台路西起张采路，东至国道103（京津公路），道路全长7.6千米，线路跨越张家湾镇和漷县镇，9月完成全部地上物搬迁工作。

【九德路改建项目】 九德路北起京哈高速公路北侧，向南至终点潞西路，道路全长约5.8千米，分为张家湾段、台湖公路段、台湖城镇段，线路跨越张家湾镇和台湖镇，12月张家湾段和台湖公路段4.8千米基本完成道路红线内地上物搬迁，区公路分局进场施工。

【通清路项目】 通清路北起京津公路，南至京津市界，全长约4.9千米，线路全线均在漷县镇境内，截至年底，区公路分局进场3.6千米，强、弱电管线有序施工。

【孔兴路项目】 孔兴路南起孔庄北，北至京津公路，全长4.86千米，线路跨越永乐店镇和漷县镇，截至年底，区公路分局进场3.9千米。

【博格华纳新工厂项目】 博格华纳新工厂项目位于潞城镇大甘棠村，5月25日开工建设，为首个实现开工的“全程代办”试点项目，树立47天即开工的示范标杆。截至年底，该项目主体结构封顶，正在开展二次结构施工。

【张家湾车辆段综合利用项目】 张家湾车辆段（奥特莱斯）综合利用项目位于文化旅游区，东距张家湾老镇约2千米，北距城市绿心约3千米。6月13日开工建设。项目未来将建成约20万平方米的奥特莱斯商业、3.5万平方米的五星级酒店、7万平方米的酒店型文旅小镇，与北京环球度假区形成互补，承接北京环球度假区的外溢客流。该项目为第二个实现开工的“全程代办”试点项目，比原计划开工时间提前约20天，年内实现固投纳统59.9亿元（含土地费）。截至年底，项目落地区完成土护降施工，正在开展主体结构施工，预计2025年竣工。项目由北京环汇置业有限公司建设，北京城建设计发展集团股份有限公司设计，北京城建集团有限责任公司施工，北京帕克国际工程咨询股份有限公司监理。

（朱笛　杨云琪）

【首旅总部项目】 首旅总部项目位于文化旅游区北部，7月中旬竞得土地，11月10日开工建设。截至年底，项目正在开展土护降施工，预计2023年4月启动主体结构施工，2025年竣工。

【华夏银行总部项目】 华夏银行总部项目位于城市副中心01组团0101街区，12月9日开工建设。项目体量较大，地上建筑规模约12万平方米。年底实现纳统入库，固投纳统17.1亿元。截至年底，项目正在开展土护降施工，预计2023年9月启动主体结构施工，2026年竣工。

【北建院总部、北咨总部项目】 两个项目位置相邻，均位于张家湾设计小镇区域内，项目进度基本同步。两个项目自2022年10月初正式取得建设用地，12月27日开工建设。截至2022年底，正在开展土护降施工，预计2023年6月启动主体结构施工，2025年竣工。

（杨云琪）

【新光大中心双子塔项目竣工】 新光大中心双子塔项目位于地铁6号线北关站，由一座主塔——“北京塔”及六座错落有致的高层建筑组成，总建筑面积24.5万平方米，工程总投资109495.8万元，其业态包含4栋商务公寓（已建成）和3栋国际甲级写字楼建筑群。1月13日、新光大中心2A座，11月17日、新光大中心AAAAA座竣工交付，标志着新光大中心双子塔全面落成。项目由北京华恒业房地产开发有限公司建设，北京市建筑设计研究院有限公司设计，中天建设集团有限公司、中国建筑第八工程局有限公司施工，北京五环国际工程管理有限公司、北京双圆工程咨询监理有限公司监理。

【台湖共有产权房通成家园项目竣工】 8月19日，台湖镇通成家园项目进行竣工验收。项目建筑面积超过26万平方米，有18栋住宅楼、7个商业配套、2个车库，为1850户刚需家庭解决住房问题。项目由北京住总通成房地产开发有限责任公司建设，北京市住宅建筑设计研究院有限公司设计，北京住总第六开发建设有限公司、北京住总第三开发建设有限公司施工，北京中联环建设工程管理有限公司、北京光华建设监理有限公司监理。

【台湖公租房全面交付】 台湖公租房项目位于台湖镇站前街与通马路交叉口东南角，总建筑面积57.8万平方米，提供5058套公租房。项目由北京市保障性住房建设投资中心建设，北京市建筑设计研究院有限公司设计，北京城乡建设集团施工，中船重工海鑫工程管理（北京）有限公司监理。

【运河核心区西海子商业楼交付】 运河核心区西海子商业楼项目位于新华大街，建筑面积约5.5万平方米，总投资20577万元。4月18日，项目竣工验收。该项目由北京通州房地产开发有限责任公司建设，北京市住宅建筑设计研究院有限公司设计，北京中煤正辰建设有限公司施工，北京市潞运建设工程监理服务中心监理。

【北投大厦项目主体结构封顶】 北投大厦项目位于副中心行政办公区东侧，中国人民大学通州校区西侧，邻近地铁6号线东夏园站。总建筑规模约11万平方米，2022年底主体结构封顶。预计2023年5月底完成结构封围，2023年10月底达到交付条件。项目由北京城市副中心投资建设集团有限公司建设，北京市建筑设计研究院有限公司设计，北京城建集团有限责任公司施工，北京双圆工程咨询监理有限公司监理。

【城市副中心住房项目B#地块开展室内装修】 北京城市副中心住房项目（0701街区）B#地块项目位于通州区宋庄镇，总建筑面积1.7万平方米，工程总投资98669.1万元。项目由北京市保障性住房建设投资中心投资建设，北京市建筑设计研究院有限公司设计，北京住总集团有限责任公司施工，北京康迪建设监理咨询有限公司监理。

【北运河西滨河路道路工程开工】 3月，北运河西滨河路（玉带河大街—新华大街）道路工程正式开工建设。道路规划等级为城市支路，设计长度约1305米，设计车速30千米/小时，红线宽25米。项目由北京新城基业投资发展有限公司建设，北京市市政工程设计研究总院有限公司设计，北京城建五市政工程集团有限公司施工，北京大正建设监理有限公司监理。

【东六环西侧路等6条道路工程竣工】 4月1日，城市副中心东六环西侧路（施园街—张采路）道路、管线工程等6条道路工程顺利通过竣工验收。东六环西侧路规划为城市主干路，停车场西路规划为城市次干路，京哈高速北侧路规划为城市支路。

【春明西路综合管廊工程开工】 4月15日，春明西路（运河东大街—兆善大街）综合管廊工程正式开工建设。管廊全长约826.3米，工程总造价7145.6万元，由北京城市副中心投资建设集团有限公司建设，北京市市政工程设计研究总院有限公司设计，中铁四局集团有限公司施工，北京帕克国际工程咨询股份有限公司监理。

【文旅区首批地下综合管廊工程竣工】 4月19日，北京通州文化旅游区酒店一号路管廊、酒店二号路管廊、停车场西路管廊、将军府东路管廊4条综合管廊工程顺利通过竣工验收，总长882.16米。

【畅和东路综合管廊工程开工】 6月，畅和东路（明德街—兆善大街）综合管廊工程正式开工建设，管廊全长约699.5米，由北京城市副中心投资建设集团有限公司建设，北京市市政工程设计研究总院有限公司设计，中铁一局集团有限公司施工，北京帕克国际工程咨询股份有限公司监理。

【文旅区3条综合管廊工程竣工】 6月22日，北京通州文化旅游区萧太后河南街（九棵树中路—颐瑞东路）综合管廊、颐瑞东路（万盛南街—萧太后河南街）综合管廊、曹园南大街（九棵树中路—颐瑞东路）3条管廊工程顺利通过竣工验收，投用后将为北京环球度假区运营提供坚实的运营保障。

【通州北500千伏变电站工程竣工】 8月29日，通州北500千伏变电站工程完成竣工验收，工程总规模1334平方米，预计2023年9月中旬投产运行。该工程由国网北京市电力公司建设，北京电力经济技术研究院有限公司设计，北京电力工程有限公司施工，北京吉北电力工程咨询有限公司监理。

【潞苑一路、潞苑中一街道路等工程开工】 9月，潞苑一路（潞苑中街—潞苑二街）道路、给排水、热力、燃气工程，潞苑中一街（潞苑西路—潞苑一路）道路、给排水、燃气工程顺利开工建设。

【文旅区后场西路等4条综合管廊工程竣工】 10月12日，后场西路（云瑞南街—万盛南街）、九棵树中路（云瑞南街—万盛南街）、曹园东路（曹园南一街—萧太后河北街）、日新路（云瑞南街—万盛南街）综合管廊工程顺利通过竣工验收。

【电投工业互联网数据安全信息港开工】 11月，电投工业互联网数据安全信息港（永开110KV变电站、消防泵房及生产辅助用房、围墙）正式开工建设。工程位于通州区永乐经济开发区，工程规模为3614平方米，建成投用后将为永乐经济开发区地域提供供配电服务。由北京电投泰利数据科技发展有限公司建设，北京电力经济技术研究院有限公司设计，北京建工路桥集团有限公司施工，北京环乔工程咨询有限公司监理。

【台湖人民法庭新建工程竣工】 10月17日，台湖人民法庭新建工程（一期民事法庭）完成竣工验收。项目位于通州区台湖镇镇政府东侧，东邻规划台湖五号路，南邻台湖政府大街，西邻台湖学政路，北邻其他建设用地。总建筑规模4573.64平方米，其中地上建筑面积4409.84平方米、地下建筑面积163.80平方米（地上四层，地下一层）。该项目由北京市通州区人民法院建设，北京市城乡建筑设计院有限公司设计，北京建工远大建设工程有限公司施工，北京市潞运建设工程监理服务中心监理。

（朱笛）

【京唐城际铁路工程】 京唐城际铁路通州段长9.22千米，占地面积807.22亩，沿线涉及宋庄镇、西集、潞城镇，2022年底正式通车运营。

【东六环改造工程】 东六环改造工程南起京哈高速，向北至终点潞苑北大街，道路全长约16千米，主体工程2019年11月30日开工建设，截至2022年底，沿线集体土地拆迁工作基本完成，施工单位全线进场施工，临河里街道已启动国有土地拆迁。

【通马路工程】 通马路工程北起京哈高速公路，南至京津高速公路，全长约6千米，占地面积898.34亩，其中梨园镇占地面积58.38亩、建筑物占地面积1.34亩；台湖镇占地面积839.96亩、建筑物占地面积136.7亩。工程集体土地共涉及产权人10户，截至年底已签约8户，部分场地具备进场施工条件；台湖镇、梨园镇涉及的苗木全部移伐完毕，达到整体进场率的83%。

【副中心交通枢纽工程】 副中心交通枢纽工程东至东六环外路县故城遗址区，北起京哈南侧路，南至杨坨中路、杨坨一街区域，西至大运河，总用地规模约61公顷。工程建成后可使车站、城际铁路、轨道交通与城市功能有机融合，打造站城一体、产城融合的北京新门户。截至年底，工程已完成拆迁工作。

【东夏园交通枢纽工程】 东夏园交通枢纽工程位于通州区潞城镇，建设内容包括枢纽主体、两条道路及一处连接廊道，占地面积74亩。截至年底，施工单位已全面进场施工。

【轨道交通22号线（平谷线）工程】 轨道交通22号线（平谷线）工程为京津冀首条区域快线，全线长81千米，通州区段长15.6千米，共设6座车站，沿线主要涉及永顺镇、潞城镇、通运街道、潞源街道、新华街道。截至年底，该工程拆迁工作已基本完成。

（于海波）

城乡管理

城市综合管理

【概　况】 2022年，通州区城市管理委员会（简称区城管委）在全市创新试点桶前值守环境维护岗并推广至721名，试点安装无人值守摄像头170余组，实现示范创建全区覆盖；完成20条道路共计28.6千米架空线入地，张采路架空线入地经验做法被市城管委予以全市推广；完成“三庙一塔”［文庙（儒家学府，又称学宫）、紫清宫（俗称红孩儿庙）、燃灯塔及其附建的佑胜教寺］景观照明工程和有路无灯20条道路改造，在央视黄金时间的《航拍中国第四季——北京篇》中，向全国完美展映“一枝塔影认通州”的新时代城市画卷；完成6条主次干路达标修复和42条微循环道路改造建设，实现北运河东滨河路开通，市民出行更加便捷；完成49家停车场有偿错时共享，有效解决朗芳园、后北营、玉桥北里小区停车难问题；通州北500千伏、草厂220千伏、北关西路10千伏电力工程实现投产运行，形成副中心“一南一北”两座500千伏、多座110千伏变电站支撑的供电新格局；通州区再生能源发电厂项目获评国家AAA级生活垃圾焚烧厂。

【垃圾分类】 2022年，区城管委动员6639名普法监督员、721名环境维护岗、志愿者等值守力量，做好非涉封（管）控区域内桶前值守引导工作；建立试点小区，创新桶站视频监控精细化管理机制，安装2000余组摄像头，坚持“定时定点＋桶前值守”模式，促进“将压力传导到居民，激励传导到居民”的“双到达”机制形成；坚持以每两周覆盖全区30%开展日常检查，共检查2825个小区，发现问题7万个，均已落实整改；开展三轮城管执法进社区工作，立案8051起，处罚8032起，罚款112.9万元；依托区级生活垃圾精细化管理平台，线上登记非居民厨余垃圾运输单位23家、非居民厨余垃圾收运车辆40台，安装非居民厨余垃圾桶上身份识别标签2809个，通过微信小程序“潞晓分非居民端”线上注册非居民产废单位3864家，推进源头减量。以“党旗飘扬副中心”活动为依托，动员通州区6万余名党员参与桶前值守、入户回访。3万余名社会志愿者开展社区“微创投”公益活动，组织旧物交易、工艺制作变废为宝、居家妙招培训等促进源头减量；编制两版中小学高低年级垃圾分类教科书，纳入学校德育教育体系，以“小手拉大手”方式带动居民自主分类。

【示范片区建设】 2022年，通州区垃圾分类市级示范片区建设实现全覆盖，22个街道乡镇通过市级验收，合格率100%。同时聚焦“七个基本百分之百”（本单位人员生活垃圾分类知晓率基本达到100%，参与率基本达到100%，分类收运合同签订规范化率基本达到100%，非居民厨余垃圾计量收费覆盖率基本达到100%，分类容器设置达标率基本达到100%，各品类垃圾准确投放率基本达到100%，厨余垃圾纯净度基本达到100%）标准，创建24座示范商务楼宇、258家示范单位，127个市级示范小区（村）、63个区级示范小区（村），发挥示范引领作用。

【通州区再生能源发电厂项目获评国家AAA级生活垃圾焚烧厂】 10月14日，中国城市环境卫生协会组织专家到绿色动力通州项目开展国家AAA级生活垃圾焚烧厂无害化等级评定现场考核与评价。经评议，通州区再生能源发电厂项目正式获评国家AAA级生活垃圾焚烧厂。

【扫雪铲冰】 2022—2023年度共下发降雪预警3次，开展扫雪铲冰作业。

▲　2月9日，多功能除雪车在运河东大街进行扫雪铲冰作业

（区城管委提供）

出动人员2.5万人次，融雪车、清扫车等作业车辆939台次，撒布机等小型作业机械513台次，使用液态融雪剂2151吨、固态融雪剂885吨，并开展雪后恢复作业，清理积雪残冰，确保市民出行安全。

【道路清扫保洁】 通州区155平方千米范围道路501条，道路面积1358.29万平方米，可上大型机械作业道路193条，已开展大型机械作业面积767万平方米，机械作业率达100%。2022年，区城管委共出动人员113.6万人次、作业车辆1.2万车次，检测尘土残存量道路1258条，每月将检测排名于《北京城市副中心报》上公开，城市道路洁净度总体良好；751平方千米范围各乡镇清扫保洁道路637条，保洁面积1259.5万平方米，采取提高保洁频次、关注重点区域等措施提升作业力量。各类机械作业车辆164台，作业人员1571名。

【过境高速两侧环境整治】 2022年，区城管委利用卫星遥感技术手段对京哈、通燕等7条过境高速两侧沿线200米范围内的现状，按照属地、地块种类、问题类型等进行编号排序，编制基础管理台账，梳理问题点位336处，下发涉及属地进行整改，年内全部整改完成。

【北京冬奥会、冬残奥会城市运行和环境保障】 2022年，区城管委在行政办公区、文化旅游区、城市副中心155平方千米区域、街巷胡同等可视范围内开展两个“百日整治”活动，开展联合执法检查2092次、集中整治1858次，治理乱点538处；完成4批北京冬奥会、冬残奥环境秩序问题台账48处，完成市北京冬奥会、冬残奥会环境秩序部日常检查，发现问题3处。

【非法小广告集中整治专项行动】 2022年，通州区22个街道乡镇及环卫作业单位共出动1.7万人次、2186车次排查非法散发、张贴小广告1.2万起，整治小广告1.7万处，清洗小广告3.5万张。移送停机非法小广告16个，立案101起，罚款2.76万元，有效净化视觉环境。

【城乡综合环境治理】 2022年，区城管委完成市级下发点位整治1280处、区级自查点位整治1.7万处。同时，综合运用文明城区常态化创建智慧管理平台、卫星遥感和日常巡查，持续开展创城、创卫、铁路沿线、轨道交通沿线及出入口周边环境整治，建立长效管理机制，不断夯实巩固整治成效。

【大成街获评2022年十大“北京最美街巷”】 2022年，通州区大成街获评2022年十大“北京最美街巷”。大成街位于通州区西北部，东起北大街，西至西塔胡同，以其西部北侧建有文庙，故名。结合“三庙一塔”片区历史空间格局、历史文化风貌需求进行整治提升。截至年底，通州老城范围内168条街巷全部实现整洁有序。

【北京环球度假区周边环境综合提升工程】 2022年，区城管委完成北京环球度假区周边环境综合提升。该项目以万盛南街为重点的“四横四纵”主要道路网沿线区域进行系统提升改造，是通往北京环球度假区主要道路的周边区域。提升面积19.6万平方米，完成粉饰和改造建筑立面5.7万平方米，修整步道及店前铺装5.1万平方米，绿化景观种植补植9万平方米，更新改造围墙围栏4570延米，新建及完善照明设施5367套，改造给排水地下管线1.7万延米，增设果皮箱140个、挡车桩178个、休憩座椅48处。此次环境综合整治提升后，绿化景观层次有序、四季可赏，艺术造型新颖别致、画龙点睛，有效提升北京环球度假区周边环境。

【土桥中路至萧太后河段景观提升工程】 2022年，区城管委完成土桥中路至萧太后河段公共空间景观提升工程。完成冲孔围挡板安装386.4平方米、围墙真石漆235平方米、石笼挡墙154.8延米、装饰景墙142.2延米、透视围栏1064延米、座椅30套，苗木种植528棵；项目实施后，土桥中路至萧太后河段长度约3千米道路沿线两侧的围墙围栏整洁美观、风格协调；绿化景观层次有序、路面规范平整；公服设施完整有序。

【通州北500千伏输变电工程投产送电】 2022年，通州北500千伏输变电工程正式投产送电，新建主变容量2400兆伏安、500千伏铁塔5基、线路2.6千米，建设投资6.6亿元，成为副中心北部重要的电源支撑，极大优化了通州地区电网网架结构，促进北京东部地区“绿电”消纳，为实现“双碳”目标发挥积极作用。

【道路交通附属设施维护养护】 2022年，区城管委维修更换“老破旧、落规范”标识牌605块；完成运河东大街、滨河路、内环路、土桥中街等道路粉刷护栏60千米；修复、更换阻车桩3711根，增设阻车桩751根；完成梨园南街、玉桥西路、六环西侧路等主次干道标线复画21万平方米；设置“礼让行人”热熔字符651处；规范新增交通标志牌203块；增设2处

▲ 9月7日，通州北500千伏输变电工程

（区城管委提供）

多元化智能斑马线和32处太阳能闪光道钉；新建65处路口130套太阳能闪光警示灯及配套警示牌；学校、医院周边震荡减速标线及黄色禁停网格线施划27处；在20条城市道路弯道复划视觉“鱼骨”减速标线6600平方米。

【完成有偿错时共享停车49处】 2022年，区城管委依托停车设施信息登记及停车诱导系统等方面动静态数据，结合市民停车时空错峰这一“潮汐”特性，盘活闲置资源，从而实现停车位资源的最大化利用。年内新增49家有偿错时共享停车场，提供1105个车位。

【路侧停车电子收费项目】 通州区路侧停车电子收费项目涉及37条道路3659个泊位。2022年，服务车次597.3万次、服务车辆211.6万辆；组织停车管理员通过随手拍小程序上传车辆违停线索1.8万条，为新能源车主提供充电服务3.8万次，极大缓解了部分居住小区充电设施不足的难题。

【强化共享单车行业监管】 2022年，新增施划、复划共享单车“电子围栏”2026处；施划非机动车位1323处共计4.82万平方米、标识3887个；加强共享单车乱停乱放、未入栏和违规投放的监督检查，移交区交通局涉嫌违法情况190次。

【打造共享单车停放示范区】 2022年，区城管委在新华北路、新华东街、玉带河东街、赵登禹大街、故城东路以及通盛北路6条道路打造共享单车停放示范点，可停放共享单车7500辆。将共享单车停放区施划线从单一的白色涂料，提升为用花岗岩石材砖铺设，并镶嵌“自行车停放区”文字标识，引导市民有序停放自行车，避免乱停乱放现象，解决市民出行“最后一千米”难题。

【6条道路达标修复】 2022年，区城管委完成新华北路、新华东街、玉带河东街、故城东路、赵登禹大街、通盛北路6条道路病害修复工程，实施内容含道路工程、交通工程两个部分，对现况道路出现的线裂、网裂、坑槽等病害进行处理，包括井周加固、雨水口修复、路面铣刨加铺、交通标线施划等工序，修复完成后恢复道路交通服务水平。

▲ 9月23日，副中心赏秋点位——六环西侧路

（区城管委提供）

【完成“副中心赏秋”点位布置】 10月至11月初，是北京观赏秋叶的最佳时期，为给副中心市民提供更多的观秋赏叶景点，区城管委联合区园林绿化局等部门，打造出“三横、两纵、一点位”〔三横，即潞苑北大街［宋庄公园、陈列馆路交叉口区段（含刘庄公园）、运潮减河南岸、京哈高速两侧景观带；两纵，即六环西侧路、通济路；一点位为广渠路景观绿地部分区域，共计6处打卡地〕的空间布局景观道，为市民赏秋、赏叶提供6处美丽、安全、有序的打卡地。“副中心赏秋”活动获得《北京日报》、北京新闻两个市级媒体报道。

【重大节日、重大活动景观布置】 2022年，区城管委完成通济路、芙蓉路、运河东大街等重点道路安装灯笼1.1万个；完成新华大街、通胡路、芙蓉东路、故城东路等11条道路5702个花箱的花卉更换，打造城市副中心靓丽的风景线；在运河东大街和清风路交叉口、运河文化广场、通州文化馆等点位设置吉祥物、冬奥标识、双奥迎春、冰雪同庆景观小品5处；在通胡大街、通济路、运河东大街设置冬奥会灯杆道旗245组，运通隧道出入口设置冬奥元素彩绘2处，社区、村步道落地式宣传栏设置宣传画面9500幅。

【城市副中心公共服务设施二维码全覆盖】 2022年，区城管委完成199条道路8196个公共服务设施二维码铭牌安装，解决155平方千米范围内公共服务设施无身份、无标识、市民投诉无主的问题，实现城市副中心155平方千米范围内的公共服务设施二维码全覆盖。

【强化市政照明设施巡查检修】 2022年，区城管委负责维护和管理共228条道路49个小区及街巷城市照明设施，涉及路灯1.8万基3.9万盏、8座桥梁、2座过街天桥、76个景观楼体、241台箱/杆变电箱、222个中国结及330台远程控制设备。全年出动车辆6413车次、人员1.6万人次对照明设施进行维修，共巡检道路5918条次，总计1.34万千米。维修路灯5131盏、电缆759处、景观灯1958盏，加固灯具570处，保证城市照明设施的平稳运行。

【“三庙一塔”景观亮化工程】 2022年，“三庙一塔”景观亮化提升工程共安装敷设电线电缆9300米、线性洗墙灯及地埋灯361套、瓦楞投光灯5320套、景观灯6套、碑文投影灯2套。点亮棂星门、泮桥、戟门、大成殿等建筑，通过光的浓淡明暗表现古建筑群的节奏感、韵律感，以市民喜闻乐见的方式让历史文化在新时代“活”起来，展现“一支塔影认通州”的新时代城市画卷。

（张谷川）

▲ “三庙一塔”夜景亮化

（区城管委提供）

接诉即办

【概　况】 2022年，通州区发挥“1+3+N”（“1+3”，即区委、区政府主要领导亲自调度抓“力度”，区委副书记、组织部部长和主管副区长三位区领导共同抓“进度”；“N”，即区委、人大、政府、政协所有联系街乡镇、主管行业的区级领导抓“准度”）高位统筹作用，推动接诉即办工作高效开展。全年接收市中心派发工单50.82万件，响应率99.66%，解决率93.78%，满意率94.70%，综合成绩95.17分，在全市十六区综合排名第8名。诉求类型主要集中在疫情防控、住房、城乡建设、农村管理、物业管理等方面。

【运行机制】 2022年，通州区城市管理指挥中心（简称区城指中心）牵头制定出台《通州区关于进一步深化接诉即办工作的实施办法》，明确11项工作机制，量化20项工作目标，细化41项任务清单，体现压实责任、提升效果、未诉先办、协商共治4个核心特点，以此指导全区接诉即办工作。见面率由年初的22%提升至65%；建立2593类事项派单目录，实现精准派单；发挥微调度以及工单审议协调机制作用，解决权属争议问题；编制《疫情政策答复群众范本》，统一规范答复口径；绘制接诉即办工作流程图，理顺工作流程；创新接诉即办大数据画像，精准定位各承办单位薄弱环节，实现靶向提升。区城指中心全年形成日报（365期）、周报（52期）、月报（12期）、年报（1期），全面反映全区接诉即办工作情况。

【奖惩机制】 2022年，通州区以区两办名义印发《通州区“接诉即办”工作奖惩激励措施和责任追究办法》，将接诉即办考核结果应用于干部管理和绩效管理工作，作为人事调整和单位考核的重要参考，区纪委监委定期掌握全区涉及违纪违规以及纳入市级考核“双否”（指市民诉求市级回访为“未解决且不满意”工单）工单，压实各单位诉求办理责任，切实解决群众“急难愁盼”问题。2022年通州区奖励优秀街道乡镇15个、满分社区村614个、无诉求社区村212个，下发奖励资金5600万元，推动400余项难点问题解决。

【《北京市接诉即办工作条例》宣传贯彻】 2022年，通州区建立完善《北京市接诉即办工作条例》（以下简称《条例》）配套制度192个，各单位各部门开展《条例》专题学习，累计培训3000余人，发放《条例》单行本、宣传册1000余套，在市、区两级主流媒体发布《条例》相关信息50余条，有效提高接诉即办工作人员对《条例》的掌握度和居民群众对《条例》的知晓度。同时区政府形成关于《条例》落实情况报告，配合区人大常委会完成《条例》执法检查工作，对照问题清单，逐项推动整改。另外将《条例》纳入全区各级领导干部以及社区工作人员培训体系，确保《条例》在全区落地落实。

【每月一题】 2022年，在通州区接诉即办改革专项小组的统筹推动下，结合市级“每月一题”清单，将消防安全、违法运营、劳动保障、环球影城、违法建设5个问题，确定为2022年通州区要解决推进的区级专项，制定《通州区“17+5”重点民生项目清单》，并明确牵头部门。实施阶段通过接诉即办改革专项小组会提级调度“每月一题”难点问题，确保“每月一题”做细做实。全年取得111项工作成果，办理9个历史遗留项目2597个房产证，老旧小区加装电梯60部，建设电动自行车充电桩30740个，解决欠薪3166万元等。

【治理类乡镇退出】 2022年，通州区制定治理类乡镇整治提升退出方案，清单化管理，项目化推进，主动吸附诉求，促进治理类乡镇“降量、提率、排名提升”。对标市级退出标准，潞城镇“连续12个月未进入接诉量全市街乡镇前10名”；永顺镇年度万人诉求比低于全市常住人口10万人以上街乡镇平均值，潞城镇、永顺镇于11月正式实现退出治理类目标。

【主动治理专项行动】 2022年，通州区通过开展主动治理专项行动，有效吸附诉求，推动诉求降量，提高群众获得感。开展敲门问暖专项行动，入户走访2709户，农村区域煤改清洁能源相关诉求量同比下降25%。梳理3646件房屋滴漏相关诉求，开展专项整治行动，有效推动房屋滴漏问题解决。两节期间开展“主动上门、入户问需”专项行动，累计入户1.8万余户，收集群众诉求及建议2000余个，形成1574条诉求问题台账，解决900条，全区春节期间诉求同比减少500余件。

【“热线+”工作模式】 2022年，通州区深入推进“热线+网格”工作模式，发挥区级网格巡查员队伍作用，对高频诉求、高频点位开展专项巡查，

▲ 3月31日，区城指中心、区检察院共同举行“能动履职 服务发展”暨12345市民服务热线 12309检察服务热线联通启动仪式

（区城指中心提供）

▲ 通州区城市管理指挥平台

（区城指中心提供）

累计巡查11625人次，主动发现问题27269件，实地解决21656件。建立“热线+创城”模式，累计办理创城相关诉求12739件。建立“热线+检察”模式，设立“市民热线检察联动工作室”，完成违法类诉求办理3596件，全面压实承办单位主体责任，提升诉求办理实效。

【优秀经验】 2022年，全区各单位在开展接诉即办工作过程中形成各具特色的经验做法，文景街道运用“246”（针对辖区施工扰民类工单，文景街道综合执法队形成“246”诉求处置办法，“2”指双办理模式，即专案专办、普案速办。“4”指四项治理宗旨，即未诉先办、主动治理，闻风而动、源头治理，协调联动、多元治理，总结提炼、精细治理。“6”指六必须、六禁止、六步走工作原则。六必须即必须站位高远、以民为本；必须细致沟通，追踪溯源；必须时刻准备、迅速到位；必须多方调查、耐心询问；必须稳妥处置、及时回复；必须依法依规、真情实意。六禁止即禁止思想懒散、行为懈怠，禁止拒绝沟通、缺乏耐心，禁止态度消极、语气生硬，禁止趾高气扬、强势压人，禁止毫无准备、敷衍了事，禁止事过无声、缺乏回复。六步走即第一步，接收工单，分析诉求，研判归类；第二步，首次沟通，核实情况，确认诉求；第三步，准备资料，实地调查，分析因果；第四步，多方沟通，综合判断，做出处置；第五步，二次联系，耐心周到，回复结果；第六步，汇总结案，填表上报，反思回顾）诉求处置办法。于家务乡创新“于府院”诉源治理、未诉先办机制，张家湾镇建立“一核多元共治”工作机制，区住建委建立“专家库”线上+线下问诊机制等。通州区典型案例被北京市《市民热线日报》采纳52篇，全市第一，获得市政务服务管理局颁发的“我为群众办实事”实践案例选编工作优秀组织奖。通州区组织开展“走基层、践初心”接诉即办经验交流活动，面对面分享优秀经验做法，累计参与活动2000余人，做到了22个街道乡镇全覆盖，有效提升全区接诉即办工作水平。

（张卫国）

城市管理指挥平台

【概　况】 2022年，根据《北京城市副中心控制性详细规划（街区层面）（2016年—2035年）》提出的“建设世界智慧城市典范”要求，通州区城市管理委于2018年启动通州区信号灯升级改造项目，随项目同步建设智能交通信号控制系统，同时推动管委内部信息化系统整合，持续驱动城市管理指挥平台成长。2020年9月启动北京城市副中心三维地图服务系统和通州区城市管理指挥平台建设项目。截至2022年底，全区基本完成数字基础底座的搭建，通州区城市管理指挥平台整合实现13个子模块的可视化建设，实现全区交通信号、交通违法、路侧停车、停车诱导、“热线+网格”地下管线和环境卫生等数据汇聚和可视化展示，构建全系统、全数据、地上地下的三维可视化和一张图展示。

【实现地上地下一张图展示】 2022年，通州区通过对地上交通的智慧建设和算法优化持续打造“智慧安全、和谐顺畅”的交通环境，通过对地下管线的全境普查和数字化管控实时掌握城市生命线，在啃动地上交通和地下管线“两大难”“硬骨头”基础上，城市管理指挥平台已实现地上地下一张图展示的既定目标，为赋能城市智慧化、科学化治理奠定坚实基础。通州区城市管理指挥平台在整合区城市管理委13个业务系统基础上，将城市管理领域和交通领域的监控设备进行统一汇聚，在全市率先实现全区交通信号灯的联网联控和智慧化升级，同时率先实现交通违法事件的汇聚和专网上传。作为北京市首个实现地下管线全覆盖的区，通州区全面实现基于国产地理信息平台的地下管线三维化，同时首次将AR增强现实技术应用于地下管线行业，创新性地将真实环境与地下管线三维数据相结合，实现地下管线应用的“透视眼”，为道路施工、应急抢险等工作提供更加快捷、精准的服务。

（张義）

网格化管理

【概　况】 通州区将解决城市管理类的事件、部件问题作为主抓手，对比“12345”热线的高频诉求、高发点位，早发现、早介入、早整改。通过主动巡查、定期维保、动态更新等措施，2022年，通州区网格化平台系统有效立案城市管理类案件42.03万件，结案41.6万件，结案率98.98%。上报主要案件类型为市容环境类、道路交通类、公共设施类。

【健全体制】 2022年，通州区进一步加快基层治理体系现代化建设步伐，大力提升城市管理精细化水平，按照区政府常务会“关于健全完善网格化管理工作体制机制”要求，城指中心起草《关于进一步推进通州区网格化管理工作的实施方案》并分项明确重点任务，已通过区委常委会、区政府常务会审议，拟以区两办名义印发，全面指导各属地网格化管理工作。

【网格划分】 2022年，通州区进一步织密加细单元网格，在全区范围内开展城市管理网格细化调整更新工作，突出精准化、精密化、精细化，全区网格从1844增加至2401个，逐步推动各类管理要素、各行业部门相关职能纳入城市管理基础网格，将党建、政法、应急、城管、民政、信访纳入全区“一张网”，为提升城市治理精细化管理水平奠定基础支撑。

【业务融合】 通州区充分利用区级网格监督力量带动各属地定期开展季节性、阶段性及重点事项的专项巡查，集中发现并治理群众聚焦热线、难点问题，并将巡查过程中提出的相关整改建议，编制成专项巡查报告。2022年共开展冬季气候专项、无障碍设施专项、春季季节性专项、道路安全专项、汛期安全专项等14次专项巡查，上报处置问题2万余件。同时，为进一步实现主动治理、未诉先办，助推城市副中心基层治理水平提升，启动“创城＋热线＋网格”联动互促工作，努力实现文明城区创建、接诉即办工作与网格化城市管理工作的“优势互补、相互促进、整体联动、共同提高”。2022年，结合创城及市民热线高频问题、高频点位，梳理出200余个问题点位，并督促涉及街道乡镇对问题点位加强巡查，发现问题及时上报、及时处置，不断提升城市精细化治理成效。

（张鑫滢）

城管执法

【概　况】 2022年，通州区城市管理综合行政执法局（简称区城管执法局）坚持“疫情要防住、经济要稳住、发展要安全”总要求，坚持“规范、精准、高效”的工作标准，承担疫情常态管控和环境秩序治理双重任务，城乡环境秩序水平迈上新台阶，全区城管执法系统处罚各类违法问题21973起，罚款2770.2万元。

【“三类场所”疫情防控】 2022年，全区城管执法系统检查“三类场所”[商务楼宇（含办公楼和写字楼）、商场（含超市）和餐馆（含内部食堂）]7.5万余次，解决问题7541起，对1533家存在问题主体单位予以公示处理。区城管执法局协调督办市领导批示马驹桥违规开放堂食问题1件，按照“一案一会商”（指在执法实践中，对重大疑难敏感案件，各单位可以按照“一案一会商”原则，及时与同级卫生健康部门会商案情、确定办理意见，确保案件稳妥处置）原则，协同区卫健委等部门，对绿地中央城二期存在的集中空调通风系统卫生维护管理档案内容不全问题进行处理，给予罚款5000元。

【占道经营专项整治】 2022年，区城管执法局督促各街道乡镇综合执法

▲ 网格员在日常巡查中发现城市管理类问题

（区城指中心提供）

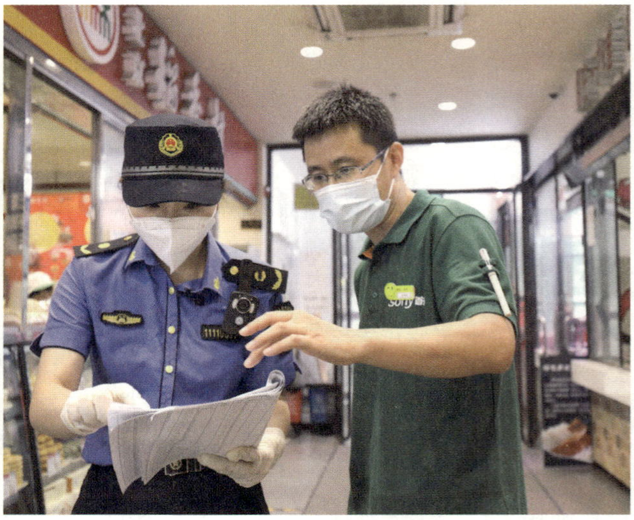

▲ 8月18日，城管执法队员对“三类场所”疫情防控检查

（区城指中心提供）

队通过综合分析市民诉求数据，建立诉求高发点位台账；通过大数据动态监测整治效果，依托绩效考核，调度强化整治工作。全年，各街道乡镇基本实现占道经营“动态清零”；全区受理“12345”市民热线占道经营类诉求2377件，同比下降30.55%；立案处罚3035起，罚款89.43万元，分别上升60.55%、27.42%。

【大气污染综合治理】 2022年，向行业主管部门移交扬尘类违规线索2489条；处罚环保类违法行为6210起，罚款2527万余元。

【垃圾分类专项执法行动】 2022年，按照市、区统一部署，组织开展四轮生活垃圾分类专项执法检查行动。建立“城管执法进社区”专项行动六项机制，“1+N管理+执法”（1为垃圾分类管理责任方，N为具体管理部门或人员，执法为城管执法部门）多方责任履职机制（平台），受到市指挥部高度肯定，并在市新闻发布会推广宣传。全区城管执法系统录入生活垃圾分类投放检查单19863张；针对相关违法行为立案处罚10593起，罚款151.8万元。

【燃气安全专项整治】 2022年，区城管执法局以做好党的二十大期间城市运行“百日行动”为工作主线，以燃气及能源运行等领域重特大事故防范为工作重点，统筹指导全区城管执法系统持续开展燃气、地下管线、电力设施、供暖等专项执法检查，督促各类企业全面履行安全责任。全年，整改消除燃气安全隐患422个，处理35起，罚款19.05万元，暂扣气瓶140个；处理电力设施保护违法行为15起，罚款6.6万元。

【无违法建设区创建】 2022年，制定《通州区创建“基本无违法建设区”攻坚行动方案》，推进全区创建工作。保障书记专题会2次、区政府专题会4次、主管区长推进会45次，保障区领导实地调研25次，印发工作简报14期，组织全区业务培训4次，下发督办通知单14个，每日通报各乡镇工作进展。配合图斑审核专班开展图斑审核工作，完成1990年前5795条、三调宅基地范围内396196条图斑审核；调整130余万平方米限期整治类图斑分类；协调经开区为台马地区156万平方米待完善类图斑出具棚改、一级开发证明。全年，全区拆除违法建设350.52万平方米，腾退土地384.37公顷，分别完成市级任务的100.1%、101.2%，拆除销账量排名全市第四。

（于鹏）

交通管理

【概　况】 2022年，北京市公安局公安交通管理局通州交通支队（简称区交通支队）坚持“强化队伍建设、夯实交管基础、创建良好秩序”工作思路，聚焦“谋长远、整秩序、压事故、保平安”工作目标，持续提升交通管理主责主业意识，压紧压实各项工作责任，全力服务保障副中心发展建设各项目标任务落地落实。按照市公安局、市公安交通管理局工作部署，8月中旬，区交通支队与区公安分局开展“122”“110”两台合一工作，进一步整合创新警情管理工作机制。交通警情处置整合至分局指挥系统统一管理，路面警力统一调度，共同处置警情。通过整合创新，路面警情处置更加高效，警力效能发挥更加充分，达到预期效果。年内，区交通支队共接“122”各类警情79637次，同比减少1201次，下降1.97%。其中，事故报警38139起，同比下降3.49%，拥堵报警963次，同比下降37.91%。

【特勤警卫】 2022年，区交通支队圆满完成北京冬奥会、冬残奥会，党的二十大安保和市级机构出行交通保障任务。保障北京冬奥会火炬传递、天津代表团抵离京等重点任务。年内，支队共完成特勤警卫任务805次，其中，一级9次、二级4次，三级710次，同比上升48%。

【秩序整治】 2022年，区交通支队持续强化路面管理，创建良好交通秩序，连续开展“冰锋·平安冬奥”“百日行动”“减量控大”等阶段性集中整治行动，瞄准酒后、涉牌、货车超载超员等严重违法问题，持续加大执法力度进行整治。年内，支队共查获各类交通违法行为208.9万余起，同比增长41.2%，其中现场执法28.4万起，同比增长1.7%；非现场执法180.5万起，同比增长50.4%。

【交通安全】 2022年，区交通支队以交通安全工作部门联席为牵动，明确各街道乡镇行政一把手主抓交通安全工作，建立政府牵头、齐抓共管的联席会工作机制。以区交安联办名义，制定下发包括隐患治理、源头监管、执法整治、宣传教育在内的4大项、60分项事故预防工作账单，将工作任

▲ 2月13日，交通支队民警在延庆支援北京冬奥会交通安保开展交通警卫工作

（区交通支队提供）

务逐项分解到各委办局和街道乡镇。制定《通州区交通安全治理集中攻坚专项行动方案》，组建区委副书记、区长孟景伟为组长的工作小组，成立工作专班和6个工作组，按照职责分工深入推进。年内共完成113千米道路升级完善，整改农村地区道路沿线村庄路口426处，更新安装标志638套（个），施划标线44011.26延米，安装道口标柱172根、反光道钉9处（段），安装爆闪灯173个、隔离护栏3850延米。

（梁林）

园林绿化

【概　况】 北京市通州区园林绿化局（简称区园林绿化局），挂北京市通州区园林绿化委员会办公室（简称区绿化办）牌子，负责通州区园林绿化相关工作，设5个内设机构、1个行政执法单位以及11个局属事业单位。2022年，区园林绿化局做好重大节假日游园管理，保障1189万人次顺畅游园；深化公园分级分类，发布公园名录，普及公园管理条例，提高居民文明游园意识；建立协作机制，与市公安局通州分局等六部门完善公园执法联动机制，不文明游园行为大幅减少。编制完成《潮白河国家森林公园概念规划》，开展前期研究。办理接诉即办工单1840件，年度成绩在政府部门服务类里排名第15名。

【创建国家森林城市】 11月2日，通州区被正式授予“国家森林城市”称号，成为北京市第一个获评“国家森林城市”的平原区。截至2022年底，通州区森林总面积45.83万亩，森林覆盖率33.78%；人均公园绿地面积18.75平方米，公园绿地500米服务半径覆盖率91.2%，城区绿化覆盖率50.95%。

【重大活动服务保障】 2022年，完成北京冬奥会、冬残奥会火炬传递路线周边和重点道路景观提升工作。保障国庆节、党的二十大等重要节点绿化景观效果，在新华大街、新华南北路交叉口、通济路等地摆放立体景观花坛2座、花卉容器200组、栽植花卉约8000平方米。

【国家AAAAA级旅游景区建设】 2022年，区园林绿化局组建北京（通州）大运河文化旅游景区管理中心，做好智慧景区、创建宣传、全套VI设计及相关产品制作、咨询服务及设备采购4个软件项目建设，景区北区试运行，并接受文化和旅游部初步检验。

【绿化建设】 2022年，区园林绿化局全面完成漫春园、玉春园、漪春园、万春园、通燕高速北侧绿地5处全龄友好化公园改造，打造“和园”等小微绿地3处。推进梨园主题公园、商务富锦公园进场施工。打通小中河、中坝河、运潮减河、大运河等164千米绿道断点。建成25处村头微型公园。创建花园式社区1个、花园式单位1个、森林村庄5个、森林城镇1个。推进工程实名制管理，加强工程质量监管和大气污染专项治理。

【义务植树】 2022年，区园林绿化局保障133名共和国部长参与首都义务植树尽责；开展“创新尽责形式 共建美丽通州”大型义务植树活动及各类义务植树尽责活动260余场，完成植树100万株，全区义务植树尽责率达90%以上。

【道路端头断带治理】 2022年，区园林绿化局完成东六环西侧路、京榆旧线、芙蓉东路、通胡大街、新华大街、京津公路等9条主要道路绿化端头、断带的花箱布置工作。共布置花箱4600个，种植月季约6.3万株。其中新华东西街布置常规花箱和异形花箱1100个，种植月季1.4万株。

【打造城市副中心首个碳循环公园】 2022年，区园林绿化局在西马庄公园引入绿色科技“碳循环技术”。所有植物养护均不施用化肥、农药，而是通过BECCUS技术，将园林废弃物如枯枝落叶等进行热处理后，形成植源生态肥反哺林地，有效捕捉城市二氧化碳等温室气体，增加植物生长蓄积量和林地碳储量，实现碳循环。

（李影）

▲ 高标准保障国庆节、党的二十大等重要节点绿化景观效果

（区园林绿化局提供）

▲ 4月2日，通州区开展2022年春季大型义务植树活动

（区园林绿化局提供）

通州区主要公园一览表

表 2

序号	公园名称	面积（公顷）	公园类别	公园等级	地址
1	城市绿心公园	683.00	综合公园	一级	北京市通州区京塘路与通怀路交叉口西北角
2	大运河森林公园	713.33	综合公园	一级	北京市通州区宋梁桥南 400 米
3	宋庄文化公园	58.72	综合公园	一级	北京市通州区潞苑北大街与潞邑东路交叉口西北角
4	永顺公园	21.68	综合公园	一级	北京市通州区永顺镇西马庄村
5	运潮减河公园	45.11	综合公园	一级	北京市通州区堡龙路北、耿庄桥以东（近武夷花园）
6	运河公园	368.00	综合公园	一级	北京市通州区芙蓉西路 9 号
7	商务富锦公园	24.08	综合公园	二级	北京市通州区温榆河左堤路（朝北 8080 附近）
8	六环西辅路带状公园	42.34	社区公园	一级	北京市通州区六环西辅路东侧
9	龙旺庄公园	3.70	社区公园	一级	北京市通州区潞苑东路与通燕高速辅路交叉口西北角
10	漫春园	1.49	社区公园	一级	北京市通州区果园环岛漫春园（葛布店南里西 100 米）
11	亲子园	7.94	社区公园	一级	北京市通州区武夷花园水仙园北侧
12	阿尔法社区公园	0.94	社区公园	二级	北京市通州区梨园镇梨园万盛北街小稿村
13	海子墙公园	2.40	社区公园	二级	北京市通州区马驹桥镇兴华中街与漷马路交叉口东南角
14	惠兰美居公园	3.72	社区公园	二级	北京市通州区朝阳北路与潞苑中路交叉口东北角
15	梨园南街带状公园	9.23	社区公园	二级	北京市通州区梨园南街（自滨河路至九周东路）
16	台湖镇体育休闲公园	7.52	社区公园	二级	北京市通州区台湖镇朱家垡村西北侧
17	新地家园城市森林公园	4.09	社区公园	二级	北京市通州区新地国际家园北侧
18	漪春园	0.57	社区公园	二级	北京市通州区运河西大街 141 号西侧
19	玉春园	2.31	社区公园	二级	北京市通州区运河西大街与玉桥中路交会口西南侧
20	漷县圣火公园	2.09	社区公园	四级	北京市通州区漷县镇人民政府南侧
21	梨园主题公园	7.51	专类公园	一级	北京市通州区八通轻轨临河里站南侧
22	西海子公园	23.44	专类公园	一级	北京市通州区西海子西路 10 号
23	张家湾公园	306.02	专类公园	一级	北京市通州区里二泗南路北 50 米
24	刘庄公园	27.09	专类公园	二级	北京市通州区潞苑北大街和潞苑东路交会处北
25	潞城药艺公园	149.40	专类公园	二级	北京市通州区潞城中路 3 号北侧
26	潞城党建公园	14.33	专类公园	二级	北京市通州区潞城中路与榆兴路交叉口东南角
27	八通线带状公园	21.81	游园	二级	北京市通州区八通线沿线（八里桥长桥园至土桥地铁站）

续表 2

序号	公园名称	面积（公顷）	公园类别	公园等级	地址
28	芙蓉路健身广场	0.59	游园	二级	北京市通州区芙蓉路和胡通大街交叉路口西北角
29	芙蓉路休闲广场	0.36	游园	二级	北京市通州区芙蓉路和胡通大街交叉路口东北角
30	国防广场口袋公园	0.29	游园	二级	北京市通州区黄桥胡同与吉祥路交叉口东北角
31	乐居园	0.86	游园	二级	北京市通州区新城乐居南区东侧（群芳南街至高楼巷段）
32	潞苑北大街带状公园	21.32	游园	二级	北京市通州区潞苑北大街南侧（陈列馆路至潞苑东路段）
33	绿韵园	3.72	游园	二级	北京市通州区华远铭悦园东侧
34	秋枫园	0.47	游园	二级	北京市通州区京榆旧线与潞苑中路交叉口东北角
35	三角地公园	0.73	游园	二级	北京市通州区九棵树东路 92 号东侧
36	通广嘉园口袋公园	1.92	游园	二级	北京市通州区通广嘉园小区西北门对面
37	通燕高速带状公园	15.55	游园	二级	北京市通州区 K2 清水湾小区南侧，通燕高速北侧
38	万春园	0.79	游园	二级	北京市通州区玉桥中路与运河西大街交叉口西北角
39	西营前街口袋公园	0.26	游园	二级	北京市通州区玉带河东街与玉桥西路交会处附近西南
40	杨坨城市森林	3.84	游园	二级	北京市通州区玉带河大街与紫运中路交叉口东南角
41	杨庄公园	3.52	游园	二级	北京市通州区通朝北小街与五里店西路交叉路口往北约 130 米
42	政府大街广场公园	0.77	游园	二级	北京市通州区云景东路与云景南大街交叉口西南角
43	八里桥城市森林	8.51	游园	三级	北京市通州区永顺镇永顺村京通高速西马庄收费站出口南侧
44	萧太后河公园	2.61	游园	三级	北京市通州区张采路与张台路交叉口西北角
45	永乐文化广场公园	6.41	游园	三级	北京市通州区永乐店镇镇政府对面
46	同心公园	0.18	游园	四级	北京市通州区车站路 43 号
47	东郊森林公园	1252.91	生态公园	一级	北京市通州区宋庄镇草尹路小中河桥西 800 米
48	台湖公园	150.00	生态公园	一级	北京市通州区台湖镇九周路与张台路交叉口西南角
49	永乐生态公园	37.62	生态公园	三级	北京市通州区永乐店镇永乐南二街 4 号南侧
50	上营柳树林公园	6.57	生态公园	四级	北京市通州区滨河中路与梨园南街交叉路口西北角
51	宋庄镇奥运森林公园	12.95	生态公园	四级	北京市通州区宋庄镇创业园路与葛渠路交叉口东南角

水 务

【概　况】　2022年，区水务局完成固定资产投资78719万元，其中建安投资52180万元。全年生产生活用水量2.02亿立方米，全区污水处理量1.47亿吨。全年处理污泥11.56万吨。5个国家、3个北京市考核断面水质均值达Ⅳ类及以上，考核断面水质全部达标，北运河京冀段62千米实现旅游通航。海绵城市建设达标比例达到37.8%。水旱灾害防御能力持续增强，全年降水量534.8毫米，成功应对汛期四次极端降雨天气，安全度汛。

【水务规划】　2022年，区水务局编制完成通州区港沟河、小中河、中坝河、坝河、小场沟等13条河流的《通州区水生态空间管控规划》，编制完成《宋庄镇水务控制要素规划》报审稿。

【水质监测】　2022年，区水务局在主要河流、沟渠设置19个地表水断面和25个生态补水地下水站点，进行地表水采样监测。完成通州区地下水水质综合分析研究项目全区抽水试验工作，在11个乡镇22眼水源井（11个农业井、11个生活井）进行抽水试验，掌握全区农业井、生活井主要取水层位出水能力和水质情况，为水源井施工提供基础资料，实现地下水资源科学管理。

【水政执法】　2022年，区水务局组织开展排水与水环境等6个专项执法行动，开展执法检查2213次，罚款71.35万元。

【水资源管理】　2022年，区水务局在全国取用水管理专项整治信息系统平台完成登记取水项目1311个、取水口10251个。开展非农户取水问题治理工作，完成机井填埋99眼。加快推进计量设施安装，完成8788眼水井取水户水量扫码填报工作，全区水量汇聚率达到83.72%。

【供水管理】　2022年，市自来水集团通州分公司供水总量6559.81万立方米，乡镇地区供水总量7851.75万立方米。完成李庄佳苑小区、西潞苑小区、召里村安置房项目、新潮嘉园小区一期、华龙小区社区服务中心5个单位自备井置换工程。完成40个村庄供水管线改造工程，铺设供水管线481千米，完成161个村庄饮用水水质提升工程。

【节水管理】　2022年，生产生活用水量2.02亿立方米。严格执行单月预警双月考核制度，发出预警通知单1283户次，发放超定额用水加价通知单299户次。全年换装节水型花洒8800套，创建节水型村庄5个，创建节水型单位53家，复验节水型单位62家，督促安装远程水表80套。

【水利工程建设与管理】　2022年，区水务局完成通州区港沟河治理工程、翟减沟综合治理工程、通州区两河水网减运沟综合治理工程河道治理14千米。通州区河东资源循环利用中心一期工程主体结构完成，工程进度完成95%。北京市通州区碧水污水处理厂地面景观工程完成管理用房、绿化种植、湿地水景、园路、文化墙及彩虹瀑布等建设内容，工程进度完成97%。在平港沟桩号3+400处开始首个界桩安装工作，明确河道和水利工程的管理范围界线。

【水环境治理与水生态建设】　2022年，《通州区水环境系统治理提升实施意见》正式印发，明确全区未来五年水环境治理奋斗目标和主要任务。“清管行动”（清理雨水、污水管线）完成695.9千米雨水管涵干支线、537千米雨污合流管涵、43957处雨水口（雨箅子）、18834处检查井、218处入河口排水设施的清掏治理工作。完成37个生产建设项目水土保持设施竣工验收，涉及水土保持总投资33683.93万元。全区污水处理量14718.89万吨，污水处理率94.53%，全年处理污泥115570.95吨。再生水输配量（泵送）1337.93万立方米，新建再生水管线5.17千米。通州区美丽乡村污水治理工程完成40个村的污水治理工作，完成205.87千米污水管线建设。5个国家、3个北京市考核断面水质均值达Ⅳ类及以上，考核断面水质全部达标。城市副中心行政办公区再生水管网智能化管控系统平台建设项目6月8日通过验收并进入试运行阶段，将再生水厂泵房数据、23块远传水表数据以及管网上4个压力监测点、4个水质监测点、2个流量监测点、179个阀门状态等数据实时采集至平台，辅助运维

▲　10月27日，通州区碧水污水处理厂地面景观工程（区水务局提供）

▲　6月8日，城市副中心行政办公区再生水管网智能化管控系统平台建设项目通过验收并进入试运行阶段（区水务局提供）

人员运行调度。

【水旱灾害防御】 2022年，降水量534.8毫米，其中汛期降水量524.9毫米。汛期出现四场极端降雨天气，6月12—13日全区平均降雨量41.2毫米，最大降雨点宋庄镇通顺马场站139.9毫米；7月2—3日全区平均降水量80.2毫米，最大降雨点张家湾三间房村站156.3毫米；7月27—28日全区平均降水量56.2毫米，最大降雨点永顺公园134.6毫米；8月6日全区平均降雨23.4毫米，最大降雨点漷县镇益丰源供水厂（马头村）115.2毫米。

【河长制工作】 2022年，乡镇街道级河长巡河率100%，村级河长巡河率99.9%。区级河长督导检查27次，长度61.4千米；乡镇街道级河长巡视检查2472次，长度5929.9千米；村级河长巡视河道44438次，长度111064.8千米。小微水体458处全部完成整治，督导各乡镇及河道管护单位整改小微水体问题321处，督导各街道乡镇及河道管护单位整改水环境问题4578处。完成对宋庄镇港北村潮白河滩地内24.4万立方米渣土的清理工作。

【海绵城市建设】 2022年，编制《北京城市副中心海绵城市建设实施方案（2023—2025年）》，明确3年建设实施方案。年内副中心建成区面积71.78平方千米，海绵城市达标面积27.18平方千米，达标比例37.87%。2022年区海绵办出具方案审查意见、施工图审查意见、巡检意见和验收意见92份。《北京城市副中心海绵城市系统化建设关键技术研究与应用》项目，获得北京水利协会科学技术奖一等奖。

【水库移民后期扶持】 2022年度农业移民人口2488人，发放移民扶持资金149.28万元，涉及全区11个乡镇258个村。农转非培训补贴人口920人，发放移民扶持资金51.52万元，分布在全区11个乡镇160个村及4个街道32个居委会。专项资金项目（教育帮扶项目）使用资金88.9万元，补助学生人数460人。

【政务服务】 2022年，区水务局有政务服务事项31项，受理1115件。办理承接第三批由市级赋权的8个事项，认领行政许可事项23项。

（肖希鹏）

公用事业

供 水

【概 况】 2022年，北京市自来水集团有限责任公司通州分公司（简称自来水通州分公司）完成供水总量6559.81万立方米，同比上年增长1.94%。销售水量5445.04万立方米，同比上年增长2.04%。单位供水耗电量0.285千瓦时/立方米，水质综合合格率、管网压力合格率、零活修漏及时率均100%。全年未出现安全生产责任事故和死亡事故。2022年，完成全国两会，北京冬奥会、冬残奥会，市第十三次党代会，党的二十大等重大供水服务保障任务。

【供水高峰平稳度过】 2022年，自来水通州分公司制定迎高峰供水保障工作方案，6月至9月，实行高峰调度领导小组会商机制。7月17日，高日供水量为20.23万立方米。

【水质管控】 2022年，自来水通州分公司严格落实集团三级水质检测制度，完成公司第一水厂、第二水厂、副中心行政办公区及其他重点地区的水质检测任务；第二水厂化验室开展对原水、高效池出水、出厂水在线水质仪表的维护、标定工作，部分仪表更换光源和测试试剂，确保水质数据真实有效。

【管网管理】 2022年，自来水通州分公司全年完成干线修漏53处，修漏换管60米，故障换表132块，干线维修1000次，上门服务零活小修795次，解决非通州分公司管辖的用户报修45次，修漏及时率达到100%。解决水压问题509次，冲管放水47次，安装单流阀1091个。优化副中心管廊供水管网巡检频次，及时维修，提高巡检效率。

【安全管理】 2022年，自来水通州分公司开展“国家安全教育日”“防灾减灾日”“安全生产月”等普法、安全宣传活动，张贴宣传海报、悬挂宣传横幅100余幅；通过线上线下的形式组织开展各类安全教育培训活动，培训职工980人次。持续开展安全生产大检查和隐患排查活动，整改安全事故隐患35项。

【重点工程建设】 2022年，自来水通州分公司完成城市副中心行政办公区供水管线（二期）工程、畅和东路给水工程前期手续办理，实现开工目标。扎实推进城市副中心供水管网完善二期工程、广渠路东延工程。稳步推进抢修调度指挥中心项目前期工作。

【民生工程】 2022年，自来水通州分公司完成5个自备井置换，置换水量约1800立方米/日；完成5个老旧小区供水管线改造，共改造管网13千

▲ 10月30日，通州区六环与通胡大街交叉路口自来水管道抢修

（北京市自来水集团通州分公司提供）

米；受益人口 2.8 万余人，居民用水品质得到持续改善。

【优质服务】 2022 年，自来水通州分公司及时传达落实上级单位接诉即办最新工作要求，进一步规范公司接诉即办任务办理流程，全年公司客服接听对外服务电话 58774 个，接收并处理“96116”派单 11723 单（其中涉及“12345”热线派单 2220 单）。开展供水报装、咨询及政策材料更换、培训，全年完成 51 户大口径报装、46 户小口径报装业务。

【金牌服务创建】 2022 年，自来水通州分公司制定《营销用户画像管理规范》《公司公众号推广绑定率奖惩办法》等规范性文件，修订完善“用户变更用水类别（单价）审批表”、“水费催缴通知单”、“水费限期缴费通知书”、《公司营销考评管理办法》和营销修改应收报表流程。

（张小莉）

▲ 11 月 15 日，通州供电公司客户服务中心对新型电力系统车网互动项目开展测试

（通州供电公司提供 王春宇 摄）

供 电

【概　况】 2022 年，国家电网北京市电力公司通州供电公司（简称通州供电公司）设有 11 个职能部门、9 个业务支撑机构及 10 个乡镇供电所，全口径职工 1243 人。管辖范围内有变电站 48 座，其中 500 千伏变电站 2 座（容量 720 万千伏安），220 千伏变电站 9 座（容量 468 万千伏安），110 千伏变电站 33 座（容量 365.2 万千伏安），35 千伏变电站 4 座（容量 12 万千伏安）；10 千伏开闭站 108 座，电缆分界室 622 座，配电变压器 8728 台（容量 3408 兆伏安）；220 千伏架空线路 22.85 千米，110 千伏架空线路 369.79 千米，35 千伏架空线路 134.72 千米，10 千伏架空线路 2578.74 千米，10 千伏电缆线路 3273.79 千米。地区电网最大用电负荷 173.5 万千瓦。2022 年，获得首都劳动奖状，国家电网公司冬奥会、冬残奥会暨全国两会供电保障先进集体等称号。

【电网建设】 2022 年，500 千伏画乡（通州北）变电站接入通州电网，220 千伏草厂变电站扩建工程投产，220 千伏梨园输变电工程取得施工许可，梁各庄 π 入 110 千伏湖张—武支等 3 项工程具备开工条件，枢纽东 110 千伏输变电工程等 12 项工程取得立项核准，大营、小圣庙等 14 项工程签订投资划分协议。超前完成小米智能制造产业园临时用电工程送电；贯通台马地区穿越六环电力通道，形成跨六环的 12 万千瓦电力负荷传输通道；完成文化旅游区北部 3 回高压线路迁改。滚动修编“十四五”配电网规划，精准储备扩展性改造工程项目 133 项。“老城双修”（老城的城市修补和生态修补）加快推进，3 座老旧小区改造、12 条 18 千米架空线入地如期竣工，2 座 35 千伏变电站退运。

【安全生产】 2022 年，深入开展安全生产专项整治三年行动，累计整改问题隐患 144 项。量化供电服务安全指标体系，全年兑现奖励 568.72 万元。实施生产准备“双机制”，开展风险评估和 87 项高风险作业模拟推演，实现作业风险先降后控。开展小型分散作业现场“计划＋视频”监督 945 次，整改问题 60 项。推动政企协同隐患治理，促进有林单位自主消除树线隐患。超前完成度夏度冬工程 26 项，平稳应对夏季历史最大负荷 170.8 万千瓦挑战。全年发布风险预警 104 项，编制修订专项应急处置预案 285 项，电网运行始终平稳。完成 4 个全业务核心班组建设，设备运维核心班组占比达 40%。完成 274 条线路巡检巡视，消除隐患 794 处。全年输电故障同比压降 80%，配电故障同比压降 30.2%。

【营销服务】 2022 年，完成 5 处新增方舱及集中隔离场所、3 处核酸检测机构以及台湖镇、漷县镇等地区多处核酸检测点送电。梳理定点医院、隔离场所等 26 个重要客户、4 大重点区域，“一户一策”制定服务保障方案，守住疫情防控电力生命线。强化客户诉求数据潜力挖掘，建立服务风险联络单，发布频繁停电分析周报、供电服务指挥日报、敏感诉求预警。完善服务信息报送机制，做好重要事项报备等风险管控手段应用，避免服务风险升级。全年诉求总量同比下降 6.66%、“12345”同比下降 12.83%，客户满意率由年初 93.81% 提升至 98.16%。

【新型电力系统建设】 2022 年，全市首个“光储直柔”零碳营业厅率先建成。潞城镇前疃村交直流混联微电网及配套储能项目投运。110 千伏大高力变电站建成全市首座绿建融合数字化零碳变电站。群调群控系统建设扎实推进，实现公司配楼、前疃村等区域接入光伏可观、可测、可调、可控。统筹推进 12 项新型电力系统建设重点任务，“两池两平台”（两池，即新型储能资源池—车网互动、绿电消纳资源池—“虚拟电厂”；两平台，即能源运营平台、碳监测服务平台）全面落地，EOC（能源运营平台）平台、碳监测平台完成系统接入。29 台 V2G 充电桩和 1 座换电站完工，梳理 1.6 万千瓦可调负荷，试点需求响应平台接入，网荷互动探索更加深入。公司发起申请的北京市首个区级地方标准立项取得突破，标准体系走向完善。数字化低碳城市电网著作完成编制。新型电力系统实验园区初见雏形，创新中心完成组建，配套机制不断健全。公司以“弹性+数字”为核心的现代能源体系构建项目获北京市企业管理现代化创新成果一等奖，供电企业全业务末端融合班组数字化建设项目获北京公司管理创新一等奖，公司文化旅游区高弹性数字电网关键技术、核心装备及工程示范项目获北京公司科技进步一等奖。

（宋三女）

供　热

【概　况】 2022 年，通州区居民供热总面积为 5531 万平方米，有供热企业 101 家，供热锅炉房 175 座；燃气锅炉房采暖面积 3287.78 万平方米；燃电锅炉房采暖面积 11.58 万平方米；地源热泵供热约 37.7 万平方米；自采暖面积约 273 万平方米；三河管网供热面积 1920.94 万平方米。区城管委全年出动 1150 余人次，完成 175 座供暖锅炉房、369 座换热站安全隐患排查。

【2021—2022 采暖季工作】 2022 年，区城管委组织供热应急抢修 96 次。出动 240 余车次、670 余人次对全区投诉率较多的 80 余个重点小区、工单排名前 50 供热企业的供热管网和供热设施及锅炉房供回水温度进行监督、检查，对 630 余户居民家中进行走访，及时解决用户诉求；对供暖中投诉量较多的小区，不定期先后对 30 余家供热企业进行约谈；对全区 100 家供热企业、166 座锅炉房、369 座换热站进行安全检查工作，共计出动 580 余人次，完成 166 座锅炉房安全检查，发出“企业安全检查隐患问题整改通知单”166 份，发现隐患问题 1006 项，全部整改完毕，保障了冬季供热平稳。

【居民供暖正式启动】 11 月 13 日 0 时起，通州区正式启动居民供暖。全区有 101 家供热企业，供热面积 5531 万平方米。自正式供热起，各供热单位按照要求加强设备设施调试和巡检，及时消除安全隐患、解决各类影响达标供热问题。同时，区城管委成立 5 个监督检查组，将全区供热企业划分为 5 个片区，对片区内供热企业的供热质量、应急值守、安全生产等供热运行情况进行巡查和监督，做到实时监测。各组负责人每天通过“96069”平台提前梳理工单，做到闭环管理、“快速响应，单单有回应”，确保市民满意。

【供热安全监管】 2022 年，区城管委组织通州区 101 家供热企业签订“安全生产责任书”“合法用气承诺书”，督促各单位落实安全生产主体责任。分批次、分时段对全区各供热锅炉房开展安全隐患排查，累计出动 1150 余人次，完成 175 座供暖锅炉房、369 座换热站安全隐患排查及回头看工作。查出一般隐患问题 684 项，下发隐患整改通知单 175 份。对存在的安全隐患建立台账，实施挂账督办，确保隐患整改到位。

【全区供热服务保障】 2022 年采暖季，区城管委组建 4 支区级应急抢修队伍，成立 5 个供热督导检查组，组织协调应急抢修 201 次，出动 600 余人次对通州区投诉率较多的 20 家企业、40 个重点小区供热管网和供热设施及锅炉房供回水温度进行抽查。同时，针对居民反映室温不达标问题，开展访民问暖 1378 人次，对 6639 户居民家中进行走访，52 家次供暖企业进行约谈，督促企业做好“供热管家”服务，做到“未诉先办”。

（张谷川）

燃　气

【概　况】 2022 年，通州区有燃气供应企业 17 家。区城管委全年出动检查人员 538 人次、车辆 156 台次，开展检查 269 次，完成 9 个乡镇 101 个村 5.7 万户设备巡检任务，做到“一户一台账”；组织辖区燃气供应企业职工 1101 人、第三方人员 235 人学习习近平总书记关于安全生产重要论述；天然气安全型配件完成 122486 户、液化气安全型配件完成 104243 户。进一步保障居民家庭用气安全，有效消除燃气事故安全隐患。

【燃气安全供应】 2022 年，区城管委为深入落实农村“煤改气”长效管护工作，供暖季前完成 9 个乡镇 101 个村 5.7 万户设备巡检任务，做到“一户一台账”。逐户发放“致农村煤改气用户的一封信”宣传燃气设备安全使用常识及 24 小时售后服务电话，公布区、镇两级监督电话，确保实现设备故障“10 分钟响应、2 小时入户、4 小时解决问题”目标。组织开展“农村取暖工单处理助手”App 培训工作，督促乡镇政府监督长效管护队伍通过小程序开展供暖季前入户巡检工作。针对各种突发事件，提前研究制定措施和预案，健全保障机制，建立应急保障队伍，配备充足保障人员、配件、备用整机、电暖器等应急取暖设施。

【燃气安全检查】 2022 年，区城管委对通州区 17 家燃气供应企业开展燃气许可安全综合评价，累计检查 269 次，出动检查人员 538 人次、车辆 156 台次。其中对辖区内经营企业检查 161 次、专项检查 108 次，重要活动期间检查 16 次，对非居民用户用气安全随机抽查 84 次。督促燃气供应企业落实安全生产主体责任，强化安全隐患排查治理，保障企业平稳运行。

【燃气安全宣传培训】 2022 年，区城管委组织辖区燃气供应企业职工 1101 人、第三方人员 235 人学习习近平总书记关于安全生产重要论述。配合区安委会组织 1826 人开展以“遵守安全生产法，当好第一责任人”为主题的安全宣教活动，提升一线生产人员安全生产责任意识的软实力。

【燃气安全型配件更换】 2022 年，区城管委印发《通州区安全型液化气配件推广工作方案》，天然气安全型配件完成 122486 户、液化气安全型配件完成 104243 户。进一步保障居民家庭用气安全，有效消除燃气事故安全隐患。

【燃气安全百日行动】 2022 年，区城管委组织北京市燃气集团第三分公司专业人员向村民讲解安全用气知识，特别提醒村民，发生燃气泄漏时，要及时关闭燃气表表前阀门，切断室内电源，开窗通风，并到户外安全的场所拨打96777电话，10分钟内出车，4小时之内完成维修。组织工作人员入户走访，在村民家详细检查燃气安全和壁挂炉使用情况、调试设备，并叮嘱用户燃气灶、壁挂炉在使用、维护和清洁方面的注意事项。如遇家里没人，在住户门口张贴通知，方便用户联系，再次上门。

（张谷川）

气象

【概　况】 2022年，区气象局与果元村开展支部共建，强化京津冀气象协同防御，深化“通武廊”三地气象部门联防联控，共同启动京杭大运河气象服务保障项目，为运河京津冀段60千米通航、堤岸整修、河道治理、水体改善提供气象科技支撑，《中国气象报》多次进行宣传报道。印发《北京市通州区人民政府关于加快推进气象事业高质量发展的实施方案》，《北京通州文旅产业精细化气象服务产品应用研究》列入区科技计划项目，推动北京冬奥会“百米级、分钟级”精细化高分辨率预报产品应用。加快推动北京市气象台站备份站建设前期准备工作，推进北京城市副中心（通州区）气象事业高质量发展。

（张明远）

【气候评价】 2022年度的气候特点：气温比常年偏低，降水量接近常年，日照时数比常年偏多。2022年度平均气温为12.5℃，比常年同期13.2℃偏低0.7℃。其中1月、3月、9月平均气温与常年接近，5月、6月、7月、8月、10月平均气温比常年偏低，2月、12月平均气温比常年明显偏低，4月、11月平均气温比常年偏高。年极端最高气温为38.0℃，出现在6月25日；年极端最低气温为-13.2℃，出现在12月19日。年降水量为534.8毫米，与常年536.6毫米接近。年内降水分布不均：12月无降水，2月、4—5月、9—10月月累积降水量比常年偏少，1月、8月与常年接近，6—7月比常年偏多，3月、11月月累积降水量比常年明显偏多。年度最长连续无降水日数49天；日最大降水量83.3毫米，出现在7月3日。年日照时数为2702.7小时，比常年2427.1小时偏多一成，其中6月、8月、11月接近常年，3月较常年偏少不足一成，10月比常年同期偏少，1月较常年偏多不足一成，2月、4—5月、7月、9月日照时数比常年偏多，12月日照时数比常年明显偏多。

【气象灾害】 6月4日19:58至21:00左右，受强对流天气影响，通州区出现雷阵雨天气并伴有大风、冰雹。据调查：潞城镇、西集镇、漷县镇3个乡镇遭受不同程度的风雹灾害，冰雹最大直径4厘米左右，最大阵风11级。3个乡镇农作物共受灾17234亩，其中潞城镇受灾面积1432亩，西集镇受灾面积15529亩，漷县镇受灾面积273亩，造成直接经济损失12831.86万元。

（赵岩）

【气象宣传】 2022年，区气象局利用多媒体多渠道实现科普宣传常态化。依托新媒体资源进行科普宣传，在今日头条“气象通州”官方账号每周推送科普文章，丰富公众获取气象防灾减灾知识的渠道。年内对全区乡镇街道的百余个气象科普宣传栏内容更新3次。在“3·1”国际民防日、“3·23”世界气象日、“5·12”全国防灾减灾日、气象科技活动周等开展主题宣传，利用手机短信、电子显示屏、电视天气预报等媒介向公众传播气象防灾减灾知识。科普宣传走进永顺镇果元村，宣讲气象灾害预警信号及防灾避险知识，发放科普图书及宣传彩页。在气象为农服务中融入科普宣传，继续对区特色农产品张家湾葡萄进行气候品质评价，为提高农业质量效益和竞争力服务，助力传统农业向现代农业转型。

（高晓容）

【气象服务】 2022年，区气象局履行各项观测职责，完成观测仪器检定及探测环境评估。所有探测设备运行稳定，探测数据准确可靠，超出考核标准要求。围绕北京城市副中心建设服务需求，开展预报服务精细化专项提升工作。完成北京冬季奥运会火炬传递、北京城市副中心马拉松、电影频道荣誉之夜等多项重大活动的气象服务保障工作。特别是在冬奥火炬传递期间，紧急架设应急六要素观测站提供气象服务保障，因大风天气影响，建议将原定在游船上进行的火炬传递改为陆地进行，避免因大风可能造成的安全事故，取得良好服务效果。全年发布预警信号180期、天气快报69期、重要天气报告46期、重大活动服务专报106期、天气预报371期、专项气象服务624期。同时，通过手机

▲ 8月5日，区气象局科普宣传走进永顺镇果元村

（区气象局提供）

短信、微信、区OA平台，向社会公众提供未来两天天气预报、预警信号发布情况、未来七天天气趋势及月气候预测，手机短信累计发布680余万人次。

（王雅琪）

【气象行政】 2022年，区气象局持续优化政务服务，压减气象行政许可事项办理时限，动态更新办事指南，在“首都之窗”网站对社会公布。办结防雷装置设计审核和竣工验收许可101件，许可结果在北京市气象局等网站公示。履行行业安全监管职责，坚持依法行政，利用联合监管、智能监管、互联网监管、现场监管等方式，累计开展执法检查136次，重点保障汛期防雷安全、全国两会和党的二十大期间禁飞安全。强化部门联动，与于家务回族乡、西集镇、马驹桥镇、永乐店镇开展联合执法检查，与区应急局开展“双随机、一公开”联合执法。

（康玉强）

应急管理

综　述

【概　况】　2022年，通州区安全生产、应急救援、防灾减灾灭灾、防震减灾、消防等各项工作，以高质量完成市政府安全生产目标任务书为主线，不断夯实应急管理基础，为全区重大活动提供坚实安全应急保障，扎实推进安全生产专项整治，全区安全形势保持平稳可控。

【年度事故指标控制】　2022年，全区发生各类事故（含各类生产安全事故、非经营性火灾事故、道路交通事故、液化气爆燃事故等）729起、亡145人，同比分别下降7.3%、8.2%。

【安全生产专项整治】　2022年，全区形成的3440项“问题隐患清单”全部整改销账，在全市率先编制《区党政领导干部安全生产职责清单》，修订《燃气安全监管职权汇编》等7项制度，问题隐患排查治理数量和制度编制数量位居全市第一，市安办抽查76项挂账隐患点位，合格率100%。

【综合减灾】　完成自然灾害风险普查，应急系统数据质检合格率居全市第一，普查工作先进事迹被人民网和CCTV—12报道，经验做法被全国自然灾害综合风险普查领导小组办公室在全国推广。建成区级应急避难场所19处，人均面积1.8平方米，提前超额完成“十四五”时期目标任务。完成年度防汛和森林防灭火任务，制作防汛宣教片、坚持“雨后复盘”、干部下沉堤内村帮扶、防汛综合演练4项工作被市防汛办通报表扬。

【夯实应急管理基础】　2022年，通州区作为北京市唯一一个全国城市综合风险监测预警平台建设试点［全国共18个市（区）］，不断强化区域风险前端预警能力。全区新增安责险投保企业3437家，保额3351.41万元，保额继续位列全市第一，并在全市2022年安责险推进大会上作典型发言。5个街道乡镇（玉桥街道、北苑街道、中仓街道、永顺镇和梨园镇）完成安全社区创建，136个社区（村）被评为市级“综合减灾示范社区”，28个社区（村）被评为“全国综合减灾示范社区”。梨园镇、宋庄镇、区住建委被评为市级安全应急“五进”优秀组织单位，融媒体中心被评为市级安全应急“五进”优秀宣传单位。

（王露）

综合管理

【概　况】　2022年，区应急管理局做好应急安全宣传教育、培训、评优等工作，建成通州区安全生产应急指挥平台，并完成政务云迁入和等保测评，保障在处置突发事件中市、区两级领导可进行远程研判、指挥、调度。在全市安全宣传“五进”工作视频部署会上，通州区做典型发言，介绍通州区应急安全宣传教育“五进”工作经验。

【“安全生产月”系列宣传活动】　6月，区应急管理局开展全区“安全生产月”启动仪式视频会、“6·16”咨询日暨第十七届安全文化节文艺汇演、“云上游场馆、线上学安全”安全科普知识直播、“送法进企业”安全生产执法实景课堂线上展播、安全科普微课堂、安全警示教育、应急安全公益作品征集评选、应急安全线上知识有奖竞答、“应急安全进万家”社区宣传等九大模块活动。

（杨非）

【宣传贯彻《北京市安全生产条例》】　2022年，区应急管理局与区政务服务局、区司法局、区融媒体中心合作，建立多部门协同全社会参与机制，充分组织各辖区内企业参与，通过“直播＋线上”形式，邀请首都师范大学政法学院教授崔俊杰做客副中心政务服务云直播间，对《北京市安全生产条例》进行详细讲解，云直播期间开展互动环节，专家一一解答线上网友的疑问。此次直播活动共计3万余人观看，收获4万余人次点赞。借助公众微信号、街乡普法平台开展条例进企业普法宣传，将《北京市安全生产条例》普法宣传融入日常执法工作，共计发放条例3000本、海报50张、折页6000册。

（李晨）

【安全生产处级领导干部培训】　8月8日至9月30日，区应急管理局对全区安全生产处级领导干部进行线上专题培训。内容包括习近平总书记关于安全生产、应急管理以及防灾减灾工作的重要论述，《中华人民共和国安全生产法》等法律法规解读，突发事件媒体应对及舆情引导，应急管理、安全生产工作重点及救援救灾各环节要点等。各乡镇街道、区安委会成员单位主要领导和安全生产主管领导141人参加培训。

【安全社区与综合减灾示范社区创建】　3月，区安委办启动5个乡镇街道“安全社区”、133个社区（行政村）“综合减灾示范社区”申报和复评工作。截至年底，西集镇尹家河村等33家社区（村）被评为“北京市综合减灾示范社区”，于家务乡富各庄村等12家社区（村）通过复评。

【推选先进典型】 2022年，通州区6名个人先进典型获评“应急先锋·北京榜样”月榜和周榜人物，其中区应急管理局冯金波、马驹桥镇人民政府马瑞忠获评“应急先锋·北京榜样”月榜人物，区应急管理局获评“应急先锋·北京榜样”优秀组织奖单位。区应急管理局吴彦姿荣获“通州榜样·政务服务之星”称号。

【公共安全教育基地分类分级评估推荐】 11月11日，潞城镇应急科普教育基地获评专项类公共安全教育基地。

【安全文化建设示范企业推荐评审】 2月起，区应急管理局按照《北京市安全文化建设示范企业管理办法》《北京市安全文化建设示范企业评定标准》，指导各单位按照标准，动员企业参与全市安全文化建设示范企业创建活动。全年筛选推荐11家企业参与北京市应急管理局评定，2家企业最终获2022年安全文化建设示范企业称号。

【北京市应急管理优秀公益宣传作品征集展示活动】 区安委办推选优秀作品参加北京市应急管理局、北京市广播电视局2022年应急管理优秀公益宣传作品征集展示活动。12月29日，新华街道《施工安全警示》获视频类作品优秀奖，《安全“六原则”》获创意设计类作品优秀奖，新华街道荣获优秀组织奖。

（杨非）

【安全生产普查数据管理】 通州区有安普数据企业台账20444家，企业完整性99.81%，及时审核率97.38%（A/B库），对各街乡镇普查骨干人员开展不少于24轮的培训工作，培训300人次。

【危险化学品企业图像信息监控系统】 2022年，通过实地勘测、调试，危险化学品重点企业联网数增至39家，并纳入公安系统“雪亮工程”，监控画面全部实现高清显示。

【通州区应急指挥平台】 2022年，通州区应急指挥平台高清视频终端共75家，集中巡检机房95次，并对800兆无线电台、市应急局查班点名、应急和加密视频会议进行技术服务保障，各大会议保障中未发生会议事故。

【通州区安全生产综合管理与服务平台】 2022年，区应急管理局通过功能研判、数据抓取和账户调整等技术手段，对安全生产综合管理与服务平台中因试点工作先行建设造成的重复功能予以撤销，全面普及移动工作模式，基于地图的信息展示与分析，实现业务信息的空间可视化。结合智能的宣贯培训和人员管理，实现应急管理和安全生产形势可预测、能预警目标。

（徐曼）

应急救援

【概　况】 2022年，区应急管理局接报事故灾难、自然灾害、社会安全、公共卫生等四大类突发情况391起，构成突发事件的134起，未发生较大及以上突发事件。

（王露）

【重点时期安全保障】 2022年，区应急管理局完成北京冬奥会、冬残奥会、党的二十大、服贸会等重大活动期间的安全服务保障工作。北京冬奥会、冬残奥会期间，统筹全区实行隐患排查治理情况日报机制，监督检查各类场所单位19189家次，整改隐患17295项。北京市十三次党代会期间，统筹全区开展党代会期间安全生产和消防夜查行动，监督检查各类场所单位1929家次，整改问题隐患1940处，处罚11家，停业整顿35家，查封7家，关闭取缔1家。中秋节、国庆节期间，统筹全区开展安全生产和消防夜查，监督检查各类场所单位780家次，发现并整改各类隐患问题849处。党的二十大期间，统筹全区启动“百日行动”全时检查，实行全员停休、全员上岗、全时检查，并建立检查日报机制，累计排查治理隐患4559项。

（张恒岩　王露　步凡）

【修订突发事件应急预案】 2022年，区应急管理局修订印发《通州区突发事件总体应急预案（2022年修订）》。按照区政府常务会议要求，印发《关于开展应急预案修订工作的通知》，启动通州区各专项指挥部和各街道乡镇应急预案修订工作，完成《北京市通州区沙尘暴天气应急预案》《北京市通州区人防工程事故灾难处置预案》《北京市通州区地震应急预案（2022年修订）》等26个专项预案修订印发备案工作，22个街道乡镇预案修订备案工作。下发《关于开展社区（村）应急预案（方案）制修订工作的通知》，启动开展全区社区（村）应急预案（方案）制修订工作。

【专业应急救援队伍建设】 2022年，区应急管理局对全区应急队伍建设情况进行摸底调查，进一步整合全区各级应急队伍，印发《通州区区级专业应急救援队伍管理办法》，形成46支应急队伍（其中区级专业应急队伍24支、街道乡镇应急队伍22支）。

【建立健全应急志愿服务队伍】 2022年，区应急管理局通过“志愿北京”平台建立应急志愿者队伍及人员信息档案库，将29支应急志愿服务队伍纳入区级应急指挥体系。建立区级应急志愿服务支队，下设3个直属大队，4个专业大队、22个街道乡镇大队，共计800余人。通过各种形式对各大队骨干进行应急志愿服务专项理论培训、训练演练各1次，参与培训、演练300余人。

【组织应急突发事件处置演练】 2022年，区应急管理局开展突发事件应急指挥与处置流程桌面应急演练。规范突发事件现场处置流程，重点对突发事件信息报告、属地先期处置、应急部门指挥调度、主责部门专业处置、六必到单位协助处置、现场指挥部运行等应急指挥与处置流程进行桌面推演，提升多部门协同应急处置能力。组织开展通州区有限空间突发事件应急处置综合演练。参加北京市第二届应急演练竞赛评比演练，获区级创新探索奖。2022年全区各相关单位、各属地按照既定的应急演练工作计划，共完成185场次应急演练。

▲ 8月26日，通州区开展有限空间应急演练

（区应急管理局提供）

【应急物资体系建设】 2022年，区应急管理局出台《关于进一步加强本区应急物资保障体系建设的若干意见》，在全市率先对应急物资储备数量和比例进行量化规定，建立全区应急物资工作台账，全区共储备物资5大类300多种共计80余万件。完善“一南一北”即台湖、宋庄2个区级应急物资库建设，初步构建起以“区级储备为统筹、专指储备为主导、乡镇储备为依托、企业储备为补充”的通州区应急物资储备体系。

【预警信息发布】 2022年，区预警信息发布中心发布预警信息180期，解除预警信息140期，发布和解除手机短信预警信息230余万条；启动防汛预警响应22次。

（王露）

【林区电力设施火灾隐患专项排查治理行动】 6月17日，通州区森林防火指挥部办公室组织有关成员单位召开通州区森林防灭火工作部署会暨推进林区电力设施火灾隐患专项排查治理行动视频会议。会上由区森防办通报怀柔区“6·5”森林火灾相关情况，区文旅局部署全区景区森林火灾风险隐患排查工作，供电公司通报林区电力设施火灾隐患专项排查治理行动排查和进展情况，区园林绿化局部署林区电力设施火灾隐患专项排查治理行动工作安排。2022年，通州区累计开展督促检查工作23次，召开隐患治理专题会6次，出动车辆40余台次，出动人员60余人次。上报市级台账涉及树线隐患319处、14518棵，并在10月25日前全部治理完成。

（刘迪）

【两项治理“百日行动”工作推进会】 8月18日，通州区森林防火指挥部办公室组织有关成员单位参加北京市两项治理“百日行动”工作推进会。会后，区森防办组织召开通州区森林防灭火领域两项治理“百日行动”工作推进会。“百日行动”开展至年底，全区各街道乡镇、国有林单位累计组成巡逻队3208支，累计参与巡逻人员34090人次，巡逻检查12145次，累计行驶里程8.6万余千米，国庆期间每日自行组织“四不两直”检查对重点林区森林防火工作开展情况、违规用火及野外火源管控情况开展督导检查。

（刘迪）

防灾减灾救灾

【汛期情况】 2022年，截至9月15日汛期结束，通州区汛期降雨49天，汛期累计降雨521毫米，较上年同期降雨量（469.6毫米）偏多1成，较常年同期平均值（411.9毫米）偏多3成。汛期最强降雨过程出现在7月3日2时至4日7时，降雨主要时段集中在3日2时至10时以及4日3时至5时，从降雨主要时间段来看全区平均降雨量（91.8毫米）达暴雨到大暴雨量级，局地（马驹桥镇大松垡闸185毫米）达特大暴雨。最大雨强出现在8月6日，达94.3毫米/小时。

【落实防汛责任制】 2022年，区应急管理局印发《关于全面做好2022年汛前准备工作的通知》和《北京市通州区2022年防汛工作要点》，对全区防汛工作做出总体部署，要求各部门、各单位严格落实防汛责任制，修订完善防汛预案等，做好汛前准备工作。调整完善通州区“1+7+22+N”（1个区级防汛指挥部、7个防汛专项分指挥部、22个街道乡镇防汛分指挥部、N个区防指成员单位和企事业单位）的防汛工作组织架构，制定《北京市通州区人民政府防汛抗旱指挥部2022年领导成员名单及职责》，根据人员变动情况适时调整各自防汛指挥部领导成员，明确防汛职责。

【修订完善防汛应急预案】 2022年，区应急管理局根据新修订的《通州区突发事件总体应急预案》相关要求，组织修编《通州区防汛应急预案》，进一步细化、完善应急响应与处置等内容。组织指导行业部门、各街道乡镇和重点区域修编各领域、各区域防汛应急预案，共收到60份防汛预案备案。印发《2022年北京市通州区下凹式铁路桥联合抢险预案》，确保全区23座下凹式铁路桥“一桥一预案”，同时督促指导各责任单位按要求开展联合抢险演练。

【防汛物资和队伍储备】 2022年，全区共计储备防汛抢险舟77艘、无纺布21994平方米、砂石料19946立方米、大型作业灯1668个、水泵3611台等物资设备。组建专业防汛抢险队8支、其他防汛抢险队38支，共计13000余名抢险人员。

【防汛重点部位的管控】 2022年，区应急管理局明确北运河和潮白河的26处险工险段责任单位、责任人和抢险措施等事项。督促全区77项在施工程汛期遇强降雨时要果断停工并重点做好基坑、边坡等隐患部位的巡查看护工作。督导北运河及潮白河流域18个堤内村、温榆河葛渠和北运河武窑分洪淹没区的49个村所属乡镇分别制定人员转移方案，明确具体的转移路线、各村责任人、转移地点、物资保障等事项。

【防汛预案的演练】 2022年，区防汛办开展防汛预案演练，参演单位10余家，参演、观摩人数200余人，通过演练进一步检验了防汛指挥标准化、预案精细化、调度智能化、抢险专业化的水平，完善在应对处置强降雨天气过程中的问题和不足。各相关行业部门、各街道乡镇开展防汛应急演练共计774次，参与人数16291人，演练主要内容涉及道路积水排除、堤防管涌抢险、在施工地应急排水及景区、堤内村人员避险转移等。

【应对汛期各类极端天气】 2022年，区防汛办加强与气象部门的会商，科学研判雨情变化趋势，启动防汛预警响应22次，其中，启动红色预警响应（局部）1次、橙色预警响应（局部）3次、黄色预警响应5次、蓝色预警响应13次。

【灾害信息员队伍建设】 2022年，区应急管理局对全区灾害信息员开展培训。培训内容包括灾情信息管理、灾情统计报送重难点问题、灾情工作要求、灾情指标讲解、灾害救助政策解读等。区—街道（乡镇）—社区（村）级灾害信息员741人参与培训。

【救灾与物资保障】 2022年，区应急管理局加强与民政、红十字会等部门的沟通，进一步完善灾害捐赠机制，开设区级救灾捐赠账户。加强区级救灾物资的规范化管理，分批次向有关部门、单位调拨救灾物资帐篷1306顶、棉大衣3750件、棉被1300床用于疫情防控工作。同时向市应急局申请帐篷1000顶、棉大衣2000件补充救灾物资储备。

【加强应急避难场所的建设管理】 2022年，全区有认定区级地震应急避难场所10处、其他类应急避难场所9处，应急避难场所人均面积1.80平方米，提前超额完成“十四五”时期应急避难场所人均1.5平方米的建设标准要求。

▲ 11月，在通州区民族小学开展“地震科普　携手同行”活动专题讲座

（区地震局提供）

【城市安全风险综合监测预警平台建设】 2022年，区应急管理局编制形成《北京市通州区城市安全风险综合监测预警平台建设方案（一期）》。一期工程在50平方千米老城区范围内，“条块结合”开展城市生命线安全监测感知网络和监测预警系统建设。

（季伟）

防震减灾

【概　况】 2022年，通州区地震局扎实推进监测预报、震害防御工作体系建设，完成全年各项工作任务。被北京市防震抗震工作领导小组评为2022年度北京市区级地震部门综合考核先进单位。

【地震测报体系建设】 2022年，区地震局完成对漷县镇马头粮库地球物理站点进行数字化升级和数据自动入库，完成区域地震预警建设发展调研，参与全市地震预警终端联动试验，开展地震监测设施和环境巡检巡查。年内共发生6次无感震，最大震级MS1.4级，无不良影响报告。

【地震灾害风险普查】 4月，区地震局召开地震灾害风险普查成果验收会，通过专家验收组验收并将验收结果上报北京市地震局及通州区普查办。协助市地震局开展地震灾害风险普查“一省一市”试点评估与区划工作，在通州区11街道（所辖社区）和3个乡镇（3个村）开展现场房屋抽样详查工作，涉及122处建筑194万余平方米。

【防震减灾科普宣传】 2022年，区地震局制作《防震减灾小知识——地震来了怎么办》和《防震减灾小知识——地震预警来了怎么办》两部科普宣教片，将宣教片于“5·12”全国防灾减灾日在“通州应急”微信公众号发布，并发送至各幼儿园及中小学校，截至12月底，有79所学校组织观看了科普宣教片。广泛组织开展线上科普直播，组织相关单位观看国务院抗震救灾指挥部办公室“应急使命·2022”演习，北京市“5·12”全国防灾减灾日云上主题宣传活动和通州消防“5·12”全国防灾减灾日消防科普等直播活动。为社区提供“2022年科普电子宣传资源包”，用于基层社区防震减灾科普宣传。在全国防灾减灾日和国际减轻自然灾害日，向全区常住人口发送防震减灾宣传短信30万余条。

【启动“地震科普　携手同行”系列活动】 2022年，区地震局制定《通州区“地震科普携手同行”活动工作实施方案》，组织开展“地震科普　携手同行”系列活动。3月底，协同通州区教委组织区内36所学校约7000名师生共同观看“地震科普　携手同行”主题活动启动仪式暨首场讲座。

（刘璐）

安全生产监管

【概　况】　2022年，通州区发生亡人事故（含各类生产安全亡人事故，非生产经营性的火灾和道路交通亡人事故以及自然灾害引发的亡人事件）140起、死亡145人，事故起数和死亡人数实现“双下降”，安全形势总体平稳。在生产安全方面，通州区共发生各类生产安全死亡事故47起、死亡49人，其中发生工矿商贸事故4起、死亡5人，发生道路运输事故43起、死亡44人，发生铁路交通事故0起、死亡0人，发生生产经营性火灾事故0起，死亡0人。

【事故目标控制情况】　2022年，区应急管理局研究制定《通州区事故目标控制及评价工作实施方案》，年初提出事故控制目标，“双下达”到各部门、街乡镇。建立“一月一考评，一月一通报”制度，每月对事故情况、年度控制目标进度进行统计分析，为各部门、各单位做好事故防范提供工作指南。

（张恒岩）

【安全生产执法检查】　2022年，区应急管理局检查各类生产经营单位9233家次，人均检查量230.82家次，位于全市第三名。重点检查单位完成383家次，完成率100%，计划内“双随机”检查完成199家次，完成率113.71%，移动端执法检查率100%，均达到年度目标任务书要求。

（李晨　步凡）

【送法进企业服务保障行动】　2022年，区应急管理局根据企业复工复产和安全生产形势，联合宋庄镇人民政府、文景街道办事处，到住总集团北京城市副中心住房项目（0701街区）B#地块第一标段（六合村）、北京环球度假区开展送法进企业服务保障行动，围绕助力企业落实安全生产主体责任主线，通过政府宣传、专家讲课、现场查多种形式相结合的方式贯穿《中华人民共和国安全生产法》具体内容，体现寓监管于服务、寓教育于执法、寓警示于培训，不断提升企业安全生产意识。

【工业企业安全生产监管与疫情复产复工】　2022年，区应急管理局组织执法人员深入乡镇街道、工业园区开展安全生产和疫情防控复工复产专项检查，督促属地落实日检查、日统计和日报告，从严做到“外防输入、内防反弹”，压实防控责任。截至12月31日，全区共出动执法检查力量13907人次，检查各类企业27811家次，发现并督促整改问题隐患606处。

【深入开展城乡接合部专项整治工作】　2022年，区应急管理局开展城乡接合部重点地区安全生产专项整治，对挂账村进行实地考察、调研，全面摸底排查挂账村内各类生产经营单位安全生产情况。针对城乡接合部地区小微企业安全生产基础薄弱等特点，要求执法人员按照主要负责人是否具备相应安全管理能力，能否有效履行安全生产第一责任人职责，是否明确了从业人员安全生产职责，是否违规用火用电用气等内容，进行严格对照检查，紧盯重点，加强隐患排查治理，逐一落实整改措施，全力确保安全监管无死角、无盲区。

（步凡）

▲　3月7日，区应急管理局进企业宣传普法助力企业复工复产

（区应急管理局提供）

【贯彻国务院安全生产十五条措施】　2022年，区应急管理局召开“整秩序压事故保安全”专项整治推进会，对落实安全生产十五条措施和全区安全生产大检查工作进行具体部署。会议紧密结合通州区安全生产和消防安全工作实际，将安全生产十五条措施细化扩展为40条具体举措，对安全生产责任落实、新兴行业监管、劳务派遣和灵活用工人员安全管理等方面提出新要求。会后全区迅速启动安全生产大检查，制定工作方案，建立月报和定期通报制度、重大隐患挂牌督办制度，聚焦重点地区、重大工程、重点领域和薄弱环节，消除各类安全隐患。

【安全生产督察】　2022年，区应急管理局完成市委、市政府对通州区安全生产督察迎检工作。组织各责任单位启动先期整改工作，完成整改反馈问题66项。以区委、区政府名义组织6个安全生产督察组，对17个街道乡镇开展区级安全生产督察。督察组与51名处级干部、36名科级干部进行了座谈，查阅档案资料11000余份，发现属地党委、政府问题49项，提出加强安全生产工作的意见建议68条。向被督察单位下发督察反馈意见，督促全区各相关单位重视督察反馈问题。

【完成城市安全隐患治理三年行动】　2022年，区应急管理局建立全区“问题隐患清单”，治理隐患3440项，制定制度措施7项，问题隐患排查治理数量、制度措施制定数量均位居全市第一。开展2022年通州区安全隐患排查核查工作，累计对696项问题隐患清单内的隐患进行核查，对210家重点企业进行排查。在市安委会办公室2022年安全隐患排查核查中，抽查的挂账隐患点位合格率100%。

（张恒岩）

【修订《燃气监管职权汇编》】 2022年，区应急管理局联合区司法局修订《燃气监管职权汇编》。形成《燃气安全监管职权汇编（2022年修订版）》，为燃气安全监管提供有力支撑。经验做法被市应急局推送至应急管理部，在《全国安全生产简报》刊发。

（李晨）

【推进安责险投保】 2022年，区应急管理局宣导走访企业13050家次，走访宣传企业覆盖率达96.5%，超额完成80%的目标任务；新增投保企业累计3849家，保费收入3473.46万元，保费收入全市第一。

（张恒岩）

【安全生产标准化】 2022年，通州区共有422家企业完成标准化达标，完成全年250家达标企业总任务的169%，其中三级达标企业109家，岗位达标企业313家。做好应急预案备案和演练工作，以安委会办公室名义印发《关于进一步开展生产经营单位生产安全事故应急预案备案工作的通知》，督促指导企业落实安全生产主体责任。全年共有805家生产经营单位进行了备案，其中604家生产经营单位首次备案。

【城市安全风险评估】 2022年，区应急管理局结合北京市安全风险云服务系统数据及实际工作情况，对重点行业领域安全生产风险进行综合研判，形成四个季度的风险会商报告，供各相关部门开展安全风险联防联决策提供参考。将风险评估工作和企业台账更新工作、日常检查工作等相结合，以多角度、多方向的方式督促辖区内的企业开展风险辨识评估，开展企业风险动态更新工作，累计完成6900余家次。

（刘馨泽）

【加强危险化学品行业监管】 2022年，区应急管理局以“一防三提升”（防范重大安全风险，提升本质安全水平、提升人员技能素质水平、提升信息化智能化管控水平）为抓手，持续强化危险化学品安全监管水平，不断夯实企业安全主体责任。通州区危险化学品相关企业共有加油站97家，油库1家，气体企业1家，无储存企业56家，医药化工企业30家。

【实验室危险化学品安全专项治理】 2022年9月，区应急管理局牵头开展实验室危险化学品安全专项治理工作，制发《通州区实验室危险化学品安全专项治理工作方案》，利用一年时间集中开展实验室危险化学品安全专项治理，强化实验室危险化学品使用环节的安全监管，坚决防范和遏制危险化学品安全事故发生，全面提升实验室安全条件，全区共摸排出涉危实验室112家。

（窦琳娜）

【强化行政许可源头管理】 2022年，区应急管理局办理行政许可70件，审查许可事项及许可咨询200余次。对46家企业进行危险化学品经营许可延期现场核查。入驻副中心政务服务中心，上线行政审批业务相关的7项许可，全部纳入“北京市政务服务事项管理系统”，实现“一网通办”、“一门”进驻、“一窗”办理。

（窦琳娜　吴彦姿）

【“安全评价机构”场景试点】 2022年，区应急管理局针对“安全评价机构”场景试点工作，落实“6+4”（风险监管、信用监管、分级监管、协同监管、科技监管、共治监管“六项制度”，“一业一册”“一业一单”“一业一查”“一业一评”四项场景化措施）一体化综合监管，对安全评价机构实施差异化监管，优化现场检查频次，助力优化北京市营商环境。11月23日，《中国应急管理报》刊登以通州区为试点开展有关工作的情况。同时，通州区在安全评价机构监管方面，创新总结了“执业行为五步检查法”，实现告知书查看率、执业行为检查率、跟踪反馈率三个监管效能关键数据达到百分百。

（吴彦姿）

消　防

【概　况】 通州区消防救援支队下设16个职能科室及应急通信与车辆勤务站，下辖漷县、梨园、潞城、马驹桥、商务园、宋庄、台湖、西集、新华街、永乐店、玉桥、张家湾、金桥13个消防救援站，潞源特勤站、环球影城特勤站，前营、马驹桥中心镇、源头岛、于家务、翟里、大甘棠6个小型消防站。2022年，金桥消防救援站，翟里、大甘棠小型消防站正式揭牌启用，新招录政府专职员360人，队伍规模破千人。依托副中心消防指挥中心，成为直辖市消防救援总队中首个独立接警的支队级单位，实现与全市119的主备运

▲　7月24日，副中心消防指挥中心

（区消防支队提供）

行。2022年，区消防救援支队接警出动4216次，出动指战员5.8万人次，抢救被困群众406人；完成北京冬奥会和冬残奥会、全国两会和党的二十大消防安保任务；365天贴身护卫行政办公区和北京环球度假区，确保万无一失。

【构建监管格局】 2022年，市委常委、区委书记赵磊，副市长谈绪祥视察、慰问区消防救援支队3次；区委、区政府听取消防工作专题汇报8次，带队拉练检查20余次。年内，区消防救援支队推动街道乡镇防火委实体化运行，配齐122名基层消防工作专职检查员。

【强化重点整治】 2022年，区消防救援支队深化消防安全三年专项整治和护航冬奥百日攻坚行动，统筹开展电动自行车、村民自建房、厂库房、“两个通道”（消防车通道和疏散通道）等10个专项整治，联合区城管委增建电动自行车充电口1.8万个。坚持严格执法不放松，净化全区消防安全环境，全年累计检查单位1.09万家，督促整改隐患1.6万处，罚款1029.15万元，查封“三停”531家，拘留119人。

【消防宣传培训】 2022年，区消防救援支队联合区精神文明办、区融媒体中心开展消防宣传，通过网上平台发布信息2400余条，培训六类重点人群13.2万人次，“一警六员”［一警：社区公安民警和中央在京单位执勤武警；六员：各街道、乡镇政府、村（居）委会基层工作人员，安全生产巡查员，物业服务企业职员，保安员，消防安全重点单位及餐饮、娱乐等火灾高风险场所职员，微型消防站、义务消防队和社会志愿力量等多种形式消防队员］实操实训4.3万人，超额完成34.4%；打造环球影城主题公园“火焰蓝”领航巡游、通州消防时装周和“兴龙说消防”三大品牌工程。

▲ 11月9日，环球影城主题公园“火焰蓝”领航巡游

（区消防支队提供）

【“智慧消防”平台建设】 2022年，区消防救援支队启动运行自主研发的“智慧消防”平台。“智慧消防”平台是为进一步提升全区火灾防控效能和应急处置效率而自主研发的一款手机火灾预警预防App程序。运用“信息化管理模式”实现消防工作“社会化管理”，运用“物联网感知技术”实现火灾事故“智能化报警”，运用“5G和对讲功能”实现灾害现场“可视化指挥”。

【消防基础设施建设】 2022年，区消防救援支队围绕全区《“十四五”消防救援事业发展规划》，打造消防站建设“绿色通道”，优化手续办理路径和审批流程，压缩审批时间；筑牢基层防火墙，推动区政府出台鼓励性指导意见，制定全区《关于进一步加快小型消防站建设方案》，建成微型消防站1607个。

【强化应急联动】 2022年，区消防救援支队依托对讲设备搭建区级“一键式”指挥调度平台，将乡镇级义务队、企业专职队、单位微型站、环卫洒水车等力量全部纳入调度指挥体系，并编制《联勤联动力量调用手册》，实行每周“随机设警拉动1次、装备器材检查1次、业务技能培训1次、联系方式确认1次”，全年累计联通1.47万次、联训1245次、联调744次、联战675次。

（王潇）

科 技

综 述

【概 况】 2022年，通州区科学技术委员会（简称区科委）紧紧围绕北京城市副中心建设目标，深入实施创新驱动发展战略，突出创新引领，强化科技服务，科技创新对经济社会发展的支撑引领作用持续增强。年内，制定发布《北京城市副中心（通州区）“十四五”时期科技创新发展规划》，以区政府名义印发《通州区加强科技创新引领高质量发展支持办法》。全区高新技术企业保有量维持在千家规模以上。技术合同成交额502.2亿元，同比增长5.4%。市级及以上创新创业平台数量达到43家。有国家级科普基地1家、市级科普基地3家、区级科普基地12家。

（邬奇洋）

【科技创新人才队伍建设】 2022年，区科委深入实施“通州区高层次人才发展支持计划”，年度支持38家企业74人。

（魏茂淼）

【完善科普工作体制机制】 2022年，区科委充分发挥区科普工作联席会议制度作用，加强统筹协同，调整优化区科普工作联席会议议事协调机制，全区科普工作联席会议成员单位达到29家。区科普工作联席会议办公室制作“2021年度通州区科普工作回顾专题片”，对全区2021年度科普工作进行总结回顾，展示区域科普工作亮点与特色。制定并下发《2022年度通州区科普工作要点》，统筹谋划2022年全区科普工作。各成员单位、街道、乡镇依托联席会议平台密切协同、认真履职，高效运行，创新、合作、服务、共享的大科普格局日趋完善，进一步夯实了科普工作的群众基础和社会基础。

（崔伟侠）

科技活动

【应用场景建设】 2022年，区科委发布北京城市副中心应用场景清单，涵盖绿色发展、元宇宙、智慧城市3个方向15个应用场景项目，覆盖副中心行政办公区、文化旅游区、运河商务区、张家湾设计小镇等重点区域，争取市科委定向扶持城市副中心应用场景项目3项、区级支持应用场景项目8项。将应用场景工作纳入全区绩效考评，有力推动场景建设工作有过程、有结果、有成效。

（张立言）

【科技计划项目】 2022年，区科委支持科技创新，构建“高精尖”产业结构，强化科技对北京城市副中心建设及区域经济社会发展的支撑引领作用，立项实施文化和科技融合创新发展、新一代信息技术产业创新发展、现代农业创新发展等6个方向22项科技计划项目。围绕提升专业技术人员疾病预防、诊断、治疗、康复护理、公共卫生管理及健康管理等方面的应用性研究和应用基础研究工作水平，立项实施卫生发展专项72项科技计划项目。围绕提升科技服务机构专业服务能力，增强科技服务业对首都经济发展和科技创新的支撑能力，立项实施10项科技计划项目。

（苏颖）

【元宇宙产业创新发展】 2月，区政府办印发《关于加快北京城市副中心元宇宙创新引领发展的若干措施》，在示范应用、鼓励投资、知识产权保护、房租补贴等多个方面发力，优化营商环境，鼓励企业创新发展。8月，区政府联合市科委、中关村管委会、市经信局印发《北京城市副中心元宇宙创新发展行动计划（2022—2024年）》，重点实施强基赋能、融合建链、标杆牵引和筑巢引凤四项行动，力争通过三年的努力，将副中心打造成以文旅内容为特色的元宇宙应用示范区。一批行业头部企业正在副中心加速布局元宇宙板块业务，易宝支付子公司易藏数字和易链星云注册在运河商务区；漫联星球、京东方艺云子公司注册在设计小镇智汇园；恒信东方子公司元数智能和爱娲数字注册在设计小镇创新中心。年内，有60余家元宇宙关联企业落户副中心，张家湾设计小镇元宇宙应用创新中心和文旅区、台湖演艺小镇等多个元宇宙示范主题园区正在加快建设。

（王云）

【2022年通州区科技周活动】 8月20—27日，以“走进科技 你我同行”为主题的2022年全国科技活动周暨北京科技周在城市绿心公园举办。通州区科技活动周首次纳入全国科技周主场活动，并单独设置板块。围绕“科技改变生活 科普服务民生”主线，设置“宇宙探密、生命密码、科普大讲堂、元宇宙畅想”四大展区，利用沉浸式仿真、VR虚拟技术、三维视觉、虚拟空间购物体验等高科技展示手段，打造全沉浸式科普互动体验空间，为市民奉献了一场“互动性强、体验性好、

▲ 8月20—27日，全国科技活动周暨北京科技周在城市绿心公园举办。通州区科技活动周首次纳入全国科技周主场活动，并单独设置板块　（区科委提供）

知识点广、科技感足”的科普盛宴。其中，“元宇宙畅想”和“航天返回舱”被评为“北京科技周最受公众关注展项”。机关干部、社区居民、农村农民、中小学生、部队官兵、企事业单位职工等各类参观人群达8000余人次，营造了浓厚的科普氛围。

（崔伟侠）

【高新技术企业服务】 2022年，区科委持续加强高新技术企业培育。全年开展高新技术企业认定政策培训活动6次，累计辅导企业260余家次。全区高新技术企业保有量维持在千家规模以上。向北京市科委、中关村管委会申请并获批高新技术企业认定评审权限下放。

（王林琳）

科技成果

【概　况】 2022年，区科委配合市科委完成概念验证平台建设项目储备工作，推荐首都医科大学附属北京潞河医院、北京结核病控制研究所2家单位申报储备项目。加强技术合同认定登记工作，全区技术合同成交额502.2亿元，同比增长5.4%。

（张阳）

【北京市科学技术奖】 2022年，首都医科大学附属北京胸科医院等单位“耐药结核病精准诊疗关键技术研究及推广应用”项目，获2021年度北京市科学技术奖二等奖。

（张立言）

【科技合作与交流】 2022年，区科委召开“通宝唐”科技协同创新联席会议，就龙头企业在宝坻区、唐山市延伸产业链供应链事宜开展对接，签署《“通宝唐”科技合作协议书》。对接市科委，实地走访中际联合（北京）科技股份有限公司、北京华商三优新能源科技有限公司，调研通州区关于京津冀协同创新发展工作，并就校企联合、科技资源导入北三县等进行座谈交流。联合武清区科技局、廊坊市科技局召开通武廊科技联席会议，三地共同签署《共建创新创业平台合作备忘录》，并共同发布《2022年“通武廊”区域创新平台共享共用目录》，推进三地科技产业园、孵化基地合作，推动北三县配套服务承接工作。

（司雨杰）

【科技创新资源与能力建设】 2022年，通州区首次引入国家级科技创新平台，京津冀国家技术创新中心在设计小镇建设通州中心。实施2022年创新创业平台专项3项。全区市级及以上创新创业平台数量达到43家，辅导大唐创业园成功申报并获得国家级众创空间认定。助企纾困帮助企业渡过疫情难关，发布《北京市通州区承租非国有房屋科技型孵化器房租减免补贴申报指南》，共有2家孵育机构获得补贴，减免13家中小微企业房租119万余元。

（张阳）

【科普基地服务】 2022年，通州区科委联合区教委、区科协共同出台《通州区科普基地认定与管理办法》，命名区级科普基地12家，其中场馆类基地5家、科技企业类5家、研发与传播类1家、自然资源类1家。截至年底，全区有国家级科普基地1家、市级科普基地3家。各基地积极承担社会责任，充分发挥自身资源优势，主动面向公众开放，搭建多样化科普活动平台，引导更多市民参与到科普活动中来，实现科普工作的社会化、群众化和经常化。

（崔伟侠）

知识产权

【概　况】 2022年，通州区知识产权局围绕通州区委、区政府和北京市知识产权局知识产权发展要求及战略，充分发挥知识产权联席会议职能和作用，统筹协调，形成合力有效深入推进知识产权各项工作的开展，促进通州区知识产权创造运用能力的提升。建立国家、市、区三级知识产权试点示范企业递进培育机制，新增认定北京市知识产权试点单位29家、示范单位4家，新增认定国家知识产权优势企业3家。全年查处商标侵权、假冒专利、奥标侵权、商标代理机构恶意申请等案件共计27件，罚没款715702.5元。

【专利、商标、原产地地理标志数据情况】 截至12月31日，累计国内专利授权6948件，其中发明专利926件、实用新型4988件、外观设计1034件；PCT专利申请82件；有效发明专利拥有量3740件；通州区商标有效注册量156459件；驰名商标12件；通州区原产地地理标志2件。

【做好“两区”建设知识产权工作】 2022年，区知识产权局制定《2022年通州区知识产权工作方案》《2022年通州区“两区”建设知识产权工作方案》，研究出台知识产权工作重点举措，助力城市副中心“两区”建设。

【服务“京津冀一体化”协同发展】 2022年，区知识产权局依托区市场监督管理局与廊坊北三县市场监管局签订市场监管体系协作发展框架协议，与天津市武清区、河北省廊坊市签订知识产权一体化协作发展框架协议，构建京津冀知识产权一体化保护机制，为创新主体提供更加便捷、高效、低成本的服务。

【知识产权公共服务体系建设】 2022年，区知识产权局加强体系建设，新建1家公共服务工作站、4家公共服务联系点、2家北京市商标品牌指导站。加强体系管理，制定出台《通州区知识产权公共服务工作站管理办法》，制定发布《通州区知识产权公共服务事项清单》。配合承接专利行政裁决权下放，积极争取外国专利代理机构、常驻代表机构等国际化专业机构、服务平台在城市副中心设立。通过与首都知识产权服务业协会、区“两区”办座谈对接，初步达成共识，推动首都知识产权服务业协会下属国际知识产权服务大厅在通州区设点，开展战略合作，帮助引进外国代理机构在通州落地。

【举办“4·26”宣传周活动】 2022年4月20—26日全国知识产权宣传周期间，通州电视台重点时段全天滚动播出宣传主题字幕和公益动漫宣传片，搜狐网、《工人日报》、通州有线、“融汇副中心”等媒体报道相关新闻25条。区知识产权局开展知识产权“进机关”“进校园”“进园区”“进企业”宣传活动。在各辖区内组织开展现场宣传活动22次，发放宣传材料1万余份，组织园区企业专项培训4次。组织“京津冀海外知识产权与专利布局”专题线上宣贯交流活动，举办知识产权融资保险线上培训会，共计500余人参加。

【中小学知识产权教育】 2022年，区知识产权局联合区教委相关科室开展“2022年通州区中小学知识产权教育试点示范学校”评选工作，新认定区知识产权教育试点学校9所、示范校1所。

【推进专利质押贷款】 2022年，区知识产权局联合区科委、区经信局、区金融办、张家湾设计小镇、运河商务区、通州区各知识产权公共服务工作站定期举办知识产权融资保险线上培训会，邀请华夏银行、北京银行、人保财险等金融服务机构进行业务介绍，200余家次重点企业参加培训。全年知识产权质押贷款1.98亿元，同比增长330%。

【落实知识产权资助奖励政策】 2022年，区知识产权局积极落实知识产权政策，规范资助、奖励、补贴的申请和审批流程。资助、奖励、补贴金额共计1395万元，主要包含：资助发明专利授权申请115件，知识产权贯标认证企业5家，专利导航、预警、战略项目6项，知识产权维权援助2项，专利技术成果产业化项目29项；奖励北京市知识产权试点单位13家，北京市知识产权示范单位3家，通州区知识产权教育示范学校1家，通州区知识产权教育试点学校4家，中国专利奖2项；补贴专利质押贷款利息7项。

【开展知识产权企业咨询服务】 2022年，区知识产权局建立重点企业名录，向企业推送知识产权资讯信息166条。提供来人来电咨询服务272人次。深入10家企业“点对点”提供上门公共服务。完成6家重点种业企业知识产权问卷调查。完成国家、市、中关村知识产权政策汇编。

【做好北京冬奥会、冬残奥会知识产权保护】 2022年，区知识产权局制定《通州区2022年冬奥会和冬残奥会奥林匹克标志知识产权保护实施方案》，通过聚焦重点领域、关键环节和重要时段，对辖区内北京冬奥会和冬残奥会特许商品零售店进行多次检查。联合河北三河、香河及大厂回族自治县市场监管局开展冬奥会冬残奥会知识产权专项行动，对北京冬奥会、冬残奥会相关知识产权进行跨区域、立体化、全方位保护。四地市场监管部门共检查涉及奥林匹克知识产权的经营者433户次。

【持续强化北京环球度假区知识产权保护力度】 2022年，区知识产权局进一步加强北京环球度假区知识产权保护，做好定期沟通，协同配合，关注舆情，提高风险意识，注重打防结合，加强宣传引导，提前做好风险预判工作。查处的北京德业云天酒店管理有限公司侵犯“环球影城”注册商标专用权案被确定为国家知识产权局2021年度商标行政保护十大典型案例、2021年度北京市知识产权局行政保护十大典型案件、2021年度北京市市场监督管理局知识产权领域执法十大典型案例。

（贾牟伟）

教育

综述

【概　况】　2022年，通州区教育委员会（简称区教委）以通州区“十四五”时期教育事业发展规划为导向，努力构建通州区教育发展新格局，推进副中心教育高质量发展。有序推进中小学校领导体制改革工作；坚持全面从严治党，深入开展党性、党风、党纪和廉洁从政教育。持续提升民办学校党建工作质量，提高民办学校“两个覆盖”（党的组织覆盖和工作覆盖）水平。开展大思政课，守牢守实意识形态阵地。制发《通州区教育系统意识形态安全管理实施办法（试行）》，保障意识形态安全。全年新增幼儿托班学位640个，小学学位11880个，中学学位4330个，共计扩充学位约1.6万个。教育经费总投入约63.267亿元，着力改善办学条件，提升办学环境。

【疫情防控】　2022年，按照无禁忌症人群“应接尽接”的原则，区教委持续推进疫苗接种工作。全区教育系统教职员工新冠疫苗全程接种率达到94%以上，加强免疫接种率达到99%，3～11岁在校（园）儿童第一针接种率达到99%，全程接种率达到97%以上。

【健康校园、安全校园建设】　2022年，通州区教育系统心理健康服务指导中心成立，建立“区级—片区—学校”三级管理体系。区教委联合九部门制定《通州区推进健康校园行动实施方案》。开展“护校安园”专项行动，配备1305名专职保安；充分发挥法治副校长的作用，开展法治安全宣传教育120场次、应急演练200场次，参训师生达到12万人，覆盖率达到100%。

【教学保障】　2022年，教师研修分中心成立，打造“研修部门——学科教研组——学校”层级化网格教研体系。制定《通州区义务教育课程实施办法》，开展三位一体的“双减落实质量提升”校园行活动，累计听评课60节，对全区125所中小学开展全覆盖检查、全学科视导。立足疫情常态化教学机制，坚持“停课不停学”。完善《通州区中小学线上教学管理基本规范》，印发《北京市通州区小学线上教学质量评价指南（试行）》，建立区校两级线上巡课制度，累计听课巡课2197节。始终坚持以学生为中心的教育理念，关心关爱涉疫学生，精准摸排无人看管学生和参加线上教学有困难的学生，试行提供线上看管服务，确保一个学生都不落，一节课都不能少。全力保障中高考，确保应考尽考。在疫情防控吃紧的考试季，区教委顶住防控压力，备足备齐各类考点，区属相关委办局各司其职、同心协力，保障2457名高三毕业生、6490名初三毕业生完成考试。

【“双减”工作】　2022年，区教委发挥双减专班办公室作用，印发《通州区双减工作简报》36期。推进非学科类培训机构治理工作。利用“云网监控”对20址有证学科类培训机构进行动态监管，对重点商务楼宇开展多轮次、重点时段的全面检查，出动1542人次，现场处置无证机构41址，向社会通报违规机构情况7次。

【五育并举】　2022年，区教委坚持“五育并举”，把德育、智育、体育、美育和劳动教育相融合。打造北京城市副中心“大运河少年行”育人工程德育品牌。北京市首个“竺可桢班”揭牌成立。与故宫学校签订美育教育提升协议。举办第二十五届学生艺术节。创作推出副中心原创红色话剧《我们•恰同学》。推进多类型教育齐发展，惠及更多教育群体。制定《通州区教委委托办园指导意见》，12所“手拉手”被帮扶民办园顺利完成评估验收。结合台湖演艺小镇发展规划，完成北京新城职业学校两个新增专业筹备工作。完成社区教育院校改革，全民终身学习氛围渐浓。成立2所心理行为教学基地，开启副中心为特殊儿童提供融合教育先例。贯彻落实京津冀教育协同战略，持续开展与北三县等地教育教学交流活动。

【集团化办学】　2022年，通州区新成立3个教育集团（潞河中学教育集团、后南仓小学教育集团、中山街小学教育集团），覆盖全区32所学校。5月，成立“台次银”（台湖镇次渠家园小学、镇中心小学、银河湾小学）教育联盟。大力探索一体化办学。加快一体化办学试点，新组建4所九年一贯制学校。乔庄小学和玉桥小学合并，更名为玉桥小学东校区。

【师资队伍建设】　2022年，全区教师招聘毕业生275人，硕士学位占比超50%，招聘社会化教育人才392人。参加交流轮岗教师984名，其中区级及以上骨干教师208名。另有42名校级干部参加交流岗位，发挥名校长作用，提升区域办学治校水平。开展4期干部培训，拟定《通州区新教师规范化培训方案》，围绕《新课程标准》开展培训165次。

【教育信息化】　2022年，区教委依

托“基于教学改革、融合信息技术的新型教与学模式”实验区建设，建设通州区教育云平台，推送“通州区名师课堂网络课程”689节线上课。推进智能双师课堂建设，推进“网络学习空间建设”行动，支持线上教学、教研活动。

（巩增芳）

【区领导调研高校疫情防控工作】 5月23日，区委常委、宣传部部长汤一原到北京物资学院、北京工业大学通州校区和北京工商大学嘉华学院调研高校疫情防控工作。区委教育工委严格落实北京市委及市委教育工委的要求，选派机关干部作为联络员联系三所高校，对接市教委，协助学校做好疫情防控信息报送、服务保障等工作。

（李继龙）

学前教育

【概　况】 2022年，通州区幼儿园245所，入园幼儿17513人，离园幼儿16721人，在园幼儿58926人。其中，教育部门办园45所，在园幼儿16055人；民办幼儿园164所，在园幼儿39614人；其他部门办园（含村办）36所，在园幼儿3257人。全区幼教职工10146人。其中，园长436人，专任教师4889人，保育员（含保健医）1831人，其他2990人。专任教师中，本科学历1880人，专科2805人。教师中，高级教师职称38人。

【召开“手拉手”结对帮扶活动交流会】 1月19日，区教委召开幼儿园“手拉手”结对帮扶活动中期总结交流会，12所公办帮扶园园长以及12所民办被帮扶园园长参会。会上，帮扶园和被帮扶园代表分享工作经验，研讨《通州区学前教育质量提升行动计划》及2022年通州区学前教育工作计划，参会人员对计划中的“双减背景下的幼小衔接”“家长培训”“区本课程”“师资培训”等问题展开讨论，提出宝贵意见和建议。

【举办幼儿园教师基本功展评活动】 2022年，区教委举办幼儿园教师基本功展评活动，包含笔试和故事讲述两部分。2月25日在教师研修中心举行笔试，旨在测查幼儿园教师的专业理论知识是否扎实；3月12日展评故事讲述部分，旨在测查幼儿教师的语言表达能力、理解能力和现场表现力。活动有108个单位156名教师参加，评选出“基本功”一等奖获得者16名，二等奖32名，三等奖32名。

【通州区民办园观摩活动】 12月30日，区教委组织开展通州区民办幼儿园观摩交流活动。活动采取“云观摩+”形式，在观摩园所环境基础上，聚焦舆情处理及科学防疫两大核心问题，提升民办园保教工作质量。全区100余所民办园、259名教师参与活动。

（陈康康）

▲ 7月12日，如意中心幼儿园开展“小学生体验日”劳动教育活动

（区教委提供）

学校选介

北京市通州区如意中心幼儿园

【概　况】 北京市通州区如意中心幼儿园为区教委直属全日制幼儿园，是北京市唯一一所自收自支事业单位。分四址办学，分别为如意中心园本部、潞河分园、后南仓分园、怡佳分园。总占地面积4184.8平方米，校舍建筑面积2911平方米。园本部占地面积1517平方米，校舍建筑面积1245.06平方米。2022年，教育经费投入970.29万元，其中国家拨款739.41万元、自筹经费230.88万元。固定资产总值1257.35万元。拥有图书0.39万册、计算机70台。有教职工112人，包括专任教师40人，本科及以上学历30人，专科学历30人。配有保健医7人，保育员20人，中级以上专业技术职务5人。开设教学班20个，其中小班6个、中班7个、大班7个，有幼儿530人。如意中心幼儿园定位于“运河畔，塔影下，胡同里”的幼儿园，既传承历史底蕴，又关注幼儿多元体验。在“幼小衔接”“疫情防控”“自收自支体制改革”背景下，以“同心党建”品牌为引领，不断深化“以爱育爱，快乐成长”的办园理念，坚持培养能自主、善交往、乐探究的健康儿童。“生命·生长”多元体验课程逐步完善，分层培养“智慧善思　乐教善导”教师队伍，成功申报“十四五”市级立项课题7项，园所获评“2022年教育系统学习型党组织建设创新单位”，内涵发展与办园品质持续提升。

（于天博）

【参加“教苑秀风采　一起向未来”庆“三八”服装展示大赛】 3月5日，如意中心幼儿园组织教师参加通州区教育工会举办的“教苑秀风采　一起向未来”庆“三八”服装展示大赛。融合传统、现代和京剧等多种文化元素的节目编排，展现教师风采。

（吕红）

【“悦读阅成长”读书活动之春日故事会】 4月12日，如意中心幼儿园开展“悦读阅成长”读书活动。活动中幼儿共享阅读，给教师和同伴讲故事。在“幼小衔接”背景下，通过培养幼儿对图书的兴趣，帮助其养成良好的阅读习惯。

（于天博 何梦华）

【参加通州区第三届“新星杯”教学活动评优】 4月26日，如意中心幼儿园3名教师参加通州区第三届“新星杯”教学活动评优。小班艺术、科学领域，中班科学领域活动均获三等奖。

（于天博 何梦华）

【幼小衔接主题活动——小学生体验日】 7月12日，如意中心幼儿园开展“小学生体验日”劳动教育活动，在种植园地采摘自己种植的蔬菜，体验劳动的辛苦和收获的喜悦。活动从生活、交往、作息时间、学习方式等多个方面，每月开展一项重点体验内容，逐步模拟小学生活，帮助幼儿顺利完成幼儿园与小学的衔接。

（于天博 何梦华）

北京市通州区临河里幼儿园

【概 况】 北京市通州区临河里幼儿园由区教委举办，两址办学，分为小班部和中大班部。总占地面积9607.07平方米，校舍建筑面积8644平方米。2022年，教育经费投入2359.00万元，其中国家拨款2359.00万元。固定资产总值1655.60万元，有图书0.38万册、计算机119台，专用教室10个，普通教室25个。有教职工139人，包括专任教师85人，本科学历85人，中级以上专业技术职务18人；有保健医7人，中级以上专业技术职务1人；保育员25人。开设教学班25个，其中小班8个、中班8个、大班9个。幼儿离园241人、入园205人、在园605人。2022年，临河里幼儿园严格落实常态化疫情防控工作，印发《临河里幼儿园新冠疫情防控工作手册》，通过健康宣教、家园沟通等方式不断提高师幼及家长健康意识；定期开展疫情防控演练，提高各部门应急处置能力；确保防疫物资储备，保证防疫工作正常开展，多举措构筑健康堡垒，全年无集体疫情发生。9项课题立项为区规划课题，17项课题立项为北京市教育学会课题。

【“本·真”教育文化体系通过市级专家论证】 1月24日，临河里幼儿园举行“本·真”教育文化及课程论证活动。活动对“本·真”教育文化及课程实施情况总体汇报，北京教科院课程教材发展研究中心专家对幼儿园文化及课程进行点评，给出“本·真立足，文化落地；基于现实，课程成型；资源联动，特色初成”评价意见。

【举办“教苑秀风采，一起向未来”服装展示活动】 3月4日，临河里幼儿园工会举办“教苑秀风采，一起向未来”服装展示活动。选手利用业余时间进行形体动作练习，自主进行配乐、舞台布局设计，以“春之韵”为主题，展示和谐、活力、希望三个篇章。经过初赛，选出22名选手参与区级决赛。

【举行“新星杯”教育活动评优】 3月14—25日，临河里幼儿园举办“新星杯”教育活动评优，活动从教学设计、幼儿发展、活动组织维度进行评价。73名教师参赛，评出一等奖22人，二等奖29人，三等奖22人。其中7人后期承担区级“新星杯”现场课，2人获一等奖。

【开展“悦动360”党建品牌建设专家调研活动】 6月23日，临河里幼儿园开展“悦动360”党建品牌创建交流研讨会。会上，负责人代表支部做《文化凝心 品牌聚力》品牌建设工作汇报，市级专家肯定品牌建设取得成果，对品牌建设方案提出三点发展性意见。通过专家组调研反馈，区委教育工委认定“悦动360”党建品牌为通州区教育系统党建示范品牌。

【迎接通州区教育科学规划课题中期展示】 10月13日，临河里幼儿园开展通州区教育科学规划课题中期展示活动。活动中，专家听取幼儿园科研工作汇报，与课题承担人进行课题中期研究情况交流，查阅教科研档案材料，肯定幼儿园课题研究亮点，提出下一步课题研究方向。

（王帅）

▲ 临河里幼儿园小班部

（区教委提供）

基础教育

【概 况】 2022年，通州区有小学44所（公办校40所、民办校4所），教学班2139个。招生14743人，毕业9204人，在校生81793人，在校生中北京市户籍学生56886人。有教职工4814人，其中专任教师4493人。有中学48所（完中9所、高级中学3所、初中14所、九年一贯制学校16所、十二年一贯制学校6所）。教学班951

个（初中659个、高中292个），招生12399人（初中7912人、高中4487人），毕业9187人（初中6627人、高中2560人），在校生34241人（初中22581人、高中11660人），在校生中北京市户籍学生30491人（初中19426人，高中11065人）。教职工5730人，其中专任教师4673人。特殊教育学校1所，在校生194人。校外教育单位27个，教职工280人，专任教师148人，在校生84751人。教育部门办中小学专任教师学历合格率100%，教职工中高级教师职称2590人。中小学占地总面积3859742.16平方米，总建筑面积2004162.04平方米，固定资产总值414812.1967万元，图书3194791册。

【新教师培训工作总结表彰会】 1月6日，区教委举行新教师培训工作总结表彰会。会上做题为《浸润助成长 赋能新教师》的通州区新教师培训工作总结，表彰参加北京市第五届“启航杯”教学风采活动的获奖教师。2位获一等奖教师代表做微格教学现场展示，获奖教师和优秀指导教师代表分别进行经验交流。获得“启航杯”一、二等奖教师和相关研修员参加现场会。各学校主管继续教育工作领导和各中小学新教师代表线上观看会议直播。

（董立生）

【课后服务课程交流研讨活动】 1月7日，区教委联合北京教育科学研究院基础教育教学研究中心举办“聚焦‘双减’内核点 构建副中心教育新生态——成长导向 完整供给 提质增效”课后服务课程交流研讨活动。活动分为学校论坛、教师论坛、共同体论坛、课后服务课程展示等环节。自“双减”实施以来，通州区全区学校实现课后答疑百分百，开设综合素质拓展类课程2000余门。北京教科院基础教育课程中心、区教委、区青少年活动中心、区教师研修中心相关领导及通州区58所小学校长、教学干部300余人参加活动。

（白文会）

【“落户通州，健康先行”专项行动启动】 1月13日，区教委与首都儿科研究所举行专项行动启动仪式，签订“落户通州，健康先行”专项行动合作协议。行动聚焦“小胖墩”“小眼镜”和儿童语言、心理、行为等重大儿童健康问题，开展饮食、运动和睡眠等多维度发育健康管理服务，为区域内中小学幼儿园提供全方位、全周期的健康保障。首都儿研所、区委教育工委及宋庄中学、北京理工大学附属中学通州校区、宋庄镇中心小学、贡院小学徐辛庄校区、宋庄镇徐辛庄中心幼儿园、宋庄镇红杉溪谷幼儿园首批6所试点学校、幼儿园负责人参加活动。

（白文会）

【成立体育、艺术课堂教学改革研究组】 1月18日，区教委成立2022通州区体育、艺术课堂教学改革研究组，涉及中小学体育、音乐、美术、书法等学科。聘请区教师研修中心张金玲老师为体育、艺术课堂教学改革研究组总负责人。区教委相关负责人分别从当前体育、艺术课堂教学中存在的问题、2022年“研究组”各组工作任务，并结合当前工作开展情况，对2022年通州区体育、艺术课堂教学改革研究组进行工作部署，提出具体要求。

（白文会）

【落实“双减”德育同行活动】 1月18日，区教委举办“落实‘双减’德育同行”——2021年北京城市副中心德育“思·享”会，全区小学干部教师及学生家长线上参加活动。会上，来自宋庄镇中心小学、马驹桥镇中心小学、芙蓉小学、漷县镇中心小学、潞苑小学、贡院小学、北京小学通州分校、运河中学附属小学、研修中心实验学校的教师代表，分享各自学校探索家风建设、“家校成长课堂”平台建设以及家访制度建设的做法，讲述自己的育人故事。与会领导为通州区未成年人心理健康辅导站颁发“第三届全国社会心理服务十佳案例”最佳示范案例奖。北师大心理学部教授、博士生导师蔺秀云教授作题为《做落实“双减”的阳光教师》的主题报告。

（巩增芳）

【14所校（园）入选全国足球特色学校】 1月19日，通州区玉桥中学、贡院小学、台湖学校3所学校入选2021年度全国青少年校园足球特色学校。马驹桥镇大杜社中心幼儿园、教工幼儿园、永顺镇中心幼儿园、芙蓉幼儿园、潞苑幼儿园、北京市第五幼儿园城市副中心园、吧哩岛幼儿园、如意中心幼儿园、新城东里幼儿园、宋庄镇红杉溪谷幼儿园、德爱通惠幼儿园11所幼儿园入选2021年度全国足球特色幼儿园。全区累计45所校（园）入选名单。

（巩增芳）

【首家“竺可桢班”揭牌】 2月20日，北京市首个“竺可桢班”在北京理工大学附属中学通州校区正式揭牌。“竺可桢班”面向青少年厚植科学精神和爱国情怀，弘扬以“求是”为主导，追求真理、忠于真理的竺可桢精神，为一批在地理、气象和人工智能等专业具有浓厚兴趣的优秀学生提供优质科学教育平台。竺可桢之子——竺安与学校签署授权书，担任首席顾问，为该班揭

▲ 1月18日，区教委举办“落实‘双减’德育同行”——2021年北京城市副中心德育“思·享”会
（区教委提供）

▲ 2月20日，北京市首家"竺可桢班"揭牌

（区教委提供）

▲ 6月26日，2022年中考顺利结束

（区教委提供）

牌。副区长董明慧为顾问专家代表颁发聘书。"竺可桢班"是通州区继潞河中学建立"钱学森班"之后第二个以科学家命名的示范班。

（巩增芳）

【成立六大综合研究中心】 2月21日，区教委在区教师研修中心成立六大综合研究中心，分别是创新人才培养中心、项目管理中心、资源建设中心、数据分析中心、学生发展指导中心、对外交流中心，汇聚中心（分院）各部室的研修资源，提升综合性研修实力，为全区教育、教研、决策提供服务支撑。

（巩增芳）

【中小学中层干部岗位能力提升培训班】 4月8日，区教委联合区教师研修中心举行通州区中小学中层干部岗位能力提升培训班暨党务工作者提升工程开班仪式。邀请天津大学马克思主义学院院长颜晓峰作题为《马克思主义中国化的三次飞跃》专题讲座。

（周蜜）

【与区检察院签订"检教共建"协议】 4月12日，区教委联合区检察院签订"关于加强检教合作　推进法治校园建设"共建协议，切实加强未成年人全面综合司法保护，多方位推进未成年人保护工作，创新打造"检教共建"工作的"副中心模式"。协议强调，用机制助力"检教共建"，用合作共促法治安全，用产品推动普法进程，用党建引领业务，加强党建同融共促。

（巩增芳）

【与故宫学校签订教育合作框架协议书】 4月20日，区教委与故宫学校举办"故宫学校教育资源助力北京城市副中心美育教育提升"教育合作签约仪式，建立完善合作机制和保障机制，协同推动合作进程，确保合作的实质性和有效性。协议双方就美育课程建设、美育实践活动开展、教师技能素养提升、通州区美育教育体系构建等方面达成一致。

（巩增芳）

【调整义务教育阶段招生学校信息】 4月22日，区教师研修中心实验学校调整为九年一贯制学校，代码为01122201。北京拔萃骏源学校调整为九年一贯制学校，代码为01122029。新增北京景山学校通州分校，代码为01123066，类型为十二年一贯制学校，属性为普通中小学，办别为教育部门和集体办，无招收外国籍学生资质。新增通州区后南仓小学紫运校区，代码为01120345，类别为小学，属性为普通中小学，办别为教育部门和集体办，无招收外国籍学生资质。通州区永顺小学更名为北京市通州区中山街小学永顺校区，代码为01120213。合并通州区柴厂屯中学和柴厂屯小学，成立通州区柴厂屯学校，代码为01122025，类型为九年一贯制学校，属性为普通中小学，办别为教育部门和集体办，无招收外国籍学生资质。合并通州区觅子店中学和通州区觅子店小学，成立通州区觅子店学校，代码为01122022，类型为九年一贯制学校，属性为普通中小学，办别为教育部门和集体办，无招收外国籍学生资质。

（冯琳）

【潞河中学教育集团增加一校】 5月16日，潞河中学教育集团将台湖镇次渠家园小学纳入集团化管理，成立潞河中学附属学校次渠家园校区。台湖镇次渠家园小学与台湖镇中心小学、银河湾小学共同组建教育联盟，带动整个区域基础教育发展。

（王川）

【高考和中考】 6月7日，2457名通州考生参加2022年夏季高考。本次高考通州区设置3个常规考点，为潞河中学考点、运河中学考点和人大附中通州校区考点；设置3个备用考点，为北京二中通州校区考点、张家湾中学考点、北京五中通州校区考点。6月24—26日，6490名初三考生参加中考，区医疗卫生、公安、城管等部门多措并举，为中考顺利进行保驾护航。本次中考试设置16个常规考点，每个常规考点分别设置3个备用考场；设置5个备用考点、1个集中医学观察考点、1个封管控考点和1个备用封管控考点。

（巩增芳）

【研修中心分中心成立】 7月1日，区教师研修中心分中心成立仪式在于家务中学举行，工作范围覆盖永乐店镇、漷县镇、西集镇、于家务回族乡等地义务教育阶段学校，通过开展学科建设、课堂教学、课程改革以及学校干部队伍建设等工作，助推上述地区学校校本教研。

（王川）

【全国首家“李四光班”揭牌】 7月6日，全国首家“李四光班”在通州区永乐店中学正式揭牌。李四光纪念馆高级顾问、馆长特别助理李四光外孙女——邹宗平与学校签署授权书，授权建立“李四光班”，并担任首席顾问。“李四光班”的学生与强基计划培养同步进行，与高水平大学合作，打通高中和大学壁垒，让“李四光班”学生提前走进大学，感受大学的科学研究，帮助学生提前确立奋斗目标，激励学生学习。

（巩增芳）

【全国大学生暑期“返家乡”社会实践启动】 7月13日，全国大学生2022年暑期“返家乡”社会实践“一起云支教 携手创未来”专项活动在通州区永乐店中学启动。活动由团中央青年发展部指导，中国光华科技基金会主办，各高校团委、相关地区各级团委协办。“一起云支教”活动采取线上线下结合形式，线上组织大学生与中小学生“一对一”结对，通过“一起快乐阅读”“一起健康运动”“一起红色寻访”“一起开展云课堂”等方式云上携手、共进双赢。线下鼓励大学生志愿者“返家乡”就近就便参加实践活动，动员当地中小学生参与。

（吴琳）

【彩虹童心合唱团获金奖】 7月20日，潞河中学附属学校彩虹童心合唱团在第十六届中国国际合唱节中获童声组一级团（金奖）荣誉称号。本届合唱节团员由一至六年级55名学生组成。潞河中学附属学校彩虹童心合唱团成立于2015年，由学校一至六年级普通班音乐零基础的小学生组成，旨在用歌唱的方式，引导孩子们“用童心体验艺术，用歌声描绘彩虹”。

（王丹）

【4所新校迎新生】 9月1日，北京景山学校通州分校、后南仓小学紫运校区、运河中学附属小学、北京教科院通州区第一实验小学杨庄校区4所新校投入使用，共扩充8730个学位。

（巩增芳）

【中小学学科基地建设经验研讨会】 12月8日，区教委组织召开通州区中小学学科基地建设经验研讨会。首次研讨活动采用线上会议及在线直播形式，聚焦“小学语文学科基地的建设经验”，1700余名老师在线参加活动。活动立足区级层面学科基地整体建设与运行管理，通过选取学科基地建设典型代表作为样本进行分享，研究学科基地建设典型经验与做法策略，探讨学科课程建设、学科基地在学科教研体系中的价值与路径等议题，为区域学科基地建设积累过程性成果，梳理阶段性经验成效。截至年底，全区建立44个学科基地，涵盖小学、初中、高中各基础教育学段，涉及语文、数学、英语、美术等多个学科。

（王川）

学校选介

北京教育科学研究院通州区第一实验小学杨庄校区

【概　况】 2021年9月，原永顺镇中心小学更名为北京教育科学研究院通州区第一实验小学杨庄校区，成为北京教育科学研究院通州区第一实验小学教育集团校，为区直属公办小学。2022年9月，校区正式迁入新址。占地面积33290.945平方米，校舍建筑面积41610.9平方米，运动场地面积9381.25平方米。图书馆藏书5000册。固定资产总值2万元，全年教育经费投入6680万元。学校有数字终端252台，其中学生终端146台、教师终端106台。有教职工85人，其中高级职称12人、中级职称24人；专任教师84人，其中北京市学科带头人1人、北京市骨干教师1人，本科以上学历83人。开设教学班38个。毕业189人、招生342人、在校生1570人，包括寄宿生0人、随班就读生8人。

【庆六一活动】 6月1日，学校聚焦儿童节，以“云六一”形式，开展“云端牵手过六一 别样温情儿童节”线上主题活动。为学生制定个性化学习与研究计划，提供资源包，开展学习、实践与研究。

【参加“青年教师演讲汇”活动】 8月29日，学校3名教师参加北京市学科科学学会举办的“青年教师演讲汇”活动。教师赵天获二等奖，教师赫志静、李佳芯获三等奖。

【新校区开学典礼】 9月1日，北京教育科学研究院通州区第一实验小学教育集团杨庄校区正式投入使用。38个教学班、1600名学生、93名教职工正式入驻新校区，线上举行主题为“喜迎二十大 开启新征程”的开学典礼。

【新校区落成剪彩】 9月9日，学校举行新校落成仪式，庆祝第38个教师节。北京教育科学研究院院长方中雄、区政协主席张德启等领导为新校区揭牌，慰问教师团队。

▲ 9月1日，北京教育科学研究院通州区第一实验小学教育集团杨庄校区正式投入使用

（区教委提供）

【国庆节庆祝活动】 9月30日，学校师生共同录制《万疆》快闪视频，合唱团、舞蹈团、大鼓队、篮球队、健美操队将思维展示结合到歌曲中，学校学生代表们用热情、歌声、节拍表达爱国之心。学校少先队开展“精致绘本 敬献祖国”活动。

【“1㎡”精彩课堂展示】 12月13日，学校通过腾讯会议开展“1㎡”精彩课堂展示活动，体育教师26人和其他学科教师33人参与，研讨大单元线上线下结合教学新模式，利用知识＋技能＋体能的线上课程教学模式，提高线上教学时效性，与线下教学相结合，提高体育课堂教学效率，打造体育课堂教学思路。

【班主任素养提升系列培训活动】 12月14日、21—22日，学校与全国自主教育联盟共同邀请市级知名专家为全体班主任做《如何撰写案例、论文》《如何做好主题班会》《班主任的带班方略》主题讲座。引导教师们在“双减”和新课标背景下，聚焦学校课堂、德育课程、家校合作，构建师生学习共同体，促进师生自主发展，提升教师专业成长和综合素质。

（王静）

北京市通州区中山街小学

【概　况】 2022年，北京市通州区中山街小学联合北京市通州区永顺小学成立中山街小学教育集团，9月举行集团授牌仪式，原永顺小学更名为北京市通州区中山街小学永顺校区。中山街小学本校区占地面积7048平方米，校舍建筑面积5789平方米，运动场地面积3804平方米。图书馆藏书32221册。固定资产总值2616.49万元，全年教育经费投入3443.4万元。学校信息化经费投入21.02万元，有计算机563台，网络多媒体教室43个，校园网出口总带宽8000Mbps，数字资源量1500GB，“信息技术”课程1课时/周。有教职工92人，包括高级职称13人、中级职称38人。有专任教师87人，包括北京市骨干教师4人、骨干班主任1人，通州区骨干教师15人、区级青年骨干教师4人；本科以上学历91人。开设教学班28个。毕业175人，招生214人，在校生1224人。2022年，学校师生在全国、市级、区级获奖1623项，申报立项市区级“十四五”课题13项，合唱团获北京市第二十五届学生艺术节银奖、通州区第二十五届学生艺术节金奖。学校获评通州区体育优秀学校、艺术教育优秀学校、科技教育优秀学校以及通州区艺术教育特色学校、科技教育示范学校。

（吴琦　李彩艳）

【春季开学第一课】 2月21日，中山街小学举行“燃冬奥之光　书崭新篇章”春季开学典礼。2022北京冬奥会火炬手、传旗手，北京市公安局通州分局科技警察张旗和通州交通支队潞河大队副大队长王艳中为全校师生讲授开学第一课。张旗讲述传递火炬和国旗时的经历与感受，让学生们了解冬奥背后的故事。王艳中以《关爱生命，主题安全出行》对学生进行安全教育。

（王典）

【首批英语学科基地校启动】 4月13日，通州区首批英语学科基地校仪式正式启动，宣布中山街小学成为区英语学科基地校。区骨干教师介绍基地校基本情况，围绕校本教研体系的初步建立、绘本资源整理与实践以及固化与推广研究成果，阐述三年规划，进行主题单元说课、课堂教学、课例展示。学校“绘言绘语”10人英语团队成为基地校成员，其中市级骨干教师2人、区级骨干教师3人。通州区小学英语教研室教研员、基地校责任研修员、中山街小学英语学科团队及全区近百名教师参与此次活动。

（王旻勋）

【举行幼小衔接线上研讨会】 4月1日，中山街小学与通州区幼儿园联合举行“立足儿童发展　落实幼小衔接”单元教学线上研讨活动。两校教师围绕“认识人民币”这一主题进行“活动观摩”“单元主题设计说课”“课例研讨”，探究幼小衔接方法路径。北京教育科学研究院基础教育教学研究中心、通州区教师研修中心、通州区幼儿园、中山街小学领导教师参加活动。

【开展清明祭英烈活动】 4月2日，中山街小学开展“缅怀中山革命先烈　传承槐园红色基因”清明节祭英烈活动。一至六年级全体学生通过主题班会方式，学习中山街小学百年校史上的一位英雄人物、通州区第一名共产党员魏恩铸的革命事迹。全体学生采取讨论分享、以诗寄思、以言传情、以画致敬方式对魏恩铸进行追思。

（王典）

【举行师德师风教育活动】 8月30日，中山街小学教育集团开展“新时代师德建设形式与任务”师德师风教育活动。首都师范大学党委教师部部长苏寄宛作专题培训，从使命、形式、

▲ 9月1日，中山街小学教育集团举行授牌仪式

（区教委提供）

制度、底线、文化五个方面解读习近平总书记关于师德师风建设系列讲话精神、教育部出台师德师风建设系列文件及师德准则。中山街小学本校区和永顺校区134名干部教师参加培训。

（王昱勋）

【中山街小学教育集团揭牌】 2022年，北京市通州区中山街小学联合北京市通州区永顺小学成立中山街小学教育集团，原北京市通州区永顺小学更名为北京市通州区中山街小学永顺校区。9月1日，永顺校区举行集团授牌仪式，中山街小学教育集团本校区校长王晓慧向中山街小学永顺校区校长韩振伟颁牌。永顺校区全体师生参加揭牌活动。

（张爱红）

【最美中山人选树活动】 2022年，中山街小学举行2021—2022学年度最美中山人选树活动。活动采取无记名投票方式进行，92名教师参与。经汇总、评议、表决，评选出最美教师20人、最美管理者2人、最美合作伙伴2对、最美团队1个，在“树德铸魂塑造中山人 金秋硕果献礼二十大”庆祝教师节会上进行表彰。最美中山人选树活动从2020年开始，每年评选一次，教师节前进行。

（张蛀）

北京市通州区台湖学校

【概　况】 2022年，北京市通州区台湖学校（以下简称台湖学校）占地面积60346平方米，校舍建筑面积35777平方米，运动场地面积25884平方米。图书室藏书58508册。固定资产总值11042.22万元，有数字终端420台。有教职工177人，其中高级职称21人、中级职称69人。有专任教师161人，包括北京市骨干教师5人、通州区骨干教师11人、通州区骨干班主任6人；本科以上学历173人。开设教学班57个（小学42个、初中15个）。毕业336人（小学216人、初中120人），招生480人（小学312人、初中168人），在校生2192人（小学1706人、初中486人）。学校民乐、舞蹈、合唱、戏剧等多次获得区级及以上优异成绩，先后被评为北京市艺术教育特色学校、北京市中小学文明校园、北京市科技示范学校、全国青少年校园篮球特色学校、全国青少年校园足球特色学校、北京2022奥林匹克教育示范学校、全国第三批国防教育特色学校、北京市通州区爱国主义教育基地和初三毕业班工作优秀校等。

▲ 3月1日，台湖学校打造校园足球特色学校

（区教委提供）

【开展“喜迎冬奥会”活动】 2月25日，台湖学校少先队大队组织开展“喜迎冬奥会”活动。小队员们收看、收听2022北京冬奥会直播、转播，学习冬奥文化知识，创作冬奥画作，参加冬奥冰雪运动，为建设最美双奥城汇聚力量。

【打造校园足球特色学校】 2022年，台湖学校通过每天课后服务时间，聘请专业教练，开展足球训练和比赛活动。3月1日，校足球队在通州区阳光体育中小学生足球比赛中获得全区第四名和第七名的成绩。学校入选2021年度全国青少年校园足球特色学校名单。

【线上教学】 4月27日起，因疫情原因，台湖学校实施居家办公、线上教学。5月24日，小学部低年级数学教研组开展以“共研线上教学，提高网课实效性”为主题的线上教研活动。11月后，因疫情原因再次居家办公，线上教学。

【台湖艺术教育座谈会】 8月1日，北京市文旅局、国家大剧院、北京交响乐团、通州区委宣传部、通州区教委及台湖镇党委等相关领导参加支持台湖地区学校建设艺术特色情况座谈会。会议由区委常委、宣传部部长汤一原主持。会上，区教委介绍台湖地区学校建设艺术特色思路、设想及现阶段基本情况等，重点介绍台湖学校、新城职业学校等艺术教育特色创新情况。

【台湖学校特色发展工作推进会】 9月23日，市教委、市少年、区教委、国家大剧院艺术教育部、中国音乐学院、首都师范大学音乐学院以及区青少年活动中心等部门领导专家到台湖学校实地调研，召开优质特色发展工作推进会，听取区教委关于“质量提升行动计划”汇报，对促进学校高标准、高质量、高水平优质特色发展工作进行具体部署。

【入选乡村温馨校园建设典型案例学校】 根据《教育部办公厅关于推进乡村温馨校园建设工作的通知》要求，经各省级教育行政部遴选推荐，11月30日，台湖学校被教育部确定为第三批乡村温馨校园典型案例学校。

（胡平　翟守国）

北京市通州区潞河中学

【概　况】 2022年，潞河中学占地面积17.06万平方米，建筑面积10.02

万平方米，运动场地面积 2 万平方米，绿化用地面积 6 万平方米。图书馆藏书 135920 册。固定资产总值 52767 万元。全年教育经费投入 20393 万元。学校拥有计算机 1958 台，多媒体教室 8 个，校园网出口宽带 1.1GB，数字资源量 2500GB，“信息技术”课程初中每周 1 课时、高中每周 2 课时。有教职工 358 人，其中，正高级职称 12 人，高级职称 141 人、中级职称 141 人。有专任教师 302 人，包括特级教师 12 人、市学科教学带头人 5 人、市骨干教师 18 人、市骨干班主任 2 人；本科及以上学历 364 人。开设教学班 76 个，其中，初中班 30 个、高中班 46 个。毕业 1196 人（初中 449 人、高中 747 人），招生 1105 人（初中 401 人、高中 704 人），在校生 3173 人（初中 1236 人、高中 1937 人），包括寄宿生 856 人。高中录取分数线 641 分（通州区统招），应届高考本科上线率 99.2%。

【选举产生新一届中共北京市通州区潞河中学总支部委员会】 1 月 18 日，召开中共北京市通州区潞河中学总支部委员会换届选举工作党员大会，选举产生新一届中共北京市通州区潞河中学总支部委员会成员。会后，新一届总支部委员会召开第一次全体会议。

【潞河中学教育集团正式成立】 4 月 26 日，潞河中学教育集团正式成立。5 月 16 日，将台湖镇次渠家园小学纳入集团化管理，成立潞河中学附属学校次渠家园校区。至此，潞河中学教育集团成员校包括潞河中学、潞河中学三河校区、潞河中学附属学校、潞河中学附属学校次渠家园校区。

【“1+3”摇号招生录取工作】 作为“1+3”（初三 1 年，高中 3 年的贯通培养）人才培养试验项目区级试验学校，潞河中学按照市、区教委要求，制定《潞河中学 2022 年“1+3”人才培养试验项目摇号录取方案》，委托公司开发摇号程序并经第三方软件检测机构鉴定测试合格后，经过学生自愿报名、公布摇号名单，于 7 月 26 日上午完成摇号招生录取工作。

【调整为中共北京市通州区潞河中学委员会】 9 月 20 日，经区委教育工委研究决定，将中共北京市通州区潞河中学党支部委员会调整为中共北京市通州区潞河中学委员会。

【普通高中“双新”实施潞河中学专题研讨会】 12 月 16 日，由北京教育科学研究院主办，潞河中学承办的“推动‘双新’全面实施　促进育人方式改革”——北京市普通高中“双新”实施潞河中学专题研讨会召开。潞河中学推出 21 节现场观摩课、5 个主题发言，整场活动受到专家、领导、教育同仁的高度认可与好评。

（张娜）

职业教育　成人教育

【概　况】 2022 年，通州区有职业高中 2 所，其中，教育部门办 1 所、民办 1 所，开设专业 13 类。招生 456 人，毕业 130 人，在校生 988 人。教职工 147 人，其中专任教师 125 人。职业高中学校（非学校产权）占地总面积 46000 平方米，（学校产权）建筑总面积 49636 平方米，（非学校产权）建筑总面积 23768 平方米，图书室藏书 132236 册，固定资产总值 12163.32 万元。成人教育单位 12 个，其中成人教育中心 1 个、区教委辖管乡镇成人学校 11 个。开设外语、计算机、农业技术、驾驶、文明素质等培训科目。教职工 31 人（不含外聘教师），其中专任教师 19 人。区教委辖属乡镇成校占地总面积 18412 平方米，建筑总面积 5508 平方米，图书馆藏书 3637 册，计算机 271 台，固定资产总值 912.719533 万元。

【支持职业教育发展】 9 月 16 日，市教委在北京新城职业学校召开支持通州职业教育发展专题会暨北京新城职业学校专业建设校企合作签约仪式。会上，北京新城职业学校与国家大剧院台湖舞美中心、北京星海钢琴集团进行校企合作订单培养签约；与北京戏曲艺术职业学院、北京青年政治学院等 7 所高职院校就建立中高职衔接专业建设指导委员会进行签约。

（巩增芳）

学校选介

北京新城职业学校

【概　况】 北京新城职业学校 1984 年建校，位于通州区台湖镇，是直属于通州区教委的唯一公办中等职业学校，省部级重点职业学校。学校占地面积 201799 平方米，校舍建筑面积

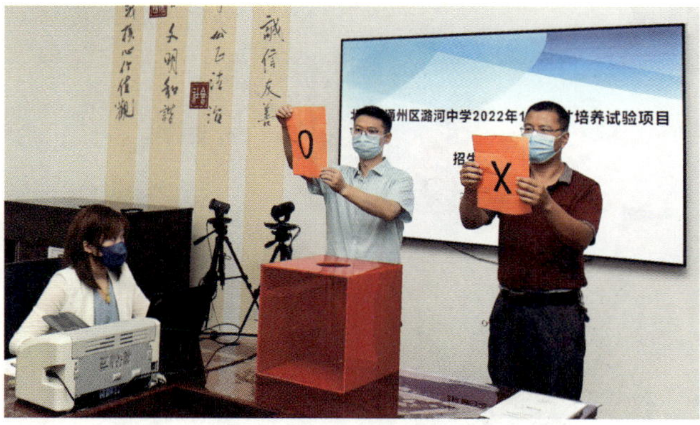

▲　7 月 26 日，潞河中学 2022 年 1+3 人才培养试验项目招生现场

（区教委提供）

▲　9 月 16 日，支持城市副中心职业教育发展签约仪式举办

（区教委提供）

49636平方米，运动场地面积42299平方米，有纸质图书46199册。2022年固定资产总值8341.57万元，全年教育经费投入4401.45万元。在编教职工113人，社会化人员2人，其中高级职称30人、中级职称33人。专任教师88人，本科以上学历100%，北京市骨干教师1人、北京市优秀教师1人，区级骨干教师5人、青年骨干教师3人、骨干班主任3人，“双师型”教师比例达86%。2022年招收新生409人，开设30个教学班，在校生823人。校内实训室21个，覆盖所有专业，校外实训基地11个（各成人学校）。学校有实训设备4965台（套），价值6151万元。有技术先进、功能齐全的校园网和数字化监控设备。有教室71个，其中网络多媒体教室34个，普通计算机房8个，苹果机房2个，3D打印教室3个，各教室均配备多媒体教学设备和录播设备。

2022年，学校开设九个专业，分别是幼儿保育、数字媒体技术应用、电子商务、计算机应用、旅游服务与管理（环球订单班）、汽车运用与维修、娱乐设施运营与维护（北京欢乐谷订单班）、中餐烹饪、西餐烹饪，均开展3+2中高职衔接，学生通过五年系统学习实现技能、学历双丰收。学校构建符合副中心特色的校企合作新机制，携手北京环球度假区提升副中心服务业软实力，《环球度假区新媒体运营专业群》为北京市职业院校特色骨干专业群。与国家大剧院舞美艺术中心、北京星海钢琴集团合作共建“舞台艺术设计与制作”和“钢琴调律”两个新专业。7月，计算机教研组长赵海宏完成为期一年的援蒙支教工作。2022上半年，学校接收内蒙古自治区学生8人到校学习，疫情线上教学期间，学校安排专人管理，做好学生安全、生活、学习等各项保障。组织教师参加京郊联盟说课程比赛，3位参赛教师均获一等奖，1位教师参加京郊联盟市级思政课教师教学能力比赛，荣获二等奖。在北京市职业院校教师教学能力大赛中，8个参赛团队全部获奖，其中1个团队荣获市级一等奖。

【参加国家和国际比赛】 4月，学校汽修专业学生曲中旺在北京市职业院校技能大赛中获第三名，8月代表北京市参加全国职业技能大赛，共82个参赛队，学校获得第58名。6月23—28日，学校数媒、电商、美术、声乐、中西餐五个专业通过线上形式参与第二届“丝路工匠”国际技能大赛，其中获特等奖1个、一等奖4个、二等奖7个、三等奖5个，学校获优秀组织奖。12月，清迈大学孔子学院继续联合泰国职业教育委员会、全国职业教育教学指导委员会（中国）、“一带一路”电商谷项目发展理事会、北京博导前程信息技术股份有限公司、泰国新诺泰教育科技公司共同主办第二届“博导杯”中泰职业院校创新创业国际邀请赛，学校电子商务参赛团队有416支团队中获三等奖。

【领导调研】 8月2日，市委书记蔡奇到台湖演艺小镇调研，听取学校汇报，高度肯定学校发展定位，作出“支持新城职业学校开设艺术类特色专业，与国家大剧院、环球主题公园合作定向培养学生”重要指示。

【参加服贸会教育服务专题展】 9月4日，学校作为北京青年政治学院学前教育专业合作院校、北京学前教育职业教育集团主要代表，受邀参加由北京市教委主办的2022年服贸会教育服务专题展，展示学生韩一平毕业作品《团圆饭》和其他学生优秀的剪纸、衍纸、绘画作品，受到广泛关注和赞誉。

【新增专业校企合作签约】 9月16日，北京市教委在北京新城职业学校召开支持通州职业教育发展专题会暨北京新城职业学校专业建设校企合作签约仪式，北京新城职业学校与北京戏曲艺术职业学院、北京青年政治学院等7所高职院校就建立中高职衔接专业建设指导委员会进行签约，与国家大剧院台湖舞美艺术中心、北京星海钢琴集团进行校企合作订单培养签约。

【举办北京环球度假区校园招聘会】 11月3日，北京环球度假区2023校园招聘“北京新城职业学校”专场招聘宣讲会开讲，以腾讯会议形式远程进行。2023届旅游服务与管理、娱乐设施运营与维护、中餐烹饪、西餐烹饪四个专业学生在教室、实训室观看云宣讲。

（刘莹）

通州区社区教育学院（北京开放大学通州分校）

【概　况】 2021年，北京市通州区成人教育中心更名为北京市通州区社区教育学院，加挂北京开放大学通州

▲ 9月4日，学校旅游服务与管理专业学生受邀到北京环球度假区参观（区教委提供）

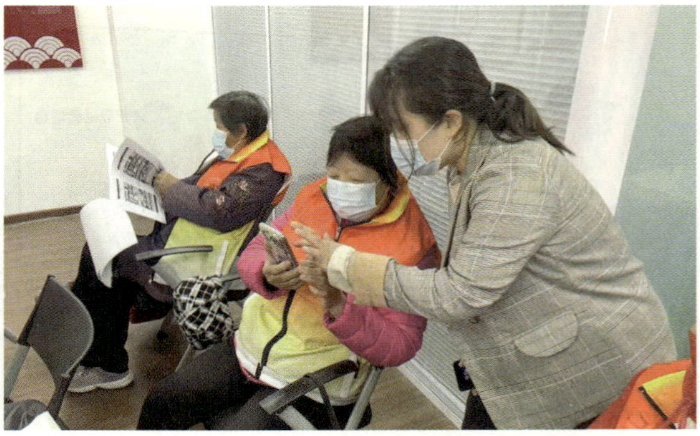

▲ 10月12日，通州区社区教育学院在北苑街道官园社区开展“智慧助老”手机便利生活培训活动（区教委提供）

分校牌子。将原北京市通州区成人教育中心所属北京农业广播电视学校通州区工作站、北京开放大学通州区分校并入北京市通州区社区教育学院（以下简称社区教育学院）。2022年，社区教育学院占地面积12100.28平方米，校舍建筑面积14254.86平方米。固定资产总值2991.18万元，全年教育经费投入3521.54万元。有数字终端524台；教职工91人，本科以上学历74人，其中高级职称18人、中级职称25人；专任教师57人，包括区级青年骨干教师2人。开设教学班32个，在校生1393人。奥鹏远程教育学习中心在校生125人，其中本科112人、专科13人。开放大学学历教育全年办理专、本科毕业228人，其中本科101人、专科127人，申请学位2人。2022年，完成通州区社区教育“十四五”规划编制工作初稿撰写工作。学院被北京市成人教育学会评为北京市“优秀成人继续教育院校（培训机构）”。

【老年教育】 2022年，学院筹备建立老年教育师资库，调整细化现有课程资源，完善10项37个系列课程。推进通州区老年智能技术应用培训、“绿色同享”公益课程进社区活动，创新开展“乐享·夕阳红”老年人文化套餐微课活动，涵盖手机助老、中医养生、国学文化、日常生活等多个方面。走进北苑、玉桥等街道，通过线上和线下活动培训726人。

【成人学历教育和新型农民教育】 2022年，北京开放大学通州分校专、本科开设大数据与会计、人力资源、行政管理、工商管理、法学5个专业，坚持“以学员为中心”的教育理念和教学管理模式，规范教育教学各环节。加速农村职业教育和社区教育融合发展，推进文化驻乡工程，搭建乡镇文化活动平台，在马驹桥镇、宋庄镇和于家务回族乡开设书法、绘画、声乐、舞蹈、手工制作5个专业课程，培养乡村文化人才。截至年底，社会文化艺术专业在籍生169人，毕业112人。

【开展“智慧助老”手机便利生活培训活动】 9月至12月，社区教育学院开展“智慧助老”手机便利生活培训活动，先后走进北苑街道帅府社区、官园社区和新城南街社区活动中心，为老年居民讲授“如何使用喜马拉雅App”“如何玩转抖音App”“如何美图及制作电子相册”，通过图片演示、手把手实操等方式，教会居民们运用软件功能，使老年人解锁更多手机新技能。

【开设线上家庭教育公益直播课堂】 10月至12月，社区教育学院以学习和解读《中华人民共和国家庭教育促进法》《如何避免孩子手机成瘾》《如何激发孩子内在学习动力》《如何培养内在力量的孩子》《智慧沟通，赢得人生》为主题，开设5次线上家庭教育公益直播课堂，为家长关于育儿问题答疑解惑。

（郑琛颖）

特殊教育

【概　况】 2022年，通州区有特殊教育学校1所——北京市通州区培智学校，占地面积1.13万平方米，校舍建筑面积0.72万平方米，运动场地面积0.21万平方米。图书馆（室）藏书4259册。固定资产总值3038.41万元，全年教育总支出3139.06万元。学校信息化经费投入58万元，有计算机112台，网络多媒体教室22个，校园网出口总带宽1000Mbps，数字资源量3614GB，“信息技术”课程2课时/周。有教职工61人，包括高级职称10人、中级职称25人；专任教师60人，包括特级教师1人、北京市骨干教师1人；本科以上学历61人。开设教学班20个（小学阶段18个、中职班2个）。毕业6人，均为十二年义务教育阶段（小学阶段6人）；招生33人（小学阶段15人、中职班18人）；在校生194人（小学阶段176人、中职班18人），其中，自闭症85人、智力残疾83人、多重残疾20人、脑瘫6人。

【教育教学】 5月，培智学校教师耿红平申报的课题《绘本在培智美术课堂中有效应用的实践研究》被立项为区教育科学“十四五”规划课题并线上开题论证。居家办公期间，骨干教师录制14个“家长讲堂”微视频讲座，给家长提供家庭教育的知识和方法。12月，“李银环”工作室召开教学过程绘本化项目展示暨汇报会，李银环就教学过程“绘本化”助力智力障碍学生学习的策略研究项目进行工作报告。

（刘红云　李福玉）

【德育建设】 2022年，培智学校开展“喜迎二十大同唱一首歌”“巧手绘祖国　共抒爱国情”作品展等活动，进一步培养学生的家国情怀。开展“一班一品展特色班级文化显风采”特色班级展示活动，活动展示班级文化风貌，推进校园文化建设。开展家访月活动，班主任通过电话、入户家访、微信、面对面沟通等多种渠道进行家

▲　3月3日，通州妇幼儿童心理行为教学基地在北京幼师实验幼儿园挂牌

（区教委提供）

访，架起家校沟通桥梁。

（徐心蕊　吴铮）

【卫生防疫】 2022年2月、8月，培智学校聘请第三方公司全面清洁消杀，为全体师生返校复课做好安全保障工作。10月25日，学校积极配合区保健所做好学生秋季流感疫苗的接种工作，接种97人次。4月28日、9月21日、11月3日，多次组织全体教职员工进行疫情防控应急演练，熟悉应急方案、预案的步骤流程及要求，提高应急处置能力。学校积极配合社区卫生保健所为全校师生员工进行每周3轮的核酸检测工作，全年师生员工共参与核酸检测累计人数6500余人次。学校卫生室获得“2022年通州区教育系统卫生工作优秀集体”称号。教师李荣华、邵迎雪获评“2022年通州区教育系统卫生工作先进个人”。

【基础设施建设】 4月3日，培智学校在生活楼北侧墙面安装6台直流电动汽车充电桩，解决教师电动汽车临时充电问题。8月，完成生活楼三层走廊改造工程，确保满足教育教学环境。2022年，学校投入28万余元为新改造的教室、专任教室安装LED电子大屏。投资25万余元为职业高中部改造两间“中西面点教室”，添置电冰箱、烤箱、打蛋器等设备，保障职业高中课程有效开展，促办学模式多元发展。

（高辉　李荣华）

【成立2所心理行为教学基地】 3月3日，区教委与区妇幼保健院联合打造的2所心理行为教学基地——北京幼师实验幼儿园和通州区语然生态幼儿园心理行为教学基地正式挂牌。教学基地为特殊儿童提供融合机会，让特殊儿童与正常儿童进行融合，提高特殊儿童治愈效果，帮助其顺利回归社会。每月区妇幼保健院的专业老师带领特殊儿童到教学基地体验幼儿园一日生活。

（陈康康）

民办教育

【开展学科类培训机构检查】 4月3—5日，区教委带头成立通州区“双减”专项检查工作组，对全区22址有证学科类培训机构进行检查，20址机构处于锁门状态，2址机构开门，检查中未发现机构开展线下、线上学科类培训。

（巩增芳）

【通报一起违规学科类培训】 8月25日，区教委通过微信公众号通报1个私人攒班开办学科类培训违规情况。10月15日，区教委通过微信公众号通报1家违规开展学科类培训的机构。执法人员进行现场取证后依法查处。

（纪锋）

【召开非学科类培训机构治理会商会】 11月10日，区“双减”工作专班召开非学科类培训机构治理工作会商会。会议指出，各行业主管部门之间要加强部门协同，相互配合，形成工作合力；将全面检查和重点抽查相结合、联动检查和属地检查相结合，确保区内各类校外培训活动平稳有序开展。区教委、区公安分局、区市场监管局、区文旅局、区体育局、区科委相关负责人员参加会议。

（巩增芳）

▲ 11月10日，非学科类培训机构治理工作会商会召开

（区教委提供）

教育督导

【概　况】 区教委教育督导促进规范办园、依法办学。组织中小学、幼儿园挂牌责任督学完成10次专项督导任务，累计深入中小学开展督导活动5000多人次，提交督导报告单4200余份。

【中小学幼儿园春季开学专项督导】 2月22—25日，区教委组织121名责任督学对全区123所中小学、326所幼儿园（址）进行春季开学专项督导，做到民办公办全覆盖。督导前组织责任督学参加北京市基础教育大会，学习政策文件要求；组织中小学幼儿园开展自查工作，查漏补缺。责任督学通过查阅资料、校长座谈，深入课堂重点察看师生到校情况，疫情防控、校园安全以及“双减”落实情况等，督促指导中小学幼儿园落实相关要求。责任督学通过督导信息平台提交449份报告单，汇总形成督导报告，为市区级决策提供第一手资料，全力保障春季开学平稳。

（李壬戌）

【中小学幼儿园疫情防控专项督导】 3月21—23日，区教委、区政府教育督导室组织121名责任督学对全区124所中小学、325所幼儿园（址）开展疫情防控、“双减”、校园安全等工作全覆盖专项督导。采取实地督导、电话问询、视频督导、查阅资料等方式，对校门管理、食堂管理、通风消毒、健康监测与核酸检测、校园安全6方面57项督导要点进行督导，全面了解中小学幼儿园疫情防控工作实际情况，“清单式”排查防控风险隐患。通过督导信息平台提交449份报告单。5月13—16日，区教委、区政府教育督导室组织121名责任督学对全区124所中小学（包括完小）、324所幼儿园（址）开展疫情防控工作全覆盖专项督导，围绕校门管控、在校后勤人员管理、健康监测、核酸检测、“停课不停学”期间线上教学、师生心理疏导等方面21项督导要点，创新督导形式，采取线上督导方式或采用腾讯会议的方式开展工作，通过督导信息平台提交448份督导报告单。

（曹海英）

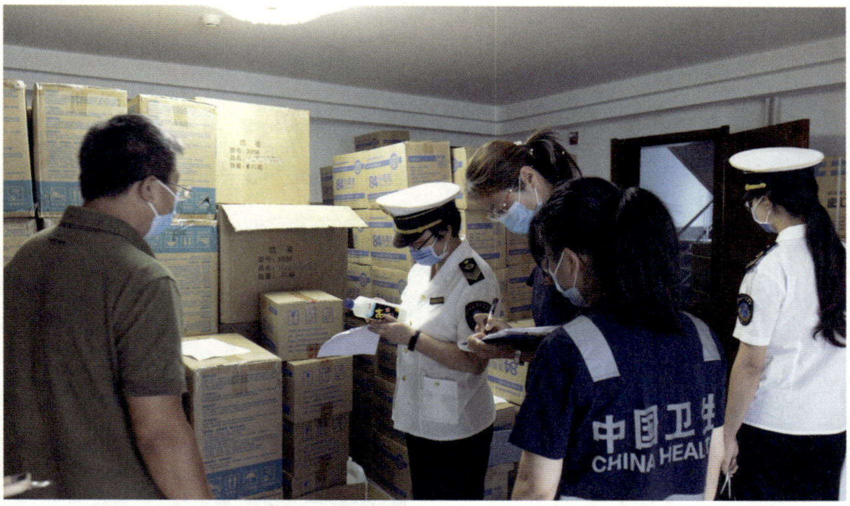

▲ 9月1日，北京物资学院联合通州区疾控中心开展防疫演练

（北京物资学院提供）

学校选介

北京物资学院

【概　况】 北京物资学院是一所以物流和流通为特色，以经济学科为基础，以管理学科为主干，经、管、理、工、文、法等多学科协调发展的公办普通高等院校。1980年建校，先后隶属于国家物资总局、物资部、国内贸易部，1998年10月划归北京市管理。2018年2月，经北京市人民政府批准，北京市商务科技学校并入北京物资学院。学校设有5个校区，主校区、继续教育学院校区、研究生生活区位于通州区。2022年，学校开设28个本科专业，覆盖6个学科门类；具有一级学科7个；一级学科硕士点7个，二级学科硕士点19个，硕士专业学位授权类别10个。有硕士研究生导师274人。有教室156间，其中网络多媒体教室129间，有数字终端接入点6285个。数字资源中有电子图书201.13万册、电子期刊107.74万册、学位论文997.58万册、音视频38215小时。有国家级一流本科专业建设点9个，北京市级一流本科专业建设点11个，北京高校重点建设一流专业1个，北京市特色专业建设点3个。有国家级特色专业建设点2个，本科教学工程地方高校本科专业综合改革试点1个，国家级人才培养模式创新实验区1个，国家级实验教学示范中心1个，国家级大学生校外实践教育基地1个，北京市高等学校实验教学示范中心2个，北京重点实验室2个。设北京市高等学校校外人才培养基地12个，北京市高等学校示范性校内创新实践基地2个。2022年，学校推进接诉即办进思政课堂，8门课程获评北京市课程思政示范课，7项教学成果获得北京市高等教育教学成果奖。

【制度建设】 2022年，学校完成《北京物资学院章程（2022年修正案）》修订，建立以章程为核心的学校治理体系。制定《北京物资学院学位评定委员会章程（试行）》，健全行政权力、学术权力约束机制。修订《北京物资学院国有资产管理办法（试行）》，制定《北京物资学院校办企业管理暂行办法》，加强国有资产管理。推进后勤综合改革，实现后勤用工社会化改制。

【学科建设】 2022年，学校获批统计学硕士学位授权一级学科和公共管理专业学位授权类别。获批国家一流本科专业点4个、市级一流本科专业点6个。推进京东学院、期货学院两个产业学院建设，促进期货、金融、物流专业转型。

【研究成果】 2022年，学校以服务社会支撑专业发展，提升科研与社会服务能力。建立全国冷链物流基地布局方案研究专班，建立双碳研究院，建设城市副中心发展和治理研究院，联合区人大、区政协建立联合智库。2份研究报告获市委书记蔡奇批示，5份研究报告被北京市哲学社会科学规划办公室《成果要报》采纳。

【校园场馆建设】 2022年，完成三处校区改造和主校区学生体育运动场改造。筹办中国流通文献特色馆建设，完成期货特色馆一期工程基建改造。

【校园文化建设】 2022年，学校制定《北京物资学院校园文化建设行动方案（2022—2024年）》，推动有特色的校园文化体系建设。完成北京冬奥会、冬残奥会志愿服务保障重大任务，被授予“北京冬奥会、冬残奥会北京市先进集体”称号，驻首都机场志愿者获市委书记蔡奇回信鼓励。

【疫情防控】 2022年，学校成立疫情防控、意识形态、安全稳定工作专班和纪检监察专班，建强组织体系和志愿服务队伍，构建“一校多区”“一园两区”疫情防控工作体系。结合形势、科技赋能，快速响应、有效应对各类涉疫情况，保证师生返校返乡健康安全，保障教学安排顺利推进，动态优化调整校园管控模式。获高校疫情防控工作简报报道5次、《北京纪检监察信息》报道1次。

（丁兆博）

文化

综 述

【概　况】 2022年，通州区公共文化服务体系建设有序推进，基层文化空间升级，实现文化馆、图书馆总分馆全部挂牌对外开放。截至年底，全区人均公共文化服务设施建筑面积约为1.4平方米，完成惠民演出1392场，参与群众343万余人次。

【创建公共文化服务体系示范区工作】 2022年，通州区22个街道乡镇均建有综合文化中心，实现区级、街镇级、社区村级三级公共文化设施全覆盖。推进全区22个街道乡镇综合文化中心社会化运营，促进公共文化服务向基层延伸。完成36处智能微型图书馆、18处24小时智能文化空间投入使用。建设完成两处运河文化驿站，位于潞城镇党建公园和台湖镇文化广场；采取数字化远程操控模式，可对驿站进行全方面监控；室内设有展柜，展示通州区非物质文化遗产、运河文化作品，配备数字阅读大屏，市民可通过手机微信扫一扫功能，免费阅读海量电子图书。推进永顺西街住宅、百合湾项目等5处配套文化设施移交工作，总建筑面积2800余平方米。

（王振硕）

文学艺术

【概　况】 2022年，通州区文学艺术界联合会（简称区文联）团结引导广大文艺工作者为副中心文艺事业建设做出积极贡献，推动各项工作取得新进展、新成效。

▲ 6月9日，潞城镇文联第一届理事会第一次会议召开

（区文联提供）

【红色故事线上宣讲活动】 2022年，区文联与区委组织部、区委宣传部联合举办“忆初心——学习马兰精神，副中心建设有我”和“忆历史——学习革命家风，赓续红色血脉”迎七一·红色故事线上宣讲活动。活动实现图、文、视频多形式聚合，2场直播活动观看人数共1.3万余人次，收到6.3万余次点赞，4400余次评论。

【端午节线上民间特色文化体验活动】 6月2日，区文联与区委宣传部举办“和满京城　奋进九州”端午节线上民间特色文化体验活动。活动展示传统工艺粽子、五彩丝线、香囊、面塑龙舟等。邀请民协会员讲解葫芦烙画——钟馗，五毒脸谱与端午“驱邪避毒”习俗的关系。近千人观看线上活动，收到1.6万余次点赞。

【潞城镇文联成立】 6月9日，通州区首家街道乡镇文联——潞城镇文学艺术界联合会成立，选举产生潞城镇文学艺术界联合会第一届理事会。潞城镇文联下设摄影协会、写作协会（潮白文友会）、曲艺协会、舞蹈协会、书画协会、音乐协会6个协会。

【服务市级机关】 2022年，区文联为含英园17组家庭50余人拍摄全家福，在朗清园举办非遗面塑亲子体验、书法讲座等文艺活动，在市级机关举办节气养生讲座和现场指导，服务近500人。

【举办文艺活动】 2022年，区文联引入市级资源，引导文艺工作者开展二十四节气国学系列活动，利用网络直播讲解中医文化、天人合一的哲学思辨，助力疫情防控，服务千余人。在春节、元宵节、清明节、端午节、七夕节、国庆节、重阳节等中华民族传统文化节点举办11场文艺活动，服务8000余人。举办“话·运河”全国文学征文大赛活动，收到国内外近3000件稿件，此活动为北京市文联品牌活动引导项目，以运河为主题创作一批文艺精品，通过活动将一批德艺

▲ 2月15日，“今夕是元宵”——福满京城 春贺神州北京市通州区元宵节文化活动举办
（区文旅局提供）

▲ 10月2日，国庆节群众文化活动之评剧专场演出现场
（区文旅局提供）

双馨文艺工作者充实到协会队伍中。举办“忆满京城 情思华夏”副中心清明诗会”活动，邀请《北京文学》主编分享杜甫与现实主义新诗。

（崔琪）

文化活动

【概　况】 2022年，区文旅局举办元宵节文化活动、2022北京（国际）运河文化节、京津冀（通武廊）文化旅游交流季、国潮文化市集等活动，推出惠民演出，持续推进国庆节群众文化活动、二十四节气线上诗画展及文艺志愿服务活动，丰富群众文化生活。

【通武廊文化旅游交流季文化体验活动】 1月12—18日，“协同京津冀 共享通武廊”通武廊文化旅游交流季之“冬梦同行”非遗文化体验活动在运河文化驿站举办。活动以“冬奥+文化”为主题，邀请“通武廊”三地非遗和书法老师，以线下教学体验、线上指导互动的形式，就面塑、五谷画、篆书、行书等内容开展4期文化体验活动。500余人次参与线下体验活动，1万余人观看线上直播。

【元宵节文化活动】 2月15日，“今夕是元宵”福满京城 春贺神州——北京市通州区元宵节文化活动通过线上线下结合、全程新媒体直播的形式举办。活动由区委宣传部主办，区融媒体中心、区文旅局承办，区图书馆协办，线上直播活动主要为记者和主持人“探景”“探味”“探情”，探访通州元宵节景最美、味儿最浓的商圈，记录传统元宵制作工艺，挖掘普通人家温暖故事等，线下活动主要为群众猜灯谜、专家讲民俗等。

【2022北京（国际）运河文化节】 8月8日，由北京市委宣传部、中国新闻社主办，市文物局、通州区委、区政府、中国艺术研究院、中国文物报社、市委网信办、市发改委、市文旅局、市体育局、世界运河历史文化城市合作组织承办，中国文物保护基金会、大运河文化带沿线各区委宣传部以及各区文化和旅游局协办的2022北京（国际）运河文化节在通州区城市绿心森林公园开幕。文化节主题是“游运河，行大运”，提炼大运河北京段多样态文化特色，整合沿线文化、旅游、体育等各类资源，立足全球视野，围绕“千年运河”“缤纷运河”“活力运河”三大板块，采取线上线下结合方式，举办系列重点活动。

【2022“遇见·运河”国潮文化市集】 9月26日，2022“遇见·运河”国潮文化市集在北京（通州）大运河文化旅游景区北区（三庙一塔）开市，宣告景区正式向公众开放，市民可通过微信小程序“北京通州大运河文化旅游景区”免费预约参观。国潮文化市集是通州区文旅融合新品牌2022“遇见·运河”城市探访系列活动重要内容之一，也是北京（通州）大运河文化旅游景区系列文化活动重要组成部分。围绕“游古韵通州 赏国潮运河”主题，呈现文创艺术品、精美手作、文娱表演、特色美食等内容，设置非遗文化市集、汉服打卡、游艺互动体验等丰富多彩的活动，以新消费场景助力活态传承运河文化。

【国庆节群众文化活动】 10月1日，由区文旅局主办、区文化馆承办的国庆节群众文化活动开展，当天《通州区优秀剧目惠民演出京剧专场》开幕；2日演出经典评剧剧目《花为媒》《绣鞋记》《刘巧儿》；3日、4日为儿童剧专场演出；5日为曲艺专场演出；6日为交响乐专场，有《红旗颂》《红色娘子军》《瑶族舞曲》等十几首中国乐曲；7日演出豫剧剧目《穆桂英挂帅》《平安王》《杨文广征东》等。

（王振硕）

文化产业

【概　况】 2022年，通州区制定发布《通州区文化产业园区认定管理办法》《通州区关于促进文化产业高质量发展的若干措施》两项政策，认定14家通州区文化产业园区，其中2家入选北京市级文化产业园区。邀请市级专家进行“房租通”政策解读，深入指导企业进行申报，助力中小微企业解危纾困。搭建文化产业综合服务平台，实现产业服务能级提升。优化“一区一河三镇”（一区指文化旅游

▲ 8月20日，“寻光绽放，聚照台湖”台湖儿童戏剧周在台湖演艺小镇启动 （区融媒体中心提供）

▲ 1月25日，《年之画味》民间年画收藏展举办 （区融媒体中心提供）

区，一河指大运河文化旅游景区，三镇指张家湾设计小镇、台湖演艺小镇、宋庄艺术小镇）文旅产业联动发展，以头部企业为牵引，推动新视听产业建设发展，打造文化产业新增长极，夯实副中心文化产业高质量发展基础。

【举办台湖儿童戏剧周活动】 8月20日，首届台湖儿童戏剧周开幕。此次活动以“寻光绽放，聚照台湖”为主题，涵盖戏剧大赛、开幕式暨颁奖典礼、剧目展演、嘉年华等内容，通过打造亲子演艺互动场景，带动区域家庭客群聚集。活动期间，成立“儿童戏剧产业联盟”，通过吸纳优质演艺资源与企业入驻台湖演艺小镇，推动副中心文艺创作、展演、旅游等业态有机融合，促进文旅产业高质量发展。

【参加2022年服贸会文旅专题展】 北京城市副中心专题展以“千年之城·匠心独运”为主题，通过沉浸式数字体验方式在首钢园区“文旅服务”展区亮相，综合展示运河文化、数字经济等产业集群新成果，突出元宇宙与文旅融合发展的特色亮点。服贸会期间线上线下参展企业共计89家，主题展相关报道稿件累计超过300篇。

【举办特色小镇高质量发展论坛】 9月17日，城市副中心特色小镇高质量发展论坛暨第二届文旅产业峰会在北京国际设计周永久会址举办。论坛以“新格局·新机遇·新思维”为主题，以承接环球主题公园外溢效应，推动特色小镇高质量发展为目的。发布《通州区文化产业园区认定管理办法》《通州区关于促进文化产业高质量发展的若干措施》《北京城市副中心（通州区）文化旅游产业高质量发展三年行动计划（2022—2024年）》等政策。与一批文旅高科技龙头企业签约，推动新企业和新项目注册落地，文旅产业规模与品质双提升。

（周朗）

文化设施

【概　况】 2022年，区文旅局按照公共文化服务体系建设标准，进一步规范公共文化设施、丰富优秀公共文化产品供给、扶持文化活动品牌，全面提升公共文化服务软实力。

【通州区图书馆】 2022年，通州区图书馆以创建全国公共文化服务体系示范区为契机，围绕“阅美副中心，图书活起来”主题全面开展2022年度全民阅读系列活动，以重大节日、北京冬奥会、“4·23”世界读书日等重要节点为契机，开展军民双拥、科普知识、运河文化、人文历史、文旅融合等各类讲座、展览、阅读推广活动882场，受众约50万人次。持续推动志愿服务活动开展，积极组织开展学雷锋新时代文明实践志愿服务系列活动，“通图儿童故事会”文化志愿服务项目在第六届中国青年志愿服务项目大赛中获银奖。微信公众号累计访问量235680次，各类媒体报道200次。按照区折子工程“图书馆全覆盖”要求，积极协调22个街道乡镇图书馆分馆按照疫情防控要求开放，全年共接待读者148643人次，外借图书53686册。潞城镇分馆获“2022年阅读北京·十佳优读空间”称号。累计建立156个流动送书点，完成全区605名基层专兼职管理员业务培训。国家公共文化云通州专区更新466条，累计访问量362450次。编辑出版《北京通州历史辑录稿》全八册，完成《中国大运河历史文献集成》20册古籍数字化。

【通州区文化馆】 2022年，区文化馆克服疫情影响，稳步开展各项业务工作，组织馆内艺术教师以抗疫为主题，开展原创作品创作和征集工作。举办“送福进万家 文化大拜年”活动3场、“运河清风”系列廉政文化活动近10场，“我的舞台”群众文艺演出11场，“全民艺术普及”线下培训1462课时，“文化管理员培训”线下培训6场，全年累计举办演出、培训、展览等文化活动100多场，受众超5万人次。打造原创音乐类作品《水稳号儿不急》。在“五个北京”（歌唱北京、舞动北京、艺韵北京、戏聚北京、影像北京）系列赛事活动中，区文化馆取得五金九银五铜的成绩。

【通州区博物馆】 2022年，通州区博物馆努力做好疫情防控工作的同时，利用自身资源，与悟仙观居委会、南关小学等11家社区、学校建立共建关系，积极邀请共建单位走进博物馆，开展主题教育活动，有效发挥博物馆的教育基地作用。全年共接待参观团体近20个，志愿服务队免费提供讲解服务，接待参观近3万人次。开展爱国主义教育基地进校园巡展活动15次，覆盖学生群体2.7万余人次。开展通州历史、运河文化进社区活动15次，覆盖群众3万余人次。利用博物馆临展厅策划《年之画味》民间年画收藏展、《券通今古》全国博物馆门票收藏专展、《妙手童心》台湖学校课后服务木作艺术展。

（王振硕）

文化遗产保护

【概　况】 2022年，区文旅局开展非遗代表性项目和传承人申报工作，完成第四批非遗代表性项目遴选工作。截至2022年底，87个非遗项目被列入区级名录，其中，花丝镶嵌制作技艺、“面人汤”面塑制作技艺2个项目被列入国家级名录，通州运河船工号子、通州运河龙灯、通州骨雕、大顺斋糖火烧制作技艺、通州大风车、通州饹馇饸、延寿圣会音乐7个项目被列入市级名录。

【文物保护单位执法检查行动】 3月10日，区文化市场综合执法大队联合永乐店镇、马驹桥镇有关部门对永乐店清真寺、晾鹰台、三大冢、永济渠故道、黄带子坟、马驹桥清真寺等文物保护单位开展专项检查。重点对文物保护单位是否设立保护标志、文物古建筑是否配备消防设备、是否擅自迁移、拆除不可移动文物等方面进行检查。

【非遗技艺的传承与保护分享交流会】 3月10日，“同心同行 守艺共生”非遗技艺的传承与保护分享交流会在通州运河文化广场举办。会议邀请非遗专家、国家级非遗传承人及通州本地非遗技艺代表共同参与。中央民族大学法学院教授、博士生导师田艳教授，以如何对非物质文化遗产的合理利用与研究为主题开展论述，阐述工业化、城镇化背景下，非遗保护不是静态的，需要合理地利用和研究，才能更好地传承和发展。

【非遗文化驿站建设】 2022年，区文旅局在通州区希尔顿酒店、亚太花园酒店、东方宾馆、城市副中心会客厅等地布置打造非遗文化驿站，使群众便捷了解67个非遗项目，拓宽非遗传播路径，全面呈现副中心多彩非遗文化。

（王振硕）

通州区国家级不可移动文物一览表

表3

序号	名称	年代	位置	公布时间
1	富育女校教士楼、百友楼旧址	清光绪二十七年（1901）	通州区北苑街道玉带河西街28号	2013年
2	潞河中学原教学楼	清光绪二十七年至民国25年（1901—1935）	通州区北苑街道新华南路135号	2013年
3	博唐亭	民国14年（1925）	通州区北苑街道新华南路135号	2013年
4	协和书院教士楼	清光绪二十七年（1901）	通州区北苑街道玉带河西街20号	2013年
5	北京护校洋楼	清末	通州区北苑街道玉带河西街24号	2013年
6	京杭大运河通州段	宋辽金	通州区永顺镇新建村至西集镇牛牧屯村	2006年
7	燃灯佛舍利塔	北周	通州区新华街道大成街1号	1974年
8	张家湾城墙遗址及通运桥	明	通州区张家湾镇张湾村旧址南口	2011年

通州区北京市级不可移动文物目录表

表4

序号	名称	年代	位置	公布时间
1	李卓吾墓	明	通州区新华街道西海子西街12号	1984年5月24日
2	冯玉祥驻通营盘	中华民国	通州区中仓街道东营前街64号	2011年6月13日
3	通州清真寺	明	通州区中仓街道南大街清真寺胡同1号	1995年10月20日
4	大成殿（通州文庙）	清	通州区新华街道大成街1号	2021年8月27日
5	平津战役指挥部宋庄旧址	中华民国	通州区宋庄镇宋庄村中街北侧	2021年8月27日
6	汉路县故城遗址	汉	通州区潞城镇古城村西北角	2021年8月27日
7	燃灯佛舍利塔	北周	通州区新华街道大成街1号	1974年
8	张家湾城墙遗址及通运桥	明	通州区张家湾镇张湾村旧址南口	2011年

通州区级文物保护单位一览表

表 5

序号	名称	时代	地址	公布时间
1	通州北城垣遗址	明	通州区新华街道西海子西街 12 号	2007 年 5 月 24 日
2	金代闸河遗址	金一清	通州区永顺镇、新华街道	2007 年 5 月 24 日
3	中仓仓墙遗址	明	通州区中仓街道中仓路街 10 号	2007 年 5 月 24 日
4	北齐土长城遗址	南北朝	通州区永顺镇窑厂村北部	2001 年 9 月 21 日
5	金口新河故道	元	通州区台湖镇新河村西口	2007 年 5 月 24 日
6	萧太后运粮河故道	宋辽金	通州区张家湾镇张湾村至大高力庄段	2007 年 5 月 24 日
7	通惠河故道及 3 座石桥	元、明、清	通州区张家湾镇土桥村至张湾村间	2007 年 5 月 24 日
8	笥沟故道	三国	通州区漷县镇漷县村东口外	2007 年 5 月 24 日
9	永济渠故道	隋、唐、清	通州区永乐店镇半截河村东部、马驹桥镇前堰上村东	2007 年 5 月 24 日
10	黄带子坟	清	通州区马驹桥镇西马各庄村东北	1984 年 5 月 31 日
11	晾鹰台	战国一汉	通州区永乐店镇德仁务村后街西口	1984 年 5 月 31 日
12	三大冢	汉	通州区永乐店镇德仁务村东南	1959 年 7 月 26 日
13	紫清宫	清	通州区新华街道大成街 1 号	2001 年 9 月 21 日
14	宝通银号暨日寇慰安妇所旧址	清一中华民国	通州区新华街道北大街 142 号	2007 年 5 月 24 日
15	程家大院	清	通州区新华街道北大街贡院胡同 5 号	2007 年 5 月 24 日
16	静安寺	清	通州区新华街道北大街静安寺胡同 12 号	1984 年 5 月 31 日
17	三义庙	清	通州区中仓街道玉带河东街 358 号	2001 年 9 月 21 日
18	张家湾清真寺	清	通州区张家湾镇张湾村	1984 年 5 月 31 日
19	大辛庄关帝庙	清	通州区张家湾镇大辛庄村东口	2017 年 5 月 18 日
20	三士庙	清、中华民国	通州区张家湾镇陆辛庄村东北部	1984 年 5 月 31 日
21	垡头村菩萨庙	清	通州区张家湾镇垡头村北部	2017 年 5 月 18 日
22	漷县东门石桥	清光绪年间	通州区漷县镇漷县村东港沟河上	1984 年 5 月 31 日
23	曹氏祠	清乾隆四十九年（1784）	通州区漷县镇曹庄村西北角	2017 年 5 月 18 日
24	马驹桥清真寺	清	通州区马驹桥镇北门口村中心	1984 年 5 月 31 日
25	于家务清真寺	明	通州区于家务乡于家务村三街 96 号院	1984 年 5 月 31 日
26	真武庙	清	通州区于家务乡北辛店村东北	2001 年 9 月 21 日
27	石像生群	明	通州区新华街道西海子西街 12 号	2001 年 9 月 21 日
28	乾隆喻祭徐元梦碑	清	通州区宋庄镇草寺村北	2001 年 9 月 21 日
29	日本侵华罪证碑	中华民国	通州区梨园镇小街村西	2001 年 9 月 21 日
30	谕祭国柱碑、文孚碑	清	通州区梨园镇北杨洼村东部	2001 年 9 月 21 日
31	土桥镇水兽	明	通州区张家湾镇土桥村	1959 年 7 月 26 日
32	王芝祥故居	清	通州区北苑街道新城南街 9 号	2001 年 9 月 21 日

续表 5

序号	名称	时代	地址	公布时间
33	京兆男子师范学校教室	民国 5 年（1916）	通州区北苑街道中山大街 163 号	2007 年 5 月 24 日
34	通州起义指挥部旧址	清	通州区新华街道东大街 83 号	2001 年 9 月 21 日
35	万字会院	中华民国	通州区中仓街道西大街 9 号	1984 年 5 月 31 日
36	通县发电厂自来水塔	中华民国	通州区永顺镇小圣庙村滨河中路 10 号	2007 年 5 月 24 日
37	张家门楼	中华民国	通州区梨园镇北杨洼村	1984 年 5 月 31 日
38	日寇机窝、暗堡	中华民国	通州区张家湾镇三间房村	2007 年 5 月 24 日
39	通永道署遗存	元	通州区新华街道大成街 1 号	1959 年 7 月 26 日
40	宝光寺遗存	明	通州区中仓街道西大街 9 号	1959 年 7 月 26 日
41	詹府客厅壁画	清	通州区潞城镇卜落垡村	2007 年 5 月 24 日

通州区非物质文化遗产项目名录

表 6

序号	类别	项目名称	项目级别		
			区级	市级	国家级
1	传统技艺	区级：“面人汤”面塑技艺 市级：“面人汤”面塑 国家级：面人（面人汤）	★	★	★
2	传统体育、游艺与杂技	口技	★		
3	传统技艺	毛猴制作技艺（张政）	★		
4	传统舞蹈	通州运河龙灯	★	★	
5	传统舞蹈	徐官屯路灯老会	★		
6	传统体育、游艺与杂技	吴式太极拳	★		
7	传统技艺	靛庄景泰蓝制作技艺	★		
8	传统技艺	通州雕漆制作技艺	★		
9	传统技艺	仙源腐乳制作技艺	★		
10	民俗	李氏续家谱习俗	★		
11	传统体育、游艺与杂技	五行通臂拳	★		
12	传统美术	京剧彩塑脸谱	★		
13	传统技艺	区级：骨雕技艺 市级：通州骨雕	★	★	
14	传统技艺	花丝镶嵌制作技艺（赵春明）	★		
15	民俗	通州饹馇饸	★	★	
16	传统音乐	兴各庄吹歌	★		
17	传统舞蹈	东堡高跷会	★		
18	传统技艺	大顺斋糖火烧制作技艺	★	★	
19	传统音乐	西后街夯歌	★		
20	传统舞蹈	大松垡高跷会	★		
21	传统戏剧	郭村“蹦蹦戏”	★		

续表 6

序号	类别	项目名称	项目级别		
			区级	市级	国家级
22	传统技艺	空竹制作技艺	★		
23	传统技艺	雕漆制作技艺（王慧茹）	★		
24	传统技艺	雕漆制作技艺（王继勇）	★		
25	传统技艺	黄铜掐丝珐琅制作技艺	★		
26	传统技艺	花丝镶嵌制作技艺（赵云亮）	★		
27	曲艺	通州单琴大鼓	★		
28	传统技艺	料器制作技艺	★		
29	传统技艺	通州玉器制作技艺	★		
30	传统美术	通州团花剪纸制作技艺	★		
31	传统技艺	区级：风车制作技艺　市级：通州大风车	★	★	
32	传统音乐	通州运河船工号子	★	★	
33	传统技艺	区级：花丝镶嵌制作技艺 市级：北京花丝镶嵌制作技艺 国家级：花丝镶嵌制作技艺	★	★	★
34	传统音乐	半截河道教音乐	★		
35	传统舞蹈	半截河武跷会	★		
36	传统技艺	风筝制作技艺	★		
37	传统美术	烙画制作技艺	★		
38	传统医药	邵氏中医按摩针灸疗法	★		
39	传统音乐	延寿圣会音乐	★	★	
40	传统舞蹈	通州里二泗小车会	★		
41	传统舞蹈	通州里二泗高跷会	★		
42	传统体育、游艺与杂技	陆辛庄少林武术	★		
43	传统美术	通州大辛庄剪纸制作技艺	★		
44	传统美术	北京绢人	★		
45	传统技艺	通州青铜器制作技艺	★		
46	传统技艺	“枯木陶”陶器制作技艺	★		
47	传统技艺	小楼烧鲇鱼制作技艺	★		
48	民间文学	大运河的传说	★		
49	民俗	“六月初六节”习俗	★		
50	传统舞蹈	枣林庄民族小车会	★		
51	传统美术	太平燕	★		
52	传统技艺	古法琢玉技艺	★		
53	传统技艺	毛猴制作技艺	★		
54	传统美术	绢花制作	★		

续表 6

序号	类别	项目名称	项目级别		
			区级	市级	国家级
55	传统技艺	手工笤帚制作技艺	★		
56	传统技艺	通草花制作技艺	★		
57	传统体育、游艺与杂技	少北拳	★		
58	传统技艺	老南关串茶（黄芩茶）制作技艺	★		
59	传统医药	王氏拔罐刺络疗法	★		
60	传统技艺	景泰蓝技艺	★		
61	传统技艺	陈记白酒酿造工艺	★		
62	传统技艺	椒麻鸭翅烹饪技艺	★		
63	传统技艺	传统琵琶制作技艺	★		
64	传统戏剧	福艳皮影戏	★		
65	传统技艺	莫家菜之葵花大斩肉	★		
66	传统技艺	烙画葫芦技艺	★		
67	传统技艺	宣明典居百宝嵌	★		
68	传统音乐	传统吟诵	★		
69	传统音乐	古琴艺术（九嶷派）	★		
70	传统美术	鱼拓技艺	★		
71	传统舞蹈	运河潞灯会	★		
72	传统技艺	纸塑制作技艺	★		
73	传统技艺	马头齐记香油制作技艺	★		
74	曲　艺	西河大鼓（田派）	★		
75	传统体育、游艺与杂技	风筝放飞技艺	★		
76	传统美术	简牍书法	★		
77	传统美术	面塑	★		
78	传统美术	花馍（通州）	★		
79	传统美术	传拓技艺	★		
80	传统技艺	古法斫琴技艺	★		
81	传统技艺	古旧家具修复技艺	★		
82	传统技艺	刘记酱卤技艺	★		
83	传统技艺	锔瓷	★		
84	传统美术	锡雕	★		
85	传统技艺	纸翻花制作技艺	★		
86	传统技艺	金属锻錾技艺（通州）	★		
87	传统技艺	毛笔制作技艺（周氏）	★		

文化市场监管

【概　况】　2022年，区文旅局围绕重要时间节点，开展“清源”“净网”等专项行动，对文化娱乐、电影放映、出版发行、宗教活动场所、文物保护单位、艺术品经营单位和旅游市场进行监管，强化部门联防协作，查处各类违法违规案件。全年检查各类文旅经营单位5815家次，立案49件、结案47件、罚款13.58万元，移交公安机关1件，吊销《网络文化经营许可证》1件，停业整顿1件，没收非法出版物3612册、出版物图书散页6.5令。A岗参与执法率100%，职权履行率93.58%。

【“双随机、一公开”监管】　2022年，区文旅局开展“双随机、一公开”（文旅系统根据抽查事项清单和抽查工作计划，随机抽取检查对象、随机匹配执法检查人员，按照随机抽查相关业务标准开展执法检查，并将检查结果依法公开的监管工作机制）监管，利用“北京市文化执法信息化工作平台”“双随机”抽查文旅经营单位1427家次。联合公安、市场监管等部门开展“双随机”检查20次，抽查文旅经营单位175家次。配合其他部门开展“双随机”检查19次，抽查各类文旅经营单位143家次。

（王振硕）

融媒体建设

【概　况】　2022年，区融媒体中心党发挥区属媒体主力军作用，筑牢意识形态阵地，推动媒体深度融合，干事创业氛围浓厚，各项工作取得明显成效。《跨层级跨区域融合　打造城市副中心媒体矩阵品牌》获评2022年北京市广播电视媒体融合典型案例，《追循总书记的足迹》《副中心温度》《老党员的最后心愿》《服贸会直播访谈》《爱上大运河》等作品分别获北京市广播电视新闻奖、优秀融媒体新闻作品、电视创新创优节目等十余项奖项。

【与市级媒体深度合作】　2022年，区融媒体中心与市级媒体成立联合编辑部，商讨确定全平台重点选题，提升副中心报道内容生产力、信息聚合力、传播影响力。北京电视台共播出副中心新闻700余条。在“京津冀之声”频道开办《副中心发展建设及时报》新闻专栏。与北京城市广播副中心之声共同打造《副中心会客厅》，在城市副中心规划实施六周年之际开播。与北京城市广播副中心之声共同策划“千年运河，北首启航　京冀运河通航”大型融媒现场直播活动，被北京市广播电视局评为“第二季度优秀融媒体新闻作品”。

【开展专题报道】　2022年，区融媒体中心紧紧围绕城市副中心高质量发展、重大工程、消费城市建设等方面积极策划成就性系列报道；重点对运河商务区、文化旅游区和三个特色小镇进行宣传报道；根据创建大运河国家AAAAA级旅游景区工作要求，及时跟进创建节点，推出重点新闻报道。围绕党的二十大召开主线，开设《奋进新征程　建功新时代》《我为群众办实事》等新闻栏目；在北京冬奥会、冬残奥会期间，开设《燃情副中心　喜迎冬奥会》专栏，让广大市民深深感受到“双奥之城”的荣耀；在城市副中心规划建设六周年之际，围绕重大工程规模推进、产业空间布局优化、践行绿色发展理念等内容，全平台集中展现城市副中心高质量发展突出成就；推出精品融媒产品《副中心会客厅》栏目。“北京通州发布”视频号直播了4月22日后所有场次的北京市疫情防控新闻发布会，通过二次加工，及时发布相关短视频972条，总浏览量达7260.7万次。

【新媒体建设】　2022年，区融媒体中心牢牢抓住官方、权威、首发三个重要元素，做优做强以“北京通州发布”微信公众号和抖音号、“融汇副中心”客户端为代表的新型传播平台，纵向建立与《北京日报》、“北京时间”客户端的紧密联系，横向打造与区内各街道乡镇、委办局的信息发布矩阵。2022年，“北京通州发布”视频号、抖音号、快手号共发布各类短视频4050条，总浏览量1.62亿次。9月，推出7小时的“‘运河这边　风景正好’北京（通州）大运河文化旅游景区系列文化活动——2022运河文化时尚大赏”长直播活动，《人民日报》、人民网、新华网、央视新闻、北京电视台、《北京日报》等媒体发布相关报道192篇次，各新媒体平台相关报道持续活跃，微博平台“北京城市副中心运河文化时尚大赏”话题总浏览量6057万次，相关微博内容超过万条。

【直播活动】　3月，区融媒体中心先后组织重点业务科室到副中心政务服务中心等10余家单位开展调研，实地了解区内重点事项推进情况及宣传需

▲　区文化市场综合执法大队对辖区内学校周边书店开展“护苗行动”，严厉打击非法有害的少儿出版物　　（区文旅局提供）

▲ 8月2日，《副中心会客厅》演播现场

（区融媒体中心提供）

▲ 9月28日，歌华通州分公司在区农业农村局“信息进村入户”服务现场

（歌华通州分公司提供）

求，制定相关工作计划并组织实施；推行直播常态化，2022年“融汇副中心”客户端和“北京通州发布”视频号直播场次和数据大幅提升，共直播各类会议和活动273场。突出便民服务，在“融汇副中心”客户端设置线上生活服务信息，切实解决民生难题，满足通州居民多元化生活需求；开展“我为群众办实事”系列公益直播推广活动，推介城市副中心特色文创产品和生鲜农产品。

【助力京津冀协同发展】 2022年，区融媒体中心与天津市武清区、河北省廊坊市主流媒体密切联系，通过打造“协同发展绘新篇”专栏，推出“‘行走京津冀’暨高质量发展大型融媒采访活动”等，制作融媒体产品多平台宣发，积极展示三地协同发展成果。

（张维颖）

有线电视

【概　况】 2022年，北京歌华有线电视网络股份有限公司通州分公司（简称歌华通州分公司）坚持“可持续、可迭代、有效益”的工作理念，全力配合城市副中心城市管理、政务服务、社会民生和产业经济等方面工作。6月，下属7个营业厅全面启动中国广电192号段投放工作，为通州区百姓在手机号段方面提供新选择。圆满完成春节、国庆、党的二十大等重要时期的安全传输保障工作。2022年获得市级交通安全先进单位称号。

【服务群众】 2022年，歌华通州分公司组织187场“服务进社区”便民活动，惠及群众13万人，为近4000名老年用户提供“尊老助老服务”，收到各类群众表扬733例。全年新建双向网覆盖用户超2.4万户，截至年底，通州区范围内双向网覆盖率超95%。

【安全传输保障】 2022年，歌华通州分公司完成配合区融媒体中心对通州电视台传输频道核心处理环节进行100% IP化传输优化，雪亮工程多个点位及9个派出所机房的维护和抢修，区信息中心机房搬迁等多项数字化信息化保障、提升工作。在北京冬奥会、冬残奥会期间，派遣人员参加歌华有线奥运会现场运维保障工作。在春节、全国两会、党的二十大以及国庆等重要时段内，出动保障人员3600人次、车辆430辆次，完成保障期安全传输服务。多方抽调人力，完成宋庄镇丁各庄村2197套隔离用房的机顶盒安装工作，助力疫情防控工作。

【接诉即办】 2022年，歌华通州分公司对通州区范围内的2个中心机房、400余个三级机房、110个村的光缆线路进行多项优化工程，提高传输质量同时缩短故障响应时间。全年承接12345市民热线工单数量同比减少38%。

【助力副中心智慧城市建设】 2022年，歌华通州分公司先后参与13项架空线路移改入地工程以及“副中心六平方千米红绿灯联网工程”等智慧交通项目建设工作。10月，中标区农业农村局“信息进村入户”项目，为256个行政村百姓提供“为民服务”“政策宣传”“农村新动态”“村务服务”“党建引领”五大版块的信息化专属服务。同月，加入北京城市副中心智慧城市产业联盟。12月，在联盟年度会议上，“信息进村入户”项目获“技术最具影响力”奖项。

（梁悦）

档案

【概　况】 北京市通州区档案局是全区档案工作主管部门，在区委办公室加挂牌子。负责贯彻执行档案工作的法律、法规和方针政策，拟定全区档案事业发展计划和档案工作规章制度并组织实施；监督和指导区属各立档单位档案工作；组织并指导全区档案理论与科学技术的研究；组织开展档案宣传、档案教育及档案人员的培训等工作。区档案馆是通州区集中保存、管理档案的事业机构，为区委直属公益一类事业单位，归口区委办公室管理。区档案馆承担收集和接收本馆保管范围内对国家和社会有保存价值的档案，负责馆藏档案永久保管、开放鉴定、开发利用和档案信息化建设，负责开展馆内爱国主义教育基地相关工作，为社会利用档案资源提供服务。2022年，党管档案体制机制优势进一步发挥，档案工作进一步服务副中心建设大局，“两馆建设”有序推进，档案监督、指导、宣传、培训、行政执法检查、信息化建设等各项工作顺利开展。区档案馆总建筑面积2651平方米，档案库房958平方米，含6个名人库、1个书画馆。截至年底，馆藏全宗137个，档案223918卷、17195件（其中文书档案131311卷、17195件，专门档案91910卷，科技档案697卷），资料8607册，总排架长度2048米。照片档案2114张，光盘74张，录像档案27盘，实物1853件。

【“两馆建设”统筹推进】 2022年，区委、区政府高度重视档案馆新馆和数字档案馆建设工作，召开区委常委会和区政府常务会协调推进新馆建设中遇到的重难点问题。6月，数字档案馆建设方案通过区政府常务会审议；7月，通过技术评审；10月，完成财政评审。截至年底，档案馆新馆项目完成立项批复、市级补助资金申请批复等重点任务，并获批全国首个绿色档案馆挂牌试点单位；施工方面，完成土护降施工。

【制发档案规范文件】 2022年，区档案局、馆联合制发《北京市通州区档案馆档案开放工作实施办法》《北京市通州区档案馆档案利用工作实施细则》，规范区档案馆开放利用工作。11月底，区档案局制发《北京市通州区〈乡镇档案工作办法〉实施细则》。

【档案工作监督指导】 2022年，区档案局根据全区机构设置变化以及区属单位档案人员更换变动情况，跟进业务规范化指导，加强对新成立单位及临时办公场所的指导及检查，督促其按要求设立临时档案库房，按标准规划建设档案库房；督促区属单位建立档案工作责任制，明确分管档案工作领导、档案部门、各部门专兼职档案工作人员的职责；实施档案“三合一”制度，对区属单位新修订的《分类方案》《档案归档范围》《保管期限表》进行审批；加强对北京冬奥会、冬残奥会档案工作的培训指导，要求相关部门做好有关材料收集归档工作。全年共开展业务指导120余次。

【档案行政执法检查】 2022年，区档案局对区委党校、区机关事务服务中心、潞城镇等35家单位进行档案行政执法检查。结合执法检查，对照“九防”（防火、防盗、防紫外线、防有害生物、防水、防潮、防尘、防高温、防污染）等要求开展档案库房达标专项行动。

【推进档案信息化建设】 2022年，区档案局指导区属立档单位加强档案数字化工作，逐步开展数字档案室建设工作；结合执法检查，开展基层单位进馆档案数字化副本的检查和接收；支持并规范档案外包服务，加强信息化过程中档案安全工作的指导和监督；继续开展政务服务电子档案保管期限审核工作。区档案馆完成76万页馆藏档案数字化数据检查；完成招工、人事调动档案8112件目录校对补录；完成全部馆藏数字资源备份。

【档案利用服务】 2022年，区档案馆接待社会各界利用者2916人次，利用档案4653卷次，出具各类证明3456份、10718页，同时受理跨馆利用155人次，协办237件次；服务棚户区改造、编史修志等相关工作，提供档案数字化副本50818页；与河北省唐山市、天津市和平区、山东省德州市三家档案馆签订跨馆利用服务协议。

【到期档案开放鉴定】 2022年，区档案馆完成71个全宗、64099件档案的鉴定初审工作，对馆藏1991—1993年形成的35个全宗、25414件档案进行复审，开放2270件，累计开放档案32278件。

【“国际档案日”系列活动】 6月9日，举办“砥砺奋进的十年——通州区档案馆‘喜迎二十大 档案颂辉煌’专题图片展”和“大美运河——通州区档案馆‘喜迎二十大 档案颂辉煌’专题书画展”，在“京华丹心”公众号、大运通州网、“融汇副中心”App等网络新媒体平台刊播。围绕“喜迎二十大 档案颂辉煌”主题，联合市委办公厅（市档案局）开展“法治宣传进乡村”活动，联合区教委开展法治宣传活动，档案局馆联动对区属立档单位进行广泛宣传，共发放宣传材料3000余份。

【档案培训】 2022年，区档案局对区科委、区园林局、潞城镇、杨庄街道、区投促中心等多家区属单位及北苑街道、杨庄街道、潞城镇等多个街道乡镇共600余名专兼职档案人员进行大规模档案业务专项培训。创新建立全区立档单位档案员顶岗轮训机制，自9月起，区档案局组织各立档单位专兼职档案员开展为期1～2个月的全脱产专项培训，每期3人，针对性提高全区各单位档案管理工作水平。

【档案接收工作】 2022年，区档案馆接收区经管站、区成教中心等3个全宗、3766件文书档案、61909卷专门档案；收集整理通州区庆祝中国共产党成立100周年活动档案401件；接收档案数字化副本177.55GB。

【档案征集】 2022年，区档案馆征集1951年捐献“通县号”飞机款收据、张寅生“抗击疫情”系列摄影作品、“红星照耀大运河——中国共产党北京市通州区历史”主题展览照片、区级非物质文化遗产目录、“燃灯佛舍利塔”（微缩）贴金铜器等实物档案171件，数码照片1098张（10.08GB），视频12.27GB。

【档案开发利用】 2022年，区档案馆编辑整理《镜头里的通州巨变》一书，收录反映北京城市副中心发展巨变的照片217张；出版《竹园纪事》，以纪实的形式展现书画泰斗、赏石巨匠张源对中国文化艺术的贡献；编印《档案与文化》2期。

【档案修复】 2022年，区档案馆修复涉及革命军人牺牲证明、徐氏家谱、中国抗战形势图等档案、古籍、资料、照片等29件（套）。

（陈晨 白云）

地方志

【概　况】 2022年，区委党史办坚持以存史、资政、育人为根本任务，完成《北京通州年鉴（2022）》编辑出版、《北京市通州区地名志》出版、“史志副中心”数字史志馆建设等工作，开展地情、地方志宣传教育活动。

【《北京通州年鉴（2022）》出版】 12月，北京通州年鉴编辑部编纂的《北京通州年鉴（2022）》由方志出版社出版。朱军辉主编。该卷年鉴设特载、专文、大事记、区情概览、中国共产党北京市通州区委员会、通州区人民代表大会、通州区人民政府、中国人民政治协商会议通州区委员会、纪检监察、民主党派、人民团体、法治、军事、功能区建设、经济管理、农业农村、工业 信息化、建筑业 房地产业、商贸 服务业、金融、旅游、交通 邮电、生态环境、城乡规划与建设、城乡管理、应急管理、科技、教育、文化、卫生健康、体育、社会建设、社会生活、街道 乡镇、人物 荣誉、统计资料、附录等37个类目，下设206个分目、1763个条目，收录260幅图片、10张表格、1幅地图。卷首专题图片设数字副中心、重要会议、庆祝中国共产党成立100周年、重点工程建设、产业发展、文化 旅游体育、社会民生、生态环境等，卷末附组织机构及负责人名录、2021年通州区国民经济主要指标统计表、2021年通州区委文件目录、2021年通州区委办公室文件目录、2021年通州区人民政府文件目录、2021年通州区人民政府办公室文件目录、《国务院关于支持北京城市副中心高质量发展的意见》、《关于推进北京城市副中心高质量发展的实施方案》、社区居委会名录、村委会名录。全书110.7万字，是自1999年以来连续出版的第24部年鉴。

▲ 12月，《北京市通州区地名志》出版

（区史志办提供）

【《北京市通州区地名志》出版】 12月，《北京市通州区地名志》由方志出版社出版发行。该志是由区委党史办广泛动员社会各方力量，在《北京市通县地名志》的基础上，汲取近年来通州区地名研究和第二次全国地名普查成果，查阅通州历史旧志和大量通州地名、历史文化研究著作，历时四年编修完成的一部集中反映通州区行政区划和地名情况的专业志书。全书80万字，收录各类地名1874条，记录了通州区地名的历史和现状，准确、翔实、全面介绍了通州区水系、政区、聚落、交通设施、文物古迹、生产建筑、公共建筑以及部分历史地名，重点介绍了地名来历、演变过程和人文特点，集知识性、实用性和存史性于一体，是通州区文化建设的又一成果。

【“史志副中心”数字史志馆建设】 11月，“史志副中心”数字史志馆正式上线试运行。“史志副中心”是以小程序为展现形式，分为党史馆、志书馆、年鉴馆、地情资料馆、多媒体馆五个功能版块，旨在搭建一个载录历史、传承文化、服务群众的数字化史志资料利用平台，以数字化形式存储、利用、传播、推广、交流通州史志文化。已上线内容有《中国共产党北京市通州区历史（1921—2012）》、《通县志》、《北京市通州区志》、《北京市通州区地名志》、《北京通州年鉴》2004—2022卷和部分老照片。

【指导基层修志】 2022年，区委党史办继续支持基层单位修志，完成漷县镇《张庄村志》的初审、复审工作，并提出详细修改意见；完成《通州区水务志》的复审工作，并提出详细修改意见。《潞城镇志》完成出版发行。

【为《北京年鉴（2022）》供稿】 2022年，根据北京市地方志办公室要求，区委党史办为《北京年鉴（2022）》供稿，撰写区情文字材料7000字，提供图片7张。

（赵龙刚）

卫生健康

综　述

【概　况】　2022年，通州区户籍人口出生率为6.32‰、死亡率为8.57‰、自然增长率为—2.25‰。因病死亡人数6986人，占死亡总人数的比例96.79%，死因顺位前十位排列依次为心脏病、脑血管病、恶性肿瘤、呼吸系统疾病、内分泌营养代谢疾病、损伤和中毒、消化系统疾病、神经系统疾病、泌尿生殖系统疾病和传染病。

【区域医联体建设】　2022年，通州区片区医联体有4家核心医院：友谊医院通州院区有成员单位5家，潞河医院有成员单位7家，东直门医院通州院区有成员单位5家，北大人民医院通州院区有成员单位5家。紧密医联体2个：潞河医院—郎府卫生院、通州区老年病医院，友谊医院通州院区—徐辛庄社区卫生服务中心。以北京胸科医院为核心医院，成立通州区肺癌专病医联体，成员单位涵盖东直门医院通州院区、区中西医结合医院、新华医院和15家社区医疗机构，形成肺癌区域诊疗中心。为加强残疾人康复工作，成立通州区康复专科联盟，以首都医科大学附属北京康复医院为上级、区中西医结合医院为中心的，对甘棠、徐辛庄等13家社区卫生服务中心医联体进行帮扶。全区共有14家社区医院加入通州区医学影像医联体，全年完成影像医联体读片63091人次，其中DR阅片量51408人次、CT阅片量11683人次。

【经费管理】　2022年，通州区卫生系统总收入739878.37万元，其中财政拨款231736.46万元，业务收入508141.91万元。总支出717947.12万元。卫生事业专用基金15254.09万元。

【基本建设】　2022年，基建总投资862.02万元，均为单位自筹。宋庄镇全年新建7个村卫生室（高各庄村、南马庄村、摇不动村、大邓各庄村、小邓各庄村、郝各庄村、喇嘛村），每个村卫生室医疗用房70平方米，均已完工并投入使用。

【通州区中西医结合医院宋庄院区正式开诊】　7月27日，位于宋庄南一街203号院的通州区中西医结合医院宋庄院区正式开诊，建筑面积5000平方米。院区分为A、B两座，A座为门诊、综合楼，B座为医技、体检楼。设置有中医科、针灸科、正骨推拿科、康复科、骨伤科、妇产科、乳腺外科、内科、外科、针刀疼痛科、眼科、皮肤科、治未病科、儿科、中医护理门诊、体检中心、放射科、功能科、检验科、药剂科等临床、医技科室，A座二楼设有中医文化科普体验馆，内有智能铜人、时辰养生、生命之树、字里藏医等多种形式的中医药宣教场景设施，可供参观、体验和培训。

【社会保障体系建设】　2022年，向27047名高龄老人发放高龄津贴，总金额4296.4万元；向20274名失能老年人发放护理补贴，总金额12116.61万元；向2514名困难残疾人发放养老服务补贴，总金额563.31万元。在全区范围内开展老年友好型社区建设工作，于家务回族乡仇庄村被国家卫健委和全国老龄办授予“2022年全国示范性老年友好型社区”称号。全年开展“老年健康宣传周”“敬老月”“孝顺之星”“孝顺榜样”等一系列主题宣传活动。通过微信公众号宣传、张贴海报、各医疗机构电子屏滚动播放宣传标语等举措，开展“打击整治养老诈骗专项行动”宣传活动。

【对口支援】　2022年，派出12名医务人员到内蒙古自治区开展为期3～12个月的支医活动。7月1日、7月8日和8月15日，潞河医院、东直门医院通州院区、区疾控中心、区妇幼保健院、区中西医结合医院及15家社区卫生服务中心共接收来自内蒙古自治区通辽市奈曼旗、赤峰市翁牛特旗3

▲　7月27日，通州区中西医结合医院宋庄院区正式开诊

（区卫健委提供）

批次93名跟岗培训医师，分别为期1个月和2个月。年内，委属医疗卫生机构累计向对口帮扶医疗卫生机构（通辽市奈曼旗人民医院、蒙医医院、八仙筒卫生院，赤峰市翁牛特旗人民医院、卫生健康委员会、乌敦套海镇中心卫生院）捐赠8台设备，总价值334.8万元。

【受援情况】 2022年，按照市卫健委工作安排，通州区作为受援区，区精神病医院接受北京回龙观医院支援，区中西医结合医院接受北京博爱医院支援。

（李珺）

医疗服务

【概　况】 2022年，区属医院全年出院121370人次，病床使用率61.18%，出院者平均住院7.7日（不含精神专科医院），全年住院病人手术60863人次。

【血液管理】 2022年，区属医院用血总量18224单位，自体输血人数641人，输血量17103单位。区内设采血点3个、采血方舱3个。全年采血量89260单位，包括全血65594单位，机采血小板23666单位。向临床供应红细胞类血液77814单位，血浆66883.5单位，机采血小板23684单位。

【老龄健康】 2022年，通州区户籍人口中80周岁及以上老年人口24235人，百岁以上老年人口28人。全区有老年驿站168家，均与辖区社区卫生服务中心签订医养结合合作协议，医养结合率100%。全区已备案且正常运营养老机构22家，其中9家机构内设医务室，13家机构和医疗卫生服务机构签订医养结合合作协议。

【中医工作】 2022年，促进区级中医传承工作室建设，完成第一批、第二批通州区运河中医药薪火传承工程基层中医传承工作室21个，培养42名继承人。开展第二批13家通州区运河中医药薪火传承工程基层中医传承工作室的师承带教工作。推广基层中医药适宜技术，全区所有社区卫生服务站均可提供4类以上中医药技术方法，90.96%的村卫生室可提供4类以上中医药技术方法。组织辖区48名医务人员参加基层家庭医生（团队）中医药技术方法培训，其中“双师”4名、“双骨干”44名；组织25名人员参加北京市2022年中医馆骨干人才培训；各社区卫生服务中心以讲座、宣传栏、义诊等多种方式开展中医药知识宣传和中医药适宜技术推广。

（李珺）

2022年通州区医疗机构一览表

表7

序号	事业单位名称	级别
1	首都医科大学附属北京潞河医院	三级
2	北京市通州区中医医院	三级
3	北京市通州区妇幼保健计划生育服务中心（北京市通州区妇幼保健院）	三级
4	北京市通州区中西医结合医院	二级
5	北京市通州区新华医院	二级
6	北京市通州区老年病医院	二级
7	北京市通州区精神病医院	二级
8	北京市通州区梨园镇梨园社区卫生服务中心（北京市通州区梨园卫生院）	一级
9	北京市通州区永顺镇永顺社区卫生服务中心（北京市通州区永顺卫生院）	一级
10	北京市通州区漷县镇漷县社区卫生服务中心（北京市通州区漷县卫生院）	一级
11	北京市通州区漷县镇觅子店社区卫生服务中心（北京市通州区觅子店卫生院）	一级
12	北京市通州区潞城镇甘棠社区卫生服务中心（北京市通州区甘棠卫生院）	一级
13	北京市通州区张家湾镇张家湾社区卫生服务中心（北京市通州区张家湾卫生院）	一级
14	北京市通州区马驹桥镇马驹桥社区卫生服务中心（北京市通州区第二医院）	一级
15	北京市通州区台湖镇台湖社区卫生服务中心（北京市通州区台湖卫生院）	一级

续表 7

序号	事业单位名称	级别
16	北京市通州区宋庄镇宋庄社区卫生服务中心（北京市通州区宋庄卫生院）	一级
17	北京市通州区宋庄镇徐辛庄社区卫生服务中心（北京市通州区徐辛庄卫生院）	一级
18	北京市通州区西集镇郎府社区卫生服务中心（北京市通州区郎府卫生院）	一级
19	北京市通州区永乐店镇永乐店社区卫生服务中心（北京市通州区永乐店卫生院）	一级
20	北京市通州区于家务回族乡于家务社区卫生服务中心（北京市通州区于家务卫生院）	一级
21	北京市通州区潞城镇潞城社区卫生服务中心（北京市通州区潞城卫生院）	一级
22	北京市通州区张家湾镇牛堡屯社区卫生服务中心（北京市通州区牛堡屯卫生院）	一级
23	北京市通州区马驹桥镇大杜社社区卫生服务中心（北京市通州区大杜社卫生院）	一级
24	北京市通州区台湖镇次渠社区卫生服务中心（北京市通州区次渠卫生院）	一级
25	北京市通州区西集镇西集社区卫生服务中心（北京市通州区西集卫生院）	一级
26	北京市通州区北苑街道社区卫生服务中心	一级
27	北京市通州区中仓街道社区卫生服务中心	一级
28	北京市通州区新华街道社区卫生服务中心	一级
29	北京市通州区玉桥街道社区卫生服务中心	一级
30	北京市通州区 120 紧急救援中心	公共卫生机构
31	北京市通州区疾病预防控制中心	公共卫生机构
32	北京市通州区中心血站	公共卫生机构
33	北京市通州区社区卫生服务管理中心	直属机构
34	北京市通州区卫生健康事业发展综合保障事务中心	直属机构
35	北京市通州区人口生育服务中心	直属机构
36	北京市通州区公共卫生应急处置事务中心	直属机构
37	北京市通州区老龄事业发展中心	直属机构

疾病防治

【传染病防治】 2022 年，甲类传染病无发病，无死亡。乙类传染病发病 4498 人、死亡 3 人，发病率前三位为新型冠状病毒感染、肺结核、梅毒。肺结核病患病人数 716 人，其中新发病 705 人；艾滋病患病人数 37 人，其中新发病 19 人，死亡 1 人。人畜共患疾病（狂犬病、人禽流感、手足口病、布病等）发病 211 人，无死亡。

【流感疫苗接种】 2022 年，全区共接种流感疫苗 152494 剂次，较上年减少 4.36%。其中，学生接种 76948 剂次、60 岁以上老人接种 57313 剂次、保障人群接种 366 剂次、医务人员接种 1064 剂次、中小学教师接种 1330 剂次，其他人群接种 1 剂，自费接种 15472 剂次。

【慢性病防治】 2022 年，全区高血压患者 107459 人，其中规范管理 79730 人，规范管理率 74.2%；2 型糖尿病患者 48100 人，其中规范管理 35136 人，规范管理率 73.0%。全区提供老年人城乡社区规范健康管理服务 132951 人，健康管理服务率 62.8%。全年完成家庭保健员强化培养 440 人。

【精神卫生】 2022 年，全区检出精神障碍患者 4105 人，报告患病率 2.227‰，其中 6 类严重精神障碍患者 3662 人。全区随访 19011 人次，其中入户访视（包括视频访视）9527 人次，门诊访视 4227 人次，电话访视 5257 人次，危险度评估 19011 人次。在管患者规范管理率 98.35%，在册规范管理率 93.61%，在册规律服药率 87.43%，精神分裂症在册服药率 91.37%，在册患者面访率 95.57%。办理监护人补贴 3396 人，办理率 89.60%，正常发放 3309 人。办理免费服药 3055 人，办理率 74.5%，其中免药 2428 人，补助患者 627 人。

（李珺）

基层卫生

【社区卫生】 2022 年，通州区有社区卫生服务中心（站）90 家，其中政府开办 79 家，社会开办 11 家。卫生技术人员 2896 人，包含执业（助理）医师 1153 人、注册护士 879 人、药师（士）305 人、技师（士）275 人、其他 284 人。全年门诊 4589279 人次。有全科医生 541 人。全区社区卫生机构上门服务 1641 人次。社区卫生中心（站）全部完成标准化建设。家庭医生签约情况。全区常住人口累计签约 690980 人，签约率 37.5%。其中，重点人群签约 305069 人，签约率 98.3%。二、三级医疗机构派出医务人员 151 人支援 18 个社区卫生服务中心。22 所社区卫生服务中心上转患者 150505 人次，下转患者 3 人次。全区建立居民电子健康档案 1388652 份，建档率 75.5%。其中，居民规范化电子健康档案覆盖人数 1195189 人，覆盖率 64.9%。动态使用健康档案 785362 份，动态使用率 56.6%。

【农村卫生】 2022 年，通州区 470 个行政村设置卫生室 418 家，其中北京市医疗机构电子化注册系统中有 352 家，性质分类为村办，覆盖率 74.89%。全年诊疗 203603 人次。有乡村医生 399 人，执业（助理）医师 148 人。

（李珺）

卫生监督

【概　况】 北京市通州区卫生健康监督所是北京市通州区卫生健康委员会直属副处级行政执法机构。依照法律规定的行政管理权限，负责本行政区域内公共场所、生活饮用水、传染病防控、医疗机构、采供血机构、妇幼保健、消毒产品、学校卫生、职业卫生、放射卫生等方面监督执法工作，负责本行政区域内食品安全标准备案受理。依法对违反卫生法律法规的行为实施行政处罚，依法查处全区突发公共卫生事件。

【公共卫生监督】 截至 2022 年底，通州区取得卫生许可公共场所 2184 户，完成监督执法 1984 户，监督覆盖率 90.84%；完成量化分级 1683 户，量化分级率 77.06%；完成监督执法 3246 户次，合格 3002 户次，合格率 92.48%。执行行政处罚 260 起，其中简易程序 224 起、一般程序 36 起，累计处罚金额 7.61 万元。

【生活饮用水卫生监督】 2022 年，通州区取得卫生许可供水单位和备案现场制售水机经营单位共 680 户，完成监督执法 661 户，监督覆盖率 97.20%；完成监督执法 778 户次，合格 761 户次，合格率 97.81%。执行行政处罚 23 起，其中简易程序 17 起、一般程序 6 起，累计罚款金额 4.15 万元。

【学校卫生监督】 2022 年，区卫生健康监督所监管学校卫生单位 165 户，完成监督执法 165 户，监督覆盖率 100%；完成监督执法 250 户次，合格 249 户次，合格率 99.60%。执行行政处罚 1 起，为警告。

【医疗机构监督】 2022 年，区卫生健康监督所监管有效期内医疗机构 587 户，完成监督 477 户，监督覆盖率 81.26%；完成监督 4864 户次，合格 4853 户次，合格率 99.77%。执行行政处罚 11 起，其中简易程序 6 起、一般程序 5 起，累计处罚金额 10.8 万元。

【传染病监督】 2022 年，区卫生健康监督所监管传染病消毒单位 646 户，完成监督 640 户，监督覆盖率 99.07%；完成监督 5965 户次，合格 5880 户次，合格率 98.58%。执行行政处罚 84 起，其中简易程序 76 起、一般程序 8 起，累计处罚金额 2.1 万元。

【放射卫生监督】 2022 年，区卫生健康监督所监管放射卫生单位 70 户，完成监督 58 户，监督覆盖率 82.86%；完成监督 120 户次，合格 114 户次，合格率 95.00%。执行行政处罚 8 起，简易程序 7 起、一般程序 1 起，累计处罚金额 2000 元。

【血液监督】 2022 年，区卫生健康监督所监管血液管理单位 7 户，完成监督 7 户，覆盖率 100%；完成监督 7 户次，合格 7 户次，合格率 100%。

【疫情防控监督】 2022 年，区卫生健康监督所监督检查疫情防控工作 17079 户次，其中医疗机构 12125 户次，核酸采样点 3360 户次，第三方核酸检测机构 343 户次，新冠疫苗接种点 43 户次，隔离观察点 1208 户次。

【联合执法监督】 2022 年，受理接诉即办非法行医线索 55 件。组织与区公安分局环境食品药品和旅游安全保卫支队、区市场监管局等部门联合执法 10 次。立案行政处罚无证行医 28 件，累计罚没金额 125 万元，没收药品器械 10 箱，行刑衔接移送 3 人。办理医师多点执业 734 人次。

（李珺）

妇幼保健

【妇幼健康】 2022 年，通州区孕产妇建档 11044 人（常住），死亡 1 人（户籍），死亡率 8.92/10 万（常住），初产剖宫产率 45.48%（常住），活产数 11211 人（常住）。新生儿死亡 8 人（户籍）、死亡率 1.50‰，婴儿死亡 9 人（户籍）、死亡率 1.69‰，5 岁以下儿童死亡 15 人（户籍）、死亡率 2.82‰。围产期出生缺陷总发生率为 32.69‰（常住），缺陷病种前三位为先天性心脏病、肾积水、多指（趾）。

【婚检孕检】 2022 年，全区适婚人群婚检率 93.16%（初婚婚检率为 105.24%），疾病检出率 2.34%（初婚疾病检出率为 2.22%）。免费孕前优生健康检查定点医院为区妇幼保健院；孕前优生检查6829人，经评估，4348人具有风险因素。

【计生关怀服务】 2022年，农村部分计划生育家庭奖励扶助18305人，每人每月175元，共计发放3844.05万元。独生子女伤残家庭特别扶助889人，7月1日起伤残家庭特别扶助标准由每人每月590元提高至每人每月740元，共计发放709.422万元。独生子女死亡家庭特别扶助1008人，7月1日起死亡家庭特别扶助标准由每人每月720元提高至每人每月900元，共计发放979.776万元。独生子女父母奖励费资格确认15408人，每人每月5元，共计89.1125万元。独生子女父母一次性奖励资格确认3134人，每人1000元，共计313.4万元。独生子女家庭低保补助资格确认860人，共发放补贴11.57万元。独生子女意外伤亡一次性经济帮助资格确认41人，每人1万元，共发放补助41万元。失独家庭两节慰问569户，每户每年1500元，共发放85.35万元。失独家庭扶助金1008人，每人每年2400元，共发放241.92万元。

（李珺）

医疗机构选介

首都医科大学附属北京潞河医院

【概　况】 首都医科大学附属北京潞河医院是北京东部一所大型三级综合性医院，是区域急危重症救治中心、疑难疾病会诊中心、区域医学教育中心和医学科研及防病中心。现为北京市医保A类医院。编制内人员1915人、合同制人员1556人，正高级职称109人、副高级职称240人、中级职称726人、初级职称1524人。医院有乙类医用设备12台。全年医院总收入257106.73万元，其中医疗收入233283.79万元。

【医疗服务】 2022年，北京潞河医院将国家三级医院考核指标、三级医院评审指标等作为医政管理的重要管理指标，开展医政质量管理工作。审批并通过19个临床科室开展的77项新技术、新业务，其中血管外科开展的下肢深静脉瓣膜修复术、“盆腔淤血综合症”等技术填补多项区域医疗空白。神经内科获得全国神经内科领域百强第71位，急诊脑动脉取栓手术达到国际先进水平。医院特需门诊开设产科、内分泌、呼吸、普外、骨科、皮肤、口腔、美容等专业，为患者提供高质量诊疗服务。多学科诊疗广泛开展，促进学科改革持续进行。神经系统疑难病学科会诊潞河医院分中心成立；血管外科倡导及推进院内VTE防控体系建设，与多科室协作共同防治深静脉血栓及肺动脉栓塞性疾病，老年医学科组建学科MDT诊疗团队。医院筹备多学科诊疗（MDT）门诊，提高诊断准确性，降低患者就医成本。促使医院“以器官系统为基础，以疾病为核心”的学科改革持续深入。

【医联体建设】 2022年，北京潞河医院与通州区老年病医院、郎府社区卫生服务中心“3+2+1”紧密型医联体建设不断走向深入，医养结合的全生命周期管理实现。成为国家紧密型县域医疗卫生共同体建设试点单位、北京市首批安宁疗护示范基地，与北京协和医院组建安宁缓和医疗专科医联体。内分泌科全面坚持副中心MMC1+X医联体；消化科与马驹桥、张家湾社区卫生服务中心组建医联体；区域老年健康及医养结合指导中心对接22家社区卫生服务中心和2家区域养老服务机构，实现上转治疗、下转医养，分层分级、分级联动；中医中心与觅子店、大杜社社区卫生服务中心组建医联体；影像科的“区域医学影像医联体”对接14家卫生服务中心。

【医疗工作】 2022年，北京潞河医院全年出院53876人次，床位周转41.5人次，床位使用率74.47%，平均住院日6.58天。卫技人员与开放床位之比为1.96 ∶ 1，执业医师与床位之比为0.72 ∶ 1，病房护士与床位之比为0.91 ∶ 1。住院手术40405例，其中三级手术占57.39%，四级手术占21.81%，剖宫产率56.34%，围产儿死亡6人。开展临床路径的科室27个，病种136个，入径率98.7%，完成率96.3%。全年临床用血总量14257单位，自体输血441人次996.67单位。预约挂号占门诊总人次的76.18%。

【医保费用】 2022年，北京潞河医院本地医保门诊1693756人次、次均费用467.56元，医保出院37861人次、次均费用21381.76元；异地医保出院6524人次、次均费用24601.80元。医院药占比29.6%，门诊抗菌药物处方比例7.92%，急诊抗菌药物处方比例35.41%，住院患者抗菌药物使用率44.9%，抗菌药物使用强度为36.03DDD。

【护理工作建设】 2022年，北京潞河医院注册护士1192人。护理人员中具有大专及以上学历者占97.57%，本科及以上49.66%，有专科护士159人。设重症医学床位58张。护理队伍建设实行管理岗位与临床岗双向培养，护士长以护理管理核心能力培养为重点；对规培护士、中级轮转护士、助理护士、骨干护士、专科护士和层级护士分别进行针对性培养及考核，提高临床护理能力。护理质量管理采用“三级”质控模式和PDCA循环管理办法，开展护理质量综合评价，督导核心制度的落实。护理部被评为北京市先进护理团队。

【医学教育】 2022年，北京潞河医院继续坚持“优秀学院型医院”的发展目标，有序推进教育教学各项工作。全年完成3个专业和5个班级本科生的全日制教学任务。完成第一批博士研究生招生工作，招收1名科学型博士研究生、15名专业型硕士研究生，14名研究生获得硕士学位，就业率100%。获批首都医科大学全科第八临床学系，外科、全科和神经内科基地结业考核通过率均为100%。申报完成继续教育项目118项，获得2022年度“通州区云课堂继续教育优秀医院”称号。完成医务人员、隔离点安保、保洁共8745学时的穿脱防护服和咽拭子采集能力培训，全年完成其他技能培训12892人次。

【科研成果】 2022年，北京潞河医院纵向课题获批立项科研项目48项，其中国家级3项，包括国家自然科学基金面上1项、青年2项，省部级5项，校局级14项，共获资助经费803.5万元。横向课题立项18项，经费54.2万元。年内结题88项，年底在研课题241项。共发表SCI论文87篇，中文核心期刊论文94篇。年度内获授权专利175项，其中发明专利11项，实用新型专利162项，外观设计2项。专利成果转化15项。

【临床试验】 2022年，北京潞河医院GCP共受理75项临床试验立项，年内启动临床试验59项，结题32项。完成药物临床试验备案专业18个、医疗器械临床试验备案专业32个、特殊医学用途配方食品临床试验机构备案及专业1个。新增疫苗临床试验设计规范2项，SOP 11项，修订SOP 2项。为保证临床试验项目质量，机构全年质控347次，开展培训2070人次，发放GCP证书565人。

【信息化建设】 2022年，北京潞河医院持续加大医疗信息体系建设投入力度。持续推进"智慧医院"建设，构建"3+1"（智慧医疗、智慧服务、智慧管理+智慧科研）模式潞河智慧医院信息体系。建立信息化防疫模式，优化分级诊疗、流调工作。完成医联体信息系统改造、医保平台对接等项目。推动科研管理系统/人力系统数据共享，完善医院精细化管理。推进医院+互联网建设。构建覆盖诊前、诊中、诊后的线上线下一体化医疗服务模式，促进医疗服务便利可及。完成区科委互联网惠民便民服务平台建设申报，完成北京市云影像试点、微信公众号与支付宝平台对接，检查预约线上线下一体化平台试行，患者就医体验改善。

（赵娜）

北京市通州区妇幼保健院

【概　况】 2022年，通州区0～6岁儿童保健管理107909人，新生儿访视23384人次，儿童入托体检19450人次。有托幼机构231所，在园儿童50165人。孕产妇建册14646人，孕产妇访视25910人次，高危孕产妇追访105985人次，重点高危追访403人次，严重高危入户访视28人次。新生儿死亡率1.34‰、婴儿死亡率1.69‰、5岁以下儿童死亡率2.85‰。3岁以下儿童系统服务率97.63%，7岁以下儿童健康服务率99.40%，0～6岁儿童眼保健和视力检查覆盖率99.34%，0～6岁儿童残疾筛查率为99.40%，0～6月龄纯母乳喂养率为73.58%，5岁以下儿童贫血患病率1.69%，5岁以下儿童生长迟缓率0.25%，均达到"十四五"规划指标。5岁以下儿童超重率10.52%，5岁以下儿童肥胖率3.30%，儿童肥胖率上升趋势得到有效控制。通州区婚检率105.24%，位于北京市前列水平。孕前优生健康检查率88.90%，达到北京市指标要求。孕产妇系统服务率为99.32%，达到指标要求。通州区宫颈癌筛查70679人，乳腺癌筛查54186人。

【医疗卫生】 2022年，区妇幼保健院门诊接诊1097160人次，预约挂号占门诊总人次99%。开放床位205张，出院15180人次，床位周转74次，床位使用率82.92%，平均住院4.02日。住院手术9274例。住院分娩量5880例，剖宫产率为42.31%，产后出血率0.84%，无孕产妇死亡，新生儿死亡3例，围产儿死亡率0.18‰。实施临床路径管理，自然临产阴道分娩、计划性剖宫产、乳腺癌、子宫肌瘤、支气管肺炎、腹股沟斜疝等8513例。2022年开展新技术22项，包括经阴道网片植入盆底重建术治疗、简易单孔腹腔镜、腹腔镜下侧腹壁悬吊术治疗、激光扫描检眼镜眼底检查、悬吊康复、荧光原位杂交技术（FISH）HER2基因检测等。药占比21.60%。抗菌药使用率：门诊5.17%，急诊34.28%，住院50.93%。2022年，参加医疗责任保险676人，总费用2900124.36元。

【医保管理】 2022年，区妇幼保健院医保患者出院12640人次，住院次均费用5909元；门诊接诊医保患者44.96万人次，次均费用312元。全年申请医保基金1.01亿元。

【护理保健】 2022年，区妇幼保健院有护理人员338人，其中本科203人。医护比1∶1.13，床护比1∶0.57，新生儿重症床位6张，护理单元17个。护理不良事件上报率100%，整改率100%。护理技术操作考核186人次，合格率68%，护理理论考核186人次，合格率73%。组织业务培训34场，1385人次参加。受疫情影响，组织护理人员参加其他机构组织的线上培训141人次。选派2名护士参加急诊急救专科护士资格认证培训，2名护士参加静脉输液治疗专科护士资格认证培训，1名护士参加手术室专科护士资格认证培训，1名助产士参加助产规范化培训。

【科研成果】 2022年，通州区妇幼保健院发表《2013—2018年基于改良版Robson分级系统的北京通州区剖宫产率变化情况》《宫颈COOK球囊应用于足月妊娠引产的临床效果研究》《早期葡萄胎清宫术后口服避孕药与避孕套避孕的临床效果比较》《78例新生儿坏死性小肠结肠炎临床特征分析》《围产期因素对新生儿眼底疾病影响的回顾性研究》等核心期刊论文39篇；SCI论文1篇，论文题目为：*Comparison between core needle biopsy and excisional biopsy for breast neoplasm*，杂志为Medicine。市级科研项目"脂肪因子Chemerin在孕妇血清及脐带血的表达水平与妊娠期糖尿病及新生儿出生体重的相关性研究"1项和"不同针刺方法对产后尿失禁患者盆底肌力的影响""新冠后疫情时代儿童创新就医模式的构建与应用研究"等区级科研项目13项立项，资助金额76万元，匹配经费39.2万元。在研课题2项，均为市级课题，分别为"运动门诊联合营养门诊新模式在妊娠期糖尿病管理中的应用研究""孕期空气污染暴露和足月低体重儿的相关性研究"。结题课题2项，均为市级课题："家庭喂养和营养的知识、态度、行为（KAP）及健康教育干预对幼儿营养状况的影响""耳尖放血联合抗生素局部用药治疗青少年及儿童早期麦粒肿的随机对照研究"。与北京大学第三医院、北京大学公共卫生学院、北京大学第一医院等著名三甲医院合作国家重点研发计划、国家自然科学基金面上项目、首都卫生发展科研专项等10项课题，获经费24.5万元。

【医生培训进修】 2022年，通州区妇幼保健院医务人员外出进修21人，外出规培1人，截至年底在外规培共4人；参加学历教育39人，其中博士5人、硕士10人；接受外院进修18人；接受外院实习、见习7人。

【学术交流】 2022年，医务人员外出参加各级各类学术交流100余人次，学术委员会任职77人次。举办除9场全员必修课外继教培训56场，24600人次参加，其中4场线上市级学术会议，共12934人次参加。全年继续教育经费达120.74万元。举办京东地区儿童危重症研讨会，408人参会。举办第一届京东地区妇幼心身健康研讨会，最高在线参会人数为3342人。举办2022年京东地区乳腺病学术研讨会——临床触诊阴性乳腺病变诊疗会议，北京朝阳医院、北京大学肿瘤医院、解放军总医院第一医学中心、安徽医科大学第一附属医院、中国医科大学人民医院、北京中医药大学第三附属医院的专家们围绕常见乳腺病诊疗及保健知识做精彩讲解，并进行病例讨论。最高在线人数为4135人。举办产科并发症的诊疗策略学术研讨会，来自北京妇产医院、北京朝阳医院、北京大学第三医院、北京大学第一医院、北京友谊医院的老专家围绕产科并发症做精彩讲解。来自北京、天津、山东、河北、江西等省市人员参会，最高在线人数5049人。

【信息化建设】 2022年，区妇幼保健院信息化建设投入370万元。完成互联网诊疗、精细化管理、统一的电子认证服务、应用级备份容灾工作。优化就医服务流程，让居民少出门、不出门，通过手机在线复诊购药。实现可信身份、可信数据、可信行为、可信时间的目标。以信息化管理为手段，提高医疗服务水平，规范医疗准入管理，降低就医成本，合理控制医药费用，简化就医服务流程，提高患者满意度，加强对医疗质量的控制，推动全成本核算，提高决策支持能力，并逐步实现医院的精细化管理。加强系统应急保障手段，具备针对硬件、软件，以及数据逻辑故障的综合响应处理能力。

（刘昆莲）

体 育

综 述

【概　况】 2022年，区体育局认真落实市委、市政府和区委、区政府工作部署，完整、准确、全面贯彻新发展理念，构建新发展格局，深入实施健康中国和全民健身国家战略，编制《北京城市副中心（通州区）全民健身实施计划（2021—2025年）》和《通州区全民健身场地设施建设补短板五年行动计划（2021年—2025年）》。构建全民健身公共服务体系，充分发挥全民健身在促进人的全面发展、提高人民健康水平、展示城市文化软实力、推动经济社会发展等方面的综合价值与多元功能，努力打造“健康通州”，大力推广全民健身运动，发展群众体育社会化组织，以发展体育运动促进群众健康，以改善健身环境推广全民健身，满足人民群众对幸福生活的新追求。深入实施健康北京建设规划，全面推进冰雪运动、群众体育、竞技体育等高质量发展。

【疫情防控】 2022年，区体育局强化防控措施，积极贯彻市政府及区委、区政府关于落实“四方责任”工作要求，全力做好疫情防控工作，处理好疫情防控与训练备战关系，在做好疫情防控基础上积极稳妥开展训练备战；适时控制举办人员密集型群众体育活动和赛事活动的规模；督促公共体育场馆和体育运动项目经营单位严密防控，切断疫情传染源；发挥体育社团专业优势，开展健身知识宣传，增强群众体质。

【推进“十四五”期间体育场地建设】 2022年，通州区发布《北京城市副中心（通州区）“十四五”时期体育事业发展规划》，编制《北京城市副中心（通州区）全民健身实施计划（2021—2025年）》和《通州区全民健身场地设施建设补短板五年行动计划（2021年—2025年）》，为“十四五”期间体育事业高质量发展奠定政策基础。完成折子、实事等重点工程，加强群众身边体育场地建设，有序推进为民办实事工程，根据各属地建设需求，在全区范围内建设50套健身路径、20处多功能球场，配备30张台球桌和40张乒乓球桌，更新200件零散健身器材等一批室内外公共体育设施。打造安全的健身环境，设立“一键报修”系统，进一步提高健身器材维修响应速度。紧密协作推动体育公园建设，携手宋庄镇规划建设“宋庄小堡体育公园”，内含足球场2块、篮球场2块、羽毛球场2块、网球场1块等体育场地设施，为基层群众健身及开展全民健身赛事活动提供硬件保障。配合通州发展大厦的整体交付使用，推进通州区体育场升级改造项目进程，加快项目二标段地下基础结构（主要为地下车库）施工建设，为发展大厦车位供给提供保障。

竞技体育

【概　况】 2022年，区体育局租赁训练场所，为跆拳道、空手道、柔道、武术散打提供场地条件，并加大场地的安全检查，确保场地安全。为参赛单位提供餐饮、住宿和交通服务，全力做好各项赛事服务保障工作。

【冬季集训】 2022年，区体育局为参与北京市第十六届市运会，组织参赛运动员及优秀后备人才运动员400余人，开展拳道、柔道、空手道、散打、自行车、足球、篮球、排球、羽毛球、田径等项目的冬季集训。

▲ 10月19日，宋庄小堡体育公园

（区融媒体中心提供）

【市青少年锦标赛疫情防控工作】 2022年，区体育局严格按照北京市体育局疫情防控规定进行备赛工作，减少人员流动和聚集风险，切实做好参赛人员常态化疫情防控管理工作。同时，与学生家长及其孩子签订防疫责任书，督促家长及孩子做好自身防疫。根据疫情情况及市区两级安排，疫情期间“停训不停练”，认真完成训练计划，确保运动员保持相对较高的竞技状态。

【加强赛风赛纪及反兴奋剂工作】 2022年，区体育局召开赛风赛纪及反兴奋剂专题工作会，传达市级相关文件精神。组织观看反兴奋剂宣传片，发放宣传手册，张贴画报，摆放易拉宝宣传品，并与教练、学生及家长签订责任书，进一步强化赛风赛纪及反兴奋剂意识。通州区未出现违反赛风赛纪及反兴奋剂事件。

【参加北京市第十六届运动会】 8月9日，北京市举行第十六届运动会。通州区派出717名运动员、121名教练员参加排球、武术散打、空手道、柔道、高尔夫、游泳、跆拳道、自行车等18个比赛项目，共获得金牌30枚、银牌50枚、铜牌49枚。金、银、铜奖牌数均超过十五届市运会奖牌数量（金21枚、银30枚、铜18枚）。

▲ 9月10日，首届北京飞盘公开赛在通州区运河奥体公园开赛

（区体育局提供）

群众体育

【概　况】 2022年，区体育局积极筹备、开展全民健身赛事活动及培训，为群众搭建参与全民健身的平台。举办“喜迎二十大”北京城市副中心运河骑游季、北京市自行车公开赛、“夜尚京动”副中心夜跑、北京市飞盘公开赛、副中心赛艇大师赛、北京市露营大会、“运河杯”网球挑战赛、空竹协会会员赛、极限飞盘团体赛、运河青少年轮滑邀请赛、运河徒步大会等“运河＋体育”系列赛事活动；北京市第二届社区杯八人制足球赛——通州赛区、第三届篮球联赛、乒乓球比赛暨第十六届“和谐杯”乒乓球赛、羽毛球团体对抗赛等传统全民健身赛事，参与人数1600余人；举办第十一届武术比赛暨京津冀武术邀请赛、毽球邀请赛、环北京自行车比赛、定向越野比赛、健身操舞交流展示赛暨通州区第九届健身操舞大赛、第十一届风筝赛暨第四届京津冀风筝邀请赛等6项单项协会赛事，参与人数2300余人。

【示范街道、特色乡镇创建】 2022年，区体育局进一步夯实基层全民健身组织，下发北京市体育示范街道、特色乡镇评选办法，申报新华街道、中仓街道创建北京市全民健身示范街道以及宋庄镇、漷县镇创建北京市体育特色乡镇。并协助相关属地完成创建工作，向各创建单位拨付50万元创建资金。

【冰雪活动】 2022年，区体育局积极推动冰雪运动发展。在城市绿心森林公园开展雪上体验活动，购置发放4000张冰票，推动居民及学生参与，超过1000人参与体验活动。举办陆地冰壶体验赛和冰雪社会体育指导员培训班，进一步充实冰雪运动及其他项目社会体育指导员队伍。

【参加市运会群众项目比赛】 2022年，通州区组队参加北京市第十六届运动会群众组项目比赛，参与项目14项，总人数379人。

【国民体质测试】 2022年，根据国家体育总局第五次全国国民体质监测工作部署，区体育局对北苑街道、中仓街道、玉桥街道、新华街道、潞源街道、永顺镇、梨园镇、潞城镇、台湖镇、于家务乡、西集镇11个街道乡镇及部分体育协会人员，共12121人进行了体质测试。经测试队现场测试和数据采集，通州区2022年国民体质测试达到《国民体质测定标准》“合格”等级以上的人数比例为94%，其中测试成绩达到良好水平的占19.71%，达到优秀的人数占19.73%。

【《国家体育锻炼标准》测试】 2022年，通州区体育局落实《“健康中国2030”规划纲要》，对全区22个街道、乡镇开展《国家体育锻炼标准》测试，共测试人数4129人，总体合格达标率达到86.85%，同比增长0.34%，参加测试的人员有农民、社区居民、区机关工作人员、体育协会会员、体育俱乐部人员、企业工作人员等。

【体育场地普查】 截至12月31日，通州区有体育场地2707个，体育场地总面积446.7308万平方米，建筑面积48.2192万平方米。其中，足球场地140个，场地面积28.6667万平方米；冰雪场地5个，场地面积0.8942万平方米；健身场地1194个，场地面积105.8216万平方米；户外运动场地3个，场地面积4.8280万平方米；室外体育场地1038个，场地面积285.6556万平方米；室内体育场地327个，场地面积20.8647万平方米。以第七次全国人口普查2022年全区常住人口184.03万人计算，平均每万人拥有体育场地14.71个，人均体育场地面积2.43平方米。

体育行业管理

【概 况】 2022年，区体育局深入贯彻落实北京市体育局《关于做好北京冬奥会和今冬明春体育行业安全生产风险防范工作的通知》、北京市通州区安全生产委员会《北京通州区城镇燃气安全排查整治工作方案》及《通州区安全生产大检查工作方案》等通知要求，集中检查力量开展安全隐患大排查、大整治专项行动。

【疫情防控】 2022年，区体育局落实《北京市体育健身场所新冠肺炎疫情常态化防控指引（2021年9月修订版）》和《北京市体育局关于从严从紧做好体育健身场所和体育赛事活动疫情防控工作的通知》的工作要求，严格要求各体育经营单位落实测温、验码、戴口罩、限流等疫情防控常态化措施，全年出动执法检查车辆170车次、人员870人次，累计检查经营单位450家次，发现问题155个，立行立改155个。自5月2日起，要求所有室内体育运动项目经营单位暂停营业，防止人员聚集和疫情传播。同时加强监督检查，确保各经营单位落实关停要求，检查室内经营单位190家次，清退私开馆7家。

【安全隐患大排查大整治】 2022年，区体育局排查体育经营单位电动自行车停、充电安全隐患。检查体育场馆内灭火器、应急照明设备、消防通道，以及有无天然气及液化石油气使用等情况。开展游泳场馆专项检查，重点对各游泳场馆救生员数量及资质、救生器材、场馆消毒制剂使用及存储等情况进行检查。

【“双减”工作】 2022年，区体育局落实市区两级“双减”工作精神，规范体育培训行为，与各乡镇街道对接，持续开展青少年体能培训机构的摸排工作，摸排非学科类培训机构115家。

【接诉即办】 2022年，区体育局接办工单726件，退费专班体育组接办工单1276件。涉及退费金额840万元，完成退费金额累计178.3万余元，签订退费协议金额累计98.2万余元。获得表扬工单4张、锦旗2面。

（冯晶晶）

社会建设

综 述

【概　况】　2022年，通州区委社会工委区民政局（简称区民政局）以去风险点、补薄弱点、全面推进工作规范化建设为保障，推动各领域工作清单化管理、项目化推进，不断提高工作质量效率，完成区委、区政府交办的各项重点任务。

【基层治理年】　3月11日，通州区社会建设工作领导小组2022年第一次会议暨全区“基层治理年”工作部署会议召开，区人大常委会党组书记、主任赵玉影主持。会议部署2022年通州区基层治理工作，通过并印发《关于推进北京城市副中心（通州区）“基层治理年”的工作意见》、《关于推进北京城市副中心（通州区）“基层治理年”2022年工作任务书》和《通州区基层治理工作专班及办公室工作制度》。年内，围绕“基层治理年”战略部署，坚持“以党建引领基层治理”，聚焦“强基础、破难题”工作主线，发挥区基层治理工作专班办公室职能，全面完成基层治理年工作任务书18项任务，探索培育基层治理品牌32个，实现基层治理难点有突破、重点有创新、亮点有品牌，“一年奠定基础”的目标初步实现。

【落实街道工作改革重点任务】　2022年，区民政局印发《2022年通州区街道工作重点任务清单》，统筹推进全区街道工作重点任务落实。2022年街道工作通州区涉及重点任务30项，与市级部门对标对表，有23家委办局为牵头责任单位，分别对30项任务进行牵头落实。

【志愿服务建设】　2022年，区民政局组织实施志愿服务人才建设项目，启动北苑街道、中仓街道试点工作。坚持常态化开展文明实践志愿服务活动，依托养老驿站、社会福利院等阵地开展关爱空巢老人、关爱困境儿童、扶贫帮困等志愿服务活动。

（张敬婷　陈蕾）

社会组织工作

【概　况】　2022年，社会组织工作持续推进“线上咨询、网上申请、一次办好”服务模式，不断优化政务服务水平，依法依规开展社会组织成立、变更、注销、换证等工作。年内，社会团体成立登记8个，变更登记10个，注销登记6个，换发证书28个；民办非企业单位成立登记18个，变更登记70个，注销登记2个，换发证书100个。截至年底，通州区共登记注册社会组织536个，备案社区社会组织9465个。

【强化党建引领】　2022年，区民政局充分发挥区社会组织综合党委作用，利用会议、培训等方式，推动党建工作规范化、组织生活常态化。同时着力打造特色社会组织党建品牌项目，陆续推出“红心益路”“红先锋1+N”等多个服务品牌，以品牌引领建设。深度依托区社会组织党校平台助力党性教育学习，定期对社会组织进行培训，开展党课学习，让红色基因融入每个社会组织，不断增强社会组织的思想自觉、政治自觉、行动自觉。推进党建入章工作，在成立登记、变更、换届、年检等环节完成党建内容写入社会组织工作章程，确保党建工作融入社会组织运行和发展全过程。

【健全管理机制】　2022年，区民政局全面开展社会组织年检工作。严格审查各社会组织人员变动、经费支出、重大活动、党组织建设、遵纪守法等方面的情况，累计办结年检事项466件，合格率98%；以评促建，以评促进。委托第三方机构组织实施评估工作，从制定评估细则、完善评估标准、“一对一”走访辅导、组建专家队伍、开展专题培训及现场评估等方面精心组织，扎实推进社会组织等级评估工作有序开展。年内，130家社会组织参与等级评估，其中AAAAA级3家，AAAA级50家，AAA级77家；在全区社会组织领域开展系列专项整治活动，印发《关于开展2022年通州区社会组织领域专项行动自查自纠的通知》，整治内容包括开展社会团体分支（代表）机构规范管理、社会服务机构非营利性监管和行业协会商会收费管理等，督促各社会组织自查整改，促进社会组织高质量发展。

【社会组织参与社会服务】　2022年，区民政局号召有资源的社会组织、企业、爱心人士等社会力量尽己所能，向内蒙古自治区奈曼旗和翁牛特旗提供对口帮扶援助。募集“一对一”助学款、图书等物资价值10.5万元。组织全区社会组织参与疫情防控，开展《通州区社会组织参与疫情防控“暖心”行动计划》，负责综合协调、志愿服务管理和心理疏导等工作。

（徐颖　杨翠）

社区建设与管理

【概　况】 2022年，区民政局确定3个试点村率先启动撤村工作，提出未来全区撤村建居工作的基本思路。新设立23个社区居民委员会，社区精细化管理和服务水平进一步提高。确定38个各级协商议事示范、推广点位，共建共治共享全面深化。

【协商共治体系建设】 2022年，区民政局深化协商共治体系建设。以精细化治理为目标，梳理本土“微协商”经验，推动基层协商制度化、规范化和程序化；制定印发《月协商工作实施方案》，确定具体的工作目标任务；制定协商议事示范点督导指导评价指标，形成规范化的基层协商标准体系保障该项工作的持续运行。相继在全区18个街道乡镇建成31个城乡社区协商议事市级示范点。通过具有实操经验的专家智库，设计实施具有针对性的专题培训，帮助基层社区干部掌握协商方法、提高协商能力；编制《通州区社区议事协商工作指导手册（试行）》，形成街道乡镇协商工作规范化指导；组织本土协商智库，选择一线实操专家指导，推动多层次协商创新。完善基层党组织领导下的副中心议事协商工作，在城乡社区优化“党委（总支）—党支部—楼门（院）党小组—党员”的党建引领工作体系的基础上，延伸细化城乡协商议事空间，开展多层面“微协商”；推进基于“微协商”的“微提案”“微治理”“微服务”创新，扩大居民参与率，推动基层协商长足发展，相继打造31个市级社区议事厅示范点、24个社区议事厅推广点，建立玉桥街道和潞城镇2个（街道、乡镇）议事协商试点。组织本土专家智库指导城乡社区协商议事厅示范点建设，对基层党组织和村居委会干部重点指导、个性化服务；严格按照“微协商目录”和“月月有协商、人人会协商”活动开展，重点针对停车管理、垃圾分类、环境卫生等居民热点诉求和治理问题，通过协商推动实施相关项目。

【楼门院治理】 2022年，区民政局制定《楼门院治理示范点建设实施方案》，编印楼门院示范点建设指标体系、专项资金管理规定等制度文件，并为全区示范点位建设提供支持指导。明确健全自治体系、推进居民参与的两手抓思路，始终坚持以提升自治、服务居民能力水平为目标，完善楼门院自治组织架构，大力强化社区居委会、居住区小院委员会、楼门层长三级自治建设组织，依托楼长、门长和层长激发楼门活力。鼓励支持培育社区社会组织，形成事情共商、难题共解、资源共享的治理格局。不断提升居民对楼门院（村组）的主人翁意识和责任主体意识，挖掘楼门院（村组）居民兴趣和特长，多种形式开展书法、家庭摄影、手工制作、照张邻里全家福等文化活动。全面推动楼门院治理公示牌建设，进一步推动社区立足联系服务居民，把解决居民家门口的操心事、烦心事、揪心事作为工作的出发点，沟通化解主动服务。累计打造城乡社区楼门院（村组）治理示范点76个（其中社区楼门院示范点40个、村组示范点10个），注重经验的复制与推广，鼓励各街道乡镇将示范点的经验与做法在示范点以外的其他社区进行推广，建设26个区级推广点。

【持续提升社区治理水平】 2022年，区民政局持续为基层减负增效，严格落实工作准入机制，调研摸排社区和村级组织工作事务、机制牌子和证明事项，常态化开展垃圾分类、运河文化、消防安全讲座等“社区大课堂”活动1500余场，5万余居民参与。完成11个社区社区服务空间开放式建设示范点和2个老旧小区服务管理试点。

（马超）

社会工作者队伍建设

【概　况】 2022年，区民政局分批开展社区工作者扩充招聘工作，面向社会公开招聘911名社区工作者。构建“社区（村）—街道（乡镇）—区”

▲ 5月19日，通州区召开撤村建居工作推进会

（区民政局提供）

三级社会工作服务体系建设，完成建设通州区社会工作指导中心、通运街道等5家两级社会工作服务平台，中仓街道等6家社会工作服务中心。

【推进“优才计划”项目】 2022年，区民政局制定《通州区“优才计划”实施方案》，北苑街道、中仓街道推进“优才计划”项目落地，制定团队岗位实训项目策划书，做好区级高级社区工作者的人才培养，同时带动街道分层分类提升社区工作者社区治理能力，取得实效。

【开展社区工作者线上线下培训】 9月26—27日，区民政局开展为期2天的通州区社区“两委”成员线上培训，约1500人参加，培训内容聚焦基层政权建设、接诉即办、疫情防控等展开。10月28日至12月9日开展全区“七有五性”基层治理能力提升班培训，就社会工作理论及其应用、社会工作实务、社会工作直接方法及其应用、真题解析及答题技巧等内容进行培训。

【开展社工宣传活动】 2022年，区民政局落实第七届“北京社工宣传周”主题系列宣传活动，开展社区工作者大比武及最美社工评选表彰活动，社区工作者大比武通过初赛、半决赛和决赛，决出“金奖”1名、“银奖”两名及“铜奖”7名。“寻找副中心最美社工”通过报名、初筛、网络投票、专家复评及公示环节，评选出10名“副中心最美社工”、10名“副中心优秀社工”、10个“副中心最美社工团队”、10个“副中心优秀社工团队”。

（陈蕾）

精神文明建设

【概　况】 2022年，区委宣传部充分发挥区文明委统筹协调作用，有序推进文明创建、文明培育、文明实践等工作，开展系列群众性精神文明建设活动，常态化进行公共文明引导与网络文明引导，推动城市副中心社会治理水平提升。

【全国文明城区常态化创建】 2022年，召开通州区文明委全会暨深化文明城区常态化创建工作会，修订印发《通州区2022年全国文明城区常态化创建区领导实地督查工作方案》《通州区2022年全国文明城区常态化创建重点单位实地督查工作方案》。全年发放督察通知单5115张，推动完成问题整改14.6万余个。区领导、各重点单位开展实地督查298次，调度点位1200余个。搭建城市副中心“文明数治”管理平台，在全市率先实现网上申报、实地考察、问卷调查“一网统管”，获评2022年首都精神文明建设工作十佳案例。推进“创城＋热线＋网格”联动互促工作，排查群众诉求集中问题1.8万余个。组建“副中心市民文明观察团”，通过“文明随手拍”活动收集并解决问题2000余个。启动“文明样板计划”，打造中上园5号院等“文明示范小区”。完成中央文明办年度测评工作。

（侯洋）

【志愿服务】 2022年，建成志愿服务站点967个；组织志愿者主动问需于民，形成项目清单145项；提供理论政策宣讲、重点人群关心关爱、卫生环保志愿服务2700余次，满意率达97%。在“通州区新时代文明实践中心网上平台”发布志愿服务活动1.9万余场，服务群众5.1万余人次。

（尹静）

【首都精神文明建设奖】 2022年，组织开展“首都精神文明建设奖”推荐评选活动，授予焦善鸣、张红丰、高艳辉等7人2021—2022年度“首都精神文明建设奖”。

（赵佳琼）

【乡情村史陈列室建设工作】 2022年，印发《通州区2022年精神文明宣传视屏和乡情村史陈列室建设实施意见》通知，指导各街道乡镇完成14个宣传视屏和3个陈列室的建设任务。经市委宣传（首都文明办）检查验收，通州区有8个陈列室和24个宣传视屏获得良好或优秀等次，并获得市级奖励资金。

（李硕）

【开展文明交通引导】 2022年，组织487名公共文明引导员开展常态化文明交通引导。开展文明游园、文明祭扫、垃圾分类、冬奥交通保障等志愿服务活动。发动各站台公共文明引导员推举文明有礼好乘客376人。全年累计好人好事1793件，捡拾物品541件，归还465件，接到市区两级表扬电话48个，收到锦旗34面。

（于红梅）

【开展网络文明宣传引导】 2022年，完成对中国文明网•北京通州网站、“文明通州”微信公众号、微博等平台的提档升级。围绕背街小巷环境整治提升、精神文明五大创建等重点内容，推出《北京日报》《北京城市副中心报》等专版、专栏、专题片等，累计发布信息1.3万余条，点击量约1010万次。

（米朝辉）

【开展绿色主题生活创建工作】 2022年，开展2022年度“通州区绿色环保公益组织”“通州区绿色生活好市民”评选活动，表彰通州区级优秀环保公益组织10个、绿色环保好市民20人、文明健康生活好市民20人。

（米朝辉）

【新时代文明实践中心建设】 2022年，统筹推进新时代文明实践中心建设和志愿服务制度化工作，建成书香、交通、助老、医疗健康、助残、白领、劳动者、园艺等“8+N”类新时代文明实践驿站128个。建设理“响”驿站、大运河林下讲习所、科技小院讲习所等特色理论宣讲阵地，设置学习强国书屋、“平”语近人读书角1743处。举办“二十大和咱老百姓”“红色经典诵读”等文明实践活动5900余场，参与群众11.8万人次。“白领文明驿站”“红色经典诵读班”“六融合五走进”工作法被评为北京市新时代文明实践创新案例。

（尹静）

社会生活

居民收支

【概　况】　2022年，全区城乡居民收入稳步增长，消费结构继续优化。抽样数据显示，全区居民人均可支配收入51618元，比上年增长3.9%；全区居民人均消费支出33143元，比上年下降0.8%；城镇居民人均可支配收入61841元，比上年增长3.6%；城镇居民人均消费支出38068元，比上年下降2%。银行人民币个人存款余额2252.8亿元，较年初增加397.8亿元。

【全区居民家庭人均可支配收入】　2022年，全区居民人均可支配收入51618元，比上年增长3.9%。其中，全区居民人均工资性收入为37472元，增长6.6%；人均经营净收入649元，下降18.7%；人均财产净收入6433元，增长1.5%；人均转移净收入7065元，下降4.7%。人均工资性收入、经营净收入、财产净收入、转移净收入占可支配收入的比重分别为72.6%、1.3%、12.5%和13.7%，工资依然是居民家庭最重要的收入来源。

【全区居民人均消费性支出】　2022年，通州区居民人均消费支出33143元，比上年下降0.8%，八大类消费支出“四升四降”。其中，增速居前三位的支出分别是医疗保健、其他用品及服务和教育、文化娱乐，增速分别为8.9%、5.8%和3%；衣着、生活用品及服务支出分别下降15.5%和11.1%。

【城镇居民人均可支配收入】　2022年，城镇居民人均可支配收入61841元，比上年增长3.6%。其中，城镇居民人均工资性收入达到44200元，增长5.1%；人均经营净收入654元，下降23.9%；人均财产净收入8920元，增长3.8%；人均转移净收入8068元，下降1.4%。人均工资性收入、经营净收入、财产净收入、转移净收入占可支配收入的比重分别为71.5%、1.1%、14.4%和13%，工资依然是居民家庭最重要的收入来源。

【城镇居民人均消费性支出】　2022年，城镇居民人均消费支出38068元，比上年下降2%，八大类消费支出“三升五降”。其中，增速居前三位的支出分别是其他用品及服务、医疗保健和教育、文化娱乐，增速分别达到15.5%、12.1%和2.6%；衣着、生活用品及服务支出降幅明显，分别下降20.2%和13.5%。

（范丽华）

人力资源

【概　况】　2022年，通州区人力资源和社会保障局（简称区人力社保局）围绕副中心经济社会发展需要，坚持稳中求进工作总基调，深入实施就业优先政策，全力稳岗扩就业。充分发挥就业领导小组作用，统筹协调、群策群力，打出“返、缓、补、扩、提”等援企稳岗、助企纾困组合拳，牢牢守住就业基本盘，保持副中心就业局势稳定。全年促进城乡劳动力就业23634人；城镇登记失业率控制在3.92%。精确化对接就业岗位，以副中心行政办公、数字经济、文化旅游等六大产业为对接目标，努力搭建企业与人才供需平台，2022年度累计服务辖区内需求企业23752家次，采集空岗信息59842个，开展招聘活动322场。

【“一镇一策”专项行动】　2022年，通州区精细化服务重点群体就业，开展“一镇一策”专项行动，对9个乡镇开展实地走访调研，制定“个性化就业帮扶清单”，促进农村劳动力就业参保7578人，在北京市位居前列。

【就业困难群体就业】　2022年，区人力社保局结合美丽乡村建设和疫情防控常态化需求，开发公共设施维护和社区保安等公益性就业岗位，切实帮扶因身体、家庭等原因无法外出就业的困难人员实现就近就地就业，新增安置就业困难人员512人，累计安置2706人。

【成立毕业生就业专班】　2022年，通州区成立高校毕业生就业创业工作专班，推行“日分析、周通报、月调度”工作机制，全区协同、街乡联动，合力做好1283名离校未就业毕业生实名制摸排登记工作，高校毕业生就业率达到96.9%，有就业意愿的困难家庭毕业生100%实现就业。

【技能培训】　2022年，通州区精准化开展职业技能培训，提供“订单式”技能提升培训，打通技能与就业岗位匹配渠道，实现职业技能培训真正为就业服务。新增参保创业单位4741户，带动就业岗位20602个；完成城乡劳动力技能培训16878人。乡镇在促进城乡劳动力就业中发挥主力军作用，其中，玉桥街道、宋庄镇等街道乡镇超额完成就业指标。

【打造创业服务品牌】　2022年，通州区打造创业服务品牌，持续释放创业带动就业政策红利，2022年度累计发放创业担保贷款14098万元，实现

▲ 7月8日，北京城市副中心云招聘“国聘行动进园区”专场直播活动举办（区人力社保局提供）

▲ 9月8日，“运河金辉”文化节 通州区社会化管理退休人员传统文化市集暨第三届“运河金辉”书画摄影大赛颁奖典礼在宋庄艺创云阶文化产业园举办（区人力社保局提供）

新增创业单位3114个，带动就业岗位13678个。作为全市唯一公共创业服务体系试点，主动对接北京城市副中心产业需求，累计服务辖区内需求企业3389家，提供岗位32859个，开发就业见习岗位281个。推动开展业务办理、担保贷款申请等多项政务服务事项“打包一件事办”，先进经验被《北京日报》头版头条刊登。

【毕业生人才引进】 2022年，通州区大力实施人才引进及培养计划，2022年度共引进毕业生395人，其中，为重点企业及项目引进计划单列优秀毕业生55人。

【博士后工作站建设】 2022年，通州区加强博士后工作站建设，为博士后工作站和在站博士后提供科研经费扶持115.375万元，在北京市大数据中心、中筑创联建筑科技（北京）有限公司等4家单位新建博士后科研工作站，截至年底，全区有涵盖先进制造、商务服务和数字经济等产业的博士后工作站24家；畅通设站企业与北京大学、清华大学等专业院校产学研高效协同创新机制，共吸引进站博士43人，主持或参与科研项目70余项，申报专利60余项。

【事业单位人事管理】 2022年，通州区落实职员等级晋升制度改革，审核通过22个街道乡镇100余人次七、八级职员晋升，有效激发了基层事业工作人员干事创业的积极性。兑现机关事业单位各项工资福利政策，稳步推进事业单位绩效工资管理制度改革工作。依托综合系统完成事业单位人员备案，动态进行岗位聘用审核工作。全区443家事业单位均完成人员备案，录入约2.2万人。办理事业单位人员调转手续231人，其中调入128人、调出103人，完成公务员调任转任签批工资手续38人。首次尝试线上模式开展事业单位公开招聘，组织全区事业单位、教育系统、卫生系统、退役大学生士兵招聘6场，确定聘用人员563人，全区事业单位人才队伍不断壮大。

【乡村振兴协理员招聘】 2022年，区人力社保局组织开展2022年度乡村振兴协理员公开招聘工作，录用46人到村担任乡村振兴协理员，协助加强乡村党建，落实乡村振兴战略。

【人力资源产业园建设】 2022年，区人力社保局与产业园产权方紧密合作，迅速贯彻实施疫情期间房租减免政策，累计减免房屋租金557万元。在区政府的大力支持下，立足人力资源服务行业管家站位，充分发挥区“服务包”机制，联合区发改委、商务局、投促中心、运河商务区管委会等多个有关政府职能部门走访企业，问需求、解难题、送政策，为企业提供精准高效的“全链条”式服务。在市农民工工作联席会议办公室的支持下，依托园区党群服务中心挂牌成立“务工人员之家”。组织企业参加“国聘行动”走进国家级人力资源服务产业园活动，线上活动专区有41家企业报名，提供9287个职位，举办北京城市副中心云招聘“国聘行动进园区”直播活动，直播观看量1.3万人次，汇聚57家用人单位，发布1200余个优质岗位需求，收集1432份简历。

（马宜坤）

社会保障

【概　况】 2022年，区人力社保局牢牢把握高质量发展主旋律，持续加大改革创新，不断优化政务服务，扎实开展社会保险服务保障工作。全区参保单位6.43万家，同比增长5.4%；养老、失业和工伤保险规模分别为92.18万人、56.64万人和51.08万人。各项社会保险基金累计收缴129.44亿元，支出96.21亿元。

【社会保障制度建设】 2022年，区社保中心执行城乡居民基本养老保险各项制度，落实机关事业单位社会保险重点工作，畅通京津冀保险转移渠道，稳步推进参保扩面实现应保尽保。作为全市试点率先启动职业伤害保障工作，处理待遇给付申请133人次，完成职业伤害确认86人次。

【各项社会保障待遇发放】 2022年，区社保中心审结、办理各类支付业务2万件，各项社会保障待遇全部按时足额发放到位。累计发放养老保险、工伤保险、城乡居民养老保险和无保障等社保待遇69亿元；按期高效完成各项社保待遇调整工作，涉及9.8万人企业职工基本养老保险待遇调整、

10.7万人城乡居民养老保险待遇调整、3436名退休人员计息和重新审批调整、375人工伤定期待遇调整、98名工伤人员护理费调整和工伤计发基数调整，三项社会保险共补支调整差额1.39亿元。农转非劳动力社会保险补缴工作稳步推进，完成5个乡镇11个村345人的农转非社会保险补缴工作。

【社会保障助企纾困】 2022年，区社保中心全面落实北京市阶段性缓缴社会保险政策，通过张贴通告、微信号解读以及线上直播等方式，做到政策宣传无死角，帮助辖区困难企业渡过难关、恢复发展。相关政策红利惠及企业1827家，4.3万人次。

【社会保险基金管理】 2022年，通州区社保中心扎实推进社会保险基金管理提升年行动，严格落实"六查四防"（六查指查责任落实、查制度机制、查人员管理、查内控措施、查经办流程、查信息系统；四防指人防、制防、技防、群防）防控机制，开展"五点一线"（一是对社保中心、养老保险科开展专项检查工作；二是对职业能力建设科、职业技能管理中心、劳服中心、就业科开展专项检查工作；三是对工伤保险科、劳动能力鉴定中心开展专项检查工作；四是对人力资源公共服务中心开展专项检查工作；五是由各街道乡镇便民服务中心负责人对下辖社保经办部门开展专项检查工作）专项风险排查，从源头遏制经办风险，保证基金安全。全年核实751人多支各项社会保险待遇，涉及金额1013.01万元，追回各项社会保险待遇437.56万元，追退率43.19%。

【提升社保经办服务】 2022年，区社保中心大力推广"网上办""邮箱办""电话办"等不见面便民服务模式，拓展微信公众号服务功能，推行容缺受理机制，适时组织工作人员深入街道乡镇解读惠民政策等便利服务，实现"让数据多跑路，群众少跑路"，有力提高业务办理便捷度。推进京津冀社保转移接续数字化办理，养老保险跨省转移实现从"最多跑一趟"到"一趟不用跑"，线上办理量达90%以上。

（马宜坤）

【劳动监察执法】 2022年，区综合执法队办结各类案件20593件，涉及劳动者29418人，涉及各类款项42484.31万元。开展根治欠薪夏季专项行动、保安行业专项行动、集中整治拖欠农民工工资专项行动等各类执法检查7次，出动执法人员2916人次，检查用人单位1521家，涉及劳动者2.78万人。发出"责令限期改正通知书"33份，作出行政处罚11起，处罚金额12万元。开具企业合法合规证明109份，对企业遵守劳动保障法律法规情况进行出证44份。

【联合印发出台新方案】 2022年，区人力社保局和区住建委联合印发全市首份《通州区房屋建筑和市政基础设施工程根治欠薪暨劳务管理工作方案》，该方案进一步细化明确区人力社保局和区住建委的工作职责，就规范在施工程项目劳务管理水平方面加强深度合作。

【根治欠薪座谈会】 2022年，通州区预防和解决拖欠农民工工资领导小组召开根治欠薪工作座谈会，会议对区人力社保局和区住建委联合印发的《通州区房屋建筑和市政基础设施工程根治欠薪暨劳务管理工作方案》进行详细解读，全区27家成员单位业务科室负责人参会。

【劳动关系领域风险防范化解工作部署会】 2022年，通州区组织召开劳动关系领域风险防范化解工作部署会，深入推进协调劳动关系三方工作机制建设，全面部署集中整治拖欠农民工工资问题专项行动，全区21家相关单位及22个街道乡镇主管领导参会。

（郭楠）

医疗保障

【概　况】 2022年，通州区医疗保险参保139.36万人，同比增长0.19%。其中，城镇职工基本医疗保险参保107.12万人，同比增长0.27%；城乡居民基本医疗保险参保32.24万人，同比下降0.09%。

【医药费审核结算】 2022年，通州区医疗保障局（简称区医保局）医疗费用审结1804.70万笔，支付基金34.39亿元，拒付不合理医疗费用282.12万元。其中，审结跨省异地就医直接结算业务18.90万笔，支付基金3.12亿元，拒付不合理医疗费用4.74万元。

【生育保险待遇核准】 2022年，区医保局完成生育津贴待遇申领、变更业务6883人次，支付基金2.20亿元。

【打击欺诈骗保】 2022年，区医保局开展打击欺诈骗保系列行动，切实维护基金安全。制定定点医疗机构第一期高值耗材专项治理工作方案，辖区内102家定点医疗机构全部完成自查自纠，对区中西医结合医院和北京京通医院进行高值医用耗材现场检查。聚焦一级及以下定点医疗机构、医养结合机构内设定点医疗机构、基因检测结果造假、血液透析领域欺诈骗保行为4个重点领域，开展专项整治，完成137家定点医药机构现场检查。涉及违规费用全部完成追回。

【定点医药机构协议续签】 2022年，区医保局对111家定点医疗机构和30家定点零售药店进行资质查验和考核信息核对，完成141家定点医药机构协议续签，完成2家医疗机构"互联网+"医保服务补充协议签订。

【新增定点医药机构区级评估验收】 2022年，区医保局完成新华街道社区卫生服务中心等12家2021年新增定点医疗机构的HIS系统验收工作并签订定点服务协议，协议生效日期为2022年6月1日。完成2022年新增定点医药机构区级考察评估及协议签订工作，共接收辖区66家医药机构的申报材料，其中4家医疗机构及47家零售药店通过市区两级评估并签订定点服务协议，协议生效日期为2022年12月31日。强化会商研判，将通州区实际运行的314家村卫生室全部临时纳入医保管理，其中124家采用签订临时服务协议方式纳入，其余190家采用上级中心临时增址的方式纳入，自2023年1月7日起为参保人员提供医疗保障服务。

【推进CHS—DRG医保支付方式改革】 2022年，区医保局指导定点医疗机构落实CHS—DRG配套政策，自3月15日胸科医院、潞河医院和河北燕达医院3家定点医疗机构启动CHS—DRG实际付费，实际付费病例2.14万人次，结算金额4.69亿元，涉及647个分组中570个病组。

【落实国家药品集采督导工作】 2022年，区医保局贯彻落实好第六批（胰岛素专项）、中成药集采等各批次集采药品中选结果等相关政策按时落地执行，且整体运行平稳。做好全区定点医疗机构中药饮片和中药配方颗粒、医用耗材阳光采购工作，通过专项督导检查，规范各定点医疗机构按要求落实药品全品种全用量挂网采购。督导相关医疗机构做好人工关节类、人工晶体、起搏器以及骨科创伤类等医用耗材集采工作。

【大病保险和医疗救助】 2022年，区医保局为辖区符合条件的896名城镇职工大病患者支付医疗费905.55万元，为2624名城乡居民大病患者支付医疗费3491.21万元；向6631人次社救对象、170人次退养人员、187户因病致贫家庭，分别发放医疗救助资金1509.43万元、68.78万元、170.01万元。

【医保经办服务】 2022年，区医保局推行“网上办”“掌上办”，提升医保经办服务智能化水平，依托“国家医保服务平台”App和“国家异地就医备案”微信小程序，异地就医备案实现“全程网办”和“秒批秒办”，让数据多跑路，让群众得便利。聚焦群众关注度高的医保政策和经办服务事项，联合区税务局、区人力社保局每月开展政策培训直播，提高医保政策宣传针对性；联合中仓、玉桥街道开展新时代文明实践活动，将医保政策送到群众身边。

（王立娜）

退役军人事务

【概　况】 2022年，通州区退役军人事务局围绕退役军人中心工作，深入推进服务保障体系建设，在全区营造尊崇军人职业、尊重退役军人的浓厚氛围，各项工作有力有序推进。在各级各类报纸、杂志、期刊等媒体平台上刊发稿件200余篇，协同《城市副中心新闻》制作电视新闻信息十余条，在“通州退役军人事务局”微信公众号上发布信息423条，充分展现城市副中心退役军人工作。通州区获“全国双拥模范城”称号，实现“三连冠”。2022年1月，区退役军人事务局获得“玉桥好人·抗疫先进共建集体”称号。

【疫情防控】 2022年，区退役军人事务局落实各项疫情防控要求，全年连续数月协调抽调多名党员干部下沉玉桥街道，统一服从社区安排，参与秩序维护、快递送家、垃圾运送等服务保障工作。4月底，向全区“首都老兵”发出疫情防控倡议书。5月，通州区“首都老兵”志愿服务队共有1200余人深入各街道乡镇，参与核酸检测、大数据流调、处理健康宝弹窗等疫情防控工作。

【“通武廊”退役军人工作】 2022年，区退役军人事务局推进“通武廊”地区退役军人工作协同发展，会同天津市武清区、河北省廊坊市退役军人事务局制定出台《京津冀“通武廊”地区退役军人事务工作协同发展示范区建设实施方案》。在三地联席机制下，日常联络、就业创业、褒扬纪念、权益保护、双拥工作、文化宣传、军休荣休工作等方面均采取切实举措，开展多项工作，取得实际成效。开辟“通武廊”退役军人招聘直通车专栏，发布38期招聘信息，提供就业岗位1650余个，建立企业资源库110余家，新增6家“通武廊”退役军人服务机构。联合武清区和廊坊市退役军人事务局，创新举办“通武廊”线上招聘会，为京津冀退役军人提供消防员、物管员、航机员、国防教官等近2000个岗位。为贯彻落实“通武廊”协同发展工作要求，建立三地合作机制。落实以户籍地为主、常住地为辅的双包责任，明确具体责任人，互通情况、动态，重要时间节点协同开展工作。

【接收安置】 2022年，区退役军人事务局全年接收并妥善安置2021年营连排及技术级干部、符合政府安排工作退役士兵和退出消防员，接收安置2022年度计划分配军转干部。认真落实《退役军人逐月领取退役金安置办法》《逐月领取退役金发放管理办法》《退役金人员服务管理规定》等文件要求，接收逐月领取退役金干部。接收自主就业退役士兵，扎实做好自主就业退役士兵资金发放工作，全年发放一次性经济补助金和“两节”慰问金1600万余元。

【就业创业】 2022年，区退役军人事务局开展2022年度就业专项行动，重点定向推荐就业岗信息800余个。联合区委社会工委、区民政局面向通州籍退役军人及驻通部队随军家属定向招聘3批社区工作者，为退役军人和随军家属提供就业岗位。开展通州区退役军人职业技能提升培训，通过培训机构开设影视化妆、咖啡培训、电子商务培训、消防设施操作员、叉车司机培训等14门课程。

【优待褒扬】 2022年，区退役军人事务局印发《通州区关于给烈士子女发放定期生活补助的实施方案》《通州区优抚对象医疗费用减免管理办法》《通州区60周岁以上农籍退役老兵生活补助申请审批管理办法》，进一步提升优抚对象申请审批的工作效率和质量，确保各类抚恤补助金发放到位。全年发放各类抚恤补助金、丧葬补助金、一次性死亡抚恤金、“两节”慰问金等共计5000万余元，辖区内优抚对象生活得到有效保障。制定《通州区清明烈士祭扫服务工作方案》《通州区2022年烈士公祭活动方案》，组织开展清明祭扫和“9·30”烈士公祭活动，探索线上与线下相结合的烈士祭扫方式，全年800余人参与。大力开展烈士宣传活动，组织慰问烈属活动。制定《通州区烈士纪念设施档案》，完成烈士纪念设施校核，签订烈士纪念设施管理维护协议，设立标识牌，划定保护范围。完成《通州区烈士英名录2022版》，逐步加入烈士遗属信息。

▲ 9月30日，通州区烈士公祭仪式举行

（区融媒体中心提供）

加快推进烈士纪念园建设工作。完成通武廊三地烈士纪念设施电子地图，建立日常维护工作群，实现烈士褒扬工作信息共享。

【服务管理】 2022年，区退役军人事务局常态化联系和帮扶援助困难退役军人，全区各级退役军人服务站完成普遍联系2.6万余人次，全区退役军人优待证申请人数2.9万余人，审核通过2.9万余人，发卡2.8万余人，优待证申请审核进度排全市前列。

【双拥工作】 2022年，区退役军人事务局号召成员单位、街道乡镇和驻通各部队结合疫情防控形势积极开展主题宣传教育活动，累计发布信息700余条，为助力宣传双拥典型事迹发挥积极作用。协助驻通州部队解决好土地规划使用、完善战备训练设施、基础建设改造等问题，全力做好交通运输、后勤供给等保障工作，帮助改善执勤和工作生活条件。定期开展走访慰问驻通部队活动，为官兵送去慰问品和慰问金。坚持开展文化拥军、法律拥军、科技拥军、智力拥军、慈善拥军、送医药下乡、军校共建、军地青年交流等活动，进一步密切军民鱼水情谊。全力解决随军家属就业问题和军人子女就近入学问题，切实让军人军属放心安心。

【军休荣休服务】 2022年，通州区军队离休退休干部休养所完成三年移交工作任务，严格落实政治和生活“两个待遇”。投资建成棋牌、书画等14个功能分区的综合性活动场所。开展庆祝中国人民解放军建军95周年系列活动等丰富的主题特色活动。区军休所原创“90后高龄天团喊你打疫苗啦”和“军休所工作人员喊您打疫苗了”等视频，均被市局采用，播放量过万，通州区军休干部60岁以上老年人首针接种率达86%，在全市军休系统中位居前列。2022年，区光荣院严格落实养老机构疫情防控工作要求，全年封闭管理241天。期间，为在院老人开辟“开心菜园”，开通家属线上探视渠道，结合传统节日文化开办“老年学堂”，通过多种活动丰富老人精神生活。协调潞河医院专家组以线上问诊方式向老人提供医疗咨询服务，确保医养结合不间断；坚持定时消杀，严格人员、物资管理，确保在院老人身体健康。走访慰问全区抗日老战士、1～4级伤残军人、在乡孤老复员军人及其他重点优抚对象100人；在“八一”前夕组织开展“喜迎二十大，建功新时代”主题慰问活动，慰问烈属、荣立二等功及以上荣誉的退役军人，深受好评。

（王黎珩）

民政事务

【概　况】 通州区民政局是负责全区民政事业管理工作的区政府职能部门，主要负责养老服务、低保救助、社会组织、婚登收养、救助管理、征地超转、社区服务、基层政权、行政区划、慈善捐赠、殡葬服务、孤残保障等民政事业发展的监督管理、服务保障和组织协调工作。

【困境儿童保障】 2022年，区未保委通过召开座谈会和专题会议的形式，各委员单位之间加强联络沟通，探索多部门合作最佳发力点，促进突出问题有效解决和针对性预防，形成各部门协同配合的良好局面，进一步健全区未保委及未保办工作规则，明确成员单位职责，印发《关于调整通州区未成年人保护委员会的通知》和《关于印发〈通州区未成年人保护委员会工作规则〉〈通州区未成年人保护委员会办公室工作规则〉〈通州区未成年人保护委员会成员单位职责任务分工〉的通知》。组织实施通州区困境儿童和留守儿童关爱巡视探访项目及“春晖博爱·通惠明天”——通州区街乡级未成年人保护工作站服务项目。2个项目委托9家专业社会组织，为辖区内的困境儿童提供个案服务，开展小组和社区活动，提供精准帮扶，全年为全区22个街道乡镇未成年人保护工作站注入服务力量，社工开展个案帮扶1664人次，为全区272名儿童提供家庭监护风险评估，并开展社区儿童活动491场。联合通州区儿童保护多领域专家团队成员与专业儿童社工，开展业务能力提升和强制报告制度培训。全区儿童督导员、儿童主任、儿童社工参与率达95%以上。为全区近700人的儿童服务队伍赋能。为136名社会困境儿童（5名社会散居孤儿、103名事实无人抚养儿童、28名贫困家庭重病、重残儿童）足额及时发放困境儿童生活费共计249.24万元。“两节”期间，为103名社会困境儿童按照每人500元的标准发放慰问金5.15万元；为92名困境儿童发放物价补贴15086元；为6名孤儿发放助学金6万元；为7名事实无人抚养儿童发放助学金4.35万元。落实市、区疫情防控工作部署，区福利院执行封闭管理，

▲ 3月24日，开展殡葬市场联合执法检查活动
（区民政局提供）

▲ 9月2日，举办通、武、廊三地养老工作座谈会
（区民政局提供）

综合楼内严格分区管理。对综合楼进行局部改造，划分出消防中控应急指挥区域和临时隔离区，福利院综合服务设施全方位升级，为孤弃儿童提供优质、安全的成长环境。聘请专业机构对区福利院财务进行审计，重新构建政策落实、资金流转、账务处置、审计自查机制，实现执行流畅、监督有利的财务管理体系。

（缪怡）

【殡葬管理】 2022年，区民政局共核准丧葬补贴申请682件，区、镇（乡）两级财政拨付丧葬补贴资金341万元。深入推进“零百千万”工程，即零元骨灰撒海、百元骨灰盒、千元殡仪服务、万元墓地，全区销售百元骨灰盒61个，提供千元殡仪服务3899次。全年举行告别仪式2718场次。通州区殡仪馆、永安公墓、通惠陵园、京运陵园、惠灵山陵园、大甘棠集中埋葬点6处重点祭扫接待点清明节期间累计接待预约祭扫群众22.18万人次、机动车辆5.7万辆次。

（杨良忠）

【婚姻登记】 2022年，区民政局婚姻登记管理工作依照《中华人民共和国民法典》《婚姻登记条例》和《婚姻登记工作规范》要求，严格按照市、区及通州区委社会工委区民政局防控新型冠状病毒领导小组的决策部署，做好疫情防控工作，全年各项工作顺利推进，确保疫情防控期间通州区婚姻登记工作平稳有序、健康安全。年内，通州区婚姻登记服务中心办理结婚登记5166对（较上一年下降9.2%），离婚申请3094对（较上一年下降18.5%），离婚登记2296对（较上一年下降10.8%），补领婚姻登记1835对（较上一年下降34.7%），涉外、涉港澳台婚姻登记17对，出具婚姻记录证明5份，配合公证处、公安、检察院、法院等部门调查当事人婚姻登记资料6000余份，受理当事人查询婚姻档案3000余件，接待群众电话咨询及现场解答6万余人次，受理北京市以家庭为单位小客车配置指标婚姻关系审核6733件。

（刘广宇）

【老龄事业】 2022年，区民政局制定出台《通州区养老家庭照护床位建设管理实施细则（试行）》，建设完成414张养老家庭照护床位，完成区级300张床位建设任务；持续推进“一键呼”设备安装工作，适当扩大安装对象范围至高龄独居、“双高龄”［一个家庭有两位80岁以上（含80岁）的高龄老人］和“一老一残”等特殊困难家庭老年人，累计安装4000户“一键呼”助老设备；召开养老助餐点位建设年度专项工作部署会，建设完成10家养老助餐点；加快推动养老服务项目向北三县延伸，落实《通武廊养老工作协同发展合作协议》。举行通、武、廊三地养老工作座谈会。加强三地人才合作，开展线上养老护理员培训800人；完善养老驿站布局，填补空白点，各街道乡镇根据空白点制定驿站建设选址计划，新建养老驿站21家。

（王东克）

【城乡基层自治组织建设】 7月，区民政局在全区范围内组织开展村级“民主日”活动，集中召开社区居民会议。按照区委、区政府要求，分2批次落实社区规模调整工作，共新设立23个社区居民委员会，涉及北苑、中仓、玉桥、临河里、杨庄、九棵树、潞邑、梨园、西集、台湖、马驹桥等11个街道乡镇。优化调整1个社区居民委员会，同步调整19个社区居民委员会，其中3000户以上大型社区9个。截至年底，通州区社区居民委员会总数183个，新增社工225人，增加社区管理服务用房12406.1平方米。

【行政区划管理】 2022年，区民政局组织开展第四轮省级行政区域界线通州段联合检查及第四轮区级和街乡镇级行政区域界线联合检查工作。对行政区域界线标志物、其他界线标志物、跨界建设和界桩维护情况进行认真梳理、实地踏勘、检查记录，并对通州、朝阳、大兴缺失的界桩进行修复和测绘。

（王禹）

【社会救助】 2022年，通州区城乡低保标准提高至1320元/人·月，全区有城乡低保（含生活困难补助）家庭3099户4999人，年保障资金7841.88万元；低收入家庭145户265人，其中72人享受生活补助，全年发放低收入家庭生活补助31.01万元；特困供养459户473人，全年发放生活费及照料费1557.72万元；为城乡特困人员发放医疗救助金149人次、59.4万元；为3584户城乡低保、低收入、分散特困家庭发放采暖补助金412.83万元；为87名困难大学生发放助学金38.81万元；为16户、31人因病、因灾等特殊原因造成生活暂时困难的家庭发放临时救助金9.37万元。向城乡低保（特困供养）对象发放两节走访慰问金243.05万元；为城乡低保、特困、低收入对象发放价格临时性补贴95.91万元；为城乡低保（特困供养）对象发放电价补贴31.96万元。

（宗琳 李汀）

【流浪乞讨人员救助】 2022年，流浪乞讨人员救助工作围绕“兜底线、织密网、建机制”的总要求，优化具体工作流程，完善制度措施建设，健全分工责任体系，不断提升救助和服务水平，切实保障好流浪乞讨人员的合法权益。建立《医疗救助四联单使用台账》《流浪乞讨人员护送来站流程》《关于科学精准做好疫情防控工作的实施方案》等制度，进一步优化救助环节，规范救助流程，提高救助工作效率。扎实做好求助接待、站内护理、跨省护送等各类救助服务。年内，救助流浪乞讨人员178人次，协调亲属或属地接领44人；提供返乡乘车凭证及送站服务44人；跨省护送2人；寻亲成功2人。与托养机构建立联系机制，定期对长期托养人员情况进行跟进问询，及时掌握托养人员身心状况。托养在衡水的长期滞留智力障碍人员42人、精神障碍人员16人。持续做好流浪乞讨人员中精神障碍、智力障碍、身患急病等特殊人群的救助服务工作。累计救助特殊困难流浪乞讨人员115人。在重大节庆、会议、活动期间或气候恶劣等时期，协调公安、城管及各乡镇街道共同开展集中救助活动。组织集中巡视活动40余次。依托“夏季送清凉”“冬季送温暖”专项行动，加大对桥洞、城乡接合部等重点点位巡查频次。开展日常巡查100余次，发现并救助流浪乞讨人员10人次。

（李钰子）

▲ 9月27日，中仓街道莲花寺社区举办“喜迎二十大 民族团结心向党 ”第四届邻里节活动（三交三好）

（区民宗侨办提供）

民族宗教事务

【概　况】 2022年，通州区有汉族、满族、回族、蒙古族、朝鲜族、土家族、壮族、苗族等54个民族，少数民族人口约8.7万人。有1个民族乡、3个民族工作重点乡街镇，分别是于家务回族乡、中仓街道、张家湾镇、马驹桥镇。有5个民族村，分别为于家务回族乡于家务村，张家湾镇张湾镇村、张湾村、枣林庄村，马驹桥镇北门口村。区内区级宗教团体有3个，分别是区伊斯兰教协会、区天主教爱国会、区基督教“三自”（自治、自养、自传）爱国运动委员会。现有依法登记的主要宗教活动场所15处，其中，清真寺9座（通州清真寺、北关清真寺、西关清真寺、张家湾清真寺、垡头清真寺、枣林庄清真寺、马驹桥清真寺、永乐店清真寺、于家务清真寺）、基督教堂1座（北京市基督教通州堂）、天主教堂3座（贾后疃天主教堂、龙庄天主教堂、牛牧屯天主教堂）、佛教寺庙1座（佑胜教寺）、道教宫观1座（佑民观），还有基督教聚会点2个、天主教弥撒点4个。全区有教职人员38人，其中阿訇15名、天主教神甫6名、基督教牧师3名、法师5名、道长9名。

【宣传教育】 9月27—29日，组织22个街道乡镇主管民族宗教工作领导、5个少数民族村及有宗教场所的部分社区村负责人、五大宗教团体（场所）负责人参加2022年度民族宗教工作专题培训。培训班采取理论教学与现场教学相结合的方式，邀请市民族宗教事务委员会领导和市委党校老师为学员讲解新时代民族宗教工作和国际关系，并现场参观延庆区大庄科乡红色教育体验基地和北京冬奥会场馆。年内，向全区各街道乡镇发放民族、宗教宣传海报4200余套、《中央民族工作会议精神学习辅导读本》970册、《宗教事务条例》和《宗教工作应知应会手册》370册。结合全国文明城区常态化创建工作，在副中心政务服务大厅、全区宣传大屏、城市电视媒体等载体上滚动宣传民族宗教海报、宣传片，开展民族团结创建活动，营造良好的宣传氛围。

【铸牢中华民族共同体意识】 2022年，策划统战百年暨民族团结主题巡展活动，宣传和展示民族工作成果。以于家务回族乡民族乡村为重点，辐射中仓街道、张家湾镇、马驹桥镇等其他街道乡镇的民族区域，推动铸牢中华民族共同体意识示范区建设。印发《通州区关于组织社区（村）各族群众广泛开展“三交三好”活动的实施方案》，在全区社区、村各族群众中广泛开展“三交三好”（促进各民族交往交流交融，使各族群众交得了知心朋友、做得了和睦邻居、结得成美满姻缘）活动，推动铸牢中华民族共同体意识在基层走深走实。组织统战系统向西藏自治区拉萨城关区定向捐助10万元资金用于疫情防控。

【推进宗教中国化】 2022年，强化思想引领，组织全区宗教届人士和信教群众集体观看党的二十大开幕式。开展“崇俭戒奢”主题教育，推进以“四进”（国旗、政策法规、优秀传统文化、社会主义核心价值观进宗教场所）宗教场所为主题的和谐寺观教堂创建。完成以佑胜教寺为主要载体的通州区佛教中国化实践展示基地建设，承办“北京市佛教喜迎党的二十大，佛教爱国主义教育史迹展”活动，累计接待中国佛教协会、市佛教领域等调研参观人员700余人。以通州清真寺为主要载体，传承十八个半截胡同文化，带动南大街回族聚居区，辐射通州区9个清真寺，推进通州区伊斯兰教中国化实践基地建设。积极开展养老（福利）医疗领域和全区非法宗教专项整治等行动，非法宗教活动联合查处机制进一步完善。

【关心关爱民族宗教代表人士】 春节前夕，区委统战部到佑民观、佑胜教寺、通州清真寺走访慰问宗教代表人士。为降低宗教场所“双暂停”（暂停对外开放、暂停集体性活动）影响，向15个宗教场所发放纾困资金，向教职人员发放生活补助和疫情期间特殊生活补贴，组织全区宗教代表人士进行健康体检。向少数民族困难户发放生活补贴。

【安全和谐】 9月23日，通州区召开民族宗教领域党的二十大安全维稳工作部署会，对通州区民族宗教领域党的二十大安全稳定工作进行部署。会后，全面排查民族宗教领域安全隐患，强化对宗教场所的安全管理，为9处宗教活动场所配备健康宝电子哨兵，为5处宗教活动场所更新安全设备，为19处宗教活动场所安装多功能安全管理公示牌。

【扶持民族经济】 2022年，加快推进市级铸牢中华民族共同体意识项目，助力民族乡村经济发展。于家务回族乡拱棚及食用菌配套设备建设项目完成施工和验收，扶持资金120万元；于家务回族乡特色规模化大棚提升改造项目加快施工，扶持资金330万元。

【民族体育】 12月8—16日，区委统战部（区民族宗教侨务办公室）、区教委共同组织通州区第十届民族学校传统体育运动会。该届运动会由区民族小学承办，采取线下和线上、集中和分散相结合的方式，张家湾镇中心小学（张湾镇民族小学、张湾村民族小学、枣林庄民族小学）、于家务回族乡中心小学、南关小学和运河中学附属小学等学校共同参加。

【政务法治】 2022年，开展民族宗教领域相对集中审批权改革试点，年内累计办理民族成分变更4件，办理清真食品经营许可证14件，对全区各宗教团体、宗教场所、清真网点等单位依法开展行政检查73次。

【政协提案办理】 2022年，认真办理《关于建议道长进驻紫清宫传播道家传统文化的提案》《关于通州清真寺消防中控值守问题》《关于打造北京市民族乡村振兴示范区的提案》3件提案，经过与相关单位和政协委员的积极沟通，3件提案均按时办理完毕。

【工作荣誉】 2022年，佑民观获评首届全国宗教界先进集体，佑胜教寺然教法师获评全国宗教界先进个人。中仓街道白将军社区民族舞蹈队获北京市第十七届民族健身操舞大赛金奖第一名。东来顺花庄店被命名为北京市2022年度规范化清真特色餐厅。区委统战部（区民族宗教侨务办公室）收到基层和群众赠送锦旗3面，表达对通州区民族宗教工作的肯定。

（赖昭祥 杨浩 李大权）

残疾人事业

【概 况】 2022年，通州区残疾人联合会（简称区残联）完成全区15个街道乡镇残联换届及5个新街道残联成立工作。截至年底，全区549个社区（村）设立残疾人协会，户籍人口中有持证残疾人36271人，其中视力残疾3677人、听力残疾1881人、言语残疾167人、肢体残疾23856人、智力残疾3081人、精神残疾2182人、多重残疾1427人，年内新办残疾人证2484件。

【无障碍环境建设】 2022年，区残联高质量推进环境无障碍提升工作，督办常态办整改问题346件；实地走访大运河文化旅游景区全线无障碍点位，对大运河国家AAAAA级旅游景区创建无障碍施工进度进行督查。完成635户残疾人家庭无障碍改造工作，超额完成区级民生实事项目预定300户改造任务。

【康复服务】 2022年，区残联持续

▲ 4月7日，通州区儿童康复中心在通州区残疾人职业康复中心正式揭牌成立

（区残联提供）

落实三项康复政策补贴工作，为10963人次发放成人康复补贴108.33万元；为1040人次持证及疑似残疾儿童发放康复补贴694.84万元；为1.2万余单辅具补贴经费923.02万元。年内康复服务14180余人，康复服务覆盖率达到99.9%，超额完成年初90%的工作目标。致力于构建残疾人就近康复服务网络，推进9个街道乡镇引入北京英智康复医院等成年残疾人备案定点康复机构。4月7日，通州区儿童康复中心在通州区残疾人职业康复中心正式揭牌成立。

【发放各类补贴】 2022年，区残联“两节”（元旦和春节）慰问困难残疾人家庭7234户，发放慰问金591.53万元；为2160名残疾人发放居家助残服务补贴268.09万元；为1516名残疾人发放残疾人自主创业就业社会保险补贴1993.65万元；发放机动轮椅车燃油补贴20.38万元；审核申请岗位补贴和社会保险补贴用人单位329家，涉及1162名残疾人，发放补贴金额1216.16万元；投入130万元开展内蒙古奈曼旗、翁牛特旗对口支援合作工作。

【就业帮扶】 2022年，区残联对全区就业年龄段的残疾人就业状况进行调查统计，建立健全“一人一策”就业服务体系；审核2021年度安置残疾人就业单位900家，安置登记残疾人2426人；搭建就业平台，残疾人专场招聘会提供就业岗位254个，为9名应届残疾人大学毕业生量身定制就业方案；尝试“互联网+助残”全新模式，助力通州区首个公益助残项目“手递手星星直播间”入驻大型商场，融合公益商业，为残疾人自主创业搭建展示平台。

【宣传文体活动】 2022年，区残联立足各媒体平台开展残疾人工作正能量宣传，报道残疾人工作100余次，残联官网发布文章70余篇。完成残疾人郑悦入选“通州榜样”年度榜单相关宣传报道工作。举办残疾人书画技能培训，广泛开展“爱耳日”及“助残日”等多种助残宣传教育活动，组织残疾人专门协会开展系列活动20场，覆盖930人次。

【助力北京冬奥会、冬残奥会】 2022年，区残联高效有序落实北京冬奥会、冬残奥会保障工作，组织参与观赛200余人次；参与冬残奥会城市火种采集和火炬接力大运河漕运码头点位的组织实施工作。创建3家冬奥示范温馨家园，开设冬奥体验馆，全区温馨家园开展与冬奥有关活动115场，参与8070余人次。6家冬奥志愿服务团队依托温馨家园开展新时代文明实践志愿服务，服务11184人次，40名志愿者获得“2022年冬奥冬残奥优秀城市志愿者”称号。

（李春美）

红十字事业

【概　况】 2022年，区红十字会持续打造人道公益特色募捐品牌，常态化开展“博爱在京城”募捐救助，首次参与北京市红十字会“5·8”人道公益日线上众筹活动，共计筹款30.9万元。全年募集善款122.4万元，接收捐赠物资13.08万元，发放救助款物205.85万元，救助困难家庭2716户，其中“两节”送温暖发放救助款物91.34万元，2108户困难家庭受益。连续15年开展通州区红十字低保大学生助学项目，为34名低保大学生累计发放助学金14.8万元。

【应急救护培训】 2022年，区红十字会有序开展对公安、消防、医疗、教育系统等重点领域应急救护培训，在“5·8”世界红十字日、“世界急救日”等节日，大力开展应急救护知识“五进”（进学校、进企业、进社区、进机关、进农村）活动，发放急救手册等宣传折页1.2万份，全面提高广大居民、公职人员和教职员工自救互救和应对处置突发事件能力。为区属四大公园（大运河森林公园、西海子公园、减河公园、东郊湿地公园）配置外伤急救箱120个，为公园内巡逻车辆配备外伤急救包600个，为全区22个街道乡镇新就业群体站点配置定制急救箱286个，全年完成应急救护取证培训66期、受训人员2376人次，完成普及讲座22期，参与人员3720人次。

【推动“三献”事业发展】 2022年，区红十字会开展“三献”（献血液、献造血干细胞、献人体器官组织）知识宣传活动6场，累计发放宣传资料5000余份。完成通州区第5例非亲缘造血干细胞捐献者慰问工作。依托“生命永恒工作室”开展遗体捐献志愿服务，全年共有10名志愿者办理遗体捐献登记。

▲ 8月29日，区红十字会为中国人民大学附属中学（通州校区）710名学生开展应急救护培训
（区红十字会提供）

【第五次会员代表大会召开】 7月22日，区红十字会第五次会员代表大会召开。大会出席代表88人，会议听取并审议通过《第四届理事会工作报告》，大会选举产生通州区红十字会第五届理事会理事和第二届监事会监事。第五届理事会第一次会议选举董明慧任通州区红十字会会长，大会还聘请通州区委副书记、区长孟景伟担任区红十字会名誉会长。

【疫情防控】 2022年，区红十字会接收新冠疫情社会捐款66.71万元，接收捐赠物资6批次、价值28.67万元，发放防护物资、消杀物资、慰问物资等18批次、价值253.22万元，其中包括口罩、医用一次性防护服、防护面罩、帐篷、棉大衣等，为助力打赢全区疫情防控阻击战贡献人道力量。

【对口支援合作】 2022年，区红十字会对口支援合作工作队携手爱心企业家分赴内蒙古自治区奈曼旗、翁牛特旗开展对口支援合作工作，区红十字会捐资20万元，给予200名义务教育阶段品学兼优的困难家庭学生每人1000元资助；爱心企业家捐赠课桌椅150套、物值27750元，用于改善当地小学教学环境。

【红十字文化传播】 2022年，区红十字会组织挖掘先进集体、优秀人物和感人事迹，推荐中国红十字会“会员之星”、“通州榜样”、北京“人道奖”先进个人等榜样人物10余人，宣传报道爱心企业捐赠、爱心人士捐赠、造血干细胞捐献事迹20余次，在区委办区政府办信息专刊、市红十字会网站、区红十字会网站、微信公众号、《北京城市副中心报》、通州电视台等各类媒体共发布各类信息100余篇（条），使广大群众更加了解和关注红十字，不断提高红十字的公信力和影响力。

（许超）

街道 乡镇

潞源街道

【概　况】　潞源街道地处北京城市副中心行政办公区核心区，是北京市委、市政府办公驻地，辖区西起东六环，东至通济路、南临北运河、北靠运潮减河，总面积约8.7平方千米（行政区划7.09平方千米，代管区域1.61平方千米）。街道下辖含英园东社区、含英园西社区、朗清园北社区、朗清园南社区、朗清园东社区5个社区，有社区工作者70人。潞源地区作为一脉相承的京师源头，有着通州最古老的故城——西汉路县故城遗址，伴随着城市副中心的建设不断成长，是副中心政务服务的主要承载区、京津冀协同发展的桥头堡、古今同辉的运河历史文化承载区、新时代基层治理的样板。

▲　8月31日，潞源街道举办首届“文明传承人”宣介会，与会领导为“文明传承人”颁授荣誉奖牌　（潞源街道提供）

【基层党建和精神文明建设】　2022年，潞源街道以“基层治理年”为抓手，召开党建工作协调委员会，组织市委办公厅、市直机关工委等14家成员单位，依据各单位特色，牵头制定党建任务清单，成员单位现场认领33项党建共建项目，签订“点单”项目协议书，聚力解决疫情防控、垃圾分类等群众关切问题。高标准完成机关党支部换届选举工作，发展党员17名。按月收缴党费，按比例用好党组织服务群众经费和党建活动经费。报送党建宣传片，加强组织把关，顺利完成市第十三次党代会、市第十六次人代会代表推荐、考察工作。开展“同心源”主题活动78次。评选“文明传承人”，推荐“2022年社会主义核心价值观榜样人物”17人、“通州榜样”人选16人。全年召开意识形态分析研判会4次，工委会专题研究汇报意识形态工作2次。开展“扫黄打非”联合专项检查2次、常规性检查4次。

【接诉即办】　2022年，潞源街道坚持以民为本，置顶接诉即办，聚力问题解决实效，切实为居民排忧解难，深化主动治理、未诉先办，开展“微改造、微治理”，解决房屋漏雨修缮、供水管线维修、门禁系统更新、道路破损修复等问题。全年接收市民热线派单1688单，市级考核成绩全年8次位列全市第一，获得表扬工单18件。网格案件处置率、按时结案率、一次性完成率、及时发现率“四率”考核成绩居全区并列第一。

【城市管理】　2022年，潞源街道打造绿色慢行系统，引入市场化共享单车公司加强自行车停放秩序管理，对辖区7个重点区域、53个重点路段、234处重点点位定点布控、日常值守、定段巡查，为居民创造绿色无忧出行条件。对副中心2号停车场周边空闲区域进行规划整合，建成对社会车辆进行有偿共享的停车场，提供134个停车位。紧盯“减量控大”，持续开展交通安全警示宣传教育，进学校、进社区、进单位开展宣传，发放各类交通安全法规政策宣传单600余份，开展相关活动52次。处置城乡环境事件3321件，获得“2022年度首都城市环境建设管理样板单位”称号。大气污染防治督查15件，案件完成率100%，并对15件涉案单位负责人进行约谈，依法立案处罚，处罚率100%。检查工地施工环境2600场次、裸地31场次、加油站24场次，共出动589组次1495人次。开展河长制工作，对辖区运潮减河、北运河两个河段巡检108次，在河道管理范围内未发现“四乱”等相关问题。区级林长巡林1次，街道级林长巡林13次，社区级巡林1879次，开展宣传活动29次。入户宣传垃圾分类覆盖率达100%，开展各色主题宣传活动170余次。与72家非居民单位签订新版非居民厨余垃圾运输合同，签订率100%。厘清辖区用地资源情况，整改违法用地和违法建设问题120件，整改率为100%，持续高压态势动态清零，保持“基本无违建街道”称号。对辖区内70家涉及食品经营单位的食品及原材料进行抽样检测，抽检244个批次的样品，各项检测指标合格率100%。

【民生保障】 2022年，潞源街道含英园社区卫生服务站投入使用，方便辖区居民就医用药。组织辖区910名65岁以上老人开展免费健康体检活动，配合潞城卫生院完成659人家庭医生签约服务，签约率73%。完成退役军人及其他优抚对象的建档立卡和优待证申领业务。联合工商银行，为退役军人开展优待证现场发放激活“一站式”贴心服务，打通优待证申领工作的最后一站，同时给退役军人发放光荣牌。为辖区各类人员就近就便检测，设置常态化核酸采样点位22处，安装19处全封闭正压式常态化核酸检测亭，截至12月，共检测301万余人次。

【平安建设】 2022年，潞源街道形成专职力量与社会力量捆绑作战的防控体系，创造性实施“5+3”工程（成立“志愿红”“校园绿”“商业灰”“平安白”“环保蓝”5支群防群治队伍，设置“核心圈、控制圈、防范圈”3层社会治安防控圈”）。印发《北京市通州区潞源街道各相关单位、部门安全监管（管理）的通知》，出动检查人员1850人次，检查单位2346家，发现隐患2867项，未发现重大隐患。

▲ 9月7日，潞源街道组织开展《中华人民共和国食品安全法》进机关宣传活动，执法人员走进市直机关送法律、送知识（潞源街道提供）

在辖区设置2处食品安全示范城市主题硬质展板，提高居民对食品安全的认识，未发生重大食品安全事故和群体性食物中毒事件。组织开展高层建筑单位防火应急演练6次，开展社区消防安全、电动车专项等主题宣传活动3次，发放宣传海报650份。完善《潞源街道办事处防汛专项应急预案》；在施工现场开展消防应急演练，普及安全生产知识，宣传教育人数5000余人次。完善辖区内普通地下室台账和安全检查工作，检查人防工程，出动检查人员456人次，检查发现并整改完成安全隐患29处。

【社区建设】 2022年，潞源街道在社区开展各类科普活动250余场。建成含英东社区科普宣教室，配齐垃圾分类和交通安全互动科普设备、儿童互动体验桌等科普设备，配置各类科普图书1500册。拍摄潞源街道图书馆宣传片，参与2022年阅读北京·十佳优读空间——百姓身边的基层图书室推优活动，不断丰富辖区百姓的精神生活。以综合文化中心为核心，巩固文化成果，开展线上线下亲子活动、文艺演出、手工制作、参观培训等主题文体活动150余场，营造健康向上、朝气蓬勃的社区文化氛围。举办潞源街道“同心源”社区邻里节，邀请辖区居民围绕“邻里乐”“邻里颂”“邻里情”，组织开展线上线下系列活动12场，吸引居民参与达到15000余人次。将志愿服务与新时代文明实践活动相结合，深入开展新时代文明实践推动日活动100余次，招募志愿者约3000人次，宣传万余人次，打通宣传教育群众、关心服务群众的“最后一千米”。

潞源街道社区居委会一览表

表8

序号	名称	地址	电话
1	含英园东社区	通州区潞源街道含英园十区9号楼二、三层	89537063
2	含英园西社区	通州区潞源街道古月佳园小区18号楼2单元201、202	80519220
3	朗清园北社区	通州区潞源街道朗清园一区14号楼底商14-2、14-3	89537341
4	朗清园南社区	通州区潞源街道朗清园二区10号楼底商10-1、10-3	89536146
5	朗清园东社区	通州区潞源街道朗清园三区8-1、8-2	89537993

通运街道

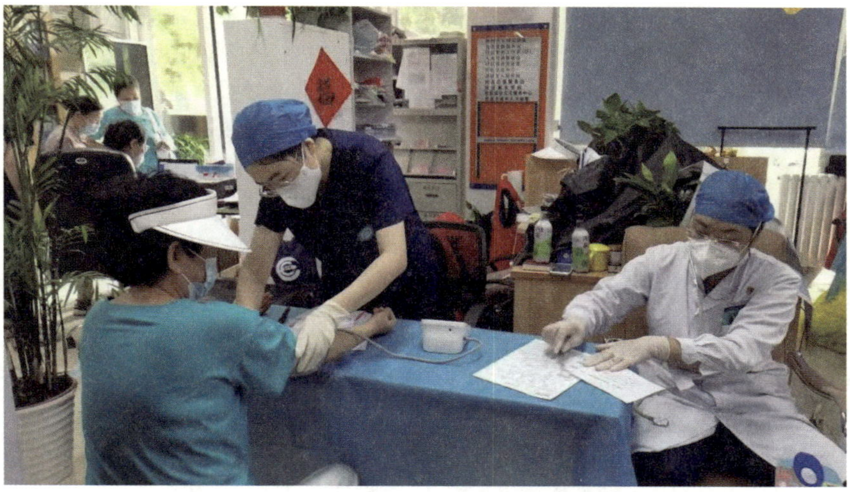

▲ 7月30日，通运街道联合潞城卫生院组织辖区65岁以上老人开展免费体检活动
（通运街道提供）

【概 况】 通运街道辖区面积5.5平方千米，北至通胡大街—芙蓉路—运潮减河一线，与新华及潞邑街道、潞城镇相接，东至六环路，与潞源街道相邻，西、南至北运河，与中仓、玉桥街道相隔。下辖运河湾、运河园、星河、水仙园、紫荆雅园、荔景园、京贸家园、融御、牡丹园、芙蓉10个社区和杨庄、魏庄、霍屯、杨坨4个行政村，紫运南里一区、紫运南里二区2个回迁小区。

【基层党建和精神文明建设】 2022年，通运街道积极组织开展党建活动，不断补齐配强基层党组织班子队伍，完成北京市出席党的二十大代表推荐提名工作和融御社区支部委员会委员的选举工作，组建紫运南里2个筹备组，解决村改居区域管理无抓手的问题。对“两新”组织联合党支部进一步调整，党组织覆盖率达到90.6%。建设完成通运街道党群服务中心。开展通运街道党建引领基层治理“邻家邻”之楼门共同体建设项目，建设特色楼门、组织多样活动。开展通运“一家人”微自治创投项目10个，并获得“通州区2022年度基层党建创新项目一等奖”及“通州区市域社会治理‘十佳’品牌”荣誉。召开街道党建工作协调共理委员会全体会议，与19家共建单位分别签订《党建引领基层社会治理深化“邻家邻”品牌培育共建协议书》。10个社区党建工作协调共理委员会共召开会议67次，协商事项52个，解决问题60个。

【疫情防控】 2022年，通运街道严格执行疫情防控和转段的相关工作要求，稳妥处置三轮本土疫情，高峰时期服务保障封管控区1.8万人，平稳度过疫情防控转段期，有效实现削峰降速，防止出现医疗挤兑情况。防控阶段累计排查风险人员9.3万余人，按政策落实管控密接4963人次。有序开展大规模核酸筛查31轮次，保障辖区17个常态化检测点持续提供服务，全年累计检测374.1万人次。针对辖区69家三类场所、120余家七小门店、175家重点业态和生活服务业经营单位等展开检查，指导督促相关行业从业者1500余人按要求开展检测。转段后继续实施服务保障、应急转运、上门接种、温馨关怀等措施。针对老弱病残等重点服务人群开展摸查，登记台账6000余人，提供服务1450余人次。通过开设接种点、开办接种专场、送接种服务进社区、为重点群体上门接种等方式，累计保障居民完成疫苗接种10.66万剂次，其中服务80岁以上接种631人，60岁以上接种7492人。

【接诉即办】 2022年，通运街道受理12345市民服务热线诉求9506件，诉求量位居街道乡镇第19位，占通州区街道乡镇总体诉求量的2.31%。在全市每月343个街道乡镇考评中，全年有3次排名全市前100，最高排名第17。全年市直派成绩96.87分，位列全市第190名，全区第6；全年综合成绩（市直派+区分转）95.30分，全区排名第10。通过舆情预警机制分析历年数据，结合工作推进情况，深化“未诉先办”；发挥“指挥棒”作用，主要领导通过调度会、月点评会、专题会、现场会等形式亲自调度，各分管领导针对突出问题开展专题研究。

【城市管理】 2022年，通运街道多方合力保障市容秩序。压实商户“门前三包”责任，规范机动车、非机动车停车秩序，陆续推进“有偿错时共享”停车方式，加大电子围栏建设力度；依托小巷管家、管城理市志愿服务队伍，全年累计解决街巷环境问题11733件，工作事迹被北京电视台、《北京日报》相继宣传报道；划分3个片区、8个检查组开展广告牌匾、开墙打洞、创城等专项治理行动。全面开展水资源管理，压茬推进节水入户、自备井置换工作；协调推进老旧小区地下管线改造与架空线入地工程；持续开展燃气安全教育及检查工作，完成辖区内全部35家非居民液化石油气用户替代工作；配合区交通部门做好交通安全“七进”宣传49次；全力保障交通枢纽，地铁M101号线拆、评、测以及平谷线等重点项目建设运行。

【平安建设】 2022年，通运街道对辖区283家生产经营企业台账信息进行动态更新，安全生产检查队累计检查企业1939家次，与10个社区、4个村及52家重点生产经营单位签订《通运街道办事处2022年安全生产和消防工作任务书》，社区、村和单位安全主体责任层层分解落到实处。

【民生保障】 2022年，通运街道按照“七有五性”要求，重点抓好基础性的民生保障。民生保障服务有效覆盖困难、重点群体，包括低保户12户21人、特困户1户1人；三失一高一独群体87人，享受老龄三项补贴群体313人次、残疾人504人、登记失业群体269人等。按照政策全年累计申报审核发放各类型津补贴、救助款200余万元。办理医疗保险新参保103人，办理报销医药费20余万元。走访慰问高龄老人、失独人员、困难群众、残疾人、退役军人等群体，发放资金24万余元。办理保障性住房和租房补贴45户。2022年成立通运街道残联。精心开展便民办事业务，畅通便民服务堵点痛点，推动绝大多数的便民服务业务具备办理条件。2022年实现社区（村）级退役军人服务站全覆盖，退役军人建档立卡服务覆盖率等指标长期居通州区前列。会同社区卫生服务中心持续开展送健康下社区知识讲座、免费体检等活动。指导社区、村坚持每周一次开展卫生大扫除活动，清理卫生死角220处，清理蚊蝇滋生地1300处，成功消灭市级通报蚊蝇密度超标C级情况。辖区120急救站建设通过验收。构建便捷生活圈，支持商业事业发展和便民网点建设，新建1家理发店、1家便民早餐、2家社区超市，辖区一刻钟便民生活圈基本实现全覆盖。

【社区建设】 2022年，通运街道不断强化"以人为本"的公共服务体制机制，开展形式多样、内容健康向上的公共文化活动，完善辖区体育配套设施，持续加强教育保障工作，重点完成义务教育入学审核，中、高考保障等工作。深化"选用管育"的队伍建设机制，加强社区工作者队伍培养与关爱，提升凝聚力和战斗力。加快完善"管理精细"的物业服务增效机制，做好物业安全评估工作，制定专项整治方案，提升"12345"物业类问题处理、解决力度。逐步探索"五元融合"（五元：机制、专业、服务、队伍、资源）的"五社联动"（五社：社区、社会组织、志愿者、专业社工、社会慈善力量）共治机制，整合社会工作服务中心、社区社会组织联合会、邻家邻社区基金等服务，开展志愿服务、互助支持等类型的居民活动，推动形成多元共治的社区治理氛围。

（韩晗　梁建霞）

通运街道社区居委会、村委会一览表

表9

序号	名称	地址	电话
1	运河园社区居民委员会	通州区动物疫病防控中心院内	80852774
2	星河社区居民委员会	通州区水仙西路89号	80855652
3	运河湾社区居民委员会	通州区水仙西路83号	80858505
4	水仙园社区居民委员会	通州区通胡大街68号底商	89526629
5	荔景园社区居民委员会	通州区荔景园新区26号楼2层	89585720
6	紫荆雅园社区居民委员会	通州区通胡大街1号月季园10号楼	89587331
7	京贸家园社区居民委员会	通州区芙蓉园310号楼2层	89583178
8	牡丹园社区居民委员会	通州区通胡大街水恋晶城综合楼4层	80510028
9	芙蓉社区居民委员会	通州区通胡大街78号京贸中心308室	80510026
10	融御社区居民委员会	通州区紫运北街1号院9号楼	80510016
11	紫运南里第一筹备组	通州区紫运南里28号院综合文化中心	80518223
12	紫运南里第二筹备组	通州区紫运南里二区9号楼2层	80518535
13	东杨庄村村委会	北京市通州区潞城镇魏庄村甲14号	89526240
14	魏庄村村委会	北京市通州区潞城镇魏庄村甲14号	89521688
15	霍屯村村委会	通州区潞城镇三元村紫运园2号楼101	89521653
16	杨坨村村委会	通州区紫运南里三区5号楼	89585677

中仓街道

【概　况】 中仓街道位于通州区城市副中心核心区域，属于老城中心区，东起滨河中路毗邻北运河，与通运街道相隔；西至新华南路与北苑街道相邻；南至京秦铁路，与玉桥街道为邻；北至新华东街，与新华街道为邻。面积约3.45平方千米，有街巷56条；下辖13个社区、1个运河商务区服务站、2个行政村。街道工委下设13个党总支、67个党支部，有党员4137名。11月，中仓街道被北京市司法局人力资源和社会保障局评为“2018—2022年度北京市司法行政系统先进集体”。北京市人力资源和社会保障局授予中仓街道统计所张爽先进个人荣誉。北京市政务服务管理局授予民生保障办公室工作人员赵连荣“北京榜样·政务服务之星”荣誉。

【基层党建和精神文明建设】 2022年，中仓街道严格遵守党员发展程序，发展党员20名，预备党员转正24名。围绕“党群阵地@你”主题，组织活动30余次。强化干部教育培养，街道工委对7个科级岗位进行平级交流；开展各类培训20余次，覆盖1000余人次；不断壮大街道人才队伍，招录26名社区工作者、41名协管员。街道妇联以宣传《中华人民共和国家庭教育促进法》为契机，在各社区通过举办“清风北京　廉洁齐家”“晒家庭幸福生活，展家庭文明风采”等多种主题活动，寻找先进家庭，引导居民学有榜样，推动辖区文明新风的培育和社区治理水平的提升。申报最美家庭4户、文明家庭3户、学习型家庭4户、平安家庭47户，其中高艳辉家庭获得“全国最美家庭”称号。按照“四有四服务”的党建工作机制，以居民需求为导向，问需于民，服务于民，主动作为，积极落实各项文明城区常态化指标任务，开展创城问题自查自纠、建账销账模式，完成整改自查问题500余个。接到区级督办单177份，完成整改销账问题33156个，整改率达到100%。组织拉练12次，通过实地拉练解决居民关心关注的热点难点问题。做好创城入户宣传工作，入户率达到100%。深化文明小区建设，让居民在文明创建中得到更多实惠，吸引广大居民群众参与创建活动，在全区率先打造文明示范小区试点——中上园五号院。

【疫情防控】 2022年，中仓小区、新华园小区、商务服务站、运河明珠家园小区等先后多次被设为封（管）控区，中仓街道以社会动员中心为平台，累计动员3批1338人次社工和志愿者，参与疫情防控10704小时，共同筑牢疫情防控防线。协调设置平价菜供应车，筑牢居民生活必需品保供的“防火墙”，着力解决物资配送的“最后一百米”问题，并为特需人员提供购药服务180余次，满足外出就医需求151人次。通过采用走问式服务、协商式服务、网格式服务、智能式服务等多维度服务，及时掌握防控主动权，填补漏洞，保证精准防控无死角，提高疫情防控效率。坚持“双线作战”，将核酸检测和疫苗接种工作“双统筹”，打好“核酸检测+疫苗接种”组合拳，召开相关调度会20余次，结合辖区常态化监测与疫苗接种动态数据，制定差异化疫苗接种任务量和接种方案，通过核酸检测点宣传引导、入户等方式，深入宣传动员，为腿脚不便等特殊群体提供“送苗上门”服务，确保接种全程安全顺畅。

【接诉即办】 2022年，中仓街道办结市民反映问题6031件、街乡吹哨30次、街道12345便民服务836件。制定“中仓街道热线案件诉求派单分类表”，按照主管领导、分管科室对诉求问题进行分类汇总，及时解决市民诉求。通过“网格巡逻”工作方法，主动解决2021年第一批“小微项目惠民生”工程中新城南关58号院、新城东里8—13号楼公共区域综合整治等项目的重点难点问题。针对各类诉求，相关业务科室和社区之间加强对接交流，由被动响应转为主动呼应，召开接诉即办工作调度会50余次、月度点评会9次。

【城市管理】 2022年，中仓街道有污染源点位374个，出动检查人员7500人次，检查重点点位4370处，发现环境污染问题675起，并按要求责令企业整改完毕。规范桶站建设，完善垃圾分类设施，建成50座区级分类驿站，设施达标率达98%。持续进行垃圾分类宣传、桶前值守工作，开展各类群众喜闻乐见的教育和宣传活动，组织志愿者入户宣传及户外宣传超7万人次，垃圾分类投放知晓率达到100%，桶站值守率100%，自主投放率达95%以上。开展创建森林城市和林长制宣传工作，举办宣传活动13场，发放各种宣传材料7000余份，张贴海报2000余张，悬挂条幅25幅。街道总河长牵头巡查并督查指导分河长履职情况24次，各段河长进行日常巡查50余次。开展四次大规模消杀活动，投放鼠药50千克，毒饵站投放970处、地下管井道投放600余处，公共绿地投药7.5平方千米，出动专业人员45人。2022年，通州区大气污染问题督查督办率为9.06%，中仓街道督查督办率为3.22%，全区排名第一。$PM_{2.5}$浓度37微克/立方米，在全区街道乡镇排名第三。望京小街城市和北小园小区综合整治工程项目荣获“北京城市更新最佳实践”荣誉。

【民生保障】 2022年，中仓街道采取精细摸排、职业指导、上门服务等工作举措，为辖区69名应届毕业生开展就业指导服务200余次，服务覆盖率达100%。从“精准救助”“精微计划”两方面持续开展困难群体救助服务项目，养老服务建设稳步推进，协助19位低保、低收入和计划生育困难家庭老年人申请养老服务补贴，协助311位失能老年人申请失能评估，其中239位失能老年人领取失能护理补贴，协助248位80岁以上老年人申请高龄老人津贴。建设完成中仓家园中心养老服务驿站、悟仙观养老服务驿站。重阳节前夕，走访慰问189位90岁以上高龄老人，为老年人送去米、面、油、牛奶等慰问品。坚持以人为本，认真做好“12345”来电信访，共接到信访电话15个，其中包含老年人补贴、社会救助和社区老年驿站建设方面内容，在回访工作中做到件件有回电、件件有交待。

【平安建设】 2022年，中仓街道认真部署安全生产工作，完成安全生产专项整治三年行动。通过开展日常检查及多部门联合执法检查的方式，深入排查、治理安全隐患，共检查1788家单位，年度挂账隐患整改率达到100%，超额完成2022年度挂账隐患目标，排名通州区第一。开展护航冬奥消防安全百日攻坚十大专项行动，共检查单位（场所）737家次，发现并整改隐患271处，清理可燃物4.5吨。完成替代液化气非居民用户92家。严厉打击假冒政府网站或通过网络平台制假售假行为，检查涉及特种作业单位41家，核查安全生产证书企业数量30家，核查三项岗位人员77人。完成全国两会、党的二十大等重要时期的社会面防控工作，组织3070名群防群治力量全面参与巡逻等相关工作，保障社会安全稳定。

【社区建设】 2022年，中仓街道成立基层治理工作专班，制定《中仓街道2022年基层治理工作任务书》《中仓街道2022年基层治理工作实施方案》。制定《中仓街道办事处绿色社区创建行动实施方案》，确定西上园、中上园、滨河绿色社区创建试点。推进老旧小区物业管理规范化，制定《中仓街道无物业老旧小区管理补贴专项资金和老旧小区物业服务奖励资金使用及管理办法》，建立街道、社区、物业“党支部三级联动”体系，在物业企业入驻、签约、收费等关键环节，科室及主管领导直接调度15次；建立“无差别沟通机制”，社区书记、网格员、物业经理、保安保洁遇到问题可以第一时间解决问题。坚持“协商式服务”议民事，在中上园5号院建立“连心桥”协商议事厅，在北小园设立文明议事角，做到“小事不出社区村、大事不出街乡镇”。中仓文学社将每年文学比赛的获奖作品汇集成册，出版《中仓文韵》《中仓文韵第二集》，在通州文学界产生非常好的反响。中上园社区获评2022年通州区创建学习型社区先进单位。通过走问式服务将街道暖心服务、惠民政策送到特困人群家中，将“精微计划”做到细之又细，每周五定期上门送菜，为特定困难群体配送蔬菜20466次。上门保洁784次，提供理发服务2864次，上门义诊1214次。联动1200名社区志愿者，服务时长61398小时。

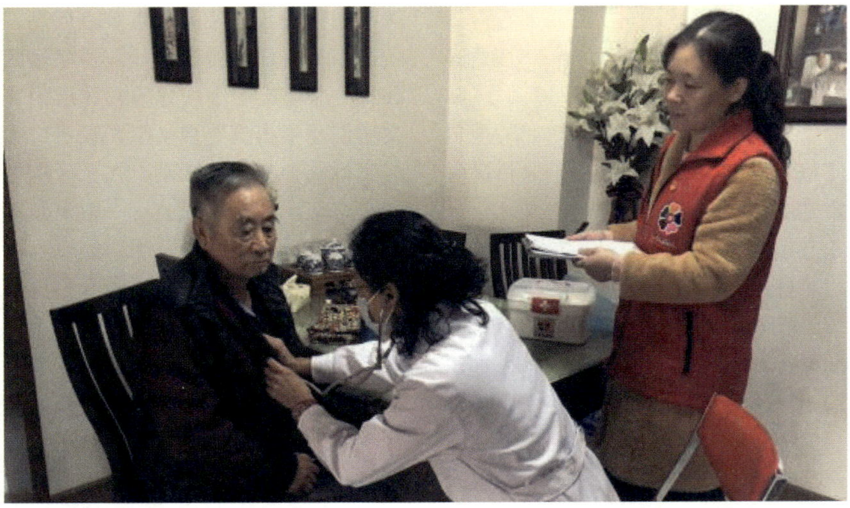

▲ 精微计划志愿者每周上门义诊

（中仓街道提供）

（陈曦）

中仓街道社区居委会、村委会一览表

表10

序号	名称	地址	电话
1	西上园社区居委会	通州区西上园小区一区甲 13 号楼1层	60562853
2	小园社区居委会	通州区东营前街 6 号楼小园社区居委会	69513149
3	滨河社区居委会	通州区玉带河东街 2 号院 2 号楼 3 单元 351 室	60539882
4	西营社区居委会	通州区西营前街 18 号楼西侧平房	69548171
5	悟仙观社区居委会	通州区南大街 47 号	69555872
6	中仓社区居委会	通州区玉带河东街 461 号8 号楼东侧院内	69513099
7	四员厅社区居委会	通州区车站路 19 号	69536342
8	新华园社区居委会	通州区北人家园 2 号楼1层	69536809
9	白将军社区居委会	通州区东顺城街甲 8 号	69551915
10	东里社区居委会	通州区新城东里 17 号楼后平房	69536431

续表 10

序号	名称	地址	电话
11	莲花寺社区居委会	通州区莲花寺胡同 5 号	69554865
12	中上园社区居委会修麟阁社区居委会	通州区玉带河东街 145、147 号	60563020
13	佟麟阁社区居委会	通州区中山大街 35 号院 4-10 号	80881937
14	上营村村委会	通州区中上园 24 号楼北侧平房	60563959
15	南关村村委会（中仓街道和玉桥街道交叉管理）	通州区玉桥西里 1 号楼底商	52353385

新华街道

【概　况】 新华街道地处运河商务区起步区和“三庙一塔”风景区，是北京城市副中心商务服务功能的重要承载地及“老城双修”、新老融合发展建设的关键区域。辖区东至芙蓉东路，南至新华东街—通胡大街，西至新华北路，北至温榆河—运潮减河，面积 4.48 平方千米。下辖如意、天桥湾、盛业家园、京贸国际城、京贸北区、河畔雅园 6 个社区和保利绿地、新光大中心、侨商总部基地 3 个商务公寓工作站，有 28 个党支部、1213 名党员。常住人口 3.73 万人，其中，户籍居民 9510 户 1.5 万人、流动人口 2.23 万人。东大街、贡院、司空、新建和北关 5 个拆迁社区居委会于 2020 年 5 月撤销，新华街道仍管辖空挂居民 3799 人。新华街道辖区有运河商务区内商务楼宇和施工工地 2.02 平方千米，有新光大中心等 13 个开发项目，建筑面积 472.87 万平方米，共 45 栋楼宇，其中，写字楼 30 栋，商务型公寓 11 栋，商住两用楼 2 栋，商业综合体 2 栋，入驻企业 768 户，入住住户 2926 户。企业主要是以商业、服务业为代表的第三产业，涉及金融服务、文化创意等多个领域。

【基层党建和精神文明建设】 2022 年，新华街道加强网络信息审核与发布，通过“聚焦新华”“文明新华”政务新媒体平台发布信息千余条，阅读量近 25 万次；进一步筑牢思想舆论阵地，不断健全机制，第一时间发现并妥善处置矛盾 22 件。讲好新华故事，传递新华声音，强化价值引领和榜样力量，依托新时代文明实践站、所，常态化组织开展“做新时代的螺丝钉”“我们的节日”“强国复兴有我”百姓宣讲等线上线下活动近 20 场，“魅力新华”百姓宣讲团荣获团体优秀奖，五彩袖标志愿之星汤朝惠荣获“通州区优秀百姓宣讲员”称号。党建引领激发活力，深入挖掘新华党建品牌“双协商”议事服务机制内涵，健全完善以街道工委为核心，运河商务区管委会、区委党校、交通大学“外脑”资源等多方共同协商议事的运河商务区联合党委议事决策机制。开展“新家园发声人”议事协商试点建设和 4 个楼门示范点建设，建设完成京贸北、盛业家园和河畔雅园 3 个社区议事厅；不断完善自下而上的社区协商机制，以天桥湾协商议事厅为试点，探索参与型社区协商模式，治理“停车难”问题的一系列举措逐步落地，初步明确了停车位供给端扩容，为居民提供“多元、复合、共享”的缓解方案，调动居民参与社区治理的主人翁意识，形成“有事好商量、有事会商量”的浓厚氛围。成立 3 个商务公寓工作站党支部，建成街道和运河商务区 2 个党群服务中心并实现常态化运行。将潜在的社会需求与社会服务资源有效对接，发起环境治理、文明创建、疫情防控志愿服务、重大节日值守等“双报到 双积分”活动 40 余场次，引入专业力量开展“悦职场”员工支持计划、“悦伙伴”交友沙龙、“悦牵手”企业交流等活动，实现基层党建与运河商务区发展“同频共振、双向驱动”。

【疫情防控】 2022 年，新华街道因时因势落实防控保障措施，常态化疫情防控工作，全面优化辖区 49 个卡口设置，组建“志愿者 + 保安”严防小队，严格执行管控措施，确保卡口 24 小时值班值守，进入人员全员登记，不漏一人、不漏一车。开发并推广使用“新华街道出入登记”线上小程序，便于群众通过手机自主填报个人信息、疫苗接种、核酸检测等疫情排查信息，提高工作效率，避免人群聚集。充分运用京心相助系统对比分析，及时掌握辖区自摸排人员落实居家观察人员门磁、核酸检测等要求落实情况，做到人头清、人数清、位置清、措施清、核酸清。坚持安全高效有序，高质量完成区域多轮核酸筛查和常态化核酸检测任务；4 月 25 日至 5 月 21 日，街道和各社区、工作站连续组织开展 26 轮高频次大规模核酸检测，累计核酸采样近 61.8 万人次。各职能部门分别针对监管范围点位开展常态化监督检查，督促经营单位严格落实“四方责任”，发现隐患和问题立行立改并及时曝光。同时对经营单位全面做好防控措施解读，及时宣传疫情防控指引及相关疫情防控政策，以最快时间发布最新动态，形成全辖区社会层面疫情防控的良好氛围。

【基层治理】 2022 年，新华街道实施基层治理“新家园共成长计划”专项行动，通过全面开展“十心行动”（抓牢红色主线，党建引领治理守初心；强化自身建设，基层队伍增能聚同心；推进绿色发展，生态环境改善持恒心；坚持首善标准，城市精细治理铸匠心；筑牢发展基础，保障改善民生重暖心；发动全民参与，夯实基层基础定决心；做强议事阵地，创新共治共享联民心；优化营商环境，打造运河商圈展精心；延续历史风韵，传承运河文化强信心；深化优政便民，实现科技支撑增安心），推动重心下移、力量下沉、资源下放，打通基层治理“神经末梢”，努力实现服务群众“零距离”，逐步形成具有新华特色的“多点支撑、多元共治、共生共融”的基层治理体系，与运河商务区、驻区企业以及辖区居民共成长，共建幸福“新家园”。

▲ 9月，新华街道综合文化中心组织社区志愿者、居民开展活动

（新华街道提供）

【环境建设】 2022年，新华街道辖区细颗粒物$PM_{2.5}$平均浓度值为38微克/立方米，同比上年改善率为13.6%，全区排名并列第7；降尘量为5吨/平方千米·月，全区排名第三。制定《2022年新华街道大气污染防治工作考核办法》，从在施工地扬尘治理、信息报送和上级督查督办3个方面、共计19个小项进行评分排名，邀请区生态环境局、区住建委和运河商务区管委的相关部门每季度召开专题分析会，进一步强化对工地的管理约束。持续加大对违法行为的查处力度，全年发现并及时整改环保问题129件，督促整改苫盖问题66处，结案率百分之百；立案处罚违法渣土车辆、夜间施工等违法行为32起，罚款18.4万元。打造精品宜居街巷深化“城管＋社区＋物业”三方联动模式，构建起街面巡查网，对店外经营、无照经营、堆物堆料、违规牌匾等违法形态，第一时间现场核实，全程督促整改，全年立案处罚占道经营、违规广告等违法行为108起，实现“动态清零”。严控严查各类违法建设，全年拆除违法建设12处，面积1951.01平方米，销账率达100%。定期组织开展创城实地督查拉练行动和“周末卫生大扫除”，重点针对老旧小区的楼道、道路、草坪、僵尸车、垃圾杂物等进行彻底清理，坚持重点点位定期“回头看”，形成闭环管理，3月、9月、10月、11月在区文明城区常态化创建实地考察评分中均排名第一，通过北京市卫生街道创建检查考核验收，获“北京市卫生街道”和“首都城市环境建设管理样板单位”称号。进一步加强垃圾分类指导、宣传和监督，规范分类桶站建设，河畔丽景小区和保利大都汇分别获评2022年第一批北京生活垃圾分类示范小区和示范商务楼宇。深入推进“小微项目惠民生”工程，着力通过“小项目、速实施、快见效”响应百姓诉求，获批小微项目24个，总投资近377.91万元，惠及周边百姓群众近3万人。

【平安建设】 2022年，新华街道发动各类工作力量参与社会面防控工作，全面做好北京冬奥会、冬残奥会，全国两会和党的二十大等重大活动、会议期间的安全保障工作，服务保障“行走的达沃斯”、2022电影频道“传媒荣誉之夜”、2022北京城市副中心运河赛艇大师赛、首届北京露营大会等活动，营造安全稳定的良好政治环境和社会环境。加大信访矛盾纠纷排查、化解工作力度，切实把问题解决在初始阶段、萌芽状态和基层，受理并解决群众反映信访问题44件；接待群众来访62件、120人次；解决“12345”市民热线求助53件。全年处理线上“12345”、“12333”和线下投诉讨薪案件110起，涉及人员1650人，金额达7250万元。不断加大《中华人民共和国劳动合同法》等劳动法律法规的宣传力度，通过发放宣传资料、现场为企业和农民工详细解答疑点和难点等形式，进一步提升农民工维权意识，鼓励通过法律途径解决纠纷问题，避免集体访、越级访情况出现。全力打好安全生产专项整治三年行动收官之战，围绕3个专题和8个专项整治领域，发现解决安全生产和消防安全重点领域的潜在问题，销账162条一般隐患和3条重大隐患，重点企业的隐患排查治理系统使用率达100%；检查生产经营单位3495家次，发现并整改各类隐患4500项。

【公共服务】 2022年，新华街道协调区政务服务局，为政务大厅安装智能办事终端机，辖区企业群众可通过智能办事终端就近办理市级业务1637项、区级事项1473项。以养老服务驿站为依托，深入挖掘社会组织服务资源，316名老年人签约基本养老服务对象服务，3个驿站累计接待老人3100人次，完成助餐服务近2万人次，为老年人举办集体生日会等活动20场，实现“社区组织、互助服务、群众参与、政府支持”的社区互助养老新模式。建成街道级综合文化中心并面向大众公益开放，以群众需求为指南，实行政府主导、社会参与的服务管理模式；组织开展“畅游书海 阅享新华”读书分享会、文化艺术空间创客集市、中华优秀戏曲剧目专场等特色文化服务和文娱活动，实现公共文化服务供给多元化，不断提高居民的文化获得感和幸福感。加强街道体育组织建设，构建面向居民的多元化体育服务体系，在全民健身组织网络建设、场地设施配置、休闲活动开展等方面，不断提升全民健身公共服务水平，荣获“北京市全民健身示范街道”称号，同时为辖区居民进行社会交往创造良好的环境。

（田婧玉）

新华街道社区居委会一览表

表 11

序号	名称	地址	电话
1	如意社区居委会	通州区新华街道如意园甲 15-1-2	69551294
2	天桥湾社区居委会	通州区新华街道天桥湾小区 13 号楼北侧平房	69551634
3	盛业家园社区居委会	通州区通胡大街 23 号盛业大厦 2 层	51057790
4	京贸国际城社区居委会	通州区芙蓉路 1 号	89587323
5	京贸北区社区居委会	通州区京贸国际城南门东侧	89582677
6	河畔雅园社区居委会	通州区河滨路 1 号工艺 B 楼	69591481

北苑街道

【概　况】 北苑街道位于通州城区西部，东起新华北路、新华南路中心线，西南至京通快速路—北苑南路，西至翠屏西路，南至运河西大街中心线，北至通惠河中心线。辖区总面积 3.35 平方千米，下辖 13 个社区，以及果元村、杨庄村和杨富店村部分区域，常住人口 70283 人。2022 年，北苑街道以党建“双向积分”为统领，聚焦基层治理重点任务，推动高效率落实、促进高质量发展、实现高水平服务，着力构建文明和谐平安宜居的街区环境。

【基层党建】 2022 年，北苑街道深入学习宣传贯彻党的二十大精神，采取专题报告、集中学习、交流研讨等多种方式开展理论学习。打造新时代文明实践理论宣讲阵地“理‘响’驿站”，与区委党校搭建共学、共享平台，广泛开展巡回宣讲活动，共开展理论宣讲 26 场。聚焦作用发挥，以优秀党支部评选推广为载体，推动支部工作融入街道中心工作。组织各党支部参加“党支部云课堂”，组织线上培训 5 场，70 个党支部 650 人次参与学习。强化帅府二期党群服务中心、世图党群服务中心及万达楼宇党群服务中心的管理及使用，充分利用党群服务中心资源，举办各类演出、培训、会议等活动，进一步做实“三项清单”（需求清单、资源清单、项目清单），不断提升服务效能。探索“党务＋政务”模式，为万达商务楼宇引入政务服务办事终端，推进政务服务与党群服务中心业务深度融合。

【精神文明建设】 2022 年，北苑街道持续做强“全国‘扫黄打非’进基层示范点”，开展“扫黄打非”联合检查行动 26 次、宣传活动 58 次，张贴宣传海报 400 余张。加强公共文化设施建设，大力营造“书香北苑”氛围，2022 年获第十二届书香中国·北京阅读季“书香机关”称号。持续深化“文明北苑人 家园守望者”志愿服务品牌，组建队伍 142 支，注册志愿者 1651 人，通过平台发布志愿活动 1694 场。依托新时代文明实践所、站、妇女儿童之家等阵地，创建“全国文明实践巾帼志愿阳光站”，开展巾帼志愿服务 26

▲ 7 月 25 日，北苑街道开展“礼让斑马线 守序红绿灯”新时代文明实践志愿服务活动

（北苑街道提供）

场，获评国家级文明实践巾帼志愿阳光站，是全市仅有的五家之一、全区唯一一家。擦亮“宝贝计划”青少年成长服务品牌，开展为期50天的“七彩夏日 筑梦明天”暑期成长营活动。持续探索青少年科普教育实践形式，开展“航海航空”、“世界科技发展”等科普主题活动12场。开展“福满京城 春贺神州”元宵节主题文化活动、“月圆京城 情系中华”中秋系列活动、“美好新时代 美丽新‘苑’‘景’北苑街道迎接党的二十大”等活动，营造浓厚节日氛围。

【疫情防控】 2022年，北苑街道做好涉疫风险人员摸排管控，有序完成区域核酸筛查任务和常态化核酸检测工作，累计开展区域核酸筛查30轮。做好落位管控工作。调动机关干部、社区工作人员、物业、志愿者等多方力量，全天候加强卡口值守。持续加强疫苗接种动员，辖区60岁以上人群完成全程接种9231人，总体加强针完成接种38405人。

【接诉即办】 2022年，北苑街道承办“12345”工单15842件，深入落实“北苑十条”工作机制，创新接诉即办积分链，对内调动承办科室、社区工作人员积极性，对外发动居民和志愿者积极参与基层治理。统筹运用无物业老旧小区管理补贴专项资金，集中解决一批群众急难愁盼问题，从源头减少“12345”投诉量。创建“有事您找我”基层治理品牌，由物业公司公示两大类11项116个问题清单，进一步加大对物业管理和住房类问题的解决力度和速度，提升物业服务水平，将诉求化解在萌芽状态。扎实开展服务包企业走访工作，对接企业诉求113个，完成新增办理事项113件，解决率和满意率均达到100%。

【平安建设】 2022年，北苑街道常态化开展安全隐患排查整治，共检查各类生产经营单位2553家次，排查并整治安全隐患1893项。对辖区危化品、特种设备、建筑施工、地下空间、燃气、图书行业等多个重点领域进行“点对点”隐患排查，共出动检查人员2054人次，检查单位1027家次，治理隐患1232处。推进电动自行车全链条治理，开展“电动车一条街”隐患排查15次，为辖区98个小区118个点位安装充电桩及充电柜290组，实现充电接口数量与电动自行车保有量配比率达1∶1.3。成立全国两会，北京冬奥会、冬残奥会，党的二十大等重要节日期间安全管理工作领导小组，与各重点单位、各物业公司分别签署安全生产责任书、消防安全保卫工作责任书、交通安全责任书600余份，督促其落实主体责任，重大活动、重要节日期间辖区未发生一般及以上生产安全事故。

【城市管理】 2022年，北苑街道完成6个拟新开工的老旧小区设计方案公示工作，为老旧小区加装电梯10部。大力推进城市更新行动。4月，副中心首个责任双师“新芽”项目——后南仓小区中心广场项目完成改造。积极申报并推进小微项目，全年总投资791.8万元，排名全区第一，惠及人口约1.6万人。大力推进物业“三率”[业委会（物管会）组建率、物业服务覆盖率、党的组织和工作覆盖率]工作，业委会（物管会）组建率为94%，有68个物业管理单元完成物业覆盖，覆盖率为100%。提前完成年度拆违任务，拆除违法建设32处，建设面积4479.45平方米。全面落实城市管理精细化要求，集中整治无照经营、店外经营、非法运营、不遵守垃圾分类要求等违法行为。

【生态环境】 2022年，北苑街道完成重大活动期间空气质量保障任务，北京冬奥会、冬残奥会期间共出动900余人次，检查辖区点位430处。积极开展爱国卫生运动，定期组织社区进行“周末大扫除”，累计3000余人参与。开展垃圾分类宣传进社区、进学校活动160余场，入户宣传26747户，累计发放宣传材料31547份。打造垃圾分类标杆项目，果园西小区获评市级示范小区。积极落实“河长制”，对辖区河道整体巡查30人次，未发现污水直排。扎实推进林长体系建设，完成街道级林长巡林12次，社区级“一长两员”（县乡村三级林长、乡级监管员和村级专职护林员）巡林3900余次，实现巡林巡护全覆盖。分类施策加强裸地治理，硬化裸地4546.08平方米、软硬化裸地9746.2平方米、生物覆盖裸地33298.57平方米。

【社区建设】 2022年，北苑街道持续深化社区共商共治共享，在13个社区设立居民议事协商厅，累计协商事件156次。推出“星选计划”项目，以“参与融合、共建美好家园”为主题，征集居民对社区的愿景和需求，共收集到来自13个社区的基层治理“金点子”60份，梳理形成操作性强的解决方案并开展实施。积极贯彻落实“疏解整治促提升”专项行动，鼓励品牌连锁企业进社区，建成生活性服务业网点6个。做好“一刻钟社区服务圈”宣传工作，制作示意图展板215张、手册折页6500份，提高居民知晓率、满意率。持续关注居民心理健康，开展心理健康科普及讲座12场，受益448人次，向居民发放心理健康调查问卷567份。

【民生保障】 2022年，北苑街道深入落实社会保障政策，持续做好社会救助工作，为97名低保人员发放低保金236万余元，为9名特困人员发放特困金约19万元，发放残疾人生活补贴71万余元、护理补贴27万余元。提升养老服务，完成7家养老服务驿站与各自服务片区内基本养老服务对象的服务协议签订工作。做优退役军人服务保障，辅助退役军人及其他优抚对象，完成优待证申请及办理业务，并对辖区伤残军人、抗战老兵、困难退役军人进行走访慰问。

（雷雨涵）

北苑街道社区居委会、村委会一览表

表 12

序号	名称	地址	电话
1	后南仓社区居委会	通州区后南仓小区 12 号楼北侧平房	69553562 80881940
2	果园西社区居委会	通州区北苑南路 48 号院内平房	81531314
3	新华西街社区居委会	通州区新华西街 15 号院北门外	80881396 69531046
4	中山街社区居委会	通州区新仓路 2 号院 1 号楼底商 1-2	80880623
5	新城南街社区居委会	通州区富力金禧花园小区 3 号楼一层	69519160 80881675
6	北苑桥社区居委会	通州区八里桥南街一号院 F 座 303	60530243
7	滨惠南三街社区居委会	通州区北苑一路一号院底商 2-4	80888362
8	帅府社区居委会	通州区帅府园一期 40 号楼对面平房	69516593
9	西关社区居委会	通州区北苑一路 1 号院万方家园锦园 C1-14	80880548
10	复兴南里社区居委会	通州区北苑南路 38 号院底商 2-6	80814056
11	玉带路社区居委会	通州区潞河中学北街 13 号	80886601
12	长桥园社区居委会	通州区八里桥南街 87 号院 3 号楼 3 单元 312	89503063
13	官园社区居委会	通州区中山大街 56 号院 2 号楼	60530073
14	果元村村委会	通州区永顺镇果元村委会 205 室	81525324
15	杨庄村村委会	通州区杨庄街道杨庄路西 8 号	81566203
16	杨富店社区居委会	通州区北苑街道果园轻铁站南侧	81564891

玉桥街道

【概　况】 玉桥街道位于通州城区东南部，东至北运河、运河西大街、玉桥东一路，西南至新华南路、果园环岛路、九棵树西路、九棵树东路，南至梨园南街，北至京秦铁路。辖区面积 5.2 平方千米，人口 10.5 万余人，下辖 19 个社区、5 个行政村。设 6 个办公室、3 个事业单位、1 个执法队、1 个财源建设工作专班，派驻市场所、教委办、消防工作站、交通安全委员会等 4 个职能部门。6 月，设立玉桥西里社区，运河东大街社区更名为运河大街社区，葛布店南里、梨花园、葛布店东里、运河大街 4 个社区进行了规模调整。

【基层党建和精神文明建设】 2022 年，玉桥街道党工委启动“强街带社”党建引领基层治理工程，将街道全域划分为 10 大治理片区，构建“1+10+24+N”（1 个街道党建工作协调委员会，10 个中心或片区覆盖 24 个社区、村，N 个基层党支部）“大党委”组织架构，全面打造片区治理新品牌。深耕“玉见骑士”新就业群体党建品牌，以“五动五桥”工作法为抓手，创新“支部联支部、骑手联住户”模式，组建辖区商户“暖心联盟”，案例亮相总台央视《现场》节目。深挖党建工作协调委员会作用，玉桥南里南社区与区法院民三庭共建“解纷中转站”。培育“冬奥国礼儿童画家”“玉桥南里南十姐妹”等社区冬奥明星，组织“发现京彩，玉见幸福”网络名人打卡最美街巷活动。建设“人大代表之家”，打造 23 个“代表联络站”，增强代表履职能力。

【疫情防控】 2022 年，玉桥街道以快制快，抓好风险人员排查落位，排查大数据派单 12 万余单。健全“一人一档”管理台账，严格落实“人防 + 技防”措施，落实居家隔离人员 1.5 万余人。多措并举做好居家人员服务保障，成立街道、社区两级核酸就医保障组，设立 24 小时就医运转服务专线，协调上门核酸约 6 万人次，特殊群体及患者就医服务 260 人次。坚持 126 个开放卡口 24 小时“四件套”核查值守机制，充实卡口值守力量，发动在职党员 500 余人、下沉干部 550 余人、志愿者 1500 余人，引入或升级 96 个智能门禁、15 台卡口哨兵。60

岁以上老年人新冠疫苗首针累计接种13672人，18岁以上人群加强针累计接种47981人。不断优化街道核酸检测方案及各社区核酸检测点位网格图，积极与卫健部门协调核酸检测等事宜，开展20余轮区域核酸筛查，实现辖区范围内居民应检尽检。

【接诉即办】 2022年，玉桥街道受理市民热线16798件，辖区76个网格上报网格案件17711件，整理上报典型案例共95篇，被市、区级相关媒体采纳18篇。制定《玉桥街道"内部吹哨、协同办理"实施办法》《玉桥街道接诉即办+网格化管理专项考评实施办法》《玉桥街道带否工单调度制度》，并进一步梳理完善《玉桥街道接诉即办工作承办事项清单》《玉桥街道"接诉即办"工作指导手册》，加强各环节的有效衔接，通过优化诉求办理环节、整合诉求处置全流程，形成了部门、社区间闭环办理格局。强化"快一拍""先一步""暖一点""严一级"，主动发现问题，做好提前研判，提前施策，努力实现"接诉即办、未诉先办、不诉自办"三位一体有机结合，打通服务群众的"最后一米"。

【城市管理】 2022年，玉桥街道高度重视街巷环境、背街小巷提升、污染源整治、垃圾分类等各项城市管理工作，努力实现街道环境建设全面协调可持续发展。在环境建设过程中不断摸索，构建环境建设管理精细化体系，对辖区背街小巷进行常态化管护。通过各类媒介组织多种形式宣传垃圾分类活动260场，入户宣传766场次，积分兑换7场次，营造垃圾分类处处可见、人人可见的良好氛围。合力打造智能化硬件设施，运用视频监控、语音提示等技术手段助力垃圾分类。柳岸方园、新通国际等8个社区获评市级垃圾分类示范小区，天意和博学港楼宇、中建二局商务楼获评北京市生活垃圾分类示范商务楼宇。加强辖区涉疫点位管控，对涉疫社区、大规模核酸点位进行定时定点消杀，严格落实涉疫垃圾收运管理，保证涉疫点位居民垃圾收运及时。街道累计出动环保人员2078人次，检查6776处点位，并完成整改发现的问题。年度大气督查考核总成绩排名第7。

【民生保障】 2022年，玉桥街道精准实施帮困助残，在两节期间慰问辖区120户低保、低收入、特困分散供养人员和困难家庭，发放慰问品总计6万余元。为2户患重病的家庭申请并发放慈善大病救助金1.26万元，为114名残疾人办理困难残疾人生活补贴和重度残疾人护理补贴，为100名严重精神障碍患者监护人发放2021年度补贴23.071万元。为民政对象申请医疗救助142人次。为1679名困难老人办理养老服务补贴、失能津贴、高龄津贴、失能评估。办理残疾人一卡通60个，办理残疾人社会保险补贴438人次、助残券551人次，儿童康复88人，申请成人辅具169件，为486名残疾人提供康复服务。受理城乡居民医疗保险收缴6230人，服务管理社会化退休人员8345人，社保卡业务服务2814人，药费报销386人次、2982065.76万元。为156户家庭办理公租房申请，为13户家庭办理公租房补贴申请，为16户家庭办理市场租赁补贴申请。在"四节一生日"期间慰问计生失独家庭，为39户56人发放慰问金共计10.6万元。完成退役军人建档和优待证制发工作，组织退役老兵参与活动人数超600人次。召开21场"双线"会，实现城乡劳动力就业人数1001人。组织动员献血共计524个单位（104800毫升）。完成46个残疾人居家环境无障碍改造，以及街道残联换届选举工作。养老驿站签约基本养老对象584人，入户探访28020人次，为150名85岁以上失能、低保、低收入家庭等提供"养老家庭照护床位"服务。

【平安建设】 2022年，玉桥街道统筹安全与发展，扎实做好各项安全生产工作，健全责任体系，加强安全监管，聚焦重点工作，打好安全生产专项整治三年行动收官之战，高标准完成北京冬奥会、冬残奥会，党的二十大等重要时期安全保障工作，确保了安全生产形势持续平稳。根据北京市违法群租房整治工作专班印发《关于创建无违法群租房小区工作方案》的通知文件精神，玉桥街道"远洋东方公馆"小区成为通州区首批"无违法群租房"示范小区，通州区住建委在2022年3月25日召开授牌仪式，对玉桥街道颁发"无违法群租房"示范小区牌匾。群租房整治保持动态清零，清理违法群租房133套，拆除隔断间198间，疏解外来人口300余人，整治率达77%，群租房整治工作得到市民认可，满意度排名通州区第五名，市民通过线上平台表扬玉桥街道流管办工作人员，并被《北京日报》第三版刊登，《北京青年报》、《北京城市副中心报》多家报纸转发。

▲ 10月14日，玉桥街道安全生产检查队组织辖区企业同仁堂、紫光园开展安全生产工作互查互学（玉桥街道提供）

【社区建设】 2022年，玉桥街道紧扣副中心“基层治理年”的目标任务，积极推进“党建引领 精微玉桥”基层治理工作。深耕楼门微治理品牌建设，召开点亮楼门微行动“金点子”提案大赛，开展19场楼门文化“金点子”征集会，分享楼门“金点子”创投经验，不断激活楼门团队活力。积极召开楼门议事会、楼门微行动成果展示会，展示特色楼门建设成效。全力打造“四有”品质楼门，创建了60余个精品楼门，进一步将楼门微治理成果转化为精细化治理成果，延伸楼门文化功能。不断强化“玉事好商量”机制，深化“1+19+N”（建立1个街道级议事中心、19个社区议事厅、N个楼门院议事会）议事体系，拓宽议事协商平台。研究制定《通州区玉桥街道社区协商工作指导规程》，系统梳理总结“公共事、社区事、物业事、楼院事、居民事”五类诉求，累计200余条，召开60余场社区议事协商会议，及时解决居民的烦心事，不断提升议事协商的专业化、规范化和持续化水平，以“微协商”撬动各社区“大改变”“大治理”。

（徐猛）

▲ 3月25日，玉桥街道2022年基层治理工作启动会暨第一期基层治理论坛举办

（玉桥街道提供）

玉桥街道社区居委会、村委会一览表

表13

序号	名称	地址	电话
1	新通国际社区居委会	通州区梨园西里21号楼南侧	89542940
2	玉桥东里南社区居委会	通州区玉桥东里115号楼2层	81575317
3	玉桥东里社区居委会	通州区玉桥东里6号楼底商1号、2号	81546160
4	玉桥北里社区居委会	通州区玉桥北里47号楼	81586392
5	玉桥南里南社区居委会	通州区玉桥南里50号院2号楼底商	81598088
6	柳馨园社区居委会	通州区乔庄东区91号院南侧灰楼1层	60549175
7	乔庄北街社区居委会	通州区乔庄东区91号院南侧灰楼1层	81598082
8	运河大街社区居委会	通州区葛布店东里12楼南平房	81525744
9	葛布店南里社区居委会	通州区当代名筑小区葛布店东里100-8号	60557368
10	玉桥南里社区居委会	通州区玉桥南里22号楼北平房	81586364
11	艺苑西里社区居委会	通州区艺苑西里7号楼111	81534001
12	梨花园社区居委会	通州区梨园北街18号院6号楼前平房	60526533
13	葛布店北里社区居委会	通州区果园47号（蓝山国际）2号楼102	81525780
14	柳岸方园社区居委会	通州区玉桥西里中街28号	52101079
15	艺苑东里社区居委会	通州区艺苑东里小区A3号楼1单元1层	60522980
16	运乔嘉园社区居委会	通州区乔庄东区（博客园）62号楼4单元1层	56865917
17	葛布店东里社区居委会	通州区北杨洼小区28号楼南平房	81541492

续表 13

序号	名称	地址	电话
18	梨园东里社区居委会	通州区梨园东里南区 39 号楼对面物业楼一层西侧	81556855
19	玉桥西里社区居委会	通州区梨园路 31 号、33 号、35 号 1 至 2 层	57045670
20	梨园村村委会	通州区梨园新村南区内梨园综合办公楼	81520067
21	三间房村村委会	通州区梨园路与玉桥西里中街交叉路口南	60520967
22	北杨家洼村村委会	通州区北杨洼小区 19 号创越基业写字楼附近	81514009
23	乔庄村村委会	通州区乔庄西区 18 号楼 4 层	81582577
24	南关村村委会	通州区玉桥西里小区 1 号楼底商	52353385

文景街道

【概　况】　文景街道地处城市副中心西南部，东北至张采路，东南至东六环路，西南至京哈高速、西北至九棵树西路，北至万盛南街、群芳南街。总面积约 12 平方千米，有规模以上企业 13 个，下辖 1 个行政村，常住人口 4506 人。有基层党支部 3 个，党员 262 名。

【环球主题公园运行服务保障建设】　2022 年，文景街道健全政企协商机制，与北京环球度假区运营企划部、活动部、宣传部等部门，召开专题对接会议 10 次。依托综合指挥调度平台，协助公安、交管破获案件 31 起，服务保障中央及市级部门调研 20 余次、市区重要会议 40 余次。成立环球度假区流动党员党支部，吸纳流动党员 70 余名。创新志愿服务模式取得成效，“北京环球度假区周边保障志愿服务项目”荣获第六届中国志愿者服务项目大赛银奖、首都志愿服务项目大赛金奖。组织志愿者 4150 名，开展疫情防控宣传引导等服务 315 万余次、维护排队秩序服务 288 万余次、路线咨询服务 205 万余次。建立“三级防控”体系，牵头联合执法，开展定点防控和机动巡逻，依托绿色骑行，打造文景特色执法品牌，为环球项目平稳运营提供强有力的执法保障。

【党建和精神文明建设】　2022 年，文景街道加强宣传引导，每日发布“乐游文景”公众号，在人民网、《北京城市副中心报》、“通州融媒”等媒体报道 90 次。制定《文景街道干部培训工作计划》，每周开展“文景干部讲堂”教育培训活动。坚持“三会一课”制度，召开全体党员大会 6 次、机关党支部委员会 17 次，组织主题党日活动 15 次。扎实推进文明城区创建，组织 8000 余人次志愿者开展各项志愿服务 400 次，服务游客 600 万余人次。

【财源建设】　2022 年，文景街道成立财源建设工作领导小组，组建财源建设工作专班，制定财源建设工作实施方案、街道重点企业“服务包”工作管理办法，进一步完善街道财源工作体系。健全领导联系走访企业机制，街道党政主要领导和各位分管班子领导与环球度假区公司等企业管理层高位对接，走访企业 28 次，解决企业诉求 36 项，满意率 100%。加强辖区注册企业管理，全年新增中航建设集团有限公司等注册企业 14 家，新纳入规模以上名录库企业 1 家。深挖辖区内消费增长潜力，依托“环球度假区”特色，打造特色消费季系列活动，开展促消费活动 23 场，完成量 383%，社会消费品零售总额成绩 1—9 月全区连续排名第 1。

【纪律作风建设】　2022 年，文景街道制定《文景街道 2022 年全面从严治党年度任务安排》，明确 7 方面 27 项重点任务。制定街道党工委履行主体责任、班子成员抓党建责任清单。组织班子成员、在编干部、协管员签订《廉洁自律公开承诺书》172 份。分批次分类别对新任职科级干部开展谈心谈话，主要领导、分管领导、科室负责人开展谈心谈话 400 余人次。围绕环球服务保障、重点工程建设、疫情防控等工作监督检查 2229 次，梳理廉政风险点 95 个，织密廉政风险防控网络。围绕“四风”、公车使用、节假日值班值守等重点内容开展监督检查 30 次，开展廉政教育 23 次，通报典型案例 47 起，进一步实现作风建设常态化、长效化。

【疫情防控】　2022 年，成立疫情防控工作领导小组，制定《文景街道涉疫风险人员 8 小时快速转运工作实施方案》《文景街道 8 小时分指挥部工作流程图》，推进疫情防控全覆盖。抓紧抓实辖区常态化防控措施落实，核酸检测 717480 人次，大筛 139433 人次；60 岁以上人群人口接种率 628.6%，排名全区第 1 名，加强针接种率 95.68%，排名全区第 2 名。对辖区内三类场所进行疫情防控常态化执法检查 2800 次，责令整改 60 次。会同卫健部门，在环球影城内部及外围设置检测点 6 处，减少游客核酸检测预约和往返定点医院环节。为辖区工地提供 26 轮上门核酸服务，累计保障施工人员核酸检测近 3 万人次。建立弹窗解除“绿色通道”，累计解除弹窗 4788 人次。建立暗访记录反馈机制，督促企业落实疫情防控主体责任。

【接诉即办】　2022 年，文景街道完善红黄绿分级评定工单机制，市直派综合成绩位列全市第2名，市中心+区分转综合成绩列全区第1名。制定《文景街道2022年基层治理工作实施方案》《文景街道2022年基层治理工作计划书》《文景街道2022年度基层治理专项任务绩效集》，形成工作清单。加强网格化管理，街道网格化管理成绩连续8个月稳居全区第1名。在重要路口设立交通安全综合岗亭，事故控制目标及评价工作12个月稳居第1。

【城市管理】 2022年，文景街道强化日常巡查检查，解决各类环境问题1900处，环境建设考核成绩全区第1名。加强大气污染防治，创新实施“1+3+X”（即由街道统筹协调，京环公司、施工单位、街道三方清扫公司三家单位协同抓好清扫保洁）道路清扫模式，对施工工地等常态化巡查1434次，整改问题1719项，督查考核成绩在全区综合排名第3。深入开展创森行动，落实林木绿地管护主体和管护责任，林长制工作考核成绩全区第1。成立12人普法监督员队伍，坚持“服务导向”，开展7×8小时（每周7天、每天8小时）的小区桶站值守和垃圾分类普法监督工作。组织辖区26家非居民单位完成生活垃圾排放登记，完成新版厨余垃圾清运合同签订单位16家。完成卫片图斑核查172宗，督促各建设单位完善手续169宗，协调拆除认定违法图斑3宗。完成河长制派件31件巡查整改任务，联合区林保站开展辖区病虫害防治行动50余次。制作安装河长制公示牌6块、林长制公示牌15块、创森宣传牌22块、文明游园提示牌30块。在辖区企业内广泛开展“我知晓 我参与”“播种绿色通州区创森微景观制作体验活动”等宣传活动，累计发放宣传海报、宣传折页、环保布袋、微景观等宣传品2000余份。

【民生保障】 2022年，文景街道新建便利店1处，规范提升服务网点1处，创建示范性退役军人服务站，为辖区退役军人受理审核和发放优待证。做好就业帮扶，搭建企业与劳动者供需平台，提供就业指导200余次，组织线上招聘会6场，提供就业岗位96个，招聘1900余人次。处理讨薪问题20余件，追回拖欠工资200余万元。

【平安建设】 2022年，文景街道创新探索“驻站式”安全监管机制，依托“小驻守”保障“大平安”，在《中国社区报》、《北京新闻》、“北京应急”公众号宣传报道，并入选通州区“十佳”基层治理品牌。曹园村获评“平安社区（村）”达标单位。严格落实安全生产“一岗双责”，开展安全检查行动40余次，召开专题部署会8场。健全突发事件应急管理体系，组织消防、防汛等各类应急演练20余次。持续开展液化石油气、危险化学品、森林防火等安全生产检查，加强电动自行车专项整治，累计出动检查人员8835人次，检查生产经营单位及施工现场3400家次，发现并整改安全隐患3500处。强化社会面防控，组建“红袖标”队伍，发动辖区群防群治力量8000余人次。开展安全宣传活动13场，发放宣传材料4000余份。

▲ 10月10日，文景街道办会同区消防支队、文景派出所对环球度假区商品食品存储区开展联合安全检查 （文景街道提供）

【综合执法】 2022年，文景街道成立“执法人员+三方人员”扬尘治理工作小组，建立“1+2+N”（即1名队长统筹、2名执法人员落实、N名三方力量辅助）组织体系，优化“前端统一执法，后端分流处置”联合执法工作机制，确保执法工作无盲区无死角和各类违法行为“动态清零”。开展燃气专项执法检查，完善属地管理主导、供气单位配合、用气单位跟进“三位一体”工作模式，全覆盖检查辖区50余家燃气使用单位。全面摸排辖区施工单位，督促严格落实绿色施工各项规定，强化日常执法检查和后半夜执法，共开展执法检查6000余次，查处各类违法行为100起，罚款157.85万元。在城管执法系统评选中，先后被北京市通州区城市管理综合行政执法局授予“年度先进集体”“信息工作先进集体”“新闻宣传先进集体”“安全生产先进集体”四类先进集体称号。“双美”（即最美城管人、最美执法队）事迹被《中国建设报》等中央级媒体刊登。

【司法保障】 2022年，文景街道审核行政执法案件178件，其中审核重大行政处罚案件1件。制定《文景街道行政执法监督年中督察工作实施方案》，通过抽查案卷、查看网上公示情况等方式对行政执法“三项制度”落实情况开展年中督查，推进街道行政执法监督规范化。街道管村后，建立人民调解、安置帮教、社区矫正等司法所工作机制并实现制度上墙，完成街道级人民调解委员会设立和刻章、安置帮教和社区矫正人员的接收以及安装社区矫正专网等工作。加强日常普法宣传工作，通过举办讲座、张贴横幅、微信公众号发布文章、发放宣传材料、现场讲解法律知识等方式，积极营造法治氛围，回应群众法治需求，做好风险防范与矛盾化解。

（陈金花）

文景街道村委会一览表

表 14

序号	名称	地址	电话
1	曹园村村委会	通州区永安路与曹园南街交叉口西北 80 米曹园逸家小区内	81537800

杨庄街道

【概　况】 杨庄街道位于通州区西部，东北至北苑南路，东至翠屏西路，南至怡乐南街，西至区界，北至京通快速路，面积 4.7 平方千米。内设“六办一队三中心”（综合办公室、党群工作办公室、平安建设办公室、社区建设办公室、城市管理办公室、民生保障办公室，综合行政执法队，便民服务中心、市民活动中心、市民诉求处置中心），下辖 17 个社区、2 个行政村。杨庄街道人民调解委员会获评 2018—2022 年度北京市司法行政系统先进集体。怡乐园社区获评市级民主法治示范社区。陆航家属院实行垃圾“流动收集”，获评 2022 年度市级生活垃圾分类示范小区。靓景明居、世纪星城兴业园社区成为市级楼门治理示范点。

【基层党建和精神文明建设】 2022 年，杨庄街道打造“红杨先锋”党群志愿服务“帮管一条龙”服务矩阵，开展志愿者议事会 15 场、志愿活动 46 次，解决人民群众急难愁盼问题 200 余件。深化“一站三上门”（“一站”指暖杨驿站，“三上门”指服务送上门、宣传送上门、政策送上门）工作模式，巩固“一分钟微行动”工作成果，开展“流动微光·闪耀六月”主题活动。11 月，杨庄街道党工委课题组撰写的《关于推动社会治理创新的实践与探索》一文荣获 2021 年度“郊区党建”征文活动三等奖。开展“干部作风建设年”活动，执行干部月度点评会、业务交流培训及科室负责人座谈等作风建设“十个动作”不走样，引导广大党员干部保持积极向上的精神面貌。开展群众性新时代文明实践活动 100 余场，引导广大群众践行社会主义核心价值观，弘扬中华民族传统文化，增强文化自信；发布微信公众号内容 1000 余篇，累计受众 100 万人次；深化志愿服务体系建设，组织建立社区志愿服务队伍，覆盖志愿者 2000 余人，发布志愿服务信息 341 条，完成点派单 321 次；建立快递、外卖小哥专属“暖骑驿站”16 个，开展义务理发、知识速递等文明实践活动 5 场；京贸南区社区党支部书记赵亚利获评第 16 届北京市优秀思想政治工作者，通广嘉园社区居民张浩建获评“2022 年通州榜样”第三季度榜样人物，天时名苑社区获评“五个 100 先进典型”最美志愿服务社区，北京物美超市有限公司通州果园店荣登“2022 年度首都文明商户名单”。

▲ 8 月 13 日，杨庄街道举办“扬”红色初心　做时代“先锋”表彰主题活动

（杨庄街道提供）

【疫情防控】 2022 年，杨庄街道组建 8 小时分指挥部，制定《杨庄街道 8 小时快速转运工作实施方案》。妥善处置区八小时指挥部十混一社会面人员派单 10563 人次，闭环转运就医人员 384 人次。在全区率先建设 55 个社区“核酸检测小屋”和 15 个社会面常态化检测点位。全年完成 38 轮次、180 多万人次的全员核酸筛查任务。疫苗接种方面，入户接种 206 次，18 岁以上人群接种率 77.84%，60 岁以上老年人接种率 96.92%，80 岁以上老年人接种率 78.99%，提供就医服务 384 次，物资保供 70 余吨。2022 年疫情专班处置疫情类“12345”工单 6300 件；其中主责件 2054 件，协办件 4246 件；核酸相关问题 2421 件；健康宝弹窗相关问题 1618 件；隔离相关问题 1344 件；日常防控相关问题 599 件；疫苗相关问题 54 件。解决率 83.54%，满意率 88.98%。专班数据排查 191000 余人。平稳有序做好京贸国际等 19 个社区（村）封控管理工作，做好居家人员垃圾清运、就医买药、生活物资保障等工作。锦园小区居民原创歌曲“以爱之名”登上热搜。

【接诉即办】 2022 年，杨庄街道依托接诉即办闭环处置系统，各承办部门及时进行案件办理，稳步提升“三率”

（响应率、解决率和满意率）。5月23日，印发《杨庄街道市民服务热线“接诉即办”工作方案》，完善职责分工，健全案件办理、协调调度、考核奖惩等相关工作机制，优化保障措施，并强化接单、派单、处置、回复、回访等重要环节具体要求。落实“日通报、周汇总、月分析”工作机制，每周定期反馈接诉即办“三率”成绩。印发《杨庄街道“热线+网格”工作实施方案》，全年接收区网格派单案件1240件，完成上报案件任务数12226件，3次月度考核满分，综合成绩96.6分，综合排名位于22个街乡镇第9名、街道类第3名。吹哨报到28次，解决京贸国际社区热水供应、杨庄小学周边环境整治、新星幼儿园违规办学等问题。全年受理工单17100件，实际承办13404件，响应率96.42%，解决率68.05%，满意率75.22%，全年市级排名第204名，区级排名第7名，1次获得全市前50名。

【城市管理】 2022年，杨庄街道持续开展生态环境检查工作，7×24小时对辖区进行不间断巡查，出动6名巡查人员，检查点位3000余次；在志愿北京平台注册社区（村）级志愿者服务队13个，发布志愿者项目35项，志愿者成员计659人，累计活动时长14168.5小时，整改市级台账问题38个、区级台账问题728个，整治完成率100%；铁路沿线“双段长”巡查、处理上报问题点位98处，自查问题点位12处，所有点位均整治完成。陆航家属院施行垃圾“流动收集”，获评2022年市级生活垃圾分类示范小区。重点推进垃圾分类硬件设施问题数清零，每个小区现场问题数由11个降至6.4个；为八里桥南街52号院83户接通天然气；为靓景明居、京贸国际公馆社区新增19个电动汽车充电桩。开展“小微项目惠民生”项目24个，包括便民设施服务类、人居环境提升类和公服设施改造类项目，惠及人口约2万人，总投资金额650余万元，解决诉求63件，未诉先办14件。

【民生保障】 2022年，杨庄街道社区养老服务覆盖率提升，在新华联南区社区新建1家养老驿站。签约451名基本养老服务对象，签约老年人均可以享受驿站提供的市场化养老服务，形成“无偿+低偿+市场化服务”的服务链条，满足老年人不同层次的需求。完善健康指导员队伍建设，开展无偿献血活动，创建控烟单位、无烟街区以及健康机关、健康社区，完成健康促进区和慢性病防治区“两区”建设工作任务。加强严重精神障碍患者和疑似精神病患者的管理和筛查工作，通过各社区（村）细致摸排，排查有异常行为的居民7人。为困难家庭解困，形成2个典型个案案例并入选区级案例库。开展普惠型帮扶活动，通过链接爱心企业，为低保特困家庭提供清洗抽油烟机、家政维修等服务，受到服务对象欢迎。多方共建提升商业便民服务水平，新建5家商业便民网点。结合传统节日，开展主题活动8场次。新建4家粮食应急网点，保障日常粮食供应。

【平安建设】 2022年，杨庄街道建立健全安全生产责任和管理制度体系、隐患排查治理和风险防控体系，建立安全生产检查、安全生产宣传、群租房专项整治等工作制度，全年无安全责任事故。结合“安全生产宣传月”等重点工作，组织各社区（村）重点单位开展安全宣传“五进”（进企业、进农村、进社区、进学校、进家庭）活动，营造辖区和谐稳定安全氛围。强化治安防控排查和人流密集场所管控，针对楼道堆物堆料及电动自行车违规停放充电、地下空间违规住人等突出问题召开15次会商会，加强专项排查整治，化解各类风险38处。对出租房屋开展日常各类检查1600余次，发现违法群租房161套、违法日租房6套，全部督促整改完毕，实现群租房整治动态清零总体目标。新建车棚25个、电动自行车充电桩275个、充电柜14组、充电口2613个、梯控565个，安装电动自行车防火提示牌1700块，实现电动车充电设施、电梯控制区安装全覆盖，确保辖区居民群众生命财产安全。开展治理重复信访、化解信访积案专项工作，加大矛盾排查力度，排查突出矛盾4件并成功化解，均未形成大规模上访，收到49个信访件，均按照“三到位一处理”（“三到位”指群众诉求合理的解决问题到位、诉求无理的思想教育到位、生活困难的帮扶救助到位，“一处理”指行为违法的依法处理）要求办结。

【社区建设】 2022年，杨庄街道启动杨庄街道社会工作服务中心试点建设项目，促进社区难题破解。杨庄街道社区治理“创新实验室”入围“全国社会治理创新案（2022）”百大案例，为杨庄街道基层治理能力现代化提升，搭建智库平台，助力高质量发展。制定《杨庄街道物业管理评价办法（试行）》，组织开展月度评价7次、季度评价2次，结合评价结果，进行通报约谈、联合执法等分类指导监督。以“智库（实验室）+联盟（物业联盟）”双轮驱动为抓手，打造红色物业联盟，完善物业服务企业评价办法和评价标准，以评促改、以评促优，推动物业服务企业履职尽责。2022年完成三批社区工作者培训工作，招聘社区工作者101人，为基层治理补充后备力量。

【司法建设】 2022年，杨庄街道召开社区法律顾问对接座谈会，启动一社区一法律顾问制度。与区法院签署《关于健全矛盾纠纷多元化解体系深化基层治理共建协议》，推动诉源治理。杨庄街道人民调解委员会获评2018—2022年度北京市司法行政系统先进集体。杨庄街道司法所长张歌获评2018—2022年度北京市司法行政系统先进个人。怡乐园社区被评为市级民主法治示范社区。开展主任办公会会前学法活动17次，学习内容主要涉及《信访工作条例》《中华人民共和国环境噪声污染防治法》《北京市安全生产条例》《北京市住房租赁条例》等。杨庄街道“先学法再决策 提高依法行政能力”成功创建成通州区法治政府建设示范项目。成立杨庄街道社区矫正委员会，负责统筹协调和指导本行政区域内的社区矫正工作。杨庄街道公共法律服务站正式进驻便民服务中心，是目前通州区唯一入驻政务大厅的公共法律服务站。

【统计工作】 2022年，杨庄街道探索制定《杨庄街道社区（村）统计室（站）

2022年度绩效管理办法（试行）》《杨庄街道社区（村）居委会统计工作台账》。2022年统计工作以97.6分的成绩位列22个乡镇街道第3名；民生监测工作考核成绩位列22个乡镇街道第一档次。组织开展“杨庄街道统计工作培训会”，推动社区（村）级统计工作规范化、科学化、制度化。8月，杨庄街道数据集中化管理平台项目通过区经信局专家评审正式立项。开展辖区中小微企业发展状况调查，监测辖区内中小微企业发展状况，探索、应用所创建数据集中化管理平台之数据融合、数据管理用途等。贯彻落实“企业服务包”制度，为街道新增4家关键税源企业，2022年实现“服务包”企业区级纳税总额同比增长8.7%；制定企业诉求台账，构建“线上沟通、电话回访、上门走访”互动机制，走访企业4次，办理企业诉求约50条，实现办结率100%。开展“统计法宣传月”活动，对辖区2400余家企业进行统计普法宣传。

（黄全利）

杨庄街道社区居委会、村委会一览表

表15

序号	名称	地址	电话
1	新华联家园南区社区居民委员会	通州区新华联家园南区10号楼511室	81557495
2	怡乐园社区居民委员会	通州区探矿家属院28号楼2层西侧	80816181
3	靓景明居社区居民委员会	通州区怡乐三区甲21号楼东北侧二层	81515553
4	京贸南区社区居民委员会	通州区怡乐中街336号院1号楼0104室	80816061
5	世纪星城兴业园社区居民委员会	通州区世纪星城77号楼6单元101室、102室	52998952
6	世纪星城西社区居民委员会	通州区长城国际66号楼D9单元3层106室	52132536
7	杨庄南里南区社区居民委员会	通州区杨庄小区13号楼路西	60533872
8	杨庄南里西区社区居民委员会	通州区杨庄小区1号楼7单元对面平房院内	60533302
9	杨庄通广嘉园社区居民委员会	通州区杨庄怡乐一区123号楼底商14—15号	81562624
10	广通社区居民委员会	通州区广通小区1号楼2单元102室	60568672
11	锦园社区居民委员会	通州区五里店西路6号院6号楼底商1011	60536578
12	五里店社区居民委员会	通州区杨庄路5号	60533861
13	新北苑社区居民委员会	通州区杨庄南街1号	60534924
14	京贸国际社区居民委员会	通州区八里桥南街68号院1号楼107室	89505157
15	天时名苑社区居民委员会	通州区天时名苑小区10号楼1单元102室	80574861
16	新华联家园北区社区居民委员会	通州区新华联家园北区东北门旁	80812378
17	京铁社区居民委员会	通州区京铁潞园小区7号楼一层	60562453
18	杨庄村村委会	通州区杨庄路西8号	81566208
19	李老公庄村村委会	通州区怡乐园一区82号楼东侧	81564318

九棵树街道

【概　况】 九棵树街道位于城市副中心 03 组团核心地带，东起九棵树东路，西至翠屏西路，南起云景南大街，北至通朝大街。面积 3.7 平方千米，下辖 12 个社区和 7 个行政村。有农业户口 560 人，集体土地 1254 亩，户籍人口 2.2 万人，常住人口 8.05 万人。2022 年，九棵树街道紧扣“大抓基层治理年”主线，以“精治、共治、善治、法治、智治、德治”作为基层治理六个主体脉络，深入推进“党建引领、接诉即办、城市治理、社区管理”四大专项行动，基层工作逐步向有序、有力、有效转变。

【基层党建和精神文明建设】 2022 年，九棵树街道坚持把创建党建品牌与党群项目有机结合，开拓党建创新模式。创建“吾家文化”“社商居共建”“楼门文化”等多个基层党建品牌，增加议事共融平台。进一步提升街道基层干部基层治理能力，制定《九棵树街道 2022 年度基层党组织书记及社区“两委”干部集中培训工作方案》，聘请 11 位知名专家教师，对社区“两委”干部 112 人，进行为期 5 天的脱产培训。全年发展党员 30 人。审批立项党组织服务群众项目 70 个，投入专项经费 477 万元。举行庆祝中国共产党成立 101 周年活动，组织党员干部参观中核矿业科技展览馆，重温入党誓词，颁发“光荣在党 50 年”纪念章。开展党建活动 30 余项，组织各支部打造“党员活动 +”品牌，不断增强党员荣誉感和责任感。党建引领、党工共建，建成弘祥 1979 产业园“党工共建”微阵地和怡乐中街、新城嘉园、玉兰湾 3 个社区联合工会。开展 7 次“扫黄打非”专项行动和 228 次新时代文明实践活动。街道公众号发布文章 852 篇，阅读次数 14 万余次，阅读量同比上升约 18%。疫情期间制作 4 部系列纪录片，其中由“北京通州发布”官方微博转发的纪录片《你挺身而出的样子，真美》，阅读量达 107 万次。推动建立“暖骑驿站”6 家，其中领展购物广场“暖骑驿站”，被区委宣传部选为通州区首家试点样板项目，并在《北京新闻》、北京卫视《红绿灯》栏目等市级媒体进行专题报道。

【接诉即办】 2022 年，九棵树街道全年承办工单 16700 件，月均承办工单 1390 余单，同比增长 120%。承办量前五类诉求是疫情防控类 8522 件、住房类 1563 件、城乡建设类 1007 件、环境保护类 952 件、物业管理类 903 件，共计 12947 件，占总承办量的 77.5%。

【城市管理】 2022 年，九棵树街道开展 6 批小微工程，共涉及 24 个项目，总投资 610.39 万元，其中“金侨时代家园新芽项目”入选“2022 北京市城市更新优秀案例”。开展老旧小区改造项目 9 个，建筑面积 255505.45 平方米，惠及辖区居民 3238 户；充分发挥党建引领作用，成立通州区 2022 年度云景里老旧小区综合整治项目临时党支部，扩大与社区和居民协商共管范围。对家乐福等 6 个停车场实行错峰收费，完善停车资源信息共享平台，优化共享停车管理模式。确保垃圾分类设施数量充足、功能完善，设立大件垃圾投放点 43 处、装修垃圾投放点 37 处、垃圾分类驿站 10 座，更换 700 余个桶贴标识，加装垃圾桶信息识别码 4000 余个。成功申报市级生活垃圾分类示范小区 7 个、示范商务楼宇 3 个。对违法行为开展静态挤压，形成有效震慑，提升辖区环境秩序，处罚占道经营、非法小广告、堆物堆料等各类街面环境秩序违法违规行为 179 起，罚款 53000 元。拆除蓝调沙龙、金侨时代、云景西里南区等小区的违法建设 78 处，拆违面积 3519.62 平方米。

【民生保障】 2022 年，九棵树街道按时完成 25 户低保家庭救助金试算工作，及时发放保证救助金，核算发放低保金 69.06 万元；建成格瑞雅居、金侨时代养老驿站。怡乐中街社区、云景北里社区、玉兰湾社区、龙鼎园社区、翠景北里社区、新城嘉园社区通过市、区两级检查评估，获得无疫社区称号。为居民提供新冠疫苗接种“家门口式”服务，下社区接种 570 次；解决老年人接种疫苗后顾之忧，为 60 岁以上老年人购买疫苗接种保险 1089 人；累计接种新冠疫苗 52412 人，接种加强针 43072 人，60 岁以上老年人首针接种 10209 人。完善残疾人组织建设，召开成立残疾人联合会暨残疾人联合会第一次代表大会，选举产生街道残联第一届主席团，召开街道残联第一届主席团第一次会议。实现残疾人康复 100% 的全面覆盖，全区排名第 1。完成 569 人次残疾人证、信息采集、燃油补贴、残疾辅具审核发放工作。完成 4 个生活性服务网点建设，创建完成 5 个健康社区及 50 户健康家庭。新增创业单位 162 户，带动就业岗

▲ 9 月 23 日，举行九棵树街道 2022 年度基层党组织书记及社区“两委”干部集中培训结业仪式（九棵树街道提供）

位574个。有近50个家庭分别获得区级最美家庭、文明家庭、学习型家庭、平安家庭等称号。

【平安建设】 2022年，九棵树街道安全生产检查队检查生产经营单位2100余家次，各村、社区安全巡查员检查企业800余家次，开展专项检查15次，检查覆盖率100%。逐级落实管控责任单位、措施和人员，完成87家企业安全风险评估报告，排查企业风险源220个。检查社会单位666家，发现火灾隐患762处，查封16处，罚款311500元，拘留3人。在12个社区、7个村开展可燃物清理专项行动，清运可燃物120车，约800吨，动用湿化车辆24次，用水40立方米，湿化面积15万平方米。登记在账电动车6012辆，其中已纳入电动车小程序4671辆。清理违规停放、充电电动车1988辆，入户宣传培训25899人。全年累计出动700余人次检查人防工程、地下室，发现安全隐患立即整改，部分挂账限期整改。收集群租房举报线索625件，入户核查出430件属于群租房，拆除率100%，实现群租房动态清零。完成重要活动安保维稳工作，发动群防群治力量3000余名。街道司法所持续拓展“法润九棵树”特色活动，围绕宪法、民法典、残疾人权益保障等社会热点开展“线上＋线下”套餐式普法宣传50余场次，发放宣传材料1000余份，荣获“2018—2022年度北京市司法行政系统先进集体”称号。

【社区建设】 2022年，九棵树街道稳步推进社区拆分工作，提升社区精细化治理水平。完成云景东里、云景北里社区拆分后的四至范围划分调整，完成新拆分社区办公用房租赁，并报区政府常务会审议。丰富居民生活，增强社区凝聚力，统筹指导社区使用公益金开展活动150余场，涉及费用170余万元。撰写《以“六治”为方向加大基层治理创新力度》稿件，并被《中国社区报》刊登发表。建立九棵树街道社会心理服务中心，开展老人心理服务、个体辅导、小组活动和知识普及宣传活动12场，服务人群170余人次。指导成立7个业委会、30个物管会，组建率为97.4%，物业服务市场化率为78%，物业费收缴率为84.9%。保障非京籍儿童入学权利，完成558名非京籍学生义务教育入学审核工作。实施“头雁领航”社区骨干培训增能计划，“头雁领航”项目被通州区学习型领导小组评为“终身学习品牌”。翠屏北里社区被通州区学习型领导小组授予“学习型社区”奖牌。开展各类文化活动66场、公益培训36场、文艺演出10场、社区文化专员培训10次，促进文化服务在基层社区互动式传播。

【经济发展】 2022年，九棵树街道成立财源建设工作领导小组，增强工作合力，做实企业服务。采取线上信息管理化服务与线下走访常态化服务相结合的方法，为企业纾困解难，全年班子成员累计走访重点企业40余次，线上解决企业诉求70余件，线下对接各类企业诉求20余项，办结率100%。为经济高质量发展营造良好信用环境，辖区100余家企业签署信用诚信承诺书。开展“金融＋科技＋商业”高质量系列活动，举办新消费创新创业大赛，落户三家高品质消费企业。通过“两线两片”（两线：云景东路街区、九棵树西路街区；两片：阳光新生活广场片区、云景公园片区）消费街区建设工作及公共空间项目落地推动辖区高质量发展，研究编制“活力街区、营商环境、城市更新”等10余项专项规划，形成了“九棵树街道高质量发展行动计划”，并入选“亚太城市可持续发展目标优秀项目库”，被授予荣誉证书。

（李鑫）

九棵树街道社区居委会、村委会一览表

表16

序号	名称	地址	电话
1	翠景北里社区居民委员会	瑞都国际小区9号楼物业客服部二层	81518043
2	翠屏北里社区居民委员会	通州区九棵树街道翠屏北里西区底商16号	81517532
3	格瑞雅居社区居民委员会	通州区九棵树街道翠屏里204号楼怡乐中街71号	81539489
4	金侨时代社区居民委员会	通州区九棵树街道云景东里365号楼商7号	60550569
5	龙鼎园社区居民委员会	通州区九棵树街道云景南大街45号新翠景园底商	81551872
6	苏荷雅居社区居民委员会	通州区九棵树街道通朝大街196号葵花社小区底商	81519871
7	新城嘉园社区居民委员会	通州区九棵树街道新城嘉园小区107号楼1单元101室	80816185
8	怡乐中街社区居民委员会	通州区九棵树街道龙湖蔚澜香醍小区101号楼101室	80816065
9	玉兰湾社区居民委员会	通州区九棵树街道翠景北里29号楼（玉兰湾小区3号楼北侧会所）	80816119
10	云景北里社区居民委员会	通州区九棵树街道新城阳光小区32号楼511—513室	60529712

续表 16

序号	名称	地址	电话
11	云景东里社区居民委员会	通州区九棵树街道园景阁东区南门平房	81579766
12	云景里社区居民委员会	通州区九棵树街道云景里 10 号楼前三层小楼一层社区服务站	60529647
13	车里坟村村委会	通州区云景东路 51 号	60521574
14	西总屯村村委会	通州区翠屏里 218 号楼	60529897
15	西小马村村委会	通州区翠屏南里街与翠屏西路交叉路口往东约 100 米	81521609
16	东总屯村村委会	通州区东总屯小区 205 号楼	81525795
17	九棵树村村委会	通州区九棵树家园	60522782
18	刘老公庄村村委会	通州区九棵树西路 273 号	81524631
19	孙王场村村委会	通州区孙王场小区 28 号楼	81533342

潞邑街道

【概　况】 潞邑街道位于通州城区北部，东至东六环路，南至运潮减河，西至小中河，北至潞苑四街、疃里大街，毗邻新华街道、永顺镇、宋庄镇，面积约 7.8 平方千米。辖区有 12 个社区和 8 个行政村，其中清水湾社区、静水园东社区 2 月 10 日成立，通瑞嘉苑西社区 6 月 2 日成立。潞邑街道办事处设置“六办一队三中心”（综合办公室、党群工作办公室、平安建设办公室、城市管理办公室、社区建设办公室、民生保障办公室，综合行政执法队，便民服务中心、市民活动中心、市民诉求处置中心），街道纪工委单独设置。

【基层治理】 2022 年，潞邑街道创建“户联网”党建品牌，打造“五层级联户、五站所服务、五平台调度”基层治理体系，引领吹哨报到、接诉即办、垃圾分类、疫情防控、创城创卫等重点工作；加强基层治理调查研究，调研报告《打造“户联网”党建工作模式　绣好新时代“十字绣”》在《通州调研》刊发，《通州区潞邑街道打造“户联网”党建工作模式　提升基层治理能力实践探索》在《北京调研》刊发；做实区域化党建工作，全年召开街道党建协调工作委员会全体会议 2 次，14 家成员单位在街道“户联网”建设、疫情防控和疫苗接种工作、创建全国文明城区测评中提供资金和人力支持；成立老姐妹宣讲团、热心大姐工作队、爱家睦邻“户联网”调解团，共同维护妇女、儿童的合法权益；筹建代表之家 1 个、代表联络站 7 个，收集区人大代表建议 7 条，依托“街乡吹哨、部门报到”工作机制，协调多部门联动，集中解决市民反映强烈的珠江拉维小镇小区西门道路增设路口、清水湾小区南门道路修缮、龙旺庄和通瑞嘉苑社区周边公共卫生间缺失等问题。

【疫情防控】 2022 年，潞邑街道筑牢疫情管控防线，在做好常态化大数据摸排、居家管控、入户核酸的基础上，重点做好涉疫点位处置工作。启动疫情防控应急方案，建立快速指挥协调体系，严格落实“快、严、准、实、细”要求，安排工作人员 230 名，组成“1 办 11 组”，落实区域封闭 10 天，开展小区全员核酸 6 轮，有效斩断疫情

▲ 4 月 14 日，潞邑街道“基层治理年”工作部署暨党建引领“户联网”建设工作启动会召开

（潞邑街道提供）

传播链条，实现了“零新增、零扩散”；街道、社区、物业、医院密切配合，短时间内完成居民情绪安抚、诉求对接、应急处置等工作；全力推进疫苗接种，党员干部节假日停休、全员上岗，带指标落实60岁以上人群疫苗接种工作，完成18岁以上各类人群第一针接种39652人（其中60岁以上9012人），加强免疫针接种26721人，进一步筑牢免疫屏障。社区（村）一线人员携手共进、同心抗疫，通瑞嘉苑社区、龙旺庄社区、耿庄村、刘庄村4个社区（村）获评首批无疫社区（村）。

【接诉即办】 2022年，潞邑街道坚持高位统筹，街道班子成员共同组建“接诉即办”领导小组，“一把手”亲自协调调度，全年召开党工委会听取“接诉即办”工作汇报32次，仅清水湾小区相关问题，主要领导牵头召开专题调度会47次，清水湾业委会正式成立，小区南门道路如期完工；加强榜样选树，从部门和社区推荐“接诉即办”之星25人，由优秀办件人定期分享处置方法和经典案例，街道整体办件水平逐步提升；强化案例宣传，向区级上报“我为群众办实事”典型案例53个；在区级及以上媒体刊登优秀案例或典型经验30个，报道次数超60篇；落实“未诉先办”，建立“接诉即办”与“自查自纠”两线并一线的工作模式，推行“社区吹哨，科室报到”，处理街巷长热线反映问题189件，网格诉求达3356件，先人一步消除诉求隐患，从源头上减少工单数量。年度“接诉即办”成绩首次进入全市前50名。

【城市管理】 2022年，潞邑街道加快推进老旧小区综合整治，完成澜花语岸、潞潮佳苑和至善家园小区3个老旧小区的综合整治工程；推进小微项目惠民生，围绕“12345”市民服务热线反映的高频问题及群众诉求强烈的事项，申请区发改委专项资金386.78万元，开展五批“小微项目惠民生”项目33个；完成城市副中心M101线通州会议中心站和龙旺庄站2处征拆范围内土地性质和权属方的确认、沿线地上物性质的摸排及搬迁预分表上报工作；面向居民开放错时停车场2个，有效缓解夜间停车压力；从根本上解决清水湾南门道路积水问题，成功实现珠江拉维小镇西门开口；全年依法行政处罚违法行为51起，针对违规工地、非法建筑垃圾运输等违法行为，依法立案调查136起。拆除违法建设4处，总面积6255.91平方米。

【民生保障】 2022年，潞邑街道落实养老、社会救助等各项政策，共发放低保金54.79万元、特困救助生活补贴3.4万元，为低保、低收入、困难家庭二次报销医药费6.9万元，实现应保尽保、应助尽助、应享尽享。坚持就业优先，增加岗位供给，新增创业单位数量197家，创业带动就业岗位824个，增强创业带动就业功能，组织“春风行动”“民营招聘月”“金秋十月”等线上招聘会8场，发布招聘岗位703个，达成就业意向504人。实施劳动保障监察，处理欠薪讨薪工作39起，追讨工资147万元。

【平安建设】 2022年，潞邑街道落实常态化检查，动态更新796家生产经营单位台账，检查生产经营单位2200余家，整改隐患1300余处。街道安全生产检查队获“2021—2022年度北京市应急管理系统青年文明号”称号；清理楼道杂物和可燃物274吨，畅通小区消防通道310处。新增电动自行车充电孔口1004个；申报创建北京市综合减灾示范社区1个、通州区平安社区（村）8个，建立全区首个消防安全主题长廊，打造至善家园消防安全示范小区；积极推进群租房整治，东亚逸品阁小区获评通州区第一批“无违法群租房示范小区”；完成上访接待17批次、49人次，化解各类纠纷60余件，未出现群体访和越级访现象。

【社区建设】 2022年，潞邑街道深入推进民主议事协商，指导建立4个楼门治理和3个社区议事厅示范点及推广点建设，累计开展文化互动、邻里互助、议事培训、协商会议等活动61次；指导社区开展居民会议，集中讨论并决策议题60个；举办“益潞成长、邑邻互助”创新营提案大赛，组织开展义务理发、社区义诊、亲子阅读、助老慰问、文明养犬宣传等活动21次；有效发挥基层智库效能，建设街道社会工作服务中心和3个社区社工站试点，开展亲子互动、垃圾分类、外展宣传等活动14场；帮助辖区居民疏导情绪，保持健康心态，联系专业心理咨询师，为辖区居民提供个案咨询服务18人次；邀请基层治理专家开展经验交流、“名书记讲堂”及社区故事会等活动10场；着力打造文化潞邑阵地，组建潞邑街道“邑新遗艺”文创社、“诗情话邑”文学社和“光影潞邑摄影联盟”三支文化队伍，弘扬时代主旋律；广泛开展群众文化活动，举办街道五月鲜花群众歌咏比赛、“喜迎二十大 奋进新时代”——潞邑街道“百姓大舞台 文化进万家”群众性文艺演出系列活动17场，受众2600余人次；培育孵化“邑气风发”体育社，组织太极爱好者参加第二届全球太极拳网络大赛，获团体一等奖及个人一等奖5人；持续推进业委会（物管会）组建工作，指导清水湾、至善家园、枫露皇苑3个小区开展业主大会筹备工作，业委会（物管会）组建率达到96.15%。

（谢一英）

潞邑街道社区居委会、村委会一览表

表 17

序号	名称	地址	电话
1	龙旺庄社区居委会	通州区龙旺庄南街龙旺庄煤气站东院停车场院内平房	89517535 89591736
2	潞苑南里社区居委会	通州区潞苑南大街 25 号东亚逸品阁 20 号楼 2 层	80807501 80807582
3	潞苑南里西社区居委会	3. 通州区京榆旧线路珠江丽景 64 号楼底商	89558919 89558960
4	东潞苑西区社区居委会	通州区潞苑中路东潞苑甲 12 号楼（尚东综合楼四层）	89596690 89557332
5	潞邑社区居委会	通州区潞苑南大街 185 号院新潮嘉园三期 21 号楼商 2	89597806 89557652
6	运通园社区居委会	通州区潞苑南大街 614 号院澜花语岸小区 9 号楼西侧平房	89557072 89557280
7	潞苑嘉园社区居委会	通州区陈列馆路永顺镇社会服务管理中心西二楼	89588670 89588600
8	潞苑北里社区居委会	通州区潞苑东路 40 号院（珠江拉维小镇）30 号楼二层	57907159 57907517
9	通瑞嘉苑社区居委会	通州区潞苑五街东潞苑一区 2 号楼二层 208—210	81560641 81560642
10	清水湾社区居委会	通州区龙旺西里 133 号楼街边底商	89599219
11	静水园东社区居委会	通州区疃里南区 5 号楼（红杉溪谷 why 健身房）二层	89591009
12	通瑞嘉苑西社区居委会	通州区通瑞嘉苑小区 17 号楼 3 层	81560645
13	刘庄村村委会	通州区刘庄村警务工作室	89597700
14	焦王庄村村委会	通州区焦王庄村村民委员会	89558606
15	王家场村村委	通州区王家场小区 12 号楼	89590826
16	小潞邑村村委会	通州区潞邑西路 2 号院小潞邑村村民委员会	89597311
17	耿庄村村委会	通州区永顺镇潞苑南大街 290 号	89593772
18	龙旺庄村村委会	通州区龙旺庄村村民委员会	89590733
19	苏坨村村委会	通州区苏坨村村民委员会	89517188
20	孙各庄村村委会	通州区孙各庄村村民委员会	89598871

临河里街道

【概　况】　临河里街道东至东六环路，南至九棵树东路，西至梨园南街、玉桥东一路，北至运河西大街、北运河，毗邻北京环球主题公园和家园中心，中间建有碧水公园，辖区总面积5.15平方千米。下辖12个社区、7个村，常住人口约7.31万人。街道党工委下设21个党（总）支部，共有党员996名。2022年有规模以上单位40个，全部为规上法人单位。其中，企业33个，占比82.5%；事业单位7个，占比17.5%。

【基层党建和精神文明建设】　2022年，临河里街道完成临河里、玫瑰园社区拆分，同步成立2个社区党支部；完成街道机关党支部拆分，选举党支部委员20名。召开全面从严治党专题会2次、部署会1次。全年发展党员19人。成立临河里街道基层党校，开展18次教育培训。探索“四式”党员管理法，精细化党员管理，激发党员活力，号召1500余名在职党员回社区报到，共抗疫情。开展党建服务项目109个，服务党员群众，助力基层治理。成立新就业群体流动党支部，设立华远商务楼宇“红色窗口”。用好新时代文明实践平台，创新打造“双点派”机制，实现志愿服务需求侧、供给侧两端精准对接。建设“理‘响’驿站”16个，强化理论宣讲，获得区级“强国复兴有我”宣讲比赛三等奖。开展志愿服务活动总计529场，吸收招募新时代文明实践志愿者835人，累计服务时长52892小时，活动覆盖率100%。以首创文明条例系列漫画作品为蓝本，打造临河里街道特色品牌活动，开展“首善文明生活+”“临河里文明宣传车”等系列活动，惠及居民1万余人。打造廉政党建文化墙，形成特色党建“微景观”。培育践行社会主义核心价值观。组织策划线上传统节日文化活动40场。做好“榜样人物”相关组织推荐工作，成功推选区级榜样人物1名。

【疫情防控】　2022年，临河里街道防控转运组共转运人员1999人。核查大数据派单中高风险地区涉疫风险人员7.8万余人，累计完成28轮区域核酸大筛查，共计近156万人次，落实居家隔离及健康监测人员共计1.2万人次，安排上门核酸10万余人次。累计封控楼门单元202个，落实阳性病例居家管理300余人次，转运集中隔离点人员940人次，建立老弱病残孕等特殊群体台账，协调就医转诊400余人次。累计完成3岁以上人群一、二针及加强针接种106391针剂。开展进社区接种167次、上门问诊评估2000余次。

【接诉即办】　2022年，临河里街道接市民诉求18739件，响应率为99.62%，解决率为65.00%，满意率71.95%。全年市直派平均成绩为96.02分，区分转平均成绩为93.19分，市直派+区分转的综合成绩平均为94.60分。上报受理网格事件10722件，发现及时率为76%，实际处置率100%，按时结案率99%，一次完成率100%，全年平均成绩为96分。2022年共登记小修快补项目60个，项目金额共188.41万元，完成项目57个。

【城市管理】　2022年，临河里街道垃圾分类成绩突出，建立“桶站—驿站—中转站”三级回收体系，建成第一个街道级中转站并率先完成备案。累计创建完成8个示范小区、3个示范商务楼宇，打造全街道示范片区，已通过初步核验。联合区城管委、区交通支队、焦王庄派出所等区级部门开展专项行动，朗芳园小区周边违停车辆动态清零，整治成效显著。严抓严管施工工地、汽修行业及餐饮行业，累计出动人员5374人次，检查施工工地786次、餐饮企业446家次，问题已全部整改到位，移送执法21件次，累计罚款21.3万元。完成北京市第二轮生态环境保护督察群众信访案件整改及销号2件，2022年大气污染防治工作督查专项考核排名全区第一。完成玉桥东二路东侧绿化美化提升改造工程，建设绿地6100平方米，修补、粉刷墙体近3000平方米，打造500多米长植物景观道。在碧水污水处理厂门前开展裸地治理，打造“三季有花、四季有景”的滨河口袋公园，种植各类花卉4500平方米。街道级林长制试点经验不断丰富，玉带河水质持续优化，裸地治理面积约2万平方米，荣获“2021年首都全民义务植树先进单位”称号，运河滨江社区成功创建首都花园式社区。创“无违法建设街道”工作取得显著成果，是全区22个街道乡镇中首个图斑举证材料举证率和审核通过率达双百属地。完成合生滨江帝景项目二期违建拆除及代征绿地销账。作为全区第一个实施征拆工作的街道，“项目管家”主动对接，实现项目启动、评估、测绘、拆除等工作

▲　7月29日，临河里街道残疾人联合会第一次代表大会召开

（临河里街道提供）

有序规范开展。共计申报临河里街道小微工程项目24个，竣工验收21个，总投资260余万元。

【民生保障】 2022年，临河里街道努力做好养老助残等各项服务工作。为221名困难老年人、特困和低保人员做好日常津补贴发放及跟踪服务，运河滨江养老驿站基本建成。召开街道残疾人联合会第一次代表大会，选举产生首届街道残联班子，为425名残疾人开展辅具申请、助残券发放等各项服务。完成77名独生子女父母三项奖励、8名计生失独人员慰问、30名严重精神障碍患者监护治疗以及军人优抚对象慰问等日常服务工作。开展“双百双规范”创建活动等6个专项检查行动，稳妥协调解决26件讨薪事件，涉及农民工100余人、金额285.72万元。积极搭建就业平台，采集空岗信息2828个，完成任务的282.8%；新增创业单位数量183户，完成任务的142.97%。困难大学毕业生全部实现就业。按照规范化标准建设11个社区、村政务服务站，培训全能社工28名，为居民提供21项帮办代办事项服务。81项镇街级政务服务事项达到100%网上可办。办理退役军人优待证建档立卡、“一老一小”参保、公租房申请等各类业务3400余件，耐心解答各类现场及电话政策咨询3000余次。

【平安建设】 2022年，临河里街道启动5轮矛盾摸排化解工作，接待信访群众6人，处理网络信件80件。对857家生产经营单位开展5轮次全覆盖检查，隐患整改率100%。下达整改通知书1678单，约谈重点单位61家，发现并整改各类隐患7877处。建立“1+2+N”（“1”即每月组织社区、物业、消防安全重点单位召开1次安全生产、消防工作会议；“2”即每月组织2次可燃物清理，并形成长效机制；“N”即根据整体安全形势和上级指示要求，不定时地重点检查安全薄弱点位）消防安全管理体系，开展居民楼“三清”（清楼道堆物、电动自行车上楼、占用消防安全通道）专项行动，全面清理电动自行车513辆、楼道堆物919车。建立辖区电动自行车数字化管理平台，累计赋码电动自行车2758辆。持续推进“北京市综合减灾示范社区”创建工作，辖区12家社区，已完成10家社区创建工作。深入学校、社区、对违法群租房全覆盖式排查，共整治违法群租房60家，疏解102人，实现动态清零目标。

【社区建设】 2022年，临河里街道优化调整社区规模，完成临河里、玫瑰园社区拆分，新建华锦园、华星园社区，将临河里社区更名为华悦园社区。完成华悦园社区办公用房规范化建设，持续推进净水园社区开放式办公项目及2个新建社区办公用房规范化建设。修订完善社工考核及社区公益金、办公经费使用办法，规范社工队伍及社区经费管理。议事品牌“临河邻里汇”助力“多元共商”，累计开展各类议事协商260余次，解决关键问题 180余件。建立楼门队伍27支，打造啄木鸟志愿服务队等10支社区社会组织品牌队伍，开展志愿活动720余次，参与人数达24000人次。联动机制助力“多元共建”，优化小区公共服务考评机制，建立职能部门、街道、社区居委会、物管会（业委会）、物业服务企业“五方联动”机制，多方合力办好物业“关键小事”，物业管理“三率”达100%，物业服务市场化率达87.5%。街道社会心理服务中心统一挂牌，街道综合文化活动中心建设项目顺利竣工验收，3处健身场地更新建设，开展280余场文化活动。“双减”巡查3000余家次，助力非本市户籍适龄儿童511人通过入学材料审核，服务效能持续释放。

（王梦琪）

临河里街道社区居委会、村委会一览表

表18

序号	名称	地址	电话
1	运河滨江社区居委会	通州区玉桥东里合生滨江帝景二期122号楼一层	81520866
2	潞阳桥社区居委会	通州区通和园小区101号楼1单元101室	56530064
3	净水园社区居委会	通州区净水园小区12号楼	59757433
4	铭悦园社区居委会	通州区梨园镇砖厂南里23号楼二层203	61517540
5	玫瑰园社区居委会	通州区华业东方玫瑰小区D区9号楼123号	81599002
6	华悦园社区居委会	通州区华业东方玫瑰小区A区8号楼一单元二楼旁	81591507
7	华星园社区居委会	通州区华业东方玫瑰小区A区8号楼一单元二楼旁	80811599
8	华锦园社区居委会	通州区华业东方玫瑰小区D区9号楼123号	80811669
9	土桥社区居委会	通州区方恒东景小区106号楼首二层	56405153
10	砖厂南里社区居委会	通州区砖厂南里43号楼3单元南侧	61501210
11	花石苑社区居委会	通州区砖厂北里133号楼406	56530344

续表 18

序号	名称	地址	电话
12	裕馨社区居委会	通州区裕馨家园小区西侧平房	80816096
13	小街一队村委会	通州区梨园东里南区 39 号楼对面 2 层	60527130
14	小街二队村委会	通州区九棵树东路 386 号 7 层	80816936
15	小街三队村委会	通州区临河里街道临河里路 2 号	60525079
16	砖厂村村委会	通州区砖厂南里 23 号楼 502	61517850
17	小圣庙村村委会		69572219

注：上马头村、张辛庄村由临河里街道与张家湾镇交叉管理，在张家湾镇村委会一览表中列出

永顺镇

【概　况】　永顺镇位于北京城市副中心西北部，辖区面积19.46平方千米，有常住人口11.94万人，户籍人口3.3万人（其中，农业户籍人口数3952人）。下辖11个行政村、10个社区。

【基层党建和精神文明建设】　2022年，有基层党组织58个，党员4158名，发展党员58名。培养基层党组织后备干部，实现50%的村配备30岁以下后备干部目标。认真落实“两新”组织“两个覆盖”工作要求，新成立1家非公企业党组织。调整优化10个基层党组织班子。投入党建资金1500余万元，保障基层党组织运转更有力。提升组织凝聚力，坚持党建引领，疫情期间封管控区实现党支部“全覆盖”，凝聚抗疫力量5000余人。推动党建与业务工作深度融合，打造“三个五”工作法、“南悦彩虹”等党建品牌。编纂专题文史书籍《泰和永顺》，助力历史文化传承。中央、市级媒体上被采用报道79条。做好做精“通州永顺”微信公众号，对全镇党委、政府开展工作报道900余篇。

【疫情防控】　2022年，永顺镇坚持主动防、早发现、快处置、防外溢，分类分级开展科学精准防控，核酸检测、追阳判密、流调管控、转运隔离等工作有序衔接，高质量高标准做好疫情防控各项工作。封管控区内实行“一小区一方案”“一点位一专班”“一单元一网格”。加强核酸检测能力建设，日均检测6万余人。构筑防疫屏障，累计接种60岁以上首针1.9万人，18周岁以上加强针8.2万人。进入疫情防控新阶段后，着力保健康、防重症，实现防控措施平稳转段。

【基层治理】　2022年，永顺镇集中攻坚改水改电、停车秩序、电动自行车安全等九类民生难题。加强物业管理，物业服务市场化率达73.6%，引入社会资本提升8个老旧小区物业服务水平。完善接诉即办工作机制，实施“早中晚”工作法和村居“两委”工作责任制，全年处置群众诉求约3.7万件，解决率、满意率水平稳步提升，全市综合排名较2021年提升85名。持续创新基层治理机制，深入实施“永顺幸福+”多元治理模式，延伸出“工人有力量”等多个子品牌，孵化出“永顺镇楼门文化”“红色教育传帮带——书记工作室”等多个社区治理项目，激发居民自治活力，探索民主协商议事新机制；以榆东一街、悦澜家园社区为示范点，打造培育社区“微协商”议事厅，实现民事民议、民事民办、民事民管。

【经济发展】　2022年，永顺镇完成税收31.6亿元，形成区财力14.8亿元，稳居全区首位。完成固定资产投资7.47亿元、建安投资6.58亿元。引进注册企业235家，注册资金33.22亿元，其中亿元以上项目4个，5000万元以上项目3个，1000万元以上项目17个。落准落实减税降费政策，为小微企业和个体工商户减免租金337.75万元。抓紧抓牢存量财源，成功挽留拟外迁企业13家，涉及税收约200万元。

【城乡建设】　2022年，重点项目稳步推进。临空新村南区、邓家窑等土地一级开发地块成功上市，市级重点项目杨庄西果园二期完成地上物拆除和开工前期准备工作，马厂安置房项目进入定线、立项阶段。拆迁滞留项目清理取得阶段性成果，八里桥片区棚户区改造项目二期签约完成980户，签约率达98%，“拔钉子”行动清理任务完成率97.4%，居全区第一。全力配合东六环入地、地铁22号线、通惠河治理二期等市区重点项目加快推进。

【生态环境】　2022年，永顺镇$PM_{2.5}$累计浓度下降至32微克／立方米，TSP浓度82微克／立方米，全区排名第二。完成中央、北京市第二轮生态环境保护督察整改任务，深入落实工地、道路、裸地扬尘精细化管控，实施裸地差异化精准治理，生物覆盖和长期硬化5万余平方米，短期苫盖20余万平方米，实现裸地“动态清零”。实施战略留白197亩、揭网见绿293亩，完成867.5亩园林绿化林木资源养护管理工作，全镇绿化覆盖率提高至33%。落实“清管行动”和河道岸坡治理任务，镇村两级“河长”履职到位，巡河率100%，水环境质量稳中向好，市级考核断面水质全部达标。

【平安建设】　2022年，永顺镇开展安全隐患及消防安全专项整治，安全生产专项整治三年行动全面收官，燃气、自建房等各类安全隐患销账率100%。深入推进平安社区（村）创建工作，

域内村、居全部核验达标。加强韧性城市建设，创建全国综合减灾示范社区1家、北京市综合减灾示范社区15家。落实粮食安全责任制，建成粮食应急供应网点5家。建成永顺镇一站式多元解纷中心，构建新时代矛盾纠纷排查调处体系，促进集约高效解纷止争。完成党的二十大等重要时期服务保障任务。

【民生保障】 2022年，永顺镇深入落实“双减”政策，实现无证学科类培训机构“动态清零”。不断提升重点场所应急救助能力，实现镇域内重点公共场所急救设备全覆盖。坚持把就业作为最大民生，促进城乡劳动力就业1800余人，城镇登记失业人员就业率66.64%。加快适老化设施建设，高标准建成永顺南里社区养老驿站，将永顺镇敬老院升级成为养老照料中心。推动永顺镇残疾人事业高质量融合发展，2022年残疾人康复覆盖率达100%。提升生活性服务业品质，新建便民服务网点6家。

（安然）

▲ 9月27日，永顺镇矛盾纠纷多元调处中心、永顺镇一站式多元解纷中心正式启用

（永顺镇提供）

永顺镇社区居委会、村委会一览表

表19

序号	名称	地址	电话
1	惠兰美居居委会	通州区潞苑北里4区8号楼2层	80858520
2	榆东一街居委会	通州区金地格林格林小区南区1号楼1单元二层	80840915
3	永顺东里居委会	通州区新华北路59号院3号楼西侧平房	80506873
4	永顺南里社区居委会	通州区永顺镇永顺南街234号	60514252
5	永顺西里社区居委会	通州区永顺镇通惠北路12号楼底商6—7	60511094
6	富河园社区居委会	通州区永顺镇富河园小区甲2号院	69556193
7	西马庄社区居委会	通州区西马庄小区34号楼东侧平房	60512196
8	天赐良园社区居委会	通州区榆景苑二期8哩岛小区22号楼底商东侧	80508774
9	西潞苑北区社区居委会	通州区永顺镇安顺路368号三楼	69531218
10	悦澜家园社区居委会	通州区永顺镇安顺路2号院1号楼1单元1层	69530501
11	岳庄村村委会	通州区永顺路45号岳庄社区股份合作社	69553007
12	竹木厂村村委会	通州区永顺镇竹木厂村委会二楼行政科	60514342
13	西马庄村村委会	通州区永顺镇西马庄村委会	60512255
14	邓家窑村村委会	通州区永顺镇邓家窑村朝阳北路与金榆路丁字口路北黄色五层小楼	80544796
15	李庄村村委会	通州区永顺镇李庄佳苑南区村委会	89597784
16	新建村村委会	通州区永顺镇新建村二期高层（永顺镇新建村委会）	69548133

续表 19

序号	名称	地址	电话
17	北马庄村村委会	通州区永顺镇安顺北里小区甲 17 北马庄村委会	89576102
18	前上坡村村委会	通州区永顺镇前上村地址永顺南里 1 号院内	69550857
19	永顺村村委会	通州区永顺镇永顺南街 109 号永顺村委会	89532535
20	范庄村村委会	通州区永顺镇范庄村西潞苑小区临 21 号楼	69529331
21	后窑村村委会	通州区永顺镇后窑村委会	69542504

梨园镇

【概　况】 梨园镇位于北京城市副中心西南部，紧邻文化旅游区环球主题公园，西至大稿村与朝阳区交界，北至怡乐南大街—翠屏西路—云景南大街，东至九棵树东路，南至万盛南街—群芳南街。面积约 9.2 平方千米，常住人口 12.7 万人，其中户籍人口 4 万人。下辖 10 个行政村、17 个社区。划分物业管理单元 37 个，业委会（物管会）组建率 100%，物业服务覆盖率 100%，党组织覆盖率 100%。有北京现代音乐学院、大稿村国际艺术区、韩美林艺术馆等文化相关产业。域内交通便利，路网畅达，城市道路三纵三横，地铁八通线、七号线穿镇而过，设站 6 座。

【经济运行】 2022 年，梨园镇面对经济下行压力，扎实做好稳增长工作，保持稳中有进、进中提质的良好发展态势。全年完成税收 148440 万元，实现区财力 56448 万元，同比增加 12755 万元，增长 29.2%。全年固定资产投资完成 29.5 亿元，同比增长 18.4%，其中建安投资完成 7.7 亿元，分别完成全年任务的 106.9% 和 110.9%。

【集体经济规范提升】 2022 年，梨园镇成立农村集体资产监督管理委员会，将村级经济事项纳入“三资”监管系统，参加村级经济事项村民代表会 72 次，实现镇域内 26 个村经济事项全方位、信息化监管。保障村级资金使用、管理规范运行，严格执行“双层审计、村账托管”村级财务管理制度，按照大额资金“先报后用”原则，全年审批村级大额资金 3355 笔，金额 186210.71 万元。严格执行村级民主理财“参席制”，设置村经济合同履约告知书，紧盯合同签署全过程，签订合同 448 份，金额 63883.74 万元，督促村经济合同及时、有效履行，确保村集体经济利益不流失。

【基层党建和精神文明建设】 2022 年，梨园镇聚焦高素质专业化要求，提升干部队伍专业能力。组织基层党组织书记示范培训班 12 期，培训各村、社区、企业、园区楼宇、机关各党组织书记 600 余人次。实施青年干部培养计划，开展各类培训，培训青年干部公文写作 4 期、主题实践 3 期、素质提升 2 期，组织青年干部撰写调研课题报告 70 份。推进精神文明建设，组织“宣传贯彻党的二十大精神”文艺演出，开展 2022“通州榜样”选树工作，举办“我们的节日”等各类精神文明创建活动。落实意识形态工作责任制，定期召开专题会议。全年刊发镇报《零距梨》24 期，微信平台刊出信息 1033 条，原创 553 条，市级媒体报道 113 条、区级媒体报道 342 条。以党建为引领，党建带妇建、团建、工建工作有序推进，镇妇联荣获冬奥会、残奥会北京市先进集体、首都学雷锋志愿服务最佳志愿服务组织、全国巾帼志愿服务十佳组织等荣誉称号。

【基层治理】 2022 年，梨园镇进一步明晰现代化治理路径，算好“历史、农民、规划、经济、效果”五本账，编制完成《梨园镇城市化工作方案》，并提请区政府有关会议研究。营造全

▲ 11 月 18 日，梨园镇集体资产监督管理委员会成立大会召开

（梨园镇提供）

民参与治理氛围，在“零距梨”公众号开设“基层治理”专栏，全年发布36条报道。不断理顺体制机制，成立“新治汇”社区书记工作室，组建“一站式”多元解纷中心。社区治理进一步向居民小区治理、楼门院治理延伸，建成群芳一园和曼城家园议事厅推广点、新城乐居楼门院治理示范点、通大家园和京洲园楼门院示范点。

【城市管理】　2022年梨园镇继续清理违法建筑，涉及图斑1387宗，上报初审通过率99.60%，集中拆除阿尔法BCD小区违法建设和侵占绿地，全年拆除违法建筑并销账3.53万平方米，完成年度任务比例105%。加大执法工作力度，持续改善城市秩序，查处各类占道经营违法行为138起，开墙打洞实现动态清零。完成老旧小区加装电梯落点落图工作。稳步推进18项治理类乡镇市级补助资金项目。连续开展“绿色梨园，‘换’然‘易’新楼道堆堵清理”活动，长效解决僵尸车、堆堵车棚、楼道等消防安全隐患，人居环境和谐宜居。

【重大工程】　2022年，清理完成220千伏变电站项目场地，并全部顺利移交。东小马土地一级开发项FZX—0306—6007、6008、6015、6016地块实现上市，京玥兰园商品房项目进场施工。通州半壁店医养结合试点及幼儿园项目完工并取得竣工备案手续。将军坟安置楼项目全部单体结构实现封顶。大稿村集体土地租赁住房、北杨洼地下停车场工程建设加快推进。海通梧桐苑三期土地一级开发、强力家居土地一级开发、梨园美术馆等前期手续顺利推进。启动并推进通马路拓宽改造、玉桥西路南延等市政道路工程拆迁前期工作。

【生态环境】　2022年，梨园镇与北京林业大学合作开展梨园“花园城市”试点创新，《通州区梨园镇花园城市发展战略规划》成果初显。深入践行习近平生态文明思想，全力推进北京市第二轮生态环境保护督察任务整改，完成北京冬奥会、冬残奥会期间空气质量保障任务。实施大气污染精准治理，深化“一微克”行动，$PM_{2.5}$平均浓度降至37微克/立方米，同比改善19.6%。依托网格+科技优势，根据卫星遥感分析结果，对61.196公顷裸地进行全方位管控，实现裸地动态清零。停运4座污水处理站，开展“清管行动”专项整治，落实好镇、村两级河长巡河任务，河道水清岸绿的生态底色更加鲜明。落实“林长制”各项工作，完成战略留白26.57亩，裸地治理49000平方米。开展垃圾分类执法检查2274次，土桥Plus成为市级商务楼宇与市级示范小区“双创单位”，居民绿色生活理念不断加强。

【民生保障】　2022年，梨园镇不断提升就业规模和质量，举办8场线上招聘会，开设7个专题培训班，新增城乡就业人数1395人，城镇登记失业人员就业率任务超额完成，居全区第三。有序推进西总屯村撤村建居试点工作，不断完善三间房等村整建制转非安置工作方案。全镇学位供给比例不断提高，无证园治理稳妥推进，“双减”工作有序开展，教学水平和育人质量稳步提高。新建和规范提升生活性服务业网点7家。联合北京市老龄协会开展“三师养老”试点建设，建立通州区唯一一家老年人家庭法律服务站，有序推进全区居家养老“一键呼”试点，养老服务体系持续健全。持续开展爱国卫生运动。获评国家卫健委“全国无偿献血促进奖先进集体”。为玉桥西里70号院61户居民办理房产证，群众在更多方面共享发展成果。

【疫情防控】　2022年，梨园镇坚持常态化防控与应急处置相结合，打赢大方居、大方居北、怡然世家、土桥Plus、高楼金等多轮次疫情攻坚战。免疫屏障持续加固，完成3万余人封管控工作，转运1500余人，开展6轮疫苗专项攻坚行动，完成31轮区域核酸筛查，累计检测238万余人。《接诉即办　周密安排　保封控小区孕妇平安生产》节目登上北京卫视接诉即办栏目，《大方无虞》在首都精神文明建设委员会“寻找最美文明践行者”短视频征集活动中荣获前30名，转运专班事迹被《北京新闻》专题报道。全面满足群众就医用药需求，梨园社区卫生服务中心成为通州区首批建立线上家庭病床的基层医疗机构。因时因势优化防控措施，开通线上诊疗和心理咨询热线，建立老弱病残孕等特殊群体台账，发放医疗爱心包9632套。12个村、社区被评为北京市首批无疫社区（村），创建数量全区第一。

【平安建设】　2022年，梨园镇在党的二十大，全国两会及北京冬奥会、冬残奥会等重大活动期间，启动社会面一级防控，组织各类志愿者5000余人。持续开展城市隐患治理三年行动，加强生产、燃气、防汛安全隐患排查和整治，完成安全执法检查2865家次，检查覆盖率100%，消除安全隐患1869处。完成54家企业液化石油气替代工作。制定《梨园镇电动自行车违规停放、充电行为隐患举报奖励办法》，建设充电桩677个，安装电梯阻车器1059个。提升居民群众安全感，深入推进群租房治理、禁毒、邪教治理、烟花爆竹禁放、信访等工作。

【民主法治建设】　2022年，梨园镇成立法治政府建设工作领导小组，定期听取法治政府建设工作汇报，研究解决有关重大问题和困难，在工作制度上查漏补缺，安排会前学法4次。坚持重大行政决策审核原则，司法所长列席党委扩大会、镇长办公会102次，充分发挥法制机构在政府决策中的把关作用，确保决策符合法律法规要求。制定依申请信息公开受理、答复双审批工作流程，全年受理并办结信息公开申请26件。落实全面从严治党主体责任，政府班子成员认真履行“一岗双责”，加强对分管人员教育、监督和管理。把廉洁政府建设同业务工作同部署、同落实，深入查找廉政风险，不断优化权力运行监督制约机制，政治生态风清气正。

（朱琳）

梨园镇社区居委会、村委会一览表

表 20

序号	社区名称	办公地址	办公电话
1	大方居社区居委会	通州区梨园镇大方居小区 331 号楼一层	80816692
2	大方居北区社区居委会	通州区梨园镇大方居小区 323 号楼 2 单元一层	80816160
3	怡然社区居委会	通州区梨园镇怡然世家小区 271 号楼 1 单元一层	80816028
4	京洲园社区居委会	通州区梨园镇中泽馨园小区 413 号楼一层	60545691
5	欣达园社区居委会	通州区梨园镇桃花岛小区 15 号楼 4 单元 412 室	81526302
6	万盛北里社区居委会	通州区梨园镇万盛北里 380 号楼二层	81573410
7	曼城家园社区居委会	通州区梨园镇万盛北里甲 420 号楼 3 层 305 室	81532973
8	通大家园社区居委会	通州区梨园镇通大家园 2 号楼 1 单元 103 室	80816099
9	群芳一园社区居委会	通州区梨园镇海棠湾小区 14 号楼一层	80816115
10	颐瑞北区社区居委会	通州区梨园镇土桥 plus 小区配套 5 号楼 105 室	80816196
11	群芳雅园社区居委会	通州区梨园镇群芳园小区物业楼二层	80816172
12	群芳园社区居委会	通州区梨园镇花涧溪小区物业楼二层	81524368
13	颐瑞东里社区居委会	通州区梨园镇颐瑞东里 C 区 147 号楼二层	80816675
14	新城乐居社区居委会	通州区梨园镇新城乐居小区 207 号楼二层	61517166
15	晟世嘉园社区居委会	通州区梨园镇晟世嘉园小区 61 号楼南侧三层	80816136
16	通景园社区居委会	通州区梨园镇通景园小区 194 号楼二层	60522916
17	颐瑞西里社区居委会	通州区梨园镇群芳中二街 152 号瑞都公园世家小区 5 号楼	80815815
18	将军坟村村委会	通州区梨园镇桃花岛底商西 90 号	60524091
19	魏家坟村村委会	通州区梨园镇群芳二园小区	51025471
20	小稿村村委会	通州区梨园镇小稿村西社区服务站	60521608
21	半壁店村村委会	通州区梨园镇半壁店新村村委会	60558867
22	孙庄村村委会	通州区梨园镇孙庄村村委会	60521511
23	东小马村村委会	通州区梨园镇东小马村 69 号楼	60521663
24	大稿村村委会	通州区梨园镇大稿村委会	81567205
25	公庄村村委会	通州区梨园镇群芳三园 85 号楼	60522891
26	高楼金村村委会	通州区梨园镇高楼金地小区东侧	61567166
27	大马庄村村委会	通州区梨园镇大马庄新园西侧	81533853

宋庄镇

【概 况】 宋庄镇地处通州区北部，西邻朝阳，北接顺义，东与河北燕郊接壤，南部紧靠市级行政办公区，是北京城市副中心的重要组成部分、京津冀协同发展的关键地带。有常住人口16.9万人，其中户籍人口7.8万人，流动人口9.1万人，下辖47个行政村，镇域面积114.5平方千米。2022年完成税收21亿元，同比增长38.3%。形成区级财力8.9亿元，同比增长74.9%。有3000平方米以上的美术馆、艺术展馆35家，艺术家工作室约5000个，驻镇艺术家艺术品经营面积2.5万平方米。宋庄艺术创意小镇是北京城市副中心重点打造的三个特色小镇之一，也是城市副中心文化中心建设及构建大文旅格局的重要一环。“中国·宋庄”品牌在国内外均有一定影响力和知名度。

【基层党建和精神文明建设】 2022年，宋庄镇持续推进业委会、物管会、物业企业党组织和党的工作全覆盖，实现“两新”组织（新经济组织和新社会组织）和新业态新就业群体党组织应建尽建。进一步优化党员队伍结构，发展党员55名，其中35岁以下党员21名，占比38%。有序完成农村发展党员违规违纪问题排查整顿工作，对排查范围内的601名党员，经调查核实最终认定四类重点问题人员15人，其中严重违反入党程序10人，“带病入党”5人。注重“线上+线下”联动，实现学习党的二十大精神全覆盖，举办各级各类教育培训活动39场次，全部基层党员干部通过“党支部云课堂”进行线上自主学习。走访慰问中华人民共和国成立前老党员、生活困难党员等各类人员69人，发放慰问金20.3万元。举办“光荣在党50年”纪念章颁发仪式，为32名老党员现场颁发纪念章。开展“共产党员献爱心”捐献活动，以“致力共同富裕·强国复兴有我”为主题，筹集善款192983元。深化“党课开讲啦”活动，组织镇党委书记讲“新时代强作为，新起点勇担当”专题党课，50年党龄老党员张北英讲“平津战役与宋庄”主题党课，艺术家党员吕彤和靳文艺老师讲“长河追日，艺心向党”主题党课。将“扫黄打非”工作纳入日常宣传工作之中，依托“中国宋庄”微信公众号推送护苗微课堂、“绿书签行动”系列宣传、倡议书等内容27次。开展“扫黄打非”进村庄、进校园、进市场、进公园、进企业“五进”宣传活动14次，发放相关宣传资料3000余份，更新宣传栏13块，悬挂、张贴宣传横幅，张贴海报80余份。在六合村小广场建立“扫黄打非”宣教园1处。开展全民阅读活动，大力营造“多读书、读好书、爱读书”的全民阅读浓厚氛围，全镇47个村组织阅读活动200余次。举办或承办魅力宋庄·喜迎冬奥——宋庄新的社会阶层人士联谊会冰雪主题展、宋庄高雄两岸文化书画交流沙龙线上交流活动、喜迎党的二十大主题艺术展——同心向党·“艺”心筑梦等特色活动。

【疫情防控】 11月，根据防疫政策对师姑庄村、大庞村、双埠头村相关区域进行临时管控，并出动执法人员60人次、执法车辆20台次，对辖区内500余家餐饮单位进行全覆盖检查，下发《暂停堂食服务期间餐饮行业防疫要求告知书》，规劝、引导顾客不聚集用餐，及时将线索移交区有关部门。进一步满足居民疫苗接种需求，提高疫苗接种率，采取多项措施保证疫苗接种，增设可吸入疫苗接种点，鼓励和支持六十岁以上老人接种新冠疫苗，帮助百岁以上老人完成疫苗接种。

【接诉即办】 2022年，宋庄镇进一步完善镇级接诉即办工作机制，设置奖惩机制，压实办理责任，攻坚疑难诉求，化解历史存量，开展前瞻治理，提前预警降量，拓宽降量渠道，主动靠前服务，整合各方力量，推动多元共治，温情办理诉求，强调能见尽见，加强应急管理。全年接办市民热线派单33966件；疫情类诉求接办18278件，占年度诉求总量的53.81%；日常类诉求接办15688件，占年度诉求总量的46.19%，满意率71.01%。

【乡村振兴】 2022年，宋庄镇完成第一批8个村美丽乡村补短板项目和第二批20个村美丽乡村建设项目中7个村的补短板施工，以及污水、供水改造项目的79%，完成美丽乡村20个村的小微工程结算评审工作。对新农村建设范围内11000盏路灯管护工作进行细化管理，梳理镇域内路灯破损情况，并按照城管委路灯照明要求开展管护、巡查。统计梳理镇域内村庄道路、道路绿化、散生树绿化等数据，建立村庄基础设施台账。完成44个村液化气责任险投保工作。为进一步完

▲ 10月27日，宋庄镇接诉即办村级办件员经验交流会召开

（宋庄镇提供）

善基础设施，保障村民正常出行，修复宋庄村、吴各庄村、管头村等6个村庄严重破损街坊路。

【生态环境】 2022年，宋庄镇全面摸排更新各类污染源台账，动态完善更新18类1024个定点污染点位台账，巡查11371家次。加强裸露土地整治日常监管力度，严格监管腾退拆迁地块及施工工地降尘、抑尘措施落实情况，治理裸地约65.49万平方米，其中，采取生物覆盖的方式治理6个地块，面积约为26.36万平方米，采取苫盖的方式（包括绿网苫盖及抑尘剂）治理裸地面积约为39.13万平方米。细颗粒物（$PM_{2.5}$）年均浓度为39微克/立方米（通州区均值38微克/立方米），全区并列排名第16；改善率15.2%，全区并列排名第13；降尘量为6.1吨/平方千米·月（任务目标值为5吨/平方千米·月），全区排第9名，改善率18.67%（2021年降尘量为7.5吨/平方千米）。温榆河、小中河两条出境河流断面水质均为4类，水质合格。

【平安建设】 2022年，宋庄镇安全生产未发生工贸领域亡人事故、火灾亡人事故和铁路交通亡人事故。开展联合执法检查，全年出动700余人次，检查单位270家次，发现并整改隐患296处。投资500万元为宋庄村、内军庄村、邢各庄村、草寺村、大兴庄村、双埠头村、尹各庄村的4822户安装电动车室外充电接口。清理不合格、不合规液化石油气钢瓶200余个、甲烷罐35个、丙烷罐24个、氧气瓶4个以及非法储存的新能源白油10吨。更新宋庄镇各行业领域液化气信息台账，包括燃气非居民用户基础台账390家、天然气非居民用户基础台账95家、液化石油气居民用户基础信息台账18148家。清理电动自行车违规停放、充电的出租房屋230栋，清理违规使用瓶装液化石油气瓶的出租房屋105栋，清理堆放可燃物的出租房屋70栋，清理外窗、疏散走道安装防护网、广告牌、铁栅栏的出租房屋25栋，清理供人员疏散的场院、内院、天井设置封闭顶棚、雨棚的出租房屋22栋。整改违规“三合一”（集生产经营、存储、食宿为一体的场所）使用的出租房屋29栋，整改易燃可燃夹芯彩钢板搭建、疏散通道使用易燃可燃材料装修的出租房屋6栋，整改在供电设施上擅自接线用电、擅自在导线上接用电器设备的出租房屋45栋，整改不满足2部疏散楼梯和首层2个安全出口的三层及以上多层出租房屋12栋；将各村居住10人以上的自建出租房488栋和商业用途自建出租房328栋录入自建房安全专项整治系统。

【民生保障】 2022年，宋庄镇开展登记失业人员职业技能培训，累计培训745人；促进城乡劳动力就业2605人，其中农户1048人，非农1557人，登记失业人员就业率72.22%，劳动合同签订率约96%。为26名贫困单亲母亲和“两癌”妇女争取专项慰问金和慰问品，多方协调为1名“两癌”重症妇女申请发放专项基金1万元。为36名困境女童发放“春蕾计划”助学金近3万元。办理网上申报残疾人证302个，“两节”期间走访慰问1183户残疾人家庭，发放补助金104.55万元；为6名残疾人学生、低保低收入残疾人子女学生发放助学补助2.64万元；为26名残疾人申报自主创业保险补贴；为1名残疾人申报一次性社保补贴；发放低保、低收入残疾人家庭危房翻建补助2.4万元；核减城乡居民养老保险463人；为21户残疾人家庭申报无障碍居家改造；为96名残疾人发放燃油补贴2.5万元；为421名残疾人发放助残券12.6万元。

【疏解整治促提升】 2022年，宋庄镇重点项目拆迁腾退工作平稳推进，东六环路入地改造盾构点工程和110千伏临时变电站工程完成地上物拆除。移植完成六环路加宽段及临时导改路工程范围内的园林局产权树木，场地移交至施工单位。完成首都儿科研究所附属儿童医院通州院区建设工程项目地上物签约及拆除。完成大庞村变电站站址地上物腾退补偿工作。完成500千伏变电站接入电源的塔基地上物清理和塔基建设。完成北京至唐山城际铁路（宋庄段）工程项目宋庄段占地搬迁工作。

（赵豫坤 王丰）

宋庄镇村委会一览表

表21

序号	名称	地址	办公电话
1	白庙村村委会	宋庄镇白庙村西街92号	
2	北刘各庄村村委会	宋庄镇北刘各庄村白师路西侧	
3	北寺庄村村委会	宋庄镇北寺庄村东侧	
4	北窑上村村委会	宋庄镇北窑上村窑平路北侧	
5	菜园村村委会	宋庄镇菜园村菜师路西侧	
6	草寺村村委会	宋庄镇草寺村通顺路东侧	
7	大邓各庄村村委会	宋庄镇大邓各庄村堡师路西侧	

续表 21

序号	名称	地址	办公电话
8	大庞村村委会	宋庄镇大庞村徐尹路南侧	
9	大兴庄村委会	宋庄镇大兴庄村潞苑北大街南侧	
10	丁各庄村委会	宋庄镇丁各庄村通怀路西侧	
11	富豪村村委会	宋庄镇富豪村东侧	
12	岗子村村委会	宋庄镇岗子村窑平路北侧	
13	港北村村委会	宋庄镇港北村东北侧	
14	高各庄村村委会	宋庄镇高各庄村西南侧	
15	高辛庄村村委会	宋庄镇高辛庄村西北侧	
16	葛渠村村委会	宋庄镇葛渠村西北侧	
17	沟渠庄村村委会	宋庄镇沟渠庄村西北侧	
18	关辛庄村村委会	宋庄镇关辛庄村任李路西侧	
19	管头村村委会	宋庄镇管头村北侧	
20	郝各庄村村委会	宋庄镇郝各庄村右堤路西侧	
21	后夏公庄村村委会	宋庄镇后夏公庄通怀路东侧	
22	喇嘛庄村村委会	宋庄镇喇嘛庄村潞苑北大街北侧	
23	六合村村委会	宋庄镇六合新村一区南侧	
24	南马庄村村委会	宋庄镇南马庄村徐尹路北侧	
25	内军庄村村委会	宋庄镇内军庄徐内路东侧	
26	平家疃村村委会	宋庄镇平家疃村通怀路东侧	
27	前夏公庄村委会	宋庄镇前夏公庄村通怀路东侧	
28	任庄村村委会	宋庄镇任庄村村中	
29	师姑庄村村委会	宋庄镇师姑庄村白师路西侧	
30	双埠头村村委会	宋庄镇双埠头村东南侧	
31	宋庄村村委会	宋庄村 99 号公寓	
32	疃里村村委会	宋庄镇潞苑北大街四海公寓 6 号	
33	王辛庄村村委会	宋庄镇王辛庄村窑平路北侧	
34	吴各庄村村委会	宋庄镇窑管路北侧	
35	西赵村村委会	宋庄镇西赵村任李路西侧	
36	小堡村村委会	小堡南街 38 号	
37	小邓各村村委会	宋庄镇邓各庄村堡师路南侧	
38	小杨各庄村委会	宋庄镇小杨各庄村任李路东侧	
39	小营村村委会	宋庄镇小营村窑平路南侧	

续表 21

序号	名称	地址	办公电话
40	辛店村村委会	宋庄镇辛店村潞苑北大街北侧	
41	邢各庄村村委会	宋庄镇邢各庄村西南侧	
42	徐辛庄村村委会	宋庄镇徐辛庄徐尹路北侧	
43	摇不动村村委会	宋庄镇摇不动村白师路东侧	
44	尹各庄村村委会	宋庄镇尹各庄村徐尹路北侧	
45	翟里村村委会	宋庄镇翟里村任李路北侧	
46	寨里村村委会	宋庄镇寨里村壁富路东侧	
47	寨辛庄村村委会	宋庄镇寨辛庄村壁富路东侧	

张家湾镇

【概　况】 张家湾镇位于通州区东南，是通往华北、东北和天津等地的交通要道，面积105.86平方千米，其中38平方千米属于城市副中心区划范围，下辖57个行政村，常住人口10.5万人，其中外来人口3.6万人，非京籍外来人口2.86万人。域内交通便利，文化特色突出，工业基础雄厚，是一座具有千年历史的文化古镇，曾作为京杭大运河北端起点上重要的水陆交通枢纽和物流集散中心，有“大运河第一码头”之称。2022年，完成税收18.1亿元，形成区级财力5.5亿元，通州区排名第三。全社会固定资产投资完成3.91亿元。引进项目56个，落地企业15家，设计小镇落户企业334家。福元医药A股上市，首都创新设计研究院等30家设计类企业聚集设计小镇，34家元宇宙产业、18家低碳新能源产业关联企业落户。

【基层党建和精神文明建设】 2022年，张家湾镇强化纪律、规矩意识，落实“一把手负总责，分管领导各负其责，班子成员齐抓共管”协作模式，干部廉政谈心谈话200人次。召开全镇警示教育大会，加强谈心谈话，对违反中央八项规定精神的案例进行通报等。定期组织村级监察干事在村内各种会议进行党风廉政建设学习和案例播放宣讲；在张家湾镇公众号开办“漕运清风”专栏，发布23期廉政教育期刊；2022年立案3件，处理党员12人。“五色土”（红色“红心·聚力”提升政治领导力；紫色“扎根·成长”增强乡村振兴技能提升执行力；橙色“智汇·头雁”强化党性修养、人文素养提升号召力；绿色“幸福·赋能”锻造心理素质提升引领力；蓝色“正纪·清风”筑牢纪律意识提升防变力）培养机制发展党员41名，开展党员轮训13场3000余人次。组织“党建引领 多元有你”系列主题党日活动。组建接诉即办、南北融合（党委牵线镇域北部经济发达的村牵手经济薄弱的南部村共同发展）2个功能型党支部。制定《张家湾镇服务保障党的二十大意识形态工作方案》。《光明日报》《北京晚报》《北京城市副中心报》等区级以上媒体刊发张家湾镇新闻报道120余篇，“漕运古镇张家湾”微信公众号推送稿件1400余篇，发布微信短视频43条，组织新闻发布会1次。向区精神文明办推送16名榜样人物、13名核心价值观典型人物，张家湾镇林场场长张红丰当选中央文明办组织的2022年第三季度“中国好人榜”敬业奉献身边好人、2022年度通州榜样。在通州区“强国复兴有我”优秀百姓宣讲团比赛中，张家湾镇宣讲团获第一名。成立14支“星火工程”群众演出队和56支村级群众文娱队；举办“冰雪迎冬奥 虎年贺新春”群众线上文艺联欢，5000余人上线参与。2100余名巾帼志愿者服务文明城区常态化建设。23个团支部服务北京冬奥会、冬残奥会游客3万余人次，“湾众一心志愿服务队”6000余人次参与疫情防控。

【基层治理】 2月24日，张家湾镇一核多元共治中心揭牌成立，线上线下双平台、党群+综治双中心、“智慧大脑”共建共享互联互通。区法院一站式多元解纷中心、区检察院“检察+”、公安“枫桥式工作站”、司法所“老赵工作室”、“两代表一委员”、“春燕心里咨询”等陆续入驻多元共治中心，服务地区百姓诉求纠纷。枣林庄、里二泗、垡头等10个村级多元共治中心挂牌成立，不出村调解邻里纠纷。2022年，多元共治研判接诉即办难点工单827件、涉法涉诉510件、线上立案调解170件、行政工单79件、司法调解25次、矛盾调解332件等。“党建引领，多元共治”基层治理模式入选通州区第三届“十佳”基层社会治理品牌。“鉴事、见人、建情”实践活动，领导班子大走访上门、入户问需、纾困解难，“有事没事转一转”村级自治新途径，“湾事通”小程序线上解难题等工作实践不断丰富张家湾的基层治理，并编写形成《张家湾镇基层治理白皮书》。

【疫情防控】 2022年，张家湾镇防疫专班“1办17组”高效运转，快、严、准、细筑牢疫情防控屏障。设置村级卡口92个，实施“三班倒四件套”（早中夜三班24小时防疫值班值守，亮码、核酸检测阴性证明、测温和佩戴口罩四项检查）管控举措；有26个常态化核酸检测点，日均检测3.7万人；累计接种新冠疫苗28.4万剂次，接种率全区乡镇排名第一；大数据和村级自摸排55万余人次，服务居家隔离人员1.35万人次。对宾馆、网吧、培训机构等单位开展日常疫情防控和安全生产监督检查，全年监督检查500余家次。“多元有你 青春有为”湾众一心 同心战“疫”志愿服务队招募志愿者288人，开展志愿服务2000余次。制定《养老领域安全生产消防安全及疫情防控专项整治方案》，严格执行一级防控要求，24小时防控值守。

【接诉即办】 2022年，张家湾镇多元会商21次，研判重难点工单827件，解决纠纷332件。区法院一站式多元解纷中心，发挥法律专业优势参与研判涉法涉诉工单510件，司法调解25次、线上立案调解170件；区检察院为依法行政参与研判工单79件；公安“枫桥工作站”处置扬言类工单100余件；司法所“老赵工作室”免费法律咨询援助，处理工单80余件，现场调解20余次，约访40余次。2022年，受理市民热线诉求24261件，通州区排名第9名，年度上升5名，全区乡镇排名第3，创历史最佳成绩。“鉴事、见人、建情”获评北京市接诉即办工作优秀案例，综合办副主任张慧慧获评北京市接诉即办工作先进个人。

【乡村振兴】 2022年，张家湾设计小镇持续加快改造、产业升级、城市更新。北京国际设计周永久会址落成，首都创新设计研究院注册落地，北京市建筑设计研究院有限公司、北咨公司新总部开工建设，梧桐路环岛等景观提升竣工验收，六小村棚改、安置房建设有序实施，张家湾古城墙和通运桥国家级文物修缮、张家湾古镇建设高质量推进，地铁M101线、东六环入地项目有序进行。漷马路、漷台路、九德路工程进入收尾阶段。完成16个村美丽乡村建设，9个村涉水工程。持续开展人居环境整治，11个村获评区级优秀示范村，187个院落获区级“美丽庭院”称号。完成张凤路、张采路道路亮化工程，群众出行更加便利。补短板项目，修补路面坑洼1500平方米，修理桥梁护栏60座，完成全部公路中小修工程。拆违面积55万平方米，通州区重点乡镇中完成率第一名；完成卫片整改152宗，图斑举证率81.50%。工业大院腾退签约建筑面积45万平方米，完成14个无照无证点位销账，“开墙打洞”保持动态清零。土地复耕1.25万余亩，实施老张凤路、张采路两侧环境提升工程，重点路段整体环境大幅提升。开展执法工作，纠正各类违法行为1万余起次，成功摘除占道经营挂牌督办事项。城乡环境建设考评成绩2次乡镇组排名第一，年度总体成绩乡镇组排名第五。垃圾分类乡镇组排名第三，5个村被评为市级示范村，1个单位被评为市级示范楼宇。围绕乡村振兴，与致公党结对共建乡村振兴基地，多次开展调研帮扶活动。

【生态环境】 2022年，张家湾镇空气质量稳步提升，$PM_{2.5}$累计浓度40微克/立方米，同比改善11.1%；TSP月均浓度84.5微克/立方米，同比下降14.6%。裸地生物覆盖及密目网苫盖共76万平方米。绿化面积持续扩大，重点区域造林绿化1000余亩，战略留白建设170亩，完成12棵古树管护复壮，养护平原造林2万余亩、五河十路“绿色通道”生态林1600余亩，一批街边公园建成投用，百姓出门见绿渐成常态。水环境治理取得实效，主要河流排口水质达标率100%；玉带河出境断面达到Ⅲ类水质，土桥村监测点水质实现逆转达标；整治52个入河排口，完成20个村56口农田灌溉水井取水和垡头村地下水环境长期监测井打井监测；落实自备井水质检测，确保百姓饮用水安全。

【民生保障】 2022年，张家湾镇城乡医保参保缴费约2.6万人、养老参保1.4万人，发放丧葬补助524人。公益性岗位安置221人，服务劳动力就业1940人，开展就业技能培训1145人。接待劳动争议咨询778次、投诉举报案件271宗，结案271宗，结案率100%，为281名劳动者追讨工资337万元。为6名大病困难、270名救助对象申请医疗救助金1047817.85元，为800余名老年人办理失能评估，更新100张养老助残卡。为退役军人办理优待证，为优抚对象报销医疗费用48476.04元。为残疾人发放各项补贴299.8万元，配备康复辅助器具947人次，红十字爱心救助360人次40万元。

【平安建设】 2022年，张家湾镇党委、镇政府主要负责人每月至少组织

▲ 北京国际设计周永久会址落成

（张家湾镇提供）

一次安全会议，分析形势，研究解决安全方面突出问题。在“党政同责、一岗双责”安全管理组织架构下，加强安全大检查，全年检查生产经营单位8900余家次，整治消除安全隐患3900余项，高标准完成北京冬奥会、冬残奥会等重大活动安全服务，全国两会、党的二十大等重要时期社会面平稳有序。开展火灾风险评估4次，火灾量比上年下降10%。开展矛盾纠纷化解，协调解决高频诉求30余人，初信初访同比下降47%，一批历史遗留问题得到解决。反邪教、铁路看护、烟花禁放等专项工作安全稳定。

【法治工作】 2022年，张家湾镇理论中心组增强依法行政意识，开展习近平法治思想、法律法规学习5次，与通州区法院行政庭进行依法行政主题座谈1次；提供法律顾问服务120余次，办理案件76件；镇、村调委会调处纠纷255件；有序推进法制审核，出具法律意见38次，参与复议行政诉讼20余件，司法审核各类合同1500余份；受理依法申请信息公开44件，答复40件。办理市区两级代表议案、建议和政协提案15件，办复率100%。不断增强干部、群众法治意识，法律宣传每月有主题、每周有活动，在微信公众号开设普法小课堂。

（姜春杰）

张家湾镇村委会一览表

表22

序号	名称	地址	电话
1	张湾村村委会	通州区张家湾镇张湾村张湾博物馆旁边	61506022
2	张湾镇村村委会	通州区张家湾镇张湾镇村7号	61517065
3	施园村村委会	通州区张家湾镇施园村102号	69573004
4	宽街村村委会	通州区张家湾镇马营祥和乐园东底商北	69572972
5	唐小庄村村委会	通州区张家湾镇唐小庄村	69573703
6	立禅庵村村委会	通州区张家湾镇立禅庵村西张台路北侧	69573724
7	大高力庄村村委会	通州区张家湾镇高丽园小区223号	
8	南许场村村委会	通州区张家湾镇南许场村村南	69571033
9	北许场村村委会	通州区张家湾镇北许场新村底商13号	61505656
10	土桥村村委会	通州区张家湾镇土桥村	
11	皇木场村村委会	通州区张家湾镇皇木厂村指挥部院内	61562770
12	上马头村村委会	通州区张家湾镇临河里街道郎芳园六区1号楼三单元101室	61513760
13	张辛庄村村委会	通州区张家湾镇贾各庄村36号	69571660
14	梁各庄村村委会	通州区张家湾镇环湖小镇东区底商	69573914
15	东定福庄村村委会	通州区张家湾镇东定福庄村72号	
16	西定福庄村村委会	通州区张家湾镇西定福庄村环湖小镇东底商1号	69571160
17	贾各庄村村委会	通州区张家湾镇贾各庄村62号	69573743
18	姚辛庄村村委会	通州区张家湾镇姚辛庄村	69573493
19	里二泗村村委会	通州区张家湾镇里二泗村481号	61572891
20	烧酒巷村村委会	通州区张家湾镇烧酒巷村90号	
21	上店村村委会	通州区张家湾镇上店村430号	69571300
22	大辛庄村村委会	通州区张家湾镇大辛庄村沟渠南侧	69571097
23	枣林庄村村委会	通州区张家湾镇枣林庄民族小学东200米	61505448
24	何各庄村村委会	通州区张家湾镇何各庄村16号楼5单元512室	69573746
25	瓜场村村委会	通州区张家湾镇瓜厂村瓜厂路西侧	
26	南姚园村村委会	通州区张家湾镇南姚园村齐姚路南侧路边	61569450

续表 22

序号	名称	地址	电话
27	齐善庄村村委会	通州区张家湾镇齐善庄村南齐姚路向西 200 米路北	61502914
28	牌楼营村村委会	通州区张家湾镇牌楼营村	69573014
29	马营村村委会	通州区张家湾镇马营祥和乐园东商北停车场口 150 米	69573714
30	前街村村委会	通州区张家湾镇前街村村南	69581366
31	中街村村委会	通州区张家湾镇中街村 268 号	69589499
32	后街村村委会	通州区张家湾镇后街村张采路西侧	69581407
33	后坨村村委会	通州区张家湾镇后坨村村东	69580496
34	小耕垡村村委会	通州区张家湾镇小耕垡村 247 号	69586024
35	前南关村村委会	通州区张家湾镇前南关村 1 号	69587401
36	后南关村村委会	通州区张家湾镇后南关村东南六支渠西侧	69586221
37	前青山村村委会	通州区张家湾镇前青山村主街路往南 50 米	69580028
38	后青山村村委会	通州区张家湾镇后青山村 54 号	69589049
39	苍上村村委会	通州区张家湾镇苍上村 153 号	69588665
40	北仪阁村村委会	通州区张家湾镇北仪阁村 402 号	69581435
41	王各庄村村委会	通州区张家湾镇王各庄村西 300 米路北	69581457
42	东永和屯村村委会	通州区张家湾镇东永和屯村村东	
43	西永和屯村村委会	通州区张家湾镇西永和屯村 275 号	69581459
44	小北关村村委会	通州区张家湾镇小北关村诚意超市对面	81500651
45	大北关村村委会	通州区张家湾镇大北关村 339 号	69581417
46	垡　头村村委会	通州区张家湾镇垡头村委员会	69581420
47	三间房村村委会	通州区张家湾镇三间房村三仓路成人学校对面	69588620
48	北大化村村委会	通州区张家湾镇北大化村 658 号	69584315
49	柳营村村委会	通州区张家湾镇柳营村北路向西 800 米北侧	69582151
50	南大化村村委会	通州区张家湾镇南大化幼儿园二楼	69586855
51	陆辛庄村村委会	通州区张家湾镇陆辛庄村 340 号	69581126
52	十里庄村村委会	通州区张家湾镇十里庄村 61 号	69586164
53	苍头村村委会	通州区张家湾镇苍头村东口三仓路北	69581153
54	南火垡村村委会	通州区张家湾镇南火垡九州路南 10 米	69582380
55	坨堤村村委会	通州区张家湾镇坨堤村牛高路北	69583433
56	高营村村委会	通州区张家湾镇高营村 453 号	69581137
57	梓田村村委会	通州区张家湾镇梓田村 8 号	60570147

漷县镇

【概　况】　漷县镇位于通州区东南部，直线距离环球影城约15千米，距离城市副中心约18千米，东临河北省香河县，南依天津市武清区，西至张家湾镇和于家务回族乡，北接西集镇。首都环线高速、京哈高速、G103国道（京塘路）穿境而过，是京津冀三省门户、京津冀协同发展重要节点。面积113.7平方千米，下辖61个行政村、3个社区，户籍人口60935人，常住人口70978人。2022年，实现税收11.99亿元，同比增长6.9%，完成全社会固定资产投资5.958亿元、建安投资4.086亿元。漷县镇总体发展定位为文化健康小镇，2022年获“北京市体育特色乡镇”称号。

【基层党建和精神文明建设】　2022年，漷县镇充分发挥党委党校作用，开展党员教育培训。从严把控发展党员标准和程序，发展党员62名，党员转正52名。年初，成立基层治理工作专班。研究制定《党建引领农村人居环境整治提升行动方案》《党建引领基层治理网格化服务管理工作实施意见》《2022年基层治理工作计划书》，以“党建+网格”模式深入推进“基层治理年”工作。树立党建引领基层治理“三网融合共治”特色品牌。以开展“三下四上两结对”工作为载体，深化品牌建设。各基层支部开展“村居网格”特色工作，有马头村“足不出村办政务”、柏庄村“百姓说事点”、张庄村“四上门”工作法等。通过“党群阵地@你”、“送清凉”慰问等活动，为广大党员群众及新业态、新就业群体提供暖心服务。积极培育选树道德典型，开展最美漷县人、最美人家评比活动，评选出最美漷县人61人，“最美人家”22户。开展“全民健身幸福健康行，骑游遇见最美副中心”、“喜迎二十大，奋进新征程”健步走、“和谐杯”乒乓球比赛等活动，营造文化健康小镇的良好社会氛围。结合“两节一论坛”“五月鲜花文艺汇演”“我们的节日”“美丽家园，有我保护”“福寿”等特色文化活动，强化文化引领作用，助推意识形态工作。围绕漷县镇重点工作等在市区媒体平台进行宣传，发布各类工作信息2020余条，市、区级以上媒体发表原创稿件120余条。

【疫情防控】　2022年，漷县镇发挥基层党组织和广大党员在疫情防控中战斗堡垒作用和先锋模范作用，开展“我是副中心党员——战疫有我，有我必胜”主题活动。发挥党员、团员的先锋作用，成立“战旗突击队”和“青年突击队”，参加核酸检测、转运集中隔离人员等急难险重任务。在村、社区卡口和部分“两新”组织设立“党员先锋岗”和“群众守望岗”，引导党员、群众积极参与疫情防控等志愿服务。始终按照以镇级统筹、村级实施为原则，强化疫苗接种工作，2022年第一针接种5221人，第二针接种4461人，第三针接种14087人。60岁及以上老年人群首针全程接种率84.25%，第三剂加强针接种率81.66%。按照8小时应急预案流程从严从快开展人员转运工作，转运密接人员694人。3月初，漷县镇积极组织部署外围临界接壤村庄疫情防控工作，阻断疫情由外省市蔓延的趋势。

【接诉即办】　2022年，漷县镇接收“12345”市民热线诉求14195件，诉求实现100%响应。诉求解决率59.47%，满意率66.63%。接诉即办市直派平均成绩96.55分，市级排名第215位，区级排名第9位。研究制定《2022年漷县镇“接诉即办”工作实施方案》，压实“主要领导—包片领导—包村干部—支部书记”四级主体责任，充分发挥基层党组织作用。健全“分类处置、各方联动、限时办理、及时反馈”工作机制，建立“一村居一题”“一科室一题”机制，设置接诉即办为民办实事专项经费，构建一站式多元解纷模式。

【乡村振兴】　2022年，漷县镇加快建设国家现代农业产业园，持续做强“一产”，打造“漷县菜园”品牌和副中心“菜篮子”，柏庄、罗庄、后元化、军屯村等以集体经济引领现代化农业示范园区等规模化种植形式，注册蔬菜品牌，形成“精品化”种植、“本土化”销售的局面，切实扛起稳产保供责任。扶持农业园区和农民专业合作社发展，壮大家庭农场实力，构建“一村一特、一园一品”的农业产业发展格局。军屯村、马头村等入选2022年“十百千万”畅游行动项目。实施美丽乡村建设，研究制定《漷县镇2022年农村人居环境整治及基础设施长效管护工作方案（试行）》，压实网格管理“责任链”，完善“点名通报、书记点评、约谈批评、工作奖惩”等常态化考核机制，充分调动村民参与积极性。漷县镇第二批美丽乡村涉水工程建设基本完成，完成污水管线改造102.61千米、供水管线改造249.56千米。着力打造

▲　2月13日，漷县镇举办首届民俗文化节

（区融媒体中心提供）

绿色生态旅游文化综合体项目，科学发展林下经济。完成运河牡丹园一期565亩建设及235亩的森林文化科普教育基地建设并投入使用。

【生态环境】 2022年，漷县镇$PM_{2.5}$监测数值41微克/立方米，改善率10.9%。年平均降尘量7.7吨/平方千米·月。燃煤设施及散煤清理动态清零，未出现新增“散乱污”点位，港沟河治理及城南水网建设工程取得阶段性成果。“河长制”“林长制”“田长制”持续深化。完成2022年2500亩新一轮百万亩造林任务。坚守耕地红线，完成2.75万亩复耕签约，复种粮食作物2万亩，蔬菜种植播面1.49万亩，实现产量3.8万吨。镇村两级河长巡河率100%。完成河道整治点位1001处，整治率91.1%，67处排污口均已疏通截污至污水处理设施。开展环境综合整治工作，制定《漷县镇城乡建设工作方案》，做好清理垃圾、乱堆乱放、非法小广告等清脏治乱工作，完成垃圾清运2.8万余吨，清运各村暂存积存的建筑垃圾11.3万立方米。开展“参与垃圾分类 建设绿色漷县”宣传活动56场次，发动居民从源头做好垃圾分类。

【平安建设】 2022年，漷县镇压实安全生产责任，筑牢平安建设防线。持续开展综合减灾示范社区创建，完成13个村创建工作及7个村创建准备工作。全面推进液化石油气安全专项整治，为34个村1.4万户用户配送液化石油气，为1.8万户用户开展入户巡检。加快电动自行车充电设施建设，为全镇7个居民小区安装140个充电口，为漷县村等5个重点村安装420个充电口，为各重点企业安装520个充电口。以防灾减灾宣传周、安全生产月、“119”宣传月等为重点，开展系列安全宣传活动。在2022年北京冬奥会、冬残奥会、党的二十大等重大活动期间，组织发动群防群治力量2400人，对辖区安定进行有效维护。提前完成平安村（社区）创建工作三年计划目标，截至2022年申报率达93.8%。

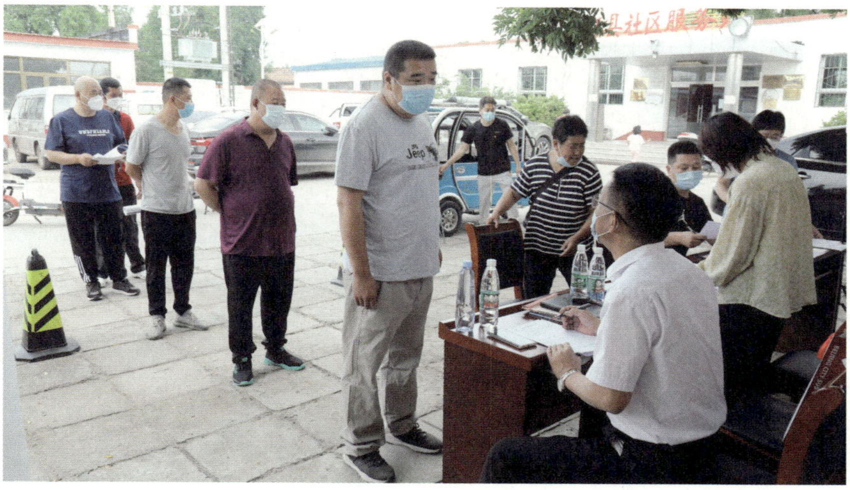

▲ 6月14日，漷县村党支部与一方健康谷在漷县村村委会联合开展党建引领促就业专项招聘活动 （漷县镇提供）

【民生保障】 2022年，漷县镇扎实推动居民就业，实现就业人数2138人，城镇登记失业人员就业率67.71%。举办12场线上招聘会、1场小型现场招聘会。线上、线下结合，同步推进各类技能培训，开课15个班次，培训学员753人。审批社救对象医疗救助1062人次，发放医疗救助金220.8万元。申报慈善大病救助4户，发放救助金1.46万元。对低保户始终坚持动态管理，做到应保尽保、应退尽退、有进有出。满足农村群众多样化养老服务需求，弥补养老资源的不足，完成北堤寺、马庄、边槐、王楼4家养老服务驿站（包含助餐点）建设并投入试运营。政务服务大厅综合窗口接待17.8万人次，现场业务办结1.75万件，网上办理5800件，电话咨询9500件。全镇64个村居均已开始实行综合窗口服务模式，打通服务群众的“最后一公里”。

【村史馆建设】 6月，马头村村史馆建成，占地面积300余平方米。村史馆分为千年古村、千年纵览、经济发展、人物见证4大板块，馆藏展品百余件，有镇馆之宝5件。马头村村史馆对外展示乡村文化和历史，对内培根铸魂，以文化为基础推动产业、人才、生态、组织等全面振兴。全年接待参观来访党员群众超过300人次。

（姚彤）

漷县镇社区居委会、村委会一览表

表23

序号	名称	地址	电话
1	绿茵小区居委会	通州区漷县镇绿茵小区8号楼北侧	80586010
2	绿茵西区居委会	通州区漷县镇绿茵西区二期院内西北角	80520295
3	金三角社区居委会	通州区漷县镇金三角工贸城内	80566298

续表 23

序号	名称	地址	电话
4	马头村村委会	通州区漷县镇马头村村内	80586102
5	马堤村村委会	通州区漷县镇马头小学西南 200 米	80599103
6	石槽村村委会	通州区漷县镇石槽村北	80586105
7	毛庄村村委会	通州区漷县镇毛庄村北区 1 号	80586107
8	高庄村村委会	通州区漷县镇马黄路与漷大路交叉路口	80587899
9	沈庄村村委会	通州区漷县镇沈庄村村内	80599660
10	后地村村委会	通州区漷县镇后地村村内	80599770
11	小香仪村村委会	通州区漷县镇小香仪村村内	80580180
12	三黄庄村村委会	通州区漷县镇三黄庄村村内	80586945
13	大香仪村村委会	通州区漷县镇大香仪村村内	80586066
14	东黄垡村村委会	通州区漷县镇石东路北侧	80583035
15	西黄垡村村委会	通州区漷县镇漷大路西侧	80586024
16	漷县村村委会	通州区漷县镇漷马路北侧	80583766
17	杨堤村村委会	通州区漷县镇杨堤村村内	80586109
18	长凌营村村委会	通州区漷县镇长凌营村村内	80581411
19	榆林庄村村委会	通州区漷县镇京塘路西侧	80582877
20	苏庄村村委会	通州区漷县镇苏庄村村内	80586097
21	马务村村委会	通州区漷县镇马务村吴东路附近	80586007
22	翟各庄村村委会	通州区漷县镇吴东路东 100 米	80585242
23	许各庄村村委会	通州区漷县镇许各庄村村内	80583480
24	南阳村村委会	通州区漷县镇南阳路西侧	80586090
25	靛庄村村委会	通州区漷县镇凉水河右堤路南 200 米	80599700
26	吴营村村委会	通州区漷县镇小靛路靛庄小学东北侧约 220 米	80525890
27	王楼村村委会	通州区漷县镇王楼村委会	80581902
28	郭庄村村委会	通州区漷县镇郭庄路东侧	80576975
29	中辛庄村村委会	通州区漷县镇小靛路南侧	80586091
30	南丁庄村村委会	通州区漷县镇南丁庄村村内	69568406
31	东鲁村村委会	通州区漷县镇东鲁村吴东路西侧	69569754
32	西鲁村村委会	通州区漷县镇西鲁村村内	69569348
33	草厂村村委会	通州区漷县镇草厂村田南路北侧	69568404
34	周起营村村委会	通州区漷县镇周起营村东南侧	69568414

续表 23

序号	名称	地址	电话
35	北堤寺村村委会	通州区漷县镇永路南 50 米西黄垡村漷大路西侧	69568405
36	黄厂铺村村委会	通州区漷县镇黄厂铺村村内	69568457
37	小屯村村委会	通州区漷县镇小屯村村南头影院	80566043
38	曹庄村村委会	通州区漷县镇曹庄村南侧	80561183
39	纪各庄村村委会	通州区漷县镇纪各庄村南侧	80569674
40	侯黄庄村村委会	通州区漷县镇侯黄庄村东纪路北侧	80566515
41	马庄村村委会	通州区漷县镇马庄村石小路南侧	80569033
42	张庄村村委会	通州区漷县镇张庄村东纪路北侧	80563274
43	东寺庄村村委会	通州区漷县镇东寺庄村东纪路南侧	80566123
44	凌庄村村委会	通州区漷县镇凌庄村村内	80566350
45	前尖平村村委会	通州区漷县镇前尖平村示范路北侧	80557761
46	后尖平村村委会	通州区漷县镇后尖平村西路南口北 50 米	80527006
47	大柳树村村委会	通州区漷县镇大柳树村南口北 50 米	80576774
48	徐官屯村村委会	通州区漷县镇徐官屯村漷大路北侧	80562346
49	东定安村村委会	通州区漷县镇东定安村村东口	80561195
50	西定安村村委会	通州区漷县镇西定安村村内	80562348
51	军屯村村委会	通州区漷县镇漷大路北 100 米	80564522
52	柏庄村村委会	通州区漷县镇漷大路南 100 米	80560069
53	龙庄村村委会	通州区漷县镇龙军路东侧	80566131
54	李辛庄村村委会	通州区漷县镇李辛庄村村内	80566059
55	尚武集村村委会	通州区漷县镇永觅路北侧	80566145
56	觅子店村村委会	通州区漷县镇永觅路北侧	80566221
57	南屯村村委会	通州区漷县镇南屯村村内	80567245
58	穆家坟村村委会	通州区漷县镇穆家坟村村内	80590341
59	军庄村村委会	通州区漷县镇军庄村东口 300 米路南	80599759
60	边槐庄村村委会	通州区漷县镇德觅路西侧	80566038
61	梁家务村村委会	通州区漷县镇罗梁路南侧	80565218
62	罗庄村村委会	通州区漷县镇罗庄村西侧	80566045
63	前元化村村委会	通州区漷县镇前元化村北侧	80561003
64	后元化村村委会	通州区漷县镇后元化村东口（德觅路北侧）	80567268

马驹桥镇

【概 况】 马驹桥镇地处北京东南郊、通州区西南部，历史上是北京最大的湿地，是辽、金、元、明、清五朝皇家猎场和明清两朝皇家园囿。镇域面积82平方千米，下辖45个行政村、11个社区。实有人口24万余人，其中户籍人口5万余人。有基层党组织84个，其中，党委1个、党支部83个；党员3187名。2022年，马驹桥镇深入学习贯彻党的二十大精神，立足京津冀协同发展、北京城市副中心建设，紧抓亦庄协同发展机遇，统筹推进疫情防控与经济社会发展，全镇经济社会发展平稳向好，实现税收24.38亿元（含转户到亦庄），同比增长27.42%。完成工业总产值94.19亿元，工业生产稳步恢复。完成固定资产投资185.76亿元，同比增长39%；完成建安投资90.9亿元，同比增长137%。

【基层治理】 2022年，马驹桥镇弘扬守望相助邻里文化，打造“马桥近邻”品牌，依托“近邻客厅”等平台，破解镇域治理难题，形成治理新模式。实行片区制，按照村居特点划分五大片区，通过执法力量下沉、分类考核等实现“权责利”相统一，开创治理新格局。成立10个无物业小区临时党支部和便民服务站，实现治理无盲区。优化督查机制，成立督查办，组建督查组，对村居落实党委工作“销账式”督促检查。塑造廉政文化，开展干部“廉政家访”，通过发廉洁倡议家书等引导干部家属当好“廉内助”。

【精神文明建设】 2022年，马驹桥镇严格落实意识形态工作责任制，形成党委统一领导、党政齐抓共管、分工负责的工作格局。做好新闻舆论和社会动员，规范网上信息传播秩序。加大宣传力度，充分发挥“魅力马桥”官方微信号、视频号、抖音号传播影响力，围绕接诉即办、喜迎二十大等内容展开广泛宣传，发布1750余条推文视频，刊登中央、市区级媒体新闻247条。依托新时代文明实践所（站）开展“楼道堆堵物换礼”“周末大扫除”宣传活动，发动499个志愿服务队伍开展活动2276场次。营造全民健身浓厚氛围，为大杜社等村安装台球桌6张、乒乓球桌10张。持续开展“书香马桥 全民悦读”品牌系列活动。开展线上线下活动110场，参与人数6100余人次。

【疫情防控】 2022年，马驹桥镇举全镇之力，牢牢守住辖区防控阵地，有效保障群众的生命安全。面对多轮严重疫情冲击带来的严峻挑战，始终坚持人民至上、生命至上，坚持“早调度，晚复盘”，因时因势优化处置预案，实行网格化管理、“片长负责制”，各片区组内统一指挥、统一协调、统一调度，完成45个村、11个社区、共计124个管控风险点位的封管控工作。全年累计转运各类风险人员1.92万人次，开展核酸检测近2565万人次。

【接诉即办】 2022年，马驹桥镇按片区制定《2022年马驹桥镇接诉即办工作考核办法》，加强对无诉求村、提升村、满分村的奖励扶持，表彰16个满分村、6个提升村，共发放奖励资金1569万元。建立镇级“每月一题”机制，推动解决好重点区域和历史遗留问题。借助“近邻客厅”“接诉即办专栏”“向前一步”等平台，拓展解决思路，理顺办理流程，拍摄《向前一步》和《接诉即办》栏目共4期。划分246个网格，实现“热线+网格”融合，推动执法力量和专业力量下沉到单元网格，充分发挥各自职能，共同解决网格内的居民诉求和各项事务。

【乡村振兴】 2022年，马驹桥镇通过土地整理、高标准农田建设、补充耕地等措施，东部地区超额完成2326亩复耕复垦任务，实现农作物大规模种植，有效解决土地碎片化问题。西部地区完成签约面积2463.53亩，整理土地1250亩。全镇蔬菜播种面积19600亩，产量约48213.2吨。推进撂荒地整治工作，完成全部地块99.7亩的地上物清理工作。推动27个村庄美丽乡村建设，第一批六郎庄、前银子等6个村完成整体建设，一街、西后街等7个村完成建设任务的95%；第二批小松垡、神驹等7个村涉水及补短板工程有序推进；第三批东田阳、大松垡等7个村补短板方案完成编制上报。继续做好河长制和“煤改清洁能源”管护工作。深入开展生活垃圾、污水、厕所“三大革命”，以硬化、亮化、绿化、净化工程为建设内容，着力加强基础设施建设，推动乡村环境逐步迈上新台阶。持续推进创建无违建乡镇，2022年拆除销账55.83万平方米。推进疏整促被腾退户签约工作，完成签约861户，协议金额总计44.39亿元。

【生态环境】 2022年，马驹桥镇制定大气污染治理方案，建立环保工作定期通报机制，开展扬尘管控定期调度，做好扬尘精细化管理，大气质量

▲ 10月25日，“马桥近邻客厅”第一期小区协商议事会在香雪兰溪社区召开
（马驹桥提供）

显著改善。2022年，马驹桥镇TSP指标（粗颗粒物）位列通州区第3，区级$PM_{2.5}$指标平均浓度排名第3。降尘量指标（粗颗粒物）年均值优于上年同期61%，通州区排名第1。解决物流园区生活污水直排问题，五支沟临时污水处理站一期正式运营，二期基础建设工程完工。推进饮用水水源地规范化建设，调查评估村级饮用水水源地环境状况，提升水源地档案化、精细化管理水平。提升林地管理水平，整形修剪33.4万株国槐、银杏等树种，补植1.3万株枯死、病树。地被景观及平原重点区域造林969亩。在姚辛庄村和柏福村建设村头片林，建设完成2处林下广场、健身步道及其他配套设施。在大松垡村和柏福村建设保育小区，提升和改善居民休闲游玩环境。全镇接养林地面积达4.15万亩，森林覆盖率达到34%。

【平安建设】 2022年，马驹桥镇高标准完成党的二十大，全国两会，服贸会，北京冬奥会、冬残奥会等一系列重大活动期间的服务保障工作。开展城乡接合部重点村整治工作，通过清退三层以上租户、整改天井雨棚等措施，有效减少中心镇消防安全隐患。持续推进安全生产专项整治三年行动、城镇燃气安全排查整治、安全生产整治“百日行动”、电动自行车领域专项整治等重点领域专项整治工作。超额完成新一批共计12个村、社区的平安创建工作，平安建设考核位居通州区第6，比上一年度上升10个名次，社会治安秩序环境持续向好。

【民生保障】 2022年，马驹桥镇持续为就业困难人员提供公益性岗位，为特殊群体开展面点技能培训活动，促进1700余人就业，城镇登记失业人员就业率达到68.21%。稳步做好城乡居民社保、医保工作，扎实做好劳动监察，追缴拖欠工资310余万元。不断改进老年人服务工作，完成东田阳、燕保家园养老服务驿站施工改造。在重要节日开展送温暖活动，为138户困难家庭和90岁以上老年人送去人文关怀。开展“救助管家”品牌服务，走访社会救助对象110余户。新建5家实体书店，采用“文化用房+”模式，完成兴贸北街、富力尚悦居等文化用房整体打造。建设完成前银子村、西马各庄村2处足球场，姚辛庄村、东田阳村2处篮球场。举办乒乓球大赛、足球嘉年华等特色活动10余场，开展“文艺演出星火工程”87场。推进公共场所社会应急能力建设，安装AED设备18台。推进国家卫生乡镇、控烟示范街区及健康社区、健康家庭创建工作，强化基层公共卫生体系建设，不断提升基层医疗服务能力，新建1处社区卫生服务分中心。

（毛青媛）

马驹桥镇社区居委会、村委会一览表

表24

序号	名称	地址	电话
1	新海北里社区居委会	通州区马驹桥镇新海南里39号楼3单元101室	60509308
2	新海祥和社区居委会	通州区马驹桥镇新海祥和8号楼1单元101室	60508508
3	新海南里社区居委会	通州区马驹桥镇新海南里39号楼1单元101室	60509328
4	瑞晶苑社区居委会	通州区马驹桥镇景盛北二街15号院9号楼2层	59397075
5	宏仁社区居委会	通州区马驹桥镇马桥路228号院1号楼宏仁家园社区服务站	56650187
6	香雪兰溪社区居委会	通州区马驹桥镇景盛北二街3号院14号楼二单元1层饮水机旁边社区服务站	61587510
7	国风美仑社区居委会	通州区马驹桥镇国风美仑社区7号院6号楼1层社区服务站	80595810
8	富力尚悦居社区居委会	通州区兴贸二区富力尚悦居B区05号楼	80805205
9	逸景家园社区居委会	通州区马驹桥镇珠江逸景小区228楼底商	57910105
10	兴贸北街社区居委会	通州区马驹桥镇燕保马驹桥家园6号楼	60507190
11	景盛社区居委会	通州区马驹桥镇合生世界村H区5号楼103	60500713
12	北门口村村委会	通州区马驹桥镇北门口村委会	60502496
13	一街村村委会	通州区马驹桥镇马一街村委会	60503566
14	二街村村委会	通州区马驹桥镇马二街村委会	60505132
15	三街村村委会	通州区马驹桥镇马三街村委会	60599947
16	西后街村村委会	通州区马驹桥镇西后街村委会	60502930

续表 24

序号	名称	地址	电话
17	辛屯村村委会	通州区马驹桥镇辛屯小区 22 号楼外	60509516
18	大葛庄村村委会	通州区马驹桥镇大葛庄村委会	60505750
19	东店村村委会	通州区马驹桥镇东店村委会	60509861
20	西店村村委会	通州区马驹桥镇兴华南街 327 号院 6 号楼 2 层	80899382
21	马村村委会	通州区马驹桥镇兴华南街 327 号院 6 号楼 2 层	60509581
22	大白村村委会	通州区马驹桥镇兴华南街 327 号院 6 号楼 2 层	60509745
23	小白村村委会	通州区马驹桥镇温馨家园西区 29 号楼 151 室	60509327
24	姚村村委会	通州区马驹桥镇温馨家园东区 10 号楼 851 室	60505858
25	张各庄村村委会	通州区马驹桥镇温馨家园东区 9B 号楼 3 单元 361 室	60509774
26	张村村委会	通州区马驹桥镇温馨家园西区 16 号楼 1 单元 161 室	60509227
27	古庄村村委会	通州区马驹桥镇温馨家园东区 10 号楼 7 单元 761 室	60509490
28	房辛店村村委会	通州区马驹桥镇房辛店村委会	60509517
29	小张湾村村委会	通州区马驹桥镇小张湾村委会	60505058
30	周营村村委会	通州区马驹桥镇周营村委会	60509228
31	杨秀店村村委会	通州区马驹桥镇杨秀店村委会	60594082
32	郭村村委会	通州区马驹桥镇温馨家园南区物业楼一层	60501226
33	柴务村村委会	通州区马驹桥镇温馨家园南区物业楼二层	60509519
34	小周易村村委会	通州区马驹桥镇小周易村委会	60505899
35	大周易村村委会	通州区马驹桥镇大周易村委会（马驹桥三号桥东侧）	60509219
36	史村村委会	通州区马驹桥镇史村村委会	60507775
37	前银子村村委会	通州区马驹桥镇前银子村委会	60509338
38	后银子村村委会	通州区马驹桥镇后银子村委会	60500244
39	驸马庄村村委会	通州区马驹桥镇国风美仑小区 7 号院 5 号楼 1 层	60591198
40	南堤村村委会	通州区马驹桥镇国风美仑小区 5 号楼 1 单元 1 层	60591108
41	大杜社村村委会	通州区马驹桥镇大杜社村委会	61585729
42	小杜社村村委会	通州区马驹桥镇小杜社村委会	61585740
43	西马各庄村村委会	通州区马驹桥镇西马各庄村委会	61582737
44	六郎庄村村委会	通州区马驹桥镇六郎庄村委会	61583915
45	小松垡村村委会	通州区马驹桥镇小松垡村委会	61585747
46	神驹村村委会	通州区马驹桥镇神驹村村委会	61585753
47	柏福村村委会	通州区马驹桥镇柏福村委会	61585752
48	东田阳村村委会	通州区马驹桥镇东田阳村委会	61583398
49	南小营村村委会	通州区马驹桥镇南小营村委会	61582571
50	团瓢庄村村委会	通州区马驹桥镇团瓢庄村委会	61582696
51	姚辛庄村村委会	通州区马驹桥镇姚辛庄村委会	61585996

续表 24

序号	名称	地址	电话
52	前堰上村村委会	通州区马驹桥镇前堰上村委会	61585951
53	后堰上村村委会	通州区马驹桥镇后堰上村委会	61585935
54	陈各庄村村委会	通州区马驹桥镇陈各庄村委会	60599039
55	西田阳村村委会	通州区马驹桥镇西田阳村委会	80595450
56	大松垡村村委会	通州区马驹桥镇大松垡村委会	61584561

西集镇

【概　况】 西集镇位于通州区东南部，北与潞城镇连接，东临潮白河，与河北省大厂回族自治县、香河县隔河为邻；西、南临北运河，西隔河与张家湾镇相望，南与漷县镇、香河县隔河接壤。镇域面积 91.4 平方千米。下辖 57 个行政村、2 个社区。户籍总数 27900 户，户籍人口 49146 人；其中，农户 15696 户，农业人口 29789 人，非农 12204 户，非农人口 19357 人；出生人口 251 人。户籍人口以汉族为主，另有满族、回族、蒙古族等少数民族。外来人口 13418 人，出租房屋 3152 户。2022 年完成工业总产值 24.4 亿元，税收 7.52 亿元，同比增长 13.5%，实现区级财力 1.91 亿元，同比增长 9%。完成全社会固定资产投资 8.33 亿元，其中建安投资 5.65 亿元。

【基层党建和精神文明建设】 2022 年，西集镇党委实施“领头雁”工程，加强基层骨干队伍、党组织规范化标准化建设。配强支部班子，完成 14 个机关企事业党支部换届、2 个社区班子组建和 4 个村“两委”补选工作，培养年轻党员，着眼长远储备 171 名村级后备人才。开展各类学习培训 26 次，提拔青年科级领导干部 5 人，晋升职级 21 人。细化监督管理，完善五星党支部、村干部考核制度和村级待遇保障办法，科学引导，激发村级问题整改内生动力。选树村企党建治理典型，引领农文旅融合民宿旅游新业态，打造太平庄、车屯党建亮点工程，中际联合（北京）科技股份有限公司“3C”品牌获市级非公党建评选三等奖。加强与市区媒体深度融合，形成传播矩阵，市、区主流媒体刊登发布新闻稿件分别为 480 篇和 84 篇。推进“通州榜样”常态化选树工作，2 人登上“通州榜样”季度榜单，1 人登上“北京榜样”，1 人入选“中国好人榜”。充分发挥新时代文明实践平台作用，传播文明理念，开展“做诚信好果农，打造樱桃之乡”2022 年诚信主题宣传教育活动，推动西集镇信用体系和诚信文化建设。开展多项主题教育活动，组织多种形式志愿服务，西集镇青年志愿者服务队获评“首都最佳志愿服务组织”。

【乡村振兴】 2022 年，西集镇以网络安全产业为核心，全力保障土地供给与配套服务，西北工业大学北京研究院、网安领军人才培育基地、启动区办公及服务配套三个地块项目顺利开工。加快实现供地和运营需求，促进“高精尖”产业集聚，全年引进网安企业 130 余家，注册资金 1000 万元以上企业达 60%，其中 2 家国家级“小巨人”企业、3 家北京市“小巨人”企业、12 家专精特新企业。全面深化放管服改革，“一站式”“保姆式”服务有效推动企业“服务包”落地，与北京理工大学等高校开展政校企多维度合作，拓宽企业招引人才渠道。整合农旅资源加快乡村振兴步伐，兴建现代农业产业园，推进家庭示范农场建设，4 家获市级、5 家获区级家庭农场示范户称号，车屯梦田园和耿楼农业观光示范园，以点扩面带动有机农副产品村集体产业向集群方向发展。以“十七届云上樱桃节”为契机，与中国邮政、京东物流达成战略合作，完善农产品销售体系，樱桃季线上销售量超过百万斤。承接环球影城游客外溢效应，打造精品民宿 11 家，2 家获 4 星级民宿，曹女阳光农场和金果天地庄园成为市级四星休闲农业园区，生态休闲农旅特色凸显。

【生态环境】 2022 年，西集镇开展散乱污动态清零、裸地扬尘治理、VOC 减排、绿网苫盖等行动，大力整改环保问题，降尘量全区排名第二。加大疏整促力度，完成 1.9 万亩土地复耕，超额完成 7.9 万平方米拆违任务，开展“大棚房”专项整治，结合创城常态化整改和人居环境“百日攻坚”行动，推进落实村级物业化管理，清除顽疾点位，实现垃圾分类精准投放，肖家林、大灰店等 7 个村获评市级垃圾分类示范村。改善水环境，压实镇、村两级河长责任，入河排污口整治 133 处。开展见缝插绿行动，实现村庄林木绿化率 30.4%、乡村道路绿化率 74%，集体林场看护林地面积 2.7 万余亩，带动本地绿岗就业 470 人。新增平原造林面积约 720 亩，实现市级生态养护示范区 1837 亩，获评“北京森林康养旅游示范基地”，为通州区唯一入选乡镇。

【疫情防控】 2022 年，西集镇始终把做好疫情防控作为发展建设的前提和保障，动员各方力量，不断巩固和扩大防控成果，累计核酸检测 100 万余人次，完成 8 小时指挥部派单核查百余批次，加强针接种人数全区排名第三。因时因势优化防控措施，落实“二十条”“新十条”要求，强化社区服务保障，如期交付首钢重大应急场所用地并投入使用。

【接诉即办】 2022年，西集镇不断完善市民热线办理工作机制，建立多元化解机制，三级联动打造“一刻钟服务圈”；坚持“日调度、周会商、月点评”，“一单一策”落实重点问题专人包村、专组包案，强力推动重点村高频遗留问题办理，妥善解决高频遗留诉求1000余件；加强宣传引导，拍摄“接诉即办”专题报道三期，推动化解基层矛盾；加强大气、水、人居环境源头治理，“七有五性”公共服务类诉求降幅29.17%。

【平安建设】 2022年，西集镇加大安全隐患排查整改力度，扎实推进安全生产专项整治三年行动收官和安全社区创建。做好消防安全、气象防灾、防汛演练等日常应急管理，实现全年安全“零”事故，获评“北京市应急值守先进基层单位”。将党的二十大安保维稳工作作为全年核心工作，统筹安排2085人。严格落实信访工作领导责任制，全年领导干部共接访75批次、111人次，集中精力解决了一批积案、难案、要案。成立运潮馨苑、西仪佳园社区居委会，精细多元匹配人财物，实现物管会组建率100%。深化市域社会治理现代化试点创建，形成“精致西集”基层治理品牌。

【民生保障】 2022年，西集镇强化优质公共服务供给，完成西集幼儿园项目规划实施方案，建成全区首家公办民营养老照料中心，郎府敬老院完成改造，完善宅基地房屋翻改建方案，解决危房翻建解危难题。结合美丽乡村补短板、一事一议、小微工程等项目，完善农村基础设施，33个村完成污水管线改造供水，27个村完成村级道路修补翻新。完成耿楼西路等4条道路大修和1万平方米公路中小修。取缔马路集市，设立5个便民服务中心，解决农副产品销售和购买需求。加大社会救助、社会优抚，落实惠民举措，新增城乡劳动力就业1155人，公益性就业组织安置困难人员343人。建设民俗馆、村史馆、便民文化站，开办厨娘大赛、公益惠民演出等活动，用活文化阵地，丰富群众精神生活。法治建设取得实效，积极配合行政复议应诉，推进重大行政决策法制化，依申请公开回复率100%。全面推行政务延时服务，加强村、社区服务站规范化建设，实现电子印章政务服务事项过程全应用。上线运行内控信息化业财一体化系统，内控外评成绩获全市第一，在全区作为先进单位进行经验交流。

▲ 7月31日，西集镇尹家河村史馆开馆

（西集镇提供）

【村史馆建设】 尹家河村史馆2022年建成，位于尹家河村委会，展览面积260平方米。展厅自东向西布列，由尹家河村的由来、尹家河村各项荣誉、50—60年代衣食住行，70—80年代衣食住行、尹家河现代农业平面微缩景观等五个展厅组成。村史馆内展览实物180余件，收集了从清朝至今具有纪念意义的物品。包括清朝的地契、民国时期的支票、解放初期的粮票，古老的脱粒机、棉花糖机，老旧的座钟、毛主席的画报等。通过翔实的文字叙述、真实的器物展示、浓缩的记忆实景，全方位展示了尹家河村的社会发展历程与成就。

（秦泽敏）

西集镇社区居委会、村委会一览表

表25

序号	名　称	地　址	电　话
1	运潮馨苑社区居委会	通州区西集镇仪府路12号	50930086
2	西仪佳园社区居委会	通州区西集镇孝行南里西仪佳园社区居委会1号楼一单元101室	13911746865
3	曹刘各庄村村委会	通州区西集镇曹留各庄村内	61576083
4	南小庄村村委会	通州区西集镇南小庄村113号	61576209

续表 25

序号	名 称	地 址	电 话
5	上坡村村委会	通州区西集镇上坡村临 282 号	61576218
6	和合站村村委会	通州区西集镇和合站村南	61510605
7	安辛庄村村委会	通州区西集镇安辛庄村主街	61516935
8	吕家湾村村委会	通州区西集镇吕佳湾村内	61576014
9	杨家洼村村委会	通州区西集镇杨家洼村 167 号	13901314106
10	辛集村村委会	通州区西集镇辛集村西路北	61576995
11	肖家林村村委会	通州区西集镇肖家林村 267 号	61576040
12	前寨府村村委会	通州区西集镇前寨府村内	61511211
13	后寨府村村委会	通州区西集镇后寨府村内	61576093
14	东辛庄村村委会	通州区西集镇东辛庄村西	13240408430
15	大灰店村村委会	通州区西集镇大灰店村内	61576310
16	小灰店村村委会	通州区西集镇小灰店村内	61576113
17	大沙务村村委会	通州区西集镇大沙务村 195 号	61576046
18	小沙务村村委会	通州区西集镇小沙务村南临 1 号	61576046
19	牛牧屯村村委会	通州区西集镇牛牧屯村内	61513801
20	桥上村村委会	通州区西集镇桥上村内	61576107
21	杜店村村委会	通州区西集镇杜店村内	61570390
22	前东仪村村委会	通州区西集镇前东仪村西尹路北	61576121
23	史东仪村村委会	通州区西集镇史东仪村西尹路南	61570979
24	侯东仪村村委会	通州区西集镇侯东仪村内	61576005
25	黄东仪村村委会	通州区西集镇黄东仪村内	61511878
26	尹家河村村委会	通州区西集镇尹家河村内	61512124
27	赵庄村村委会	通州区西集镇赵庄村内	61513442
28	侯各庄村村委会	通州区西集镇侯各庄村 35 号	61576013
29	于辛庄村村委会	通州区西集镇于辛庄村 160 号	61576015
30	车屯村村委会	通州区西集镇车屯村北	61510269
31	武辛庄村村委会	通州区西集镇武辛庄村南	61576371
32	胡庄村村委会	通州区西集镇胡庄村内	61579436

续表 25

序号	名　称	地　址	电　话
33	协各庄村村委会	通州区西集镇协各庄村内	61512043
34	西集村村委会	通州区西集镇西尹路旁	61576041
35	石上村村委会	通州区西集镇石上村内东南部	61570122
36	王上村村委会	通州区西集镇王上村南纪西路东	61570228
37	岳上村村委会	通州区西集镇岳上村内	61576081
38	林屯村村委会	通州区西集镇林屯村内	61576059
39	郎东村村委会	通州区西集镇郎东村 7 号	61558071
40	郎西村村委会	通州区西集镇郎西村 126 号	61558003
41	老庄户村村委会	通州区西集镇老庄户村内	61558374
42	冯各庄村村委会	通州区西集镇冯格庄村临 5 号	61558147
43	耿楼村村委会	通州区西集镇耿楼村 247 号	61558230
44	陈桁村村委会	通州区西集镇陈桁村内	61558203
45	小屯村村委会	通州区西集镇小屯村内	61558186
46	何各庄村村委会	通州区西集镇何各庄村 88 号	61558882
47	金各庄村村委会	通州区西集镇金各庄内	61558240
48	张各庄村村委会	通州区西集镇张各庄村内	61558132
49	望君疃村村委会	通州区西集镇望君疃村内	61558243
50	马坊村村委会	通州区西集镇马坊村 187 号	61558126
51	小辛庄村村委会	通州区西集镇小辛庄村小老路北	61558148
52	供给店村村委会	通州区西集镇供给店村内	61558194
53	儒林村村委会	通州区西集镇儒林村 117 号	13521486513
54	沙古堆村村委会	通州区西集镇沙古堆村内	61558610
55	太平庄村村委会	通州区西集镇太平庄村内	61558008
56	王庄村村委会	通州区西集镇王庄村内	61558204
57	杜柳棵村村委会	通州区西集镇杜柳棵村内	61558259
58	任辛庄村村委会	通州区西集镇任辛庄村内	61554161
59	金坨村村委会	通州区西集镇金坨村内	15010360165

潞城镇

【概　况】 潞城镇地处首都百里长安街延长线最东端，京唐秦发展轴线上，距离天安门约30千米。西邻北京城市副中心，东接大厂、燕郊，与河北燕郊、大厂隔河相望，是京津冀协同发展的前哨阵地。镇域面积59.86平方千米，自北向南形成六环以西的城市化建成区、六环以东155以西的行政办公区、155以东的潞城生态智慧小镇区域。下辖56个自然村、54个行政村，户籍人口51606人，常住人口63288人。域内交通便利，已建成“五横四纵三全域”（“五横”自北向南为：通燕高速、通胡大街、玉带河大街、运河东大街、武兴路；“四纵”自西向东为：六环西辅路、六环路、通济路、潞城中路；“三全域”自西向东为：运河左堤路、胡郎路、潮白河右堤路）的道路框架，初步形成主干路与次、支路相结合的网状交通格局，地铁六号线在镇域内设4个站点。

【基层党建】 2022年潞城镇强化党对基层治理的全面引领。坚持党建引领和多元共治相结合，持续深化党建引领“四微一行”（是针对潞城实际梳理本土治理模式经验，形成以“微党校、微协商、微联盟和微志愿”为载体，“文明银行”为平台的党建引领“四微一行”特色治理模式）基层治理工作模式，广泛学习优秀的基层治理经验。深化基层治理制度建设、队伍建设和阵地建设。严格落实《党支部工作条例》，严抓制度建设、队伍建设和阵地建设。重新修订《2022年潞城镇村级工作千分考核办法》，系统化考核标准，以考核推进工作。以各村6支队伍为抓手，充分发挥党员的先锋模范作用和党支部的战斗堡垒作用，不断提升基层治理能力和水平。推进干群联动工作，启动“党群贴心工程”，广泛开展“一潞同行”干群联动实践活动，招募“百姓贴心服务员”组成“心贴心服务队”，280余名机关干部争当“百姓贴心服务员”，深入各村，以家访的形式全面掌握联户家庭情况，建立和逐步完善“一户一档”台账，与群众保持长期联系，问需于民，全面提升镇域基层治理水平。推进新时代基层干部能力提升，成立中共北京市潞城镇委员会党校。以基层党校为阵地，综合运用网络云课堂、线下授课、自主学习等方式，开展针对党员领导干部各项工作技能的专业化培训。

【精神文明建设】 2022年潞城镇成立全区首个镇级文学艺术界联合会，为文化工作开展打下扎实基础；持续深化“聚美潞城”文化品牌，举办第七届“聚美潞城”文化艺术节系列活动，展示百姓文艺风采和精神风貌，其中“千人腰鼓”大赛获评市文化馆典型示范项目；打造北京·潞城“百姓大舞台”文艺展演活动，助力实现潞城百姓“舞台梦”“演员梦”；丰富百姓文化生活，利用镇村两级文化阵地，举办大型文艺演出10余场，实施农村星火工程文化惠民文艺演出122场；组织开展喜迎冬奥、喜迎二十大、二十四节气文化等各类文化活动和培训137场。开展“绿书签2022”系列宣传教育活动，向全镇少年儿童传播优秀文化知识和正能量；开展电影放映，全镇46个数字影厅累计放映690场次；同时加强对各村影厅播放设备的定期检修和日常维护，并定期对播放素材进行优选及更新，不断提升观影人数及观看体验。

【接诉即办】 2022年，潞城镇实行“日调度、周总结、月点评”，主要领导抓合力，主管领导抓进度，制定《潞城镇市民热线“接诉即办”工作实施方案》《村“两委”吹哨、科站队所报到机制实施意见》《“热线+网格+巡察”调度机制》等工作制度，推动“接诉即办”工作不断走向深入。逐步化解人民大学通州校区施工扰民、新生儿安置等重点问题。全年市民热线的诉求总量环比减少1500多件，月均接单量环比减少约130件。原始解决率由59.47%提升至69.46%，满意率由66.21%提升至74.38%。经过大力度整治提升，提前完成年底退出“治理类乡镇”的工作目标，成为全区首个仅用1年退出治理类的街乡镇。

【乡村振兴】 2022年，潞城镇优化产业结构，邀请在镇域内有生产线的市属国企将决策、研发、营销等总部业务落地。优先为中交路桥、阏阏木门等优质存量总部型企业提供空间资源。成立工作专班，与有用地扩产需求的博格华纳北京公司进行多轮洽商，邀请区领导和博格华纳中国区领导见证镇政府与该公司签署《备忘录》，利用1.99公顷村庄集体建设用地，为企业代建定制化的生产办公场所，预计2023年6月底交付使用，扩产后公司年产值增加13亿元，年税收增加1.4亿元。与蒙牛集团、阏阏木门总部等优质企业对接，精准洽商，请其引进关联企业和上下游企业产业链，促进食品加工、精品门业、高端制造等产业集群的形成，扩大产业规模。与扶贫受援地联动，发挥各自资源优势，与中藜高科（北京）科技有限公司签订战略合作协议，在翁牛特旗种植藜麦16000亩，打造“镇域内研发、贸易+京外生产、文旅”的三产联动的产业发展模式。

【生态环境】 2022年，潞城镇$PM_{2.5}$平均浓度为39微克/立方米，改善率15.2%，降尘量实现同比改善，TSP浓度完成年度目标；强化工地扬尘治理和夜间扬尘污染管控，以每日不低于100人次的高频密度开展巡查检查，守护碧水蓝天；采取生物覆盖等方式，对25个村880余亩裸地进行综合治理，持续解决裸地扬尘问题；持续做好“散乱污”清理整治及“无煤化”推进工作，扎实开展工业企业排放巡查，做到问题发现治理全覆盖。实施美丽乡村涉水工程，推进17个村污水、供水管线工程进度，加快办理7个村级污水厂站规划手续，27个村饮用水提升工程通过镇级验收；优化改造污水管网、管线改接，提升污水处理水平，临时污水处理厂北运河断面考核实现达标；创新开展小微水体治理，采取前沿技术设备，对36处污染显著坑塘进行集中治理；委托专业机构开展供水设备日常运维、消毒，指导、协助各村严守饮用水井房防线；开展河道沟渠管护治理行动，300余项河道沟渠水环境问题均妥善解决，打造水清岸绿的河道环境。

【平安建设】 2022年，潞城镇切实维护辖区安全和社会稳定，严格落实安全生产责任制；开展燃气安全排查整治，全年巡检4.8万余户；保障电动车充电安全，为百姓安装电动自行车充电盒1万余个；加强食品药品全链条安全监管，农产品检测合格率达100%。新建13处村级消防站，实现平房村全覆盖；全面构建森林防火体系，创新应用5G“和对讲”技术，建成3处市级防火瞭望塔；健全“1+7+1+33”（1个镇指挥部、7个专项指挥部、1个社区指挥部、33个平房村）的防汛应对体系，守稳筑牢汛期安全防线；实施重点积水点位排水工程，解决汛期重点村庄内涝问题。完成全国两会、党的二十大、市十三次党代会等重大活动服务保障；不断健全综合治理体系，建成村级综治中心，镇级综治中心进入调试阶段。

▲ 10月12日，大甘棠小型消防站揭牌仪式举行

（潞城镇提供）

【民生保障】 2022年，潞城镇组织多场招聘会，解决就业1606人，完成技能培训863人。做好劳动保障监察工作，解决劳动争议18起，结案金额20.3万元。完善救助体系，推动政策落地，缓解困难群众经济压力，累计救助122人次，下拨救助资金16万元。推进养老服务数字化建设，为1600余名高龄老人提供更加智能便捷的服务。持续发挥红白理事会作用，成功举办潞城镇第七届集体婚礼，引导、监督村民丧事简办450余件，发放补贴160余万元。继续为55岁以上男性、50岁以上女性居民提供体检服务，守护群众健康。慰问困难残疾人家庭368户，发放慰问金27万元，为91户残疾人家庭进行无障碍改造施工，完成993户残疾人士电暖炕改造。加快推进四类重点对象的危房改造工程，1户低保户危房改造基本完成。创新以工代赈模式，支持集体林场承接战略留白、复耕复垦等工程项目，为本地劳动力增加收入。促进百姓就业增收，借助托底安置政策及资金支持，招募30余名专职管水员。

（郭天仪）

潞城镇村委会一览表

表26

序号	名称	地址	电话
1	东杨庄村村委会	通州区潞城镇东杨庄村委会（三元村）	89526240
2	南刘各庄村村委会	通州区潞城镇南刘各庄村村委会	89581206
3	后北营村村委会	通州区潞城镇古月家园项目提升指挥部后北营村村委会	89588953
4	堡辛村村委会	通州区潞城镇东堡村委会东侧—堡辛村村委会	69594175
5	前北营村村委会	通州区潞城镇古月家园东区3—3—102前北营村村委会	89582674
6	霍屯村村委会	通州区潞城镇紫运园小区2号楼一单元霍屯村委会	13681192856
7	常屯村村委会	通州区潞城镇古城小区3号楼9单元102室	69594280
8	七级村村委会	通州区潞城镇七级村村委会	89584488
9	黎辛庄村村委会	通州区潞城镇东堡村委会东侧—黎辛庄村委会	89581373
10	杨坨村村委会	通州区潞城镇杨坨村村委会	89587855
11	郝家府村村委会	通州区潞城镇古月家园项目提升指挥部郝家府村委会	69592090
12	大营村村委会	通州区潞城镇大营村村委会	89582543

续表 26

序号	名称	地址	电话
13	留庄村村委会	通州区潞城镇东堡村委会东侧—留庄村委会	89580738
14	辛安屯村村委会	通州区潞城镇东堡村委会东侧—辛安屯村村委会	80887501
15	侉店村村委会	通州区潞城镇侉店村村委会	61570312
16	西堡村村委会	通州区潞城镇西堡村村委会	89582060
17	胡各庄村村委会	通州区潞城镇古月佳园西区东门底商胡各庄村委会	89582070
18	召里村村委会	通州区潞城镇召里家园 6 号楼召里村委会	69590383
19	八各庄村村委会	通州区潞城镇八各庄村村委会	89583992
20	东夏园村村委会	通州区潞城镇东堡村委会东侧—东夏园村委会	89582453
21	古城村村委会	通州区潞城镇古月家园项目提升指挥部古城村村委会	89582750
22	东堡村村委会	通州区潞城镇东堡村村委会	89582105
23	魏庄村村委会	通州区潞城镇三元村甲 14 号楼魏庄村委会	89521688
24	东小营村村委会	通州区潞城镇古月家园项目提升指挥部 东小营村委会	89582652
25	后屯村村委会	通州区潞城镇后屯村村委会	69596920
26	孙各庄村村委会	通州区潞城镇孙各庄新村—后屯村委会	89597597
27	庙上村村委会	通州区潞城镇庙上村委会（潞城地铁站西 150 米）	89582475
28	大台村村委会	通州区潞城镇古月家园项目提升指挥部大台村村委会	89583154
29	岔道村村委会	通州区潞城镇岔道村村委会	69577646
30	太子府村村委会	通州区潞城镇太子府村村委会	61551656
31	小甘棠村村委会	通州区潞城镇小甘棠村村委会	61521214
32	燕山营村村委会	通州区潞城镇燕山营村村委会	13911752009
33	兴各庄村村委会	通州区潞城镇兴各庄村村委会	61521161
34	东刘庄村村委会	通州区潞城镇东刘庄村村委会	61521309
35	李疃村村委会	通州区潞城镇李疃村村委会	61520575
36	崔家楼村村委会	通州区潞城镇崔家楼村村委会	61521364
37	后榆村村委会	通州区潞城镇镇后榆村村委会	61522290
38	前榆林庄村村委会	通州区潞城镇前榆林庄村村委会	61523101
39	武窑村村委会	通州区潞城镇武窑村村委会	61529750
40	大东各庄村村委会	通州区潞城镇大东各庄村村委会	61521324
41	前疃村村委会	通州区潞城镇前疃村村委会	13911326974
42	肖庄村村委会	通州区潞城镇肖庄村村委会	61521090
43	小豆各庄村村委会	通州区潞城镇小豆各庄村村委会	52119772
44	夏店村村委会	通州区潞城镇夏店村村委会	52332700
45	大豆各庄村村委会	通州区潞城镇大豆各庄村村委会	52119753
46	武疃村村委会	通州区潞城镇武疃村村委会	61529663
47	卜落垡村村委会	通州区潞城镇卜落垡村村委会	61529885

续表 26

序号	名称	地址	电话
48	东前营村村委会	通州区潞城镇东前营村村委会	60574191
49	贾后疃村村委会	通州区潞城镇贾后疃村村委会	60574002
50	凌家庙村村委会	通州区潞城镇凌家庙村村委会	61524142
51	谢楼村村委会	通州区潞城镇谢楼村村委会	61559044
52	大甘棠村村委会	通州区潞城镇大甘棠村村委会	61525666
53	康各庄村村委会	通州区潞城镇康各庄村村委会	61552047
54	小东各庄村村委会	通州区潞城镇小东各庄村村委会	13269601435

台湖镇

【概　况】 台湖镇位于北京市东南部，通州区西南部，五环路与六环路之间，镇域西侧与朝阳区、大兴区接壤。京哈高速、京津高速、京沪高速和六环路在镇内交会贯通。镇域面积 81.3 平方千米。下辖 41 个行政村、13 个社区。有常住人口 152629 人，其中非京籍人口 82029 人。2022 年，台湖镇主要经济指标实现稳中有进、进中提质。完成税收 21.2 亿元，实现区财力 5.9 亿元。完成工业产值 3.5 亿元、固定资产投资 2 亿元、建安投资 1.9 亿元，持续为全区经济大盘添秤加码。

【基层党建和精神文明建设】 2022 年，台湖镇持续优化干部队伍建设，加强体系化干部教育培训。开展公务员大规模培训、专题培训等累计 182 人次；科级干部全日制本科以上学历比例大幅提升，平均年龄持续降低，专业化干部队伍结构明显优化。发挥党建引领作用，持续加大软弱涣散村整顿力度。成立 2 家物管会党支部，物业管理“三率”（组建率、物业管理覆盖率、党的组织和工作覆盖率）均达到 100%。用好用活用实党组织服务群众经费，进一步向人居环境、基础设施、便民服务等方面延伸，全年累计使用经费 4117.7 万元，经费使用率较以往大幅提高。重新制定和完善村支部书记、村主任月考核方案，调整并规范村“两委”成员薪酬，充分调动和激励村“两委”工作积极性和创造性。加强宣传舆论工作，组建通讯员队伍，建立新闻宣传包片制。拓宽“台湖之窗”公众号内容，创建“台湖之窗”视频号，全方位讲述台湖故事，展现台湖形象。启动“音韵书香　乐和台湖”全民阅读活动，打造全民阅读党建文化品牌。深入推进党风廉政建设和作风建设，全年开展各类监督检查 6000 余次。

【疫情防控】 2022 年，台湖镇面对严峻复杂的疫情防控形势，先后 3 次调整镇涉疫风险人员 8 小时快速转运工作方案，进一步优化健全工作机制，明确责任、细化分工，形成防控合力。下派 11 个由处级领导带队，机关骨干科级干部和年轻干部为组员的村级专班，24 小时驻村指导，紧紧抓住战“疫”主动权。统筹调度 150 余名干部下沉到各村和社区，发动 2300 余名村、社区志愿者，协助开展好核酸检测和卡口值守工作，为台湖镇基层一线充实防控力量。累计投入 5000 余万元，全力做好疫情防控物资保障供给，为战疫筑牢坚强保障。全镇上下以最快速的反应、最明确的分工、最严密的防控，有力有序有效处置多轮镇域内外突发疫情冲击，守护好台湖人民群众生命安全和身体健康。开发“台湖安居宝”小程序，筑牢疫情防控智慧防线。在“台湖之窗”微信公众号启动在线咨询问诊服务，加强药物供应储备，全力保障群众就医用药需求。加快推进老年人疫苗接种工作，60 周岁以上首针累计接种率为 92.65%，全区排名第 3 名。

【演艺小镇建设】 2022 年，台湖镇在控规调整的背景下，将通台路作为演艺小镇的重点发展轴线，以国有存量用地利旧为主，实现产业落地。北投文旅迁址至台湖。围绕图书城、京城重工 2 个产业单元，与北投文旅共享信息、同步招商、共解难题。北京交响乐团永久团址选址演艺小镇。演艺主题酒店完成改造，是台湖演艺小镇首个以戏剧演艺为主题的精品酒店。持续加大招商力度，积极拓展招商渠道。演艺车间取得营业性演出备案，标志着台湖演艺小镇在市场化运作方面取得突破性进展。北京曲剧团、北京曲艺团推出的“茶馆”沉浸式演出等经典节目，深受群众喜爱。利用演艺车间周边 320 亩复耕地块，打造稻小蟹艺术农场，探索培育农文旅融合的新型业态。通过线上线下相结合的方式，举办草坪露营音乐会，拓展演出新模式，丰富群众文化生活。国家大剧院台湖舞美艺术中心发挥龙头作用，相继举办“小镇会客厅”“郎朗大师课”“台湖爵士音乐节”等品牌活动，“台湖演艺艺术周”“台湖星期音乐会”等四大品牌项目已形成影响力。举办首届台湖儿童戏剧周，成立儿童戏剧产业联盟，引流米小圈等多家文化演艺龙头企业集聚台湖，聚焦演艺特色发展、戏剧产业孵化、沉浸式主题娱乐等产业深化，为城市副中心“演艺明珠”集聚新的动能，向更多人民群众展示“大戏看北京，演艺看台湖”这张特色文化名片。

【乡村振兴】 2022年，台湖镇以建设美丽乡村、加强城镇化建设为抓手，科学谋划、分类指导、循序渐进、持续而为，进一步促进城乡融合发展。19个村庄的美丽乡村村庄规划编制取得批复，在全区乡镇中率先完成第一批示范类创建美丽乡村“补短板工作”任务。唐大庄村入选“运河畔美丽乡村样板村”。统筹抓好农村厕所革命，稳步推进公厕改造试点工作，城乡品质得到较大提升，全年有23个村85个公厕得到改造。坚持问题导向，明确工作标准，加强绩效管理，持续推进人居环境整治工作，建立“问题反馈—整改落实—完成反馈”闭环工作流程，实行“清单式”整改，让乡村干净起来、整洁起来。23个平房村新增区级问题点位4210处，整改完成4122处，整改率达到97.9%。超额完成区级拆违总任务，拆违销账16.01万平方米。限期整治类销账率达到创建验收标准。始终坚持对新生违建“零容忍”的态度，制定违法建设管控机制和日常巡查制度，确保新生违法建设行为“早发现、早制止、早处理”，逐步实现“存量违法建设持续消减，新增违法建设动态清零”的总体目标。

【生态环境】 按照统一管理、统一养护的原则，加强台湖林场对林地、绿地、公园的绿化养护管理水平。持续加强阡陌公园、体育公园、台湖公园、东石公园等精细化养护工作，让“开门见绿、推窗见景”随处可见，满足居民日常休闲娱乐和精神文化需求。城市副中心首个古树公园——新河古树园正式挂牌。以$PM_{2.5}$等大气指标为依据，密切关注各项大气指标的小时浓度，聚焦热点区域周边，全面排查、精准溯源、快速整改。2022年，$PM_{2.5}$累计浓度均值为37微克/立方米，同比改善率为17.8%，全区排名第3名。严防“扬尘污染”，紧盯施工工地、小微工程、裸露地块等重点区域，持续加大巡查执法力度，精准有效治理。全年降尘量均值为6.3吨，同比上年下降18%，大气环境状况明显改善。坚持保护和治理并重，水环境质量持续稳定向好。全面落实“河长制”，严格落实定期巡查机制，镇村两级河长有效巡河里程1万多千米，累计巡河3831人次。整治水环境问题13处，治理入河排污口33个。建立排水长效管理体系，确保污水溢流及时处置。

▲ 7月，台湖公园一角

（台湖镇提供）

【民生保障】 2022年，台湖镇有序推动田家府村、铺头村选房入住工作，多年历史遗留问题得到解决。落实落细农低保、城低保、特困人员、困境儿童等基本生活救助工作，悉心倾力，织密兜牢基本民生保障安全网。建设4家社区养老服务驿站、2家农村幸福晚年驿站和1家养老照料中心，优化服务供给，就近满足老年人居家养老服务需求。多措并举稳就业，新增城乡劳动力就业人员2072人，城镇登记失业人员就业率65.8%。开展新一轮公益性就业岗位的招聘及续聘工作，托底安置困难人员共计103人。台湖镇劳动人事争议调解中心获评“第二批北京金牌劳动人事争议调解组织”。景山学校通州分校正式启用，为周边百姓提供优质教育资源。完成312名非京籍适龄儿童入学“四证”审核工作。持续开展全镇50周岁以上人群体检、育龄妇女体检等便民惠民工作，获评“北京市卫生乡镇”称号。广泛开展群众性文化体育活动，放映数字电影435场，星火工程演出80场，组织观看大剧院台湖剧场公益演出10余场，惠及居民近万人。

（崔淑艳）

台湖镇社区居委会、村委会一览表

表 27

序号	名称	地址	电话
1	定海园一里社区居委会	通州区台湖镇定海园一里 7 号楼底商	80822476
2	定海园二里社区居委会	通州区台湖镇定海园二里 9 号楼底商	80829713
3	拾景园社区居委会	通州区台湖镇拾景园小区 4 号楼	69501505
4	润枫领尚社区居委会	通州区台湖镇兴光三街 9 号院 22 号楼	61533028
5	印象台湖北里社区居委会	通州区台湖镇印象台湖 25 号楼三层南侧	21424372
6	印象台湖南里社区居委会	通州区台湖镇印象台湖 25 号楼三层南侧	21424274
7	银河湾社区居委会	泰禾一号街区 4 号院外面底商	69505392
8	东惠南里社区居委会	东惠家园 1 期 3 号院 9 号楼	69507494
9	东惠北里社区居委会	东惠家园二期 1 号院东小门（院外）7 号楼	69508093
10	阳光花庭社区居委	嘉创一路 1 号院小区 5 号楼	56946650
11	璟秀欣苑社区居委会	璟秀欣苑 7 号院 1 号楼 电话：	69508372
12	盛达嘉园社区居委会	站前街南三街二楼	69501620
13	通和社区居委会	通和家园 6 号院 4 号楼	61538733
14	外郎营村村委会	通州区台湖镇外郎营村 50 号 电话：	60578820
15	北火垡村村委会	通州区台湖镇北火垡临 1 号	61534143
16	北姚园村村委会	通州区台湖镇北姚园村委会	61531732
17	丁庄村村委会	通州区台湖镇丁庄村 41 号	69501281
18	董村村委会	通州区台湖镇董村 133 号	81503518
19	周坡庄村村委会	通州区台湖镇周坡庄村临 3 号	61538152
20	次二村村委会	通州区台湖镇次渠南里 109 号楼二层	69501237
21	台湖村村委会	通州区台湖镇台湖村村北水厂院内	61536096
22	马庄村村委会	通州区台湖镇马庄夺 60 号	69501280
23	唐大庄村村委会	通州区台湖镇唐大庄村委会	
24	兴武林村村委会	通州区台湖镇兴武林村 4 号	61537780
25	蒋辛庄村村委会	通州区台湖镇蒋辛庄村委会	61531907
26	北神树村村委会	通州区台湖镇次渠北里 5 区公建房 2 层	81502473
27	白庄村村委会	通州区台湖镇白庄村 1 号	69501282

续表 27

序号	名称	地址	电话
28	永隆屯村村委会	通州区台湖镇次渠北里二区 107 号楼二层	69503727
29	胡家垡村村委会	通州区台湖镇胡家垡村委会	61531936
30	西太平庄村村委会	通州区台湖镇次渠嘉园 7 区公建房	
31	前营村村委会	通州区台湖镇蒋辛庄村	61532014
32	麦庄村村委会	通州区台湖镇前营村委会	69502488
33	桑元村村委会	通州区台湖镇次渠南里 109 号楼二层	69501548
34	西下营村村委会	通州区台湖镇西下营村委会	61535015
35	高古庄村村委会	通州区台湖镇次渠北里 5 区 135 号楼 2 层	69500416
36	水南村村委会	通州区台湖镇次渠南里 109 号楼二层	69503089
37	新河村村委会	通州区台湖镇次渠嘉园 7 区公建房	69500546
38	次一村村委会	通州区台湖镇次渠南里 109 号楼二层	69501725
39	江场村村委会	通州区台湖镇江场村 139 号	61531950
40	窑上村村委会	通州区台湖镇窑上村临 155 号	61531763
41	东下营村村委会	通州区台湖镇东下营村委会	61536844
42	口子村村委会	通州区台湖镇口子村委会	61537625
43	垛子村村委会	通州区台湖镇次渠嘉园 7 区公建房	69504323
44	玉甫上营村村委会	通州区台湖镇玉甫上营村 394 号	61532638
45	大地村村委会	通州区台湖镇次渠南里 109 号楼二层	69505755
46	田府村村委会	通州区梨园镇萧太后河北岸 7 号	61536861
47	朱家垡村村委会	通州区台湖镇朱家垡村委会	61531895
48	桂家坟村村委会	通州区台湖镇次渠北里二区 107 号楼二层	69501578
49	东石村村委会	通州区台湖镇次渠南里 109 号楼二层	69502074
50	碱厂村村委会	通州区台湖镇碱厂村 290 号	61531737
51	徐庄村村委会	通州区台湖镇徐庄村 22 号	69500545
52	北小营村村委会	通州区台湖镇次渠南里 109 号楼二层	
53	铺头村村委会	通州区梨园镇萧太后河北岸 7 号	61531962
54	尖垡村村委会	通州区台湖镇尖垡村 96 号	61531742

永乐店镇

【概　况】　永乐店镇位于通州区东南部，地处京、津、冀三省市交界处，距通州城区23千米，京津塘高速公路穿境而过，京、津第二条高速公路和京、津城际铁路途经镇域腹地，是国家级重点小城镇。面积104.68平方千米，下辖38个行政村，常住户数17244户，常住人口49170人，户籍人口户数25363户，户籍人口46623人，其中农业户籍人口29178人。

【基层党建】　2022年，永乐店镇深入开展党性、党纪、党风和廉洁从政教育，组织党员干部观看警示教育片，以案为鉴引导党员干部进一步筑牢不敢腐、不想腐的思想防线。特别是对新选拔的年轻干部从严教育管理监督，引导其扣好廉洁从政的“第一粒扣子”。加快转变工作作风，弘扬担当实干之风，在实际工作中坚决反对形式主义、官僚主义，倡导树立“马上就办、办就办好”的工作理念，打造“严、真、细、实、快”的高素质干部队伍。防范化解廉政风险，聚焦基层干部权力行使，梳理全镇机关职权事项和廉政风险点，强化日常监督检查，有效防范风险。自觉接受镇人大依法监督，办理人大代表建议5件、政协提案5件，办复率100%。

【经济建设】　2022年，永乐店镇实现税收8.49亿元，同比增长10.2%，形成区级财力2.37亿元，同比增长5.7%，经济运行稳中向好。成立项目攻坚服务专班，建立月调度、分节点、压责任工作机制。电投工业互联网项目实现年内开工、年内封顶。循环经济产业园建设稳步推进，完成通州区再生能源发电厂二期工程、有机垃圾资源化综合处理中心等项目环评、稳评及地上物腾退工作。引入社会投资，推动盘活珠江永乐店项目12万平方米闲置厂房，打造集文化体育、国际贸易、网络电商、配套服务于一体的一站式产业集聚园区。落实“服务包”企业走访机制，镇二级班子成员包联到户，走访企业近200家次。畅通沟通渠道，建立永乐店“找我就行”服务工作机制，累计为企业解决生产经营中各类问题近300个，受到企业广泛好评。

【疫情防控】　2022年，永乐店镇严格执行“外防输入、内防反弹”防控策略，守好进京第一道防线。组建群防群治队伍，确保边界无漏洞。全镇全力站好疫情前哨岗。抽调100余名机关干部，成立大数据摸排突击队，流调50余万人次，高效完成区8小时指挥部各项工作。推进疫苗接种工作，在全区率先完成老年人首针接种率91.2%的任务目标，“疫苗接种‘永’相伴”获评“十佳”基层社会治理品牌，进一步筑牢免疫屏障。

【接诉即办】　2022年，永乐店镇按时、保质、保量完成“热线+网格”相关工作。设置村级群众诉求“接单日”，有效解决一批群众关心的热点难点问题，推动接诉即办向未诉先办转变。2022年接诉即办市直派成绩全区第四，乡镇排名第一，获评北京市接诉即办工作先进集体。持续加强完善“热线+网格”工作机制，加大内部统筹协调力度，畅通内部运转流程，提升网格化管理成效。

【乡村振兴】　2022年，永乐店镇打造乡村振兴典型示范，扎实推进“一村一品”，以大务育苗基地、西槐庄萝卜、老槐庄食用菌为示范，打造适合镇域特点的集体经济增长点。严格落实稳产保供主责，健全工作机制，加大巡查力度，保护好全镇3.08万亩永久基本农田红线。复耕复垦2.2万亩土地，超额完成区级任务，效率、进度排名全区第一。加快美丽乡村建设，持续做好绿化、路灯、公厕等基础设施管护工作，下拨38个村基础设施管护费2810万元。投资2.86亿元压茬推进孔庄村等16个村的饮用水水质提升、污水管渠、道路整修等工程建设，补齐基础设施短板。制定9个边界村景观风貌提升工作方案，完成通武线镇域内2.7千米环境提升方案设计和申报工作，精心描绘“处处是美景”的新市镇美丽画卷。

【生态环境】　2022年，永乐店镇压紧压实环境保护责任，深入开展“一微克”行动，提高日常清扫保洁频次，不断加大对施工扬尘、道路扬尘、过境车辆的日常监管和执法力度，整治裸露地块65块，面积471.62亩。坚决打好污染防治攻坚战，$PM_{2.5}$浓度逐步改善。全面落实河长制，完善河道日常巡查管护工作，加大对河渠等周边场所入河排污口排查工作力度，河道水质明显改善。充分发挥镇级林场在集体生态林保护、经营、利用和生态承载力提升等方面的优势，新增平原造林面积2400亩，累计管护面积4.3万亩，林地绿地资源保护、园林绿化工程建设与质量等10项绩效考核成绩位列全区第一。

▲　11月，半截河村南口复耕的土地

（永乐店镇提供）

【平安建设】 2022年，永乐店镇结合市域边界特点，切实做好外围防线管控。注重抓日常与抓重点相结合，定期开展风险研判，及时研究解决对策，将矛盾化解在平时。坚持积极开展矛盾排查化解工作，圆满完成北京冬奥会、冬残奥会等重大会议活动的安保维稳工作，确保重大会议活动期间安全形势持续稳定。建立健全安全生产责任体系，形成镇、村、企齐抓共管的良好局面。扎实开展安全隐患大排查、大整治、大清理专项行动，坚持企业自查自改与政府督查相结合、全面排查与重点整治相结合、监督检查与联合执法相结合，切实保障人民群众的生命财产安全。

【文化建设】 2022年，永乐店镇高标准打造新时代文明实践阵地，加强资源整合，依托志愿者队伍，从理论政策宣讲、科技与科普服务、健身体育服务等方面常态化开展形式多样的文明实践活动1.25万场次，参与人数9.4万人次。新增村内足球场、篮球场4座。开展各类文体活动60次，培训35场，举办“星火工程”文化惠民演出、“强国复兴有我·喜迎二十大”文艺展演等80余场，承办国家级艺术团文艺演出2场，累计参与人员超2万人次。永乐店中学在全市率先成立“李四光班”，将全国高校优质教育资源引入高中教育。整合原柴厂屯中学及小学教育资源，成立全镇首个九年一贯制学校——柴厂屯学校，为全镇义务教育健康发展提供范例。

【民生保障】 2022年，永乐店镇救助民政对象291户、医疗救助283户次、因病致贫救助家庭19户、残疾人生活补贴救助8807人次、残疾人护理补贴救助4369人次，发放困难老年人养老服务补贴、失能老年人护理补贴、60岁以上农村户籍老年人生活补贴、高龄老年人津贴等各类补助1.9万人次，累计拨付补助资金3500余万元。积极落实就业政策，针对性开展职业技能培训9期，培训约600人。多措并举提供就业机会，鼓励本地企业吸纳本地劳动力，实现家门口就业。拓宽就业路径，开展线上招聘会25期，完成大学应届毕业生就业帮扶84人，实现城乡劳动力就业1446人。

（王爽）

永乐店镇村委会一览表

表28

序号	名称	地址	电话
1	永乐店一村村委会	通州区永乐店镇永新路76号	69569024
2	永乐店二村村委会	通州区永乐店镇老工商所斜对面	69568744
3	永乐店三村村委会	通州区永乐店镇永乐店三村143号	69568632
4	小南地村村委会	通州区永乐店镇小南地村28号	69569656
5	新西庄村村委会	通州区永乐店镇新西庄村1号	69568493
6	南堤寺东村村委会	通州区永乐店镇南堤寺东村317号	69568489
7	南堤寺西村村委会	通州区永乐店镇南堤寺西村158号	69568487
8	马合店村村委会	通州区永乐店镇马合店村330号	80553586
9	大羊村村委会	通州区永乐店镇大羊村202号	69569314
10	孔庄村村委会	通州区永乐店镇孔庄村1号	69569684
11	老槐庄村村委会	通州区永乐店镇老槐庄村385号	69564047
12	陈辛庄村村委会	通州区永乐店镇陈辛庄村	80597273
13	邓庄村村委会	通州区永乐店镇邓庄村24号	69567975
14	后甫村村委会	通州区永乐店镇后甫村26号	69568355
15	东张各庄村村委会	通州区永乐店镇东张各庄村207号	69564024
16	德仁务前街村村委会	通州区永乐店镇德仁务前街村	69569990
17	德仁务中街村村委会	通州区永乐店镇德仁务中街村521号	69568153

续表 28

序号	名称	地址	电话
18	德仁务后街村村委会	通州区永乐店镇德仁务后街村 331 号	69568308
19	西河村村委会	通州区永乐店镇西河村 103 号	80551310
20	东河村村委会	通州区永乐店镇东河村 236 号	80551978
21	小务村村委会	通州区永乐店镇小务村 151 号	80551012
22	大务村村委会	通州区永乐店镇大务村 586 号	80551192
23	鲁城村村委会	通州区永乐店镇鲁城村 236 号	80552715
24	后营村村委会	通州区永乐店镇后营村 243 号	80551315
25	西槐庄村村委会	通州区永乐店镇西槐庄村 40 号	80551454
26	坚村村委会	通州区永乐店镇坚村 79 号	80598008
27	小安村村委会	通州区永乐店镇小安村 19 号	80551312
28	临沟屯村村委会	通州区永乐店镇临沟屯村 285 号	80511342
29	应寺村村委会	通州区永乐店镇应寺村 310 号	80511306
30	胡家村村委会	通州区永乐店镇胡家村 229 号	80512105
31	柴厂屯村村委会	通州区永乐店镇柴厂屯村 136 号	80511241
32	熬硝营村村委会	通州区永乐店镇熬硝营村	80515526
33	小甸屯村村委会	通州区永乐店镇小甸屯村 315 号	80511475
34	三垡村村委会	通州区永乐店镇三垡村 141 号	80511407
35	半截河村村委会	通州区永乐店镇半截河村 496 号	80514388
36	兴隆庄村村委会	通州区永乐店镇兴隆庄村 122 号	80511522
37	前马坊村村委会	通州区永乐店镇前马坊村 119 号	80511397
38	后马坊村村委会	通州区永乐店镇后马坊村 51 号	80511492

于家务回族乡

【概　况】 于家务回族乡位于通州区南部，距通州城区 21 千米，是北京市五个少数民族乡之一，也是通州区唯一的少数民族乡。下辖 23 个行政村、2 个社区，总面积 65.7 平方千米。2022 年实现税收 7.3 亿元，完成工业产值 18.3 亿元，完成全社会固定资产投资 5.99 亿元，建安投资 2.82 亿元。

【基层治理】 2022 年，于家务乡全面落实“基层治理年”工作，组建基层治理人才队伍，通过聘请北京大学基层治理专家学者、实施“头雁工程”“归雁工程”，不断充实基层治理人才智库。完成“基层治理年”36 项任务，一批百姓急难愁盼问题得到有效解决，“共建共治共享”的工作格局初步形成。

【精神文明建设】 2022 年，于家务乡举办七夕文化节、金秋话金婚、星火工程公益演出、新时代志愿服务等各类活动 600 余次，参与人员 1 万余人；建成仇庄、富各庄新时代文明实践特色驿站，金鼎、维通利等 4 家实体书店陆续投入使用。推进于家务回族乡“铸牢中华民族共同体意识，促民族乡村振兴”等项目，凝心聚力促发展。不断提高文体服务水平，丰富群众业余生活，建成乡综合文化中心 24 小时文化空间站，更新一批老旧文体设施。

【接诉即办】 2022 年，于家务乡进一步优化接诉即办运行机制。完善《于家务乡接诉即办工作考核办法》，在区级奖励资金的基础上，进行资金配比，为深入推进“我为群众办实事”做好资金保障；创新性提出“三创”（创建无诉求村、社区，满分村、社区和提升村、社区）工作机制，以高质量的党建工作引领基层治理体系和治理能力现代化建设，构建“党组织—支部书记—‘两委’班子—党员”四级责任体系，在各村（社区）基层党组织中分类分级开展“三创工作”，推动接诉即办工作提质增效；打造乡村院落式纠纷调解基层治理品牌“于府院”，将“诉源治理”与“接诉即办”深度融合，通过乡“于府院”与村级“小院儿”的两级联动机制，一站式处理群众矛盾调处、涉法涉诉等需求，从源头预防和化解矛盾纠纷，减少诉讼增量。2022年于家务回族乡接诉即办市直派成绩通州区排名第五，同比上年前进了5个名次。

【乡村振兴】 2022年，于家务乡落实“两区两中心”（国家战略物种种源安全先行区、生物育种前沿技术创新引领中心、种业创新成果数据汇聚转化中心、现代种业产业集群发展示范区）建设发展规划。7月28日，在海南三亚举办的中国种子大会上，面向全国推介种业园区；有序筹备第三十届中国北京种业大会，成功举办第十一届北京现代种业博览会。全年拆除违法建设10.03万平方米；持续完善基础设施建设，基本完成第二批美丽乡村涉水工程，修缮乡域内29千米道路，为小海字河边路等4条“有路无灯”道路安装路灯，在14个美丽乡村实施外墙保温工作，在西马坊、王各庄、前伏、渠头4个村实施小微工程，升级改造西里社区供暖管线。对无证无照经营、“开墙打洞”“散乱污”企业、占道经营等乱象保持动态清零；持续开展农村人居环境管护及爱国卫生运动等工作，不断巩固和扩大创城、创卫成果，垃圾分类正确率达到95%，人居环境长效管护工作成绩持续位列北京市前十，稳居通州区第一。

【生态环境】 2022年，于家务乡持续深化“一微克”行动，工地、道路、裸地“三尘”实现精细化管控，$PM_{2.5}$、降尘量、TSP浓度均达到同比改善10%以上，大气质量持续向好。全面开展水环境治理，次中心污水处理厂污水处理能力提高至7000吨/天，有效缓解污水溢流问题；落实“河长制”巡察整改工作，加强废水、污水排放监管处罚力度，强化柏凤沟等水域黑臭水体治理力度；凤港减河南仪阁断面氨氮、总磷、化学需氧量三项指标分别改善44.7%、17.2%、11.5%，补偿金累计净获得排名通州区第一，乡域水环境明显改善。严格落实耕地和永久基本农田保护任务，完成复耕复垦1.74万亩，建成高标准农田877亩；结合“田长制”工作要求，逐级压实监管责任，粮食播面同比增长45%，产量增长80%；蔬菜产量同比增长20%。不断开展大尺度绿化，新增造林面积2270余亩，实施战略留白增绿100余亩，全乡森林覆盖率38%。大耕垡、南刘庄2个村头片林建成小型主题游憩广场；北辛店、吴寺2个保育小区完成建设；开展林分结构调整4000余亩，及时做好采伐及补植工作；南三间房村获“首都绿化美化先进集体村”称号，百姓家门口推窗见绿、出门见林的“微幸福”空间持续扩展。

【平安建设】 2022年，于家务乡坚持把服务保障党的二十大胜利召开作为贯穿全年的平安建设工作主线，安全生产专项整治三年行动全面收官。隐患排查治理深层次推进，出动执法检查力量1.5万余人次；完成村级微型消防站建设，配备21辆小型电动消防车；安装2500台电动自行车智能充电桩；快速推进安全社区建设、安全文化建设，南刘庄村等9个村获评全国或北京市“综合减灾示范社区”，维通利电气公司获评“北京市安全文化建设示范企业”，创建成功率和创建比率均居于全区前列。积极发挥综治中心的作用，及时分析研判信访苗头性问题，有效将矛盾和问题化解在基层。

【民生保障】 2022年，于家务乡持续加大对困难家庭、特殊人群的保障力度，累计发放社救人员医疗救助金、社会救助金等各类补贴2200万元。多措并举稳就业，建立重点企业用人需求档案，举办“春风行动”等网络招聘会，开展创业促就业活动，带动就业岗位3500余个，城镇登记失业人员就业率完成全年任务的102%。稳步推进农村劳动力就业参保扩面增量，完成全年任务的116%。养老服务水平逐步提升，乡级养老照料中心投入使用，南刘庄、枣林、渠头3家村级养老驿站正式运营，新增家庭养老照护床位70张，三级养老服务体系基本形成。仇庄村获评北京市“2022年全国示范性老年友好型社区”。卫生健康事业持续发力，巩固和完善体制机制，新增21座健康自测站，组织全民体检6000余人，公共卫生均等化要求逐步落实。切实把办理建议提案作为服务群众、接受监督、促进自身建设的重要抓手。全年办理人大、政协提案18件，办复率100%。全面推进政务公开和审计监督全覆盖，依法公开政府信息180条，行政权力得到进一步制约和监督。

（邵欣）

▲ 8月22日，第十一届北京现代种业博览会开幕

（于家务回族乡提供）

于家务回族乡社区居委会、村委会一览表

表 29

序号	名称	地址	办公电话
1	于家务西里社区居委会	通州区于家务回族乡于家务西里 26 号楼	80532976
2	永济社区居委会	通州区于家务回族乡紫峰九院城四区 14 号楼	80552040
3	于家务村村委会	通州区于家务回族乡于家务村五街 64 号北 100 米	80531963
4	东马各庄村村委会	通州区于家务回族乡东马各庄村 433 号	80531950
5	西马坊村村委会	通州区于家务回族乡西马坊村 69 号	80534891
6	果村村委会	通州区于家务回族乡果村 4 号	80531982
7	神仙村村委会	通州区于家务回族乡神仙村 147 号	80534860
8	北辛店村村委会	通州区于家务回族乡北辛店村 304 号	80532820
9	大耕垡村村委会	通州区于家务回族乡大耕垡村 128 号	80533588
10	南仪阁村村委会	通州区于家务回族乡南仪阁村 114 号	80531946
11	南刘庄村村委会	通州区于家务回族乡南刘庄村 1 号	80521997
12	吴寺村村委会	通州区于家务回族乡吴寺村 114 号	80529028
13	仇庄村村委会	通州区于家务回族乡仇庄村 227 号	80521158
14	枣林村村委会	通州区于家务回族乡枣林村甲 6 号	80521014
15	小海字村村委会	通州区于家务回族乡小海字村 037 号	80522196
16	渠头村村委会	通州区于家务回族乡渠头村 244 号	80521362
17	南三间房村村委会	通州区于家务回族乡南三间房村 60 号	80529409
18	富各庄村村委会	通州区于家务回族乡富各庄 2 号	80535760
19	王各庄村村委会	通州区于家务回族乡三区 105 号	80523898
20	满庄村村委会	通州区于家务回族乡满庄村 47 号	80523633
21	崔各庄村村委会	通州区于家务回族乡崔各庄村 116 号	80569551
22	东垡村村委会	通州区于家务回族乡东垡村 45 号	80521474
23	西垡村村委会	通州区于家务回族乡西垡村 161 号	80529786
24	前伏村村委会	通州区于家务回族乡前伏村 55 号	80521213
25	后伏村村委会	通州区于家务回族乡后伏村 101 号	80529268

人物 荣誉

全国先进单位、先进个人

国家森林城市
通州区
全国法治政府建设示范地区
通州区
全国五一劳动奖状
通州区人民检察院
全国学雷锋志愿服务最佳志愿服务项目
北京地铁6号线平安地铁志愿服务项目
全国优秀公安基层单位
通州分局潞源派出所
全国第二批“枫桥式公安派出所”
通州分局潞源派出所
第六届中国青年志愿服务项目大赛银奖
与礼有约——北京环球度假区周边保障志愿服务项目
西集“两河”水域保护广域实践志愿服务项目
通图儿童故事会志愿服务项目
“助人自助 志智双扶”志愿服务项目
2022年度查处重大侵权盗版案件有功单位
通州区人民检察院第二检察部（北京曹某某侵犯著作权案专案组）
一星级全国青年文明号
北京市通州区住房和城乡建设委员会工程管理科
为群众办实事示范法院
北京市通州区人民法院
全国维护妇女儿童合法权益先进集体
北京市通州区人民法院
全国绿化先进集体
通州区园林绿化局
全国人力资源社会保障系统优质服务窗口
北京市通州区劳动人事争议仲裁院
全国民主法治示范村（社区）
通州区于家务回族乡南三间房村
2022年全国示范性老年友好型社区
通州区于家务回族乡仇庄村
人民满意的公务员
乔石
全国公安机关成绩突出青年民警
乔石
最美基层民警
张梁
第26届中国青年五四奖章
张旗
全国优秀人民警察
邓秋民
全国五一劳动奖章
张洪
全国法院办案标兵
徐明祺
全国最美家庭
李中华
全国青少年普法教育优秀辅导员
王欢欢
2022年度查处重大侵权盗版案件有功个人
刘军
2021年度查处重大侵权盗版案件有功个人
张帅帅 魏警晖 邱华静
2021年打击危险废物环境违法犯罪和重点排污单位自动检测数据弄虚作假犯罪专项行动中表现突出个人
李文祥
2022年全国检察宣传先进个人
梁爽 张帅帅
全国关心下一代最美五老称号
王雅岚
全国青少年普法教育先进工作者
何惠英
全国“中华魂”（强国有我）主题教育活动先进个人
范立华

北京市先进单位、先进个人

首都劳动奖状
国网北京通州供电公司
通州区人力资源和社会保障局
通州区潞源街道办事处
北京市工人先锋号
许可事务服务中心
区交通局运输综合执法大队
北京市“书香机关”
北苑街道办事处
北京市“书香家庭”
李华锡家庭
2018—2022 年度北京市保密工作先进集体
北京市通州区委保密委员会办公室
国家税务总局北京市通州区税务局办公室
第十六届“北京市思想政治工作优秀单位”
通州区人民检察院政治部
2022 年北京市“团建百强”品牌项目
检·爱项目
青年文明号
通州区人民检察院第一检察部
“北京市青年文明号”称号
北京市通州区人民法院民三庭
2017—2020 年度平安北京建设工作先进集体
北京市通州区人民法院刑事审判庭
北京市五四红旗团支部
北京市通州区人民法院团委
北京市模范法院
北京市通州区人民法院
北京市法院先进集体
北京市通州区人民法院行政审判庭
北京市五四红旗团委
通州区市场监督管理局团委
北京冬奥会、冬残奥会北京市先进集体
通州区市场监督管理局
北京市接诉即办工作先进集体
北京市通州区市场监督管理局
冬奥会、冬残奥会特种设备服务保障工作先进集体
通州区市场监管局文化旅游区分局
奥林匹克标志知识产权保护突出贡献集体
通州区知识产权局
2021 年度北京市交通运输综合执法先进单位
通州区交通局
2021 年度安全生产检查先进单位
区交通局安全生产督查检查队
2021 年度“贴心服务标兵”
区交通局综合审批科
2021 年度首都城市环境建设管理样板单位、共建共治共享背街小巷点“靓”幸福生活荣誉奖牌
通州区城市管理委员会
最美城市运行及环境保障团队
通州区城市管理委员会环卫科
2021 年度首都城市环境建设管理样板单位、“学党史 守初心 担使命 强作风”专项行动表现突出单位
通州区城市管理综合行政执法局
服务保障贡献集体
通州区园林绿化局
北京市园林绿化工作先进集体
通州区园林绿化局义务植树科
北京市通州区林业保护站
2022 年市规划自然资源委系统先进党组织
通州区不动产登记中心党支部
第三次全国国土调查先进集体
北京市规划和自然资源委员会通州分局
2021—2022 年度北京市应急管理系统青年文明号
潞邑街道安全生产检查队
优秀信息工作单位
通州区人力资源和社会保障局
2021 年度北京市劳动人事争议调解工作优秀单位
北京市通州区劳动人事争议仲裁院
2021 年度北京市劳动人事争议调解仲裁综合工作优秀单位
北京市通州区劳动人事争议仲裁院
2022 年度“首都最佳应急志愿服务组织”
临河里街道华业玫瑰园社区青年志愿者服务队
2022 年度首都最美应急志愿服务社区
临河里街道土桥社区
市级民主法治示范社区
临河里街道裕馨社区
首都绿化美化花园式单位
通州区潞源街道办事处
北京市控烟示范单位
通州区永顺镇人民政府
北京市司法行政系统先进集体
通州区永顺镇司法所
北京市综合减灾示范社区
通州区永顺镇后窑村
通州区永顺镇李庄村
通州区永顺镇永顺东里社区
通州区于家务回族乡崔各庄村

通州区于家务回族乡前伏村
临河里街道土桥社区
临河里街道砖厂南里社区
北京市抓党建促乡村振兴示范村
通州区于家务回族乡富各庄村
北京市农村工作（2017—2021 年）先进村
通州区于家务回族乡富各庄村
通州区于家务回族乡南三间房村
通州区于家务回族乡仇庄村
首都森林村庄
通州区于家务回族乡南三间房村
北京市首批无疫社区（村）
通州区于家务回族乡富各庄村
通州区于家务回族乡南三间房村
通州区于家务回族乡仇庄村
通州区于家务回族乡枣林村
通州区于家务回族乡大耕垡村
通州区于家务回族乡满庄村
通州区于家务回族乡渠头村
通州区于家务回族乡小海字村
2017—2021 年度北京市档案系统先进集体
于家务回族乡人民政府
首都劳动奖章
徐颖　阚硕鹏　仲国胜
北京市“金牌阅读推广人”
陈学晶
2018—2022 年度北京市保密工作先进个人
许长新　董亚荣（女）
北京市检察机关服务保障冬奥会冬残奥会表现突出个人
刘冰清玉　李熙贤　岳阳
北京市优秀共青团员
杨文慧
2017—2020 年度平安北京建设工作先进个人
岳阳
2021 年度优秀调解速裁团队
徐明祺
2021 年度立案审判工作先进个人
卜岩兵
第四届北京市模范法官
于素娟　雷小云　李炎铎
第十一届北京市法院系统先进法官
芦玉杰　赵智一　李亚琳　邹金宏
第六届“北京市审判业务专家”
邱春阳
北京法院少年法庭工作先进个人
王欢欢
冬奥会、冬残奥会食品供应保障工作先进个人
李少波
奥林匹克标志知识产权保护突出贡献个人
朱晓军
2021 年度北京市安全生产“安全先锋”
白瑞
北京 2022 年冬奥会冬残奥会北京市先进个人
谢书建　王磊　孔德一
首都城市环境建设突出贡献个人
赵然　周贺然　王鑫
第八届北京市“人民满意的公务员”
王文亮
服务保障贡献个人
张莹莹
北京市园林绿化工作先进个人
刘永光　杨艳锋　姜新福　吕炳辉
首都绿化美化先进个人
王岩森　杨艳锋　王颖　何亮　王爱东
优秀信息工作者
申晓娟
优秀仲裁员
任雪莲　冯芳　沈智慧　梁曼　梁田
北京市接诉即办工作先进个人
韩雪娇　金玉建
市级交通安全工作表现突出管理干部
杨永顺
北京市第七次全国人口普查先进个人
李进

统计资料

社会经济主要指标（一）

表 30

项目	单位	2022 年	2021 年	增速（%）
区域概况				
全区土地面积	平方千米	906	906	—
乡镇数	个	11	11	—
# 镇	个	10	10	—
街道办事处	个	11	11	—
村民委员会	个	470	470	—
平均气温	度	12.5	12.7	-1.6
常住人口				
年末常住人口	万人	184.3	184.3	0.0
# 常住外来人口	万人	89.9	89.9	0.0
按性别分				
男性	万人	96.7	96.9	0.1
女性	万人	87.6	87.4	0.2
按城乡分				
城镇人口	万人	137.3	136.9	0.6
乡村人口	万人	47.0	47.4	-1.0
按年龄分组情况				
#0—14 岁人口	万人	23.2	22.9	2.7
15—64 岁人口	万人	139.4	139.5	-0.1
60 岁及以上人口	万人	32.1	32.1	0.0
65 岁及以上人口	万人	21.7	21.9	-0.9
户籍人口情况				
户籍人口	人	848888	834909	1.7

项目	单位	2022 年	2021 年	增速（%）
按性别分				
男	人	419410	412344	1.7
女	人	429478	422565	1.6
按城乡分				
农业人口	人	253513	254441	-0.4
非农业人口	人	595375	580468	2.6
总户数	户	414719	410609	1.0
农业户	户	126721	126943	-0.2
非农业户	户	287998	283666	1.5
劳动力情况				
乡镇及行政村从业人员	人	535311	531579	0.7

注：1. 部门数据来源于中共通州区委社会工作委员会通州区民政局、气象局、生态环境局、北京市公安局通州分局、北京市规划自然委员会通州分局

社会经济主要指标（二）

表 31

项目	单位	2022 年	2021 年	增速（%）
国民经济核算				
地区生产总值（初步核算数）	万元	12533702	12085123	2.8
按产业分				
第一产业	万元	133505	132358	-0.4
第二产业	万元	4667197	4442232	3.8
第三产业	万元	7733000	7510533	2.2
财政税收金融				
地方财政收入	万元	1792148	2095432	-14.5
# 一般公共预算收入	万元	894345	924091	-3.2
地方财政支出	万元	4220124	4859666	-13.2
# 一般公共预算支出	万元	3062536	3302886	-7.3
各项税费收入	万元	23526858	4071438	477.9
人民币各项存款余额	万元	68762562	60511188	13.6
人民币各项贷款余额	万元	25533816	19768355	29.2
对外贸易				
实际利用外资	万美元	8307.6	40685.6	-79.6
新增外商投资企业个数	个	59	125	-52.8

项目	单位	2022 年	2021 年	增速（%）
进出口贸易总额	亿元	197.5	177.8	11.1
# 出口创汇总额	亿元	89.6	75.2	19.1
固定资产投资				
固定资产投资（不含农户）		—	—	0.5
# 民间投资		—	—	-15.6
基础设施投资		—	—	-7.2
建安投资		—	—	17.1
按产业划分				
第一产业		—	—	32.3
第二产业		—	—	72.0
# 工业		—	—	72.0
第三产业		—	—	-8.4
房地产开发投资		—	—	-14.5

注：1. 部门数据来源于通州区财政局、税务局、商务局；
2. 存贷款数据来源于北京市统计局；
3. 全社会固定资产投资为项目建设地口径；地区生产总值产业划分依据国家统计局 2018 年修订的《三次产业划分规定》，行业划分依据《国民经济行业分类》（GB/T 4754—2017）。为可比价增速

社会经济主要指标（三）

表 32

项目	单位	2022 年	2021 年	增速（%）
农村经济				
农林牧渔业总产值（现价）	万元	312698	311016	0.5
# 农业	万元	175991	168008	4.8
林业	万元	96408	101658	-5.2
牧业	万元	34333	33211	3.4
渔业	万元	5260	7575	-30.6
农林牧渔服务业	万元	707	564	25.4
粮食总产量	吨	27640	20262	36.4
夏粮	吨	7013	6377	10.0
秋粮	吨	20627	13885	48.6
农作物总播种面积	公顷	15219	11864	28.3
粮食作物	公顷	4787	3241	47.7
经济作物	公顷	483	19	2457.3
其他作物	公顷	9950	8604	15.6
农副产品产量				

项目	单位	2022 年	2021 年	增速（%）
蔬菜产量	吨	382115	316800	20.6
出栏生猪	头	12162	18124	-32.9
出栏羊	只	2936	2880	1.9
出栏牛	头	1594	1238	28.8
水产品	吨	1325	1656	-20.0
鲜奶产量	吨	62315	54776	13.8
鲜蛋产量	吨	9	77	-88.7
园林水果产量	吨	7507	16704	-55.1
瓜果类产量	吨	3264	6427	-49.2
鲜切花产量	万枝	97	122	-20.8
盆栽花产量	万盆	396	489	-19.1
都市型现代农业				
观光农业				
农业观光园	个	120	100	20.0
接待人次	人次	368753	591178	-37.6
观光园总收入	万元	17988	13999	28.5
设施农业				
设施农业实际利用面积	公顷	1628	1583	2.8
温室	公顷	834	815	2.4
大棚	公顷	722	729	-1.0
中小棚	公顷	72	39	84.3
设施农业收入	万元	76722	75148	2.1
种业				
种业收入	万元	4573	4520	1.2
农业	万元	1576	3208	-50.9
林业	万元	2887	325	789.2
牧业	万元			
渔业	万元	110	987	-88.9
销往外埠收入	万元	502	2283	-78.0

社会经济主要指标（四）

表 33

项目	单位	2022 年	2021 年	增速（%）
工业				
规模以上工业总产值（现价）	万元	6105016	6340828	-3.7
# 高技术制造业	万元	1571618	1550856	1.3

项目	单位	2022 年	2021 年	增速（%）
规模以上工业主营业务收入	万元	8160718	8574203	-4.8
# 高技术制造业	万元	1486529	1496933	-0.7
规模以上工业利润总额	万元	351768	663074	-46.9
# 高技术制造业	万元	105234	342457	-69.3
建筑业				
建筑业企业个数	个	198	186	6.5
建筑业总产值	万元	21680425	20116394	7.8
按行业类别				
房屋工程建筑业	万元	14041510	12143832	15.6
土木工程建筑业	万元	7173265	7425805	-3.4
建筑安装业	万元	84468	113910	-25.8
建筑装饰和其他建筑业	万元	381183	432848	-11.9
房屋施工面积	万平方米	19023	16792	13.3
# 本年新开工面积	万平方米	3085	3242	-4.8
房屋竣工面积	万平方米	4102	3022	35.7
竣工产值	万元	12720638	7219675	76.2
签订合同额	万元	69676954	51226394	36.0
# 本年新签订合同额	万元	28003360	28838257	-2.9
消费				
社会消费品零售额	万元	5396493	5635822	4.2
# 限上批发零售业、住宿餐饮业网上零售额	万元	2206033	2165250	1.9
按消费形态分				
商品零售	万元	5070206	5288038	-4.1
餐饮收入	万元	326287	347784	-6.2
人民生活				
全区居民人均可支配收入	元	51618	49695	3.9
全区居民人均消费支出	元	33143	33413	-0.8
城镇居民人均可支配收入	元	61841	59674	3.6
城镇居民人均消费支出	元	38068	38857	-2.0
个人存款余额	万元	25528422	21550729	18.5

注：1. 规模以上工业为年主营业务收入 2000 万元及以上的工业法人单位；
2. 社会消费品零售额按“产业在地”原则核算；
3. 个人存款余额来源于北京市统计局

社会经济主要指标（五）

表 34

项目	单位	2022 年	2021 年	增速（%）
社会保障				
参加企业职工基本养老保险单位数	个	63521	60491	5.0

项目	单位	2022 年	2021 年	增速（%）
参加企业职工基本养老保险人数	人	684102	656036	4.3
参加失业保险单位数	个	63392	60417	4.9
参加失业保险人数	人	566435	539713	5.0
领取失业保险金金额	万元	98748	90517	9.1
参加城乡居民养老保险人数	人	182704	187594	-2.6
参加工伤保险人数	人	510765	500610	2.0
领取工伤保险金金额	万元	13039	13617	-4.2
劳动就业				
城镇登记失业率	%	3.92	3.65	
城镇登记失业人员就业率	%	66.89	67.16	
城镇登记失业人员实现就业人数	人	16192	17544	-7.7
人力资源服务机构数	人	304	211	44.1
失业人员参加培训人数	人	1624	1647	-1.4
年末实有“4050”失业人数	人	4745	2805	69.2
参加职业技能培训人数	个	16878	75426	-77.6
职工最低工资标准	元 / 月	2320	2320	0.0
企业退休人员基本养老金最低标准	元 / 月	1714	1714	0.0
企业退职人员基本养老金最低标准	元 / 月	1559	1559	0.0
企业退养人员基本养老金最低标准	元 / 月	1418	1418	0.0
失业保险金最低标准	元 / 月	2034	2034	0.0
基本养老金平均增加水平	元 / 月	189.1	206.1	-8.2
注：数据来源于通州区人力资源和社会保障局				

社会经济主要指标（六）

表 35

项目	单位	2021 年	2021 年	增速（%）
文化				
公共图书馆	个	1	1	0.0
公共图书馆藏书	万册	92.6	89.3	3.7
区级以上非物质文化遗产项目	项	87	67	29.9
教育				
幼儿园	所	245	248	-1.2
# 在园人数	人	58926	57823	1.9
小学	所	44	81	—
毕业生数	人	8923	9288	-3.9

项目	单位	2021 年	2021 年	增速（%）
招生数	人	14743	13650	8.0
在校生数	人	81793	77728	5.2
中学	所	48	46	4.3
毕业生数	人	9187	7850	17.0
招生数	人	12399	11254	10.2
在校生数	人	34241	31873	7.4
卫生				
卫生机构	个	627	609	3.0
医院	个	22	22	0.0
基层医疗卫生机构	个	586	572	2.4
#社区卫生服务中心（站）	个	90	93	-3.2
专业公共卫生机构	个	6	6	0.0
其他机构	个	13	9	44.4
实有床位数	张	4483	4425	1.3
#医院	张	3854	3705	4.0
社区卫生服务中心（站）	张	424	420	1.0
卫生技术人员	人	11186	10846	3.1
#执业（助理）医师	人	4345	4203	3.4
注册护士	人	4418	4359	1.4
公共卫生类执业（助理）医师数	人	228	216	5.6
5岁以下儿童死亡率	‰	2.82	2.50	
婴儿死亡率	‰	1.69	1.56	
公共设施				
公园	个		51	-100.0
体育多功能球场	个	20	20	0.0
更新全民健身器工程器材	套	50	80	-37.5
全区公路总里程	千米	2358	2325	1.4

注：1. 小学统计按照北京市教委要求，2022年教育事业统计代码系统更新工作中，将34个乡镇完全小学撤销，统计数据合并至中心校统一上报；
2. 数据来源于通州区文化旅游委、教委、卫生健康委、园林绿化局、公路分局

组织机构及负责人名录

区委序列

中国共产党北京市通州区委员会

书　　记　赵　磊
副 书 记　孟景伟
　　　　　刘东伟（7月免）
　　　　　陈江华（7月任）
常　　委　汤一原
　　　　　吴　斌（4月任）
　　　　　郑　皓（女，朝鲜族）
　　　　　王永民
　　　　　韩向军
　　　　　苏国斌
　　　　　吴孔安

组织部

部　　长　陈江华
常务副部长　汪　维（女，满族）

政法委员会

书　　记　王永民
常务副书记　任存高（2月免）
　　　　　朱战芳（6月任）

宣传部

部　　长　汤一原
常务副部长　焦善鸣（2月任）

区委办公室

主　　任　鲁新红（2月免）
　　　　　房亚军（2月任）

统一战线工作部

部　　长　吴孔安
常务副部长　张洪亮

区委、区政府研究室

主　　任　毕小京

机构编制委员会办公室

主　　任　孝　军

直属机关工作委员会

书　　记　刘东伟（9月免）
　　　　　陈江华（9月任）
常务副书记　陆德启

区委党校

校　　长　刘东伟（9月免）
　　　　　陈江华（9月任）
常务副校长　张立芳（女）

区委党史工作办公室（区地方志办公室）

主　　任　朱军辉

老干部局

局　　长　甄　朋

网络安全和信息化委员会办公室

主　　任　谢振平

档案局

局　　长　李长风（4月免）

档案馆

馆　　长　刘海涛

中国共产党北京市通州区纪律检查委员会
中国共产党北京市通州区监察委员会

纪委书记　吴　斌（4月任）
纪委副书记　吴　涛
　　　　　蒋　啸（回族）
　　　　　刘　宁（女）
常务委员　张健姝（女）
　　　　　王洪波（女）
　　　　　毛家宏
　　　　　刘伶艳（女）
　　　　　曾凡博
监委主任　吴　斌（11月任）
监委副主任　石建华（2月免）
　　　　　吴　涛
　　　　　蒋　啸（回族）
　　　　　刘　宁（女，2月任）
监委委员　郭玉明（2月免）
　　　　　王洪波（女）
　　　　　毛家宏
　　　　　刘伶艳（女，2月任）
　　　　　甄国清（女）
　　　　　刘立民（2月任）

人大序列

通州区人民代表大会常务委员会

主　　任　赵玉影
副 主 任　王岩石
　　　　　程卫民
　　　　　孙奎亮

鲁新红
刘秀杰（女，不驻会）

办公室
主　　任　　姚华峰

财政经济办公室
主　　任　　张东凤（女）

法制办公室
主　　任　　郭宝圣

教科文卫体办公室
主　　任　　蔡力凯

城建环保办公室
主　　任　　李智敏（女）

农村办公室
主　　任　　刘美俊（女）

代表联络室
主　　任　　杨东莲（女）

研究室
主　　任　　刘志刚

信访办公室
主　　任　　王立艳（女）

政府序列

通州区人民政府
区　　长　　孟景伟
副 区 长　　郑　皓（女，朝鲜族）
苏国斌
董明慧（女）
董亦军
倪德才
杨　磊
秦　涛
卢庆雷
王翔宇

办公室
主　　任　　裴志刚（2月任）

信访办公室
党组书记　　于　军（2月免）
林长春（2月任）
主　　任　　于　军（4月免）
林长春（4月任）

人民防空办
党组书记　　樊广杰
主　　任　　杜　彤

经济和信息化局
党组书记　　耿　磊
局　　长　　耿　磊

运河商务区管理委员会
工委书记　　林正航
主　　任　　林正航

中关村科技园区通州园管理委员会
主　　任　　苏国斌
党组书记　　杜　伟
常务副主任　　余　龙

北京通州文化旅游区管理委员会
党组书记　　赵　军（2月免）
主　　任　　赵　军（2月免）

住房和城乡建设委员会
党组书记　　孙奎亮（2月免）
曾　勃（2月任）
主　　任　　孙奎亮（2月免）
曾　勃（2月任）

住房保障办公室
主　　任　　孙奎亮（2月免）
曾　勃（2月任）

房屋征收办公室
主　　任　　孙奎亮（2月免）
曾　勃（2月任）

重大项目协调服务中心
主　　任　　赵　明

房屋征收事务中心
主　　任　　张　剑

教育工作委员会
书　　记　　刘青松

教育委员会
主　　任　　申　键（2月免）
曾祥正（2月任）

教育督导室
主　　任　　申　键（2月免）
曾祥正（2月任）

商务局
党组书记　　李　霞（女）
局　　长　　李　霞（女）

科学技术委员会（知识产权局）
党组书记　　郭澜涛
主　　任　　郭澜涛

发展和改革委员会
党组书记　　甄　宇（2月免）
姚伟龙（2月任）
主　　任　　甄　宇（2月免）

姚伟龙（2月任）

金融服务办公室

党组书记　李俊霞（女）

主　　任　李俊霞（女）

国有资产监督管理委员会

党委书记　郭　军（6月免）

吴长利（6月任）

主　　任　吴长利

城市管理委员会

党组书记　程卫民（2月免）

主　　任　程卫民（2月免）

文化和旅游局

党组书记　张　华

局　　长　张　华

人力资源和社会保障局

党组书记　房亚军（2月免）

于立东（2月任）

局　　长　房亚军（2月免）

于立东（2月任）

医疗保障局

党组书记　纪福民

局　　长　田春华（女）

财政局

党组书记　王付轩

局　　长　王付轩

审计局

党组书记　杜　伟（12月任）

局　　长　杜　伟（12月任）

生态环境局

党组书记　张卫东

局　　长　张卫东

统计局

党组书记　杨连元

局　　长　杨连元

经济社会调查队

队　　长　刘宗刚

体育局

党组书记　邓小民

局　　长　邓小民

卫生健康委员会

书　　记　白玉光（蒙古族）

主　　任　白玉光（蒙古族）

交通局

党组书记　裴志刚（2月免）

赵　军（2月任）

局　　长　裴志刚（2月免）

赵　军（2月任）

园林绿化局

党组书记　郭　军（6月任）

局　　长　胡克诚（满族）

农业农村局

党委书记　王德松

局　　长　王德松

水务局

党组书记　曹树常

局　　长　曹树常

民政局

工委书记　于立东（2月免）

张全启（2月任）

局　　长　于立东（2月免）

张全启（2月任）

退役军人事务局

党组书记　徐景发

局　　长　徐景发

司法局

党组书记　石建华

局　　长　张琴琴（女，10月免）

石建华（10月任）

区应急管理局

党委书记　刘永忠

局　　长　刘永忠

城市管理综合行政执法局

局　　长　聂玉泉

区政务服务管理局

党组书记　张胜勇

局　　长　张胜勇

区机关事务服务中心

党组书记　陈均芝（5月免）

李长风（5月任）

主　　任　陈均芝（5月免）

李长风（5月任）

地震局

党组书记　陈洪波（10月免）

局　　长　陈洪波（11月免）

投资促进服务中心

党组书记　杨东风

主　　任　吴　涛

融媒体中心

党组书记	焦善鸣（2月免）
	卫 欣（2月任）
主 任	焦善鸣（2月免）
	卫 欣（2月任）

北京物资学院

党委书记	王文举
院 长	刘 军

行政学院

院 长	郑 皓（女）
常务副院长	张立芳（女）

首都医科大学附属北京潞河医院

党委书记	杜会山
院 长	吴英锋

区红十字会

会 长	董明慧（女）
常务副会长	贾立军（女）
秘书长	相洪河

政协机关

中国人民政治协商会议北京市通州区委员会

主 席	张德启
副主席	尚祖国
	甄 宇
	冯利英（女）
	田春华（女，不驻会）
	金文岭（不驻会）
	吴 涛（不驻会）
秘书长	陈立军
办公室主任	吴绍伟
研究室主任	谢京文
专委会一室主任	胡晓东
专委会二室主任	皮联仿
专委会三室主任	纪万成
专委会四室主任	程行利
专委会五室主任	李雅静（女）
专委会六室主任	孔庆媛（女）

法院 检察院

人民法院

党组书记	李经纬
院 长	李经纬

人民检察院

党组书记	李 辰（女）
检察长	李 辰（女）

人民团体

总工会

主 席	尚祖国
党组书记	关 平

共青团北京市通州区委员会

书 记	高 翔（10月免）
	张 逢（10月任）

妇女联合会

党组书记	樊淑玲（女）
主 席	樊淑玲（女）

工商业联合会

党组书记	靳国旺
主 席	赵 静（女）

文学艺术界联合会

主 席	王雪艳（女，3月任）

科学技术协会

党组书记	西宝生（6月任）
主 席	金文岭

残疾人联合会

党组书记	陈凤香（女）
理事长	陈凤香（女）

街道 乡镇

潞源街道

工委书记	刘 鑫
办事处主任	马 骎（女）

通运街道

工委书记	曾祥正（2月免）
	陈洪波（2月任，12月免）
	刘学军（12月任）
办事处主任	刘学军（12月免）
	李 翔（12月任）

中仓街道

工委书记	宗 飞
办事处主任	安文崑（9月任）

新华街道

工委书记	林正航
办事处主任	李佳佳（女）

北苑街道

工委书记　　李彦明

办事处主任　　成前锋

玉桥街道

工委书记　　孙雪松（女）

办事处主任　　陈世忠

文景街道

工委书记　　赵志刚

办事处主任　　王立夫

杨庄街道

工委书记　　张民平

办事处主任　　李永海（裕固族）

九棵树街道

工委书记　　杜德耕

办事处主任　　杨　希

潞邑街道

工委书记　　陈新全

办事处主任　　郭春杰

临河里街道

工委书记　　华　飞（女）

办事处主任　　童　露

永顺镇

党委书记　　邓忠义

镇　长　　谢　楠

梨园镇

党委书记　　王翔宇

　　王　鑫（3月任）

镇　长　　王志佳

宋庄镇

党委书记　　任存高（2月任）

镇　长　　魏　欣（女）

张家湾镇

党委书记　　邹海涛

镇　长　　周　丰

漷县镇

党委书记　　郭　枫

镇　长　　郝红芬（女）

马驹桥镇

党委书记　　卢庆雷（7月免）

　　何志达（7月任）

镇　长　　唐殿科

西集镇

党委书记　　马清文

镇　长　　于　军

潞城镇

党委书记　　吴孔安（2月免）

　　张旭辉（2月任）

镇　长　　张旭辉（2月免）

　　吴亚西（2月任）

台湖镇

党委书记　　古　剑

镇　长　　王　鑫（2月免）

　　初庆宝（6月任）

永乐店镇

党委书记　　王　艳（女）

镇　长　　彭凯泉

于家务回族乡

党委书记　　何志达（7月免）

　　陈树立（7月任）

乡　长　　李亚军

双管单位

北京市规划和自然资源委员会通州分局

党组书记　　郭宝峰

局　长　　郑　皓（女，8月免）

　　李　晋（8月任）

北京市交通委员会通州公路分局

党委书记　　李金钟

局　长　　李金钟

通州区气象局

党组书记　　李文华

局　长　　李文华

中国邮政集团公司北京市通州区分公司

党委书记　　曹立冬

总经理　　曹立冬

北京市通州区人民武装部

部　长　　韩向军

政　委　　董丽献

通州区税务局

党委书记　　闫旭峰

局　长　　闫旭峰

市场监督管理局

党组书记　　冯　源

局　长　　冯　源

北京市公安局通州分局

党委书记　　董亦军

党委副书记　　王　骏（7月免）

张　雲（女，7月任）

分 局 长　董亦军

政　　委　王　骏（7月免）

张　雲（女，7月任）

通州区消防救援支队

支 队 长　张敬军

政　　委　雷永利（9月任）

通州区交通支队

党委书记　黄培新

支 队 长　黄培新

政　　委　林　强

北京市通信管理局通州区通信建设管理办公室

主　　任　顾国政

其他单位

中国联合网络通信有限公司北京市通州区分公司

党委书记　朱正辉

总 经 理　朱正辉

中国移动通信集团北京有限公司通州分公司

党总支书记　张　涛

总 经 理　张　涛

中国电信股份有限公司北京通州区分公司

党支部书记　石　磊（10月免）

薄　涛（女，11月任）

总 经 理　石　磊（10月免）

薄　涛（女，11月任）

中国铁塔股份有限公司北京通州区分公司

党支部书记　顾国政（11月免）

王志良（11月任）

总 经 理　顾国政（11月免）

副总经理　王志良（主持工作，11月任）

国网北京市电力公司通州供电公司

党委书记　邱明泉

总 经 理　闫承山（满族）

北京歌华有线电视网络股份有限公司通州分公司

党支部书记　石江明（8月免）

吴建林（8月任）

总 经 理　石江明（8月免）

吴建林（8月任）

北京市通州区烟草专卖局（公司）

党组书记　刘　帅

局长（经理）　刘　帅

文件辑录

2022 年通州区委文件目录

京通发〔2022〕1 号	中共北京市通州区委关于出席中国共产党北京市第十三次代表大会代表选举工作的通知（2022-01-26）
京通发〔2022〕2 号	中共北京市通州区委关于印发《区委常委会 2022 年会议议题计划》的通知（2022-03-29）
京通发〔2022〕3 号	中共北京市通州区委北京市通州区人民政府关于对通州区 2021 年度绩效管理综合考评优秀单位和特别嘉奖单位进行表彰的决定（2022-04-15）
京通发〔2022〕4 号	中共北京市通州区委北京市通州区人民政府关于对通州区 2021 年度村“两委”班子及村“两委”干部考核“十佳村”“优秀村”进行表彰的决定（2022-06-22）
京通发〔2022〕5 号	中共北京市通州区委关于贯彻落实中央人大工作会议精神加强和改进新时代人大工作的意见（2022-08-11）
京通发〔2022〕6 号	中共北京市通州区委关于调整七届区委常委分工的通知（2022-09-21）
京通发〔2022〕7 号	中共北京市通州区委印发《关于加强新时代检察机关法律监督工作服务保障城市副中心高质量发展的实施方案》的通知（2022-10-13）
京通发〔2022〕8 号	中共北京市通州区委印发《关于认真学习宣传贯彻党的二十大精神的实施方案》的通知（2022-11-16）
京通发〔2022〕9 号	中共北京市通州区委北京市通州区人民政府关于印发《通州区 2022 年度绩效管理综合考评工作方案》的通知（2022-11-25）

2022 年通州区委办公室文件目录

京通办发〔2022〕1 号	中共北京市通州区委办公室关于印发《七届通州区委巡察工作规划》的通知（2022-02-17）
京通办发〔2022〕3 号	中共北京市通州区委办公室北京市通州区人民政府办公室关于印发《北京城市副中心深化产业组织推动产业高质量发展实施方案》的通知（2022-02-24）
京通办发〔2022〕4 号	中共北京市通州区委办公室北京市通州区人民政府办公室关于印发《通州区北京市生态环境保护督察报告》和赵磊同志在市第一生态环境保护督察组督察通州区情况反馈会上的讲话的通知（2022-03-19）
京通办发〔2022〕5 号	中共北京市通州区委办公室关于印发《2022 年北京市通州区档案工作要点》的通知（2022-03-21）
京通办发〔2022〕6 号	中共北京市通州区委办公室关于印发《2022 年度区委重点督查事项》的通知（2022-04-04）
京通办发〔2022〕7 号	中共北京市通州区委办公室印发《通州区关于推动党史学习教育常态化长效化的实施方案》的通知（2022-06-28）
京通办发〔2022〕8 号	中共北京市通州区委办公室北京市通州区人民政府办公室关于印发《通州区服务保障中国共产党第二十次全国代表大会工作方案》的通知（2022-10-13）
京通办发〔2022〕9 号	中共北京市通州区委办公室印发《关于加强和改进新时代通州区政协工作的实施意见》的通知（2022-11-21）
京通办字〔2022〕2 号	中共北京市通州区委办公室北京市通州区人民政府办公室关于印发《北京市通州区地震局机构职能编制规定》的通知（2022-01-20）

京通办字〔2022〕3 号	中共北京市通州区委办公室关于印发《通州区政协 2022 年专题调研课题计划、专题协商议题计划和民主监督议题计划》的通知 (2022-02-07)
京通办字〔2022〕4 号	中共北京市通州区委办公室北京市通州区人民政府办公室关于印发《中共北京市通州区委党校（北京市通州区行政学院、北京市通州区社会主义学院）机构职能编制规定》的通知 (2022-02-18)
京通办字〔2022〕5 号	中共北京市通州区委办公室北京市通州区人民政府办公室关于印发《中共北京市通州区委党史工作办公室（北京市通州区地方志办公室）机构职能编制规定》的通知 (2022-02-18)
京通办字〔2022〕6 号	中共北京市通州区委办公室北京市通州区人民政府办公室关于印发《北京市通州区档案馆机构职能编制规定》的通知 (2022-02-18)
京通办字〔2022〕7 号	中共北京市通州区委办公室北京市通州区人民政府办公室关于印发《落实蔡奇书记到城市副中心调研暨城市副中心建设领导小组全体会议重点任务清单》的通知 (2022-02-24)
京通办字〔2022〕8 号	中共北京市通州区委办公室北京市通州区人民政府办公室印发《关于加快推进北京（通州）大运河文化旅游景区创建国家 AAAAA 级旅游景区工作实施方案》的通知 (2022-03-11)
京通办字〔2022〕9 号	中共北京市通州区委办公室印发《通州区关于深化拓展新时代文明实践中心建设的工作方案》的通知 (2022-04-15)
京通办字〔2022〕10 号	中共北京市通州区委办公室北京市通州区人民政府办公室关于印发《落实蔡奇书记到城市副中心调研交通建设工作重点任务清单》的通知 (2022-04-21)
京通办字〔2022〕11 号	中共北京市通州区委办公室北京市通州区人民政府办公室印发《通州区关于完善企业“服务包”制度精准服务企业高质量发展行动方案》的通知 (2022-04-22)
京通办字〔2022〕12 号	中共北京市通州区委办公室北京市通州区人民政府办公室关于进一步加强区委、区政府职能部门及法检两院与区政协专门委员会对口联系的通知 (2022-04-22)
京通办字〔2022〕13 号	中共北京市通州区委办公室北京市通州区人民政府办公室关于印发《北京市通州区党政领导干部安全生产职责清单》的通知 (2022-06-20)
京通办字〔2022〕14 号	中共北京市通州区委办公室北京市通州区人民政府办公室关于印发《北京市通州区接诉即办工作奖励激励和责任追究办法》的通知 (2022-06-27)
京通办字〔2022〕15 号	中共北京市通州区委办公室北京市通州区人民政府办公室关于印发《落实蔡奇书记到城市副中心调研高水平建设城市副中心重点任务清单》的通知 (2022-07-12)
京通办字〔2022〕17 号	中共北京市通州区委办公室北京市通州区人民政府办公室关于印发《落实蔡奇书记到城市副中心调研台湖演艺小镇 张家湾设计小镇重点任务清单》的通知 (2022-08-23)
京通办字〔2022〕18 号	中共北京市通州区委办公室北京市通州区人民政府办公室关于印发《北京市通州区城市管理指挥中心机构职能编制规定》的通知 (2022-09-28)
京通办字〔2022〕19 号	中共北京市通州区委办公室北京市通州区人民政府办公室关于印发《通州区贯彻落实第二轮北京市生态环境保护督察报告反馈意见整改方案》的通知(2022-10-21)
京通办字〔2022〕21 号	中共北京市通州区委办公室北京市通州区人民政府办公室关于印发《通州区落实中共北京市委北京市人民政府安全生产第六督察组督察反馈意见整改方案》的通知 (2022-12-08)
京通办字〔2022〕22 号	中共北京市通州区委办公室北京市通州区人民政府办公关于印发《北京市通州区 2022 年度区委、区政府落实粮食安全责任制考核工作实施方案》的通知(2022-12-29)
京通办字〔2022〕23 号	中共北京市通州区委办公室北京市通州区人民政府办公室关于印发《北京城市副中心（通州区）气候投融资试点三年行动方案（2023—2025 年）》的通知 (2022-12-30)

2022 年通州区人民政府文件目录

通政发〔2022〕1 号	北京市通州区人民政府关于印发通州区人民政府工作规则的通知（2022-1-13）
通政发〔2022〕2 号	北京市通州区人民政府关于 2022 年通州区政府工作报告重点工作分工方案的通知（2022-1-20）

通政发〔2022〕3 号　北京市通州区人民政府关于印发《通州区突发事件总体应急预案（2022 年修订）》的通知（2022-2-7）

通政发〔2022〕4 号　北京市通州区人民政府关于印发北京城市副中心（通州区）“十四五”时期妇女儿童发展规划的通知（2022-2-10）

通政发〔2022〕5 号　北京市通州区人民政府关于裴志刚任职的通知（2022-2-17）

通政发〔2022〕6 号　北京市通州区人民政府关于印发 2022 年通州区重要民生实事项目的通知　（2022-3-1）

通政发〔2022〕7 号　北京市通州区人民政府关于印发北京城市副中心（通州区）“十四五”时期基础设施建设发展、城市治理、生态环境、新型城镇化示范区建设重点专项规划的通知（2022-3-31）

通政发〔2022〕8 号　北京市通州区人民政府关于印发《通州区深入打好污染防治攻坚战 2022 年行动计划》的通知（2022-4-8）

通政发〔2022〕9 号　北京市通州区人民政府关于印发《北京城市副中心（通州区）“十四五”时期京津冀区域协同发展示范区建设规划》和《北京城市副中心（通州区）“十四五”时期人口发展规划》的通知（2022-4-11）

通政发〔2022〕10 号　北京市通州区人民政府关于印发孟景伟同志在区七届人大一次会议上作的《政府工作报告》的通知（2022-4-18）

通政发〔2022〕11 号　北京市通州区人民政府关于印发北京城市副中心（通州区）“十四五”时期产业发展、金融业发展、公共服务发展、住房保障和职住平衡规划的通知（2022-5-31）

通政发〔2022〕12 号　北京市通州区人民政府关于印发《北京市通州区人民政府“三重一大”决策制度实施办法》的通知（2022-6-16）

通政发〔2022〕13 号　北京市通州区人民政府北京市科学技术委员会、中关村科技园区管委会北京市经济和信息化局关于印发《北京城市副中心元宇宙创新发展行动计划（2022—2024 年）》的通知（2022-8-22）

通政发〔2022〕14 号　北京市通州区人民政府关于公布第五批通州区级非物质文化遗产代表性项目名录的通知（2022-9-14）

通政发〔2022〕15 号　北京市通州区人民政府关于印发通州区加强科技创新引领高质量发展支持办法的通知（2022-11-14）

通政发〔2022〕16 号　北京市通州区人民政府关于印发《北京城市副中心医药健康产业发展三年行动计划（2023—2025 年）》的通知（2022-12-30）

2022 年通州区人民政府办公室文件目录

通政办发〔2022〕1 号　北京市通州区人民政府办公室关于印发北京城市副中心推进数字经济标杆城市建设行动方案（2022—2024 年）的通知（2022-1-28）

通政办发〔2022〕2 号　北京市通州区人民政府办公室关于印发《通州区支持基础设施领域不动产投资信托基金（REITs）发展措施（试行）》和《通州区支持私募股权二级市场基金集聚发展措施（试行）》的通知（2022-2-9）

通政办发〔2022〕3 号　北京市通州区人民政府办公室印发关于进一步加强通州区农宅建设安全管理指导意见的通知（2022-2-24）

通政办发〔2022〕4 号　北京市通州区人民政府办公室印发关于加快北京城市副中心元宇宙创新引领发展若干措施的通知（2022-2-24）

通政办发〔2022〕5 号　北京市通州区人民政府办公室关于印发通州区推进基层公共卫生体系建设工作意见的通知（2022-3-4）

通政办发〔2022〕6 号　北京市通州区人民政府办公室印发关于进一步加快全区小型消防站建设实施方案的通知（2022-3-11）

通政办发〔2022〕7号	北京市通州区人民政府办公室印发《关于进一步加强街道办事处、乡镇政府防火安全委员会建设的实施办法（试行）》《通州区火灾事故调查和责任追究实施办法（试行）》《“5+N”消防安全重点地区联合整治工作方案》的通知（2022-3-11）
通政办发〔2022〕8号	北京市通州区人民政府办公室关于印发通州区创建国家城乡交通运输一体化示范县（区、市）工作方案的通知（2022-3-18）
通政办发〔2022〕9号	北京市通州区人民政府办公室关于印发通州区人民政府合法性审查工作细则的通知（2022-4-1）
通政办发〔2022〕10号	北京市通州区人民政府办公室关于印发通州区重大行政决策事项目录管理办法的通知（2022-4-1）
通政办发〔2022〕11号	北京市通州区人民政府办公室关于印发通州区行政机关应诉规则的通知（2022-4-29）
通政办发〔2022〕12号	北京市通州区人民政府办公室关于减免服务业小微企业和个体工商户房屋租金有关事项的通知（2022-5-13）
通政办发〔2022〕13号	北京市通州区人民政府办公室印发通州区《关于继续加大中小微企业帮扶力度加快困难企业恢复发展的若干措施》落实指引的通知（2022-5-20）
通政办发〔2022〕14号	北京市通州区人民政府办公室关于印发《通州区全民科学素质行动规划纲要实施方案（2021—2025年）》的通知（2022-6-2）
通政办发〔2022〕15号	北京市通州区人民政府办公室关于印发《通州区统筹疫情防控和稳定经济增长实施方案》的通知（2022-6-15）
通政办发〔2022〕16号	北京市通州区人民政府办公室关于做好住户调查大样本轮换工作的通知（2022-7-11）
通政办发〔2022〕17号	北京市通州区人民政府办公室关于印发通州区自建房安全专项整治实施方案的通知（2022-7-26）
通政办发〔2022〕18号	北京市通州区人民政府办公室关于印发《于家务国际种业科技园区产业规划（2022—2030年）》的通知（2022-8-24）
通政办发〔2022〕19号	北京市通州区人民政府办公室印发《关于鼓励现代种业发展十条措施》的通知（2022-8-24）
通政办发〔2022〕20号	北京市通州区人民政府办公室关于印发《北京城市副中心（通州区）文化旅游产业高质量发展三年行动计划（2022-2024年）》的通知（2022-9-15）
通政办发〔2022〕21号	北京市通州区人民政府办公室关于印发通州区生态环境违法行为举报奖励规定的通知（2022-10-15）
通政办发〔2022〕22号	北京市通州区人民政府办公室关于通州区重大项目全程代办工作的实施意见（2022-10-15）
通政办发〔2022〕23号	北京市通州区人民政府办公室关于印发城市副中心先进制造业三年行动计划（2022—2024年）的通知（2022-10-31）
通政办发〔2022〕24号	北京市通州区人民政府办公室关于印发《北京城市副中心（通州区）商务服务产业高质量发展三年行动计划（2022—2024年）》的通知（2022-11-15）
通政办发〔2022〕25号	北京市通州区人民政府办公室关于印发通州区加快建设一刻钟便民生活圈促进生活服务业转型升级若干措施的通知（2022-11-16）
通政办发〔2022〕26号	北京市通州区人民政府办公室印发关于《北京市积极应对疫情影响助企纾困的若干措施》落实指引的通知（2022-12-9）
通政办发〔2022〕27号	北京市通州区人民政府办公室关于印发北京城市副中心（通州区）促进商务经济高质量发展若干措施的通知（2022-12-21）